山东统一战线年鉴

THE ALMANAC OF SHANDONG UNITED FRONT

2014

中共山东省委统战部　编

山东人民出版社

德州市
滨州市
东营市
黄河
南运河
淄博市
济南市
聊城市
潍坊市
鲁运河
莱芜市
泰安市
青岛
日照市
济宁市
菏泽市
临沂市
枣庄市

山东政区山东省位于中国东部沿海，地处黄河下游。东与朝鲜半岛、日本列岛隔海相望；北与辽东半岛相对，庙岛群岛纵列其间，拱卫天津和首都北京。西北与河北接壤，西南与河南交界，南与安徽、江苏毗邻。全省东西最长距离700公里，南北420多公里，总面积15.71万平方公里，约占全国总面积的1.64%。全省常住人口9733.39万人。有55个少数民族成分，少数民族人口72万多人。省会为济南市。

山东地区在西周、春秋时期，含齐、鲁、曹、滕及卫国的一部分，因此，山东省简称鲁，或称齐鲁。至2013年底，全省划分为济南、青岛、淄博、枣庄、东营、烟台、潍坊、济宁、泰安、威海、日照、莱芜、临沂、德州、聊城、滨州、菏泽17个地级市，县级单位137个（市辖区48个、县级市29个、县60个），乡镇级单位1826个（街道628个、乡91个、镇1107个）。

山东是中国古代文化的发源地之一，也是古代文化的中心，曾诞生过孔子、孟子、孙子、左丘明、李清照、蒲松龄、王羲之、鲁班、扁鹊等杰出的思想家、政治家、军事家、科学家、文学家和艺术家，对中华民族文化的发展产生了广泛而深远的影响。

山东是旅游资源大省，拥有世界级遗产4处，旅游资源遍及全省各地。其中，“三孔”、齐长城、大运河被联合国教科文组织列入世界文化遗产，“五岳独尊”——泰山被列入世界自然和文化双遗产。

2013年，全省实现生产总值（GDP）54684.3亿元，按可比价格计算，比上年增长9.6%，高于全国平均7.7%的增幅。城镇居民可支配收入28200元，增长9.5%；农民人均纯收入突破万元，实际增长9.7%。

五嶽獨尊
昂頭天外

《山东统一战线年鉴2014》编审委员会

编委会组成人员：孙传宏　孙孺声　马　啸　王晓炜　曲　涛　亓同秋
李法信　牟　强　王传洲　雷天太　边祥慧　丛锡钢
陈　伟　郑建军　程德智　张小梅　张开朗　朱永强
李在武　郭长军　苏文德　张广敬　邵自升　蔡同民
姜银浩　付　伟

委　　　　　员：张　静　孙中亮　贾洪江　冯尚伟　孙美菊　程海峰
韩庆新　高金玲　耿汝新　曹玉辉　高贤德　张继平
李旭茂　郭永军　王　军　姜　明　林寿先　孙占甲
孙传军　吴成生　孙大川　张铁岩　朱令珍　崔新青
张　鹏　贺天润　荣先锋　李书亭　栾庆恩　于忠杰
于来刚　王衍安　杨　灏　苗建臣　滕厚林　苏国庆
李　静　杨会军　谭学国　张金梅　靳海岩　戴智章
李　萍　张　军　刘　明　赵常信　史文宪　王　澍
段志国　宋贵欣　王　华　梁红卫　曹明通　陈洪宗
夏侯雪娇　陈凤崇　徐　梅　王　云　杨　赟　曲卫君
肖传强　张　骐　张以刚　王曰江　杜永俐　王爱成
王传军　邹坤苹　韩世春　任　杰　杨峰丽　娄进举
林　爽　孔　霞　任立春　李连成　马兆龙　田素安
吕昌春　时海燕　朱宁波　蒋恩世　常光明　朱岭仁
牟宗国　朱克军　聂树栋　孙树湘　刘　敏　卢彤书
高颖敏　刘德科　孙　刚　展翔天　沈继红　孙　捷
臧运波　赵世忠　谷震昭　杨　军　齐以芳

《山东统一战线年鉴2014》编辑部

主　　编： 贾洪江（兼第3章执行编辑）　马晓卉

副 主 编： 张胜利（兼第1、8章执行编辑）

执行编辑： 王广生（彩页）　王守进（第3章）

刘　建（第2章，第4章：科研院所统战工作，第5章）

吴　彬（前言、凡例，编审委员会，编辑部，第4章：企业、高等院校统战工作，第6章）

赵修红（第7章）

各市编辑室主任： 孙洪成　高天宝　王　栋　胡安军　袁怀亮　谷方磊　于进强　李　芳　张基瑞　孙冬青　徐国防　吕永军　姜　东　苏利军　曲成磊　许立华　陈　忠

编　　务： 王广生　刘　建　赵　超

6月3日，中共山东省委在济南举行民主协商会，就省十二届人大二次会议议程和省委拟向会议推荐的有关人选情况进行民主协商。

省委书记、省人大常委会主任姜异康主持会议并讲话。省委副书记王军民，省委常委、组织部部长高晓兵出席会议。

1月9日，时任省委副书记、省长姜大明到省民主党派办公大楼听取党外人士对《政府工作报告（征求意见稿）》的意见建议。

12月26日，省委副书记、省长郭树清在省政协十一届五次常委会议开幕会上作《省政府工作报告（征求意见稿）》起草情况的说明。

9月27日，省委副书记王军民出席山东省海外联谊会换届大会暨四届一次理事会并讲话。

1月21日，中共山东省委召开民主协商会，就省“两会”议程、拟向省“两会”推荐的山东出席第十二届全国人民代表大会代表候选人和换届人事安排，进行民主协商。

省委书记、省人大常委会主任姜异康主持会议并讲话。省委副书记王军民出席。省委常委、组织部部长高晓兵受省委委托就有关事项作了说明。

2月4日，省委书记、省人大常委会主任姜异康走访各民主党派省委、省工商联机关。

1月22日，全省统战部长会议在济南召开。

7月18日至22日，省各民主党派工商联负责人暑期研讨座谈会在淄博召开。

4月27日至28日，为纪念“五一口号”发布65周年，省委统战部组织各民主党派省委、省工商联驻会领导及无党派代表人士赴西柏坡进行革命传统教育。

1月14日至18日，中央统战部副部长、全国工商联党组书记全哲洙一行来山东就非公有制经济人士理想信念教育实践活动进行调研。省委书记、省人大常委会主任姜异康，时任省委副书记、省长姜大明分别会见全哲洙一行。

9月17日，省党外知识分子联谊会成立大会暨一届一次理事会在济南召开。

7月8日，省委统战部、省宗教局召开全省性爱国宗教团体负责人学习会议。

9月27日，省海外联谊会换届大会暨四届一次理事会在济南召开。省委副书记王军民出席会议并代表省委、省政府表示祝贺。

5月29日，省社会主义学院召开全院干部教职工和老干部大会，对开展创建文明单位活动暨“求真务实，倡树新风，建设文明和谐社院”主题实践活动进行动员部署。

8月16日，省台联、省教育厅与台湾教师会举办鲁台教育界文化交流研讨会。

4月8日，民革省委、省黄埔军校同学会召开座谈会，纪念台儿庄大战胜利75周年。

5月14日，省中华职业教育社在潍坊市启动“国家温暖工程就业助学计划”。

4月11日，全省党外代表人士实践锻炼基地启动仪式在济南举行，山东世纪金榜科教文化股份有限公司、枣庄山亭区和烟台经济技术开发区等3个基地正式启动。

2月21日，山东统一战线“同心讲坛”举行第五次报告会。

6月16日，2013年“同心·光彩助学行动”捐助仪式在济南举行。

10月27日，省委统战部召开党的群众路线教育实践活动专题民主生活会。

2月20日，省委统战部召开全体党员干部会议，表彰2012年度先进集体和先进个人。

8月2日，中共济南市委召开党外人士座谈会，就党的群众路线教育实践活动和市委常委会工作征求党外人士意见建议。市委副书记雷杰主持会议并讲话。市委常委、统战部部长雷天太出席会议。

8月6日，中共青岛市委召开党的群众路线教育实践活动征求意见座谈会，听取市各民主党派、工商联和无党派人士意见建议。省委常委、青岛市委书记李群出席座谈会并讲话，市委副书记、市长张新起，市委副书记王伟，市委常委、纪委书记何建平，市委常委、秘书长王鲁明，市委常委、组织部部长、统战部部长边祥慧出席座谈会。

3月6日，淄博市委统战部在高青县高城镇孟家村举办“争创优秀服务机关”主题服务活动暨“同心”服务团队授旗仪式。市委常委、统战部部长魏艳菊出席。

1月4日，枣庄市召开党外人士情况通报会，市委副书记、市长张术平向市各民主党派、工商联和无党派人士通报2012年全市经济社会发展情况和2013年工作思路及措施，征求意见建议。市委副书记梁宪廷主持会议。

5月13日，东营市政协副主席、市委统战部部长张惠出席同心党外服务团活动启动仪式并讲话。

8月20日，烟台市召开全市协商民主工作推进会暨政府部门与各民主党派、工商联对口联系座谈会。市委常委、统战部部长程德智出席会议并讲话。

6月7日，“潍坊市统一战线教育基地”揭牌仪式在寿光市牛头镇马保三同志故居举行。市委常委、统战部部长张小梅出席仪式。

3月11日，济宁市召开全市统战工作会议。市委常委、组织部部长何思清出席会议并讲话。市政协副主席、市委统战部部长张开朗作工作报告。

10月29日，泰安党外干部培训班在省社会主义学院举办。市政协副主席、市委统战部部长朱永强出席开班式并讲话。

4月18日，威海统一战线讲坛首场报告会举行。市委常委、统战部部长李在武出席报告会并讲话。

11月28日，日照市召开全市统一战线学习贯彻中共十八届三中全会精神报告会。

5月6日，中央统战部、全国工商联召开非公有制经济人士理想信念教育实践活动动员大会电视电话会议。市政协副主席殷秀林出席莱芜分会场会议。

4月16日，临沂市全市统一战线“同心讲堂”第一场报告会举行。市委常委、统战部部长张广敬主持报告会。副市长、九三学社市委主委赵爱华作主题报告。

3月8日，德州市委书记、市人大常委会主任吴翠云走访市各民主党派、工商联机关。市委副书记满春重，市委常委、秘书长韩建亭，市政协副主席、市委统战部部长邵自升陪同。

10月31日，聊城市政协副主席、市委统战部部长张传玄调研西新河大桥建设情况。

5月9日，滨州市委统战部举办纪念中共中央发布“五一口号”65周年书画展。市政协副主席、市委统战部部长姜银浩出席开幕式并致辞。

8月29日，菏泽市委统战部举办统一战线“同心讲坛”第四次报告会。副市长、农工党市委主委黄秀玲作主题报告。

6月17日至19日，全省县级统战工作联系点会议在邹城市召开。

前 言

《山东统一战线年鉴》是由省委统战部主办、各级统战部门和统战系统各单位共同参与编纂的专业年鉴和大型文献工具书。它逐年记载全省统战工作开展情况，反映各领域统战事业发展成就，具有公开性、综合性、资料性、规范性、权威性和文化价值、文献价值、史料价值、研究价值，对于及时总结统战工作成功经验、准确把握统一战线发展规律、不断推动全省统战事业科学发展，具有十分重要的意义。

《山东统一战线年鉴2014》记录的是2013年全省统一战线各领域基本情况。2013年是全面贯彻落实党的十八大精神的开局之年。面对世界经济复苏艰难、国内经济下行压力加大、自然灾害频发、多重矛盾交织的复杂形势，全国各族人民在以习近平同志为总书记的党中央领导下，从容应对挑战，奋力攻坚克难，圆满实现全年经济社会发展主要预期目标，改革开放和社会主义现代化建设取得令人瞩目的重大成就。在党中央、国务院的坚强领导下，全省上下牢牢把握稳中求进工作总基调，坚持以提高经济发展质量和效益为中心，统筹推进稳增长、调结构、促改革各项工作，全省经济运行总体平稳，稳中有进、稳中向好。2013年也是全省统一战线围绕大局开拓进取的重要之年。全省统一战线认真学习贯彻党的十八大，十八届二中、三中全会和习近平总书记系列重要讲话精神，统一战线共同思想政治基础更加巩固。扎实开展党的群众路线教育实践活动，反“四风”、转作风，着力解决实际问题，统战部门自身建设进一步加强。全力推动发展，积极改善民生，努力促进和谐，为加快经济文化强省建设作出新贡献。搭建平台、畅通渠道，为各民主党派、工商联和无党派人士参与政治协商创造良好条件，统一战线在协商民主中的作用进一步发挥。加强教育培训，强化实践锻炼，加大安排使用，改善监督管理，党外代表人士队伍建设取得新进展。突出重点，狠抓落实，各领域统战工作扎实推进，统战工作科学化水平进一步提高，全省统一战线呈现出团结、和谐、开拓、活跃的良好局面。《山东统一战线年鉴2014》对此作了真实记录，向社会全面展示了全省统一战线的新发展新面貌。

《山东统一战线年鉴2014》以文字、图片和表格形式，形象、立体、全方位地记载和反映省直统战系统部门单位、17个市委统战部、137个县（市、区）委统战部、9个大企业、43所高等院校、8家科研院所统战机构及部分县级以上开发区统战工作机构2013年度的工作情况。全书分为8个部分，近80万字、40余幅彩色照片，并收入若干统计数据和资料，力求形象、明了、准确、实用。编纂过程中，始终坚持以邓小平理论、“三个代表”重要思想、科学发展观为指导，牢牢把握大团结大联合主题，在确保年鉴科学、严谨基本特点的前提下，注重信息的多样性和丰富性。希望它能成为展示、宣传山东统一战线的窗口和广大统战干部、统战成员学习交流、相互借鉴的园地，为推动新世纪新阶段全省统战事业、统战工作不断迈上新台阶发挥应有的作用。

《山东统一战线年鉴2014》的编纂历时8个月，得到各级统战部门和各民主党派、工商联、社会主义学院、有关团体的积极响应和出版社、承印单位及社会各方面的密切配合，在此一并致谢。由于年鉴的编纂、出版、发行工作牵涉面广、周期长、工作量大，囿于经验、水平及其他客观条件，难免有疏漏和不妥之处，敬请批评指正。

凡 例

1.本书以文字、图片、数据等形式，全面、翔实、系统地记录山东统一战线的发展情况，客观真实地反映全省统一战线全貌。

2.本书的主要内容，由山东省省级统战系统各部门，市、县（市、区）委统战部，有关企业、高校、科研院所统战工作机构等，指定专人组成编写组撰稿，并经主管领导审核。

3.本书编撰的基本准则是实事求是、客观准确、内容全面、资料翔实、记述规范。

4.本书对入编内容作了严格划定：省级部门全面反映统战系统各单位情况，市级以下以各级统战部门的情况为主。重点收录各地各部门一年内发生的大事、要事，兼顾特色。

5.本书的体例采取篇目、类目、条目的梯级编辑法，内容尽可能条目化。一事一条，重要事件具体化。

6.为科学反映2013年全省统一战线大事、要事，编辑部对省委统战部和各地、各单位提供的大事记进行了筛选、整合。

7.全省统一战线组织及人员名录力求系统、实用、简明。2013年12月31日以后发生的职务变更，不在本书收录之列。省级各统战组织的名单为2013年的变化，往届名单不再收录。

8.评比表彰情况主要收录在国家级、省部级或省委统战部牵头的评比表彰活动中获奖的单位及个人情况。

9.统计数据表主要收录2013年全年的数据，力求既反映统战工作的真实全貌，又便于操作、查阅和应用。各种统战资源和统战对象统计数据，精确到县（市、区）和各部门、各单位。

10.文件、讲话等资料的收录，力求重点突出、内外有别，做到实用、简明、便查、不涉密。

11.照片的收录，重点反映上一年全省统一战线的特色和亮点，同时兼顾平衡。

目录

4.企业高等院校科研院所统战工作

5.名录

6.评比奖励

7.统计表格

8.领导讲话

1.山东统一战线概要

2013年山东省统一战线资源概览

山东是统战资源大省，是全国统一战线工作重点省份之一，统战工作任务比较繁重。随着改革进入“深水区”、攻坚期，我国经济社会结构深刻调整，社会阶层不断发生新的变化，统战工作范围从经济建设、政治建设、文化建设向社会建设和生态文明建设领域拓展。以下反映的是截至2013年底的全省统一战线基本情况。

·民主党派·

山东除台湾民主自治同盟外，现有中国国民党革命委员会（简称民革）、中国民主同盟（简称民盟）、中国民主建国会（简称民建）、中国民主促进会（简称民进）、中国农工民主党（简称农工党）、中国致公党（简称致公党）、九三学社7个民主党派省级组织，99个市级组织（含2个筹委会），12个县级组织，1800个基层组织。截至2013年底，全省共有民主党派成员37594人。

（梁景珲）

·工商联（商会）·

山东省155个县级以上行政区划全部建立工商联组织。其中，工商联（商会）省级组织1个，市级组织17个，县（市、区）级组织137个。1826个乡镇和街道办事处中，共建立1680个商会组织。全省共有工商联会员184782个。其中，企业会员115699个，团体会员3443个，个人会员65640个。

（赵玉辉）

·少数民族·

山东是少数民族散杂居重点省份之一。全省55个少数民族总人口72.17万人，占全省人口的0.75%。其中回族人口最多，有53.57万人。5000人以上的少数民族还有朝鲜族（61556人）、满族（46521人）、蒙古族（17669人）、苗族（8414人）、彝族（8298人）、壮族（5822人）、土家族（5730人）、佤族（5619人）。全省17个市中，少数民族人口5万人以上的有7个市，分别是济南（12.24万人）、青岛（7.67万人）、德州（7.42万人）、泰安（7.13万人）、菏泽（6.49万人）、聊城（5.55万人）、济宁（5.11万人）。少数民族人口超过1万人的县（市、区）有28个；有4个回族镇，分别是：淄博市临淄区金岭镇、禹城市十里望镇、莘县张鲁镇、曹县侯集镇。少数民族过千人的重点乡镇125个，民族村居365个。随着改革开放的不断深化，外来少数民族人口和流动人口逐年增加，全省少数民族流动人口高峰期达到

120万人。

（王凤全）

·宗教·

山东是全国宗教工作重点省份之一，有佛教、道教、伊斯兰教、天主教、基督教5种宗教。佛教于公元一世纪传入山东，著名寺院有长清灵岩寺、千佛山兴国禅寺、青岛湛山寺、淄博普照寺、五莲山光明寺等。山东是中国道教发祥地之一，王重阳于金元之际在胶东创立全真教，全真道是山东省道教主要派别，泰山碧霞祠、泰山王母池、崂山太清宫、上清宫等都是著名的道教宫观，泰山、崂山道教音乐特色鲜明。据现有文字记载，伊斯兰教于13世纪中叶传入山东，山东清真寺的创建始于元朝，济南南大寺、青州真教寺、济宁东大寺、临清北大寺等都是著名清真寺。天主教于17世纪30年代正式传入山东，现有9个教区，分别是济南教区、青岛教区、周村教区、烟台教区、青州教区、临沂教区、兖州教区、聊城教区、菏泽教区。19世纪30年代，基督教传入山东。据统计，2013年全省共有信仰五大宗教的群众226万人，正式登记的宗教活动场所4961个，已认定备案的宗教教职人员3456人，宗教院校3所（基督教神学院、天主教圣神修道院、湛山佛学院）。五大宗教省一级爱国宗教团体有七个，分别是：省佛教协会、省道教协会、省伊斯兰教协会、省天主教爱国会和天主教教务委员会、省基督教三自爱国运动委员会和基督教协会。2012年12月省一级爱国宗教团体圆满完成换届任务，领导班子成员共50人，其中教职人员33人。市一级宗教团体81个，县一级宗教团体243个。

（王凤全）

·港澳台同胞和海外侨胞·

山东是全国港澳台海外统战工作任务较重的省份。山东历来与港澳有密切联系，祖籍山东的港澳同胞约40万人。改革开放以来，山东与港澳的经济文化交流更加密切。2013年，全省新批港澳项目456个，合同利用外资847129万美元。在台的山东籍乡亲约80万人，台胞亲属150万人，常住山东台胞3000多人，省内定居台胞318户、848人，求学台生142人。全省有15家台商协会，有10个对台海运直航点、4个对台空运直航点、3个台胞签注点、2个海峡两岸交流基地、1个台湾自由行城市。截至2013年底，山东全省批准台资项目156个，实际利用台资13.9亿美元，对台贸易额41.4亿美元。全年来鲁台胞25.2万人次，赴台旅游9.6万人次，应邀赴台6337人次。山东籍华侨华人80多万人，分布在世界97个国家和地区，以亚洲各国为多，东北亚的日本、朝鲜、韩国、蒙古和前苏联的西伯利亚一带占全省旅外华侨的50%以上；南北美洲的华侨华人共约20万人，其中美国、加拿大、巴西居多；省内归侨侨眷约120万人，多分布于烟台、潍坊、威海、青岛、日照、临沂、济南等市。山东省政协中有来自港澳的委员42人，市级政协中有来自港澳的委员63人。

（张程相）

·非公有制经济人士·

截至2013年底，全省实有各类民营经济市场主体达到397.4万户，注册资本金27201.3亿元，占全部市场主体数量和注册资本金的96.3%和54.7%，同比上升0.5个百分点和3.2个百分点。非公有制经济占生产总值比重达到55.5%。2013年全省新登记注册民营经济市场主体（包括私营企业、个体工商户和农民专业合作社）68.1万户，注册资本（金）3976.5亿元，同比分别增长22.2%和47%，占新登记市场主体总量的98.7%和69.3%，个体私营经济组织从业人员为1502.4万人。2013年中国民营企业500强中，山东54家非公有制企业入选。全省工商联会员中担任县级以上人大代表、政协委员的9723人，其中，全国人大代表35人，全国政协委员5人（常委1人）；省级人大代表156人（常委1人），省级政协委员104人（常委17人），省党代会代表50多人。全省规模以上非公有制企业100%建立了中共党组织。在全省非公有制经济人士中深入开展理想信念教育实践活动，对全省105名优秀党员出资人进行了评选表彰。

（赵玉辉）

·党外干部·

截至2013年底，全省市以上政府工作部门及县以上政府领导班子中党外干部共334名，其中副省长1名，省政府工作部门副职16名，副市长17名，市政府工作部门正职、副职162名，副县（市、区）长138名。省高级法院副院长

1名，省检察院副检察长1名，市中级法院副院长6名，市检察院副检察长4名。全省各级人大常委会党外副主任157名，其中省人大常委会副主任1名，市级人大常委会副主任17名，县级人大常委会副主任139名。全省各级政协党外副主席466名，其中省政协副主席5名，市政协副主席67名，县级政协副主席394名。

（王　琰）

·党外知识分子·

截止到2013年底，山东有大专以上知识分子约700万人，其中党外知识分子485万人，占69.2%。党外知识分子联谊组织181个，其中省级2个，市级17个，县级109个，高等学校43个，科研院所8个，国有企业2个，成员总数超过9700人，基本实现了统战工作网络全覆盖。党外知识分子队伍建设以各级联谊组织为平台，着力打造“同心”服务工作品牌，推动党外知识分子队伍建设迈上新台阶。

（吴　猛）

·社会组织·

截至2013年底，全省注册登记的社会组织38976个，其中社会团体17807个、民办非企业单位21083个。省管社会组织1750个，其中社会团体907个，民办非企业单位757个，基金会86个，从业人员约45万人，其中以新社会阶层为主体的党外人士约占63%。

（刘德民）

2013年山东省统一战线大事记

·一月份·

4日　省委统战部主要负责同志主持召开第1次部长办公会议。孙传宏、耿文清、崔巍、孙孺声、王晓炜、曲涛、亓同秋、李法信、牟强同志出席。

枣庄市全市党外人士情况通报会召开。市委副书记、市长张术平向各民主党派、工商联和无党派人士通报2012年全市经济社会发展情况和2013年工作思路，征求意见建议。市委副书记梁宪廷主持。

5日　省委统战部主要负责同志、孙传宏同志出席省政协常委会议。

亓同秋同志会见省海联会理事、世界亨斯曼中老年运动会官方大使、旅美华侨唐德伟先生。

6日　威海市委召开各界人士民主协商会，就有关人事安排情况征求意见。市委常委、组织部部长张永霞出席会议并讲话。市委常委、统战部部长李在武主持。

临沂市政府召开恳谈会，征求各民主党派、工商联负责人、无党派人士和部分基层干部群众、企业家、有关专家及市直有关部门负责人对《政府工作报告》的意见建议。市委副书记、市长张务锋出席会议并讲话。副市长赵爱华，市政协副主席、市委统战部部长杜甲普，市政府秘书长谭庆功出席会议。

7日上午　孙孺声同志赴泰安市调研。

王晓炜同志赴山东大学对“统战工作规范化建设年”活动情况进行考核。

8日上午　省委召开常委会议。省委统战部主要负责同志出席，孙传宏同志列席。我部报送《关于省政协十一届一次会议人事安排工作有关事宜的请示》。

省委统战部主要负责同志参加原中共山东省顾问委员会委员、省委办公厅离休干部严永洁同志追悼会。

9日上午　省政府召开党外人士座谈会。省委副书记、省长姜大明听取党外人士对《政府工作报告》的意见建议。省委统战部主要负责同志主持。孙传宏、曲涛同志参加。

下午，王晓炜同志到山东工艺美术学院对“统战工作规范化建设年”活动情况进行考核。

10日　省委统战部主要负责同志出席纪念谭启龙同志诞辰100周年座谈会。

孙孺声同志赴济宁市调研。

青岛市召开党外人士情况通报会。市委常委、市纪委书记何建平通报青岛市党风廉政建设和反腐败工作情况。市委常委、统战部部长陈飞主持。

11日上午　曲涛同志出席民建山东省八届二次全委会议并讲话。

下午，省委统战部主要负责同志主持召开第2次部长办公会议。孙传宏、耿文清、崔巍、孙孺声、王晓炜、曲涛、亓同秋、牟强同志出席。

14日　省委统战部主要负责同志出席第七期全省领导干部学习贯彻党的十八大精神专题培训班开班式并作动员讲话和辅导报告。

亓同秋同志出席全省民族宗教工作会议。

14日至18日 中央统战部副部长，全国工商联党组书记、常务副主席全哲洙一行就非公有制经济人士理想信念教育活动进行调研。14日下午，召开宣讲“三个自信”报告会。15日上午，召开非公有制经济人士理想信念教育活动调研座谈会；下午在济南市调研。16日，在淄博市调研。17日至18日，在青岛市调研。14日至15日，省委统战部主要负责同志、孙传宏同志陪同在济南活动。孙蓊声同志全程陪同。

15日至16日 亓同秋同志在潍坊调研宗教和港澳台海外统战工作。

16日 民盟省委“同心”工程武城实践基地建设签约暨揭牌仪式举行。省人大常委会副主任、民盟省委主委温孚江，曲涛同志出席。德州市委书记、市人大常委会主任吴翠云，市委常委、秘书长韩建亭，市政府副市长、民盟市委主委康志民陪同。

17日 曲涛同志出席民进山东省六届二次全委会议并讲话。

潍坊医学院召开“同心·学习贯彻十八大精神”座谈会。党委书记、校长石增立出席会议并讲话，副书记、纪委书记秦玉明主持。

18日上午 孙传宏同志主持召开部机关参加省政协会议全体工作人员会议并讲话。

枣庄市召开第四次民族团结进步表彰大会。市委副书记梁宪廷出席会议并讲话。

曲涛同志主持召开各民主党派省委驻会领导联席会。

21日上午 省委统战部主要负责同志、孙传宏、孙蓊声同志出席省委全委会，并提交十一届省政协主席、副主席、秘书长、常务委员候选人名单。

下午，中共山东省委举行民主协商会，就即将召开的省“两会”议程和拟向省“两会”推荐的山东出席第十二届全国人民代表大会代表候选人和换届人事安排进行民主协商。省委书记、省人大常委会主任姜异康主持会议并讲话。省委副书记王军民出席，省委常委、组织部部长高晓兵受省委委托就有关事项作了说明，省委统战部主要负责同志出席。孙传宏、孙蓊声、王晓炜、曲涛同志参加。

省委统战部主要负责同志、孙传宏同志参加省政协主席会。孙传宏同志作《关于十一届省政协委员人选情况的说明》和《关于省政协十一届一次会议人事安排工作有关事宜的说明》。

日照市委统战部、市文广新局和市各民主党派、工商联、党外知识分子联谊会联合举办2013“晨曦杯”统一战线迎春京剧晚会。

22日上午 省委统战部主要负责同志在省分会场收听收看中纪委十八届二次全体会议。

孙传宏同志主持召开省各民主党派、工商联负责人会议，通报有关人事事项。

下午，全省统战部长会议在济南召开。省委统战部主要负责同志出席会议并讲话。孙传宏同志主持，崔巍同志传达姜异康同志在省委常委会听取全国统战部长会议精神汇报后的讲话，孙蓊声同志宣读表彰通报。王晓炜、曲涛、亓同秋、李法信、牟强同志出席。

22日至30日 省委统战部主要负责同志出席省人大、省政协全体会议。孙传宏、崔巍、孙蓊声、曲涛同志出席省政协全体会议。王晓炜、亓同秋、李法信、牟强同志列席。

23日 孙传宏同志参加省政协十一届一次会议预备会议和主席团第一次会议。

寿光市委统战部举行牛头镇抗日武装起义指挥部旧址（马保三故居）落成仪式。2012年初，寿光市启动了抗日英雄、省委统战部原部长马保三同志故居修缮保护工程。该旧址生动展示了马保三光辉的一生，为潍坊市增添了一处重要的革命传统教育基地、红色文化旅游景点和统一战线社会主义核心价值体系实践教育基地。

24日下午 省委统战部主要负责同志出席省政协港澳委员座谈会并讲话。孙传宏同志主持。亓同秋、李法信、牟强同志出席。

晚上，召开省各民主党派、工商联负责人会议，就省“两会”有关工作进行部署。省委统战部主要负责同志出席会议并讲话。孙蓊声同志主持。

召开各市委及部分高校党委统战部长会议，对省“两会”选举有关工作进行部署。孙传宏同志讲话，崔巍同志主持。

27日 孙传宏同志参加省政协十一届一次会议主席团第二次会议。

28日下午 省委统战部主要负责同志主持召开第3次部长办公会议。孙传宏、崔巍、孙蓊声、王晓炜、曲涛、亓同秋、李法信、牟强同志出席。

省政协十一届一次会议临时党委负责人与各党小组组长进行

集体谈话。孙传宏、孙孺声、亓同秋、李法信同志参加。

晚上，召开省政协十一届一次会议组织组全体工作人员会议。省委统战部主要负责同志出席并讲话，孙传宏同志主持，亓同秋、李法信同志出席。

29日上午 省委统战部主要负责同志出席省委常委会议。

孙传宏、亓同秋同志听取省政协十一届一次会议各委员组联络员关于人选讨论情况的汇报。

济南市委、市政府召开驻济异地商会座谈会。市委副书记、市长杨鲁豫出席会议并讲话。市委副书记雷杰，市委常委、副市长苏树伟，市委常委、统战部部长慕建民，市委常委、秘书长杨峰和市政府秘书长李华贤出席会议。

下午，孙传宏同志参加省政协十一届一次会议主席团第三次会议。

30日 省委统战部主要负责同志会见江西省委常委、统战部部长蔡晓明一行。李法信同志陪同。

31日 省委统战部主要负责同志接见全省性爱国宗教团体新一届领导班子成员。孙传宏、亓同秋、牟强同志参加。

亓同秋、牟强同志出席省暨济南市民族宗教界迎春茶话会。

·二月份·

1日 潍坊市召开全市统战部长会议。会议传达学习了全省统战部长会议精神，总结交流2012年工作，部署2013年工作任务。市委常委、统战部部长张小梅出席会议并讲话。

济宁市委副书记崔洪刚，市政协副主席、市委统战部部长张开朗走访慰问各民主党派市委、市工商联机关。

2日 省委统战部召开部领导班子成员2012年度民主生活会。省委统战部主要负责同志、孙传宏、崔巍、孙孺声、王晓炜、曲涛、亓同秋、李法信、牟强同志出席。

3日 孙传宏同志参加省纪委十届三次全体会议第一次大会。

4日上午 省委统战部主要负责同志代表省委走访省级老领导。

下午，省委书记姜异康走访各民主党派省委、省工商联机关，并与省各民主党派工商联主委（主席）、退下来的主委（会长）及无党派人士座谈。省委常委、秘书长雷建国、省委统战部主要负责同志陪同走访并出席座谈会。孙传宏、孙孺声、王晓炜、曲涛、李法信同志分别陪同。

5日 省委统战部主要负责同志走访省政协原副主席、民盟省委名誉主委孔令仁及省委统战部老部长。王晓炜、曲涛、李法信同志陪同。

孙传宏同志赴东阿县省委统战部帮包村走访慰问困难群众并看望“第一书记”。

省委常委、青岛市委书记李群走访青岛市各民主党派市委会机关。市委常委、统战部部长陈飞陪同。

6日 省委统战部主要负责同志主持召开部务会议。孙传宏、崔巍、孙孺声、王晓炜、曲涛、亓同秋、李法信、牟强同志出席。

省委统战部主要负责同志主持召开第4次部长办公会议。孙传宏、崔巍、孙孺声、王晓炜、曲涛、亓同秋、李法信、牟强同志出席。

日照市委召开党外人士座谈会，通报经济社会发展和党风廉政建设工作情况，听取各民主党派、工商联和无党派人士的意见建议。市委书记、市人大常委会主任杨军出席会议并讲话，市委常委、常务副市长钱焕涛通报经济社会发展情况，市委常委、纪委书记范真通报党风廉政建设情况，市委统战部主要负责同志主持会议，市政协主席刘加顺，市委常委、秘书长王斌等出席会议。

18日 省委统战部主要负责同志主持召开第5次部长办公会议。孙传宏、崔巍、王晓炜、曲涛、李法信、牟强同志出席。

曲涛同志主持召开各民主党派省委驻会领导联席会。

亓同秋同志赴淄博吊唁省天主教两会名誉主任、周村教区主教马学圣。

19日 省委统战部主要负责同志赴北京参加2013年中央对台工作会议。

20日上午 省委统战部主要负责同志出席省委统战部2012年度先进集体和先进个人表彰大会并讲话。孙传宏同志主持，崔巍、孙孺声、王晓炜、曲涛、亓同秋、李法信、牟强同志出席。

孙孺声同志主持召开省工商联机关干部会议并讲话。

21日 青岛市委副书记王伟宣布市委决定：市委常委、组织部部长边祥慧同志兼任市委统战部部长，陈飞同志不再担任市委统战部部长。

山东统一战线“同心讲坛”举办第五场报告会，省政协副主席、民建省委主委郭爱玲作题为《充分发挥版权事业在经济文化建设中的作用》的报告。崔巍、王晓炜、曲涛、亓同秋、李法信、牟强同志出席，孙孺声同志主持。

23日至3月1日 省委统战部主要负责同志赴台湾考察访问。

26日 孙孺声同志出席并主持全省工商联系统“民企百强”三项评选启动工作会议。

青岛市委常委、组织部部长、统战部部长边祥慧主持召开市各民主党派、工商联负责人座谈会，并走访青岛市各民主党派市委会、市工商联机关。

27日 孙传宏同志主持召开部机关各处室、直属单位负责人会议，就选派第二批“第一书记”进行动员部署。

济南市召开党外人士情况通报会，向党外人士通报2012年全市党风廉政建设和反腐败工作情况。市委常委、统战部部长慕建民主持会议。

27日至28日 曲涛同志带领各民主党派省委、省职教社负责人到临沂革命传统教育基地学习考察。

28日上午 孙传宏同志主持召开第6次部长办公会议，崔巍、孙孺声、王晓炜、亓同秋、李法信、牟强同志出席。

孙传宏同志参加全国省级统战部长座谈会。

孙孺声同志出席省属异地商会会长座谈会。

亓同秋、牟强同志与省天主教两会驻会负责人座谈。

·三月份·

1日 东营市召开全市统战部长会议。会议传达学习全国、全省统战部长会议精神，总结2012年工作，研究部署2013年任务。市委副书记刘赞杰出席会议并讲话，市政协副主席、市委统战部部长张惠作工作报告。

2日至12日 省委统战部主要负责同志赴北京参加政协第十二届全国委员会第一次会议。

2日 崔巍同志到东阿县就基层统战工作调研并看望驻村“第一书记”。

2日至5日 亓同秋同志赴香港出席香港山东商会第六届理事会暨癸巳年春茗嘉宾晚宴，拜访香港中联办协调部有关负责同志、香港山东各级政协委员联谊会部分会员，看望省政协住港委员和部分省海联会理事。

4日 青岛市召开全市党外代表人士队伍建设工作会议和全市统战部长会议。市委副书记王伟出席会议并讲话。市委常委、组织部部长、统战部部长边祥慧主持。

5日 孙传宏同志与有关部门研究协调科学发展综合考核指标体系有关事宜。

山东大学党委下发《中共山东大学委员会关于加强党员领导干部与党外代表人士联谊交友工作的意见》，建立校、院（部处）两级党员领导干部分层次直接联系党外代表人士制度。

7日 亓同秋、牟强同志与省宗教局有关负责同志研究参加中国基督教第九次代表会议的代表人选。

济南市召开党外代表人士队伍建设工作会议，传达贯彻全省党外代表人士队伍建设工作电视电话会议精神，安排部署党外代表人士队伍建设工作。市委副书记雷杰出席会议并讲话。

济南市召开全市统战部长会议。学习贯彻党的十八大和全国、全省统战部长会议精神，总结2012年全市统战工作，研究部署2013年统战工作任务。市委副书记雷杰出席会议并讲话。市委常委、统战部部长慕建民出席会议。

8日 孙孺声同志与有关单位研究非公有制企业党建工作。

德州市委书记、市人大常委会主任吴翠云走访市各民主党派、工商联机关，听取意见建议。市委副书记满春重，市委常委、秘书长韩建亭，市政协副主席、市委统战部部长邵自升等陪同。

11日 济宁市召开全市统战工作会议。市委常委、组织部部长何思清出席会议并讲话，市政协副主席、市委统战部部长张开朗作工作报告。

12日 孙传宏同志与来我省学习党外代表人士队伍建设联席会议制度的河南省委统战部、组织部有关同志座谈。

王晓炜同志出席部机关党委扩大会议并讲话。

烟台市召开全市统战部长会议，传达学习全国、全省统战部长会议精神，总结交流了2012年工作，安排部署2013年工作任务。

14日上午 省委统战部主要负责同志、孙传宏同志听取青岛市委统战部工作汇报。

下午，省委考察组对部领导班子及成员进行2012年年度考核。省委统战部主要负责同志、孙传宏、耿文清、崔巍、孙孺声、王晓炜、曲涛、亓同秋、李法信、牟强同志出席。

省委统战部主要负责同志主持召开第7次部长办公会议。孙传宏、耿文清、崔巍、孙孺声、王晓炜、亓同秋、李法信、牟强同志出席。会议决定曲涛同志为正厅级领导干部考察人选。

15日上午 省委统战部主要负责同志陪同中国民间商会副会长、中国泛海控股集团董事长卢志强考察济南吴家堡项目工地、北湖项目工地并座谈。孙传宏、李法信同志及济南市委常委、统战部部长慕建民参加。

王晓炜同志出席新阶层行业协会联席会并讲话。

17日下午 省委统战部主要负责同志主持召开第8次部长办公会议。孙传宏、耿文清、崔巍、孙孺声、王晓炜、亓同秋、李法信、牟强同志出席。会议决定，根据省委组织部反馈的考察意见，建议曲涛同志任省社会主义学院党组书记（正厅级）、第一副院长。

18日上午 省社会主义学院举行2013年春季开学典礼。省委统战部主要负责同志出席并讲话。孙传宏同志主持，崔巍、曲涛同志出席。

王晓炜同志主持召开部机关工会换届会议并讲话。

18日至25日 在省委党校举办全省统战工作领导干部理论研讨班。18日晚上，孙传宏同志主持召开全省统战工作领导干部理论研讨班预备会议。19日上午，省委党史研究室原副主任丁龙嘉为研讨班学员作题为《山东统一战线工作史》的专题报告，王晓炜同志主持；下午，中央统战部副部长（正部级）朱维群为研讨班学员作题为《当前民族宗教工作》的专题报告，孙传宏同志主持。20日下午，省委统战部主要负责同志为研讨班学员作题为《新形势下山东统战工作》的专题报告，孙传宏同志主持；晚上，崔巍同志为研讨班学员作题为《全面做好新形势下统战理论调研宣传工作》的专题辅导。21日上午，孙传宏同志为研讨班学员作题为《认真贯彻落实中发〔2012〕4号和鲁发〔2012〕10号文件，切实加强党外代表人士队伍建设》的专题辅导；曲涛同志为研讨班学员作题为《关于多党合作和民主党派工作》的专题辅导；下午，清华大学公共关系与战略传媒研究所所长董关鹏为研讨班学员作题为《应急管理中舆论引导和媒体沟通》的专题报告，崔巍同志主持；晚上，王晓炜同志为研讨班学员作题为《党外知识分子统战工作的几个问题》的专题辅导。22日下午，中央统战部副部长陈喜庆为研讨班学员作题为《党的十八大关于统一战线的新思想、新论述、新要求》的专题报告，孙传宏同志主持。23日上午，全国工商联党组成员、副主席庄聪生为研讨班学员作题为《新形势下工商联工作》的专题报告，孙孺声同志主持；下午，海军信息化专家咨询委员会主任、少将、研究员尹卓为研讨班学员作《国际形势和国防建设》专题报告，孙传宏同志主持；晚上，孙孺声同志为研讨班学员作题为《深入学习贯彻党的十八大精神认真做好非公有制经济领域统战工作》的专题辅导。24日上午，中央统战部一局巡视员孙凌雁为研讨班学员作题为《多党合作和民主党派工作有关问题》的专题报告，曲涛同志主持；晚上，亓同秋同志为研讨班学员作题为《关于民族宗教和港澳台海外统战工作的几个问题》的专题辅导。25日上午，全省统战工作领导干部理论研讨班举行结业仪式，省委统战部主要负责同志出席并讲话，孙传宏同志主持，孙孺声、王晓炜、曲涛、亓同秋、李法信、牟强同志出席。

19日下午 省委召开党外人士情况通报会，向省各民主党派、工商联、无党派人士通报中共中央关于山东省领导同志调整的决定。省委书记、省人大常委会主任姜异康主持。中共中央决定郭树清同志任省委委员、常委、副书记，姜大明同志不再担任省委副书记、常委、委员职务。省委常委、组织部部长高晓兵，省委统战部主要负责同志出席。孙孺声、王晓炜、曲涛同志参加。

20日至21日 王晓炜同志在曲阜、临沂调研。

25日下午 省委统战部主要负责同志、孙传宏、孙孺声、曲涛同志分别与已退出领导岗位、符合办理退休条件以及暂缓办理退休的省管干部谈话。

26日至28日 中央统战部第10期新的社会阶层人士理论研究班先后到济宁、临沂和济南考察。王晓炜同志陪同。

26日 孙传宏同志为第十三期全省民主党派领导干部进修班学员作《认真贯彻落实中央4号、省委10号文件精神，切实加强党外代表人士队伍建设》专题报告。

曲涛同志为第十三期全省民主党派领导干部进修班学员作《新形势下的多党合作与民主党派工作》专题报告。

26日至27日 亓同秋、牟强同志出席省台联八届二次理事会。

中央统战部六局局长王永庆率第10期新的社会阶层人士理论研究班考察团到临沂考察。临沂市委书记、市人大常委会主任张少军会见考察团一行。王晓炜同志和临沂市委常委、统战部长张广敬陪同。

28日上午 亓同秋同志出席山东黄埔史料整理编纂工作座谈会并讲话。牟强同志出席。

28日下午 省委统战部主要负责同志主持召开第9次部长办公会议。孙传宏、耿文清、崔巍、孙蕖声、王晓炜、曲涛、亓同秋、李法信、牟强同志出席。会议决定，同意省台湾同胞联谊会办公室原主任吴晨办理退休手续，同意民进省委办公室主任刘复晶同志免现职并办理退休手续。

29日上午 省社会主义学院召开全体人员会议。省委统战部主要负责同志出席并讲话，省委组织部常务副部长胡文容宣读省委关于省社会主义学院主要负责同志调整的决定：孙继业同志任省社会主义学院院长；王志民同志不再担任省社会主义学院院长职务；曲涛同志任省社会主义学院第一副院长；免去崔巍同志的省社会主义学院第一副院长职务。曲涛同志任省社会主义学院党组书记（正厅级），免去崔巍同志的省委统战部副部长、省社会主义学院党组书记职务。孙传宏同志主持。会后，省委统战部主要负责同志出席省社会主义学院党组会议并讲话。

省委统战部主要负责同志到东阿县刘集镇省委统战部“第一书记”帮包村调研，出席山东统一战线“同心帮村富民资金”捐赠仪式。孙传宏、李法信同志陪同。

31日 民进山东师范大学总支委员会召开第五次会员大会，选举产生新一届民进山东师范大学总支委员会，“中国民主促进会山东师范大学总支委员会”更名为“中国民主促进会山东师范大学基层委员会”。

·四月份·

1日上午 省委统战部主要负责同志参加省暨济南市开展义务植树活动。

孙蕖声同志出席省工商联与山东财经大学战略合作签约仪式，就人才对接达成协议。

2日 孙传宏同志与有关部门研究党外人才有关工作。

孙蕖声同志出席2013年山东民营企业人才招聘会暨山东财经大学毕业生就业推介会。

孙蕖声同志参加省工商联领导班子及成员年度考核工作。

亓同秋同志为第十三期全省民主党派领导干部进修班学员授课。

2日至3日 王晓炜同志在山东大学调研党外知识分子工作。

3日上午 省委统战部主要负责同志主持召开第10次部长办公会议。孙传宏、孙蕖声、王晓炜、曲涛、亓同秋、李法信、牟强同志出席。会议决定，（一）孙传宏同志分管一处（党派处）、省民主党派大楼管理处、省中华职教社机关，联系省民主党派。（二）曲涛同志分管二处（研究室、宣传办）、主持省社会主义学院工作，具体负责《山东统一战线》、省统战理论研究会工作。

孙蕖声同志为第十三期全省民主党派领导干部进修班学员授课。

7日 孙传宏同志为民进省委原主委苗永明祝寿。

亓同秋同志出席省黄埔军校同学会在枣庄召开的部分黄埔同学及后代代表座谈会并讲话。

李法信同志主持召开各民主党派省委、省工商联及有关处室负责人座谈会，就编印《重要信息周知》和《议政建言集萃》征求意见建议。

8日 民革省委、省黄埔军校同学会联合举办纪念台儿庄大捷75周年座谈会。全国政协常委、民革中央副主席郑建邦，黄埔军校同学会会长林上元，省政协副主席、民革省委主委孙继业，枣庄市委书记、市人大常委会主任陈伟和孙传宏、亓同秋同志出席座谈会。

8日至30日 省委统战部主要负责同志在国防大学国防战略研究班（第42期）学习。

9日 孙传宏、曲涛同志在济南市就省社会主义学院新校建设进行调研。

9日至10日 王晓炜同志到山东艺术学院、山东工艺美术学院调研无党派代表人士队伍建设工作。

9日至11日 亓同秋同志到青岛调研天主教工作。

10日下午 王晓炜同志参加省委防范和处理邪教问题领导小组（扩大）会议。

11日上午 孙传宏同志出席全省党外代表人士实践锻炼基地启动仪式。

11日至12日 贵州省委统战

部来山东考察交流。12日上午，召开毕节试验区建设情况汇报及项目推介会。孙儒声同志致辞，李法信同志主持。

12日 省委副书记王军民会见中华海联会名誉理事、澳洲联邦银行中国事务顾问、澳中经济合作促进会主席董军一行。亓同秋同志陪同。

王晓炜同志主持召开部机关党委、纪委扩大会议。

13日 省委统战部主要负责同志及孙传宏、曲涛同志与省发改委负责同志沟通省社会主义学院新校选址有关事宜。

14日 民盟山东师范大学总支换届暨委员会成立大会召开，选举产生新一届民盟山东师范大学委员会，“中国民主同盟山东师范大学总支委员会”更名为“中国民主同盟山东师范大学委员会”。

15日上午 孙传宏同志主持召开党外人才工作调度会。

下午，孙传宏同志主持召开各民主党派省委驻会领导联席会议。

15日至16日 孙儒声同志赴北京参加中央统战部非公有制经济人士理想信念教育活动座谈会。

15日至18日 牟强同志在香港出席香港山东青年会第二届理监事就职典礼和港区省级政协委员联谊会第四届理事会就职典礼，与香港中联办沟通工作，拜访香港山东商会、冀鲁旅港同乡会等爱国友好社团和部分省海联会理事。

16日下午 孙传宏同志与第十三期全省民主党派领导干部进修班学员座谈讨论。

17日 孙传宏、曲涛、李法信同志与省财政厅负责同志就各民主党派省委、省工商联重点课题调研经费使用办法进行沟通。

山东统一战线“同心讲坛”举办第六次报告会，中央社会主义学院统战理论教研部主任李金河主讲《统一战线和多党合作历史》。孙传宏、王晓炜、李法信同志出席，亓同秋同志主持。

泰山学院党委召开“我的中国梦强校梦”党外代表人士座谈会。党委书记王庆功出席会议并讲话，党委副书记邹成顺主持。

17日至19日 中央统战部五局副局长刘玉江就加强工商联领导班子建设进行调研。孙传宏、孙儒声同志会见刘玉江一行。

18日 曲涛同志到费县省社会主义学院帮包村调研并看望驻村“第一书记”。

香港泰山公德会、省台联在泰山举办“灭癌献爱心·泰山传圣火”活动。省台联原会长叶武杰，泰安市政协副主席、市委统战部部长朱永强等参加活动。

21日下午 孙传宏、曲涛同志与省国土资源厅有关负责同志沟通省社会主义学院选址有关事宜。

22日 省委书记、省人大常委会主任姜异康会见台湾佛光山开山长老星云法师。省委统战部主要负责同志陪同。

孙儒声同志主持召开会议，研究部署非公有制经济人士支持四川雅安抗震救灾工作和组织收看全国非公有制经济人士理想信念教育实践活动电视电话会议有关事宜。

22日至23日 亓同秋同志在临沂调研宗教工作。

22日至24日 全国政协副主席、民革中央常务副主席齐续春率民革中央调研组在青岛就青岛西海岸经济新区建设进行专题调研。民革中央向中共中央、国务院呈报《关于尽快批准设立国家级青岛西海岸新区的建议》，中共中央政治局常委、国务院副总理张高丽作出批示。

22日至26日 中央统战部二局调研组就民族工作进行调研。25日晚上，亓同秋、牟强同志会见调研组一行，并陪同调研。

23日上午 孙儒声同志主持召开《全省非公有制经济人士理想信念教育实践活动实施意见》讨论会。

23日至28日 西藏藏传佛教高级学衔获得者培训班来山东考察。亓同秋、牟强同志在济南陪同活动。

24日 孙儒声同志赴淄博调研非公有制经济人士理想信念教育实践活动试点有关工作。

王晓炜同志主持召开部机关党委会议，研究2011—2012年度省直机关优秀共产党员、优秀党务工作者、先进基层党组织民主推荐事宜。

25日 曲涛同志出席第十三期全省民主党派领导干部进修班结业典礼并讲话。

烟台市召开全市统一战线纪念中共中央发布“五一口号”65周年座谈会。市政协主席郝德军出席会议并讲话。市委常委、统战部部长程德智主持。

26日 王晓炜同志出席全省律师参政议政专题培训班开幕式并为学员授课。

潍坊市召开纪念中共中央发布“五一口号”65周年党外人士座谈会。

日照市委统战部、市政协科教文卫体委员会、市文化广电新闻出版局主办，华业玻璃有限公司、日照戏剧家协会协办，市各民主党派、工商联和党外知识分子联谊会承办的纪念“五一口号”发布65周年文艺晚会在日照广播电视台演播大厅举行。

27日至28日　为纪念“五一口号”发布65周年，省委统战部组织各民主党派省委、省工商联驻会领导及无党派代表人士到西柏坡进行革命传统教育。孙传宏、王晓炜同志参加。

27日　威海市召开纪念中共中央发布“五一口号”65周年座谈会。市委常委、统战部部长李在武出席会议并讲话。

28日　孙传宏同志主持召开部机关全体干部会议，就选派援藏干部工作进行动员部署。王晓炜、牟强同志出席。

德州市“百企连百区”工作现场会在齐河县召开。市委副书记满春重出席并讲话，副市长黄金忠主持。市委常委、齐河县委书记魏洪祥，市人大常委会副主任邓光亮，市政协副主席、市委统战部部长邵自升，市政协副主席杨光来等出席会议。

·五月份·

2日上午　召开全体干部会议，民主推荐援藏干部人选。孙传宏、耿文清、王晓炜、曲涛、亓同秋、李法信、牟强同志出席。

召开学习贯彻全省转方式调结构推动科学发展现场观摩交流会精神会议。孙传宏同志主持并传达省委书记、省人大常委会主任姜异康重要讲话精神，王晓炜同志传达省委副书记、代省长郭树清重要讲话精神。李法信同志出席。

下午，孙传宏同志主持召开第11次部长办公会议。耿文清、王晓炜、曲涛、亓同秋、李法信、牟强同志出席。会议决定：根据民主推荐情况，确定徐光、吴猛同志为援藏干部初步人选。

2日至3日　孙蘅声同志到青岛、滨州调研非公有制经济人士理想信念教育实践活动。

2日至31日　省委统战部主要负责同志在国防大学国防战略研究班（第42期）学习。

3日　省委书记姜异康，省委副书记、代省长郭树清在济南会见国防大学政委刘亚洲、副校长王永生率领的第42期国防战略研究班学员一行。省委统战部主要负责同志参加会见。

孙传宏同志主持召开省各民主党派驻会领导联席会议，传达全省转方式调结构推动科学发展现场观摩交流会精神。

举办第八期青年论坛，组织青年干部职工赴山东大学热科学与工程研究中心参观丁肇中实验室。王晓炜同志出席。

4日下午　孙传宏同志主持召开第12次部长办公会议。王晓炜、曲涛、亓同秋、李法信、牟强同志出席。会议决定，徐光同志作为援藏干部人选，拟任省委统战部七处副处长（援藏）。

5日至9日　民盟中央调研组就“全面优化制度安排，实现社会保障定型、稳定、可持续发展”课题分两组来山东考察调研。全国人大常委会副委员长、民盟中央主席张宝文率第一调研组到青岛、潍坊、济南调研，孙传宏同志陪同；全国政协副主席、民盟中央常务副主席陈晓光率第二调研组到德州、滨州调研，李法信同志陪同。

5日至10日　中央统战部研究室就“改变基层统战工作薄弱状况的因应之策”课题来山东考察调研。5日中午，曲涛同志会见调研组一行。

6日　孙传宏、孙蘅声同志分别在青岛分会场、省分会场收看全国非公有制经济人士理想信念教育实践活动电视电话会议实况。

7日　孙蘅声同志出席科技对接协商座谈会。

亓同秋同志赴济南市长清区灵岩寺调研佛教工作。

8日至10日　牟强同志在泰安、济宁、枣庄就民族宗教工作和海联会组织建设及发挥作用情况进行调研。

9日　孙蘅声同志主持召开全省非公有制经济人士理想信念教育实践活动领导小组会议。

9日至15日　全国政协副主席、全国工商联主席王钦敏来山东就非公有制经济发展情况和改革完善财税体制问题进行调研。9日，省委书记、省人大常委会主任姜异康在济南会见调研组一行。孙蘅声同志陪同。

10日至11日　组织部机关干部职工赴临沂市党性教育基地接受群众路线教育。孙传宏、王晓炜、李法信同志参加。

13日上午　孙传宏同志参加国务院机构职能转变动员电视电话会议。

亓同秋同志参加全国政协民族和宗教委员会专题调研座谈会。

14日　孙传宏同志出席2013年泛海公益基金会、山东泛海光彩基金“同心·光彩助学行动”动员会议并讲话。孙蘅声同志主持。

组织离退休老同志赴德州市临邑县参观考察，王晓炜同志参加。

曲涛同志与济南市历下区有关负责同志沟通协商省社会主义学院新校建设有关事宜。

亓同秋同志出席全省第九期伊斯兰教界人士读书班开学典礼作动员讲话并授课。牟强同志出席。

全国政协民族和宗教委主任朱维群等一行16人，在泰安调研“推动加强和创新宗教事务管理”工作。省政协副主席张传林及省直有关部门负责同志，泰安市委书记李洪峰，市政协主席白玉翠，市委常委、副市长刘卫东，市政协副主席、市委统战部部长朱永强等陪同。

全国政协副主席、全国工商联主席王钦敏在莱芜调研。省政协副主席、省工商联主席王乃静，市委副书记、市长王磊，市政协主席牛志春陪同。

14日至15日 上海市委统战部秘书长李群策一行来山东交流信息工作。14日中午，孙传宏、李法信同志会见李群策一行。

15日 亓同秋、牟强同志会见中国天主教“一会一团”名誉主席、省天主教爱国会主任刘柏年。

16日 亓同秋、牟强同志出席全省第九期伊斯兰教界人士读书班结业典礼。

17日晚上 亓同秋同志出席省海联会海外理事举办的“师生音乐会”。

19日上午 省委统战部主要负责同志主持召开第13次部长办公会议。孙传宏、耿文清、孙孺声、王晓炜、曲涛、亓同秋、李法信、牟强同志出席。

19日至21日 山东省科技厅、青岛国家海洋科学研究中心和东营市人民政府联合主办“海洋专家科技创新行”活动。

20日 省委统战部主要负责同志在北京向中央统战部副部长、全国工商联党组书记全哲洙同志汇报全省非公有制经济人士理想信念教育实践活动有关工作情况。孙传宏、孙孺声同志参加。

孙中山先生铜像揭幕暨中山园落成仪式在济南大学中山园举行。孙中山和平教育基金会主席、孙中山先生孙女孙穗芳博士，省政协副主席、省监察厅巡视员、民革省委主委、省社会主义学院院长孙继业，济南大学党委书记范跃进等出席仪式。

21日至23日 亓同秋同志赴德州、聊城调研民族宗教和港澳台海外统战工作。

21日至24日 全省非公有制经济组织青年企业家管理创新培训班在北京大学举办。22日下午，省委统战部主要负责同志出席开班式并讲话。孙孺声同志主持。

23日 省委召开常委会议。孙传宏同志列席并汇报全国非公有制经济人士理想信念教育实践活动电视电话会议精神及贯彻意见，孙孺声同志列席。

全国人大常委、致公党中央副主席严以新来济南调研“留学人员创业园孵化服务体系建设”，孙传宏同志会见调研组一行。

牟强同志会见莫桑比克太特华人协会会长刘京明。

24日 王晓炜同志到东阿县刘集镇省委统战部“第一书记”帮包村出席山东统一战线“同心”帮村富民行动·信永中和会计师事务所捐资助学活动。

24日至25日 在济南举办全省统战部办公室主任暨信息员培训班。孙传宏同志出席开班式并讲话，李法信同志主持并作总结讲话。

25日下午 召开全省非公有制经济人士理想信念教育实践活动动员部署会议。省委统战部主要负责同志出席会议并讲话，副省长张超超传达姜异康书记重要指示。孙传宏同志出席，孙孺声同志主持。

26日上午 召开全体机关干部会议，推荐交流提拔的副厅级领导干部人选。省委统战部主要负责同志、孙传宏、耿文清、孙孺声、王晓炜、曲涛、亓同秋、李法信、牟强同志出席。

省委统战部主要负责同志主持召开第14次部长办公会议。孙传宏、耿文清、孙孺声、王晓炜、曲涛、亓同秋、李法信、牟强同志出席。会议决定，确定任继滨同志为推荐交流担任副厅级领导干部考察人选。

下午，孙传宏同志向有关民主党派省委主委反馈民主党派驻会领导年度考核情况。

27日 孙传宏同志主持召开省各民主党派工商联重点调研课题推动会。

召开《山东统一战线年鉴2013》编纂工作会议。孙传宏同志出席会议并讲话，曲涛同志主持。

28日 孙传宏同志出席省直单位“第一书记”首批工作总结暨第二批推进会。

29日至31日 孙传宏同志在滨州、淄博就党外代表人士队伍建设、党外人才工作和民主党派工作进行调研。

30日下午 孙传宏同志主持召开第15次部长办公会议。孙孺声、王晓炜、曲涛、李法信、牟强同志出席。会议决定，建议任继滨同志作为推荐交流担任副厅级领导职务人选；骆宝臻同志拟任民进山东省委巡视员，免去民进山东省委副主委职务；郭永军同志任民进山东省委专职副主委。

亓同秋同志对青岛市天主教房产落实情况进行调研。

31日 王晓炜同志看望离休老干部毛传新、李慧同志。

·六月份·

3日 中共山东省委在济南举行民主协商会，就省十二届人大二次会议议程和省委拟向省人代会推荐的有关人选情况进行民主协商。省委书记姜异康主持会议并讲话，省委副书记王军民，省委常委、组织部部长高晓兵出席。孙传宏、孙孺声、王晓炜同志参加。

孙传宏同志向有关民主党派省委主委反馈民主党派驻会领导年度考核情况。

3日至8日 曲涛同志在威海、烟台、东营就进一步加强党外代表人士队伍建设、更好地为建设经济文化强省服务和改变基层统战工作薄弱状况的因应之策两个重点课题进行调研。

3日至9日 省委统战部主要负责同志在国防大学国防战略研究班（第42期）学习。

4日 孙传宏同志主持召开《2013—2017年山东省统一战线教育培训规划》征求意见会议。

台湾两岸和平发展论坛新农村建设参访团在济南考察，省委农工办副主任刘同理作《山东“三农”情况》专题报告，牟强同志主持。晚上，亓同秋、牟强同志会见参访团一行。

李法信同志赴枣庄山亭区考察省各民主党派工商联负责人暑休研讨会有关筹备工作。

4日至11日 以台湾中国统一联盟妇女部部长宋元女士为团长的台湾中国统一联盟妇女部山东参访团一行来山东参访交流。10日，亓同秋同志会见参访团一行并讲话。11日，牟强同志陪同参访团与省妇联、山东女子学院座谈交流。

5日 亓同秋、牟强同志出席全省第三期道教界人士读书班开学典礼。

5日至6日 中央统战部副部长林智敏一行到青岛参加“黄埔情”第五届海峡两岸退役将军高尔夫球邀请赛活动。孙传宏、牟强同志陪同。

6日下午 王晓炜同志参加泰山学者蓝色产业领军人才团队支撑计划实施工作推进会。

6日至8日 全国非公有制经济人士理想信念教育实践活动领导小组组长，中央统战部副部长，全国工商联党组书记、常务副主席全哲洙来山东就非公有制经济人士理想信念教育实践活动进行调研。6日中午，省委书记、省人大常委会主任姜异康会见全哲洙一行。孙传宏、孙孺声同志陪同。6日下午至8日，全哲洙在全国非公有制经济人士理想信念教育实践活动试点、全哲洙同志联系点淄博市调研，孙传宏、孙孺声同志陪同。

7日 亓同秋、牟强同志出席全省第三期道教界人士读书班结业典礼。

潍坊市民主党派“同心·社会服务团”启动暨社会服务实践基地揭牌仪式在奎文门社区举行。市委常委、统战部部长张小梅出席仪式并讲话。

8日 威海市在市电视台举办统一战线学习中共十八大精神电视知识竞赛决赛。市委常委、统战部部长李在武，民革市委主委、市政协副主席任怀平，民建市委主委、市人大常委会副主任毕礼伟等各民主党派负责人观看比赛并颁奖。

8日至9日 孙传宏同志在聊城市就进一步加强党外代表人士队伍建设、更好地为建设经济文化强省服务进行调研。

临沂市委书记、市人大常委会主任张少军到凯歌国际文化城民盟大学生创业园检查指导工作。

13日 省委统战部主要负责同志出席省委宣传部、人民出版社组织召开的《闲来笔潭》读书交流会并发言。

省委统战部主要负责同志主持召开第16次部长办公会议。孙传宏、耿文清、孙孺声、王晓炜、曲涛、亓同秋、李法信、牟强同志出席。

曲涛同志与省发改委有关负责同志就省社会主义学院新校建设问题进行沟通。

中国致公党济宁市第一次代表大会召开。中共济宁市委书记、市人大常委会主任马平昌致辞。中国致公党中央常委、省委主委赵家军，中共济宁市委副书记、市长梅永红，市政协主席赵树国，市人大常委会党组书记、第一副主任陈民，中国致公党中央委员、省委专职副主委马传凯，市政协副主席、中共济宁市委统战部部长张开朗出席。会议选举产生了中国致公党济宁市第一届委员会，班博当选为主委。

13日至14日 全国政协常委、九三学社中央副主席武维华一行到莱芜出席九三学社省委、省科协、莱芜市委、市政府联合举办的“2013年山东省‘百名专家企业行’活动”。

14日 孙蘱声同志主持召开协调会议，就“同心·光彩助学行动”捐助仪式有关事宜安排部署。

中国民主促进会济宁市第一次代表大会召开。省政协副主席、民进省委主委栗甲，中共济宁市委书记、市人大常委会主任马平昌分别致辞。会议选举产生了中国民主促进会济宁市第一届委员会，李良品当选为主委。

14日至16日 全国人大常委会副委员长、民建中央主席陈昌智，全国政协副主席、民建中央常务副主席马培华一行在青岛出席民建第十届中央常务委员会第三次会议及有关活动。15日，省委统战部主要负责同志赴青岛会见与会代表，并介绍了山东有关情况。孙传宏同志陪同。

16日 在山东大厦影视会议厅举办2013年泛海公益基金、山东省光彩事业促进会“同心·光彩助学行动”捐助仪式，省委统战部主要负责同志出席并讲话，全国政协常委、中国民间商会副会长、中国泛海控股集团有限公司董事长卢志强致辞，省政协副主席、省工商联主席、省光彩会名誉会长王乃静出席，孙传宏同志主持，孙蘱声同志宣读资助决定，山东师范大学党委书记商志晓代表10所受助高校讲话，王晓炜同志，省工商联副主席、省光彩会副会长、中国泛海集团监事会主席、泛海实业股份有限公司董事长卢志壮，中国泛海控股集团有限公司副总裁徐建兵参加。

民建中央十届三次常务委员会全体会议在青岛召开。省委常委、青岛市委书记李群出席开幕式并致辞。市委常委、组织部部长、统战部部长边祥慧应邀出席。期间，全国人大常委会副委员长、民建中央主席陈昌智，全国政协副主席、民建中央常务副主席马培华，民建中央副主席宋海及相关专家学者应邀就青岛创建金融综合改革示范区进行专题调研。民建中央向国务院呈报《关于设立财富管理金融综合改革实验区的建议》，得到中央政治局常委、国务院总理李克强和中央政治局委员、国务院副总理马凯批示。

17日下午 省委统战部主要负责同志出席省委常委会议。孙传宏同志列席。

17日至19日 全省县级统战工作联系点会议在邹城市召开。曲涛同志出席会议并讲话。济宁市政协副主席、市委统战部部长张开朗致辞。

18日 省委统战部主要负责同志、孙传宏、孙蘱声同志在省分会场参加中共中央召开的党的群众路线教育实践活动电视电话会议。

18日至19日 省委统战部主要负责同志在工作联系点新泰市就非公有制经济人士理想信念教育实践活动进展情况、非公有制经济发展情况、党外代表人士队伍建设以及党外人士服务经济文化强省建设情况进行调研。李法信同志和泰安市委书记李洪峰陪同。

19日 山东省长岛县妈祖文化交流协会隆重举行成立大会。中华妈祖文化交流协会副秘书长周金琰、台湾北港朝天宫常务副董事蔡辅雄、台湾台中沙麓天后宫主委陈贤聪到会祝贺。

20日 亓同秋同志赴聊城出席护国隆兴寺复建奠基仪式。

聊城大学召开“学精神 承传统 讲信念 谋发展”为主题的统战工作座谈会。党委书记李喆、党委副书记徐传光出席会议并讲话。

21日下午 召开全体干部会议，民主推荐厅级领导干部。省委统战部主要负责同志、孙传宏、王晓炜、曲涛、亓同秋、李法信、牟强同志出席。

省委统战部主要负责同志主持召开第17次部长办公会议。孙传宏、王晓炜、曲涛、亓同秋、李法信、牟强同志出席。会议决定，根据民主推荐情况，确定李法信、牟强同志为副部长考察人选，王传洲同志为副巡视员考察人选。

22日至24日 全省第四期港澳台海外代表人士国情研修班暨“情系海联·同心同行”参观考察活动在青州举行。22日上午，省委统战部主要负责同志为研修班作书面致辞，孙传宏同志出席开班仪式并作动员讲话，中央统战部三局副局长高卫东出席开班仪式，亓同秋同志主持，牟强同志和潍坊市委常委、统战部部长张小梅及青州市委市政府有关领导同志参加开班仪式。培训期间，高卫东同志为学员作港澳工作辅导报告，亓同秋同志为学员作《统一战线和港澳台海外统战工作》专题辅导报告。24日下午，举行结业式，亓同秋同志出席并作总结讲话，牟强同志主持。

24日 在省军转干部培训中心举办省委统战部对口支援赫章县农业产业化干部教育培训班（第一期）开班仪式。李法信同志出席并讲话。

25日 省委统战部主要负责同志到山东大学就党外知识分子工作进行调研，考察了山大热科学与工程研究中心，看望了程林教授团队并与有关人员座谈。王晓炜、李法信同志，山东大学党委书记李守信、副书记尹作升陪同。

孙传宏同志出席省政协港澳常委座谈会并讲话。

25日至26日 孙传宏、孙孺声同志在山东政协大厦出席省政协十一届三次常委会议。

26日上午 省委统战部主要负责同志主持召开第18次部长办公会议。孙传宏、孙孺声、王晓炜、曲涛、亓同秋、李法信、牟强同志出席。会议决定：建议李法信、牟强同志为省委统战部副部长人选，建议王传洲同志为省委统战部副巡视员人选。

27日上午 省委统战部主要负责同志会见部分职务调整的党外厅级干部，孙传宏同志陪同。

下午，省委统战部主要负责同志出席省委常委会议。孙传宏同志列席。

省委统战部主要负责同志主持召开第19次部长办公会议。孙传宏、耿文清、孙孺声、王晓炜、曲涛、李法信、牟强同志出席。会议决定，免去刘廷尚同志省工商联直属机关党委专职副书记（正处级）职务，同意其退休。

28日上午 省委在南郊宾馆俱乐部会议厅举办省委理论学习中心组集体学习。省委统战部主要负责同志参加。

济南市召开全市非公有制经济组织党建工作表彰暨非公有制经济人士理想信念教育实践活动动员部署会议。市委副书记雷杰出席会议并讲话。

下午，山东统一战线“同心讲坛”举行第七次报告会。省委统战部主要负责同志作题为《爱国主义与中国梦》的辅导报告。孙孺声同志主持，王晓炜、曲涛、亓同秋、李法信、牟强同志出席。

省委统战部主要负责同志到省职教社看望机关全体同志。李法信同志陪同。

晚上，举办双月恳谈会。

28日至29日 江苏省政协副主席、省委统战部部长罗一民一行在枣庄、临沂市考察城市建设和市容市貌，孙传宏同志陪同。

29日至7月1日 亓同秋同志在澳门出席澳门护肝会“齐心护肝慈善夜2013”活动，拜访澳门山东联谊会、澳门山东省工商联会等同乡社团，看望部分省政协澳门委员和省海联会理事。

30日至7月1日 省委常委集体赴沂蒙群众教育基地进行现场教育活动，省委统战部主要负责同志参加。

·七月份·

1日下午 在省军转干部培训中心举办省委统战部对口支援赫章县农业产业化干部教育培训班（第二期）开班仪式。李法信同志出席并讲话。

3日上午 省委在山东大厦影视会议厅召开山东省党的群众路线教育实践活动动员大会。省委统战部主要负责同志出席，孙传宏、孙孺声、曲涛同志参加。

下午，省委统战部主要负责同志赴工作联系点新泰市调研，走访慰问老党员和生活困难党员。李法信同志陪同。

4日 省委召开常委会议，省委统战部主要负责同志出席。

5日 孙传宏同志主持召开第20次部长办公会议，王晓炜、曲涛、亓同秋、李法信、牟强同志参加。

孙传宏同志主持召开省委统战部党的群众路线教育实践活动领导小组办公室工作人员会议。李法信同志出席。

晚上，省委统战部主要负责同志会见香港山东青年会首届“中华同根文化齐鲁行”参访团成员。孙传宏、亓同秋、牟强同志陪同。

6日至9日 全国台联2013年台胞青年千人夏令营山东省分营在济南、泰安、曲阜、青岛举办活动。6日上午，在珍珠泉宾馆举行开营仪式，省委统战部主要负责同志致辞并授旗，孙传宏同志主持，亓同秋、牟强同志出席；下午，牟强同志出席在泰安市举办的登泰山、大学生成人礼宣誓活动。

8日上午 省委统战部主要负责同志出席省宗教工作领导小组成员会议并讲话。亓同秋、牟强同志出席。

下午，省委统战部主要负责同志出席全省性爱国宗教团体负责人学习会并讲话。亓同秋、牟强同志出席。

孙传宏同志主持召开省委统战部党的群众路线教育实践活动

领导小组办公室工作人员会议。李法信同志出席。

9日下午 召开党外人士座谈会，就省委统战部在“四风”方面存在的突出问题及如何搞好党的群众路线教育实践活动听取党外人士意见建议。孙传宏、李法信同志出席。

10日上午 省委统战部主要负责同志主持召开第21次部长办公会议。孙传宏、孙穠声、王晓炜、曲涛、亓同秋、李法信、牟强、王传洲同志出席。会议决定，调整部领导班子成员分工。省委统战部主要负责同志主持全面工作；孙传宏同志协助省委统战部主要负责同志主持本部日常工作，分管办公室、三处（干部处），机关党委（含老干部工作）、机关纪委；张心骥同志参与部领导班子集体领导；孙穠声同志分管四处（经济处），主持省工商联工作，具体负责省光彩事业促进会工作；王晓炜同志分管五处（党外知识分子处），具体负责省党外知识分子联谊会、省社会新阶层党外知识分子联谊会工作；曲涛同志分管二处（调研处、宣传办），主持省社会主义学院工作，具体负责《山东统一战线》、省统战理论研究会工作；亓同秋同志分管七处（联络处）、省台湾同胞联谊会、省黄埔军校同学会，具体负责省海外联谊会工作；李法信同志分管一处（党派处）、省民主党派办公大楼管理处，联系省各民主党派，负责部综合文稿起草调研宣传工作；牟强同志分管六处（民族宗教处）、省中华职业教育社，联系全省性爱国宗教团体；王传洲同志协助孙传宏同志做机关党委、机关纪委工作。

下午，举办全省统一战线学习贯彻党的十八大精神知识竞赛抽奖仪式。孙传宏、王晓炜、亓同秋、李法信、牟强、王传洲同志出席，曲涛同志主持。

11日 孙传宏同志为上海市党外人士统一战线理论与实践研讨班学员介绍山东社会发展和统战工作情况。

12日下午 在省委礼堂召开省委统战部党的群众路线教育实践活动动员大会。省委统战部主要负责同志主持并讲话。孙传宏、孙穠声、王晓炜、曲涛、亓同秋、李法信、牟强、王传洲同志出席。

在省民主党派大楼召开各民主党派省委部分驻会领导座谈会，通报部领导分工情况。孙传宏、李法信同志出席。

12日至13日 山东中华文化学院与中国孔子基金会、孔子研究院、湖南中华文化学院、香港国际经典文化协会、台湾中华文化教育协会在曲阜共同举办第六届全球中华文化经典诵读大会开幕式暨千人经典诵读大会，来自泰国、印度尼西亚、新加坡、中国大陆及香港、台湾等地的专家学者代表、大中小学学生代表1500余人在孔圣故里同颂《论语》等国学经典。12日晚上，省委统战部主要负责同志赴曲阜会见参会嘉宾。13日上午，省委统战部主要负责同志出席开幕式并致辞，亓同秋同志出席。

12日至19日 全国人大常委会副委员长、民革中央主席万鄂湘一行到枣庄、济南、威海调研。14日晚上，省委书记、省人大常委会主任姜异康在山东大厦会见万鄂湘一行，省委统战部主要负责同志、孙传宏同志陪同。15日下午，省委统战部主要负责同志与客人在省民主党派大楼座谈。孙传宏、李法信同志陪同。

13日下午 孙传宏同志听取济南市委组织部汇报市委统战部拟任部长人选情况。

14日 省委统战部主要负责同志在济南会见台湾一国两制研究协会参访团一行。亓同秋同志陪同。

15日 省委统战部主要负责同志出席省委常委会议，孙传宏同志列席。

孙传宏同志主持召开部党的群众路线教育实践活动领导小组办公室全体人员会议。

孙穠声同志出席省工商联党的群众路线教育实践活动动员大会并讲话。

曲涛同志出席省社会主义学院党的群众路线教育实践活动动员大会并讲话。

16日上午 省委统战部主要负责同志看望慰问民革省委原副秘书长刘贯稼同志遗属。李法信同志陪同。

举办部党的群众路线教育实践活动辅导讲座，省委党校原巡视员衣芳教授作题为《永远保持党与人民群众的紧密联系——学习马克思主义群众观》的辅导报告。孙传宏、王晓炜、亓同秋、牟强同志出席，曲涛同志主持。

16日至17日 省委统战部主要负责同志、孙传宏同志参加省委理论学习中心组集体学习。

17日 李法信同志参加民革省委原副秘书长刘贯稼同志遗体告别仪式。

17日至19日 王晓炜同志在党的群众路线教育实践活动联系点潍坊科技学院调研。

18日下午 省委副书记、省

长郭树清在济南会见海峡交流基金会董事长林中森率领的海基会山东台商参访团一行。省委统战部主要负责同志参加会见。

亓同秋同志与省海联会海外理事美籍华人释恒群、吴沁座谈。

18日至22日 在淄博市举办省各民主党派工商联负责人暑期研讨座谈会。省委统战部主要负责同志出席会议并讲话，孙传宏同志主持，李法信同志出席。

19日上午 省委统战部主要负责同志主持召开第22次部长办公会议。孙传宏、王晓炜、曲涛、亓同秋、牟强、王传洲同志出席。会议决定，冯尚伟同志任三处（干部处）处长。

省委组织部有关负责同志送冯尚伟同志到统战部任职。省委统战部主要负责同志出席并讲话，孙传宏同志参加。

省委统战部主要负责同志会见济南市委常委、统战部部长雷天太。

孙传宏同志出席省直统战系统党支部书记培训班暨省委统战部教育实践活动业务骨干培训班并讲话。王传洲同志出席。

20日下午 省委统战部主要负责同志在淄博市就非公有制经济人士理想信念教育实践活动进行调研。李法信同志陪同。

22日 省委统战部主要负责同志赴北京申请承办全国工商业联合会第十一届三次执委会暨全国知名民营企业家助推山东转调创投资洽谈会。孙蕖声同志陪同。

王传洲同志赴宁津县调研。

济南市委统战部召开党的群众路线教育实践活动动员大会。市委常委、统战部部长雷天太主持会议并讲话。

23日上午 省委在南郊宾馆俱乐部召开省各民主党派、工商联和无党派人士座谈会，听取对省委常委会和省委常委在作风方面存在突出问题的反映，省委常委会和省委常委对贯彻落实中央八项规定精神和省委常委会实施办法的情况，对省委常委会和省委常委践行党的群众路线、反对“四风”方面的意见和建议。省委书记、省人大常委会主任姜异康，省委副书记王军民，省委常委、省委秘书长雷建国，省委统战部主要负责同志出席。孙传宏、王晓炜、李法信同志参加。

下午，省委召开常委会议。省委统战部主要负责同志出席，孙传宏同志列席。

23日 亓同秋同志与部分省海联会驻济理事，就省海联会换届有关工作进行座谈交流。

23日至24日 曲涛同志在青岛市社会主义学院、胶州市征求对省社会主义学院开展党的群众路线教育实践活动的意见。

23日至31日 孙蕖声同志率山东民营企业家考察团在加纳、南非进行经贸考察。

25日 在山东大厦能源厅召开全省统战部长座谈会，省委统战部主要负责同志出席并讲话，孙传宏同志主持。王晓炜、曲涛、亓同秋、李法信、牟强、王传洲同志出席。

下午，省委统战部主要负责同志会见以泛希腊社会主义运动总书记尼克斯·安德鲁拉基斯为团长的欧洲部分国家中左翼政党青年政治家考察团一行。

26日 省委第八督导组来我部督导党的群众路线教育实践活动开展情况。孙传宏同志汇报有关情况，李法信同志参加。

亓同秋同志出席省台联2013年夏令营山东分营活动暨承办10周年工作总结会议。

27日上午 省委在山东会堂举办群众工作专题报告会。省委统战部主要负责同志出席。孙传宏、王晓炜、曲涛、亓同秋、李法信、牟强、王传洲同志参加。

孙传宏、牟强同志就房兴耀主教参加中青年爱国主教参观团进行行前教育。

27日至30日 省委统战部主要负责同志在日照、临沂就进一步加强党外代表人士队伍建设，更好地为建设经济文化强省服务重点调研课题、非公有制经济人士理想信念教育活动进展情况和对省委统战部开展党的群众路线教育实践活动的意见建议进行调研。李法信同志陪同。

29日下午 孙传宏同志主持召开各处室负责人、部党的群众路线教育实践活动领导小组办公室全体人员会议。

30日上午 组织收看中国社会科学院副院长李慎明作的题为《学习习近平同志一系列重要讲话精神的体会》的辅导报告。孙传宏、王晓炜、亓同秋、牟强、王传洲同志出席。

孙传宏同志主持召开人才工作调度推动会议。

30日至31日 亓同秋同志在青州市对第五期“情系海联·同心同行”活动达成的合作意向进行督导，就帮扶救助困难黄埔同学工作进行调研。

31日 中国泛海控股集团有限公司董事长卢志强一行来济南考察。省委统战部主要负责同志会见考察组一行，孙传宏同志全程陪同。

省委在南郊宾馆俱乐部会议厅召开山东省第一批教育实践活动单位负责人会议。曲涛、李法信同志参加。

·八月份·

1日 孙传宏同志主持召开专题会议，调度“第一书记”工作情况。

福建省台盟专职副主委柯连妹率省各民主党派、工商联处室负责人及有关专家一行来山东就“完善福建省生态补偿机制，进一步加快生态省建设”进行专题调研。李法信同志陪同。

2日上午 省委在山东大厦影视会议厅举办党风党纪专题辅导报告会，中央纪委副书记张军作专题辅导报告。省委统战部主要负责同志、孙传宏同志参加。

5日上午 省委在山东大厦影视会议厅举办马克思主义群众观点专题理论讲座，中央党校党建研究部副主任张志明作报告。省委统战部主要负责同志和孙传宏、孙蕖声、曲涛同志参加。

省委党的群众路线教育实践活动第八督导组与孙蕖声、王晓炜、亓同秋、牟强、王传洲同志谈话。

亓同秋同志会见台湾宋庆龄文教基金会秘书长、香港邓文仪国际基金会秘书长齐光复先生。

李法信同志与致公党省委驻会领导研究“2013海峡科技论坛”事宜。

6日 省委教育实践活动第八督导组与孙传宏、曲涛、李法信同志谈话。

举办朱呈镕先进事迹报告会。孙传宏、王晓炜、曲涛、亓同秋、牟强、王传洲同志出席，孙蕖声同志主持。

青岛市委、市政府召开征求民主党派、工商联和无党派人士意见座谈会。省委常委、市委书记李群，市委副书记、市长张新起和市委常委、组织部部长、统战部部长边祥慧出席会议。

7日上午 省委统战部主要负责同志出席全省对台工作座谈会并讲话。亓同秋同志出席。

亓同秋同志会见西班牙巴斯克自治区中国文化中心主任、旅欧齐鲁联谊会秘书长殷景奇先生一行。

8日 省委统战部主要负责同志主持召开第23次部长办公会议。孙传宏、王晓炜、曲涛、李法信、牟强、王传洲同志出席。

省委统战部主要负责同志出席济南穆斯林开斋节庆典活动。牟强同志陪同。

王晓炜同志出席省新阶层党外知识分子联谊会驻济副会长会议。

亓同秋同志赴青岛会见开展对台交流工作调研的全国台联会调研组一行。

9日 省委统战部主要负责同志出席省委常委会议。孙传宏同志列席。

亓同秋同志会见台湾教师会大陆参访团成员并出席相关活动。

日照市召开全市党外人士座谈会，市委书记、市人大常委会主任杨军出席会议并讲话，市委常委、常务副市长钱焕涛通报上半年全市经济社会发展情况。

13日下午 孙传宏同志会见美国纽约山东同乡会焦志侠先生一行。亓同秋同志陪同。

14日 省委统战部主要负责同志在曲阜会见深圳市贸促会党组书记、主任何学文和全国政协委员、香港中国商会创会会长王再兴率领的深圳市贸促会与香港中国商会企业家联合考察团一行。济宁市委书记、市人大常委会主任马平昌等参加会见。

王晓炜同志赴联系点聊城大学调研。

亓同秋同志会见2013两岸青年天津·中华文化研习营一行。

14日至15日 省委统战部主要负责同志在南郊宾馆参加省级领导干部专题学习讨论。

16日 济南市召开全市统战部长座谈会。传达学习全省统战部长座谈会精神，总结交流上半年全市统战工作，研究部署下半年工作任务，并就市委统战部开展党的群众路线教育实践活动征求意见和建议。市委常委、统战部部长雷天太出席会议并讲话。

17日 垦利县青年企业家“青春奉献黄河口·同心共筑中国梦”谈理想、谈发展论坛启动仪式在丰源化工有限公司举行。

19日上午 省委统战部主要负责同志在省民主党派大楼会议室就统战部门、统战干部如何坚持马克思主义群众观、践行党的群众路线，为省直统战系统全体党员作党课辅导报告。孙传宏同志主持。孙蕖声、王晓炜、曲涛、亓同秋、李法信、王传洲同志参加。

牟强同志与省宗教局局长马文艺赴泰安就“泰山仍存在‘寺观被承包’等借教敛财现象”进行调查。

王传洲同志主持召开由履新同志治丧工作会议。

20日 举办省委统战部理论中心组学习交流会。省委统战部主要负责同志和孙传宏、孙蕖声、王晓炜、曲涛、亓同秋、李法信、牟强、王传洲同志参加。

省委统战部主要负责同志主持召开第24次部长办公会议。孙传宏、孙蓓声、王晓炜、曲涛、亓同秋、李法信、牟强、王传洲同志出席。

下午，省委统战部主要负责同志会见省海联会副会长、台胞代表人士钟诚富先生。孙传宏、亓同秋同志陪同。

省委统战部主要负责同志看望慰问由履新同志遗属。王传洲同志陪同。

20日至28日 在省委党校举办全省县（市、区）委统战部长理论研讨班。21日上午，举办开班仪式，省委统战部主要负责同志作开班讲话并作专题辅导报告《以十八大精神为指导，进一步加强新形势下的县级统战工作》，孙传宏同志主持。省委党校常务副校长赵强，孙蓓声、曲涛、亓同秋同志出席。22日上午，孙蓓声同志作题为《民营经济发展与新形势下工商联工作》的辅导报告。23日上午，邀请中央社会主义学院教授李小宁作题为《党的十八大关于统一战线的理论创新》的辅导报告。24日上午，邀请国防大学战略教研所所长、少将、教授金一南作题为《十八大后的中国与未来》的辅导报告，省委统战部主要负责同志主持。孙传宏、王晓炜、曲涛、李法信、王传洲同志出席。25日上午，孙传宏同志作题为《新时期加强党外代表人士队伍建设工作》的专题辅导。下午，王晓炜同志作题为《无党派人士和党外知识分子统战工作的几个问题》的专题辅导。26日上午，曲涛同志作题为《做好统战调研宣传工作，提高统战工作科学化水平》的专题辅导。下午，亓同秋同志作题为《关于港澳台海外统战工作的几个问题》的专题辅导。27日上午，邀请中国公共关系协会副会长，全国领导干部素质培训基地主任，中国传媒大学媒介与公共事务研究院院长、培训学院院长董关鹏教授作题为《如何面对媒体和公众》的专题报告，孙蓓声同志主持。下午，李法信同志作题为《关于多党合作和民主党派工作》的专题辅导。28日上午，牟强同志作题为《关于新形势下的民族宗教工作》的专题辅导。举行结业仪式，孙传宏同志作总结讲话，孙蓓声同志主持，牟强同志出席，6名学员代表交流学习成果。

21日 孙传宏同志看望慰问由履新同志遗属。

致公党中央副主席闫小培一行到潍坊就“2013海峡科技论坛”筹备情况进行调研。李法信同志陪同。

王传洲同志参加由履新同志追悼会。

22日 省委统战部主要负责同志赴省委统战部帮包村东阿县刘集镇刘集村走访困难家庭。

省委统战部主要负责同志、王随莲同志赴泰安调研泰山景区有关场所综合治理工作。牟强和泰安市委书记李洪峰，市委副书记、市长王云鹏等同志陪同。

亓同秋同志走访部分省属大企业，协商省海联会换届工作事宜。

23日 召开省非公有制经济人士理想信念教育实践活动领导小组会议。省委统战部主要负责同志出席会议并讲话。孙传宏同志主持，孙蓓声同志出席。

26日 省委统战部主要负责同志出席省委常委会议。孙传宏同志列席。

孙传宏同志主持召开各处室、直属单位负责人会议，就开展部党的群众路线教育实践活动进行安排部署。李法信、王传洲同志出席。

牟强同志与省宗教局、省伊斯兰教协会有关负责同志研究贯彻落实中央办公厅、国务院办公厅《关于加强伊斯兰教朝觐事务管理服务工作的意见》（厅字〔2013〕11号）文件精神。

27日 烟台市设立“莱州市教育扶植基金”，首批399万基金发放到491名优秀学子手中。

28日上午 孙蓓声同志主持召开省工商联、省发改委听取民营企业家意见建议座谈会。

亓同秋同志出席省台联台胞社团工作座谈会并讲话。

29日上午 省委统战部主要负责同志就党外代表人士实践锻炼基地运行等情况赴济南市调研。孙传宏同志陪同。

下午，山东统一战线“同心讲坛”举办第八次报告会，省委统战部主要负责同志和孙传宏、曲涛、亓同秋、李法信、牟强、王传洲同志出席。省政协副主席、民进省委主委栗甲作专题报告，王晓炜同志主持。

举办双月恳谈会，省委统战部主要负责同志出席，孙传宏、李法信同志参加。

孙蓓声同志赴聊城调研非公有制经济人士理想信念教育实践活动。

李法信同志赴汉峪小区实地察看党外副省级住房建设情况并协调有关工作。

30日上午 省委、省政府在

南郊宾馆俱乐部礼堂召开全省推进省会城市群经济圈和西部经济隆起带建设动员大会。省委统战部主要负责同志出席，孙传宏同志参加。

下午，孙传宏同志主持召开部党的群众路线教育实践活动工作会议。李法信、王传洲同志出席。

30日 济宁市道教协会成立大会暨第一次代表会议召开。会议听取并通过了《济宁市道教第一次代表会议工作报告》，审议并通过了《济宁市道教协会章程》，选举产生了市道教协会第一届理事会和领导班子。

31日下午 部机关、直属单位各党支部开展入户走访困难家庭活动。孙传宏、王晓炜、亓同秋、王传洲参加。

31日至9月2日 省委统战部主要负责同志、孙孺声同志在淄博参加全国工商联直属商会深化理想信念教育实践活动座谈会暨经贸洽谈会。31日，省委统战部主要负责同志会见全国工商联党组成员、副主席李路一行。1日上午，省委统战部主要负责同志出席全国工商联直属商会深化理想信念教育实践活动座谈会并致辞。

·九月份·

1日 省委统战部主要负责同志在济南会见民革中央副主席修福金一行。李法信同志陪同。

民革省委和民革泰安市委联合举办纪念冯玉祥将军65周年忌辰活动。全国人大常委、民革中央副主席修福金，省政协副主席、民革省委主委孙继业，省侨务办公室主任、省海外交流协会代会长刘方会，泰安市政协副主席、市委统战部部长朱永强，泰安市政府副市长、民革泰安市委主委徐恩虎等出席活动。

2日 省委统战部主要负责同志主持召开第25次部长办公会议。孙传宏、孙孺声、王晓炜、亓同秋、李法信、牟强、王传洲同志出席。

曲涛同志出席全省统战宣传报道工作培训班开班式并讲话。

3日 孙传宏同志主持召开各处室、直属单位负责人会议，传达学习全省第一批教育实践活动单位主要负责人会议精神。李法信同志出席。

李法信同志出席庆祝九三学社在山东建立组织六十周年座谈会并讲话。

济南企业家发展促进会召开成立大会。市委副书记、市长杨鲁豫出席成立大会并讲话，市委副书记雷杰主持。中国重汽集团有限公司董事长、党委书记马纯济当选为济南企业家发展促进会首任会长。市委常委、副市长苏树伟，市委常委、组织部部长陈勇，市委常委、统战部部长雷天太，市人大常委会副主任邹世平，市政协副主席冯光文出席会议。

4日 省委副书记、省长郭树清在济南会见台湾三三企业交流会会长、台湾经济研究院董事长江丙坤一行。省委统战部主要负责同志参加会见。

省委统战部主要负责同志与中国天主教“一会一团”名誉主席、省天主教爱国会主任刘柏年，中国天主教爱国会主席、省天主教教务委员会主任房兴耀座谈。孙传宏、牟强同志陪同。

亓同秋同志会见台湾国泰财产保险公司大陆地区总经理陈谨洲。

举办省第十三期天主教界人士读书班开班典礼。牟强同志作动员讲话并授课。

5日上午 孙传宏同志向省委党的群众路线教育实践活动第八督导组汇报省委统战部党的群众路线教育实践活动开展情况。

省委在南郊宾馆俱乐部会议厅召开专题会议，传达学习《习近平同志在十八届中央政治局常委会、中央政治局第一次会议上的讲话》（中办通报〔2012〕第21期）。孙传宏同志参加。

下午，孙孺声同志参加全省政法工作服务非公有制企业发展座谈会并讲话。

日照市委书记、市人大常委会主任杨军到莒县安庄镇全市统一战线“同心·社会实践基地”调研。

6日 日照市统一战线“同心讲堂”首期报告会举行。

5日至7日 全国政协副主席、致公党中央主席、科技部部长万钢在潍坊出席致公党省委、省科技厅、省台办及潍坊市政府共同承办的“2013海峡科技论坛”有关活动。6日下午，省委书记、省人大常委会主任姜异康在济南会见万钢一行。省委统战部主要负责同志陪同。李法信同志陪同在潍坊的活动。

6日上午 省委在南郊宾馆俱乐部礼堂举办学习党章专题辅导报告会，邀请中央党史研究室副主任高永中作辅导报告。省委统战部主要负责同志、孙传宏同志参加。

7日上午 牟强同志与省宗教局有关负责同志为山东参加中国基督教第九次代表会议的代表送

行。

9日 省委统战部主要负责同志主持召开第26次部长办公会议。孙传宏、孙孺声、王晓炜、曲涛、亓同秋、李法信、牟强同志出席。会议决定，杜超同志任省委统战部四处副处长，不再担任省委统战部六处副处长；李跃文同志任省委统战部七处副处长，不再担任省委统战部一处副处长。

召开对处级干部民主评议会议，孙传宏同志作动员讲话。孙孺声、王晓炜、曲涛、亓同秋、李法信、牟强、王传洲同志出席。

省委统战部主要负责同志在山东大厦会见全国政协常委、民建中央常委、最高人民检察院副检察长姜建初带领的联合调研组一行。孙传宏、李法信同志陪同。

9日至11日 省委统战部主要负责同志到枣庄市围绕党外代表人士实践锻炼基地运行、非公有制经济人士理想信念教育活动开展等情况进行调研，就省委统战部开展党的群众路线教育实践活动听取基层统战部门和党外人士的意见建议。李法信同志陪同。枣庄市委副书记、市长张术平，市委副书记梁宪廷，市委常委、滕州市委书记董沂峰，市政协副主席、市委统战部部长陈伟等陪同调研。

10日至11日 孙传宏同志在烟台市围绕党外代表人士实践锻炼基地运行情况进行调研，就开展党的群众路线教育实践活动听取基层统战部门和党外人士的意见建议。

11日 亓同秋同志走访省台联会会长、名誉会长和已故会长遗孀。

12日 孙传宏同志出席省政府参事、省文史研究馆馆员中秋茶话会并讲话。

在省民主党派大楼会议室举办部党的群众路线教育实践活动以“我是谁、为了谁、依靠谁”为主题的演讲比赛。孙传宏、王晓炜、亓同秋、李法信、牟强同志出席。

孙孺声同志赴济宁调研非公有制经济人士理想信念教育实践活动开展情况。

13日 孙传宏同志主持召开副处级以上干部会议并讲话，传达学习习近平总书记系列重要讲话精神。孙孺声、王晓炜、亓同秋、李法信、牟强同志出席。

16日 王晓炜、王传洲同志出席全省党外知识分子工作座谈会。

亓同秋同志出席部分驻济台胞座谈会，通报我部开展党的群众路线教育实践活动有关情况。

李法信同志向各民主党派省委副处级以上机关干部传达习近平总书记重要讲话精神，并主持召开省各民主党派驻会领导联席会议。

17日 召开省党外知识分子联谊会成立大会。省委统战部主要负责同志出席并讲话。副省长、九三学社省委主委王随莲代表省各民主党派工商联致辞，中央统战部六局局长王永庆到会致辞。孙传宏同志主持，王晓炜、王传洲同志出席。

召开省党外知识分子联谊会一届一次理事会，选举产生了联谊会领导机构，中国著名热科学与工程研究专家、山东大学教授程林当选为会长，王晓炜同志当选为副会长。孙传宏同志主持，王晓炜、王传洲同志出席。

18日 孙传宏同志出席部机关党委会议并讲话。王晓炜同志主持。

22日至23日 牟强同志在潍坊出席全省沿海城市抵御境外宗教渗透工作联席会议。

23日 青岛市召开党外人士情况通报会。市委常委、副市长牛俊宪，市纪委副书记李晓平分别通报经济运行情况和党风廉政建设情况。市委常委、组织部部长、统战部部长边祥慧主持会议。

23日至25日 孙孺声同志在湖北参加全国工商联县级工商联建设经验交流会议。

24日至26日 第四届冀鲁豫苏四省九市民族宗教工作联谊会在菏泽召开。来自邯郸市、聊城市、菏泽市、濮阳市、安阳市、新乡市、开封市、商丘市以及徐州市的统战部分管副部长、民族宗教局局长和菏泽市各县（区）统战部部长等43人参加会议。

25日上午 省委统战部主要负责同志出席省委常委会议。孙传宏同志列席。

26日 农工党中央书画院枣庄交流基地、枣庄市大运河书画院揭牌仪式暨“美丽中国·祖国颂”书画展在台儿庄古城举行。农工党中央原副主席、农工党中央书画院院长汪纪戎等为基地揭牌。

26日至29日 在山东大厦召开省海外联谊会换届大会暨四届一次理事会。26日晚上，省委统战部主要负责同志同与会理事、嘉宾共进工作餐并致辞。孙传宏同志主持，王晓炜、曲涛、亓同秋、李法信、牟强同志出席。27日上午第一阶段，省委副书记王军民同志出席会议并讲话，省委统战部主要负责同志主持，孙传宏、孙蕎声、王晓炜、曲涛、亓同秋、李法信、牟强同志出席；第二阶段，省委统战部主要负责同志作省海外联谊会第三届理事会工作报告，孙传宏同志主持，孙蕎声、王晓炜、曲涛、亓同秋、李法信、牟强同志出席。27日下午，选举产生四届理事会领导班子，省委统战部主要负责同志当选为会长，孙传宏、孙蕎声、王晓炜、曲涛、亓同秋、李法信、牟强、王传洲同志当选为副会长，修改通过山东省海外联谊会章程。28日至29日，组织部分港澳台海外理事分别赴泰安、济宁和淄博、潍坊参观考察，孙传宏、亓同秋同志分别带队参加。

27日　召开各处室、直属单位负责人会议，传达学习习近平总书记指导河北省委常委班子专题民主生活会重要讲话精神。孙传宏同志出席并讲话，李法信同志参加。

28日至29日　孙传宏同志带领省海外联谊会港澳台海外理事参观考察团到泰安、曲阜考察。泰安市政协副主席、市委统战部部长朱永强，济宁市政协副主席、市委统战部部长张开朗分别陪同。

30日　组织开展部中心组专题学习，集体观看9月25日中央电视台《新闻联播》和《焦点访谈》节目录像，学习习近平总书记在指导河北省委常委班子专题民主生活会时的讲话新闻通稿。省委统战部主要负责同志出席并讲话。孙传宏同志主持，孙蕎声、王晓炜、曲涛、亓同秋、李法信同志参加。

威海市举办“迎国庆　颂威海　爱家乡”党外文化艺术工作者联谊会书画展。市委常委、统战部部长李在武出席开展仪式并致辞。市人大常委会副主任季恩远，民革市委主委、市政协副主席任怀平出席启动仪式。

·十月份·

8日上午　省委统战部主要负责同志到省社会主义学院看望全省第十八期党外领导干部进修班学员并讲话。孙传宏同志主持，曲涛同志出席会议。

下午，省委统战部主要负责同志出席省委常委会议。孙传宏同志列席。

孙蕎声同志为全省第十八期党外领导干部进修班学员作题为《民营经济发展与新形势下工商联工作》的专题报告。

9日　王晓炜同志为全省第十八期党外领导干部进修班学员作题为《新时期党外知识分子统战工作》的专题报告。

曲涛同志为全省第十八期党外领导干部进修班学员作题为《新形势下统一战线调研宣传工作》的专题报告。

成武县天主教堂竣工验收。该教堂通过县政府公开招标，财政拨款建设，成武县汶上建筑公司承建。教堂总占地3.5亩，主体教堂5间，建筑面积191.02㎡；配房5间，建筑面积122.5㎡。

9日至10日　省委统战部主要负责同志参加省委常委专题民主生活会。

9日至13日　亓同秋同志陪同香港专业女性山东考察团在青岛、烟台、威海考察。

10日　孙传宏同志为全省第十八期党外领导干部进修班学员作题为《新时期加强党外代表人士队伍建设工作》的专题报告。

部中心组学习。孙传宏、孙蕎声、王晓炜、曲涛、牟强同志参加。

王晓炜同志出席省党外知识分子联谊会住济会长会议。

由中央政府驻港联络办协调部副部长廖勋任顾问、全国人大常委会香港基本法委员会副主任梁爱诗女士担任团长的香港专业女性山东考察团一行48人到中国海洋大学访问。亓同秋同志、青岛市委统战部副部长王进东、中国海洋大学党委副书记李耀臻陪同。

李法信同志为全省第十八期党外领导干部进修班学员作题为《新形势下的多党合作与民主党派工作》的专题报告。

日照市委统战部、市工商联举办“我与中国梦”优秀企业家报告会。山东华信集团董事长拜文汇等5位优秀企业家作了先进事迹报告。

10日至15日　台湾无党团结联盟主席、澎湖地区两岸交流协会荣誉理事长林炳坤率交流参访团一行到济南、青岛、淄博、泰安、曲阜参观考察。省委统战部主要负责同志在山东大厦会见林炳坤一行。

11日上午　省委统战部主要负责同志会见全国党外代表人士实践锻炼基地第二、三批山东挂职干部。孙传宏同志和省委组织部有关负责同志陪同。

省委统战部主要负责同志主持召开第27次部长办公会议。孙传宏、王晓炜、曲涛、李法信、牟强、王传洲同志出席。

省委统战部主要负责同志会

见参加“十艺节”活动的台湾艺术大师许伯夷一行。

牟强同志为全省第十八期党外领导干部进修班学员作题为《关于新形势下的民族宗教工作》的专题报告。

12日 省委统战部主要负责同志出席省庆祝老年节大会并讲话。

组织部分爱国宗教团体捐助省委统战部“第一书记”帮包村贫困孤寡老人活动。牟强同志出席。

14日 孙传宏同志主持召开各处室、直属单位主要负责人会议，安排省管干部查摆“四风”问题评议有关工作。

14日至25日 部领导班子成员开展谈心活动。省委统战部主要负责同志、孙传宏、孙蕉声、王晓炜、曲涛、亓同秋、李法信、牟强、王传洲同志参加。

15日 亓同秋同志为全省第十八期党外领导干部进修班学员作题为《新时期港澳台及海外统战工作》的专题报告。

16日 王晓炜同志到省注册会计师协会调研党外知识分子统战工作。

17日 全国政协副主席、民革中央常务副主席、民革中央“三农”委员会主任兼土地制度研究中心主任齐续春率调研组到德州市就土地制度改革暨新型城镇化进行专题调研。孙传宏同志陪同。

牟强同志与省基督教两会主要负责人研究推动解决省基督教两会驻会工作人员养老保险有关事宜。

17日至20日 省委统战部主要负责同志在烟台、威海市就如何以开拓创新精神做好新形势下统战工作进行调研。李法信同志陪同。

18日 举办全省第十八期党外领导干部进修班结业典礼。曲涛同志出席。

孙传宏同志主持召开专题会议，传达学习省委常委教育实践活动联系点负责同志会议精神。

21日 亓同秋同志会见台湾辜金良文化基金会山东参访团成员。

21日至22日 孙传宏同志赴江西参加“中国光彩事业赣州行”活动。

22日上午 省委在南郊俱乐部礼堂召开省委常委专题民主生活会情况通报会。省委统战部主要负责同志和孙蕉声、曲涛同志参加。

亓同秋同志出席省台联与台湾辜金良文化基金会山东参访团座谈会。

23日 省委统战部主要负责同志出席省委常委会议。孙传宏同志列席。

王晓炜同志到省注册税务师协会调研新的社会阶层统战工作。

24日上午 省委统战部主要负责同志主持召开第28次部长办公会议。孙传宏、孙蕉声、王晓炜、曲涛、亓同秋、李法信、牟强、王传洲同志出席。会议决定，同意免去张建忠同志省工商联办公室（人事处）调研员职务；同意免去张文芳同志省社会主义学院总务处处长职务。

牟强同志赴联系点德州禹城市调研。

24日至25日 王晓炜同志在潍坊、东营市调研“百名专家教授联百企”活动开展情况。

25日上午 省委统战部主要负责同志在曲阜会见以罗马尼亚参议院副议长克里斯蒂安·杜米特列斯库为首的东欧国家青年政治家代表团。中联部副部长周力，济宁市委书记、市人大常委会主任马平昌参加会见。

27日 省委统战部主要负责同志主持召开部领导班子专题民主生活会。孙传宏、孙蕉声、王晓炜、曲涛、亓同秋、李法信、牟强、王传洲同志参加。

29日至30日 王晓炜同志在淄博、泰安调研“百名专家教授联百企”活动开展情况。

30日上午 中央统战部、全国工商联以电视电话会议形式组织召开全国非公有制经济人士理想信念报告会。省委统战部主要负责同志和孙传宏、孙蕉声同志参加济南分会场会议。

下午，省委统战部主要负责同志在济南会见加拿大山东商会会长、加拿大名仕集团董事长贾明一行。亓同秋同志陪同。

31日至11月1日 致公党中央秘书长曹鸿鸣就地方组织机关建设情况进行调研。孙传宏、李法信同志会见曹鸿鸣一行。

·十一月份·

1日 召开全省统一战线“百名专家教授联百企”活动工作推进会，孙传宏同志出席并讲话。王晓炜同志主持。

民主建国会山东师范大学支部成立。

淄博市博山区党外知识分子联谊会成立。

4日 召开副处级以上干部会议，通报部领导班子专题民主生活会情况。省委统战部主要负责同志出席并讲话。孙传宏同志主持，孙蕃声、王晓炜、曲涛、亓同秋、李法信、牟强同志出席。

在省社会主义学院举办第十四期全省民主党派领导干部进修班开学典礼，孙传宏同志出席并讲话。李法信同志主持并为学员讲课。

4日至6日　“全省知名企业家莱州行”活动成功举办。省政协副主席、省工商联主席王乃静，省人大常委、省工商联副主席刘冠凤，烟台市委常委、统战部部长程德智，全国政协委员、省工商联副主席、山东尧王控股集团总裁宗立成出席启动仪式。全省部分知名企业家等150余人参加活动。

5日　在南郊宾馆俱乐部礼堂举办省委理论学习辅导报告会。省委统战部主要负责同志和孙传宏、孙蕃声、王晓炜同志参加。

亓同秋同志会见台湾新竹县五福企业社负责人刘旭光先生。

5日至12日　西藏日喀则地委委员、统战部部长普布一行来山东考察交流统一战线民族宗教工作。6日中午，省委统战部主要负责同志在山东大厦会见普布一行，孙传宏同志参加。亓同秋、牟强同志陪同。

6日上午　在山东大厦能源厅召开全省特约人员工作座谈会，省委统战部主要负责同志出席并讲话。孙传宏同志主持，孙蕃声、王晓炜、李法信同志出席。

下午，在山东大厦中华厅举办“同心”系列活动捐助仪式，省委统战部主要负责同志出席并讲话。孙传宏同志主持，孙蕃声、亓同秋同志出席。

7日上午　省委统战部主要负责同志主持召开第29次部长办公会议。孙传宏、孙蕃声、王晓炜、曲涛、亓同秋、李法信、牟强同志出席。

下午，组织召开全体党员干部会议，传达《中共中央关于薄熙来严重违纪违法案及其教训的通报》（中发电〔2013〕4号）。孙传宏同志主持并传达文件精神。

8日　李法信同志出席第十四期全省民主党派领导干部进修班结业仪式并讲话。

11日　全国工商联党组成员、副主席，全国非公有制经济人士理想信念教育实践活动领导小组副组长庄聪生一行就非公有制经济人士理想信念教育实践活动情况来山东调研。上午，孙蕃声同志参加调研组座谈会，汇报山东非公有制经济人士理想信念教育实践活动开展情况。中午，省委统战部主要负责同志会见庄聪生一行，孙传宏、孙蕃声同志陪同。下午，孙蕃声同志陪同调研组赴山东世纪金榜科教文化股份有限公司调研。

下午，山东统一战线“同心讲坛”举行第九场报告会，省委统战部主要负责同志出席并讲话。省政协副主席、农工党省委主委王新陆作题为《中国传统文化与中医药学》主题报告。孙传宏同志出席，亓同秋同志主持。

举办双月恳谈会，省委统战部主要负责同志出席，孙传宏、孙蕃声同志参加。

12日　省委在南郊宾馆通报省委常委班子专题民主生活会情况。孙传宏同志参加。

济南市党外知识分子联谊会召开一届一次理事会议暨成立大会。市委常委、统战部部长雷天太，王晓炜同志出席会议并讲话。市人大常委会副主任、农工党市委主委段青英代表市级各民主党派和工商联致贺词。巩宪群当选为会长。

13日至20日　中央统战部天主教工作调研组来山东调研。14日中午，省委统战部主要负责同志会见调研组一行，孙传宏、牟强同志陪同。牟强同志陪同调研组先后聊城、菏泽、济宁、临沂、烟台调研。

13日至14日　孙蕃声同志在临沂出席省非公有制经济人士“感恩革命老区沂蒙行”活动并讲话。

亓同秋同志到枣庄市就港澳台海外统战工作调研，实地考察台儿庄区、高新区统战工作现场。

14日下午　受省委统战部主要负责同志委托，李法信同志为全国政协原常委、全国妇联原副主席、民盟中央原副主席、民盟省委名誉主委孔令仁祝寿。

15日　省委统战部主要负责同志、曲涛同志参加所在支部二处党支部专题组织生活会。

下午，受省委委托召开党外人士情况通报会，向各民主党派省委、省工商联和无党派人士通报中共十八届三中全会精神。省委统战部主要负责同志出席并讲话。孙传宏、孙蕃声、李法信同志出席。

亓同秋同志出席省海联会港澳台海外驻济理事座谈会。

19日上午　举办新形势下统战理论与实践创新研讨会。省委统战部主要负责同志出席并讲话。曲涛同志主持，李法信同志出席。

下午，中央统战部以电视电话会议形式召开全国无党派人士坚持和发展中国特色社会主义学习实践活动动员会。李法信、王传洲同志参加了济南分会场会议。

亓同秋同志出席省台联办、黄埔办学习贯彻党的十八届三中全会精神座谈会。

19日至22日 举办全省非公有制经济青年企业家培训班。孙霈声同志出席并主持开班仪式。

21日上午 亓同秋同志出席省海联会部分住济理事学习中共十八届三中全会精神座谈会。

下午，部中心组集体学习党的十八届三中全会精神。省委统战部主要负责同志主持并讲话，孙传宏、孙霈声、曲涛、亓同秋、李法信、牟强、王传洲同志参加。

22日 亓同秋同志赴东阿县刘集镇出席“海联·同心助学行动”捐助仪式。

23日上午 省委统战部主要负责同志在济南会见中国国民党中华卓越青工总会参访团一行。

下午，省委在山东会堂举办中央宣讲团党的十八届三中全会精神报告会，中央宣讲团成员、中央政策研究室副主任潘盛洲同志作宣讲报告。省委统战部主要负责同志和孙传宏、孙霈声、曲涛同志参加。

25日上午 孙传宏、孙霈声同志与省民营企业家协会主要负责人进行座谈。

亓同秋同志会见深圳市龙越慈善基金会秘书长黄晓丹女士。

26日 济南市召开党外人士情况通报会，通报中共十八届三中全会精神。市委副书记雷杰出席会议并讲话，市委常委、统战部部长雷天太主持会议。

下午，牟强同志与中央统战部藏区村支部书记参观团座谈。

27日下午 孙传宏同志参加省委组织部举办的“名家论坛”。

27日至28日 亓同秋同志在北京向黄埔军校同学总会汇报工作；与龙越慈善基金会理事长孙春龙座谈，商谈救助山东省黄埔抗战老兵合作事宜。

牟强同志在山东工程职业技术学院、国网技术学院调研。

28日 召开全省性爱国宗教团体驻会负责人学习十八届三中全会精神座谈会。牟强同志出席并讲话。

29日 临沂市党外知识分子联谊会成立大会暨一届一次理事会召开。市商务局局长、市商城管委会常务副主任李宗涛当选临沂市党外知识分子联谊会会长。市委常委、统战部部长张广敬出席会议并讲话。

29日上午至12月3日 举办省直系统党员干部学习十八届三中全会精神培训班（第一期）。孙传宏同志出席开班式并讲话，牟强同志出席。

王晓炜同志主持召开青岛片区有关高校、科研院所“百名专家教授联百企”活动推进会。

·十二月份·

2日下午 部中心组集体传达学习习近平总书记在山东视察时的重要讲话精神和姜异康书记在省委常委扩大会议上的重要讲话精神，研究贯彻措施。省委统战部主要负责同志主持会议并讲话。孙传宏、孙霈声、王晓炜、曲涛、亓同秋、李法信、王传洲同志出席。

省委统战部主要负责同志主持召开第30次部长办公会议。孙传宏、孙霈声、王晓炜、亓同秋、李法信、王传洲同志出席。

4日至6日 举办省直系统党员干部学习十八届三中全会精神培训班（第二期）。王晓炜、曲涛、王传洲同志出席。

5日 王晓炜同志出席省社会新阶层党外知识分子联谊会住济会长会议。

亓同秋同志主持召开山东黄埔史料整理编撰工作座谈会。

5日至6日 在南郊宾馆召开省委十届七次全体会议，传达学习习近平总书记视察山东时的重要讲话。省委统战部主要负责同志和孙传宏、孙霈声同志参加。

6日下午 召开全省非公有制经济人士理想信念报告会暨教育实践活动总结会电视电话会议。省委统战部主要负责同志出席会议并讲话。孙传宏同志出席，孙霈声同志主持。

亓同秋同志会见省海联会理事、香港经贸商会副秘书长、三石轩艺术有限公司董事长汪建生一行。

亓同秋同志出席省台联工作研讨及台胞骨干培训班开班式并讲话。

7日至9日 亓同秋同志在香港出席香港施氏宗亲会“庆祝成立三十周年暨第十六届理监事就职典礼”。

9日至10日 王晓炜同志出席临沂市党外知识分子统战工作现场会。

10日 曲涛同志就建立统战理论研究基地到山东大学调研。

亓同秋同志会见省海联会海外理事、美籍华人、世界老年运动会中国首席代表唐德伟先生。

11日 中共山东省委在省民主党派大楼召开党外人士座谈

会，就《中共山东省委关于学习贯彻党的十八届三中全会精神的意见》征求省各民主党派、工商联和无党派人士的意见。省委副书记王军民出席会议并讲话。省委统战部主要负责同志主持。孙传宏、孙孺声、王晓炜、李法信同志出席。

王晓炜同志出席省党外知识分子联谊会一届二次会长会议。

11日至14日 孙传宏、孙孺声、曲涛同志在省委党校参加全省县处级以上领导干部学习贯彻党的十八届三中全会精神和习近平总书记系列重要讲话精神集中轮训。

13日 致公党日照总支部成立。

菏泽市委统战部和市社会主义学院联合举办以“弘扬中华传统美德，实现中华伟大复兴”为主题的中华传统文化公益讲坛。全市600余名党外人士参加活动。

16日上午 省委统战部主要负责同志参加省委常委会议。孙传宏同志列席。

下午，孙孺声同志主持召开全省民营企业走出去工作经验交流会。

亓同秋同志出席济南台籍同胞“返乡谒祖”探亲团行前教育座谈会。

李法信同志在珍珠泉宾馆出席民盟山东省九届三次全委会议。

17日 王晓炜同志出席滨州市党外知识分子联谊会换届大会。

曲涛同志出席全省市级统战部调宣科（处）长会议并讲话。

17日至18日 省委在南郊宾馆召开山东省委十届八次全体会议。省委统战部主要负责同志和孙传宏、孙孺声同志参加。

18日 省委统战部主要负责同志出席曲阜孔庙海峡两岸交流基地授牌仪式暨海峡两岸孔庙祭祀礼仪研讨会并致辞。

19日 亓同秋同志主持召开省海联会驻济秘书长、副秘书长座谈会。

山东省农业科学院作物研究所研究员、首席专家、无党派代表人士赵振东入选中国工程院农业学部院士。

19日至20日 省委、省政府在南郊宾馆召开全省经济工作会议。省委统战部主要负责同志和孙传宏、曲涛同志参加。

20日下午 省委统战部主要负责同志主持召开第31次部长办公会议。孙传宏、王晓炜、曲涛、亓同秋、李法信、牟强、王传洲同志出席。

21日上午 李法信同志在珍珠泉宾馆出席农工党山东省六届三次全委会议。

22日 青岛市召开民主党派、工商联和无党派人士座谈会。省委常委、青岛市委书记李群出席会议并讲话。市委常委、组织部部长、统战部部长边祥慧主持会议。

23日 省民营企业家协会召开第二次会员大会，省委统战部主要负责同志出席并讲话。孙传宏、孙孺声同志出席。会议选举产生了第二届理事会领导班子，宗艳民当选为会长。

召开中共山东省委十届八次全体会议和全省经济工作会议精神情况通报会，省委统战部主要负责同志出席并讲话。孙传宏同志主持，孙孺声、王晓炜、李法信同志出席。

李法信同志在珍珠泉宾馆出席民革山东省十二届三次全委会议。

菏泽市委召开全市党外人士座谈会。市委书记于晓明出席会议并讲话。

23日至24日 亓同秋同志在青岛主持召开省海联会港澳台海外理事青岛联络组成立会议。

24日下午 副省长夏耕到省工商联机关走访，与机关处级以上干部座谈。孙孺声同志参加并汇报有关情况。

李法信同志在珍珠泉宾馆出席民进山东省六届三次全委会议。

25日 省委统战部主要负责同志到省直汉峪公务员住宅小区视察民主党派省级领导干部住房装修情况。李法信同志陪同。

李法信同志出席致公党山东省五届三次全委会议。

济南市委副书记、市长杨鲁豫就拟提交市十五届人大三次会议审议的《政府工作报告》征求市政协、各民主党派、工商联和无党派人士意见和建议。市政协主席殷鲁谦主持座谈会。

26日 省委统战部主要负责同志主持召开第32次部长办公会议。孙传宏、孙孺声、王晓炜、曲涛、亓同秋、李法信、牟强、王传洲同志出席。会议研究决定省工商联处级干部任免事项。

省委统战部主要负责同志出席省委常委会议。孙传宏同志列席。

潍坊市委召开民主协商会，就滨海海洋经济新区建设规划进行协商。市委书记杜昌文出席会议并讲话。市委常委、统战部部长张小梅主持，市政府副市长、滨海区党工委书记王树华出席会议。

26日至27日 孙传宏、孙孺声同志参加省政协十一届五次常委会议。

27日上午 省委在南郊宾馆举办“国际形势报告会”，省委统战部主要负责同志、孙传宏同志参加。

部中心组集体学习习近平总书记在中共中央纪念毛泽东同志诞辰120周年座谈会上的重要讲话。省委统战部主要负责同志主持并讲话。孙传宏、孙孺声、曲涛、李法信、牟强同志参加。

亓同秋同志出席全省黄埔后代亲友代表座谈会并讲话。

28日上午 省委召开副省级以上党员领导干部会议，传达学习中央农村工作会议精神，省委统战部主要负责同志、孙传宏同志参加。

30日上午 孙孺声同志参加全国工商联视频会议。

下午，李法信同志出席民建山东省八届三次全委会议。

牟强同志主持召开全省性爱国宗教团体负责人学习会议。

淄博市淄川区党外知识分子联谊会成立。

高青县党外知识分子联谊会成立。

30日至2014年1月6日 亓同秋同志率省海联会访问团赴加拿大、美国访问。

31日上午 在山东大厦能源厅召开全省党外代表人士队伍建设工作联席会议第二次会议。省委统战部主要负责同志出席会议并讲话。孙传宏、李法信同志出席。

下午，山东统一战线“同心讲坛”举行第十次报告会，省委统战部主要负责同志出席。致公党省委主委赵家军作题为《生活方式与健康》报告。孙传宏、孙孺声、王晓炜、曲涛、牟强、王传洲同志出席，李法信同志主持。

2.省直统战系统

中共山东省委统战部

·机构编制·

省委统战部属正厅级单位，内设办公室、一处（党派处）、二处（调研处，挂宣传办公室牌子）、三处（干部处）、四处（经济处）、五处（党外知识分子处）、六处（民族宗教处）、七处（联络处）、八处（新社会阶层工作处）等9个处室和机关党委。根据鲁编办〔2013〕235号文件规定，省委统战部编制总额70人，其中行政编制65人，工勤人员编制5人。省级领导及身边工作人员编制单列。

截至2013年底，部机关有工作人员64人。其中，部长1人，常务副部长1人，副部长5人（含兼任省工商联党组书记1名、省社会主义学院党组书记1名），巡视员1人，副巡视员1人，其他厅级人员2人（担任省政协常委未办退休1人）；正处长9人，副处长12人（援藏干部不占职数2人），调研员5人，副调研员3人，主任科员9人，副主任科员9人，试用期人员2人，工勤人员4人。

部机关党委下设2个党总支，分别是省民主党派团体机关党总支（下设10个党支部）、省社会主义学院党总支（下设7个党支部）；11个党支部，分别是办公室党支部、一处党支部、二处党支部、三处党支部、四处党支部、五处党支部、六处党支部、七处党支部、机关党委党支部、离退休人员党支部以及省中华职业教育社机关党支部，共28个党支部、235名党员。

·全年主要工作·

2013年，在省委的坚强领导和中央统战部的正确指导下，省委统战部深入学习贯彻党的十八大和十八届二中、三中全会精神，深入学习贯彻习近平总书记系列重要讲话特别是视察山东重要讲话精神，紧紧围绕省委重大决策部署和全省经济社会发展大局，转变观念，调整思路，以改革创新精神做好各领域统战工作，进一步巩固和发展了全省统一战线团结、和谐、开拓、活跃的良好局面，为加快经济文化强省建设作出了新贡献。

【深入学习贯彻党的十八大和习近平总书记系列重要讲话精神】 把学习贯彻党的十八大、十八届三中全会和习近平总书记系列重要讲话特别是视察山东重要讲话精神作为统一战线的首要政治任务，加强思想建设和政治引导，牢牢把握统一战线正确的政治方向，在思想上、政治上、行动上同以习近平同志为总书记的党中央保持高度一致，统一战线共同的思想政治基础更加牢固。

迅速兴起学习贯彻热潮。各

级统战部门把学习习近平总书记系列重要讲话精神与学习党的十八大、十八届二中、三中全会精神结合起来，与学习省委一系列重要会议精神结合起来，密切结合统战工作实际，不断把学习引向深入。对党的十八大以来习近平总书记重要讲话进行研究，编印了习总书记《重要讲话目录》《重要讲话选编》《统一战线论述汇编》，及时下发了学习通知，部中心组先后10次组织专题学习研讨，自觉用马克思主义中国化最新成果武装头脑、指导实践、推动改革。

不断深化政治交接。通过举办各民主党派工商联负责人暑期研讨会、同心讲坛、知识竞赛等形式，组织引导统战成员加强理论学习，进一步统一思想、增进共识。以"五一口号"发布65周年为契机，通过参观统一战线教育基地、在省主要媒体发表署名文章等形式，引导各民主党派、工商联和无党派人士继承优良传统，不断深化政治交接。认真开展各民主党派和无党派人士坚持和发展中国特色社会主义学习实践活动。

扎实开展非公有制经济人士理想信念教育实践活动。省委、省政府高度重视，成立专门领导小组，省委办公厅下发实施意见。充分发挥淄博市作为全国试点的作用，省市县三级建立试点和联系点725个，推动活动迅速铺开。坚持开展活动与服务企业发展相结合，解决思想问题与解决实际问题相结合，对全省230余家企业调查摸底，梳理汇总非公企业发展中的难题及意见建议200多条，报送省主要领导，有力地推动了问题的解决。省委、省政府建立了主要领导与非公人士座谈制度，省发改委建立了与非公人士定期对话机制，省委政法委建立了政法工作服务非公企业发展联席会议制度，有效破解了影响和制约非公企业发展的一系列问题，非公经济活力进一步激发，受到中央统战部、全国工商联充分肯定。

【深入开展党的群众路线教育实践活动】 以"联基层、交挚友、强培训、促发展"为主题，密切联系实际，突出统战特色，加强分类指导，聚焦"四风"突出问题，扎实开展活动，党员干部的宗旨意识和群众观念得到增强，工作作风明显转变，自身素质显著提高。

着力打牢思想基础。坚持把学习教育贯穿活动始终，深入学习中国特色社会主义理论体系，学习党章和中央、省委一系列重要文件精神，自觉接受革命传统教育。部领导班子成员带头学理论、带头谈认识、带头讲体会，力求学深学透、融会贯通。通过学习，进一步强化了理论武装，坚定了理想信念，增强了宗旨意识。

充分发挥示范作用。部领导班子成员充分发挥带头作用，紧密结合实际，深入查摆"四风"方面的突出问题。班子成员带头深入基层和统战成员听取意见建议，先后到81个县（市、区）、103个非公企业调研，召开了48个不同层面的座谈会，两次召开省各民主党派、工商联负责人座谈会，征求各类意见建议364条，梳理归纳122条。

以整风精神开展批评和自我批评。按照中央和省委开一个高质量民主生活会的要求，部领导班子扎实做好各项准备工作，认真撰写对照检查材料，广泛开展谈心交心，班子成员相互提出批评意见120条，达到了触及思想、红脸出汗、加油鼓劲的目的。

把边学边查边改贯穿始终。以钉钉子精神着力解决突出问题，针对查摆出来的问题制定了41项整改措施，对整治文风会风等6个问题制定了专项整治方案，公示了两项重点整改事项。抓好建章立制，对统战工作规章制度进行全面梳理，新建19项，修订合并38项，废止31项，已完成34项，基本形成了系统完备、科学规范、运行有效的制度体系。

【全力助推经济文化强省建设】 坚持围绕中心、服务大局，充分发挥统一战线议政建言的政治优势、人才荟萃的智力优势、联系广泛的资源优势、协调关系的功能优势，为经济文化强省建设贡献力量。

着力提高建言献策水平。认真总结助推"蓝黄"两大战略实施情况，研究提出服务"转调创"的工作措施，受到省委、省人大、省政府、省政协领导同志高度重视，姜异康书记作出重要批示。各民主党派、工商联紧紧围绕"转调创"确定11个课题，集中力量，深化调研，形成了较高质量的调研成果。在民革中央、民建中央支持下，滨州省级经济开发区升级为国家经济技术开发区；青岛西海岸新区上升为国家战略的建议得到张高丽同志批示；青岛创建金融综合改革示范区战略规划扎实推进。深入开展"百名专家教授联百企"活动，促进科研成果转化为现实生产力。

着力促进非公有制经济健康发展。积极推动破除制约非公经济发展的“玻璃门”“弹簧门”等隐性壁垒，广泛开展人才对接、科研对接、银企对接活动，有效改善非公经济营商环境。协助省委、省政府成功申办全国工商联十一届三次执委会暨全国知名民营企业入鲁助推转调创洽谈会，为我省非公经济发展注入强大活力。指导淄博市成功承办全国工商联直属商会深化理想信念教育活动会议，促成签约意向资金1600亿元。组织举办全省优秀民营企业家“莱州行”“新泰行”“沂蒙行”等活动，助推县域经济社会发展。

着力保障改善民生。深入开展抗震救灾、同心行动、光彩事业等社会公益活动，积极参与四川雅安抗震救灾工作，全省统一战线广大成员累计捐款捐物6000多万元；组织实施“同心·光彩助学行动”，为500名受助学生发放助学金251万元；深入开展“光彩事业”“海联捐资助学”“海联新农村卫生室”“温暖工程”等活动，累计实施项目4500多个，到位资金140多亿元，帮助65万群众脱贫。争取社会资金及多方支持，为全省黄埔抗战老兵解决了每月300元的生活补助。高度重视选派“第一书记”抓党建促脱贫工作，建立“山东统一战线帮村富民资金”，向3个帮包村捐款捐物价值200余万元，组织机关党员干部直接联系14户困难家庭。

着力促进社会和谐。坚持“两个共同”主题，深入开展民族团结进步宣传教育和创建活动，推动各民族和睦相处、和衷共济、和谐发展。认真贯彻落实俞正声主席和姜异康书记批示精神，妥善解决了“泰山寺观被承包”问题。大力加强宗教团体建设，指导8个市完成了17个宗教团体的换届工作。妥善处理部分天主教房产问题，切实维护了民族宗教领域的和谐稳定。

着力深化交流合作。召开省海联会四届一次理事会议，圆满完成换届任务。举办两期“情系海联·同心同行”活动，达成合作意向15个，投资额近80亿元。港澳台海外企业家在省内新增投资280亿元，带动新增就业2000多人。进一步深化同港澳台海外友好社团及代表人士的交流交往，成功举办中华同根文化齐鲁行、台胞青年夏令营山东分营、海峡两岸退役将军高尔夫球邀请赛、纪念台儿庄大捷75周年等一系列活动，为深化山东对外交流、争取港澳人心回归、促进台湾民心认同、推动海外侨心凝聚作出了积极贡献。

【积极推进社会主义协商民主】 充分发挥统一战线在协商民主中的重要作用，不断扩大各民主党派、工商联和无党派人士有序政治参与，推进社会主义协商民主深入发展。

畅通渠道搭建平台。创办了《重要信息周知》《议政建言集萃》，进一步畅通了党外人士知情出力、参政议政的渠道。在省委、省政府高度重视下，省财政每年为省各民主党派、工商联增拨重点课题调研经费100万元，与有关部门共同制定了经费使用和优秀成果奖励办法，有效地调动了各民主党派、工商联参政议政的积极性。

积极开展民主协商。支持民主党派、工商联和无党派人士积极参加省委、省政府及有关部门组织的重要活动。全年省委、省政府或委托部门召开的协商会、座谈会、通报会12次，其中省委书记、省长主持或参加的8次。2013年省政协会议民主党派组织提案占集体提案的83.7%，党派个人提案占委员提案的52.9%，确定的25件重点提案中，党派组织和个人提案占56%。

发挥民主监督作用。重视发挥特约人员作用，牵头召开特约人员工作座谈会，推动有关单位认真落实中央、省委要求，进一步健全机制、形成合力，支持特约人员积极履职尽责、发挥作用。目前，省直有关部门、单位共聘请各类特约人员151人，其中党外人士36人；全省共聘请各类特约人员15800余人，其中党外人士2700余人。

【进一步加强党外代表人士队伍建设】 深入贯彻落实中发〔2012〕4号文件和我省实施意见，着力夯实源头基础、创新体制机制、解决难点问题，推动党外代表人士队伍建设扎实推进。

强化调研督导。部领导班子成员带队先后到12个市、21个县（市、区）和部分企业、高校进行调研，深入了解各地党外代表人士队伍建设的开展情况、存在问题和意见建议，指导督促各地各单位切实将中央、省委文件精神落到实处。在深入调研基础上形成了省委常委课题《加强党外代表人士队伍建设更好地服务经济文化强省建设》，提出了一系列有针对性的对策和建议。

夯实源头基础。抓住党外知

识分子这个源头，成立了省党外知识分子联谊会，制定了《关于加强党外分子联谊会建设的实施意见》。把新的社会阶层人士作为加强党外代表人士队伍建设工作的着力点，召开了省直新的社会阶层行业协会统战工作联席会议，举办了全省律师参政议政培训班，充分发挥律师协会、注册会计师协会等社团组织在统战工作中的平台作用。

创新培养模式。着眼加强对新生代青年企业家的培养、推进代际传承，在北京大学、山东财经大学举办了两期全省非公有制经济组织青年企业家管理创新培训班。强化教育培训基础设施建设，省社会主义学院新校区建设扎实推进。加大实践锻炼力度，制定了《全省党外代表人士实践锻炼基地工作管理办法》，建立了3个全省党外代表人士实践锻炼基地，选派19名党外干部到基地挂职锻炼。

解决难点问题。积极推动党外代表人士政治、实职特别是正职安排，党外全国人大代表、全国政协委员比上次换届时各增加1名，新增全国工商联副主席1名；党外省人大代表、省政协委员分别比上次换届时增加40名和55名，所占比例分别提高4.5和1个百分点。有3个市在超过三分之一的政府工作部门中配备了党外干部；有9个市在政府工作部门配备党外正职11名，较上年增加36.4%。

改进监督管理。制定相关制度，进一步加强对党外代表人士特别是已作安排的代表人士的联系与管理。召开了党外代表人士队伍建设工作联席会议第二次会议，推动各民主党派、工商联、宗教团体和党外领导干部所在单位通过民主评议、述职述廉等方式，加强对党外代表人士的管理和监督，教育引导党外干部讲政治、顾大局、守纪律，把心思和精力用到干事创业上。

【切实搞好自身建设】 深入开展“作风年”主题实践活动和文明机关创建活动，统战机关自身建设进一步加强。

突出抓好教育培训。着眼于提高统战干部队伍素质，创新培训的内容、形式和机制，将统战干部培训纳入全省领导干部专题培训计划，制定了《全省统战干部教育培训工作制度》，分层次、有步骤地进行培训，与省委组织部、省委党校联合举办了全省统战工作领导干部、县（市、区）委统战部长理论研讨班，进一步提高了统战领导干部能力素质。

不断提高调研宣传信息工作水平。召开了新形势下统战理论与实践问题研讨会，在山东大学、齐鲁工业大学建立首批省级研究基地。深入开展统战理论调研宣传“四新工程”活动，3篇课题获全国统战理论政策创新成果三等奖，1项工作获全国统战工作实践创新成果奖；信息工作再获全国一等奖，青岛、济南分别获得直报点信息工作一等奖、二等奖。

加强作风建设和反腐倡廉建设。严格落实中央八项规定和省委实施办法，认真执行厉行勤俭节约、反对铺张浪费的各项规定，加强廉政风险防控机制建设，制定并严格遵守“所有文字材料一律不超过5000字，部领导讲话一律不超过60分钟，新闻报道一律不超过400字，党内公务活动一律不安排宴请，到基层调研一律吃自助餐、家常饭”的“五个一律”工作要求。各类会议活动、文件、简报同往年相比分别减少25%、21%、16%，“三公经费”下降23%。省委统战部连续8年被评为省级文明单位。

（陈洪强）

·办公室·

办公室是综合性处室，主要承担参谋助手、综合协调、督促检查和服务保障等职能，具体负责综合文稿、办文、信息、会务、接待、行政、机要、信访、财务、保密、督查、档案、车辆等工作。

2013年底，办公室共有干部11人、工勤人员4人、聘用驾驶员12人，主任：张静。

【文字工作】 起草、修改、校核领导讲话和重要文稿50多件，包括部主要领导在全省统战部长会议、省各民主党派工商联负责人专题座谈会、非公有制经济人士理想信念教育活动动员和总结大会、省党外知识分子联谊会成立大会、省海联会换届大会等重大会议活动上的讲话，部主要领导在全国统战部长会议上的发言，以及以部名义上报中央统战部和省委的报告等。参与省委常委重点课题起草工作，完成《加强党外代表人士队伍建设，更好地服务经济文化强省建设》的调研报告并上报省委。文稿质量逐步提升，充分发挥了体现领导意图、指导实践工作的以文辅政作用。

【综合协调】 顺利组织实施省委书记走访省各民主党派工商联机关、省委省政府民主协商会和情况通报会、省委省政府申办全国工商联第十一届三次执委会等省委安排的重要活动。先后接待中央统战部、民主党派中央、全国工商联、黄埔同学总会，贵州、北京、上海、江苏、西藏日喀则统战部门等20余批次来我省调研考察。完成了全省统战部长会议、省各民主党派工商联负责人专题座谈会、省知联会成立大会、省海联会换届大会等20余个会议、培训班的会务行政工作。协助贵州省赫章县举办了2期农业产业化培训班，经验做法得到中央统战部刊发。选派1名同志到东阿县帮包村担任“第一书记”。

【信息、网站】 承办了中央统战部信息员培训班，举办了全省统战部办公室主任暨信息员培训班。全年向中央统战部报送信息1800余条，被采用500余条，信息工作再次荣获全国一等奖。汇总整理实践创新成果15项，1项受到中央统战部表彰。编印《山东统战简报》110期，办刊质量不断提高。依托省委办公厅网络平台，新建统战系统互联网络终端，进一步升级完善部门户网站，发布新闻400多条。

【机要、督查、保密、安全】 全年办理各类文电700余件、1500余份，发出各类文电350余件、9000余份，印制各类材料3万余份，基本做到及时、高效、无差错。按时编印部领导重要活动安排、周活动、月份大事记、季度工作计划，有效提高工作计划性和规范化。督办上级部门和领导批件80余件，有力推动工作落实。受理来信来访50余件次，切实维护统战成员合法权益。组织完成了汉峪小区交房工作。加强保密教育，严格保密监管。加强财务管理，全面推行公务卡结算制度。规范档案管理，及时入库归档。狠抓机关各项安全工作，车辆行驶45万公里无事故。

【处室建设】 坚持定期集中学习，搞好思想理论武装。扎实开展群众路线教育实践活动，深入开展批评与自我批评，支部组织生活会上提出批评意见140余条，认真查找问题、整改落实、改进作风。牵头新建、修订、合并制度66项，认真推动贯彻执行。做好精简节约各项工作，部里各类会议活动、文件、简报同往年相比分别减少25%、21%、16%，“三公经费”下降23%，严格管理机关水、电、油、耗材及其他办公设备，坚持物尽其用，杜绝铺张浪费。

（陈洪强）

·一处·

一处（党派处）主要负责联系各民主党派，贯彻执行党对民主党派工作的方针政策；对有关坚持和完善中国共产党领导的多党合作和政治协商制度及民主党派工作中的重大问题进行调研并提出意见；协调有关部门落实民主党派参政议政、民主监督的各项措施；协助民主党派加强自身建设。

2013年，一处实有干部4人，处长：孙中亮。

【协助民主党派加强思想建设】 以纪念“五一口号”发布65周年为契机开展系列教育活动，组织省各民主党派赴临沂和西柏坡参观学习，在《大众日报》《联合日报》《山东统一战线》发表署名文章，邀请中央社院李金河教授作专题辅导报告，在我部网站开辟纪念专栏等，加强传统教育，深化政治交接。以学习中央、省委重要会议和习总书记系列讲话精神为主题，参与举办暑期研讨座谈会和6期“同心讲坛”，围绕增强道路自信、理论自信和制度自信专题研讨，不断凝聚政治共识。

【协助民主党派开展坚持和发展中国特色社会主义学习实践活动】 按照中央统战部《关于印发〈统一战线开展坚持和发展中国特色社会主义学习实践活动方案〉的通知》（统发〔2013〕61号）精神，及时与省各民主党派进行沟通，研究起草协助省各民主党派开展活动的实施方案，结合各党派中央全会安排，协助我省七个民主党派省委起草各自活动方案和具体计划。10月份以后，协助省各民主党派采取新成员培训班、专题座谈、同心讲坛等形式开展学习实践活动，为学习实践活动的启动营造了良好的氛围。

【协助民主党派加强领导班子和组织建设】 协助各民主党派省委做好领导班子和成员述职评议工作，对17名驻会厅级干部进行了年度考核。按照规划协助济宁成立了民进和致公党市委会。协助做好民主党派省委机关5名同志到世纪金榜挂职工作。完善了1306人的民主党派代表人士信息库，编印了849人的《山东省各民主党派组织概况》。

【支持民主党派服务经济文化强省建设】 在省委统战部主要负责同志亲自关心下，省财政从2013年起每年为省各民主党派、工商联拨付重点调研经费100万元。制定了《重点课题调研及经费使用办法》和《重点课题调研经费管理暂行办法》。协助各民主党派省委围绕全省转调创工作完成重点调研课题10个，姜异康书记对课题汇编作出重要批示，给予充分肯定和高度评价。协助省委、省政府或有关部门召开协商会、座谈会、通报会共12次，其中省委书记、省长参加的8次。在省政协会议上，民主党派组织提案占集体提案的83.7%，党派个人提案占委员提案的52.9%，确定的25件重点提案中，党派组织和个人提案占56%。认真总结助推“蓝黄”两大战略实施情况，提出服务“转调创”工作措施，受到姜异康书记、郭树清省长、刘伟主席等领导同志高度重视。充分发挥《议政建言集萃》平台作用，报送民主党派成员意见建议22期，占总数的71%。争取民革中央支持，推动滨州省级经济开发区升级为国家经济技术开发区，青岛西海岸新区上升为国家战略的建议得到张高丽副总理批示。争取民建中央支持，协助青岛市积极创建金融综合改革示范区。协助致公党省委在潍坊成功承办了致公党中央“2013海峡科技论坛”，签约意向项目资金191亿元。支持各民主党派省委持续打造特色服务品牌，广泛开展救灾扶贫帮困和“三下乡”活动。据不完全统计，我省民主党派成员向雅安捐款捐物、投入扶贫资金3000余万元。为帮包村开展惠民活动32项，争取和筹集资金700余万元。

【协助民主党派搞好成员培训工作】 以传承优良传统、深化政治交接为主题，学习党的十八届三中全会精神和习近平总书记系列重要讲话为重点，举办了第十三期、十四期全省民主党派领导干部进修班，对换届后的民主党派市级组织和部分省直基层组织新任主委，部分民主党派省委机关干部90余人进行了培训，进一步提高了民主党派成员对中国特色社会主义的深刻理解，强化了“三个自信”。推荐13名民主党派代表人士参加了中央统战部培训。协助各民主党派省委举办培训班共15期，培训800余人。

【协助民主党派承办各类活动，推动解决实际问题】 协助民盟省委圆满完成中央统战部组织的民盟中央考察团来我省调研工作，协助民建省委成功承办了民建中央十届三次常委会。2013年，共接待民主党派中央主席、副主席22人次，其中副国级领导6人，受到中央统战部和民主党派中央的高度评价。对暑期研讨座谈会省各民主党派主委提出的24个问题，党的群众路线教育实践活动期间牵头落实的10个问题，落实统战政策中涉及民主党派的4个问题，及时制定整改措施，积极推动落实，取得阶段性成果。其中，党外副省级领导住房在省委统战部主要负责同志亲自关心下，于年底完工。

【提高处室服务能力和水平】 以党的群众路线教育实践活动为主线，不断加强处室建设。由部领导孙传宏、李法信带队，围绕民主党派班子建设、组织发展等16个问题，深入基层开展调研，形成了《关于协助民主党派加强领导班子建设问题初探》，被中央统战部一局评为2013年度调研成果一等奖。编印了22万字的《各民主党派全省代表大会汇编》和16万字的《民主党派工作大事记》。对40余万字的《民主党派工商联志》作了进一步修改。着力抓好建章立制工作，制定了部领导班子成员联谊交友制度，完善了省各民主党派工商联负责同志暑期研讨座谈会等4项制度，修订了岗位责任制等6项处室内部制度。

（梁景珲）

·二处·

二处（调研处，挂宣传办公室牌子）负责统一战线理论、方针、政策的综合性研究，协调、组织统战系统的大型调研活动，承担山东统战理论研究会的日常工作，起草统战工作重要文稿和有关重要文件。负责统战部门的宣传工作，编发《山东统一战线》，协调统战系统的宣传活动，联系并利用各种宣传媒介宣传统一战线，配合有关部门开展海外统战宣传，指导全省统战系统报刊出版工作和电媒、网媒等新兴媒体建设。

2013年，二处实有干部7人，处长：贾洪江。

【完成重要文稿的起草】 围绕贯彻落实党的十八大和十八

届三中全会精神以及全国、全省统战部长会议精神，根据全省统一战线的发展目标、主要任务，针对影响全省统一战线长远发展的重点、难点问题，积极进行调查研究，撰写有关文稿。独立或与其他处室合作完成领导讲话、辅导报告、署名文章等重要文稿10余篇，起草各类公文20多个。跟踪编印《习近平总书记统一战线论述汇编》，创办并编发《重要信息周知》10期、《议政建言集萃》31期，《议政建言集萃》逐步成为全省统一战线有一定影响的参政议政品牌。积极拓宽信息渠道，努力报送高质量信息，在全省统战信息工作评比中获一等奖。

【完成本年度重点课题研究】 根据中央统战部课题计划，完成中央统战部重点课题的子课题研究任务；重视对省重点课题组的指导，6个课题参评全国创新成果，3个分获二、三等奖；积极参与部领导牵头的关于加强党外代表人士队伍建设更好地为经济文化强省建设服务重点课题研究和调研报告的起草；组织完成了省人文社会科学课题申报工作，申报的《改变基层统战工作薄弱状况的因应之策》课题已通过审查，课题研究工作有序推进。

【构建开放式社会化统战理论研究格局】 积极与高等院校、科研院所加强合作，整合全省统一战线理论研究资源，聚集一批统战理论研究人才。以山东大学、山东社科院、省社会主义学院、齐鲁工业大学为依托，建立了首批4个省级统战理论研究基地。探索建立统战理论课题招标制度，与省委宣传部、省科技厅加强沟通协调，确定将统战理论研究课题纳入2014年度省社科规划项目和软科学计划项目。

【开展“四新工程”优秀成果评选活动】 继续在全省开展统战理论调研宣传“四新工程”优秀成果评选活动，推动各级统战干部增强创新意识、提高创新能力，推进各领域统战工作持续发展。2013年，共收到参评成果200余篇。为保证成果评选的公平公正，完善了成果评审办法，增加了专家评审组人员数量，共评选出优秀理论调研成果一等奖4篇、二等奖15篇、三等奖20篇、优秀奖30篇，优秀宣传成果一等奖3篇、二等奖5篇、三等奖10篇、优秀奖12篇。与山东省社会科学联合会联合表彰了获奖成果。

【召开新形势下统战理论与实践创新研讨会】 省委统战部主要负责同志出席会议并讲话。统战理论研究会部分常务理事、理事及各市委统战部分管领导和科（处）长90余人参加会议。研讨会征集论文83篇，内容涉及中国特色社会主义统一战线形态、协商民主视角下的统一战线思考、作为党的领导方式和执政方式的统一战线方法论研究、统一战线服务社会管理创新方法路径等多个方面，来自各市、省直统战系统、高校的8位同志作了交流发言。会后，遴选8篇与会论文参与“山东社科论坛”优秀论文评选活动，获得一等奖1项，二等奖2项。

【启动《山东统一战线年鉴2013》编纂工作】 成立《山东统一战线年鉴》编委会和编辑部，统筹负责年鉴编纂工作，完成《山东统一战线年鉴2013》的“三校四审”。与省委党史研究室加强联系沟通，完成了《山东统一战线史》编纂的前期准备，起草了《关于与省委党史研究室联合编纂〈山东统一战线史〉的意见》，明确了《山东统一战线史》的框架、内容和进度。

【完成重要活动重点工作宣传报道任务】 积极协调省委宣传部和省电视台、《大众日报》《联合日报》等新闻媒体，对全省统一战线学习贯彻党的十八届三中全会精神、积极开展党的群众路线教育实践活动、扎实开展非公有制经济人士理想信念活动、纪念“五一口号”发布65周年系列活动、省海外联谊会换届、省党外知识分子联谊会成立等重要活动进行集中报道宣传，在主要新闻媒体刊发宣传稿件360多篇（次）。

【以《山东统一战线》为载体巩固宣传阵地】 进一步加强《山东统一战线》的编辑工作，刊物改版工作取得实质性进展。充分发挥刊物的宣传平台作用，陆续开设了“学习贯彻十八大精神”“学习贯彻中央4号省委10号文件精神”“聚焦两会”“纪念‘五一口号’发布65周年”“党的群众路线教育实践活动”等专栏，深入宣传党的统战理论方针政策，传播统战理论研究成果，交流统战工作信息，既突出统战性、理论性、政策性、工作指导性，又兼顾实用性、知识性、可读性，为推动全省统战工作科学发展发挥了重要作用。

【开展县级统战工作】 在邹城市召开了全省县级统战工作联系点会议，就做好新时期县级统战工作进行了交流研讨，并观摩了基层统战工作现场。认真总结以建立联系点制度推动县级统战工作的经验做法，中央统战部《统战工作》予以宣传推广。结合中央统战部开展的基层统战工作调研活动，先后对近20个县（市、区）进行实地考察，形成的调研报告得到中央统战部研究室肯定。注重在调研和日常工作中发现并宣传推广典型，向中央统战部报送费县、沂南县两个典型材料，被确定为优秀案例。以部通报形式宣传推广了苍山、胶州、沂南、青岛市南区等县（市、区）的实践创新成果。

【推进处室自身建设提水平上台阶】 重视加强党支部和处室自身建设，积极参加党的群众路线教育实践活动，处室作风得到改进、工作得到加强、制度得到完善。深入开展“作风年”主题实践活动，召开了高质量的专题组织生活会，省直机关工委有关负责同志到会指导。1名同志被授予省直机关模范履职处长称号。强化制度建设，坚持周一例会制度、周四集中学习制度和撰写读书笔记等制度，定期由分管部领导检查督导，形成了规范有序的工作秩序，树立了良好形象。积极承担“十艺节”接待保障任务，受到省“十艺节”组委会通报表彰。认真策划组织省直机关第十二届运动会主题语征集活动及会议期间宣传稿件的采写、播报工作，获主题语征集活动组织奖，为我部获得运动会“精神文明奖”作出贡献。

（赵修红）

·三处·

三处（干部处）的主要职能是负责党外代表人士的政治安排和担任政府领导职务的党外人士的培养、选拔、考察、推荐等工作，负责党外后备干部和代表人物队伍建设工作，负责党外干部和统战干部的培训，协助各民主党派山东省委、省工商联进行干部管理，协助管理市（地）级统战部长，负责部机关和直属单位干部、职工的人事管理，办理部机关及有关单位出国（境）人员的审查工作，收集管理党外人士的档案资料。

2013年底，三处共有干部7人，处长：冯尚伟。

【积极推进党外干部实职安排，特别是正职安排】 认真贯彻落实中央、省委关于党外干部实职安排特别是正职安排的各项政策规定，努力解决重点和难点问题，取得显著成效。一是深入研究，理清思路。积极协助完成省委统战部主要负责同志题为《加强党外代表人士队伍建设，更好地服务经济文化强省建设》的省委常委重点调研课题，进一步明确了做好党外代表人士队伍建设的工作思路。二是加强督促，积极推进。利用召开全省统战部长会议、党外代表人士队伍建设工作联席会议以及举办市县统战部长培训班等各种时机，对党外干部特别是党外正职配备工作提出明确要求，对各市党外正职安排情况进行专题通报，以强有力的措施推动工作开展和目标落实。三是强化协调，完善机制。把党外后备干部队伍建设纳入全省人才和干部队伍建设总体规划，确保了党内、党外干部同步规划、同步培养、同步使用、同步管理。按照“六个共同”的总体要求，建立了组织部、统战部党外干部工作协调机制，统战部门积极举荐，组织部门量才使用。截至2013年底，43个省政府工作部门中有15个部门配备党外领导干部，配备比例为34.9%。43所部属、省属高校中有17所配备党外厅级以上领导干部，其中党外正职2名。10户省委管理的国有重要骨干企业中有3户配备党外领导干部，其中党外正职1名。省人民团体配备党外正职1名。有4个市在超过三分之一的政府工作部门中配备了党外领导干部，有9个市在政府工作部门配备了党外正职。17个市的政府领导班子全部配齐党外副市长，138个县（市、区）中有137个配备了党外副县（市、区）长。

【大力加强统一战线教育培训工作】 先后制定印发了《2013—2017年山东统一战线教育培训规划》《全省统战干部教育培训工作制度》《关于加强省委统战部各类培训班管理的意见》等文件，使教育培训工作更加系统化、规范化、制度化。结合党的群众路线教育实践活动征求到的意见建议，在省委党校举办了全省统战工作领导干部理论研讨班和全省县（市、区）委统战部长理论研讨班，两期培训班定位高端、主题突出、内容丰富、管理规范，达到了预期目的，填补了缺乏高端主体培训班次的空白。注重抓好常规班次培训，下半年在省社会主义学院举办第十八期全省党外领导干部进修班，突出了传统特色，巩固了培训效果。加强与省委组织部、省外国专家局的沟通协调，及时申报2014年出国培训项目计划。配合有关方面累计选派64名统战干部和党外干部参加了中央统战部、国防大学、省委党校、山东行政学院举办的各类培训。1篇教育培训案例入选《统一战线教育培训优秀案例汇编》，4篇经验材料被中央统战部《统战干部教育》刊登。

【全面启动党外代表人士实践锻炼基地建设】 一是认真筹备实践锻炼基地启动仪式。在山东世纪金榜科教文化股份有限公司、枣庄市山亭区和烟台经济技术开发区建立3个全省党外代表人士实践锻炼基地，4月份举办了全省党外代表人士实践锻炼基地启动仪式。二是做好党外挂职干部的选派和接收工作。从民主党派省委机关选派5名党外干部到世纪金榜公司挂职锻炼，从省农业厅、商务厅和有关市共选派14名党外干部分别到枣庄市山亭区和烟台经济技术开发区挂职锻炼。三是加强实践锻炼基地的管理。陪同部领导到实践锻炼基地调研，为挂职干部争取良好的工作、生活条件。下发《全省党外代表人士实践锻炼基地建设情况通报》，总结推广经验做法，指导各实践锻炼基地的建设工作。制定了《全省党外代表人士实践锻炼基地工作管理办法》，扎实推进党外代表人士实践锻炼工作的制度化、规范化。另外，还推荐2名党外副厅级领导干部参加全国党外代表人士实践锻炼基地第三批挂职锻炼，进一步开阔了视野、提高了能力。

【督促指导特约人员工作的开展】 集中走访了省检察院、省教育厅等7个省直单位，对开展特约人员工作情况进行了调研。筹备召开了全省特约人员工作座谈会，严格规范了聘任程序，建立了统战部门牵头协调、各有关部门密切配合、广大特约人员积极参与的特约人员工作格局。开展了特约人员人选推荐工作，共收到省直有关单位、高校、科研院所、企业及各民主党派省委、省工商联等方面推荐的特约人员人选143人。指导特约人员应聘未聘的单位认真贯彻落实鲁统〔2006〕114号文件精神，尽快启动聘任工作；督促已聘任特约人员的单位严格执行聘期规定，积极开展活动。

【稳步推进党外人才工作】 与省人才工作领导小组签订了《2013年度人才工作目标责任书》；制定《省委统战部2013年党外人才工作目标任务》，由省委统战部主要负责同志与各分管部长、有关处室、单位负责人签订了目标责任书。及时调度各市及部机关各处室、单位工作开展情况，撰写报送了《2013年度人才工作述职报告》。积极参加省人才工作领导小组办公室组织的有关培训班和座谈会，完成《加强党外人才工作，发挥党外人才作用》的调研报告。牵头组织开展"百名专家教授联百企"活动，推动高校科研成果转化为现实生产力，帮助企业解决生产经营中的技术难题，探索建立企业与高校、科研院所合作的长效机制。强化与党外代表人士的联系，制定出台了《关于进一步加强与已作政治安排和社会安排的党外代表人士联系制度》，通过建立约谈交流、年度述职、学习培训、议政建言等制度，密切联系、强化管理、加强引导。

【认真做好常规性干部人事工作】 配合省委组织部完成省管干部的年度考核、提拔任用，省管干部的出国审批，第六批援藏干部安置和第七批援藏干部选派等工作。加强部机关机构和编制建设，协调省编办批复新设立一个处室、增设4个人员编制及正、副处长各1人；另外，还增加1个军转干部安置编制。注重部机关和省直统战系统干部队伍建设，考录部机关2名人员、省职教社2名人员、省工商联2名人员、省社会主义学院1名人员，安置军转干部3名，调入省直统战系统5名人员；完成部机关和所属单位处级及以下干部年度考核和系统内处级干部试用期满考核工作。切实做好所属社团的管理，协助做好省知联会成立、省海联会换届、省职教社筹备成立的有关人事安排工作。在全省统战部长会议上专门下发《各市统战部长配备情况通报》和《关于进一步做好党委统战部长配备工作的通知》，大力推动党委常委担任统战部长。截至2013年底，全省17个市中，由党委常委担任统战部长的由8个增加到9个；138个县（市、区）中，由党委副书记或常委担任统战部长的由14个增加到20个。

【扎实完成“第一书记”帮包贫困村扶贫任务】 选派了第二批“第一书记”驻村开展帮包工作；加强与行业扶贫单位、帮包村等有关方面的联系，推进有关扶贫政策的落实。在部主要领导的亲自关心下，协调部分非公有制经济人士出资建立“山东统一战线‘同心’帮村富民资金”，向3个帮包村捐赠150万元；协调省直有关部门帮助贫困村建立农村科技服务网络，筹建幼儿园；协调社会新阶层代表人士向帮包村小学捐助价值10万元的教学设备和图书；协调全省宗教界人士向帮包村捐助15万元。

【积极参与党的群众路线教育实践活动】 认真履行教育实践活动领导小组协调组的职责，及时传达省委教育实践活动领导小组和督导组的要求，做好上传下达、协调服务工作。认真组织部领导班子民主生活会，起草了民主生活会工作建议方案，完成班子成员谈心谈话情况、互提意见建议、对照检查材料的汇总等有关准备工作，为开好民主生活会提供了保障。认真做好部领导班子成员和处级干部的知识测试和民主测评工作，及时形成并报送有关材料，得到督导组的好评；制定出台了《省委统战部党员干部联系困难家庭工作实施方案》，各支部与帮包村14户困难家庭建立了联系，并在部领导的带领下完成了入户走访任务。

（王　琰）

·四处·

四处（经济处）具体负责全省非公有制经济领域统战工作情况调研并提出政策性建议；联系非公有制经济代表人士，开展思想政治工作，加强非公有制经济代表人士队伍建设；会同部内有关处室组织推动民主党派、工商联开展对老、少、边、穷地区扶贫工作；承办省光彩事业促进会日常工作；负责联系指导省工商联工作；联系指导各市非公有制经济领域统战工作。

2013年，有工作人员4名，处长：孙美菊。

【深入扎实有效开展非公有制经济人士理想信念教育实践活动】 按照中央统战部部署，深入扎实开展以“民营企业家与中国梦”为主题的非公有制经济人士理想信念教育实践活动，成立高规格的领导小组，省委统战部主要负责同志任组长，张超超副省长、王乃静主席等为副组长，省发改委等有关部门负责同志为成员。组织收看5月6日全国理想信念教育实践活动电视电话会议和10月30日全国理想信念报告会电视电话会议。及时将中央会议精神向省委常委会汇报，姜异康书记作出重要批示，提出明确要求。与省工商联联合组成8个调研组进行深入调研，起草我省《实施意见》，以省委办公厅名义转发。5月25日，召开全省教育实践活动动员部署会议，省委统战部主要负责同志出席会议并讲话，张超超传达姜异康书记的重要批示，省直各有关部门负责同志和各市分管副市长、统战部部长、工商联主席和党组书记等150余人参会。8月23日，召开省理想信念教育实践活动领导小组会议，省委统战部主要负责同志出席会议并讲话。12月6日，召开全省非公有制经济人士理想信念报告会暨教育实践活动总结会电视电话会议。会前，姜异康书记专门作出重要批示，省委统战部主要负责同志出席会议并讲话。张建宏等5名代表人士发言，畅谈了参加理想信念教育实践活动的收获和体会。

我省教育实践活动得到中央统战部、全国工商联和省委省政府领导的充分肯定，省委统战部主要负责同志在全国统战部长会议上作了经验介绍，全国教育实践活动简报多次介绍山东活动情况。在全国非公有制经济领域统战工作研讨班上，我省作了典型发言。

【着力加强非公有制经济人士思想政治工作】 联合省工商联深入开展非公有制经济人士践行“三强”（强信念、强责任、强奉献）、非公有制企业争创“三百”（实力百强、创新百家、公益百星）活动，举办“‘大海杯’民营企业家与中国梦”书画展，评出“三百”企业236家。召开山东非公有制经济代表人士感恩革命老区沂蒙行座谈会，举办“沂蒙新红嫂”朱呈镕典型事迹专题报告会，举行“山东省非公有制经济人士思想政治教育基地”揭牌仪式，开展“个人梦、企业梦、中国梦”大讨论，在《大众日报》开设专栏，刊登40余位优秀非公有制经济代表人士“中国梦”感言，引导非公有制经济人士把思想和行动统一到经济文化强省建设上来。

【着力助推经济文化强省建设，服务非公有制企业转型升级】 积极争取承办全国工商联十一届三次执委会议暨全国知名民营企业入鲁助推转调创洽谈会。加强与全国工商联的联系沟通，代省政府起草《关于共同举办全国知名民营企业家考察投资活动的函》等材料。7月22日，姜异康、郭树清、省委统战部主要负责同志、王乃静、孙蕭声一行专程赴全国工商联，就商请承办全国工商联十一届三次执委会议暨全国知名民营企业入鲁助推转调创洽谈会进行沟通。8月26日，全国工商联正式函复省政府，同意2014年12月下旬在济南召开十一届三次执委会议，并同期举办全国知名民营企业入鲁助推转调创洽谈会。

积极协调推动承办全国工商联直属商会深化理想信念活动座谈会。9月1日，全国工商联直属商会深化理想信念教育实践活动会议在淄博召开，省委统战部主要负责同志出席会议并致辞。成功举办经贸洽谈活动，全国工商联直属商会及新能源商会、科技装备业商会的327名民营企业家出席，达成合作意向28个，意向投资额1600亿元。

助推非公有制企业转型升级。组织开展全省优秀民营企业“莱州行”“新泰行”“沂蒙行”等活动，筹备召开全省民营企业走出去经验交流会，指导和推动民营企业加快“走出去”。开展“三门”问题（“玻璃门”“弹簧门”“旋转门”）专题调研，对全省230余家省工商联执委企业进行调查摸底，梳理汇总意见建议200多条，报送省领导，推动问题解决。认真做好民营企业转方式优秀案例宣传和推荐上报工作，翔宇实业被中央统战部评为2013年度优秀案例。

扎实开展“三对接”活动。4月，与省人社厅、山东财经大学联合，在山东财经大学开展“人才对接”活动。7月，与省工商联、科技厅联合在潍坊组织开展“科技对接”活动，达成合作意向260多项，80多项进入实质合作阶段。9月，与省金融办、银监局联合，在淄博举办银行金融机构与山东民营企业对接洽谈活动，18家民营企业代表与金融机构进行了现场签约。

【着力加强非公有制经济代表人士队伍建设】 加强省工商联和省民营企业家协会组织建设。做好省工商联副主席的增补替补工作。在7月3日召开的省工商联十二届二次常委会上，增补邱亚夫、赵焕臣、翟君、李湘平为省工商联副主席，替补陈焕德为省工商联副主席。扎实做好省民企协会换届工作，12月23日，召开山东省民营企业家协会第二次会员大会，省委统战部主要负责同志出席并讲话，选举产生了第二届理事会领导班子，宗艳民当选为会长。

实施非公经济组织经营管理人才“双百”工程。对2013年全省72家销售收入过100亿的非公有制企业情况进行统计，充实完善人才数据库。与有关处室共同做好“百名专家教授联百企”活动，做好非公有制企业需求的征集、汇总和上报工作。

【创新做好青年企业家培养工作】 组织开展全省非公有制经济组织青年企业家队伍建设情况调研，形成《我省非公有制经济组织青年企业家培养路径问题研究》课题报告。4月和11月，分别在北京大学和山东财经大学举办全省非公有制经济组织青年企业家管理创新培训班，省委统战部主要负责同志出席在北京大学的开班式并讲话，孙蕭声主持并全程跟班，120余名青年企业家参加培训。加大青年企业家的安排使用力度，及时将在培训和各类活动中发现的优秀青年企业家推荐到省民营企业家协会等组织的领导班子，为他们发挥作用、展示才能搭建平台。

【继续深化光彩事业等特色活动】 成功举办2013年“同心·光彩助学行动”。4月，召开动员部署会，孙传宏讲话，孙蕭声主持。6月16日，举办捐助仪式，为10所受助高校500名大学生发放助学金501万元，省委统战部主要负责同志出席并讲话，孙传宏主持，孙蕭声宣读捐助决定，王晓炜参加。

与有关处室共同组织“同心捐助”系列活动。11月6日，举办“同心”系列捐助活动，日照冠华集团有限公司等4家企业共捐资410万元，分别捐赠图书、捐建卫生院、捐助品学兼优贫困学生。省委统战部主要负责同志出席并讲话，孙传宏主持，孙蕭声、亓同秋参加。

积极组织非公有制经济人士参加抗震救灾和“光彩行”活动。组织全省非公有制经济人士积极参与四川雅安抗震救灾工作。据不完全统计，我省非公有制经济人士累计捐款捐物近6000万元。积极参加中央统战部组织的感恩革命老区“大别山行”“延安行”“西藏行”“赣州行”。

【认真做好调研、宣传和信

息等工作】 配合做好中央统战部、全国工商联领导来山东调研工作。做好全国政协副主席、全国工商联主席王钦敏来鲁综合调研，全哲洙两次来我省专题调研的接待工作。姜异康、姜大明会见全哲洙一行，雷建国、省委统战部主要负责同志、王乃静、孙传宏、孙孺声等参加会见。做好全国工商联副主席庄聪生、中央统战部五局副局长刘玉江等来山东调研工作，协助中央统战部开展民营企业非公募基金会调研，并提报案例材料。

加大经济领域统战工作调研宣传力度。开展全省非公有制经济领域统战工作情况调研，撰写多篇调研报告和经验材料。我省关于开展理想信念教育实践活动、加强工商联组织建设工作等材料，在中央统战部《情况交流》刊发。向中央统战部、部办公室报送信息300余条，获得省委统战部信息工作一等奖，荣获中央统战部2013年度“非公有制企业信息报送先进单位”。

【着力加强处室规范化制度化建设】 按照省委统战部主要负责同志提出的加强五种能力建设要求，着力加强处室能力建设、作风建设和制度建设。积极参加党的群众路线教育实践活动各个阶段的活动，坚持边整边改，修改完善工作制度3项、新建2项，进一步提高处室工作科学化、规范化水平。荣获部机关“2013年度先进处室”称号。

（赵玉辉）

·五处·

五处（党外知识分子处）工作职能：一是负责联系和培养无党派代表人士和党外知识分子代表人物；二是开展无党派代表人士工作调研并提出政策性意见；三是调查了解党外知识分子的情况，反映动态；四是提出制定党外知识分子政策的意见和建议，督促检查贯彻落实情况；五是负责教育、科技、文化、卫生、国有大型企业党外知识分子的统战工作；六是出国和归国留学人员统战工作，部分新的社会阶层人士的统战工作。

2013年，五处有工作人员5人，处长：王传洲。

【夯实共同思想政治基础】 2013年，全省党外知识分子工作以深入学习贯彻党的十八大、十八届三中全会和习近平总书记系列重要讲话精神为核心，以无党派代表人士队伍建设为重点，指导各市扎实推进无党派人士、党外知识分子和新的社会阶层人士统战工作，着力推进高等院校、国有大企业和科研院所统战工作，党外知识分子工作有了新的提高。

深入开展无党派人士坚持和发展中国特色社会主义学习实践活动。10月30日，组织部分住鲁全国人大代表、政协委员，党外领导干部，高等院校、国有大企业、科研院所的无党派代表人士70余人在山东分会场集体参加了全国无党派人士坚持和发展中国特色社会主义学习实践活动动员会电视电话会议。通过深入调研，确定了开展学习实践活动的范围，成立了学习实践活动领导小组，制订了实施方案。在活动中，突出理论学习、正面引导和自我教育，通过丰富多彩的活动，充分调动广大无党派人士参加活动的积极性。广大无党派人士按照“自觉、自主、自为”原则，切实投入到学习实践活动中，加强理论学习和实践锻炼，进一步提高自身素质，增进思想共识，更加坚定了对中国特色社会主义的理论自信、道路自信和制度自信。

积极参与政治协商。先后组织无党派人士代表12人次，参与省委省政府召开的党外人士座谈会、通报会和政治协商会。1月9日，省委副书记、省长姜大明听取各民主党派、工商联和无党派人士对《政府工作报告》（征求意见稿）的意见建议，无党派人士代表刘均刚作会议发言；6月3日，在省委组织的民主协商会上，无党派人士代表温江鸿就即将召开的省十二届人大二次会议议程和有关人选情况作了会议发言，受到与会领导充分肯定。

加强新的社会阶层人士工作。2013年12月，首次组织省律师协会、会计师协会、拍卖师协会等6家行业协会，召开了省直社会新阶层行业协会统战工作联席会议。逐步完善形成会议机制，有效促进了新的社会阶层人士统战工作的开展。

强化教育培训。4月26日至28日，与省律师协会联合举办了全省首次律师参政议政专题培训班，来自全省法律服务一线的51名律师参加了培训。分期举办了党外知识分子代表人士、新的社会阶层人士培训班，来自全省的107名学员参加了培训，进一步提升了党外知识分子代表人士的政治理论水平和综合素质。

【服务经济文化强省建设】

全省党外知识分子立足本职工作，紧紧围绕中心，深入调查研究，积极建言献策，服务全省经济社会发展。

开展“百名专家教授联百企”活动。在省委统战部主要负责同志的关心支持下，充分发挥高等院校、科研院所统一战线人才荟萃、智力密集优势，以促进我省民营经济“转、调、创”为目标，4月份起，在全省组织开展了“百名专家教授联百企”活动。分管部领导王晓炜同志多次赴青岛、东营、烟台、潍坊、泰安等市进行调研督导，深入高等院校和企业一线组织指导对接活动，有力地促进了活动的深入开展。11月1日，全省统一战线“百名专家教授联百企”活动推进会在济南召开，省委统战部常务副部长孙传宏出席会议并讲话，巡视员王晓炜主持会议。截至2013年12月，21所高校、3个省级科研院所的127名专家教授与103个企业进行了对接，洽谈合作项目160余项，达成科研合作意向35个，签订协议32项，为推动企业转型升级、促进科技成果向生产力转化发挥了重要作用，收到良好的经济效益和社会效益。

引才引智服务全省科技创新发展。7月19日至21日，邀请以全国人大常委、中科院院士郭雷同志为组长的中央统战部无党派人士建言献策小组来山东就推进科技创新问题进行调研。建言献策小组对全省科技创新工作提出许多有创新性的意见建议，3名小组成员分别与山东量子科学技术研究院有限公司、浪潮集团等4家企业达成了合作意向，为浪潮集团推荐引进一名国家“千人计划”专项人才。

围绕中心工作建言献策。省党外知识分子联谊会充分发挥人才荟萃、资源密集、联系广泛的优势，引导党外知识分子围绕事关社会发展的重点问题，开展深入调研，积极建言献策，共提出意见建议137条，不少意见建议受到各级党委、政府的肯定和采纳。省政协常委、省知联会副会长张卫国同志《创新驱动创业，创业带动就业》的调研报告，受到郭树清省长的高度重视并作出重要批示。

【强化平台载体建设】 9月17日上午，山东省党外知识分子联谊会成立大会在济南召开，会议选举产生了联谊会领导机构。省委统战部主要负责同志出席会议并讲话。联谊会成立后切实发挥载体作用，团结凝聚全省广大党外知识分子，组织开展丰富多彩的活动，积极服务经济文化强省建设，受到社会各界广泛赞誉。截至2013年12月底，全省各市、高校和部分企业、科研院所大都成立了以无党派人士为主体的党外知识分子联谊组织，基本实现了党外知识分子工作网络全覆盖。

组织主题报告会。12月7日，省党外知识分子联谊会邀请国际工业生态学会理事会主席、瑞典德隆大学博士罗纳德·温纳斯特教授作“世界能源展望和中国经济低碳生态转型”主题报告会，驻济党外知识分子代表260余人参加报告会，产生了广泛的社会影响。省委统战部主要负责同志亲切会见罗纳德·温纳斯特教授，对报告会给予高度评价，要求把这一活动继续开展下去，进一步加强对无党派代表人士的教育引导，不断扩大省党外知识分子联谊会的社会影响。

加强留学人员组织建设。积极与省民政厅联系，协商留学人员组织建设问题。5—7月份，组织在全省范围内进行了留学人员统战工作情况调研，形成有针对性的调研报告。组织全省留学人员代表人士深入学习贯彻习近平总书记在欧美同学会成立100周年庆祝大会上的重要讲话精神，提出了“关于拟筹备建立山东省欧美同学会·山东省留学人员联谊会可行性分析及实施方案的报告”。

开展服务社会公益活动。省社会新阶层党外知识分子联谊会4位副会长积极参与首次全国“同心·律师服务团”法律援助活动，分别担负了青海、云南等4个省各一个县的法律帮扶工作。他们发扬无私奉献精神，克服困难，做了大量富有成效的工作，2013年7月，被中央统战部和司法部联合授予“同心·律师服务团”优秀团员称号。省党外知识分子联谊会、省社会新阶层党外知识分子联谊会理事勇于承担社会责任，关心公益事业，捐款捐物合计160万元。

【处室自身建设】 以党的群众路线教育实践活动为契机，切实加强作风建设，聚焦“四风”问题，勇于查摆存在的问题，开展批评与自我批评。全处同志自我加压、用心工作，理想信念、党性和纪律观念进一步增强，工作积极性、创造性进一步增强，团结和谐、积极向上的良好氛围进一步巩固。

（吴　猛）

·六处·

六处主要负责对民族、宗教工作进行调研并提出政策性建议，联系少数民族和宗教界代表人物，协助有关部门培养和举荐少数民族干部，会同有关部门共同培养教育宗教人士，协助有关部门解决民族、宗教工作中存在的实际问题。

2013年，六处配备干部4人，在岗4人，处长：韩庆新。

【大力加强爱国宗教团体自身建设】 探索开展了全省性爱国宗教团体领导班子及成员民主测评工作，协助各团体先后召开常委会（常务理事会）进行年度述职和民主测评。会同省宗教局先后两次召开全省性宗教团体负责人学习会，省委统战部主要负责同志出席会议并讲话。组织召开了各团体驻会负责人学习党的十八届三中全会精神座谈会，牟强副部长对各团体学习宣传贯彻全会精神提出了明确要求。切实抓好团体新一届委员（理事）的教育培训，先后举办了伊斯兰教界人士读书班、道教界人士读书班和天主教界人士读书班，培训三个团体的理事（委员）及骨干教职人员210多人。积极推动各市加强团体组织建设，先后指导7个市完成了16个宗教团体的换届工作，指导滨州市成立了佛教协会。

【扎实做好天主教工作】 积极支持兼管主教开展工作，着力巩固主教兼管工作成果，经验做法得到中央领导同志和中央统战部的充分肯定。指导烟台、菏泽市切实解决好房产落实等实际问题，帮助爱国主教树立权威。支持省天主教两会制定了《山东省天主教关于主教兼管教区制度》，明确了兼管程序、兼管主教的权利和义务、兼管教区的责任和义务，推动了天主教健康有序发展。指导济南、临沂市统战、宗教部门做好当地朝圣活动管理服务工作，确保了朝圣活动平稳有序进行，营造了良好的宗教活动环境。

【圆满完成伊斯兰教朝觐工作】 在省委、省政府的正确领导和关怀下，会同有关部门认真贯彻落实有关会议和文件精神，扎实做好组织管理、服务保障、教育引导和安全保卫等工作，实现了我省全体52名朝觐人员“零伤亡”和“政治安全”以及无零散朝觐的预期目标，圆满完成了2013年朝觐任务，受到了中国朝觐总团的充分肯定和表扬。

【清理整治“泰山寺观被承包”问题】 认真贯彻落实俞正声主席、姜异康书记和省委统战部主要负责同志批示精神，会同省宗教局组成联合调查组到泰安市，对国家宗教局简报反映的“泰山寺观被承包”情况进行了督查。省委统战部主要负责同志和王随莲副省长亲自赶赴泰安召开现场会，听取调查组和泰安市的工作情况汇报，研究制定了整改意见。多次会同省宗教局赴泰安市对整改情况进行督查，深入活动场所现场对有关问题进行全面排查，坚决清理“寺观被承包”现象，工作做法得到了国家宗教局的充分肯定，国家宗教局简报第63期全文通报了我省的做法和取得的成绩。

【组织召开有关工作会议】 切实加强宗教工作协调机制建设，召开了省宗教工作领导小组成员会议，省委统战部主要负责同志出席会议并讲话，对全省宗教工作进行了部署。会同省宗教局、省公安厅在潍坊召开了全省沿海城市抵御境外宗教渗透联席会议。印发了《全省沿海城市抵御境外宗教渗透联席会议工作制度》。

【及时妥善处理涉及民族宗教因素的突发性事件】 围绕全省中心工作，扎实做好民族宗教领域维护稳定工作，为经济社会发展创造安定团结的良好环境。积极协调宗教、公安、安全等部门定期排查民族领域的不稳定因素，及时妥善处理涉及民族因素的群体性事件。认真处理宗教界人士的来信来访，及时协调有关市、有关部门妥善解决宗教界人士反映的问题。及时将有关部门提供的情况通报相关市，指导当地统战部协调有关部门深入排查，妥善处置涉及宗教因素的非法活动。

【认真做好民族工作】 坚持“两个共同”主题，深入贯彻落实各项政策措施，加大帮扶力度，积极帮助少数民族群众发展经济、改善民生。牢牢把握民族工作正确导向，切实加大宣传力度，会同省委宣传部、省民委开展了第13次全省民族团结进步宣传月活动，进一步巩固和发展了平等、团结、互助、和谐的社会主义民族关系。

【扎实开展党的群众路线教育实践活动】 认真组织支部党员进行学习，广泛征求意见建议，认真撰写对照检查材料，互相进行谈心谈话，按时召开支部专题组织生活会，以整风精神开展批评与自我批评。坚持边学边查边改，及时制定整改措施，积极协调有关方面，推动解决有关问题。抓好建章立制，新建、修订工作制度5个，为解决“四风”问题提供了制度保障。通过开展教育实践活动，加强了处室自身建设，解决了“四风”问题，提高了工作能力。积极支持“第一书记”张峻同志开展工作，组织省伊协、省天主教两会、省基督教两会向我部帮包村70岁以上的老人捐款15万元。

（王凤全）

·七处·

七处（联络处）的职责是：协调、指导省级各民主党派、工商联和下级统战部门开展海外统战工作，联系港澳台和海外有关社团及代表人物，承办中央统战部和中央人民政府驻香港、澳门联络办公室交办事项，承担省海外联谊会的日常工作。

2013年联络处有干部5人（其中一名干部6月份被省委组织部选派至西藏挂职三年），处长：程海峰。

2013年，以邓小平理论、“三个代表”重要思想、科学发展观为指导，围绕全国和全省工作大局，认真践行“和平统一、一国两制”方针，大力弘扬中华优秀文化，深入开展交流交往，广泛宣传推介山东，组织开展经贸、科技和文化交流活动，热情为港澳台海外朋友服务，为加快经济文化强省建设，维护港澳长期繁荣稳定、推动两岸关系和平发展发挥了积极作用。全省统战系统共组团出访50多次、会见800多人次；接待各类来访团组140多个、2300多人次；港澳台海外代表人士在省内新增投资280亿元、安排就业2000多人。在全国统战系统对台工作会议和中华海外联谊会港澳社会经济研讨班上，我省分别就对台统战工作、加强香港社团和青年工作作典型发言。

【召开省政协住港澳委员座谈会】 1月13日，省委统战部、省海外联谊会召开省政协住港澳委员座谈会，就助推“蓝黄”两区发展战略、服务加快经济文化强省建设，与参加省政协十一届一次全体会议的33位住港澳委员座谈交流。省委统战部主要负责同志出席会议并讲话，省委统战部常务副部长孙传宏主持，副部长亓同秋出席。

【举办第四期港澳台海外代表人士国情研修班】 6月22日至24日，在青州市举办第四期港澳台海外代表人士国情研修班。邀请来自港澳台海外的34名学员参加，帮助他们系统了解中国特色社会主义理论，加深对国情省情的了解。省委统战部主要负责同志为研修班发书面致辞，常务副部长孙传宏作动员讲话，中央统战部三局副局长高卫东作专题辅导报告，副部长亓同秋、副巡视员牟强全程参加。

【举办第五、六期“情系海联·同心同行”考察活动】 6月22日、9月28日至29日，成功举办第五、六期“情系海联·同心同行”考察活动，组织港澳台海外代表人士赴泰安、济宁、淄博、潍坊开展经贸文化合作项目考察。两次活动共达成合作意向15个，签订合作协议2个，意向投资额约80亿元，促成曲阜市工商联与香港陈氏宗亲会签订友好协议书。

【举办“首届中华同根文化齐鲁行”活动】 7月4日至9日，与香港山东青年会联合举办首届香港青年“中华同根文化齐鲁行”活动，在港各界青年15人参加。省委统战部主要负责同志会见访问团成员并与他们座谈，常务副部长孙传宏、副部长亓同秋、副巡视员牟强参加会见。参访团考察省内有关企业，听取《孔子与齐鲁文化》专题讲座，体验碑拓、书法等传统文化，参观孔子故里曲阜、海滨城市青岛、五岳之首泰山，亲身感受悠久灿烂的齐鲁文化和山东经济社会发展的巨大成就，加深了对祖国和家乡的了解，增强了国家认同、民族认同、文化认同和发展道路认同。

【召开省海联会四届一次理事大会】 9月27日，省海联会四届一次理事大会在济南隆重召开。省委副书记王军民出席大会开幕式并作重要讲话，省委统战部主要负责同志代表第三届理事会作工作报告，中央政府驻香港联络办公室协调部副部长廖勋应邀出席大会并致辞，省委统战部领导班子成员、省直有关部门、有关大企业负责人出席大会，各市委统战部部长（市海联会会长）、各大企业、高等院校、科研院所及社会各界人士，来自香港、澳门、台湾和24个国家的港澳台海外理事共300余人参加会议。会议审议通过第三届理事会工作报告，修改通过《山东省海外联谊会章程》，选举产生第四届理事会领导班子。省委统战部主要负责同志当选为第四届理事会会长，省直有关部门、有关大企业主要负责人及港澳台海外代表人士42人当选为副会长，聘请省政协原副主席、省委统战部原部长王久祜等5人为荣誉会长，聘请省台办主任张雪燕等省直有关部门负责人、港澳台海外爱国社团负责人等40人为名誉会长。新一届理事会共安排内地、港澳台及世界24个国家的理事529人，其中，省以上人大代表、政协委员117人，中华海联会理事17人，港澳台海外社团领袖150多人；港澳台海外理事占67%，中青年理事占90%。名誉会长、副会长中新增部分省直涉港澳台侨部门、大企业主要负责人和民营企业家，为加强统筹协调、形成工作合力搭建了更广阔的平台。

【服务民生改善】 向中央统战部争取10所“海联新农村卫生室”建设指标、资金50万元。省海联会副会长、台胞代表人士钟诚富捐资50万元，省海联会副会长、香港代表人士佘静怡与省海联会常务理事蔡淑好共同捐资30万元，启动我省第一期“海联·同心卫生室”和“海联·同心助学行动”。

【港澳台海外人才队伍建设】 加大“引才、育才、用才”力度，积极向有关方面推荐人才，我省港澳台海外代表人士中有17人担任中华海联会理事，2人被省政府授予“山东省人民友好使者”称号，3人担任省政协港澳台侨和外事委员会工作顾问，2名旅港青年担任省青联委员。香港山东青年会被推荐为省青联会员团体。

【开展督导调研】 深入10个市近20个县（市、区），通过座谈、实地调研等方式，对各地贯彻落实鲁发10号、鲁统29号文件精神情况进行调研督导。作为中央统战部“巩固和壮大爱国爱港力量”重点课题组成员单位之一，圆满完成“促进爱国爱港力量团结和解”子课题调研任务，受到中央统战部三局充分肯定。着手开展港澳山东乡亲、住鲁港澳同胞情况调查，为提高港澳工作针对性奠定基础。

【加强自身建设】 一是根据部里统一部署，积极开展党的群众路线教育实践活动，达到了净化思想、改进作风、促进工作的目的。狠抓整改落实，制定《中共山东省委统战部关于加强与港澳台海外代表人士联系的制度》《中共山东省委统战部关于建立健全省海外联谊会组织网络的工作制度》，巩固教育实践活动成果。二是抓好省海联会换届后续工作。适应形势发展需要，提出加强海联会工作的几点建议，制定7个方面30项工作措施。三是根据海联会理事分布特点，分别以召开座谈会或通讯方式，倡议理事结合实际，深入学习中共十八届三中全会精神，了解党的路线方针政策。四是真诚为港澳台海外代表人士服务。多方协调、帮助解决港澳台海外人士在内地投资兴业所遇到的困难和问题，维护他们的合法权益，处室被省委省政府授予“全省信访工作先进单位”称号。五是积极参加部机关党委组织的各项活动并取得优异成绩。张程相同志在省直机关征文活动和主题演讲比赛中分获优秀奖、二等奖。支持徐光同志进藏工作。李静同志圆满完成驻村第一书记工作，被东阿县委、县政府记个人三等功。

（李跃文　张程相）

·机关党委（纪委）·

机关党委负责部机关及直属单位党的思想、组织、作风建设和纪律检查工作，负责部机关及直属单位、省各民主党派、省社会主义学院及有关社会团体的党员教育管理，负责部机关离退休人员的管理、服务工作，领导部机关、省各民主党派、省社会主义学院及有关社会团体的群团工作。

2013年，机关党委（纪委）实有干部4人，机关党委专职副书记：耿汝新；机关纪委书记：高金玲。

【强化理论学习夯实思想基础】 把学习十八大、十八届三中全会和习近平总书记系列重要讲话精神作为党员干部理论学习的主要内容。制定了2013年度部中心组理论学习计划，印发了《部中心组理论学习材料》，做好部中心组理论学习建档工作。组织处级党员干部分批分期参加了省委省直机关工委组织的十八大精神培训班。举办了省直统战系统党员学习十八届三中全会精神培训班，先后培训党员163人。

组织党员干部参加省委理论学习辅导报告会、省直机关领导干部带头读书系列活动。落实领导干部上党课要求，8月19日，省委统战部主要负责同志讲授了题为“统战部门、统战干部如何坚持马克思主义群众观”的党课。

【认真开展党的群众路线教育实践活动】 根据中央和省委统一部署，认真开展党的群众路线教育实践活动。一是强化学习教育，打牢思想基础。组织党员干部原原本本学习中央、省委规定的学习内容。建立学习考核制度，保证学习内容、时间、人员和成效落实。丰富学习形式，组织举办了主题为“我是谁、为了谁、依靠谁”的演讲比赛。二是广泛征求意见。坚持多方式、多渠道征求党内外群众意见，先后发放征求意见表399份，收集意见建议364条，梳理归纳122条。三是召开专题生活会。在协助部领导班子开好专题民主生活会的同时，督导各支部召开专题组织生活会。部领导班子成员严格落实双重组织生活要求，全部参加了所在支部专题组织生活会。广大党员以整风精神开展了批评和自我批评，起到了红脸、出汗、排毒的作用。四是切实整改建章立制。坚持边学边改、边查边改、边整边改，制定了《省委统战部领导班子教育实践活动整改工作方案》，确定了41项整改措施，截至2013年底完成34项，其他7项积极稳步推进。

【加强机关党组织建设】 根据部领导分工和干部变化实际，2013年8月，调整了机关党委领导班子，由孙传宏同志兼任机关党委书记，王传洲同志兼任机关党委副书记，进一步加强机关党委班子建设。注重基层组织建设，指导省中华职业教育社机关成立了党支部，调整充实了部分支部书记。举办了支部书记培训班，进一步提高了支部书记履行“一岗双责”的能力和水平。做好民主评议党员和党内表彰工作，组织评选表彰了2012年度表现突出的3个机关处室、5个党支部和27名党员。加强机关党建工作调研，承担的省直机关党建调研课题获二等奖。

【开展文明单位创建工作】 坚持把文明创建工作贯穿落实到全年工作始终，创建工作与业务工作互促互进。部领导率先垂范，全体干部职工积极参与，形成了人人有责、齐抓共管的良性工作机制，“一份荣誉、一份责任、一份利益”的文明创建理念深入人心，机关干部职工参与创建的积极性和主动性不断增强。我部顺利通过省文明委复查，连续8年被评为省级文明单位。

【组织参加第十二届省直机关运动会】 积极组织参加省直机关第十二届运动会，组建了由97人组成的省委统战部代表队，参加了37个项目的比赛。参赛运动员顽强拼搏，广播体操、太极拳代表队分获集体项目二等奖，2名运动员进入前8名；向运动会投稿200余篇，采用21篇，在运动会主题语和口号征集中，共有9个单位和个人获奖，我部占到2个。我部荣获“精神文明代表队”称号。

【发挥青年论坛作用提升青年干部素质能力】 紧紧围绕强化党员干部“五种能力”要求，组织青年干部开展形式多样的学习、实践活动，先后以“学习雷锋，争做勤俭节约青年表率”“庆祝五四青年节，提升科学素养”“模拟救灾演练，增强应急反应能力”和“学用办公软件，提升计算机操作能力”为主题举办4期“青年论坛”，促进了青年干部工作能力水平的提高。

【发挥群团组织作用促进和谐机关建设】 调整充实了机关工会领导班子。修订出台了《省委统战部困难职工慰问及补助办法》，进一步规范了程序、提高了标准、明确了范围。做好困难职工的救助工作，全年慰问救助困难干部职工15人次，救助金额12000元。做好慈善募捐救助工作，全年慈善工作站募集、上缴慈善捐资5.8万余元，为6名身患重病和因家庭变故出现生活困难的同志申领慈善救助金7万元。积极开展文体活动，先后举办“三八”节庆祝活动，开展踢毽子比赛、游泳健身，组织职工子女假期读书和课外实践活动等。做好离退休人员工作，组织召开了2次老干部座谈通报会，通报了上级有关会议精神和全省统战工作情况，并征求工作意见。全年走访慰问老同志30多人次。

【落实党风廉政建设有关制度】 落实中央八项规定和省委实施办法，厉行勤俭节约。严格执行中纪委、省纪委严禁在节庆期间用公款购买、赠送月饼、贺年卡、烟花爆竹等礼品要求，加大教育防范和监督检查力度。深入开展"庸懒散"专项治理，对部机关及直属单位工作纪律执行情况进行认真检查。认真开展会员卡专项清退活动，全员签订了零持有报告。

【强化廉政教育】 深入开展理想信念教育。省委统战部主要负责同志为统战成员和统战干部作了题为《爱国主义与中国梦》的专题报告。组织机关党员干部赴孟良崮战役纪念馆等革命传统教育基地缅怀革命先烈，学习和继承沂蒙精神。加强警示教育，组织党员干部观看《失德之害》等党内教育片，到省警示教育基地运用反面案例进行教育，使大家始终做到警钟长鸣、防微杜渐。组织正处级党员领导干部参加全省德廉知识学习和测试，成绩均在90分以上。

【加强廉政风险防控】 制定了《加强廉政风险防控的实施意见》，建立健全教育机制、动态防控机制和监督机制，推动完善重点岗位、重点工作的各项制度建设，监督制约权力的实效性不断增强。组织各处室和干部职工深入查找在政治思想、工作职责、道德品行等方面的廉政风险点，制定了重点岗位、重点工作重点防控制度，健全完善了廉政风险防控工作流程。

（曹玉辉　张　旭）

中国国民党革命委员会山东省委员会

中国国民党革命委员会（简称"民革"），是具有政治联盟性质的、致力于建设中国特色社会主义和祖国统一事业的政党，是中国共产党领导的多党合作和政治协商制度中的参政党。2013年，民革山东省委全年共发展党员220人。其中，中上层人士146人，大学及以上学历者198人，女党员80人，具有民革特色的84人，新发展党员平均年龄39岁。至2013年底，全省有14个市级委员会，2个区（县）级委员会，214个基层组织；全省党员总数为3630人。民革山东省委机关设办公室、组织部、宣传联络部、参政议政部（挂社会服务部牌子），机关编制23人。

2013年，民革山东省委在民革中央和中共山东省委的正确领导下，团结带领全省各级组织和广大党员，认真学习贯彻中共十八大和十八届二中、三中全会及习近平总书记系列讲话精神，以科学发展观为统领，以思想建设为基础，以作风建设和机关建设为重点，全面加强自身建设，积极履行参政党职能，做了大量卓有成效的工作，为经济文化强省建设和促进祖国和平统一大业作出了积极贡献。

【认真学习贯彻中共十八大和十八届三中全会精神，积极开展主题教育活动】 全省各级组织及广大党员深入学习贯彻落实中共十八大和十八届三中全会精神，通过理论中心组学习会、座谈会等形式开展学习，切实把思想和行动统一到全会精神上来。深入开展民革中央部署的"薪火相传，圆多党合作之梦"等学习教育活动，制定了学习教育活动方案，开展座谈、征文、知识竞赛和实地考察等活动，不断将学习活动引向深入。

【积极发挥政治协商、民主监督作用】 一年来，省委领导先后参加了《政府工作报告》、换届人事安排、《中共山东省委贯彻十八届三中全会精神的意见》等征求意见会和民主协商会，就重大问题决策、重要人事安排等，发表意见，提出建议。对中共山东省委常委会和省政府党组、省政协党组及有关部门就作风建设、群众路线学习实践活动等方面的征求意见函，均认真研究，并以书面形式提出了中肯的建议。党员中的各级人大代表、政协委员以及受聘各级政府及其部门的特邀（约）人员，积极参加有关活动，提出意见和建议，发挥了参政议政、民主监督作用。

【认真履行参政议政职能】 在省政协十一届一次会议上，民革山东省委以组织名义提交集体提案6件，其中《关于积极组建土地银行，推进社会主义新农村建设的建议》被省政协确定为重点提案，省政协主席刘伟作了批示；以民革省委名义进行大会发言2件，其中口头发言1件，书面发言1件。民革山东省委继续坚持上下互动原则，运用参政议政课题征集、立项、调研、论证工作机制，做好提案工作。全年征集调研选题70余件，经筛选论证，选取11个课题进行调研，并形成提案。省委各专门委员会积极征集委员的提案素材，并向省委提交，认真履行了专委会职能。就申领的统战系统重点调研课题进行调研，并形成了《关于进一步推进生态山东建设的调研报告》，向中共山东省委提出了相关建议。全年报送社情民意信息181篇，有67条被民革中央和省政协等采用，其中被全国政协综合采用3篇。《关于打造“山东好人”志愿服务品牌的建议》得到了中共山东省委、省政府有关领导的批示，《关于成立房地产中介行业协会的建议》被供省委常委内部参考文件《今日信息》采用，《落实“八项规定”应建立长效机制》等被转送到中共中央有关部门。

【创新调研方式，积极开展联合调研】 4月，邀请全国政协副主席、民革中央常务副主席齐续春到青岛调研，在此基础上民革中央向中共中央、国务院提交了《关于尽快批准设立国家级青岛西海岸新区的建议》，国务院副总理张高丽作了重要批示。积极协助民革中央调研组7月在我省调研新型城镇化和新型农村社区建设，调研报告得到国务院总理李克强的批示。

【狠抓作风建设】 认真贯彻落实中共中央“八项规定”“六项禁令”和中共山东省委有关规定，切实加强全省民革特别是各级领导班子和机关的作风建设。省委出台了《关于加强作风建设的决定》，就领导班子和机关改进作风提出了要求，大力改进文风、会风、学风，提倡开短会、写短文，讲实话、讲真话，提高办事效率。将改进工作作风与民革基层组织牵手困难群众活动有机结合起来，产生了良好的社会影响。

【紧紧围绕省委中心工作开展宣传】 全年出刊《山东民革》杂志4期，网站信息更新及时。在省电视台、电台等播报工作信息19条；在《团结报》发稿102篇，位居全国各省级组织第一名。在《团结报》“统战部长访谈”系列报道中，先后刊发我省8位基层统战部长的专访。

【积极稳妥做好组织工作】 省委组织部制订了直接吸收党员手续办理流程，进一步规范组织发展程序；重新整理了各级人大代表、政协委员和县处级以上行政职务党员等名单，充实完善了代表人士和后备干部名单，积极向有关部门推荐特邀（约）人员人选和推荐人员参加进修学习。

【大力加强制度建设和机关建设】 省委从实际出发，对现有制度进行梳理，先后起草和修改完善了37项制度，包括省委、省监督委员会和省委机关的各项工作制度，以保证各项工作有序、有效进行。按照《民革山东省委“机关建设年”实施方案》，进行政治学习和业务培训，把转变机关作风作为重点工作，大力弘扬解放思想、求真务实之风，进一步提高工作效率，提高机关服务保障能力。机关干部立足本职，踏实工作，4人次获民革中央表彰，3件作品成果获省级表彰。

【社会服务工作开创新局面】 省委围绕中心、服务大局，深入践行“同心”思想，发挥自身优势，积极开展帮包贫困村、扶贫助学、科技文化卫生“三下乡”、社会公益等社会服务工作。积极开展民革中央部署的“伸出博爱之手——民革基层组织牵手困难群众”活动，省委部分领导同志联系肖屯村特困户，分别走访并送去慰问金和慰问品。响应民革中央号召，为贵州省纳雍县开展了乡村医生免费培训工作。一年来，各级组织和广大党员到边远地区送医送药、到农村开展医疗咨询服务活动59次，累计服务人数六千余人；中山书画院组织书画家到济南军区某部举办“八一”拥军书画笔会，各地的中山书画院（社）开展拥军慰问、组织书画活动12次，推荐作品参加书画活动18次。在助推地方经济发展方面积极发挥作用。如民革省委和滨州市委积极助推滨州市高新技术开发区上升为国家级开发区，进一步推动“蓝黄”两区开发建设。民革中央副主席何丕洁率国家有关部委和科研院所的专家，到我省滨州等地就黄河三角洲高新农业技术开展调研，进一步促进环渤海高效生态农业发展。

【发挥优势做好祖统工作】 牢牢把握两岸关系和平发展主题，结合历史资源，不断深化鲁台交流和促进人员往来。民革山东省委有关领导接待了孙中山先生的孙女孙穗芳女士，并积极促成捐赠孙中山先生铜像活动。会见了国民党中央常委王志刚一行，并出席了台湾贸易中心青岛代表处成立仪式有关活动。为筹备“十艺节”中的“两岸同心·海峡两岸画家宝岛台湾写生作品展”，省委副主委孔维克率团先后两次赴台，与台湾知名画家开展交流。

（郭凤璐）

中国民主同盟山东省委员会

中国民主同盟（简称民盟）是中国共产党领导的爱国统一战线的组成部分，是同中国共产党通力合作的参政党，是主要由从事文化教育以及科学技术工作的高、中级知识分子组成的，具有政治联盟特点的，致力于建设中国特色社会主义事业的参政党。民盟是在山东最早建立组织、发展成员的民主党派之一。1947年，民盟在青岛建立了组织。1963年，民盟山东省委员会成立。民盟在17个市都成立了市委会，另有县级委员会4个（烟台莱阳市、淄博张店区、聊城东昌府区、菏泽牡丹区）。民盟山东省委机关设办公室、组织部、宣传部、参政议政部（加挂社会服务部牌子）四个部室，行政编制24人，工勤人员编制4人。

【思想理论建设】 认真学习贯彻重要会议精神。认真组织学习中共十八大和中共十八届三中全会精神，民盟省委网站（sdmm.org.cn）制作了有关学习专题。温孚江主委两次向盟员宣讲中共十八届三中全会精神，全省各级盟组织通过各种形式开展了学习。参加了“全省统一战线学习贯彻党的十八大精神知识竞赛”，民盟省委获优秀组织奖。3月20日，民盟省委联合民盟济南市委邀请全国人大代表和全国政协委员为部分住济盟员做了2013年全国“两会”精神辅导报告。

继续深化盟的优良传统教育。以“五一口号”发布65周年和民盟省委成立50周年为契机，引领盟员继承和发扬盟的优良传统。举办了主题征文活动，编印了征文选集，举办了图片展。9月10日，民盟省委在济南成立了山东民盟书画院，举办了庆祝民盟山东省委员会成立五十周年书画作品展，编印了纪念画册《庆祝民盟山东省委员会成立五十周年书画作品集》。温孚江主委有关纪念文章被多家媒体刊发，并被中共中央党校《中国思想政治工作年鉴》收录。民盟省委领导先后为400余名盟员骨干和新盟员做了提升盟性修养的报告。

理论研究继续推进。民盟省委通过调查问卷和实地调研的方式，完成了民盟中央课题《民盟省直基层组织相关机制、问题和对策研究》。以民盟省委理论研究会为依托，开展了中国特色社会主义、多党合作理论、自身建设等方面的理论研究工作，取得了一批研究成果。参评2012年度全省统战系统理论调研宣传工作“四新工程”的课题均获奖，民盟省委获得“四新工程”先进单位称号。

宣传工作成效提高。民盟省委以“大宣传”的理念推进宣传工作，各地方和基层组织宣传意识普遍提高，稿件数量和质量明显提升。民盟省委网站全年上稿300余篇，图片近200幅，开通6年来访问量累计达140余万人次，在同类网站中居于前列。《山东民盟》全年编印5期，内容更加贴近盟员实际，刊物质量不断提高。一批报道民盟提案、盟务活动、优秀盟员的稿件在新华网等媒体上刊登。8月8日至9日，民盟中央来山东对网络管理与宣传工作进行了调研，肯定了民盟省委的做法和经验。

【参政议政工作】 民盟省委注重创新参政议政工作机制，以“全盟参政”思想为指导，着力于汇聚全省民盟力量，发挥山东民盟的整体优势，开展参政议政工作。

认真参与政治协商。民盟省委多次参加省、市有关部门召开的协商会、通报会、座谈会，就“蓝黄”两区建设、职业教育体制改革、保障和改善民生、社会管理法治化等重大问题提出了意见建议。

做好提案与信息工作。继续依托参政议政专家组开展参政议政工作，召开了工作会议两次。在省政协十一届一次全会上，提交集体提案14件，大会发言3篇。其中1件被列为重点提案，获省领导批示。在省政协25件重点提案中，民盟省委集体或个人提案占4件。信息工作在省政协排名中继续保持第一，在民盟中央位列前十。截至11月，8篇信息被全国政协采用并转送有关部门，26篇被民盟中央采用，62篇被省政协采用。民盟省委获得“民盟参政议政工作先进单位”称号。

积极服务我省经济“转调创”。7月24日，民盟省委召开了参政议政专家座谈会，专题就助推我省经济转调创进行研讨。制定并施行了《关于常委会组成人员围绕“转调创”积极建言献策的意见》。在全省民盟开展了“我为‘转调创’献一策”活动。向《议政建言集萃》报送了36条有关建议。

扎实开展调查研究。5月5日至9日，民盟中央主席张宝文、常务副主席陈晓光等率民盟中央调研组在我省开展了“全面优化制度安排，实现社会保障定型、稳定、可持续发展”重点课题调研，并与住济盟员进行了座谈。民盟省委参加了调研，完成了前期调研报告。10月，民盟省委与省政协等单位联合调研了“山东海洋高端装备制造业”，形成了相关建议。11月18日，民盟界别山东省政协委员赴济宁市汶上县对“营业税改征增值税”工作进行了调研。完成了中共山东省委统战部课题《转方式调结构，加快我省文化产业发展》和《完善社会保障制度地方设计》。

【社会服务工作】 举办“民盟乡村少年科学营”。8月7日至12日，民盟省委在武城县举办了“民盟乡村少年科学营”，为60名农村学校学生进行了科学启蒙。这是继2012年与美国科技教育协会（ESS）合作后，由民盟省委独立举办的活动。

继续实施农村教育“烛光行动”。3月，民盟省委向全省7所中学捐赠了420套总价值近25万元的《几何王》学习软件，并邀请专家对教师进行了专门培训。5月，民盟省委妇委会联合莱芜市教育局组织40余名乡村学生开展了“走进科技，走近梦想”科普活动。8月，民盟省委向四川地震灾区阿坝藏族羌族自治州马尔康县松岗镇中心校捐助资金25万元，建设一处高标准“烛光”电教室。本次捐助活动被列为中共四川省委统战部“同心兴藏工程”的一项重要内容。民盟省委机关连续第7年实施“帮扶宁津”助学活动，《山东统一战线》等多家媒体刊发了民盟省委帮扶宁津教育纪实通讯。

建立“同心”工程武城实践基地。1月，民盟省委与武城县政府签订了实践基地共建协议，此后经过多次对接，确定了建设推进方案。4月，民盟省委邀请省农科院专家到武城县孟庄村对种植养殖项目进行了考察论证。

全省各级盟组织也开展了形式多样的社会服务活动。其中，青岛开办的“同心社区服务站”和临沂创建的“民盟大学生创业园”产生了较大的影响。

【组织及机关建设】 进一步完善有关制度。制定了《民盟山东省委关于委员履行职责的有关规定》等四项自身建设方面的文件和制度。

组织发展健康有序。制定了组织发展五年规划和年度发展计划，全省组织发展稳步推进，在职盟员比例上升，人才结构更趋合理，整体素质继续提高。2013年全省新发展盟员510人，截至12月底，全省共有盟员9973人。在2013年全盟组织工作会议上，民盟省委组织部、济宁市委、莱芜市委、民盟省委直属基层工委获“民盟组织发展工作先进集体”称号。

后备干部队伍建设不断加强。各级组织着眼于长远发展，不断健全后备干部选用机制。目前，担任各级人大代表、政协委员的有1099人，在政府、司法部门担任副处以上实职的92人。民盟省委建立了300人左右的后备人才库。推荐34人参加了有关培训。

机关建设创新推动。民盟省委着力打造学习型、服务型、高效型、和谐型“四型”机关，实施了学习型、研究型机关公务员培养计划，选派一名干部到企业挂职锻炼一年。2月4日，中共山东省委书记、省人大常委会主任姜异康走访了民盟省委机关，了解民盟省委各项工作情况，同机关干部进行了亲切交流。

12月，民盟省委对2013年度全省盟务工作先进单位、先进基层组织和个人进行了表彰。

（刘　磊）

中国民主建国会山东省委员会

中国民主建国会（简称民建），是主要由经济界人士组成的、具有政治联盟特点的、致力于中国特色社会主义事业的政党。民建山东省级组织于1956年8月27日在济南成立，称“民建山东省工作委员会”。民建山东省委员会于1980年5月正式成立，至今共召开了8次代表大会。截至2013年底，全省共有会员6195人，有市级组织14个，县（市、区）级组织4个、基层组织306个。民建山东省委机关设办公室、组织部、宣传部、参政议政部（社会服务部），编制22人，其中，行政编制19人，工勤编制3人。

2013年，民建山东省委在中共山东省委和民建中央领导下，高举中国特色社会主义伟大旗帜，坚持以邓小平理论、“三个代表”重要思想、科学发展观为指导，贯彻中共十八大和十八届三中全会精神，紧紧围绕主题主线，统筹谋划各项工作，按照民建十大提出的目标要求，求真务实，开拓创新，各项工作取得新的进展。

【思想宣传工作有新举措】

民建省委推动各级组织深入学习贯彻中共十八大和十八届三中全会精神，学习习近平总书记一系列重要讲话精神，通过专题学习会、座谈会等形式，深刻领会精神实质，准确把握思想内涵。邀请民建中央副主席周汉民作《城市化进程与城市发展》的主题报告；郭爱玲主委在山东统一战线“同心”讲坛上，作《充分发挥版权事业在经济文化建设中的作用》的专题报告。坚持民建省委中心组学习制度。

认真学习贯彻民建中央新闻宣传工作研讨会精神，拓展宣传阵地，着力加强与会外媒体的联系，中心工作集中宣传，特色工作强化宣传，日常活动经常宣传，突出人物重点宣传。举办高层专家辅导讲座，邀请民建中央领导、专家学者分别作专题报告。继续深化学习践行社会主义核心价值体系主题教育活动，充分发挥典型的模范带动作用。举办“同心共筑中国梦，薪火相传向未来”会员事迹报告会，开展纪念响应中共“五一口号”65周年主题征文活动。民建省委荣获民建中央新闻宣传工作先进单位一等奖。在民建全国新闻宣传工作研讨会上，我省作典型发言，介绍经验做法。充分发挥理论研究工作委员会的作用，围绕参政党建设和发展规律等课题开展调研，共组织理论文章24篇。民建省委荣获民建中央2013年重点理论研究课题优秀组织奖。

【组织建设工作有新突破】

继续加强领导班子建设，严格遵守“八项规定”，按照民建中央转变工作作风的要求，认真听取各级组织提出的意见建议，积极梳理领导班子建设中存在的问题，杜绝形式主义、官僚主义、享乐主义和奢靡之风，切实转变工作作风，扎实有效地开展工作。

以民建中央基层组织建设年为契机，推进我省基层组织建设工作健康发展。在全国基层组织建设研讨会上，我省有8个先进基层组织参会并以书面材料交流，1个大会发言。山东英才学院支部和山东师范大学支部先后成立，是民建基层组织建设工作的重大突破。组织120多人的新会员培训班，推荐111人次骨干会员参加省级以上各类学习培训。稳妥推进省监督委员会工作，确定“积极、稳妥、有序”的监督原则，制定制度，明确任务，保障会内监督规范、有序开展。明确分工联系市级组织工作职责，监督市级班子履职情况。注重高层次有代表性的经济界人士入会。全省全年共发展新会员339人，平均年龄39.6岁。具有研究生学历的43人，具有高级专业技术职务的35人。至2013年底，全省共有会员6195人。其中，企业界4038人，占65.2%；政府机关917人，占14.8%；高等教育和科研机构441人，占7.1%；新的社会阶层代表人士1920人，占31.0%；40岁以下会员有1786人，占28.8%。

【参政议政工作有新成效】

确定“新型城镇化有关问题研究”为年度重点调研课题。主委牵头，组建会内专家课题调研组，在省内外多地展开调研，多次召开座谈会、论证会，发动各市委、省直属支部协同调研。课题组形成调研报告7篇，各市委报送16篇，省直属支部等形成材料30余篇。组织民建界别政协委员进行“优化中小企业营商环境”和“创新金融产品服务企业发展”等调研活动。2013年，民建省委向省政协大会提交集体提案13件，大会发言材料5件。民建界别政协委员提交提案50余件。向全国人大会议提交议案10件、建议78件，其中《关于修改〈关于加强教育劳务营业税征收管理有关问题的通知〉的建议》得到财政部答复，并会同国家税务总局联合发文落实了职业教育中高级技工学校免税政策。《关于建立生态补偿机制的建议》被列为全国人大重点督办建议，分别由国家发改委和国家林业局督办。我会各级人大代表、政协委员在市县两级“两会”上，共提交提案建议议案810余篇。在省政协十一届一次大会上的口头发言《积聚传递社会正能量　营造积极健康向上社会风尚》，引起良好社会反响和共鸣。集体提案《积极推动我省小额贷款公司加入人行征信系统的建议》被省政协列为重点提案，所提建议被有关部门采纳。向民建中央提交的有关加强我国食品安全、加强我国农产品流通体系建设、促进城市规划与产业规划协调发展的材料被采用，形成3篇集体提案向全国政协提交。所提建议是近年来被采用最多的一次。民建省委荣获民建中央参政议政先进单位二等奖。反映社情民意工作取得较大进展，共收集社情民意信息稿件207篇，编辑70篇上报，全国政协办公厅采用2篇，民建中央采用7篇，省政协采用32篇。

【社会服务工作见实效】

继续把包村帮扶季寨社区作为2013年社会服务工作的重中之重。多方协调资金98万元，新建社区中心路，改善群众生产生活条件。建设农家书屋2所，提升社区文化服务能力。会员捐助的小麦良种喜获丰收，亩产增加100公斤，2013年冬推广种植。加强困难群众救助，主委对口联系帮扶1户，机关中共支部联系帮扶2户。主委带头深入各地，走访会员企业，听取意见和呼声，帮助解决发展中的困难。与山西民建共同努力，促成淄博、长治两市煤企战略合作协议的签署。分别组织会员企业家赴深圳、贵州参加中国风险投资论坛和非公经济发展论坛。与民建中央社会服务部、中国经济时报社共同组织举办“非公经济发展圆桌会议”、金融会员企业座谈会，进行专题论证。据统计，2013年，全省各级组织和广大会员共为雅安地震捐助款物500余万元，投入扶贫资金1500余万元，开展三下乡活动92次，援助学校、村文化室、村卫生室25所，援建公路40余公里，招商引资逾140亿元。民建省委再次荣获民建中央社会服务先进单位。

【机关建设工作有提高】 从制度建设、作风建设入手，积极创建学习型、创新型、实干型、服务型、和谐型的“五型”机关。召开民建全省机关会务工作会议，切实推进各级组织机关建设工作。圆满完成民建中央、兄弟省市来鲁调研视察的接待与会务任务，省、市委机关办会办文办事的能力和水平得到进一步提高。借鉴中共群众路线教育实践活动，切实转变工作作风。响应省委统战部实施机关建设系统工程的号召，积极开展“效能年”活动。注重发挥机关中共支部和民建支部的作用，开展支部联合活动，组织机关人员赴沂蒙革命老区接受爱国主义教育。充分利用山东干部学习网，各种干部培训班、座谈会等平台，积极选送人员参加有关部门组织的理论学习和业务培训，努力提高机关干部的综合素质和工作能力。

（李　霞）

中国民主促进会山东省委员会

2013年，全省发展会员306人，会员总数达4303人。全省共有12个市级委员会，1个市级筹备委员会，1个县级委员会，6个省直基层委员会，16个省直支部，279个基层组织。民进省委机关编制18人，实有16人，设办公室、组织宣传部、参政议政部（社会服务部）。

【参政议政】 民进省委紧紧围绕全省中心工作，密切关注我省全面深化改革的重点、难点和热点问题，集智聚力，有思有行，助推我省经济社会发展，参政议政工作取得了新的成绩。

政治协商建真言献良策。一年来，民进省委多次参加中共省委、省政府、省政协、省纪委及中共省委统战部召开的协商会、座谈会，就我省有关大政方针及重大人事问题参与协商。在年初政府工作报告征求意见座谈会上，民进省委关于把“民主法制水平显著提升”写入工作报告总体要求的建议得到采纳。中共开展群众路线教育实践活动以来，民进省委以高度的政治责任感参加各类征求意见座谈会，通过反映问题、提出批评和建议，积极发挥民主监督作用。

政协提案工作成果显著。在全国政协十二届一次会议上，民进提出的依法治理农村生态环境的提案，列为大会书面发言并被全国政协期刊转载。在省政协十一届一次会议上，就社会组织发展、“蓝黄”两区统筹推进、教育投入公开、保障房制度建设、中小企业融资、医疗卫生体制改革等问题提交了11件集体提案。其中《关于黄河三角洲开发中环境地质问题的几点建议》被省政协确定为重点提案，得到省政协有关领导的批示。在省政协大会上作了题为《积极培育扶持社会组织，着力做好“社会协同”文章》的口头发言和题为《建设美丽山东必须从水生态文明抓起》的书面发言，引起媒体广泛关注。《提高我国远洋与极地资源开发利用能力，促进海洋经济向“深蓝”跃进》等5项建议被中共省委统战部主办的《议政建言集萃》采用。

全力协助民进中央开展调研。民进省委应邀协同中共济宁市委主要领导赴京向严隽琪主席进行专题汇报，介绍了作为典型煤炭资源型的济宁市主动转型取得的经验及面临的突出矛盾和问题。这一课题已经引起民进中央的高度重视，列入重点调研计划。民进省委积极配合协助民进中央社会法制委员会课题组来我省，就黄河小浪底工程建设后沿黄国有滩地保护性开发利用情况开展调研。民进省委还就我国职业教育体制改革、推进地方高校转型发展等问题向民进中央提交了建议报告。

议政调研工作更加深入扎实。围绕我省职业教育改革与发展问题组织了大型调研，先后与省教育厅、人社厅、省职业教育研究所等部门进行座谈，赴淄博、潍坊、青岛、济南等地做了实地调研，组织各民进市委就当地职业教育情况开展协助调研，共收到8份来自市级组织和省直基层组织提交的调研报告，在民进省委六届三次全委会议上就此专题进行了座谈研讨并形成报告，提交中共省委。同时，就促进地方高校转型发展、加快黄河三角洲高效生态农业发展、创新发展我省养老体系等一系列重点课题进行调研，为在省政协十一届二次会议上提交高质量的提案打下了坚实基础。

【社会服务】 在社会服务工作中，注重整合资源、突出特色、打造品牌，在社会公益、智力扶贫、促进教育均衡发展等方面有了新的开拓。

继续实施“双促工程”，着力打造社会服务品牌。2013年已是连续第五年组织开展了中小学生经典诵读活动，以“中华情·中国梦”为主题开展了读书系列活动，举办了经典诵读展演比赛。为山东英才学院等5所民办高校输送了专题报告会；支持帮助山东现代职业学院承办了全国第五届民办职业教育高峰论坛暨亚太地区民办职业院校合作论坛；支持山东省学校文化研究院举办了全国第五届学校文化建设研讨会和全省中小学安全文化建设现场会。

持续开展“同心·彩虹行动”，对来自贵州金沙县高坪乡的10名一线骨干教师进行培训。在“民进中央参与毕节试验区建设‘同心·彩虹行动’总结大会”上，民进省委及4名企业家会员荣获先进集体和先进个人称号。组织专家到社会服务基地临邑县兴隆中学开展了学校改革助推活动。联合民进德州市委向夏津县特殊教育学校捐建了有7000余册图书的“同心书屋”；发动会员向高密市醴泉中学和康庄小学捐赠了价值30余万元的图书及图书管理设备。

全力做好包村帮扶工作，协调筹集资金69万元，用于帮扶点夏津县陈屯村修桥铺路、路灯安装和农业排涝工程兴建，解决了该村公共设施建设和群众生活面临的一些急迫问题。赴定点帮扶村开展了“医疗、科技、教育三下乡”活动，组织医疗专家为300多位村民进行了义诊，组织畜牧业专家就养鸭养牛技术进行了现场指导。多次赴帮扶村走访慰问特困户，帮助他们解决生活、就医等方面的困难。到淄博市开展了以“服务、交流、合作”为主题的科技绿色产业咨询服务活动，直接对接产业协会，为专家学者、民进企业家与生产企业之间的交流合作搭建平台。

充分发挥民进各级组织在服务社会方面的作用。通过企业家联谊会，组织企业界会员外出考察、参加会议、举办专题讲座和主题研讨，积极为他们搭建学习、交流、联谊、合作的平台；鼓励他们积极参与包村帮扶、爱心助学等活动；四川雅安地震发生后，组织企业界会员投入抗震救灾，筹款20余万元，为灾民购置了200顶军用帐篷。通过开明书画院组织举办了纪念中共“五一口号”发布65周年、喜迎“十艺节”等书画笔会。通过文化出版工作委员会参与主办了“墨润文心·全国作家书画墨迹展”。通过妇女工作委员会举办了“山东民进女会员才艺作品展”。

民进山东省委荣获民进中央社会服务工作2013年度专项表彰。

【自身建设】 2013年，民进省委以开展坚持和发展中国特色社会主义学习实践活动为主线，以思想作风建设为工作主题，以组织建设为基础，全面加强自身建设，为提高履行参政党职能水平提供切实保障。

着眼学习型参政党建设，先后就学习中共十八大精神、习近平总书记系列重要讲话、中共中央及山东省委关于开展党的群众路线教育实践活动的一系列文件、中国特色社会主义理论，组织开展各种形式的学习活动。赴济南、临沂、潍坊、淄博等地举行多场报告会，进一步巩固广大会员对中国特色社会主义的道路认同、目标认同和价值认同。通过开辟网上专栏、举行书画笔会、组织参观有关历史旧址等形式，开展了纪念中共中央发布“五一口号”65周年系列活动。中共十八届三中全会召开后，及时组织民进省委中心组学习会议精神。积极创新宣传工作思路，进一步加强了会刊、网站等载体建设。在民进全国宣传思想工作会议上，山东民进有5个基层组织和4位先进个人受到表彰。围绕民主党派如何参与协商民主和加强民主党派基层组织建设两大课题，积极组织撰写论文提交民进中央研究室和民进华东六省一市工作研讨会。

借鉴中共开展群众路线教育实践活动的模式，开展了以省、市级领导班子和机关干部为重点的作风建设活动，出台了《民进山东省委关于开展作风建设活动的实施意见》，全面检查在思想和工作作风方面存在的问题，进一步树立正气、转变作风。年中完成了对领导班子的人事调整，重新确定了班子成员分工，并以此为契机重点推进学习、培训、联系会员和会内监督制度的落实。支持监督委员会开展调研、加强工作制度建设，重视发挥监督委员会在推进会内民主和作风建设中的作用。

持续加强代表人士和后备干部队伍建设，抓好组织发展和培训工作，把发展代表性人士和参政议政所需人才作为重点。全年共发展新会员306人，我省会员总数已达4303人。安排十余名同志参加中央社会主义学院、山东省社会主义学院各类培训班学习，向省政府及有关部门推荐了一批政府参事和特约人员，把一批参政议政骨干安排到专委会领导岗位上，为这些同志的政治参与和会务参与努力创造条件。注重新会员培训，举办了省直新会员培训班。

继续围绕增强组织活力和凝聚力加强基层组织建设。组织开展了“为履行参政党职能做贡献”先进集体和先进个人评选表彰活动，年底召开了表彰大会，对34个先进集体和360名先进个人进行表彰，起到了激励先进、促进工作、增强活力的作用。成立了民进济宁市委，换届成立了民进山东师范大学基层委员会，完成了山东省千佛山医院支部、济南大学支部换届工作。

以提高执行力和转变作风为重点，全面推进机关建设。召开了省市级组织机关负责人联系会议，总结工作，交流经验，部署任务。推动机关严格遵守《党政机关厉行节约反对浪费条例》，在转变文风会风和厉行节约方面取得明显成效。组织民进省委机关开展了制度建设“回头看”活动并对部分干部进行了调整。制作了民进会史及民进省委工作宣传展板，机关文化建设得到加强。

（李世来）

中国农工民主党山东省委员会

中国农工民主党是以医药卫生、人口资源和生态环境领域高中级知识分子为主、具有政治联盟特点、致力于中国特色社会主义事业的参政党。农工党山东省委成立于1988年10月15日。其职能主要包括：在中共山东省委和农工党中央的领导下，团结带领全省各级组织和广大农工党员，认真履行政治协商、民主监督、参政议政等参政党职能，为山东省的经济发展、社会和谐进步做贡献。

农工党山东省委机关设办公室、组织宣传部、参政议政部（社会服务部）。机关编制13人。2013年全省共发展农工党员228人，截至2013年12月底，全省有党员4574人，市级委员会13个，市工委1个，市筹委1个，市级总支2个，基层组织227个。

各级人大代表46人、政协委员400人，其中：有全国人大代表4人、全国政协委员2人；省人大代表9人、省政协委员29人，处级干部119人。省级特邀人员5人。

【参政议政工作取得新成绩】 提案工作：在山东省政协十一届一次会议上，农工党省委提交集体提案15篇，大会发言3篇。其中，《关于加强异地经商人员计划生育管理的建议》被评为重点提案，《关于解决儿童用药紧缺问题的建议》作为优秀提案被农工党中央采用，作为农工党中央集体提案提交全国政协。

社情民意信息工作：2013年，分别向山东省政协、农工党中央报送社情民意信息236篇和213篇，其中，被省政协采用65篇，在省各民主党派排总分第二位；被农工党中央《信息专报》采用11篇；被全国政协采用2篇；向中共山东省委统战部报送议政建言信息46篇。农工党省委被农工党中央评为社情民意信息工作先进集体，被省政协评委全省政协反映社情民意信息工作先进集体。6人被农工党中央评为社情民意信息工作先进个人。1人被省政协评委全省政协反映社情民意信息工作先进个人。

专题调研工作：农工党省委紧紧围绕中共山东省委关于转、调、创的要求，积极参政议政。农工党全省各级组织向各级人大、政协提交议案、提案600多件，重点调研课题20多项。农工党省委完成了《关于推动山东省健康产业发展的调研报告》《山东省肥料行业转方式调结构产业升级对策研究》和《我省中小微企业节能减排市场化引导机制研究》三项重点调研课题。《关于推动山东省健康产业发展的调研报告》被农工党中央评为2013年优秀调研报告二等奖。《关于完善山东半岛蓝色经济区三大海洋经济新区领导机制的调研报告》被农工党中央评为2013年优秀调研报告三等奖。

农工党省委实施了“参政议政百人工程”，加大参政议政骨干队伍建设的力度，并于6月和11月份举办了两期反映社情民意信息和议政建言工作培训班。

【社会服务工作不断深化】围绕“和谐山东”“健康山东”“美丽山东”三大品牌开展社会服务工作。

在“和谐山东——法律援助行动”方面，农工党省委于3月7日，开展了“百件免费维权，保障妇女权益”公益维权活动，在济南高新区、山东政法学院和章丘市妇联建立了公益维权基地，加挂了“中国农工民主党山东省委法律援助服务基地”牌匾。

在“健康山东——医药卫生关爱行动”方面，4月7日，农工党省委、济南市委和宏济堂制药集团有限公司在济南泉城广场联合举办了“科学防治高血压——健康科普诊疗”大型活动。5月11日，省委妇委会、教委会、济南市委在山东管理学院举办了“感恩母爱、敬母孝亲”义诊活动，积极推动设立“中华母亲节”。5月17日—20日省委会与泰安市有关部门协助香港狮子会开展了“港鲁携手献爱心　耳聪目明泰山行”活动，为100位白内障患者免费施行手术，为100名耳聋患者免费配送助听器。6月，省委与香港国际经济贸易合作协会以促进鲁港经济共同繁荣、共同发展为目标，就专案合作、管道整合、资源共享等签订了战略合作框架协议，协助农工党中央在曹县开展了“杏林春雨”老年病防治讲座和义诊活动。7月初，由农工党省委协调、农工党聊城市工委和香港狮子会合作，在聊城市为80名患者实施了免费手术。11月2日，农工党省委、济南市委联合开展了第25届中国“国际科学与和平周健康义诊和法律咨询活动”。

在“美丽山东——环境保护绿色行动”方面，5月30日，农工党省委与菏泽市人民政府在菏泽市共同举行了中国环境与健康宣传周活动暨“美丽山东——环境保护绿色行动”启动仪式，8月9日—11日，与山东农业生态环保学会等六部门联合主办了“2013年第一届绿色环保农药、药肥、抗病虫种苗暨专业合作社技术交流会”。在济南地区建设了3个“美丽山东绿色行动科技服务示范基地”。

各市委会和基层组织组织积极响应省委“三大品牌”建设，开展法律服务活动30多项；开展医药卫生进社区、进农村、进学校等活动上百次，受益群众5万多人，捐赠药品等80多万元；开展环境保护宣传活动、打造“同心林”活动等20多次。积极响应农工党中央号召，开展向四川灾区捐助活动，各级组织和党员捐款、捐物计30多万元。省委和青岛市委还积极协助贵州安顺市在我省开展招商引资活动。

10月份，在农工党中央召开的社会服务工作会议上，农工党山东省委被评为社会服务先进省级组织，济南、青岛、临沂、枣庄、德州等5个市委会，聊城市工委、省立医院、齐鲁医院、日照市中医院支部等4个基层组织被评为先进市委会和先进基层组织，黄秀玲、朱明等12名党员被评为先进个人。农工党省委开展的医药卫生社会服务“关爱行动”获山东省各民主党派工商联人士为经济文化强省建设作贡献社会服务优秀成果。省委被农工党中央评为国际科学与和平周活动先进集体、第二十四届科学与和平周贡献奖、第四届“健康宣传周”先进集体、被“国际和平周”中国组委会评为联合国国际与和平优秀组织奖。滨州市委会被中国环境与健康宣传周活动领导小组授予“突出贡献奖”。

【组织建设健康稳定发展】在全省农工党员中开展了“基层组织建设提升年”活动，从思想建设、组织建设、作风建设、制度建设等方面全面提升基层组织的能力水平。在活动中重点抓好学习型基层组织建设、制度建设、典型宣传三个重点。在六届五次常委会上，各市委会交流了各自的做法和经验。

5月2日和9月12日，农工党省委分别召开了纪念“五一口号”65周年暨基层组织建设交流会和省直基层组织建设座谈会。12月在社会主义学院举办全省基层组织负责人学习班，61人参加学习。选派9名厅级干部参加中央统战部和农工党中央培训班，20人参加了省委统战部学习班和山东行政学院培训班，农工党省委举办了两期省直新党员培训班，近100人参加学习。

为搭建桥梁及纽带，促进我党成员中的企业家发挥优势，7月上旬成立了农工党山东省企业家联谊会。

广大党员在本质工作岗位上建功立业，取得优异成就。如农科院王法宏同志受到习近平同志亲切接见，泰安市周广芳同志获省科技进步一等奖，郝翠芳、孙蓉两名同志被授予突出贡献专家，枣庄市孙宝霞、马振芝同志不顾风险，积极参与H7N9患者的救治工作，济南市副主委王玉被评为泉城名医等。

【成立了新一届参政党理论研究会】 2013年初，成立了新一届参政党理论研究会，制定了研究会三年工作计划，完成了《参政党服务社会管理的探讨与实践》研究课题。3篇文章荣获《前进论坛》“好文章”奖和理论研究优秀成果奖。

制定下发了《农工党山东省委关于进一步加强宣传工作的意见》，进一步明确了宣传工作的指导思想、目标任务和重点工作，制定宣传工作激励办法。省委获农工党中央“理论研究先进组织工作奖”。省委、威海筹委、烟台市委、滨州市委、日照市委、莱芜市委、聊城工委、菏泽市委、济南市委，分别获得农工党中央“2013年度《前进论坛》发行工作先进单位”。

【积极参与中共群众路线教育实践活动】 一是农工党省委机关党员认真了开展教育实践活动；二是认真帮助中共党委政府查找问题，先后参加了中共山东省委、省委统战部、省纪委、省政协的征求意见会；三是以党为师，坚持自我教育和完善，农工党省委认真学习中共群众路线教育实践活动有关文件精神，贯彻执行《中共中央八项规定》、农工党中央《关于厉行勤俭节约、反对铺张浪费的通知》和《关于改进机关工作作风的十项规定》，召开了省直基层组织负责人座谈会，针对形式主义、官僚主义、享乐主义和奢靡之风方面的问题，听取意见建议。改进调查研究，规范决策程序，狠抓工作落实，精简会议文件，简化接待活动，厉行勤俭节约，严格廉洁自律，营造风清气正的工作氛围。

【“第一书记”帮扶村工作取得显著成效】 2月7日农工党省委赴帮扶村滨州无棣县佘家镇王官庄村开展了“同心”帮扶送温暖活动，对27个家庭进行了帮扶；5月10日，组织部分企业家党员到王官庄村考察，并捐赠4万元；8月20日，佘家镇党委书记、第一书记和村支书来省委与部分企业家进行座谈，商谈发展大计；9月10日，根据中共山东省委关于党员干部与帮扶村贫困户结对帮扶的要求，王新陆主委带领机关4名中共党员干部赴王官庄村结对帮扶。11月初农工党省委又赴王官庄村研究了村庄美化绿化、农业发展等项目。

（于　玲）

中国致公党山东省委员会

中国致公党是以归侨、侨眷中的中上层人士和其他有海外关系的代表性人士为主组成的，具有政治联盟特点的，致力于发展中国特色社会主义的政党。截至2013年12月31日，致公党山东省委有10个市级组织，36个省直属基层组织。省委会机关设办公室（挂参政议政部牌子），组织宣传部，海外联络部，机关编制15人（含工勤编制1人），实有15人。

2013年，致公党山东省委在致公党中央和中共山东省委的领导下，在中共山东省委统战部的指导下，紧密结合党委政府中心工作，紧密结合党派自身优势，紧密结合党员专业特长，团结带领全省各级组织和党员，圆满完成了年度工作任务。

【思想政治建设】 坚持以建设学习型参政党为目标，认真开展学习教育活动，统一思想，坚定信念，不断夯实多党合作的思想政治基础。召开常委会、主委会、机关工作座谈会等，深入学习贯彻中共十八大、十八届三中全会以及习近平总书记一系列重要讲话精神，引导各级组织和广大党员把思想认识统一到中共中央的决策部署上来，把智慧力量凝聚到实现全面深化改革目标任务上来。结合群众路线教育实践活动，省委会领导深入基层走访，了解党员思想动态，召开专题会议分析存在的突出问题，研究加强党派组织作风建设的意见措施。

【宣传工作】 改版《山东致公》期刊和山东致公网站，围绕“五一口号”发布65周年等重大活动，大力宣传多党合作制度，全年在省级及以上报刊、网站上发表宣传文章400余篇。报送的7名党员的先进事迹被收录至致公党中央《侨海情·中国梦》。

省委会评出“同心·创先争优”先进集体60个，优秀党员258名。

【参政议政工作】 省委会将2013年确定为“参政议政质量提升年”，提出了“唱响参政好声音，凝聚发展正能量”的工作理念，制定出台了《关于进一步加强参政议政工作的意见》《参政议政调研课题管理办法》和《反映社情民意信息工作管理办法》，指导和规范参政议政工作。在省政协十一届一次会议上，省委会作题为《进一步优化归国留学人员的创业环境，加速我省高端人才聚集地建设》的大会发言，提交党派提案12件，其中《关于加快我省农机专业合作社发展的建议》被确定为重点提案并得到省领导批示。向致公党中央报送13篇调研报告，其中，《关于进一步防范民间借贷风险的建议》《关于欧债背景下中国企业海外并购的建议》作为集体提案提交全国政协十二届一次会议并得到中央有关部门的肯定答复。全年确定58个立项课题，与省发改委、农业厅、食药局等部门联合开展了三项重点课题调研，分别形成了《关于进一步加快我省农村土地集约化经营的调研建议》《关于进一步加快发展我省战略性新兴产业的调研建议》和《关于加大食品药品监管力度的建议》等成果。其中《关于进一步加快发展我省战略性新兴产业的调研建议》在省委统战部评比中获三等奖。

采取定期发布选题、编印辅导手册、到各地开展培训等有效措施，推动反映社情民意信息工作。全年向致公党中央、省政协、省委统战部报送信息165条，同比增加185%，其中，2条分别得到国家及省领导批示，12条被全国政协、中央统战部采用，32条被致公党中央采用，84条被省政协采用，被省委统战部《议政建言集萃》采用7条。省委会被致公党中央授予“信息工作优秀组织奖”，5份建议被评为优秀调研报告。被省政协评为“反映社情民意信息先进单位”。

【海外联谊工作】 秉承“侨海报国”时代精神，坚持“维护国家利益、服务公共外交，致力和平统一、服务两岸关系，突出招商引智、服务科学发展”的工作思路，积极开展海外联谊工作。在省委统战部的指导和支持下，省委会牵头，联合省科技厅、省台办及潍坊市政府承办了本党中央“2013海峡科技论坛”。万钢主席、台湾江丙坤先生及海内外（两岸）专家、企业家580余人参加，推动签约项目22个，意向投资人民币191亿元。此外，省委会直接参与了引进香港建通集团建设项目。该活动被省台办评为“2013年度山东省优秀对台交流项目”。继续开展“走出去”“请进来”工作，随团出访了荷兰、巴西、阿根廷等国家和我国台湾地区，与当地进步社团进行了友好交流。接待了来自荷兰、日本、香港、澳门等国家和地区的友好人士。主办了奥地利华侨“于峰故乡行艺术巡展”，承办了省“五侨”第十四次联席会议，密切了与涉侨单位的联系。

【社会服务工作】 认真研究社会服务工作的规律和特点，坚持“尽力而为，量力而行，发挥优势，打造品牌”的工作思路，积极服务社会。整合全省各级组织的力量，部署开展了“同心·服务社会实践周”活动，努力扩大致公党的社会影响。活动期间，省委会联合百替集团向黑龙江省捐赠拖拉机等价值129万元的农机具，并成立了农机专业合作社。继续开展包村帮扶工作，帮助落实优惠政策，申请20万元省财政“一事一议”专项帮扶资金，硬化村内道路5000米；筹集10余万元走访帮包村困难家庭；会同菏泽市委会、省歌舞剧院支部赴菏泽开展了“助推‘第一书记’”活动。引资捐建“健华图书馆”1所，向山东英才学院“同心书柜”捐赠图书500册，向四川雅安地震灾区捐助价值126万余元的救灾物资，“一对一”资助贵州毕节家庭困难学生50名，联合省妇女儿童活动中心向泰安大津口乡中心小学捐赠运动装200件。继续做好“同心·致福书屋”“同心·村医培训”等服务品牌，全年共捐建书屋17所。2013年，省委会评出社会服务贡献奖19项。

【组织建设工作】 认真贯彻落实中共中央、中共山东省委关于加强党外代表人士队伍建设的文件精神，推进“人才兴党”战略，切实加强基层组织建设。成立了济宁市委会和22个基层组织，完成了省直4个支部的换届工作。按照党章标准，坚持“三为主”方针，遵循“严格质量，稳定数量，保持特色，优化结构”的工作思路，发展了一批优秀成员。举办第20期新党员培训班，组织25人次参加中央和省级的学习培训。继续开展有活动、有调研、有提案的“三有”支部活动，支持部分省直支部举办“党员沙龙”。指导济南天桥支部和菏泽市直一支部，省直三支部与淄博周村基层委，日照总支与北京西城区第十五支部分别结为友好支部。此外，对部分专委会作出人事调整，进一步完善了专委会工作机制。

【机关建设】 积极推进机关建设，按照“八项规定”和“反对四风”要求，召开机关全体会议查找存在问题，研究制定改进工作意见，切实转变文风、会风。实行工作月报制度和考勤制度，提倡“为基层服务，为党员服务”的工作意识。省委会评出“同心·创先争优”党派工作创新奖9项，优秀机关工作者16人。2013年，机关调入公务员1名，下派挂职锻炼1人。

（孟 杰）

九三学社 山东省委员会

山东省九三学社组织1953年6月始建于青岛，1983年11月成立九三学社山东省工作委员会，1984年4月成立九三学社山东省委员会，到2012年5月已选举产生了六届九三学社山东省委员会。九三学社山东省委自成立以来，始终高举爱国主义和社会主义伟大旗帜，自觉接受中国共产党的领导，与中国共产党团结合作、风雨同舟，经受了各种政治风浪的锻炼和考验。近年来，九三学社山东省委，坚持以邓小平理论和“三个代表”重要思想为指导，全面落实科学发展观，把发展作为参政议政第一要务，紧密围绕全面建成小康社会、构建和谐社会的目标，团结带领全省广大社员，认真履行参政议政和民主监督职能，不断加强自身建设，为山东省的经济社会发展作出了应有贡献。

全省现有市级组织16个，基层组织296个。至2013年12月31日，全省共有九三学社社员6731人，社员平均年龄52.7岁，高级职称占62.2%。成员界别分布情况：科技界占34%，高等教育界占25.3%，医药卫生界占19.7%，其他占21%。成员中现有全国人大代表5人；全国政协委员2人；省人大代表9人，其中常委3人；省政协委员56人，其中常委14人；省辖市级人大代表30人，其中人大常委会副主任4人；省辖市级政协委员293人，其中政协副主席13人；在省市县级政府和司法机关担任领导职务的社员49人，其中副省长1人，厅（局）长、副厅（局）长6人，副市长1人；在省市县级政府和司法机关担任特约（邀）人员的社员62人。

九三学社山东省委员会历任主任委员徐眉生、王祖农、陈抗甫、蔡秋芳。现任主任委员王随莲，副主任委员解士杰、宋传杰、王琳、邵峰晶、王志玉、刘梦海，巡视员郭新民，秘书长林寿先。九三学社山东省委主办有《齐鲁社刊》和网站（http://www.sd93.gov.cn）。九三学社山东省委员会内设办公室、组织部、宣传部、参政议政部四个工作部门。机关人员编制数额为21人，包括18个行政人员编制和3个工勤人员编制。厅级领导职数3名，处级领导职数6名。

2013年，在社中央和中共山东省委正确领导下，全省各级社组织认真履行参政党职能，全面推进自身建设，圆满完成了各项任务。

【围绕中心、服务大局，认真履行参政党职能】 参与政治协商，在中共山东省委、省政府举行的座谈会、通报会、协商会上，主要围绕《省政府工作报告》、省领导人事事项、学习贯彻十八届三中全会精神、省“两会”议程及人事安排等方面参加协商，提出建议。围绕开展党的群众路线教育实践活动，向中共山东省委、省政协党组、省纪委和省委统战部提出意见建议。

【围绕经济社会科学发展建言献策】 各级社组织向省、市政协大会提交集体提案152件。社省委《关于股票公开发行过程中的利益冲突问题与对策建议》的调研报告，被社中央选作全国政协十二届一次会议提案。向省政协十一届一次会议提交《关于加快“飞地”园区建设 促建“蓝黄”两区一体化发展的建议》等9件集体提案。《联合日报》对《关于加快推进我省城镇化进程和小城镇建设的建议》等2件提案作了报道，《关于加强网络舆情快速反应的建议》等2件提案得到中共山东省委宣传部答复。社内人大代表、政协委员，向全国两会提交议案建议15件，向省两会提交议案建议17件、提案83件。委员提案《打造“智慧山东” 助推“四化同步”发展》入选省政协十一届一次会议重点提案并获省领导批示，《关于加快建设海洋强省的建议》入选大会书面发言，《关于建立全社会养老保障体系应对人口老龄化的建议》等2件被定为现场答复提案，《关于推进我省城镇化建设快速健康发展的建议》在政协手机报刊登。各级特约人员在加强廉政建设、推进依法行政中发挥积极作用。

【深化课题调研】 征集参政议政课题意向126项，召开参政议政课题研讨会进行聚焦。向社中央报送10件课题调研报告和5件提案调研报告。2项课题入选社中央2014年度立项课题，其中，《新形势下农村宅基地管理创新机制研究》被定为重点课题并将由韩启德主席带队调研。《加快科技服务业发展　增强科技创新驱动发展新动力》入选省委统战部重点课题，调研报告获省委书记姜异康批示并获一等奖。开展省政协九三界别委员《农村宅基地管理创新机制》课题调研，调研报告获省委书记姜异康批示，在统战部《议政建言集萃》刊发并被中央统战部《零讯》专刊采用。与有关社市委和基层组织联合承担社中央《山东省境内黄河下游滩区现状》调研任务。

【加强参政议政工作制度建设】 制定《关于进一步加强参政议政工作的意见》，修订《课题管理办法》等制度。向课题组成员和调研报告获实效的社员所在单位中共党委、统战部门发送告知函，强化与社中央、省政协、省委统战部以及有关院校、科研机构的合作和交流。

【信息工作注重与提案、社会服务等工作相结合】 报送信息被社中央采用9篇，省政协采用38篇，《妥善解决单方外国公民在中国子女的双重国籍问题》由全国政协转送国务院有关部门。社省委被社中央授予“信息工作先进单位三等奖”。

【发挥整体优势，增强社会服务工作实效】 与省科协在莱芜市联合开展“百名专家企业行”活动，邀请中科院院士宋振骐等30位专家深入部分企业，开展技术咨询、学术交流、项目签约等活动，与8家企业签订技术服务协议，达成合作意向15项。社省委与社临沂市委联合组织医疗队，在四川阿坝藏族羌族自治州和湖北黄石市开展“亮康行动”，为118名贫困白内障患者免费实施复明手术。社省委与省人社厅、卫生厅、山东红十字眼科医院联合，为省内2500余名贫困患者免费实施白内障、角膜盲等手术。社省委和各级社组织积极开展第25届“国际科学与和平周”活动，举办科技讲座，开展法律咨询、医疗服务、爱心助学、人才培训、赈灾捐献等活动。做好帮扶阳谷县莲花池四村工作。依托省财政专项资金帮助该村修建1500米的水泥公路，农田灌渠项目已竣工，省直属基层组织捐款11.5万元作为帮扶基金。

【巩固和发展多党合作的共同思想政治基础】 认真学习贯彻中共十八大、十八届二中、三中全会精神和习近平总书记系列重要讲话精神，把践行社会主义核心价值体系活动引向深入。参加全省统一战线“学习贯彻党的十八大精神知识竞赛”，社省委被省委统战部授予“优秀组织奖”。纪念“五一口号”发布65周年，举行报告会、座谈会、书画展，开展征文等活动，编辑《九三学社在山东》六十周年纪念册。

【加强理论研究和社史工作】 开展“走基层、看变化、摸实情”调研，遴选5件成果参加全省统战系统“四新工程”优秀成果评选。2篇获理论调研三等奖，1篇获理论调研优秀奖，1篇获理论宣传优秀奖。3人被社中央聘为思想建设研究中心研究员，4人入选全社“坚持和发展中国特色社会主义学习实践活动”先进事迹宣讲人和理论宣讲人候选名单。3篇论文收入《九三学社参政党理论研究论文集》。社省委《秉持传统聚力量 实现伟大中国梦》在求是理论网、《大众日报》、新民网、《联合日报》刊载。社史工作稳步推进，参与“九三学社口述史”课题招标，撰写修订本地社史、社志和社省委年鉴。

【改进宣传报道工作】 5人被社中央聘为新闻宣传工作评审专家，推荐4件作品参加全社优秀新闻作品评选，《将光明送上青藏高原》被省委宣传部、省政协评为“优秀新闻作品三等奖”，网站发布稿件900余篇。

【加强组织建设，进一步激发组织活力】 加强领导班子和代表人士队伍建设，坚持社省委领导班子集体述职制度。推进新形势下代表人士队伍建设，做好省、市领导班子成员的政治安排和人大代表、政协委员以及特约人员推荐工作。建立220余人的代表人士人才库，实现分类管理、动态跟踪和及时更新，后备干部队伍年龄梯次、知识储备和专业结构得到优化。

【推进基层组织建设】 指导支持基层组织参与社中央、社省委有关调研、活动和会议交流，举办省直属基层组织新社员培训班，邀请省委统战部领导授课。开展组织工作专题调研，撰写《关于加强民主党派组织建设的思考与认识》的调研报告。建立组织信息管理系统，对信息管理员进行培训，指导推动各级组织数据库建设。连续7年为身患重病、急需救助的社员，申请到“九三王选关怀基金”。

【加强对组织发展的宏观调控与分类指导】 全年发展社员404名，截至2013年12月31日，全省共有社员6731名。五个社市委被社中央组织部评为“组织工作先进集体”，14人获“先进组工干部”称号。

【强化机关服务意识，各项工作取得新进展】 制度化、程序化、规范化水平进一步提升，健全激励和约束机制，加大执行力度，严格规范机关工作人员行为。做好干部的选拔任用和挂职锻炼工作，干部队伍建设稳步推进。落实岗位责任制，部室负责人向常委会报告年度工作。坚持集体学习制度，加强理论学习和业务培训。

（苏　凯）

山东省工商业联合会

山东省工商业联合会成立于1954年12月（1997年7月经省政府批准同时称山东省民间商会），是中国共产党领导的以非公有制企业和非公有制经济人士为主体的人民团体和商会组织。工商联工作是党的统一战线和经济工作的重要内容，具有统战性、经济性、民间性有机统一的基本特征。

截至2013年底，省工商联机关现有驻会副厅级以上干部10名，其中主席1人（不占行政编制），党组书记1人（不占行政编制），副主席4人，秘书长1人，纪检组长1人，巡视员1人，副巡视员1人。省工商联行政编制43人，工勤编制3人，编制人员总数46人。实有在职干部42人，工勤人员5人。其中正处级10人（处长7人，调研员3人），副处级10人（副处长7人，副调研员3人），科以下14人。离退休人员17人。机关处室7个，分别为办公室（人事处）、省非公经济组织党工委办公室、参政议政处（宣调处）、会员处、经济处、联络处、机关党委。

2013年，山东省工商联高举中国特色社会主义伟大旗帜，坚持以邓小平理论、“三个代表”重要思想、科学发展观为指导，深入学习贯彻党的十八大和十八届二、三中全会精神，深入学习贯彻习近平总书记系列重要讲话和视察山东重要讲话精神，深入学习贯彻中央16号文件精神，在山东省委、省政府的正确领导下，在全国工商联、省委统战部的有力指导下，牢牢把握“两个健康”工作主题，以深入开展党的群众路线教育实践活动和非公有制经济人士理想信念教育实践活动为主线，围绕中心，服务大局，立足优势，积极作为，较好地完成了各项工作任务。

【非公有制经济人士理想信念教育实践活动】 牢牢把握“民营企业家与中国梦”主题，紧密联系山东省经济社会发展实际和非公有制经济人士思想实际，精心设计活动载体，创新活动形式，扎实推动非公有制经济人士理想信念教育实践活动，取得了显著成效。一是积极争取领导支持。中央统战部、全国工商联对山东省教育实践活动高度重视，全国政协副主席、全国工商联主席王钦敏，中央统战部副部长，全国工商联党组书记、常务副主席，全国教育实践活动领导小组组长全哲洙，全国工商联副主席、党组成员，全国教育实践活动领导小组副组长庄聪生、李路等领导同志多次来我省调研指导，并把淄博市确定为全国教育实践活动试点和全哲洙同志联系点。省委常委会专题研究，省委书记姜异康，省委副书记、省长郭树清多次听取汇报，作出重要指示。成立高规格活动领导小组负责活动实施，省委统战部主要负责同志亲自担任组长，以省委办公厅名义转发《实施意见》。二是多措并举深入推动。坚持科学谋划，强化督促指导，深入开展调研活动，加强舆论宣传引导，为活动的顺利开展营造了良好氛围。举办专题培训班、先进事迹报告会，组织感恩革命老区延安行、沂蒙行，接受革命传统教育，奠定了良好的思想基础。广大非公有制经济代表人士特别是党员出资人带头学习、带头实践，充分发挥了示范和骨干作用；各级商会会长、秘书长结合所在商会特点组织会员企业参加教育实践活动，扩大了活动覆盖面，推动了活动向纵深拓展。三是协同各方增强实效。坚持解疑释惑与解决实际问题相结合，与党的群众路线教育实践活动相结合。山东省直有关部门特别是发展改革委、科技厅、地税局、工商局、金融办等领导小组成员单位积极搭建平台，加强政企对话，形成问政、问计、问需于企业的长效机制；省发改委、科技厅、金融办等有关部门进一步放宽准入，简化审批事项，出台了一系列服务非公有制经济发展的新举措，为活动开展提供了有力支持，增强了活动实效。通过教育实践活动，全省非公有制经济人士进一步强化了对中国特色社会主义的信念、对党和政府的信任、对企业发展的信心，优化了非公有制经济发展环境，激发了非公有制经济活力和创造力。

【参与经济文化强省建设】 结合开展的理想信念教育实践活动，姜异康书记、郭树清省长、省委统战部主要负责同志等领导前往全国工商联，积极争取到2014年12月份由山东省承办全国工商联十一届三次执委会暨全国知名民营企业家助推山东转调创投资洽谈会。在淄博举办的全国工商联直属商会深化理想信念教育实践活动会议暨经贸洽谈活动，达成合作意向28个，意向投资1600亿元。组织开展多次全省优秀民营企业家“市县行”活动，引导广大非公有制企业家积极参与“两区一圈一带”建设，达成一系列投资合作协议。召开全省民营企业“走出去”工作经验交流会，探索加快民营企业“走出去”工作便利化的思路和方法，引导民营企业加快“走出去”步伐。先后组织非公有制企业家赴澳大利亚、新西兰，南非、加纳，美国、加拿大，德国、法国等十几个国家进行投资考察。组团参加“香港山东周”“台湾山东周”“两岸中小企业发展论坛”等活动，达成了一批合作意向和合同，效果良好。

【服务“两个健康”主题】 创新工作载体，建立与省政法委、省发展改革委“两个联席会议”制度。搭建政企对话交流平台，与省政法委共同召开全省政法工作服务促进非公有制企业发展座谈会，省委常委、政法委书记才利民同志出席会议并讲话，省公、检、法、司、安等政法部门主要负责同志出席会议，随后出台了正式意见，建立了联席会议制度；与省发改委联合召开座谈会，省发改委主要负责同志和各处室主要负责人面对面听取非公有制经济代表人士意见建议，答疑解惑，推动有关问题解决。联合省教育厅、省人力资源和社会保障厅、省科技厅、省金融办等单位，开展人才、科技、银企“三对接”活动，努力破除非公有制企业发展瓶颈，有力地促进了非公有制企业发展。深入开展全省民营企业“实力百强”“创新百家”“公益百星”三项评选活动，为广大民营企业树立了科学发展的标杆，取得了良好的社会影响。

【组织建设】 认真贯彻全国加强县级工商联组织建设会议精神，稳步推进县级工商联建设。起草并印发《全省县级工商联建设年活动有关情况数据调查分析报告》，指导各市掌握情况、查找不足、改进工作；确定10个县级工商联为驻会领导联系点，重点帮扶、以点带面、推动工作。加大对直属商会指导力度，制定会员发展规划，推进会员队伍建设，做好直属商会换届工作和商会年审工作，推动商会建立和健全规章制度；定期召开商会秘书长联席会议、异地商会会长座谈会，听取工作情况，帮助解决困难，推动了商会工作有序开展。

【非公有制经济组织党建工作】 加强对全省非公有制企业党建工作协调指导，推动非公有制企业党建工作目标化、规范化、制度化建设。积极推进全省非公有制企业社会管理工作，参与山东省“两新组织”服务管理工作检查考核工作，参加省综治办召开的有关部门职能处室负责人会议并提出贯彻落实建议。加强出资人队伍建设，抓住出资人这个关键环节，加快非公有制企业党建步伐。结合理想信念教育实践活动，评选表彰全省百名非公有制企业优秀党员出资人，树立了一批典型，起到了良好导向作用。

【建言献策】 山东省工商联围绕中心大局，紧扣工作主题，积极建言献策，充分利用各类议政平台，集中反映非公有制企业意愿诉求。省“两会”期间，提交团体提案14件。按照全国工商联部署，完成了民营企业问卷调查、上规模企业调研、民营企业参与光彩事业情况统计、民营企业军民两用高新技术及产品研发生产情况专项调查以及落实“36条”情况查评估等工作。借助《中华工商时报》《山东统一战线》等，集中宣传非公有制经济代表人士典型及其先进事迹，在《大众日报》刊登了《认真学习贯彻党的十八届三中全会精神山东非公有制经济代表人士畅谈中国梦感言摘登》，营造了有利于“两个健康”的浓厚氛围。

【机关建设】 认真组织开展党的群众路线教育实践活动，组织领导班子成员深入查摆遵守党的政治纪律、执行《八项规定》精神中存在不足，以及形式主义、官僚主义、享乐主义、奢靡之风方面表现，开门征求意见，认真开展批评和自我批评，制定整改措施，边学边改、边查边改、边整边改。认真贯彻落实中央《八项规定》和省委《实施办法》，制定具体《实施细则》，切实改进工作作风、密切联系基层、改进文风会风和厉行勤俭节约。深入开展“省级文明单位”创建活动，组织开展“作风年”活动。举办“我与工商联”（我为在工商联工作而荣耀，我为工商联事业发展而骄傲，我为工商联做了一点事情而自豪）演讲比赛。围绕从事机关工作应具备哪些基本能力、做好本职工作需要哪些履职能力、个人在能力方面存在哪些不足以及如何提升能力、化解“能力不足的危险”等问题，全面加强工商联机关的思想、作风和能力建设，努力打造一支想干事、能干事、干成事的机关干部队伍，不断提高机关工作的规范化、制度化、科学化水平。

（滕孝岩）

山东省社会主义学院

山东省社会主义学院（以下简称省社院）是省委领导的统一战线性质的政治学院，是民主党派和无党派人士的联合党校，是党和国家干部教育培训体系的重要组成部分，是统一战线教育培训的主渠道，是统一战线人才培养基地、理论研究基地、方针政策宣传基地。其主要任务包括：一是组织山东省统一战线“三支干部队伍”（民主党派和无党派人士、统一战线其他方面的代表人士、统战工作干部）进行教育培训；二是学习、研究、宣传马克思主义中国化的最新成果，开展中国特色社会主义理论体系和社会主义核心价值体系教育；三是学习、研究、宣传党的统一战线理论、方针和政策。

省社院人员编制61人，现有在职人员49人。其中，参照公务员法管理人员23人，事业人员16人，机关工勤10人。在现有工作人员中，具有高级专业技术资格10人、中级专业技术资格11人，博士学位1人、硕士学位15人。

2013年，在省委统战部的正确领导和关心支持下，省社院认真学习贯彻党的十八大、十八届三中全会精神，立足于全省统一战线干部教育培训需求，全面贯彻落实中央4号文件、省委10号文件和《纲要》要求，扎实开展党的群众路线教育实践活动，一手抓教学培训，一手抓自身建设，充分发挥“三个基地”作用，圆满完成了全年的工作任务，为服务全省统战工作大局做出了应有贡献。

【严格落实上级要求　扎实开展党的群众路线教育实践活动】 按照中央、省委统一部署，自2013年7月15日开始，省社院开展了党的群众路线教育实践活动。院党组高度重视，成立了党的群众路线教育实践活动领导小组，制定了教育实践活动实施方案，召开了全体教职工教育实践活动动员大会，对教育实践活动进行深入发动和全面部署。截至2013年12月31日，省社院共组织集体学习18次，采取了党课辅导、交流研讨、理论测试、专题调研、演讲比赛等形式。2013年10月18日，开展了“破‘四风’树新风，做有理想有担当有作为社院人”大讨论及主题演讲比赛。2013年12月3日至2013年12月5日，举办了学习党的十八届三中全会精神培训班。2013年12月，相继召开了院领导班子民主生活会和各支部专题组织生活会，认真开展了批评与自我批评，查找了“四风”方面存在的问题，分析原因，提出整改措施，明确了努力方向。此次群众路线教育活动，省社院党组坚持以“钉钉子”精神抓好整改落实，对群众反映强烈的具体问题，确保事事有着落、件件有回音。以制定印发《山东省社会主义学院工作规则》为主导，修订出台了一批行之有效、覆盖学院各方面工作的规章制度，初步形成了践行党的群众路线、促进全面建设的长效机制。

【开拓创新　切实推进精神文明单位创建和新校区建设工作】　一是切实抓好精神文明单位创建工作。院党组对精神文明单位创建工作高度重视，在深入调查研究、广泛征求意见的基础上，决心2013年完成创建工作。在省直文明办的大力支持帮助下，省社院明确目标、强化措施、精心组织、周密部署，全体教职工统一思想、协调一致、群策群力、人人参与，深入扎实地开展了省直精神文明单位创建活动，取得了明显成效，2013年12月18日，顺利通过了省直文明办的实地考察，被授予“省直文明单位”称号。二是全力做好新校区筹建工作。2013年，尤其是3月份省社院领导班子调整以来，遵照省委统战部主要负责同志提出的“以新校建设为牵引，带动社院各项工作发展”的要求，调整了院领导分工，由一名副院长靠上抓新校筹建工作。在省委统战部领导的关心支持下，在前期工作的基础上，积极争取各方支持，扎实做好各项筹备工作，新校区选址、规划论证、可行性研究等各项工作稳步推进。

【完善教学布局　认真做好十八大精神进课堂 进教材 进头脑工作】　省社院始终把政治培训和能力培养贯穿于整个教育培训过程，重点增加了“法律知识”教学板块。在办好主体班次的同时，不断扩大教学培训覆盖面，顺利完成中央、省、市、县“四级”统战系统班次的教学任务，完善了教学布局。全年共举办各类班次19期，培训学员1200余人次。第八次全国社院教学工作会议召开后，按照上级部署要求，将十八大精神进课堂、进教材、进头脑作为重点教学任务，对教学内容进行了调整，重点宣讲十八大关于统一战线的一系列新观点、新要求和统一战线贯彻落实十八大精神的一系列新思路、新举措，授课内容更新率达到30%左右。根据省委统战部安排，省社院承担并完成了十八大以来习近平总书记系列讲话和十八大以来统一战线论述摘编两份学习资料的编写任务。

【加强学科建设　大力开展理论研究和学术交流活动】　中央社院同山东大学合作共建统一战线学，为省社院学科建设提供了历史性机遇。2013年9月16日，省社院领导出席中央社院与山东大学合作共建“统一战线学”学科备忘录签约仪式，并就下一步工作达成初步意向。省社院派员参加了山东大学举办的“学习习近平总书记关于意识形态问题重要讲话高端论坛”及学科建设论证会，推荐了5名专家教授参加山东大学统一战线学研究中心的工作。成立山东省统一战线理论研究基地，省社院多党合作理论研究中心的工作也在筹备当中。2013年，省社院申报立项全国社院系统课题2项，申报完成全省统战理论研究课题4项、中央社院招标课题、浙江社院招标课题各1项，参加省社科院重点课题1项，科研项目的数量和质量有了明显提高。在第一届全国社院系统优秀教学成果、优秀科研成果评比中，省社院获得优秀教学组织奖和优秀科研工作组织奖，并有5项成果和论文分获一、二、三等奖。同时，派员参加高级别、高层次的学术会议和论坛，在各级各类刊物上发表论文20余篇，参与编写理论著作一部。

【拓宽工作思路　积极探索打造文化交流活动新品牌】　省社院以文化学院为交流平台，开展多种形式的文化交流活动。以对台文化交流作为文化学院工作重点，努力搭建对台文化交流新载体。在与台湾有关高校和社团建立往来的基础上，连续组团赴台，与岛内文化机构开展文化交流活动，扩大了山东中华文化学院在台湾的知名度和影响力。同时，还开展了弘扬中华传统文化的交流活动。2013年7月13日，山东中华文化学院与湖南中华文化学院携手合作，共同举办了“第六届全球中华文化经典诵读大会”，来自港、澳、台、海外和国内的1300多名学生齐聚曲阜，在孔子家乡诵读《大学》《论语》等国学经典。

【凝心聚力　扎实推进干部职工队伍建设】　一是突出作风建设，教职工队伍素质得到明显提升。以“文明单位”创建活动为抓手，深入开展“慵懒散”专项治理活动，严格落实打卡考勤制度，纪律意识明显增强，精神面貌得到极大改观。二是打破发展瓶颈，积极做好专业技术岗位设置工作。2013年10月，专业技术岗位调整设立方案得以批复，主系列高级岗比例进一步提高，辅助系列首次设置正高岗位，大幅增加了中级岗位，有效解决了当前的实际矛盾，为人才队伍的成长创造了良好的发展环境。

【“第一书记”扎实推进各项帮扶工作】 2013年，省社院选派的三名“第一书记”继续到临沂市费县薛庄镇鲁阳村、向阳村、新张庄村进行帮扶工作，全年已完成项目资金415.8万元，新申报立项各类项目资金516万元。省社院党组定期听取驻村情况汇报，多次实地考察、调研，深入了解包村情况。2013年9月7日，省社院领导班子带领各支部部分党员干部，深入费县9个自然村，对13户困难家庭进行了入户走访，并送上慰问金和慰问品。

（王婷婷）

山东省台湾同胞联谊会

山东省台湾同胞联谊会（以下简称省台联）是全省台湾同胞的爱国民众团体，是党和政府联系台湾同胞的桥梁和纽带。省台联下设办公室，为正处级行政单位，编制6人，办公室主任：孙大川。

2013年，省台联认真贯彻落实中央、省委对台决策部署和省委统战部“转调创”工作要求，解放思想、转变观念，调整思路、创新工作，扎实做好定居台胞和常住台胞服务工作，积极开展对台交流交往，内强素质、外树形象，为密切鲁台交流交往、推动经济文化强省建设和两岸关系和平发展做出了重要贡献。

【台胞代表人士队伍建设】 3月，召开了省台联八届三次理事会，总结经验、研究工作、部署任务。11月，举办了台胞骨干专题学习班，采取座谈会、专题辅导等多种形式，在全省广大台胞中掀起了学习贯彻十八届三中全会精神的热潮。12月，创新举办了全省台联工作研讨暨台胞骨干培训班，首次吸收各市委统战部分管台联工作的干部参加，切实提高了台胞骨干、台联工作干部的政策水平和业务能力，健全了工作网络，畅通了工作渠道。认真落实全省党外人才工作部署，会同全国台联在我省开展了台胞人才工作专题调研，通过协调地方统战部、走访台胞骨干所在单位，宣传介绍台胞政策、共商培养使用措施，努力为台胞代表人士的健康成长创造条件、搭建平台。年内分别完成了向全国妇联、侨联以及省青联、海联等政治团体推荐台胞人选的任务，10多名台胞代表人士得到了政治安排。

【服务台胞工作】 一是强化真心、诚心、尽心、细心的“四心”意识，尽心竭力地做好定居台胞服务工作。深入基层、深入台胞，开展了基层台联工作和落实台胞政策专题调研活动，积极推动各项台胞政策的落实。协调有关部门，帮助一批生活困难、患重病台胞解决了低保、医保、救济金等实际困难，组织机关干部职工为特困台胞捐款捐物，奉献爱心。继续深入开展“暖心”工程，全年共走访慰问老台胞、生活困难台胞60余户，发放老台胞生活补贴和困难台胞救助金近20万元。创新工作形式，首次开展了为老台胞祝寿、为困难台胞大学生助学和为特困台胞献爱心等“同心送温暖”活动。二是充分发挥纽带作用，服务常住台胞工作取得新进展。多次深入台商、台企和台生比较集中的高校开展调研，了解情况、掌握动态。通过举办迎春联谊会、联欢会、座谈会和夏令营等多种形式，争取民心、密切关系、增进友谊。积极组织省内部分台企参加“双百”活动，推荐优秀台商担任青联、海联等团体职务，积极帮助他们解决工作、生活和经营中遇到的困难和实际问题，切实体现了“台胞之家”的温暖。

【对台交流交往】 一是扩大交流规模。先后协助香港泰山功德会在泰安举办了“灭癌献爱心”大型公益活动，配合全国台联等单位在济南举办了台湾著名画家刘国松现代画展，邀请接待了台湾教师协会等一批岛内重要团组来鲁参访交流，全年共接待岛内海外台胞团组23批、577人次，有力推动了鲁台教育、文化、青少年和基层民众等交流活动的开展。二是推动对口交流。在做好迎来送往工作的基础上，转变观念、调整思路，重点推动鲁台两地行业间的对口交流：组织台湾教师协会与我省教育界开展了专题研讨和学术交流；促成省妇联、山东女子学院与台湾妇女界首次开展了联谊互动；协助台湾职业类院校与青烟威等市7所高校签订了合作办学协议，与3所院校实现了教师、学生互派交流。三是突出民间交流。先后组织济南、烟台等地定居台胞分批赴台谒祖探亲，圆了他们多年的思亲梦。

【参政议政】 积极引导各级人大、政协、党派团体中的台胞成员紧紧围绕经济文化强省建设和促进两岸关系和平发展开展调查研究，提出建议、献计出力。组织台籍人大代表和台联界别政协委员发挥自身优势，通过“两会”平台参政议政、建言献策。全年共提交提案、建议30余件，省台联的集体提案被评为省政协年度重点提案，省科技厅将其吸纳转化为专项工作规则；其他多件提案得到了省领导的批示。

【夏令营活动】 7月，成功承办了第10届全国台联台胞青年千人夏令营山东分营活动。省委统战部主要负责同志出席开营仪式并授营旗。首次吸收部分在鲁就读台生作为营员参加了夏令营活动，创新了营员招募方式。活动中，采取“手拉手、面对面，心连心、一对一”结对交流形式，有效拉近了两岸青年的距离。通过举办民俗文化专题讲座，在泰山体验成人礼仪式，组织营员体验书法、碑拓、剪纸、汉代茶艺等方式，突出了齐鲁文化的主题，创新了活动形式，丰富了活动内涵，加深了岛内青年台胞的归属感和认同感。

【台联工作科学水平不断提升】 一是健全完善规章制度。扎实组织开展了党的群众路线教育实践活动，集中力量对现有规章制度进行了“废改立”，新建、修订了20余项规章制度，台联工作实现了规范化、制度化。二是注重履职能力教育培训。积极选送干部职工参加全国台联、省委统战部和省委党校等组织举办的专题学习班，定期组织开展业务政策知识专题研讨，机关干部职工的履职能力和业务水平明显提升。三是切实加强调研信息宣传工作。全年撰写了一批高质量的调研论文，及时编发会刊《山东台联》和工作动态信息，在各类媒体刊发宣传稿件100余篇，被评为全国台联系统信息工作和网站工作先进单位。

（孔祥亚）

山东省黄埔军校同学会

山东省黄埔军校同学会于1989年5月在济南成立，青岛、潍坊、济宁、日照等四市成立了市级黄埔军校同学会，其他市除莱芜外均设有联络组。成立之初，会员1100多人，目前会员130余人。自成立以来，省黄埔军校同学会秉承建会宗旨，传承“爱国革命”的黄埔精神，充分发挥桥梁和纽带作用，深入做好台港澳及海外黄埔同学和后代亲友的工作，为促进我省经济社会发展做了大量工作，为促进两岸关系和平发展、促进祖国和平统一做出了积极贡献。

省黄埔军校同学会办公室为参照公务员法管理的正处级事业单位，由省委统战部代管，编制8人，处级职数3人，办公室主任：张铁岩。

2013年，在中共山东省委统战部的坚强领导和黄埔军校同学会（总会）的正确指导下，省黄埔军校同学会深入学习贯彻党的十八大和十八届二中、三中全会精神，紧紧围绕全省统战工作总体部署，全面落实中央、省委对台工作方针政策，充分发挥自身优势，积极开拓进取，各项工作取得了新的成绩。

【强化思想引导，把握正确的工作方向】 始终坚持政治理论学习不松懈，通过召开学习座谈会、寄送学习材料等形式，引导黄埔会员及后代亲友认真学习党的十八大、十八届三中全会和习近平总书记一系列重要讲话精神。4月、11月分别召开部分黄埔会员及后代代表座谈会，邀请黄埔军校同学会会长林上元、省委统战部副部长亓同秋作辅导报告，组织广大黄埔会员及后代亲友交流学习心得体会，进一步巩固了共同思想基础。利用会务活动、走访慰问等机会，当面向黄埔会员宣传党的方针政策，征求他们对省黄埔军校同学会工作的意见建议。

【彰显黄埔特色，会务工作平稳有序开展】 通过找准定位，扬长避短，开展了彰显黄埔特色的会务活动，取得了良好的社会影响。4月，与民革省委联合举办了纪念台儿庄大捷75周年系列活动。邀请黄埔军校同学会会长林上元、省委统战部领导孙传宏、亓同秋出席活动并讲话。这项活动以“缅怀抗战先烈，弘扬民族精神”为主题，进一步挖掘台儿庄大战的精神内涵，激发广大黄埔会员的爱国主义情感和维护祖国统一的信念。

【弘扬黄埔精神，积极推进黄埔史料整理研究工作】 山东黄埔同学在中国革命和建设过程中发挥着重要作用，开展黄埔史料整理工作具有重要的历史意义和现实意义。3月与山东大学历史文化学院达成合作协议，计划用三年左右的时间，广泛搜集山东黄埔同学的相关文献资料和口述资料，推进山东黄埔同学历史研究，相应成果以《黄埔军校山东同学历史研究书系》的形式正式出版。省委统战部主要负责同志高度重视，亲自担任编委会主任，常务副部长孙传宏、副部长亓同秋担任副主任。按照协议，合作双方集中人力、物力，克服黄埔同学年事已高沟通能力减弱、黄埔同学及后代亲友居住分散等多重困难，通过发放调查问卷、实地登门采访、到图书馆、档案馆查阅资料等多种方式，深入调研，广泛搜集资料。截至2013年底，有关资料的调研搜集工作已基本完成，《黄埔军校山东同学历史研究书系》编辑体例已初步确定。

【完善工作机制，提升服务质量和水平】 为更好地关心会员，服务会员，省黄埔军校同学会建立了联络员制度，进一步密切与黄埔会员的联系。办公室全体工作人员都是联络员，每人至少要联系一个市的黄埔会员，每名黄埔会员都有一名联络员负责联系。平时注重加强与黄埔会员的联系，及时了解会员的生活困难问题，积极协调有关部门帮助解决。深入基层开展“联基层送温暖”走访慰问活动。针对黄埔会员年老体弱、人员锐减的现状，加大实地走访工作的力度，确保每年走访慰问全省黄埔会员两遍，全年累计发放慰问金、慰问品20余万元。重点做好黄埔抗战老兵的帮扶救助工作。省委统战部主要负责同志亲自作出批示。省委统战部副部长亓同秋7月底带领同学会机关工作人员赴青州市就帮扶救助黄埔抗战老兵工作进行专题调研，并赴北京等地与龙越慈善基金会有关领导沟通协调，商定自2014年起启动“山东黄埔抗战老兵关怀计划”项目，对我省符合条件的黄埔抗战老兵每人每月给予300元补助。

【发挥黄埔组织优势，深化对台交流交往】 认真贯彻中央、省委对台工作方针政策，充分发挥黄埔组织优势，广泛深入地开展与港澳台、海外黄埔组织的交流交往。6月在青岛成功承办的第五届“黄埔情”海峡两岸退役将军高尔夫球邀请赛和书画展等联谊活动，来自海峡两岸的近70位退役将军参加活动，中央统战部副部长林智敏、省委统战部孙传宏、亓同秋、牟强等部领导分别出席有关活动。这一活动为海峡两岸退役将军互相交流搭建了重要平台，对推动和促进两岸关系和平发展发挥了重要作用，引起了海内外媒体的广泛关注。

【认真开展党的群众路线教育实践活动，努力提升自身建设科学化水平】 根据省委统战部党的群众路线教育实践活动总体部署，省黄埔办党支部积极行动，认真组织，结合实际，突出特色，在聚焦作风建设、集中解决“四风”问题等方面狠下功夫，自身建设的科学化水平得到了显著提高。机关呈现出昂扬向上、积极进取的良好氛围，被省委统战部评选为2013年度先进单位。

（徐海燕　杨　胥）

山东省中华职业教育社

山东省中华职业教育社是具有统战性、教育性、民间性的群团机关，由省委统战部代管，业务上受省教育厅指导，主要由教育界、经济界、科技界从事和关心支持职业教育的人士组成，是省委、省政府联系省内外职业教育界有关人士的桥梁和纽带。主要负责团结联系有关社会力量开展职业教育的调研与实践，并就有关问题向省委、省政府提出建议；宣传国家、省有关职业教育的方针政策，组织引导社员积极参与“科教兴鲁”和“人才强省”战略的实施；协助中华职教社搞好“温暖工程”等公益活动在山东省的实施；为社员开展教育活动提供服务，维护社员的合法权益，反映他们的意见、要求和建议；加强与民办职业教育界人士的联系，提出民办职业教育发展的意见和建议；开展与国外有关教育团体和人士及港、澳、台同胞、海外侨胞的联系合作，推动全省职业教育事业发展。

山东省中华职业教育社机关核定编制7名，配备专职秘书长1名（副厅级），机关内设秘书处。2013年底，实有机关干部5人，吴成生任专职秘书长，朱令珍任秘书处处长。

【不断加强自身建设】 职教社致力于理顺管理体制，积极稳妥地发展壮大组织，促进职教社自身建设进入有序发展快车道。在基础设施方面：职教社于2013年初搬入党派大楼，落实了办公场所；按照公务用车配备标准，通过政府采购程序，购置了工作用车和办公家具，改善了办公条件。在经费保障方面：财政厅批复职教社为一级预算单位，预算经费已落实到位，为机关工作顺利开展提供了资金保障。在机关制度建设方面：建立完善了岗位责任制度、学习制度、财务制度、接待制度、车辆管理制度、档案管理制度等，有效促进机关工作制度化、程序化、规范化。在档案管理方面：按照规范化管理的要求，对全体社员的档案进行分类设置，认真细致地鉴别核对，并建立了电子档案，实现了档案管理的信息化。在人员配备方面：按照机关编制和事业发展需要，招录了2名公务员，充实了力量，壮大了队伍，推动了机关工作的开展。在社员发展方面：在深入调查研究、摸清底数的基础上， 坚持稳步推进、注重质量的原则，从省各民主党派、工商联、省教育厅、省人社厅和各市委统战部的推荐人选中，认真考察筛选，确定发展了一批办学质量较好、代表性较强、社会影响较大且热心统一战线和职教社工作的团体社员和个人社员。同时，接纳吸收了部分从中华职教社总社转来的老社员。截至2013年底，共发展个人社员255名，团体社员51个。在成立大会筹备方面：在统战部的正确领导下，积极筹备召开成立大会，在与各部门沟通协商的基础上，采取推荐与协商的办法，顺利完成了第一届社务委员会人选提名工作；制定了召开成立大会的工作方案，做好了成立大会的文件起草、组织发展和会务准备工作。截至2013年底，各项筹备工作已基本就绪，召开职教社成立大会的各项条件已基本成熟。

【大力推进实施温暖工程】 温暖工程是凸显职教社社会影响力的有力抓手。职教社始终秉承“为国分忧、为民效力、急人所急、雪中送炭、灯亮一盏、光洒成片”的宗旨，将温暖工程作为工作的突破口和工作重心，广泛动员社会各界力量，拓宽工作领域，取得了显著成效。2013年4月，与潍坊市委统战部协助中华职教社温暖工程办公室在潍坊鑫易电声有限公司建立了全省首家温暖工程就业助学计划实训基地。帮助230多名贫困生在实训基地顶岗实习，为甘肃、湖北等5个西部省份中职学校的贫困生解决了上学、就业等实际困难。该项目一经成立，就显示出强大的辐射力，并迅速扩展到中职学校，成为省职教社服务民生的有效载体。建立了山东省长城军地人才就业促进中心，并在枣庄、德州、潍坊等地设立了培训基地，全年共培训安置复转退伍军人500多名，帮助复转退伍军人实现了各选所爱、各学所需、各求各岗的就业目标。协助潍坊技师学院和青岛电子学校申请温暖工程遴选项目配套资金，建立了首席责任人制、台账制、项目评估制等相关制度，保证了同心温暖工程项目绩效的最大化。

【积极搭建交流合作平台】 充分发挥职教社“统战性、教育性、民间性”的优势，积极搭建交流学习平台，不断强化职教社服务水平和服务能力。分别接待了青海省、陕西省职教社来山东考察团。与考察团就职教社自身建设、工作开展情况进行了深入的交流和探讨，并就加强交流合作，促进共同发展达成了广泛共识。通过这种省际交流活动，学到了外省职教社在组织发展、教育培训和调研宣传等方面的先进经验，建立起了省际交流联系机制，为职教社的发展奠定坚实基础。积极加强部门联系，实现借船出海。协调省教育厅相关职能部门，为社员单位青岛海航科技培训学校申请批复了远程教育校外学习中心。同时，配合省教育厅、省文明办、团省委、省妇联、省关工委等5部门会签了《山东省第10届文明风采活动开展》，推动了活动的开展，大大丰富了全省中等职业学校德育内容。搭建校企合作平台，促进共赢发展。10月底，牵头联系，与国务院机关事务管理局达成协议，在蓝翔高级技工学校、山东协和学院、枣庄市职业学院建立了“山东服务国家机关人才培训基地”。推介部分学生到国家机关事务管理局、机关服务局工作，收到良好效果。

【认真开展调研宣传】 职教社始终把调研宣传作为展示成果、总结经验、树立典型、推动落实的有效途径，切实加强领导，严格标准要求，努力提高调研宣传质量。单位主要领导亲力亲为，紧紧围绕全省职业教育改革和发展的热点、难点问题，先后到省内职业教育发展比较集中的济南、潍坊、青岛等地，开展调查研究。多次带着问题，深入山东协和学院、蓝翔高级技工学校、凯文职业学院等职业院校开展座谈交流，掌握了解了大量的第一手资料，为下一步工作开展打下良好地基础。同时，积极开辟宣传平台。一方面加强网络宣传。利用部网站宣传阵地，精心设计宣传版块，及时更新宣传内容，确保单位的重要活动信息及时发布及时更新。另一方面积极做好内部宣传。认真编写职教社《工作动态》，2013年编辑职教社《工作动态》20期。初步形成了内外结合、整体推进的宣传格局，有效提升了职教社的社会影响力和认知度。

【扎实开展党的群众路线教育实践活动】 职教社机关党支部严格按照部教育实践活动领导小组的要求，认真组织、精心谋划、严抓落实，扎实有效地开展了党的群众路线教育实践活动。机关党员干部党性观念得到增强，工作作风得到转变，为机关各项工作的顺利开展打下了坚实的基础。认真学习阅读党的群众路线教育实践活动有关书目和文件，积极组织党员干部参加部机关组织的集中学习、专题辅导报告、观看录像片等活动，实实在在接受了一次马克思主义群众观和党的群众路线教育，思想得到了洗礼，灵魂受到了震撼。认真进行对照检查。按照衡量尺子严、查摆问题准、原因分析透、整改措施实的要求，全体党员干部认真撰写了对照检查材料，开展了谈心活动，召开了组织生活会，采取一人谈、众人帮、逐个进行的方式，每名党员都进行了批评与自我批评，找准了问题和原因、明确了整改措施和努力方向。有针对性地制定完善了《联系社员制度》《公务接待制度》《公车使用管理和驾驶员职责制度》等相关制度，形成了作风建设长效机制。

（马玉稳）

山东省民主党派办公大楼管理处

山东省民主党派办公大楼管理处（以下简称“管理处”）主要职责任务是协助省委统战部了解各民主党派的有关情况，反映民主党派的要求、意见和建议，协助省委统战部组织省民主党派负责人外出学习考察，协调省各民主党派、团体机关之间的关系，代表民主党派、团体机关联系相关单位并处理对外关系；对民主党派办公大楼进行统一管理，为民主党派、团体机关提供服务，代理办公大楼管委会行使日常工作职能。管理处是省财政全额拨款的处级法人事业单位，靠挂民盟山东省委。2009年8月，省委统战部部长办公会决定：“除必须由原编制归属单位办理的有关事项外，管理处的其余事项均由省委统战部管理，并视同部属处级单位。”

2013年，管理处编制15人，实有人数15人（其中1人不占编），处长：崔新青。

2013年，管理处在省委统战部的坚强领导和驻大楼党派团体机关的大力支持下，全处同志团结协作，不懈努力，服务保障工作及自身建设均取得新成绩，被省委统战部机关党委评为“2013年度先进党支部”。

【深入学习贯彻十八大及十八届三中全会精神】 始终把思想政治建设摆在首位。按照部机关党委统一部署，认真组织全处干部职工学习领会党的十八大以及二中、三中全会精神，深入学习习近平总书记系列重要讲话，深刻理解把握十八大关于统一战线法宝地位的认识及对统一战线的新论述、新要求。结合纪念“五一口号”发布65周年，参加“同心讲坛”，接受革命传统教育，进一步坚定了全处干部职工的理想信念，树立了在本职岗位上为党派团体机关做好服务工作的信心和决心，增强了走中国特色社会主义道路的自觉性和坚定性。

【积极参加党的群众路线教育实践活动】 按照省委统战部党的群众路线教育实践活动领导小组统一部署，全处党员干部以饱满的热情积极参加群众路线教育实践活动。管理处党支部充分发挥战斗堡垒作用，高标准严要求，团结带领党员干部和职工，认真参加活动的每个环节。特别是在“查摆问题和开展批评与自我批评”环节，省委统战部分管领导与处长、处长与全体党员干部深入开展谈心谈话，党员干部认真撰写个人对照检查材料，支部专题组织生活会上踊跃发言，达到了“团结、批评、团结”的目的。对管理处内部规章制度进行了废立改，重新修订了规章制度8项，废弃3项。按照中央八项规定以及省委统战部主要负责同志提出的“5个一律”工作要求，严格规范公务活动，“三公”经费支出同比下降12%，节俭意识、自律意识进一步强化。

【狠抓党派大楼配套设施硬件建设】 一是完善餐厅服务功能。在2012年开办餐厅的基础上，积极回应广大干部职工建议和要求，想方设法改进餐厅服务，增加了晚餐外卖和夏季提供冷饮等项目，受到机关同志一致好评。二是启用地下车库门禁功能。5月份，对车库智能化管理进行改造，对地下车库车辆进行清理，启用了车库智能化管理功能，实行一车一卡的管理方式，有效解决了过去存在的不明身份社会车辆停放地下车库、机关干部停车难的问题。三是更换办公楼破损玻璃。上半年，请专业公司将破损的玻璃全部进行了更换，大楼主体更加美观。四是强化消防工作。7月份，组织了大楼全体干部职工参加的防火知识讲座，学习消防常识，掌握防火技能。在全国第23个消防日，与驻大楼各单位签订了“消防安全管理协议书”，做到人人都有消防意识，各单位对安全防火都有责任。五是开展警民共建活动。10月份，主动在院内新建了交警休息室，方便了交通指挥，规范了大楼办公秩序。

【积极协助有关方面做好大项活动服务保障】 与驻大楼物业公司密切配合，全年为省直统战系统及党派、团体机关和有关单位提供大、小会议服务共53次，大型会议达35次，做到圆满、顺利、无差错。其中，保障姜异康书记到党派机关走访看望1次；姜大明省长到办公楼征求意见座谈1次；王军民副书记代表省委就《中共山东省委关于学习贯彻党的十八届三中全会精神的意见》征求党外人士意见座谈会1次。保障了民革中央万鄂湘主席、民盟中央张宝文主席、民进中央罗富和常务副主席等到有关党派省委走访看望调研，省委统战部受省委委托召开的通报会、座谈会以及全省统战系统6期“同心讲坛”等大型会议活动。全处同志以饱满的热情做好各项服务保障工作，受到各级领导的表扬和肯定。

【日常业务工作扎实有效】 一是用车服务零差错零事故。全年为党派团体机关召开会议、调研以及接待党派中央领导等提供车辆服务65次，行程19727公里，未发生任何不安全问题。二是切实搞好设施设备日常维护。与物业公司及相关部门密切配合，全年对办公楼空调维护106次，电梯维护26次，网络通讯维护80次以上，其他对水、电等零星维护保养近300次，党派大楼始终处于安全正常运行状态。三是文件报刊收发安全无差错。每日收发各种报刊46种357份；月平均收发杂志37种120余本，机要文件200多件，挂号信80余件，其他包裹单、印刷品等700多件，做到热情、耐心、周到，无丢失、无差错，做到了党派团体领导满意、机关干部职工满意。

（许　欣）

济南市

·济南市委统战部·

【共同思想政治基础更加巩固】 以学习贯彻党的十八大和十八届三中全会精神为主线，通过举办培训班、报告会、知识竞赛等形式，进一步加强统一战线的政治引导。

一是组织全市统一战线成员积极参加全省统战系统“学习贯彻党的十八大精神知识竞赛”；在全市统一战线开展了“统一战线与党的十八大精神”征文活动；召开党外人士情况通报会、学习座谈会，向党外人士通报十八届三中全会精神，围绕贯彻会议精神进行座谈交流，教育引导广大统战成员更加紧密地团结在以习近平同志为总书记的中共中央周围，不断增进对中国特色社会主义的道路自信、理论自信和制度自信。

二是在非公经济人士中启动理想信念教育实践活动，进一步增强对中国特色社会主义的信念、对党和政府的信任、对企业发展的信心。

三是在民主党派中开展纪念“五一口号”发布65周年系列活动，先后召开纪念座谈会7次，开展纪念“征稿活动”，共征集文章、书画、摄影等各类作品300余篇件，编印发行了《笔绘中国梦　书写风雨情——济南市各民主党派纪念中共中央发布“五一口号”65周年美术书法摄影作品集》《同心共圆中国梦——济南市各民主党派纪念中共中央发布“五一口号”65周年文集》一书一画册。

【统一战线服务科学发展成效更加显著】 一是搭建平台广开言路。先后召开党外人士情况通报会、民主协商会、座谈会11次，协调市政府办公厅出台《关于进一步加强政府与民主党派工商联联系的意见》；在全市首次建立了“同心诤言”队伍，聘请248名重点联系人，进一步拓宽了党外人士建言献策的渠道。统一战线成员共提出意见建议1000余条，其中《关于促进企业技术改造的建议》《济南市打造政协提案“直通车”》等被中办和省办采用。

二是服务实体经济发展。牵头组织成立济南企业家发展促进会，为全市经济发展献计献策搭建了新的平台。认真做好协调西部工业区重点项目建设工作，切实履行“三年突破平阴”和“加快长清融入中心城区发展”领导小组成员的职责，组织开展了“驻济异地商会长清行”“济南留学人员平阴行”等活动，多次协调有关部门深入重点项目现场督导服务、解决问题，积极为西部工业区引进项目和资金。

三是深入开展公益活动。全市统一战线先后开展“同心·圆梦——文化艺术进校园”“致公侨路·同心同行—关爱保洁员”等活动，打造了“天使四叶草”“同心·致福书屋”等品牌。先后共打造“同心”品牌近20个，开展各类公益活动近300次，投入资金、物品近亿元，提供就业岗位近2万个。雅安地震期间，全市统一战线成员为灾区捐款捐物达3000多万元。

四是积极参与帮扶工作。在全市“千村（社区）提升”帮扶活动和困难国企帮扶工作中，派出干部担任帮扶村“第一书记”，协调资金200万元帮助帮扶村发展集体经济、加强基础设施建设，引进经济项目3个，集体经济年收入增加14万元。积极发挥帮扶解困和改革发展协调组第八大组第四十协调小组的作用，帮扶机床一厂机床改造中心多方筹措资金，解决企业职工社会保险等困难。统计落实企业拖欠职工的五项费用，共计约110万元。

五是扎实做好民族宗教工作。协同市民族宗教局召开了“创建和谐宗教活动场所，同心共促社会和谐”交流会。协助做好天主教“圣母月”期间的管理防范工作，牵头协调处置了涉及民族宗教因素的有关问题，保持和维护了民族宗教的团结稳定和社会和谐的良好局面。

【加强党外代表人士队伍建设】 一是强化组织领导。建立由市委副书记任组长，统战部门牵头，26个部门（单位）密切配合的联席会议制度。协助市委办公厅下发《贯彻落实〈中共济南市委关于加强新形势下党外代表人士队伍建设的实施意见〉分工方案》《关于建立全市党外代表人士队伍建设工作联席会议制度的通知》。

二是抓好教育培训。把党外代表人士教育培训纳入全市干部教育培训总体规划，深入实施以各民主党派、工商联、爱国宗教团体自主培训为内容的“同心培训工程”和以党外高端人才和优秀干部为重点培养对象的“同心提升工程”，制定了《关于加强党外代表人士实践锻炼的意见》，将党外人士教育培训经费由每年60万元增加到每年140万元。在市社会主义学院举办了“民主党派骨干成员进修班”等5期培训班，培训307人次，培训总体规模、层次质量均创历史新高。首次开展党外代表人士异地培训，在3个区分别建立了市级党外代表人士实践锻炼基地，选派9名市直机关党外处级干部到实践锻炼基地所在街道办事处任副主任。在10个县（市）区委党校加挂了社会主义学院牌子。

三是做好安排使用。目前，全市及县（市）区人大、政协领导班子均按规定配齐党外干部，市及县（市）区政府领导班子均配备1名党外干部。42个政府工作部门中有12个部门配备了党外领导干部13名，配备比例由23.8%提高到28.6%。其中1名担任部门正职，其他市管部门（单位）党外领导干部配备数量由10名增加为12名，其中2名担任单位正职，在1所市属高校配备了党外干部。

【统一战线实现自身科学发展和服务科学发展的能力进一步提高】 一是支持帮助民主党派切实加强自身建设。先后组织召开了民主党派自身建设专题研讨会、制度建设研讨会和专题研讨班，进一步提高民主党派工作制度化、规范化、程序化水平。

二是加强工商联工作。召开了工商联会员企业境外投资情况交流会，主动参与驻济异地商会活动，进一步密切了与驻济异地商会的联系。继续开展非公经济组织党建工作表彰活动，对全市非公经济组织党建示范点、优秀基层党组织、优秀党务工作者和优秀共产党员进行了表彰，推动了非公经济组织党建活动深入开展。

三是加强党外知识分子工作载体建设。建立了人才库，完善了工作制度，成立了联谊会，进一步丰富了党外知识分子工作载体。

四是加强统战理论调研宣传和信息工作。深入开展统战理论调研宣传“四新工程”活动，形成一批有指导意义的新成果，荣获全国统战信息工作二等奖、全省统战信息工作一等奖、全省统战工作实践创新优秀成果奖、全省统战理论调研宣传“四新工程”优秀组织奖。

五是狠抓作风建设。扎实开展党的群众路线教育实践活动，先后向全市民主党派成员、工商联会员和无党派人士发放《征求意见表》5435份，修订完善各项规章制度和工作规范66项，制定了《市委统战部制度汇编》。切实改进机关作风，坚持完善管理监督机制，加强对干部经常性的管理监督，全力落实中央关于统一战线深化改革的各项部署，提高了服务科学发展和实现自身科学发展的能力和水平。

（刘晓婧）

·历下区委统战部·

【实现两个突破，统战政策落实到位】 一是在党外干部安排上实现了突破。在2012年干部调整中，调整党外干部8名，其中，提拔5名（正处级3名、副处级2名），转任实职1名，交流2名，在3个街道办事处安排了党外副主任。二是在党外人士教育培训机制、机构建设上实现了突破。在全市率先成立了区社会主义学院，在区委党校举行了揭牌仪式，并举办了4期培训班。

【打造四大亮点，统战工作实现创新】 一是建立了社区统战工作网格化管理模式示范点。区委统战部划拨专款，用于街道办事处开展网格化管理工作，在甸柳街道办事处建立了社区统战工作网格化管理平台，时机成熟后将在全区推广。二是建立党外干部实践锻炼基地，安排了三名党外干部在街道办事处挂职锻炼。三是在全市率先成立了党外知识分子联谊会，选举产生了第一届理事会。四是建立宗教场所规范化管理示范点，协助建立健全宗教场所财务、活动、学习等制度，推进了全区宗教场所管理的制度化、规范化、程序化。

【深化五大工程，“同心”行动有声有色】 一是“同心”增进共识工程。各民主党派结合纪念中共中央发布“五一口号”65周年，开展了形式多样的活动。二是“同心”建言献策工程。各民主党派、工商联和无党派人士围绕经济社会发展和群众关心的重点热点难点问题，深入调查研究，在区两会上提出提案106件，撰写政协大会发言15篇。三是“同心”助推发展工程。充分发挥区工商联桥梁纽带作用，帮助企业解决实际困难和问题。开展理想信念教育实践活动，多次组织企业家赴外地进行招商引资、洽谈项目、参观学习；成立区文化产业联合会，促进文化产业发展壮大；区台办加大服务力度，先后为大润发、统一银座等多家台资企业解决实际困难和问题；区侨联成功承办了“济南市迎新年驻济侨商联谊会暨中央商务区发展规划座谈会”。四是“同心”社会和谐工程。区民宗局大力宣传党的民族宗教政策，完成区级民族团结进步创建活动，妥善处理宗教问题，依法取缔三起非法宗教活动。区台办与燕山街道社区成功承办了“济南——基隆邻里节”，并获得山东省2013年度优秀对台交流项目。五是“同心”惠利民生工程。引导统一战线成员广泛参与社会公益事业，全年累计捐款捐物折合人民币360余万元，资助困难学生238人，提供就业岗位近300个。

【统战理论调研宣传和信息工作稳步推进】 大力加强队伍建设，全区统战理论调研宣传和信息工作达到新水平。全年共收到稿件362篇，被各级采用信息40余条，文章15篇，编发《历下统战信息》5期。多篇文章被《联合日报》《山东统一战线》《济南统战》等报刊采用。

（张保国）

·市中区委统战部·

【建设高素质党外代表人士队伍】 认真贯彻落实中央4号、省委10号、市委19号文件精神，协助区委制定了《中共济南市市中区委关于进一步加强新形势下党外代表人士队伍建设的实施意见》《贯彻落实〈中共济南市市中区委关于加强新形势下党外代表人士队伍建设的实施意见〉分工方案》，以联席会议为抓手，形成党委领导，各有关部门单位分工负责，协同配合，督导检查跟进的党外代表人士队伍建设工作推进体系。认真实施“同心培训工程”，不断增强统一战线教育培训的针对性和实效性。举办党外代表人士培训班，组织各界代表人士对文件政策进行深入系统学习。成立区社会主义学院，成立党外知识分子联谊会。认真实施“同心提升工程”，加强实践锻炼。确立全区16个省级文明社区（村）为党外人士调研联系点，搭建统战成员深入一线、了解民情平台。落实政策，安排使用。年初，安排政府工作部门副局长1名；在公开选拔领导干部工作中，拿出3个职位安排党外干部。增补党外区政协委员9人。发挥优势，服务社会。民革总支开展向贫困学生和部队贫困战士爱心捐助活动，农工党总支组织一系列义诊和咨询活动，九三学社基层委员会组织会员到老年公寓走访慰问老年人，继续与兴隆街道办事处斗母泉村结对帮扶。“同心”教育，筑牢基础。打造了同心——聚人力、同心——保稳定、同心——求团结、同心——促和谐五个“同心”品牌，取得较好的工作成果。

【非公有制经济领域统战工作成效显著】 区工商联被评为“山东省工商联系统先进集体”“济南市工商联先进单位”，一名同志记省级二等功一次，三个党组织被市非公经济组织党工委评为“先进基层党组织”。顺利完成17个基层商会换届工作。引导会员围绕区委、区政府中心工作建言献策，全年共提交个人提案5份。扎实开展“非公有制经济人士理想信念教育实践活动”；以爱心公益、扶危济困、回馈社会为主题，出台了《市中区工商联副主席（副会长）轮值制度》；联合山东人才在线管理咨询有限公司先后举办了两届“文明齐鲁公民道德教育公益论坛”；开展“向日葵”爱心助学活动，为贫困家庭子女筹集助学金5万余元。加强党建规范化建设，印发16种工作记录本；创建了非公党建市级示范点；制定了《非公党工委联合帮企制度》，以开展“一线服务月”活动为载体，为企业解决困难。

【民族宗教领域更加和谐稳定】 加大对民族村（居）扶持力度，争取省、市少数民族扶持资金93万元，对党东、党西村道路排水沟进行整修和绿化，对清真南大寺、清真女寺、刘家林清真寺等进行整修改造。为民族社区配备图书4400余册，向全区穆斯林农户发放牛羊肉补贴34万元。为208名少数民族高考考生办理了资格审核，并对47名少数民族本科以上考生发放奖学金2万元，为6名少数民族贫困生申请常金月基金1.3万元。完成民族成分更改初审19人。通过建立并落实安全等方面制度，保障了宗教活动的规范、安全、有序，维护了全区民族团结和睦，宗教和顺稳定，社会和谐发展的良好局面。

【台侨领域统战工作取得新成效】 组织交流团赴台拜会台湾政界人士、知名商会、企业，宣传市中、推介项目、结交朋友、洽谈合作。接待台湾知名企业等团体32批170人次。按照“招大、引强、选优、重税”的目标，加大“以台引台，以商招商”力度，一批台湾知名企业落户市中区。全年共引进项目12个，其中千万元以上项目4个，引进资金12669万元，其中台资企业11家。成立对台工作领导小组、涉台突发事件协调处理领导小组，建立完善工作机制，公布24小时投诉电话，切实维护台胞台属权益。开展“为侨资企业服务百日行动”“侨联主席接待日”活动，举办了以“共贺辉煌五十年、同庆多彩十艺节”为主题的市中侨界同庆十艺节书画笔会，筹备成立侨界之家。2013年共办理因公出国（境）审核和转报手续16批41人次，自行组团8批32人次，随团出访8批9人次。办理外国人来济邀请函56批98人次。深入推进“归侨侨眷关爱工程”。外事侨办利用春节、中秋等传统佳节，走访慰问困难归侨侨眷，向辖区归侨侨眷发放慰问金和救济金约1万余元；为18人发放早期归国华侨企业退休职工生活困难补贴5.6万余元；为3名归侨及侨眷办理大病救助1万余元。

（贾　荣）

·槐荫区委统战部·

【注重实践基地建设】 党外代表人士实践锻炼基地建设工作走在省市前列。依托山东世纪金榜书业集团，建立了全省首批省级党外代表人士实践锻炼基地；在青年公园、西市场、道德街3个街道建立了首批市级党外代表人士实践锻炼基地；在匡山街道匡山集团建立了全市首个区级党外代表人士实践锻炼基地。在区委党校挂牌成立了槐荫区社会主义学院，配备了正处级副院长1名。

【加强党外代表人士队伍建设】 认真贯彻落实中央4号文件精神，协助区委召开党外代表人士队伍建设工作会议，下发了《关于加强新形势下党外代表人士队伍建设的实施意见》。完善组织部、统战部工作协调机制，共同推进党外代表人士发现、培养、使用和管理及实职安排等工作。目前区党外人大代表48人，占24%；党外常委4人，占16%。区党外政协委员126人，占60%；党外政协常委27人，占65%。7个政府工作部门领导班子中配备党外干部（农发局、科技局、监察局、发改委、文化局、民政局、体育局），占部门总数的32%；6个街道领导班子中配备党外干部，占街道总数的37.5%；4名党外干部担任部门单位正职，区法院配备了党外副院长。

【加强基层统战工作载体建设】 区委制定印发了《关于加强基层统一战线工作的意见》，将基层统战工作纳入科学发展考评体系，实现了对街道办事处统战工作的全方位考核。统战工作载体建设各具特色。打造了“统一战线服务中心”“同心六团”“同心沙龙”等品牌。统战各部门与各民主党派协同实施了“同心书屋”“同心助学”“同心净水”“同心民族和谐大院”等工程。广大非公有制经济人士积极参加光彩事业、感恩行动，充分发挥了服务社会功能。

【做好新形势下工商联工作】 继续抓好中发16号文件和各级工商联工作会议精神的落实，区委、区政府下发了《关于加强和改进新形势下工商联工作的实施意见》。区工商联主动发挥桥梁纽带作用，组建了区女企业家商会、槐荫工业园区企业联谊会、汽配商会、中原地区驻济工商联谊会、“红色家园”党建联谊会；书业、庆典、女子商会成为省级商会组织。坚持服务立会，开展政银企座谈会、主席轮值、执委分组联谊活动；积极搭建融资平台，协助成立了“槐荫区信合小额贷款有限公司”，为百余家中小企业办理融资授信10亿元，为12家会员联户联保贷款6000余万元，为中小企业解决融资难问题。积极开展光彩事业、感恩行动，引导企业参与民企帮村、捐资助学、抗震救灾、扶贫帮困等社会公益活动，捐资8000万元。

【做好民族宗教工作】 坚持服务民生、文化为民和典型带动，积极争取省、市民族扶持金42万元，用于民族村各项建设。指导青年公园、五里沟、西市场街道办事处创建城区民族工作示范窗口。在宗教工作中，坚持依法管理与真情相待相结合，协调有关街道、部门真心实意为宗教界排忧解难。充分发挥区委统战部的牵头协调作用，坚持统战、民宗、公安、办事处联席会议制度，用制度保障工作落实。形成民族宗教“节庆联谊”惯例。民族、宗教节庆时期，区委、区政府领导分别到民族村居和寺、堂走访慰问，与民族干部和阿訇、牧师等代表人士共同座谈、联谊交友。

【扎实开展台侨工作】 台办、侨联认真履行服务职能，增强为台侨服务意识，开展富有台侨特色的联谊活动，协调解决涉及台侨人士就业、升学、行政执法等各类纠纷36件。创建营市街绿园社区等四个市级“侨界联谊示范社区”。台办联合其他区主办的济南市优势产业项目交流与合作项目，被省政府或省台办评为山东省优秀对台交流项目。

（董传新）

·天桥区委统战部·

【加强党外代表人士队伍建设】 一是抓机制。顺利完成党外知识分子联谊会换届选举工作，在全市率先制定了知联会工作制度、考核制度、行为规范等相关制度。二是抓培训。举办了党外代表人士十八大精神专题培训班、全区基层统战干部专题培训班。9月，天桥区社会主义学院正式揭牌。各民主党派、工商联、民族宗教及无党派代表人士共开展各类培训调研、下乡服务、教育考察等活动10余次，收集意见建议近百条。三是抓人才。充实完善了“六支队伍”，建立了200多人的统战人才库，在第二批“天桥才俊”表彰会议上，有10名党外人才受到表彰。建立完善了组织、统战部门联动机制，对党外干部跟踪培养，随时“把脉”。2013年，新提拔党外干部5名，其中正处级2名。目前，全区共有党外领导干部33人，其中副区级5人，处级26人；22个政府工作部门领导班子中有13个配备了党外领导干部，占部门总数的59.1%；15个街镇领导班子中有3个配备了党外领导干部，占20%；区法院、检察院各配备了1名党外领导干部，党外干部推荐使用力度在全市居首。

【加强经济领域统战工作】 一是搭建平台。搭建政企、企业间、银企、经济专家与企业家等六大交流平台。先后举办了2期区委、区政府主要领导与企业家交流座谈会。吸纳山东省台州商会等5家商会主要负责人为区工商联委员。在10余家工商联会员企业间开展了交流联姻，辖区24家银行与企业建立了合作关系，先后4次开展“送政策进企业”活动。实施“名牌工程”，为企业争创名牌铺路架桥，目前会员企业中有中国驰名商标1件，省著名商标10件，市著名商标31件。二是招商引资。促成法国华侨华人商会与成通纺织有限公司、元首针织的合作，法侨商会将投资40亿港币建设城市综合体。接待台湾良机集团、乡林集团等7批台湾客商40余人次，引进台资企业1个，在谈台资项目2个。受理涉台咨询、纠纷12起，结案率100%，保持和巩固了台商“零投诉地区”成果。三是典型引路。调整完善了非公经济组织党工委领导班子，成立了个体私营经济组织党工委，接收了2个基层党组织，新建1个联合党支部。非公经济组织党工委联合区委组织部，在全区市场（商场）中开展了第二批“共产党员示范店”评选活动，26家示范店被授牌表彰。指导8个基层党组织接纳16名预备党员，按组织程序确定24名入党积极分子、17名发展对象。3个基层党组织被评为济南市非公党建工作示范点，4个党组织被评为全市非公党建工作先进基层党组织。

【维护民族宗教领域和谐稳定】 一是做好民族工作。积极推进民族村新农村建设工作，老寨村600平方米的高标准殡葬站即将投入使用，小寨村2000米环村道路已经建成，村民公寓三期工程近1万平方米的公寓楼进入收尾阶段，另外新建成了高标准村务警务室和档案室。积极开展民族团结进步创建专项工作，堤口集团果品有限公司和桑梓店镇老寨村被评为“济南市民族团结进步创建活动示范单位”。对辖区清真食品安全开展专项检查，完成辖区7个民族105名少数民族高考学生的民族成分资格认定和审核工作。二是抓好宗教工作。组织开展“教风年”创建活动和“端正教风纯洁信仰”主题活动。组织300余名教职人员开展了“学习贯彻党的十八大精神”为主题的宗教政策法规学习月竞赛。组织区宗教界人士参加“鲁川一家 情系雅安”大型赈灾义演晚会，现场募捐38730元。三是力促社会稳定。制定了《天桥区涉及民族宗教方面群体性事件应急预案》，妥善解决多起涉及民族宗教的矛盾纠纷。倡树先进文化，省民委下拨10万元专项资金用于保护传承济南非物质文化遗产——“四蟹灯”“创建和谐寺观教堂”活动经验在全省交流。

【促进和改善民生工作】 一是在非公企业中组织开展“讲奉献 比贡献”活动。引导企业家“致富思源 富而思进”。2013年，工商联会员先后向社会各界捐款捐物累计达660万元。二是引导各民主党派扶危济困。民进、民盟等基层组织分别开展捐资助学和送教下乡等活动。致公党天桥支部向环卫工人捐赠了价值10万元的图书和价值6000余元的夏季洗涤用品以及急救箱、药品等物品。三是走访港澳台胞和归侨。不断提升“侨心热情”和“对台热线”品牌服务水平，开展了“台资企业走访季”活动，帮扶困难归侨侨眷70余人次，发放救助资金3万余元。

（任 莉）

·历城区委统战部·

【统一战线共同思想政治基础更加巩固】 成立区社会主义学院，以学习贯彻党的十八大和十八届三中全会精神、深入开展“同心”思想教育为主要内容，举办党外人士培训班，进一步增强了统一战线成员对中国特色社会主义的道路自信、理论自信和制度自信。

【民主党派工作取得新成绩】 一是加强民主党派成员思想政治引导。坚持把学习“同心”思想与学习市、区党代会精神和全市“加快科学发展，建设美丽泉城”大会精神结合起来，切实把党外人士的思想凝聚到市委、区委的战略部署上来。二是积极为党外人士参政议政搭建平台。围绕全区中心工作组织了5次党外人士座谈会，征求意见建议，为区委科学决策作出了贡献。三是支持各民主党派开展调研、联谊、座谈、社会公益等活动。

【党外代表人士队伍建设取得阶段性成果】 一是认真落实有关文件精神，切实加强党外代表人士队伍建设。协助民主党派加强自身建设，帮助优化队伍结构，支持发现、培养符合各自特色的代表人士。二是加强和区直有关部门的联系，共同做好党外代表人士的培养选拔工作。强化党外干部队伍建设，与组织部联合就加强党外干部队伍建设与部分党外干部、区直部门负责人进行了座谈，调研了解最新情况。新提拔2名党外副处级干部，安排3名党外干部分别挂职担任街道办事处副主任。目前，全区有党外副区长1名，党外人大常委会副主任1名，党外政协副主席3名。共有正处、副处级党外干部17名；正科级党外干部58名，副科级党外干部100名。形成了党外干部名册，建立健全了党外干部后备人才数据库，并制定了培养方案。

【党外知识分子工作稳步推进】 一是深入调研，掌握情况；二是加强联系，主动沟通，积极服务。不断拓宽工作领域、丰富工作内容、创新工作方式，建立了党外知识分子代表人士联系制度、定期走访制度、与有关部门的工作联系制度等，增强了工作的生机和活力。

【民族宗教领域和谐稳定】 一是广泛开展党的民族政策和法律法规学习宣传活动，不断加强民族理论、党的民族政策和民族基本常识的宣传教育和学习；二是在全区积极开展民族矛盾纠纷排查工作，特别是在重大节日、活动、会议、庆典等特殊时期加大集中排查力度；三是认真做好各项少数民族事务，努力为少数民族经济文化发展服务。宗教工作方面：一是以学习贯彻新《条例》为主线，切实做好宗教事务的依法管理工作，指导宗教团体加强自身建设，积极引导宗教与社会主义社会相适应；二是继续开展“创建和谐寺观教堂，探索和谐宗教理论”活动，采取有效措施，加强制度建设和宗教人士、宗教干部队伍建设，不断完善工作机制，强化经常性管理，为保持社会政治稳定发挥了重要作用。

【非公有制经济健康发展】 一是指导工商联加强自身建设，壮大工商联会员队伍，2013年新发展会员85个。二是充分发挥工商联在非公有制经济人士思想政治工作中的引导作用。通过各种形式，教育、引导广大非公经济代表人士自觉接受党的领导，积极参与光彩事业及其他社会公益活动。三是充分发挥工商联在管理和服务非公经济中的助手作用。走访非公企业，了解企业需求，为企业提供信息、法律、技术、人才等多种服务。区工商联还与招商银行签订了战略合作协议，重点解决了会员企业资金需求来源渠道。四是在区社会主义学院举办培训班，提高了民营企业家企业管理和解决实际问题的能力，加强了企业之间沟通和交流。

（王介民）

·长清区委统战部·

【加强党外代表人士队伍建设】 区委印发了落实中央和省、市委加强党外代表人士队伍建设文件的实施意见，统战部结合工作实际，按照文件要求，制定相关措施，进一步加强了党外代表人士队伍和后备干部队伍的建设。进一步加大培训教育力度，抽调部分党外领导干部参加组织部门举办的全区局级领导干部进修班培训，进修班首次将统战理论纳入培训内容，引起积极反响；成立区社会主义学院，举办了党外代表人士和统战干部培训班；强化党外干部安排使用力度，全区镇、街道党外副职安排已达到规定比例要求，2013年有2名党外领导干部到政府部门担任副职，比例由2012年的12.5%上升到20.8%，实现党外领导干部安排工作新突破。

【着力抓好民主党派及党外知识分子工作】 一是开展多种活动，纪念中共中央发布“五一口号”65周年。二是帮助各民主党派发展新成员7名。致公党长清区支部委员会正式成立。三是按照要求，先后选派6名党外代表人士参加省、市委统战部门举办的培训班，并向市党外知识分子联谊会推荐5名人选。四是积极协调做好九三学社长清区支社、民建长清区支部和长清区党外知识分子联谊会的筹备成立工作。

【工商联工作扎实有效】 一是立足实际，组织广大非公有制经济人士扎实开展理想信念教育活动。二是积极作为，通过多种途径服务会员企业健康发展。商会新发展会员38家。轮胎行业商会正式成立。三是热情服务，为会员企业发展排忧解难提供帮助。与银行合作为会员企业提供资金服务9700多万元。通过应急互助基金会先后为21家会员企业提供135笔、2.52亿的互助基金服务。组织会员专题培训4次，帮助会员开展法律维权服务100多次。

【全力服务全区经济社会发展】 积极引导广大统战成员参与和服务全区经济社会发展，提交提案、议案60多件，有效促进了区委、区政府决策的民主化、科学化。组织党外人大代表和政协委员开展视察活动6次，民主评议政府部门2次。在充分调查和筛选的基础上，集中授予10家具有一定统战特色的单位为“服务经济社会发展同心·示范基地”。扎实开展“驻济异地商会长清行”活动。组织各民主党派和工商联成员开展慰问走访、服务下乡、心理咨询进校园等公益活动12次，累计捐赠款物价值5万多元。充分发挥统战优势，利用多种形式大力开展招商引资活动，圆满完成区委下达的招商引资任务。

【扎实做好对台联谊和民族宗教工作】 一是协调台办召开区台属联谊会第五次代表会议，顺利完成换届工作。二是协调有关部门搞好民族宗教工作，民族经济得到了较快发展，民族宗教事务和谐稳定，确保了敏感节点不发生任何问题。

【自身建设不断加强】 召开了全区党外代表人士队伍建设暨统战工作会议，区四大班子有关领导参加会议。扎实开展“三个怎么办”“深化‘建五型机关、做五型干部’”“工作标准提升年”等专题教育实践活动，进一步转变机关作风，提升了服务水平。首次将统一战线有关内容纳入全区科学发展综合考评体系。全区10个街、镇全部成立了政协工作室，明确增加统战工作职能、配齐工作人员，并进行了专题培训。区委统战部报送的《“同心”行动促发展》，荣获2013年度全区“五型机关”优秀创新工作成果三等奖。

（宋兆营）

·章丘市委统战部·

【实施“同心·队伍建设”工程，着力加强党外代表人士队伍建设】 一是加强制度建设。召开了全市党外代表人士队伍建设工作会议，制定出台了分工方案、联席会议制度，进一步明确了党外代表人士队伍建设的目标、任务和措施。二是加强教育培训。研究制定了《2013—2017年章丘市统一战线教育培训规划》，在市委党校加挂社会主义学院牌子，举办党外人士培训班，扎实开展非公有制经济人士理想信念教育实践活动，召开民主党派座谈会，就加强自身建设、发挥职能作用问题进行座谈交流，形成了会议纪要。三是加强选拔使用。全市以“公选”方式选拔了3名镇（街道）党外干部，筹备成立全市党外知识分子联谊会，进一步落实好党外代表人士在政协安排的比例和数量规定，新替补、增补7名党外代表人士为政协委员。

【实施“同心·助推发展”工程，大力加强经济领域统战工作】 一是构建学习交流平台。成立章丘市女企业家协会，筹备成立青年企业家商会，召开了女企业家协会“凝心聚力、巾帼建功、助推发展”观摩座谈会和市工商联推进非公经济转型升级座谈会，建立市工商联不驻会副主席轮流值会制度，分别召开了以“非公企业党建”和“民营企业家与中国梦”为主题的两次轮值主席会。邀请国内知名专家举办多期专题报告。二是构建联络服务平台。邀请市委主要领导参加政协全会工商联界别组的讨论，牵头组织了由市委主要领导带队的全市部分重点企业负责人赴先进地区学习考察活动。开展“非公企业服务月”活动，机关干部分三组深入镇街和重点企业调研，积极为企业办实事、解难题。联合市台商联谊会举办章丘市海峡两岸中秋茶话会。三是构建党建工作指导平台。召开市非公党建示范点建设观摩交流会，协助济南市工商联召开非公党建示范点评选活动中期推动会。2013年，全市非公经济组织党组织组建率达到100%。在非公有制企业党组织中建立纪检组织，加强非公有制经济领域反腐倡廉工作。

【实施“同心·文化打造”工程，努力加强统战文化建设】 一是开展“统战文化月”活动。确定5月份为全市“统战文化月”，围绕纪念中共中央发布“五一口号”65周年，在民主党派成员和无党派人士中开展以“发扬优良传统，立足岗位建功”为主题的征文活动。围绕学习贯彻党的十八大精神，在全市开展统战知识竞赛和“统一战线与中国梦”征文活动，在《今日章丘》开辟统战知识专栏。民进章丘支部两次组织书画界成员开展“文化下乡”活动。二是建设“同心·净言”队伍。建立由33人组成的“同心·净言”队伍，积极建言献策。2013年共组织开展各类调研、下乡服务、外出学习等活动10余次，收集建议意见200余条。三是加强信息调研宣传工作。2013年共上报信息120余篇，采用80余篇，上报数和采用数继续保持济南市各县（市）区前列，其中《开展“校企联姻 凝聚正能量”系列活动服务高校学生就业创业》被中央统战部采用，《党旗领航，凝聚发展正能量》《山东伊莱特重工有限公司推行“三联三带三服务”党建工作法》等调研宣传文章被《中华工商时报》《齐鲁工商》等报刊采用。

【实施“同心·共促和谐”工程，聚力维护民族宗教领域和谐稳定良好局面】 一是抓好民族宗教政策宣传。继续深入开展民族团结进步宣传月活动，协调市民宗部门，向各民族村、散居村下发了法律法规明白书及“六五”普法读本等，征订并发送有关民族宗教政策法规的资料。二是加强对宗教事务的依法管理。定期召开民族宗教工作联席会议，通报交流情况，研究解决问题。会同民宗局、公安局及镇（街道）等单位部门继续开展集中清理整顿基督教私设聚会点活动。三是继续深入开展“和谐宗教活动场所”和“共建美好家园”创建活动。在宗教活动场所开展“安全年”主题创建活动。引导各爱国宗教团体开展捐资助学、敬老爱老等公益活动。垛庄镇政府被命名为济南市民族团结进步创建活动示范单位。

【实施“同心·服务民生”工程，倾力促进民生改善社会和谐】 一是同心扶贫助困。组织非公经济人士开展贫困孤儿救助活动，为50位贫困儿童每人每月发放救助金300元。济南嘉恒海昌电气有限公司资助19名贫困儿童和老人，每人每年给予800元救助金，还为儿童送去了图书等用品。与市红十字会联合建立“绿·叶”基金，对“三献”志愿者（造血干细胞捐献、遗体角膜捐献和器官捐献）及其家庭给予人道救助和关怀。开展“九九重阳节，浓浓敬老情”活动，组织市工商联、女企业家协会走访慰问困难老人，分别给20位生活困难老人每人1000元的慰问金。帮扶双山街道李家埠村，投入1.5万元开展创卫活动，为村两委购置了电脑、打印机等办公设备，走访慰问困难群众，送去慰问金6000元。组织医药界统战成员开展了“送医（药）下乡”活动。二是同心促进就业。组织工商联会员企业积极参与民营企业招聘周活动，参会企业64家，共提供各类就业岗位5400余个，近3000人参加现场招聘，达成就业意向1800余人。与山东大学、山东建筑大学等高校联合，在伊莱特重工、北斗建机等17家工商联会员企业中建立了大学生学习实践基地，对提高大学生就业创业能力起到了积极促进作用。

（罗光静）

·平阴县委统战部·

【以“同心”思想为引领，凝聚人心筑共识】 一是开展“同心教育·凝聚共识”主题活动。结合纪念“五一口号”发布65周年和学习贯彻党的十八大精神，在统一战线成员中开展知识竞赛，收到答卷1870份；召开十八届三中全会精神专题辅导报告会，开展“非公有制经济人士理想信念教育实践活动”，以“贯彻十八大、维稳促和谐”为主题，积极开展“宗教政策法规宣传月”活动。二是开展“同心联谊·双向交友”主题活动。每名镇（街道）领导班子中的党员领导干部结交1至2名党外朋友，在教育系统开展“青蓝对接”、在卫生系统开展“一对一帮扶”等活动，走访慰问台胞台属、少数民族群众、宗教界人士等统一战线成员50余人。三是开展“同心实践·幸福共建”主题活动。县工商联与驻平阴部队签订友好共建协议，以“军企共建、融合发展”为主题，开展走访慰问、军企联欢、“企业家进军营军事日”等活动；开展“共建幸福乡村”活动，县委统战部派驻胡庄村第一书记协调资金40万元修建了胡庄教堂盘山公路和停车场，为胡庄村申报沼气服务网点建设项目；开展“共献爱心捐资助学”活动，联合致公党济南市委在栾湾中学、东阿中学捐建了2座爱心书屋，组织企业为胡庄小学捐款近6万元，餐饮业商会为东阿镇白塔小学贫困学生捐款2万余元；开展“共建美好家园”活动，全县宗教界积极开展抗震救灾、扶贫助学、救残济困等活动，捐助资金10余万元。

【以队伍建设为核心，招贤纳士聚合力】 一是完善机制，出台了加强党外代表人士队伍建设的实施意见、分工方案和联席会议制度，把党外代表人士队伍建设纳入重要议事日程、纳入领导班子和干部队伍建设的考核内容、纳入科学发展综合评价体系。二是建立队伍，充实完善了党外领导干部、少数民族、宗教界人士、港澳台海外代表人士、非公有制经济人士信息库。6名党外代表人士被聘请为全市首批“同心净言”重点联系人士，3名成为济南市党外知识分子联谊会会员。三是培养选拔，组织部、统战部坚持做到共同制订计划、共同研究落实、共同培养教育、共同考察和确定培养对象，形成了“党委重视，组织、统战部门携手共管、逐级负责、多方协作”的工作格局。5月份，在全县公开选拔副科级领导干部中，有3名党外干部走上领导岗位。

【以服务创新为手段，同聚力量谋发展】 一是创新宗教管理模式。抓活动载体，开展了以“教风年”为主题的和谐宗教活动场所创建活动，38处宗教场所全部达到省级和谐宗教场所标准；抓依法管理，对乱建寺庙宫观、乱塑宗教造像、私设宗教活动场所情况进行了全面排查；抓调查研究，形成了《发挥宗教正能量 服务社会促发展》的调研报告；抓重大活动，天主教“圣母月”期间，县、镇（街道）、宗教重点村成立了活动管理工作领导小组，建立了24小时值班、信息上报、责任追究制度，确保了朝圣活动安全有序。二是创新助推发展平台。开展“济南留学人员联谊会平阴行”活动，联谊会一行26人参观了玫瑰产业园和孔村镇中小企业孵化园，4名留学人员医学专家开展了义诊活动，签订总投资额1.8亿元的项目投资意向书。全年共引进北杉化学、礼季和食品、阿胶制品等项目6个，实际到位资金1.5亿元，超额完成任务指标7000万元，获得“2013年度招商引资先进单位”。三是创新对台交流载体。开展“台资企业走访季”活动，对9家台资企业和38名驻县台商进行走访调研，听取梳理台商意见建议，协调解决实际困难，优化台企发展环境。为台资企业发放“爱心服务联系卡”。走访慰问困难台属10户，联合山东科苑职业培训学校免费培训困难台属4人。四是创新服务民企方式。加强教育培养，举办了“民营经济发展论坛”“品牌与整合”研讨会等5个专题培训。树立先进典型，在全省“争创三百”活动中，玫德铸造、华玫矿业、万方炭素被评为“山东民营企业公益之星”，琦泉热电、鸿瑞石化被评为“山东创新型民营企业”。组织民营企业家赴江苏昆山、太仓，浙江桐庐参观学习，引导非公经济人士对照先进找差距，积极投身“三年突破平阴”的生动实践。组织8家民营企业参加“2013山东民营企业人才招聘会”，提供就业岗位200多个，与100余名财经、金融、市场营销等专业应届毕业生达成就业意向。

（尹婷婷）

·济阳县委统战部·

【加强新形势下党外代表人士队伍建设】 一是抓好发现、培养、使用和管理。制定下发《中共济阳县委关于加强新形势下党外代表人士队伍建设的实施意见》，在广大统一战线成员中进行集中学习讨论。加强与县委组织部、县委党校的沟通联系，制定下发《2013年度全县统一战线干部教育培训工作意见》，将党外代表人士教育培养纳入全县干部教育培训总体规划。截至2013年底，全县共有副县级党外干部5名，科级党外干部28名，党外人大代表80名，党外政协委员84名，全部列入培训计划。二是建立联席会议制度。三是发挥党外知识分子作用。建立“济阳县党外知识分子人才数据库”。截至2013年底，数据库录入党外知识分子1951名，其中大学以上学历的802名，高级职称的263名、中级职称的1359名；与县教育局、卫生局党委配合，制定《党外代表人士队伍建设规划》；积极引导党外代表人士建言献策，向县委、县政府及各基层党政组织提出意见建议160余条。开展教育培训、信息交流、科技咨询、法律服务、社会实践等活动，充分发挥党外知识分子的聪明才智。

【非公经济组织党建工作取得新进展】 一是强化组织领导。建立了由县委组织部牵头，统战、宣传、工商、国税、地税、人力资源和社会保障、工商联、工会、共青团、妇联等部门组成的联席会议制度，定期研究、定期通报、定期督察，形成齐抓共管的合力。二是理顺管理机制。规模大、集团化的企业党组织由县委组织部直接管理；党员数量较少、分布在镇（街道）的企业党组织由镇（街道）党委（党工委）负责管理；非公经济较发达的镇（街道）依托镇（街道）经委建立了专门党组织，负责辖区内非公企业的党建工作。三是加大宣传力度。召开非公企业党建工作会议，宣传党建工作的重要性，提高企业对党建工作的认识，赢得企业主对党建工作的支持；通过各种形式和渠道对非公企业职工进行党的理论知识教育，引导其自愿加入党组织。四是抓好教育培训。依托县委党校举办5期非公企业党务干部培训班，培训300余人次，通过集中辅导、座谈交流、实地参观、观看电教片等多种形式，不断提高工作能力。

【工商联工作取得新成效】 一是对工商联班子成员进行调整充实。召开县工商联五届二次执委会，新增专职副主席1名、执委7名。二是进一步加强银企合作，实现互利共赢。组织银企合作座谈会、洽谈会5次，争取各类资金8000万元。继续与齐鲁银行合作，并联合工商银行在行业内开展授信业务，培养“春源家具”“波利农”等企业成为本行业“领头羊”。三是召开企业家座谈会、经济形势报告会，围绕企业文化、营销队伍、资本运营、绩效考核等对企业进行培训，共培训15场，近2000人参加。四是加强高校科研院所与非公企业的合作。与济南大学和上海国科化工合作，加强纳米油漆项目合作和技术交流，为升降平台制造企业解决设备表面油漆起皮、起皱，发黄泛碱等13项技术难题。五是组织参与光彩事业、公益活动。在重阳节期间，华北升降平台、春源家具、财源宝酒业等到敬老院和五保老人、70岁以上老人家中送温暖、献爱心，济南龙豪液压机械有限公司出资500万元成立了济阳县第三家企业慈善基金。六是开展非公有制经济人士理想信念教育实践活动。制定活动实施意见，加强领导，精心组织，教育实践活动取得了实效。

【民族宗教工作取得新提升】 按照“民族团结进步”创建活动要求，结合民族工作实际，认真抓好民族工作政策落实，真正做到共同团结奋斗、共同繁荣发展。按照建设和谐宗教活动场所的要求，继续加强对宗教场所的依法管理，通过签订安全责任书，层层分解任务，制止和打击私设聚会点，保护正常信教群众的合法权益。对县“三自”负责人、清真寺阿訇、寺管会主任、天主教负责人进行行为教育培训，不断提高理论政策水平和管理能力。在保持宗教和谐稳定的同时，注重民族村经济发展和教育文化水平的提高。

【加强对统一战线工作的领导】 县委高度重视统战工作，真正把统战工作列入重要议事日程，县委主要领导和分管领导经常听取统战工作汇报、作出批示，多次出席统战工作各种会议和活动，大力支持统战部的工作，及时解决统战工作中遇到的困难和问题。将统战工作纳入了全县科学发展综合考核内容。研究制定镇（街道）统战工作考核细则，将统一战线基层组织建设情况列入全县组织建设考核目标，加强对镇（街道）统战工作的考核。成立了基层统战工作领导小组，明确镇（街道）党（工）委副书记分管统战工作，配备了工作人员，各村居设立了统战工作联络员。在党外知识分子、非公有制经济代表人士、少数民族和宗教群众比较集中的部门和企事业单位等重点区域聘请了统战工作信息员、民族宗教事务调解员等。进一步建立健全了镇（街道）党（工）委统战工作例会制度、党政领导班子成员联系党外代表人士制度。

【信息调研工作取得新突破】 聘请96名统战信息员，制定评比标准和奖励暂行办法。举办了3期统战信息员培训班，邀请专家讲课，100多人参加培训。与《新济阳报》、县电视台合作，对全县20名优秀党外人士的典型事迹进行专题报道，扩大了影响力，树立了良好形象。

（王春晓）

·商河县委统战部·

【党外干部工作】 建立健全选拔培养任用机制和监督管理机制，与组织部门密切配合，建立联席会议制度，定期沟通情况，共同培养党外干部。2013年，全县共配备副局级以上党外干部17人，其中县人大常委会副主任2人，政府副县长1人，政协副主席3人，副局级干部11人。

【党外知识分子工作】 至2013年，全县具有大学以上学历或中级以上职称的党外知识分子共计2624人，建立了党外知识分子联络员制度，聘请了联络员94名。

【无党派人士思想政治工作】 在调查摸底的基础上，重点针对在人大、政府、政协任职和省、市、县人大代表、政协委员中的无党派人士开展主题教育活动，通过举办征文、演讲、讲座、座谈等多种形式，深化了教育活动成果。

【民族宗教工作】 联合民宗局等单位，开展了政策法规进少数民族村、学校宣传活动和民族团结进步宣传月活动，发放普法宣传材料共计5000份。

【统战调研宣传】 2013年，在省级统战刊物上刊登信息9条，在市级统战刊物刊登信息和调研文章20多条（篇），在《联合日报》上刊登信息1条，在《商河信息》上刊登信息9条，大力宣传了商河的经济发展和统战工作，起到了良好的推介作用。

（张晓霞）

青 岛 市

·青岛市委统战部·

【坚持和完善多党合作和政治协商制度】 全年召开各类协商会、座谈会、情况通报会11次，其中市委、市政府主要领导出席并主持4次。协助市政府办公厅制定重大事项征求党外人士意见建议年度计划，注重提高政治协商的针对性和实效性，中央统战部《统战工作》刊文介绍这一做法。推动有关部门邀请民主党派、工商联和无党派人士参与14个方面工作的监督巡视。其中，16人受聘担任干部监督信息员，300人受聘担任纠风工作民主评议代表，10人受邀对机关事业单位招聘干部工作进行巡视监督，21人受聘担任政府采购评审专家，12人受聘担任工程评标专家，11人受聘担任行风特约监督员，35人受聘担任市政府部门“向市民报告、听市民意见、请市民评议”活动评议代表。首次举办全市政法系统特约工作培训班。协助民主党派、工商联和无党派人士加强自身建设。通过季度集中学习、谈心交流、暑期读书班等形式，加强各民主党派市委会和市工商联领导班子思想建设。推进民主党派基层组织建设，召开现场会推广市南区建立民主党派联合办公室做法。指导市北区与原四方区、黄岛区与原胶南市完成区划调整后民主党派基层组织整合。规范各民主党派组织发展工作，对民主党派新发展成员实现全员培训。完善并开展民主党派、工商联机关年度考核工作。民主党派机关办公楼服务保障工作逐步实现专业化、规范化。

【巩固共同思想政治基础】 引导统战成员和统战干部深入学习贯彻党的十八大、十八届三中全会和习近平总书记系列重要讲话精神，指导各民主党派、工商联和无党派人士深入开展中国特色社会主义学习实践活动，组织纪念中共中央“五一口号”发布65周年等系列活动21项。组织开展全市统战系统党的“十八大”精神知识竞赛活动。

【服务科学发展】 议政建言。推动各民主党派积极争取民主党派中央支持，为青岛经济社会发展献计出力。民建中央提出的《关于青岛财富管理金融综合改革试验区的建议》得到李克强总理、马凯副总理批示；民革中央提出的《关于尽快批准设立国家级青岛西海岸新区的建议》，得到张高丽副总理批示。组织各民主党派、工商联和无党派人士完成《遵循社会经济和生态环境和谐统一原则，在全国率先实现蓝色经济发展战略》《发挥后发优势，高标准谋划我市科技创新平台建设》《青岛市民营企业代际传承基本情况及对策建议》等33个重点调研课题，向市委编报反映党外人士意见建议的《诤言》10期，市委、市政府主要领导批办5件。

助推发展。组织开展“服务民企发展助推蓝色经济”系列活动。成功举办第四届创业非洲研讨会，举办两期“非洲投融资专题座谈会”。会同市工商联组织民营企业参加全市产学研对接和全省“百名专家联百企”活动。推动成立轨道交通、半导体等10家产业联盟，新组建6家城市商业合作社。出台《关于进一步加强全市民营企业文化建设的意见》。组织开展“民企招聘周”活动，举办招聘会30场，达成就业意向5600余人次。

改善民生。动员全市统一战线为“同心·社会服务基地”——即墨市田横镇黑石庄村种植樱桃和葡萄；捐建“同心·文化广场”及配套设施；统筹解决厂房、资金、技术、设备等问题，建设“同心·甘薯叶茶厂”。推进“温暖工程”，组织青岛中华职教社18个社员单位举办各类培训班20余期，培训农民工、下岗职工和资助困难学生10789人，资助金额达2161.37万元。以“同心青岛促进会”为平台，捐款495万元，会同信访、民政等有关部门实施救助项目11个，拨付救助资金53.6万元。各民主党派立足自身优势，打造“同心·社区服务站”“小草·仁爱基金”等系列服务社会特色品牌。

【民族宗教工作】 制定加强新形势下宗教界代表人士队伍建设的意见，圆满完成7个市级宗教团体换届工作。组织开展市级宗教团体领导班子成员国情、市情教育。在复旦大学举办宗教界代表人士专题培训班。对宗教界代表人士进行年度民主评议。为市级宗教团体负责人进行健康查体。举办“宗教慈善周”活动，建立“仁德基金”和“慈善功德会”，全年捐款近150万元。协助举办湛山寺新年祈福法会、穆斯林开斋节等重大民族宗教活动。开展宗教政策法规学习宣传月活动，推动和谐宗教活动场所创建工作。制定《加强和创新社区民族工作服务管理工作方案》，在6个少数民族人口过100人的社区进行民族工作服务管理创新试点。组织开展民族团结进步创建活动和全市第13次民族团结进步宣传月活动。助推民品企业发展，民品企业贷款额度由11亿元增加到21.32亿元，相关企业获得6000万元的贴息资金。

【工商联和非公有制经济人士思想政治工作】 贯彻落实市委、市政府《关于加强和改进新形势下工商联工作的意见》，协调将异地商会管理职责和党组织隶属关系归属市工商联和市委非公有制经济组织工委。指导市工商联制定《青岛市工商联直属商会管理办法》，促进商会规范化建设。推动工商联系统组织化和信息化建设。完善基层工商联考核评比机制。搭建政府与民营企业联动机制服务平台，与政府相关部门召开联席会议，为16家会员企业解决了项目立项、土地规划审批、历史遗留房产权属等问题。在全市开展非公有制经济人士理想信念教育实践活动，梳理汇总影响民营企业发展的10个方面问题，并分解到有关部门协调解决，全国非公有制经济人士理想信念教育实践活动简报3期介绍青岛市经验做法。推动非公有制经济组织党建示范点建设，评选表彰“五星党组织”“五星党员”和优秀党务工作者。启动新生代民营企业家培养工程，计划5年内在全市培养1000名优秀新生代民营企业家。组织青年企业家赴井冈山进行革命传统教育，在复旦大学举办青年企业家素质提升专题培训班。

【党外知识分子和新的社会阶层人士工作】 评选表彰2012年“建言献策、建功立业”活动“双十佳”优秀成果和先进个人。开展“服务蓝色经济和创新驱动发展战略”主题建言献策活动，形成调研报告52篇。举办党外知识分子联络员培训班。市委统战部与组织部联合制定《推进党外人才工作实施方案》。完善高校、科研院所、国有企业及新的社会阶层人士统战工作联席会议制度。开展全市归国留学人员情况调研，举办归国留学人员“同心桥”联谊交友和行业推介等活动。开展新媒体从业人员和相关人士调研，掌握和联系一批新媒体从业人员。连续5年成功举办新的社会阶层人士“服务社会周”活动，服务群众约3万人。协调新的社会阶层人士在青岛大学附属医院建立1000万元的“同心·天使基金”，用于支持医务人员培训。

【港澳台海外统战工作】 制定《关于加强港澳台海外统战工作机制建设的意见》。举办港澳台海外代表人士国情研修班和黄埔军校同学会亲属联谊会培训班。组织第二批非公有制经济人士赴德国举办国际化管理水平提升专题研修班。维护台胞合法权益，支持台资企业发展。制定困难台胞救助办法。组织“两岸一家亲、共圆中国梦”青台两地家庭老照片展。组团赴港澳看望驻港澳的青岛市政协委员，拜会香港青岛总会等友好社团。协助黄埔军校同学会（总会）在青岛市举办“黄埔情”第五届海峡两岸退役将军高尔夫球邀请赛，50余位海峡两岸退役将军参加。青岛中华职教社组织职业教育培训班赴台开展交流，协助青岛职业技术学院师生赴台游学，成功接待台湾亚太创新技术学院考察团，青台职业教育双向交流取得新拓展。承办全国台联第十届台湾青年千人夏令营青岛活动。全年共接待中美交流协会、“中华同根文化齐鲁行”山东参访团等港澳台海外团组或人士160余批次2000余人次。

【统一战线队伍建设】 党外代表人士队伍建设。市委下发《关于加强新形势下党外代表人士队伍建设的意见》及责任分工方案，并开展专项督查。会同国家统计局青岛调查队开展“民主党派、工商联和党外干部队伍建设对策研究”调研。举办统一战线媒体采访日活动，邀请中央及省市15家媒体集中采访报道党外代表人士队伍建设情况。安排2名市管党外干部分别担任市政府部门、市直部门行政正职，市政府工作部门配备市管党外干部14名。市直各部门和单位中层干部中，配备党外正处长39名、调研员9名。区（市）政府工作部门配备党外行政正职8名、调研员6名，街道办事处配备党外主任3名，为2016年区（市）领导班子换届储备了一批党外后备干部。安排4名民主党派市委会秘书长挂职担任市教育、农委、文广新、卫生等政府部门副职。在崂山区建立第2个市级党外干部挂职锻炼基地。选派17名党外干部到黄岛、崂山基地挂职锻炼。增补十二届市政协党外委员10名，增选党外常委5名；推荐产生党外全国人大代表2名、省人大代表5名，党外全国政协委员2名、省政协委员45名。召开全市统一战线教育培训暨社会主义学院工作座谈会，推进社会主义学院规范化建设。探索与外地社会主义学院“交互办学”新模式，委托中央社会主义学院举办全市社会主义学院师资培训班，全年完成34个班次1760余人的培训任务，获全国社会主义学院系统“优秀教学组织奖”。组团赴新加坡南洋理工大学举办统战系统领导干部服务社会管理研修班。

统战部门自身建设。扎实开展党的群众路线教育实践活动。坚持开门搞教育，广泛征求群众意见建议260余条，并进行专题研究、整改；开展“接地气、连民心”活动，部领导班子成员共建立20个对口联系点，处级以上领导干部联系114名党外代表人士，与即墨市田横镇黑石庄村31户老党员、困难群众结对帮扶；组织部机关43名党员干部深入19个社区开展社会服务活动。继续推进“挚友真情”机关品牌建设。在全市统一战线开展“大调研”活动，会同青岛电视台推出“同心青岛”专题栏目12期，取得一批理论调研和宣传成果，被评为全省统战理论调研宣传“四新工程”先进单位。《统一战线社会服务概念及基本模式研究》获得“全国统战理论政策研究创新成果”二等奖。市委统战部和市南区、胶州市相关工作被评为“全省统战工作实践创新优秀成果”。统战信息工作再获全国、全省一等奖。

（徐连章）

·市南区委统战部·

【民主党派和新的社会阶层人士统战工作】 一是突出党外干部推荐使用工作，5位党外代表人士进入人大领导班子，党外政协常委安排比例达到66.66%、委员安排比例达到61.86%；配备党外干部的政府工作部门达到42.85%；3个街道办事处领导班子中配备了党外干部，调整1名党外干部担任区人大机关专职领导职务，区法院、区检察院分别配备党外领导干部1人；推荐选拔1名党外干部担任街道办事处行政正职。二是举办民主党派和工商联领导班子成员培训班，召开“服务蓝色经济和创新驱动发展战略”主题建言献策座谈会。研究确定2013年专题调研课题，撰写调研报告40余篇。三是在全区党外知识分子中开展“感恩回报社会”活动，22家企业、44名新的社会阶层人士参加活动，共筹集救助金6.6万元，赴沂水县沂水镇松峰小学捐助贫困学生35人。组织发动工商联会员企业向四川雅安地震灾区捐款20余万元。成立“青岛红十字小草·市南区工商联基金”，对非政府救助范围内的服刑在教人员未成年子女从物质上、精神上给予关心和救助。四是拓展“同心交友”范围，建立了区长、副区长联系党外人大代表、政协委员制度。完善区委常委联系党外代表人士制度，区委常委通过登门走访、电话约访等形式，与20余名党外代表人士沟通联系。

【民族宗教工作】 一是创新管理模式，促进民族宗教领域和谐稳定。在5个少数民族人口过百人的社区开展社会管理创新试点，建立社区少数民族工作站、设立楼院少数民族联络员，推行社区民族工作信息化平台建设，形成横到边、纵到底的社区民族工作新格局。二是承接“全市加强和创新社区民族工作服务管理汇报会暨现场观摩会”和市人大民侨外工作室社区民族工作服务管理创新视察活动。三是会同区教育局、区托幼办以市南区教工第二幼儿园为试点单位，着力打造全区幼儿教育层面的民族团结进步教育基地。提高对少数民族流动人员的服务与管理，编印涵盖就业、就学、就医等内容的《少数民族流动人员服务手册》。四是做好外来少数民族群众子女入学工作，全年帮助13名外来少数民族群众子女顺利入学。五是以区、街、居三级网络为支点，积极发挥民族宗教信息员、联络员作用，及时排查安全隐患和不稳定因素，配合市民族宗教局圆满完成湛山寺除夕祈福法会、佛诞节浴佛法会期间的综合保障工作。

【对台侨务工作】 加强联络合作，推动对台侨务文化交流工作发展。台湾新北市板桥区江翠国小的教师、家长代表一行21人到市南区金门路小学进行参访，签订《合作意向书》，缔结为姊妹学校；会同区教育局举办海峡两岸涉台幼儿教育论坛活动，开展“浅浅的海峡，放飞的梦想”海峡两岸幼儿教育。开展“送政策、办实事、促发展”台资企业主题走访慰问活动。接待台湾战略学者青岛访问团、“台湾中部媒体记者看青岛”新闻交流团和台湾中山区社区理事长、联谊会长参访团等50余人。采取组团入台招商、与驻区台资企业联合招商等形式引进台湾国泰世华银行落户我区，投资金额6亿人民币。建立社区“2+3”侨务工作模式和“一站式”服务机制，实现社区侨务工作有专人负责、有专人管理、有专人落实。开展侨资企业普查工作，为53家企业登记建档。承办国务院“2013年海外华裔青少年中国寻根之旅夏令营——青岛营”活动。配合市委台办开展“两岸一家亲、共圆中国梦”青台两地家庭老照片展览活动。建立社区侨法宣传街2条，与68位空巢侨眷结成帮扶对子，走访慰问困难归侨侨眷16人，送去慰问金9000多元。

【统战理论调研宣传工作】 各民主党派基层组织先后成立课题调研小组，制定详细的调研计划，保证了调研工作的顺利完成。《市南区构建党派工作新平台实现党派工作新突破》获青岛市统一战线理论调研优秀成果二等奖，《市南区民营企业家“述成长，话发展，同心共筑中国梦”》获青岛市统一战线优秀宣传成果三等奖，区委统战部荣获2013年度青岛市统一战线理论调研工作先进单位。加大统战工作社会宣传力度，向中央、省、市级媒体投稿48篇次，刊用20篇次。其中，《市南区着眼“四化”建设，大胆创新实践，努力提高民主党派联合办公室工作科学化水平》一文，得到省委统战部主要负责同志和市委常委、组织部部长、统战部部长边祥慧的批示肯定，获得山东省统战工作实践创新成果奖。认真做好统战信息工作，制定了内部信息考核管理办法，积极向上级报送各类信息56篇，其中被中央统战部《每日汇报》采用5篇。

（胡晓辉）

·市北区委统战部·

【部机关、民主党派基层组织和统战团体整合工作】 整合原市北区委统战部和原四方区委统战部，成立新的市北区委统战部，新设民主党派联络办公室和综合科2个科室，编制9人。积极推进班子队伍思想融合、工作磨合，建立完善各项工作制度和工作机制，助推统战工作取得新进展。把民主党派、统战团体整合作为重要政治任务来抓，圆满完成民革、民盟等6个民主党派基层组织和台联、侨联等4个统战团体整合工作，实现了领导班子的平稳过渡和顺利交接。中央统战部《每日汇报》《联合日报》《青岛日报》等多次予以报道。

【党外代表人士队伍建设工作】 建立健全党外代表人士联席会议制度和推荐、评价等机制，在政府部门、工作一线、重点工程项目所在单位建立6个实践锻炼基地，整合党外代表人士“六支队伍”及后备干部队伍名单，建立健全12个数据库。在区划调整中顺势而为，安排3名党外干部分别担任政府部门、街道办事处和事业单位行政正职，3名少数民族干部担任机关部门党政正职。积极推进区划调整后政协委员调整工作，党外政协委员安排比例达到 64.9%，党外政协常委安排比例达到65.2%。

【服务社会工作】 一是探索民主党派服务社会新模式。丰富明霞路社区“同心·社区服务站”工作内涵，设立社区咨询会、社情民意工作室、社区学校、社区书画社、社区健康驿站5个机构，为社区居民提供智力、平安、文化、健康等服务，全国人大常委会副委员长、民盟中央主席张宝文予以批示肯定。二是筹集资金10余万元为无棣四路小学（新市民子弟学校）建设“积微亭”“爱心小书画社”、图书室等文化生活设施，区各民主党派基层组织发挥智力优势，义务开展舞蹈、音乐、书法等技能培训和心理辅导讲座、海洋科普知识讲座等，参加师生600多人次。三是引导新的社会阶层人士开展“同心·牵手行动”，共捐款捐物折合人民币11万元，开展集中服务活动16场次，直接服务群众达10000多人次，市级以上新闻媒体和网站宣传报道29篇次。四是组建420人的“统战志愿者”组织，分为法律、财税、医疗保健、文化服务等9个“专业分队”，针对社会需求，建立5个服务社会基地、6个联系点和4个特色志愿服务站，先后开展进社区系列活动、党外博士企业行、“让我与您同行”等主题活动20余次，直接服务群众3600多人次。

【民族宗教工作】 一是加强与有关方面的联系沟通，建立健全上下信息畅通、有关方面密切配合的协作联动及应急处置机制，积极主动参与矛盾纠纷化解，妥善处置涉及少数民族的案件和矛盾纠纷。二是开展宗教政策法规学习宣传月活动，悬挂宣传横幅20余条，出宣传栏10余块，组织宗教活动场所安全检查3次，组织宗教政策法规讲座3次，参与信教群众5000人次；组织宗教政策法规集中宣传日活动，发放《宗教事务条例》等材料3000份，接受政策咨询200余人次；对民族团结广场进行整修，制作大型宣传画1幅，宣传栏6块。开展民族团结进步宣传月活动，印发民族知识宣传材料，开展义诊等便民服务。三是加强对清真食品安全的监管力度，聘请20余名政治素养高、责任心强、业务水平好的穆斯林群众担任“市北区清真食品义务监督员”，对辖区内清真食品生产经营业户进行义务监督。

【对台侨务工作】 与区人社局联合建立台资企业享受用工补贴政策绿色通道，帮助元祖（青岛）食品有限公司申办“高校毕业生就业见习培训基地”；与驻区高校建立产学研战略合作关系，促成元祖（青岛）食品有限公司和青岛优派普环保科技有限公司两家驻区台资企业与青岛科技大学签署《产学研战略合作协议》和《教学实习、社会实践基地共建协议》，两家台资企业被授予“青岛科技大学教学实习、社会实践基地”。推进社区侨务工作示范点创建活动，浮山新区街道被国务院侨办授予“全国社区侨务工作示范单位”称号。积极协调有关单位维护台胞和归侨的合法权益，尽力把矛盾化解在基层，共妥善处置涉台、涉侨信访案件12起。

【教育培训和调研宣传信息工作】 先后举办基层统战干部培训班、少数民族和宗教界人士培训班、台胞台属归侨侨眷培训班、各民主党派基层组织负责人和无党派人士培训班，培训300人。开展“大调研”活动，致公党市北区基层委员会撰写的《关于尽快建立海水淡化项目卫生学评价规范和标准的建议》被中共中央办公厅、全国政协、致公党中央等采纳。在全市统战理论调研和宣传工作中，市北区分别获得标兵单位和2个一等奖。加大对统战工作的社会宣传力度，积极向中央、省、市级媒体投稿68篇次，刊用45篇次。认真做好统战信息工作，积极向上级报送各类信息45篇，其中被中央统战部《每日汇报》采用5篇。

（庞瑞君　孙正君）

·李沧区委统战部·

【巩固共同思想政治基础】 组织全区3300余名统战成员参与全省学习贯彻党的十八大精神知识竞赛活动。开展纪念“五一口号”发布65周年等活动，引导广大统战成员传承老一辈与中国共产党团结合作的政治信念、高尚风范和优良传统，不断增强走中国特色社会主义道路的自觉性和坚定性。

【民主党派、无党派人士工作】 一是召开党外人士协商会、座谈会、通报会5次，区委主要领导参加2次，提出关于世园会文化宣传、安置房建设、整顿“四风”等方面的意见建议57条，并列入区委工作督导计划。二是建立区领导联系交友制度，区领导联系走访党外代表人士32人次。三是向各级党委、政府、政协提交专题调研报告53篇，其中被市政府采纳1篇，被省政协采用4篇。7条建议被采纳并列入李沧区政府工作报告。

【党外代表人士队伍建设】 区委下发《关于加强新形势下党外代表人士队伍建设的意见》，新安排5名处级党外干部。强化党外干部教育培训工作，全年举办各种培训班5期，培训近600余人次。积极组织党外人士参加区委理论中心组学习、法院旁听、区委“双月一讲”大讲堂等，实现政治共识教育与形势任务教育的常态化。

【非公有制经济人士理想信念教育活动】 一是建立区级非公有制经济人士理想信念教育实践活动联系点制度，指导开展联系企业、联系商会活动36次。举办扶持小微企业发展专题政策讲座和传统道德文化讲座。鼓励非公企业积极参与“抗震救灾书画义卖”“慈善一日捐”等活动，捐赠款物近110万元。二是助推小微企业发展，在M6文化创意园筹备金融超市，为青岛李沧茶业商会授信1亿元，用于打造国家4A景区——天都茶城。三是与区人社局筹建李沧区创业促进会和青年创业服务工作站，以创业带动就业。借力“四德工程”（社会公德、职业道德、家庭美德、个人品德）建设，依托联系点制度，关注新生代民营企业家成长，推动制约非公有制经济发展瓶颈问题的解决。

【服务社会管理】 一是支持各民主党派基层组织开展“联系社区、联系群众”活动。为社区联系发展项目7个，开展“居民服务日”活动42次，协调有关部门争取资金支持58万元，为居民送去生活慰问品及帮扶基金约1.6万元。二是新的社会阶层人士服务社会积极有为。组织会员企业到李沧区智障学校、李沧区社会福利院等走访慰问，捐赠价值1.2万余元的慰问品。会员企业东晖职业培训学校免费为200多名残障人士提供技能培训，已有30余名学员通过技能培训后走上新的工作岗位或选择自主创业。

【民族宗教工作】 一是对全区清真食品生产经营情况进行拉网式检查32次，与区内45家清真拉面馆建立“联系人制度”，举办民族团结进步宣传月广场主题宣传日活动，发放宣传材料500余份，解答咨询100余人次。二是完成虎山路街道百通馨苑社区等3处民族工作试点及电子信息管理平台建设。为9名流动少数民族群众子女提供就学帮助。三是积极开展创建和谐宗教活动场所活动，加强宗教法规宣讲，听众达600余人。全区民族和睦、宗教和顺的良好局面得到进一步巩固。

【对台侨务工作】 一是顺利完成李沧区台联换届工作。开通“李沧区台胞之家”网站，组织开展各类联谊交流活动3次。二是认真做好协查涉台遗产继承人工作，使大陆继承人的合法权益得到有效保障。三是举办“2013青岛海峡两岸台湾美食文化节”，开展“台资企业走访季”活动，积极参与并组织台胞台属参观“两岸一家亲、共圆中国梦——青台两地家庭老照片展”。四是认真组织“为侨服务月”和“侨法宣传月”活动，永安路街道获“全省社区侨务工作先进单位”等荣誉称号。

【宣传信息工作】 向上级报送各类信息47篇，其中被中央统战部《每日汇报》采用5篇，获得全省统战信息工作先进单位荣誉称号和全市统战信息工作一等奖。积极参与全市统一战线“大调研”活动，《创新举措扩大载体彰显统一战线参与社会服务管理力量》等两篇调研文章被评为全市优秀宣传成果和优秀理论调研成果，获得全市“创新杯”统战宣传工作先进单位荣誉称号。

（张　娟）

·崂山区委统战部·

【民主党派工作】 以培训、外出交流等多种形式，分期分批组织民主党派成员进行培训学习，共368人次。全年召开情况通报会、协商座谈会等5次，区委主要领导向各民主党派、工商联和无党派人士通报情况，深入交流听取意见。区委统战部指导帮助各民主党派基层组织完善各项制度，规范使用专项经费，组织广大成员开展了“同心”园林建设、“关爱百姓健康”等特色鲜明的社会服务活动，取得良好社会反响。

【党外代表人士工作】 多形式开展教育引导和培养锻炼工作，协调推进区领导、部门联系党外代表人士工作，实现时间、内容、结果反馈“三对接、三落实”。积极配合市委统战部抓好全市党外代表人士挂职实践锻炼基地建设和运转，接受10名党外干部到基地挂职锻炼。着力推进党外代表人士选拔使用，多渠道多层次遴选、推荐党外后备人才，新提拔党外干部11名，其中处级干部4名、科级干部7名，推荐26名党外代表人士担任社团组织领导职务。

【社会服务工作】 一是新建社会服务基地11个，全区统一战线社会服务基地总数达到33个。其中，集全区统一战线资源、智慧和专业优势打造的“同心”园林和生态崂山科普馆，位于世园会崂山分会场中心位置，于2014年世园会期间向游客和中小学生进行生动直观的科普教育。二是新建立大学生创业就业实习基地、文化产业发展和产品展示基地等，成为统一战线服务社会的新平台和宣传展示统战工作的重要窗口。三是继续与高校、科研院所联手，组织专家学者“进民企、谋合作、解难题”，促进产学研对接。四是深化“金融服务企业行”系列活动，为中小企业提供融资支持。五是组织从事法律、金融工作的新阶层人士及其企业开展法律、金融服务专项行动，帮助企业和职工解决切身利益问题。六是建立统一战线“送岗位进高校”活动长效机制，继续与高校联手组织统一战线各类企业举办招聘会，112家民营企业参加，达成就业意向1346人。七是继续开展“关爱百姓健康”社会服务活动，免费诊疗山区重症患者107名，巡访困难家庭63户，赠送药品价值23万元。统一战线成员捐赠各类医疗器械和药品价值60余万元，捐赠巡回医疗车1辆。八是继续运用统一战线“帮困助学”基金和“微尘·博爱”基金，两项“同心基金”收到各界捐款200余万元，资助困难群众860人。

【统一战线教育培训工作】 组织开展了党的十八大精神知识竞赛、调研考察和社会实践等系列活动。实施特色培训，围绕青岛金家岭金融新区建设等全区性重点工作，采取专家授课、部门负责人讲座和现场观摩等形式，开展专题培训3次，不断丰富教育形式。组织各民主党派、统战团体骨干成员参加国情、区情教育座谈会、情况通报会，组织各领域代表人士赴外地寻标对标、学习交流，到革命传统教育基地接受教育，不断坚定党外代表人士道路、理论和制度自信。

【非公有制经济人士理想信念教育实践活动】 出台《关于深化非公有制经济人士理想信念教育实践活动的指导意见》，指导企业结合自身实际开展活动。组织部分民营企业家赴井冈山、河南等地接受革命传统教育。根据属地管理原则，以划分“活动区”的方式开展广泛和深入的专题讨论，使非公有制经济人士提高认识、形成共识，凝聚起实现中国梦的强大力量。下发《关于切实帮助民营企业解决发展难题的通知》，在工商联执委企业中开展了走进小微企业活动以及教育实践问卷调查活动，了解企业发展中存在的困难，举办银企合作对接会、融资政策解读会，帮助企业解决融资难问题，全年为中小微企业融资7.8亿元。

【民族宗教工作】 进一步完善民族宗教工作联席会议制度和突发事件处置机制，形成了处置网络闭环系统。大力培育和宣传推广民族团结进步先进典型，建立少数民族联合会“四化”工作机制，进一步强化了少数民族服务管理工作。

【台侨及招商工作】 完成台联和侨联换届工作。招商引资完成外资485万美元，完成内资8050万元。积极为企业“走出去”搭建平台，推动驻区企业与海外华人华侨、台商台企和友好区市间的合作交流，开辟了对外交流合作新路径。扎实开展“满意在台企”“为侨服务”等系列活动和“走进矛盾、破解难题”专项行动，妥善解决各类难题35件。

（王肖苹）

·黄岛区委统战部·

【党外代表人士队伍建设工作】 一是完善工作机制。区委成立党外代表人士队伍建设领导小组，区委主要负责人担任组长。建立党政领导班子中党员领导干部与党外代表人士联系交友制度、党外干部培养选拔工作联席会议制度、党外干部教育培训工作制度。二是加大党外人士安排使用力度。新安排1名党外干部担任街道办事处主任，全区街道和政府部门党外正职达到3名，党外干部达到51名；党外政协委员区级312名（其中常委46名）、市级6名，党外人大代表区级128名（其中常委1名）、市级22名、省级1名。三是深化培养党外代表人士。对在区内挂职的首批16名市、区两级党外干部进行考察鉴定，做好市级第二批7名党外干部在区挂职相关工作；选派17名党外青年干部挂职担任村主任助理。四是强化队伍建设。先后举办民主党派骨干成员、党外干部等各类培训班4期，400多人次参训。在非公有制经济人士中开展理想信念教育活动。全年召开民主党派工商联负责人座谈会等6次。建立67人的党外代表人士数据库和214人的党外后备人才数据库。

【社会服务活动】 一是开展“我为西海岸科学发展献计策”活动，收到意见建议224条，调研报告12篇，编辑《统战专报》呈报区领导4期17篇，部分进入党委政府决策程序。二是统战成员广泛开展捐建爱心书屋、智力助教、捐款捐物、捐建学校等活动60多项，服务群众2000余人，捐款捐物折合人民币60多万元。三是筹备成立“和谐西海岸同心促进会”，设立黄岛区和开发区两个区域组，184名会员组成法律援助、医疗救助、心理咨询、应急抢险等6个志愿服务组，依托慈善总会设立“同心基金”，募集资金2200万元、物资价值60多万元。

【基层统战工作规范化建设】 采取社区调研、召开调度会等措施，在20个已建社区和10个在建社区开展统战工作，建立5个社区统战工作示范点。引导鼓励民营企业实施“民企帮村”新型农村社区建设工程，逐渐探索出一条“阵地+产业+就业创业”的社区统战工作新模式，75家企业参与建设新型农村社区8个，总投资1808.6万元，安排就业1000余人。

【信息宣传工作】 完善调研、宣传信息工作奖励办法，举办全区统战调研宣传信息工作培训班。在《人民政协报》等市级以上各类媒体发表26篇（条），其中，被中央统战部《每日汇报》采用4条。区委统战部获得《中国统一战线》宣传先进单位、全省统战信息工作先进单位、全市统一战线理论调研和宣传标兵单位等荣誉称号。

【民族工作】 围绕“两个共同”工作主题，制定第十三个民族团结进步宣传月活动方案，开展了主题宣传日活动。协调教育部门为21名外来务工穆斯林群众子女办理入学、转学手续，为黄岛区28名和开发区20名少数民族中考、高考考生办理加分手续。协调财政部门为区内73名回族等少数民族群众发放每人100元的肉食补贴。组织区少数民族联合会开展联谊活动2次。联合食品安全、质量监督等部门对清真食品生产经营企业进行了现场检查指导。

【宗教工作】 组织开展了宗教政策法规学习宣传月活动。认真做好佛教寺庙管理专项整治，定期排查，对发现的问题及时解决。指导各宗教场所落实《宗教活动场所财务监督管理办法》，促进财务管理的规范化。组织宗教界代表人士参加市级宗教团体换届和宗教团体负责人培训班。引导宗教界为雅安地震灾区募集善款1.6万元。

【侨务工作】 积极为侨资企业牵线搭桥，促成聚大洋海藻公司与澳大利亚福林德斯大学“先进海藻生物技术联合实验室”签约。坚持把为侨服务与推进经济发展相结合，签订总投资25亿港元的食品安全产业园等项目5个。积极促成中科院老专家技术中心黄岛工作站落成。区侨联被中国侨联授予“全国侨联系统先进组织”荣誉称号，被青岛市侨联授予“全市基层侨联组织标兵”荣誉称号。

【招商引资和对台工作】 完成招商引资任务，实现外资到账5433万美元，引进内资项目12个，其中注册资本过千万的项目4个。积极推进两岸交流交往，区领导带队赴台考察2批次，随青岛团组赴台3批次，企业人员因公赴台8批次。接待纬创集团、台湾杰青经贸交流访问团等4批次台湾各界来访团。认真指导台胞台属联谊会开展活动，年内组织了3次座谈会。深化“亲情·优质·温暖”对台服务品牌，定期走访台资企业和重点定居台胞，协调处理台胞台属台企办证、用地、用工等各类生产生活中的问题8件。切实做好台属赴台探亲、遗属查询等涉台服务工作，协调处理台胞台属信访投诉5件。针对全区台资企业发展情况及台资利用情况，形成《浅析我区利用台资存在的主要问题及对策分析》调研报告。

（毕善军）

·城阳区委统战部·

【巩固共同思想政治基础】 召开十八届三中全会精神解读会，引导党外人士深刻领会党和国家的战略部署，增强广大统战成员同心奋进的热情干劲。开展非公有制经济人士理想信念教育实践活动，为企业解决实际困难、消除困惑疑虑，收到良好成效。

【服务科学发展】 全年拨付专项调研经费3万余元，支持各民主党派、工商联和无党派人士开展联合调研、对口调研和专题调研30余次；引导支持党外人大代表、政协委员撰写议案提案107件，为党委政府科学决策服务，取得明显成效。会同区工商联协调银行机构为全区会员企业融资3400多万元，举办银企见面会、税务知识讲座等6次；开设法律服务中心、法律维权热线，及时为会员提供法律援助，全年累计调解案例33起；积极协调基层商会与烟台南山学院、青岛旅游学院等合作，定向为企业培训员工307人次。引导广大会员履行社会责任，参与爱心捐助活动。组织42家会员企业为雅安地震灾区捐款357万元；惜福镇街道工商联发起“春雨助学金”项目，共捐款1148万元，全部用于完善学校基础设施、帮助贫困学生入学；流亭街道商会成立“海之情施乐会”，筹集善款30多万元，用于救助社会困难群体；海利尔集团成立义工团，每月开展一次救助活动，累计捐款捐物折合人民币1900多万元；在慈善基金冠名活动中，全区会员企业踊跃参与，冠名本金达1400万元。

【党外代表人士队伍建设】 一是区委出台《关于加强新形势下党外代表人士队伍建设的意见》，建立并完善100人的党外代表人士数据库以及56人的后备人才信息库。二是教育培训力度进一步加大，新增教育培训专项经费5万元；全年举办培训班5期，参训人员达400人次，创历史新高。三是实职和政治安排实现新突破，面向全区公开选拔4名党外干部担任政府部门副职，安排党外政协常委25名，占78%，党外政协委员138名，占62%。

【多党合作和政治协商】 全年召开党外人士座谈会、协商会、情况通报会6次，区委、区政府领导主持或参加2次；协调民主党派列席区政府常务会议、参与“网络在线问政”，安排党外人士参加政府部门民主评议和全市“三民”活动，为党外人士知情出力、履行民主监督职能搭建平台。支持民主党派发挥优势、服务社会。民盟城阳工委开展“同心服务进社区”活动，邀请青岛农业大学教授举办蔬菜种植技术讲座，并赠送价值10万元的农药；协助举办民盟青岛“烛光行动”甘肃教师培训班，从全区优秀教师队伍中选派学科教学能手对甘肃定西岷县地震灾区59名教研员进行一对一免费培训；农工党城阳支部开展“同心助残”活动，为200多名残障儿童做免费查体；组织民主党派基层组织成员赴菏泽市巨野县第十二中学、文昌路小学开展“同心两地一心捐书助学”活动，共捐赠图书5000余册。

【民族宗教工作】 以流亭街道杨埠寨社区作为先行试点单位，开展社区民族服务管理工作创新，建立健全社区民族工作机构，实现社区民族政策宣传、民族工作服务事项查询、民族工作服务事项办理、少数民族动态化管理四个“一键通”，流亭街道被省委宣传部、省委统战部、省民委命名为全省民族团结进步示范街道。为少数民族考生出具加分证明60份，协调教体局、相关街道为21名少数民族学生解决了入学和转学问题。积极协调处理涉及少数民族群众的突发事件和纠纷6起。贯彻党的宗教政策，依法管理宗教事务。认真做好佛教寺庙、道教宫观管理专项整治活动。强化宗教工作网络建设，与公安、安全等部门建立信息共享机制。对非法宗教活动进行了依法查处。

【港澳台海外统战工作】 组织经贸考察团赴台访问交流，深化了相互了解和经贸往来。举办中国侨商投资企业协会会议、世界华文媒体论坛等，宣传推介城阳区投资环境，与来自世界各地的多位华侨华人专业人士建立了联系。全年引进内外资项目38个。走访重点台资、侨资企业80余家100多次，帮助解决困扰企业发展的用电难、用水难、融资难、企业劳资纠纷等实际困难40余件。

（李臣良）

·即墨市委统战部·

【党外代表人士队伍建设】 安排1名市管党外干部担任部门正职，实现了零的突破。法院、检察院、镇（街道）和政府工作部门领导班子中党外干部的配备均达到或超过了上级的规定和要求。安排15名党外干部及后备干部到重点建设区域、重点工程推进主战场锻炼培养，为党外干部实践锻炼、干事创业、成长成才创造了有利条件，搭建了新的平台。

【多党合作和政治协商】 召开党外人士座谈会、情况通报会，会同市政府办公室邀请80名民主党派成员、无党派人士参加“三民”活动，对有关政府部门进行评议监督。进一步完善了聘请特约人员制度。向民主党派基层组织、工商联和无党派人士通报全市党风廉政建设情况。

【工商联和非公有制经济人士思想政治工作】 市委下发《关于加强和改进新形势下工商联工作的意见》，进一步加强对工商联工作的领导。全面加强会员队伍管理，先后举办集中培训20余次，培养和选拔非公有制经济人士中的优秀人才，新增企业会员149人、团体会员6个。扎实开展非公有制经济人士理想信念教育活动，市委统战部、市工商联领导班子成员先后走访了14个行业商会、23个镇（街道办事处、中心社区）商会、36家重点企业，召开各类座谈会20余次，了解情况，听取意见，协助解决实际问题。

【服务经济社会发展】 开展了“我为科学发展献计策”和党外知识分子“建言献策、建功立业”等活动，组织党外人士围绕市委、市政府中心工作开展调研，党外代表人士撰写的修复即墨古城等建议纳入了市委、市政府决策。参与中小企业公共服务平台建设，搭建银企合作平台，联合金融办、农商银行召开银企座谈会2次，帮助40余家中小企业从民生银行等金融机构获得贷款1亿多元。支持民营企业参与农村基础设施建设，推动互促共赢。组织企业捐款200万元积极支持店集镇“美丽乡村”建设，先后向慈善组织和贫困家庭捐款捐物1500多万元。在统战机关和统战成员中开展以“当一天环卫保洁员和交通协管员，帮扶一户困难群众，进行一次劳动体验，服务一户实体企业，开展一次调研活动”为主题的“五个一”活动，300余人次参加，帮扶困难群众110余户，送去慰问金16万元，有效增强了统战成员回馈社会、为群众服务的意识。

【做好民族宗教工作】 扎实开展民族团结进步宣传月和宗教政策法规宣传月活动，妥善处置涉及少数民族的上访案件。举办宗教慈善周活动，为刘家庄中心社区小学和段泊岚镇小学20名学生捐款捐物2万元，并组织信教群众为段泊岚镇中心养老院做义工服务。引导统战成员参与古城片区改造，通过提前介入、分组深入信教群众宣传讲解政策等方式，圆满完成了基督教堂、天主教堂的拆迁工作。

【港澳台海外统战工作】 积极推动对台交往交流，组成多个考察团组赴台进行具体项目对接和交流。接待台南媒体记者交流团等团组，组织教育局相关人员赴台与台湾中小学开展交流活动，并邀请台湾中学教师赴即墨市实验中学观摩教学。圆满完成侨联换届工作，协调有关部门为多名归侨侨眷解决了子女上学等实际问题，组织走访慰问归侨侨眷6人次，发放慰问金（品）1万余元。

（许　翔）

·胶州市委统战部·

【民主党派工作】 全年召开民主协商会、重大事项征求意见会、情况通报会7次，其中市委、市政府主要领导参加4次。制定《2013年全市重大事项征求党外人士意见的计划》，落实民主党派、统战团体与政府部门对口联系和市委常委与党外代表人士联系交友工作。民盟胶州总支顺利换届，建立盟员活动中心。坚持民主党派联合办公制度，畅通民主党派轮值沟通渠道。起草下发《关于民主党派党外知识分子联谊会活动经费安排和使用管理意见》，协助民主党派、工商联、党外知识分子联谊会确定调研课题，拨付专项经费，完成8篇调研报告并提报市委、市政府主要领导阅批，由相关部门督办推进。

【非公有制经济人士理想信念教育实践活动】 作为青岛市活动试点单位，市委常委会听取专题汇报，市委副书记任领导小组组长，市委办公室转发了实施意见。第一时间召开动员会议，重点打造政企对话、产学研对接、服务社会、助推发展、企业交流和宣传引导六大平台，开展“交心、暖心、凝心”活动，走访企业120余家，发放调研问卷1500余份，征集各类意见建议50余条。成立胶州市青年企业家商会和禧徕乐家居装饰业商会；帮助3家企业成功申报民族用品特许生产企业，争取贴息贷款6.86亿元人民币，为企业发展注入了活力。

【党外干部工作】 摸底遴选夯基础。坚持每年股级干部考察制度，对考录和新招聘的党外干部进行摸底统计，建立数据库。竞进考察选人才。联合组织部对全市股级干部进行考察，在全市股级干部竞进中，有79名正股级、18名副股级党外干部成功竞选。基层锻炼促提高。在2012年选拔49名党外干部挂职村庄（社区）主任助理的基础上，又选派10名优秀股级党外干部到5个镇（办）脱产挂职。59名挂职党外干部共撰写心得体会128篇，形成村庄发展调研报告108篇，走访党员群众1790户，救助困难家庭104户，救助贫困学生97名，收集村庄发展建议148条，为村庄办成实事145件，建立了“同心泉”24眼、“同心文化大院”10处，争取援助资金285万元，帮助困难群众捐款捐物折价近60万元。注重安排增活力。提拔8名党外干部（正科级3名，副科级5名），其中包括挂职党外干部3名，是历年来党外干部提拔人数最多的一年。

【党外代表人士队伍建设】 市委出台了《关于加强党外代表人士队伍建设的意见》，对党外代表人士队伍建设工作任务进行分工，形成了部门联动机制。采取专家讲座、高校进修等高端化培训方式，举办各类培训班16期，培训1600多人次。组织统战成员积极参与“服务蓝色经济和创新驱动发展战略”为主题的建言献策活动，共收集意见建议270条。

【民族宗教工作】 开展民族工作进社区试点，在试点社区安装触摸屏，方便群众了解社区的工作情况、民族政策、办事流程等；通过建立QQ群等形式与少数民族群众进行交流互动；在社区建立电子地图，将分布在各居民楼的少数民族群众信息全部录入系统。开展民族团结进步宣传月系列活动，在少数民族群众集中的云华社区开展义诊活动，在少数民族流动人口比较集中的社区设立服务站，安排专门人员负责少数民族工作。在全市开展

"五好"宗教活动场所（团体、小组）和"五好"宗教界代表人士评选活动，对先进集体和个人进行了表彰。

【港澳台海外统战工作】 加大对台招商引资力度，与15家企业达成合作意向，宝芝林生物科技等一批项目成功签约。2013年，全市新引进台资项目10个，合同投资总额1.2亿元。推动胶州中心医院与台北医科大学属立双和医院、台湾健康吉美健检中心合作，建立山东省首家台海两岸合作的健康检查中心。争取市政府特批，打造江北首家融台湾名品展示、特色商品、商务办公、休闲娱乐为一体的台商会馆。开展侨情摸底工作，充实146人的侨情档案；开展"侨手拉小手·传递正能量"主题实践活动，30名侨界企业家与60名中小学生建立起"一对二"的长期帮扶关系；海外联谊会顺利换届，为做好港澳台海外工作奠定了基础；在芝加哥、曼特、奥克兰等6个国家的8个地区设立海外人才工作站，聘请8名胶州籍海外知名人士为首席代表，为做好海外统战工作搭建了新平台。

【服务社会工作】 党外知识分子联谊会开展"心系特教·情暖童心"活动，创建"同心·关爱特教"实践基地，向特教中心捐赠价值4.6万元的教学设备；新的社会阶层人士开展"爱心服务社区行"活动，现场为群众进行法律、健康、心理等咨询服务。全市统一战线共为慈善事业捐款捐物折合人民币达1000多万元。

【统战部门自身建设】 探索提高统一战线核心竞争力的新途径，积极开展"效能统战"品牌创建活动，先后在各级媒体发表宣传稿件127篇，其中国家级16篇、省级33篇、市级42篇。大力实施"素质工程"，举办统战干部学习"大讲堂"，开设"专家论坛""部长讲坛""机关干部轮讲"等专题，激活统战干部队伍的创新力和开拓力，营造勤学、善思、创新、敬业的良好氛围。

（刘炳林）

·平度市委统战部·

【增进政治共识】 举办"学习贯彻党的十八大精神交流座谈会""健全社会主义协商民主制度学习会"等活动。开展非公有制经济人士理想信念教育实践活动，成立了领导小组，制定了实施意见，以座谈会、问卷调查、个人访谈等形式，深入了解非公有制经济人士思想状况，广泛征求意见。在全市建立了5个道德讲堂联系点、6个示范点，举办了6场道德讲堂活动，853名非公有制经济人士参与活动。

【多党合作和政治协商】 全年召开党外人士协商会、座谈会、情况通报会5次，其中党政主要领导参加1次。对党外代表人士实施追踪评价，加强日常管理考核，形成规范有序、备用结合的动态管理机制。建立《市委领导与民主党派无党派人士联系交友制度》和《市委市政府重大决策与党外人士通报制度》，将联谊交友工作情况纳入了党政领导班子和统战部领导班子年度述职内容。

【党外代表人士队伍建设】 突出实职和政治安排，市委下发《关于加强新形势下党外代表人士队伍建设的意见》，安排党外人士担任科技局局长、凤台街道办事处主任，实现了正职的突破；人民法院、人民检察院领导班子各配备了1名党外副职；17个镇（街道）中，安排8名党外副镇长（副主任），占总数的47%；25个政府组成部门中，共安排副局长11名，占总数的44%。党外政协常委32名，占总数的66.7%，党外政协委员183名，占总数的61%。加强教育培训，争取市财政每年增拨20万元专项经费，用于党外代表人士教育培训，全年共培训1000余人次。建立380人的党外代表人士数据库和包括147名股级干部、56名一般干部的党外后备队伍，实现了全面掌握、动态管理、持续推进。强化实践锻炼，先后两次组织61名非公有制经济人士分别赴北京和济南参加培训，选派4名党外副镇长（副主任）赴苏州市委党校参加"提升科学发展能力培训班"，选调15名优秀青年党外干部到信访稳定、旧城改造、招商引资等重点工作岗位进行实践锻炼。圆满完成第八届侨联换届工作，2名新西兰新归侨当选为副主席。聘请平度市侨联海外顾问2名。推荐6名海外留学归国人员为青岛海外联谊会理事。

【服务经济社会发展】 实施"同心·助推发展"工程服务民企，建立"银企联盟""用工服务联盟""维权联盟"和"双元制校企联盟"等服务平台，帮助民营企业融资近6亿元，协助273家企业成功招聘3700多人，为企业输送各类人才2000多名、提供法律咨询230余人次、解决经济纠纷37件次，挽回经济损失900余万元。实施“同心·关注民生”工程服务群众，成立全省首家新型农业经营主体联合会，为会员集中开展技术培训6次、田间技术服务127次，提供信用担保融资700余万元。组织开展了党外知识分子服务基层活动，实施科普宣传、科技联户、名师带徒、名师送教、文化进农家等五个板块的活动。组织160多家非公企业积极投身“慈善一日捐”、扶贫助学、修路改水等活动，捐款捐物折合人民币370多万元。

【促进社会和谐】 强化民族宗教事务管理，为35人次少数民族学生出具了中考和高考加分录取证明，办理民族成分变更手续11人；推进重点宗教场所的基础建设工作；对宗教工作联络员队伍进行优化调整，全市宗教工作联络员达到1879名。

坚持真情为侨，协调有关部门为3户归侨侨眷解决了多年悬而未决的房产纠纷问题，为9名侨眷解决了劳资纠纷，挽回经济损失18万元，解决涉侨纠纷12起，为9家侨资企业协调解决了资金短缺问题。走访慰问归侨侨眷60多人次，发放慰问金（品）3万余元；抓好侨联包村共建村庄建设工作，组织海外顾问、侨联副主席、常委等走访包村共建村庄，投入帮扶资金10万元，慰问了8名困难老党员。组织侨联领导班子成员出资5000元，帮扶山东省华侨中学5名优秀贫困学生。

【同心文化建设】 在同和民俗文化街建立青岛市首家同心文化基地，并对全市具有同心文化元素的各类名人故居、历史遗迹、宗教场所进行梳理，先后在田庄镇刘谦初故居等地建立4处“同心·革命历史文化基地”，在天柱山魏碑、山东省华侨中学等地规划建设16处新的“同心·文化示范基地”，实现了同心文化建设城乡一体推进、全面突破的良好格局，共组织470多人次学习参观。

【统战部门自身建设】 在统战部设立“民族宗教服务中心”，核准事业编5人，解决了民族宗教工作人手不足的问题。修订完善了部机关日常学习、作风纪律等13项制度，提升了机关干部的整体服务水平。制订下发了《关于加强镇（街道、园区）统战工作的意见》和《关于对镇（街道、开发区）统战工作考核的实施细则》，进一步提升基层统战工作规范化水平。

（贾宗晓）

·莱西市委统战部·

【巩固统一战线共同思想政治基础】 先后组织举办中共十八大、十八届三中全会精神学习交流会和党外人士座谈会、统一战线“凝心筑梦”十八大精神知识竞赛以及“重温多党合作光辉历史”专题讲座等活动8次，3600余人次参与。启动全市非公有制经济人士理想信念教育实践活动，开展“中国梦·企业梦”征文，建立完善市级领导联系工商联执委以上企业制度，开展民营企业代际传承、社会责任、科技创新服务等专题调研活动，帮助解决招工、项目手续办理、融资、产业升级改造等问题20余个。组织九三学社基层组织、无党派人士开展纪念“五一口号”发布65周年、送科技卫生文化“三下乡”服务、新的社会阶层人士服务社会周等活动，为基层群众举办法律咨询、健康义诊、知识讲座等20余场，走访入户解决实际困难80余项。召开全市性座谈会、协商会、通报会6次，市委常委同所联系的党外代表人士每季度至少交流1次，密切了同各界人士的联系。

【服务科学发展】 围绕莱西市承办世界休闲体育大会等工作，开展“我为科学发展献计策”活动，共征集意见建议180余条，形成调研文章5篇，其中，50余条建议被市政府采纳。先后组织知识分子联谊会、九三学社基层组织、市工商联开展专题调研3次，组织招商洽谈8次，引进总投资1.2亿元的内资项目2个、1000万美元的外资项目1个。经市委统战部和市工商联协调沟通，民生银行、华夏银行等金融机构为小微企业融资2500万元，缓解了企业的资金压力。组织非公有制经济人士、党外政协委员开展书画义卖活动，为“同心基金”募集资金20.9万元。组织非公企业冠名举办“社区趣味运动会”10次，为四川地震灾区捐款捐物80余万元，树立了统一战线为党委政府分忧、为困难群体解难的良好社会形象。

【民族宗教工作】 组织开展民族团结进步宣传月、宗教政策法规学习宣传月活动，发放宣传材料3000余份，向外资企业负责人发放《境内外国人宗教活动管理规定》100余份，举办全市民族宗教信息员培训班1期，80余名民族宗教干部参加培训。东生集团、长寿食品两家清真食品生产企业确定为少数民族特需商品定点生产企业，九联、东生、长寿三家农副产品加工企业全年共获得少数民族特需用品生产贷款利差补贴3678万元，切实减轻了企业负担。承办山东省民族特需商品工作政策落实会议及少数民族经济发展促进会理事会议。在少数民族外来务工人员较多的企业设立3处民族工作办公室，协助企业做好民族政策法规宣传、矛盾纠纷排查和沟通调解工作，为2000余名少数民族务工人员提供服务。

【党外代表人士队伍建设】 市委出台《贯彻落实〈中共青岛市委关于加强新形势下党外代表人士队伍建设的意见〉分工方案》。将世休会筹委会作为“党外代表人士实践锻炼基地”，安排3名党外干部作为组委会部门负责人挂职锻炼。加大党外干部安排使用力度，向市委推荐优秀党外干部10名。全市党外干部配备全部达到要求，有3名党外干部分别担任教体局、工商联、贸促会正职，政府工作部门党外干部安排比例达37.5%，镇（街道）领导班子中党外干部配备比例达36.4%，法院、检察院各配备1名党外副职，人大常委会、政协工作部门各配备1名党外干部担任专职领导职务。建设“同心·社会服务基地”2处。举办党外代表人士培训班4期，培训350余人次。

【深化“双基”工程】 建立“统战成员社区服务站”，安排89人担任社区民情联络员，进社区宣传3000余人次，向市委市政府提供社会舆情256条，预防和化解矛盾75起。在20个城市社区设立统战课堂，由统战成员中的中、高级知识分子组成志愿者服务队，义务为社区居民举办理想信念教育、养生医疗保健、科技知识辅导讲座等。引导民营企业参与“四个一”（建设一条文明示范街、设立一块宣传栏、成立一支文体宣传队、配备一套娱乐器材）社企共建活动，26家企业与社区结成对子，投资120余万元为新建农村社区配套了相关设施。加强统战机关自身建设，建立完善集中学习和干部调讲等制度，部机关每周组织1次集中学习，每月安排1次干部调讲，增强了干部自主学习的积极性，提高了理论水平、创新思维和实践能力。组织统战干部参与环境卫生整治、新型社区建设等服务实践活动和文体比赛等联谊活动，增强了部机关的凝聚力。加强与统战对象的联系，深入了解统战成员所思、所急、所需，全年机关干部走访统战成员60余人次，帮助解决困难18件，加强了联系，增进了友谊。

（胡成敏）

淄　博　市

·淄博市委统战部·

【夯实共同思想政治基础】 召开各类通报会、座谈会51次，举办研讨交流、主题宣讲等活动37次；围绕纪念“五一口号”发布65周年，组织召开各界人士座谈会，联合《淄博日报》《淄博晚报》开展了集中宣传活动，举办了8万多人参加的统一战线知识竞赛；深化“同心”思想教育，设立“同心”主题讲坛，引导协助各民主党派开展了主题演讲、学习研讨等活动。

【非公有制经济人士理想信念教育实践活动】 争取市委市政府重视、支持，坚持把活动放在全市讲政治讲全局的高度来抓，市委主要领导多次做出重要指示，亲自部署和推动活动开展。全国政协副主席、全国工商联主席王钦敏，中央统战部副部长、全国工商联党组书记全哲洙，省委统战部主要负责同志等领导同志多次前来视察指导，对活动给予高度评价。在教育实践活动中，积极参与招商引资工作，成功承办了全国工商联直属商会深化理想信念教育实践活动会议暨经贸洽谈活动，举办了“闽商走进淄博投资贸易洽谈会”，达成经贸合作意向项目43个，意向投资额1734.5亿元。

【党外代表人士队伍建设】 按照市委统一部署，牵头组织有关部门，在全市范围内开展了党外代表人士队伍建设工作集中督查活动。组织开展专项调查，调整充实了党外科级干部人才库。抓好教育培养，新建10处党外知识分子实践锻炼基地，在延安干部培训学院举办了党外代表人士能力提升研修班。努力做好举荐安排工作，年内，全市新提拔重用副县级以上党外干部18人、副科级以上党外干部46人，聘请党外特约人员86名，推荐10名统战成员分获市劳模、三八红旗手等荣誉称号。深化“走基层、交挚友、谋发展、促和谐”活动，深入基层走访慰问党外代表人士，广泛征求意见建议，帮助解决实际困难，增进了统战领域的团结和谐。

【服务经济文化强市建设】 组织开展参政议政重点课题调研活动，提交提案、议案、议政报告412件，49件得到党委政府主要领导批示，在有关工作中被采纳落实。整合统一战线人才资源优势，组建六支“同心”服务团队，开展送医送药、文化下乡等各类服务活动152次。积极开展“百名专家教授联百企”“1＋1＋1”校企联合、“民企帮村”等活动，协助36名高校专家教授与33家民营企业达成技术、项目合作40项，有211家民营企业捐款捐物6100多万元，用于各类社会公益事业。认真做好“第一书记”驻村帮扶工作，努力解难题、办实事，完成村主干道硬化工程、环境治理及排水工程，新建了文化大院，启动农业示范大棚二期工程，并举办农技培训班4期，有力促进了帮扶村经济社会各项事业发展。

【民族宗教工作】 深入贯彻落实党的民族宗教方针政策，认真组织开展民族团结进步宣传月活动。坚持宗教工作季度例会、联席会议制度，形成了工作合力。加强宗教界代表人士队伍建设，开展了宗教工作大走访、大调研活动，组织各宗教团体开展了以自我教育为主的教育培训活动。发挥牵头协调作用，推动市天主教爱国会、市伊斯兰教协会和市基督教“两会”顺利完成换届。

【民主党派、工商联工作】 坚持和完善民主党派机关年度目标管理千分制考核工作，推动民主党派各项工作不断迈上新台阶。协助市委为3个民主党派配备了秘书长。协助各民主党派深化政治交接学习教育活动，指导民主党派市委建立健全领导班子民主生活会、谈心会、集体学习等制度，推进基层组织规范化建设。充分发挥工商联党组作用，认真做好市工商联第十一届执委会常务委员会届中调整工作，把市工商联考察调研、教育培训等专项经费列入同级财政预算，将异地商会管理职责划转到工商联，并推动各区县将工商联人员编制全部配备到5人以上。不断健全工商联工作网络，新成立青年企业家商会、市场商会、园区商会、行业商会、异地商会等各类基层商会66家。

【统战部门自身建设】 一是严格落实中央“八项规定”要求，建立健全改进作风长效机制，作风建设明显提高。二是深入开展“服务发展、服务群众、服务基层，争创优秀服务机关”活动，建立“道德讲堂”，机关党的建设进一步加强。三是继续深入开展“创先争优”“岗位练兵技能比武”“统战干部能力提升学习讲坛大家评”等活动，举办统战业务知识竞赛，组织引导统战干部加强理论、政策、业务及各方面知识学习，干部队伍整体素质显著提升。

【调研宣传信息工作】 组织开展了基层统战工作、非公经济领域统战工作、党外代表人士队伍建设等工作调研，为推进各项工作开展奠定了基础。召开重点课题对接会，年内形成调研成果43篇，宣传成果90多篇。在“淄博统一战线”网站贴发各类图片70多张、文字稿件58篇，营造了良好的工作舆论氛围，荣获全省统战调研宣传“四新工程”先进单位奖。举办全市统战信息工作培训班，全年共向上级统战部门、市委办公厅报送信息487条，编发《淄博统战信息》72期，统战信息工作荣获全省一等奖。

（王海娟）

·张店区委统战部·

【党外代表人士队伍整体素质进一步提高】 认真贯彻落实上级文件精神，成立了党外代表人士工作科，专门负责相关工作，建立了461人的区级重点党外代表人士数据库、32人的党外干部数据库、62人的后备干部数据库。实施“党外代表人士挂职锻炼五年（2013—2017年）倍增计划”，新建实践锻炼基地1处，示范点6个。按照“高端、立体、封闭”的思路，参加“千名干部培训”计划，共安排党外干部30余人到延安、井冈山、沂蒙山接受红色教育。精心抓好选拔任用，党外代表人士中有人大代表29名、政协常委26名、政协委员169名、工商联副主席12名，提拔重用科级以上党外干部28名。积极引导参政议政，40余名党外人士被检察、教育、国土、国税等7个部门聘为特约人员。

【统战优势作用进一步发挥】 一是服务科学民主决策。围绕“服务项目建设，助力幸福张店”开展调研，共提交各类提案议案172件、调研报告30余篇，其中列入区委重点督察项目5项，列入政府为民办实事项目7项。二是服务非公经济发展。继续开展工商联企业家副主席轮值活动，分别举办法律专题讲座2场，主题教育活动2次；开展“春风送岗位”活动3次，提供就业岗位400余个。三是服务安定团结局面。成立了区伊斯兰教协会法律援助工作站，聘请法律顾问3名，累计提供法律援助13次，挽回经济损失15万元。开展“济世利人，扶危助困”公益慈善活动2次。2013年全区统战系统开展社会服务活动20余次，义务服务3000余人次、捐款120余万元。

【民主党派、工商联工作】 积极探索党外干部与“第一书记”“同心”办公机制，选派7名党外干部到7个村庄挂职担任村主任助理，协助“第一书记”实现村庄发展目标。引导民主党派搞好政治交接，严把成员入口关，着力推进基层组织规范化活动室建设，完善各项规章制度。开展“县级工商联建设年”“两个环境”建设活动，全力实现了工商联建设“五个有”目标，出台了《关于加强执委会建设的意见》《关于加强执委会议纪律的规定》，进一步规范了会风会貌。

【非公有制经济人士理想信念教育实践活动】 出台《关于开展非公有制经济人士理想信念教育实践活动的实施意见》《关于开展“走百家民营企业，访百名党外人士”活动的实施意见》，召开了动员会。开展了统战政策进百家门、统战联络员访百家企业、统战成员交百家友系列活动，走访民营企业105家，党外人士120人，确定调研课题35个，倾听意见和建议22条。重点抓好示范点建设，实行典型带动。向12个镇办、7个行业商会及经济开发区、淄博科技工业园等派驻8个指导组，加强教育活动的引导。创办了《张店区教育实践活动简报》，开展了“五个一”主题实践活动，举办各类讲座、报告会、演讲比赛、交易会活动9场次。开展“关爱孤残儿童”“助学圆梦”“尊老爱老光明行”等活动，帮扶贫困学生24名、孤寡老人85名，援建光彩小学1处。

【提高服务水平、促进社会和谐】 举办了张店区统战系统联谊活动暨古琴之美和谐之音传统文化讲座。引进两岸文化创意产业合作基地和台湾观光夜市两个台资项目。成立淄博科技工业园企业家协会、张店区青年企业家商会，新建东勇弯管厂党支部、和旺物流党支部，新发展党员31名。举办“中国梦、我的梦”新春联谊会，充分展现民营企业家队伍的时代形象。成立西北穆斯林联谊会，吸纳会员60人，定期组织开展具有民族特色的公益、联谊、座谈活动。

【强化统战调研宣传信息工作】 深入开展“统战工作大调研”活动，全力做好信息宣传工作。以区委统战部网站、张店通讯和张店新闻网为载体，向各级媒体报送宣传材料200余条。在《山东统战信息》发表9篇、《山东统一战线》发表16篇、淄博统战信息发表50余篇。注重对部门网站的日常更新和维护，年内贴发信息60余条。

（吕　磊）

·淄川区委统战部·

【扎实开展非公有制经济人士理想信念教育实践活动】 在调研基础上，研究制定出台了实施方案，召开动员会议，对全区教育实践活动作出全面安排部署。成立了由区委副书记任组长的活动领导小组，每一名区各大班子领导都确定了联系点，以镇、街道、开发区为单位划分活动区域，区委统战部各部长、区工商联各主席分别联系挂包一个片区，具体指导教育实践活动的开展。创办教育实践活动《简报》，开设主题论坛，举办“征文活动，在《淄川工作》、淄川电视台开辟活动专栏，大力宣传非公经济人士先进典型。加强基层商会组织建设，全区13个镇、街道、开发区全部建立起商会。推动非公企业进网格，形成了纵到底、横到边的工作网络。先后组织200余名非公经济人士到四川大学、上海财经大学、中山大学进行企业经营管理专题培训和国情形势改革开放教育培训，青年企业家商会赴新加坡举办企业创新管理培训班，提高非公经济人士队伍素质。在非公经济人士中深化“四德工程”建设，开展“十佳爱心企业”“十佳诚信企业”“十大孝子”“十佳社会公德模范”评选活动。积极贯彻落实区委区政府出台的企业事务干部代办、企业生产宁静日、工作日期间中午无例外禁酒等一系列服务企业发展的制度规定，努力为企业营造宽松的外部发展环境。搭建校企、银企合作平台，组织开展“百名专家淄川行”活动，举办银企合作促进会。全区非公企业136个项目列入区级重点，完成投资额70.77亿元。

【打造服务科学发展“同心”品牌】 制定出台《关于开展“同心献良策、谋发展、促和谐、惠民生”活动的意见》，打造“同心”品牌工程。一是开展“同心·献良策”活动。组织引导各民主党派、工商联和广大统战成员紧紧围绕全区中心工作，积极开展社会考察和专题调研活动，形成调研成果8篇。积极做好“非公有制经济领域统战工作调研”问卷调查工作。二是开展“同心·谋发展”活动。重视发挥行业商会作用，机械行业商会组织会员开展校企合作，为高校毕业生提供就业岗位。组织招商银行产品推介会、机械商会校企对接洽谈会等经贸洽谈活动10余次，组织协调4家企业与有关高校专家达成技术合作项目，实现经济效益360万元。三是开展“同心·促和谐”活动。对非公有制经济人士、少数民族人士、信教群众实行重点联系走访、重点服务，发挥他们在促进社会发展、维护社会和谐中的积极作用。全年为统战成员解决实际困难和问题33件，化解社会矛盾19起，排除不稳定因素65人次。四是开展“同心·惠民生”活动。组建法律援助、助学助教、医疗卫生、科技文化、非公助农、社区和谐等六支“同心”服务团队，组织开展社会服务活动12次，联系困难群众117人，走访慰问困难户71户，帮扶困难学生93名，累计捐款捐物70余万元。组织各党派、团体到全区统战系统“同心共建基地”开展联合帮扶活动，累计投入帮扶款17万余元，全面修缮了村委办公用房，硬化了部分村内道路，建立了文化书屋，捐赠图书3000余册，设立了村民活动室和电子阅览室，并配备好办公桌椅、电脑等，受到村民欢迎。

【深化党外代表人士队伍建设】 建立两个全区党外代表人士实践锻炼基地，选派20名党外代表人士利用业余时间和节假日进行实践锻炼。建立起113人的党外知识分子数据库，成立了全区党外知识分子联谊会。强化党外干部的培养使用，年内，全区新提拔、重用副科级以上党外干部11名，其中提拔8名、重用3名，实现了党外干部实职安排工作的新突破。

【积极稳妥地做好民族宗教工作】 深入宣传民族宗教政策，认真做好民族团结进步教育基地建设。全面加强教风建设，进一步深化“和谐宗教场所”创建活动。举办全区民族宗教政策法规暨教风建设培训班。依法加强管理，进一步完善了宗教教职人员认定备案工作。坚持宗教工作联系会议制度，及时掌握信息，形成工作合力。

【加强统战部门自身建设】 深入开展“作风建设年”活动，制定出台了《中共淄川区委统战部规章制度》。召开全体党员大会，进行了机关党支部换届改选。组织参加全省、全市统战系统信息员培训班，机关干部的理论水平、信息写作水平有了进一步提高。

（王　群）

·博山区委统战部·

【巩固共同思想政治基础】 举办统一战线学习贯彻党的十八大和纪念“五一口号”发布65周年专题知识竞赛，发放竞赛试题和宣传材料6000余份；深入开展“同心”思想大讨论，邀请专家就实现“中国梦”进行专题培训。编撰发行《博山统战简志》，举办“重温统一战线历史”主题讲座。

【党外代表人士队伍建设】 一是抓好选拔储备，建立了200人的党外代表人士数据库、41人的党外科级干部数据库和18人的党外后备干部数据库，形成了层次合理、分布均衡、衔接有序的党外人才梯队。二是抓好教育培养，将全区民主党派、工商联骨干成员培训班列入全区干部培训总体规划，通过以会代训、实地考察等形式培训党外人士，提升整体素质。建立党外干部实践锻炼基地4处，选拔部分党外干部进行实践锻炼。三是抓好推荐使用，着力推进党外代表人士队伍实职和政治安排。去年全区共调整提拔副科级以上党外干部22名，其中新提拔正科级1人，副科级15人，调整重用6人。截至目前，全区共配备副科级以上党外干部41人，区文化、科技、司法等6个部门配备了党外领导干部，2名党外干部担任了副镇长。

【非公有制经济人士理想信

念教育实践活动】　一是加强组织领导。区委领导多次深入企业视察指导，区委常委会对活动方案进行专题研究。二是完善工作机制。走访非公企业40家，联系座谈非公经济人士120余人次，发放调查问卷近1000份，整理意见建议80余条。细分活动片区，建立各级示范点34处，编发活动简报12期。三是创新平台载体。建立了几大班子领导联系非公有制经济人士制度，21名领导干部同63位非公经济代表人士建立联系制度。举办教育实践活动专题培训班，120余名非公人士参加培训。组织20余名非公人士赴井冈山干部教育学院进行了革命传统教育。全区组织集中学习50余次，培训非公人士3000余名。成立了全区非公有制经济组织党员干部培训学校，进行了三期党建工作培训，500余人参加了培训。四是务求活动实效。全区非公企业共投入资金1000万余元，开展技术培训、岗位练兵等活动200余次，为员工办好事实事600余件。出资70万余元，开展了绿化驻地村内道路、走访慰问所在地敬老院活动。

【基层基础建设扎实有效】一是坚持巩固“双基”建设成果，完善工作网络建设，提升基层统战工作活力。二是抓好民主党派基层组织建设，协助各民主党派领导班子健全谈心会、述职评议等工作制度，区九三学社组织被九三学社省委评为先进基层组织。三是扎实推进统战团体建设。成立了全区党外知识分子联谊会，组织党外知识分子开展助学助教、医疗服务、扶贫助农等活动。

【服务经济社会发展】　一是组织成立了88名党外人士参与的7支社会服务团队，实现了“同心”服务活动整体推进。二是开展扶贫共建“暖心”活动。建立社会服务“整村推进”结对帮扶村（社区）6个，帮扶共建同心路4公里，同心书屋、文化大院3处，敬老院、蓄水坝等民生设施2处，开展医疗义诊活动12次，走访慰问困难群众800余人次。强大集团等4家企业联合捐资20万余元设立助学基金。三是开展文化建设“真心”活动。组织统战成员开展书画展、文艺演出、助学助教活动10余次。四是举办了全区民族宗教界人士庆祝新中国成立64周年文艺演出，展现了民族宗教界良好的精神面貌。五是开展参政议政“连心”活动。2013年，全区统战成员在市区两级人大、政协会上提交110余件提（议）案，其中21件被列为重点提案督办。发挥社情民意信息作用，区各民主党派共搜集提交社情民意信息70余条。

【民族宗教工作】　以“基层基础巩固提升年”“和谐宗教活动场所”创建和民族团结进步宣传活动为抓手，全面贯彻落实党的民族宗教政策及法律法规，坚持民族宗教工作联席会议制度，促进了全区民族团结、宗教和睦、社会和谐。

【切实加强统战部门自身建设】　认真贯彻落实中央八项规定，统战部门自身建设得到加强；重视抓好调研宣传信息工作，在中央统战信息发表信息1条，在《山东统一战线》《山东统战信息》发表文章1篇，信息3篇。区委统战部被评为全市统战工作目标管理考核先进单位，获得调研、宣传、信息三个专项工作先进奖，被省委统战部评为县级信息工作先进单位。

（贾友斌）

·周村区委统战部·

【强化思想引导、增进政治共识】　召开各类通报会、座谈会10次，举办培训班4次，汇集改革共识；在全区统战系统组织开展了“学习十八大精神”征文和知识竞赛活动，共收到征文57篇，回收答题卡6000余份；围绕纪念中共中央发布“五一口号”65周年，组织开展征文、书画展、座谈会等系列纪念活动，在《今日周村》开辟纪念专版，集中刊登各统战组织主要负责人署名文章，并从优秀征文中择优编印了纪念文集；强化“同心”思想学习教育，印发学习资料500余份，召开学习交流会，把“同心”思想作为民主党派和非公经济党组织学习实践的重要内容贯穿全年。

【非公有制经济人士理想信念教育实践活动】　在全区范围内确定6家企业作为示范点、10家企业为区领导小组成员联系点；确定8个片区督导员与指导员人员名单，选定30名非公经济人士中的“两代表一委员”担任教育实践活动辅导员并与本行业本辖区的60家小微企业结成帮扶对子；全区确定28个教育实践活动示范项目。在无锡、嘉兴南湖举办周村区非公经济人士理想信念教育实践活动培训班。制定出台《关于开展工商联基层建设年活动的实施意见》，目前已成立异地商会3家，行业商会1家，镇办基层商会1家。

【党外代表人士队伍建设取得新突破】 一是制定下发《关于加强新形势下党外代表人士队伍建设的实施意见》。二是加大推荐选拔使用力度，促使一批德才兼备的党外代表人士走上政治舞台，其中1人担任副区长，1人担任区人大常委会副主任，3人担任区政协副主席。三是研究下发了《关于进一步落实区委常委与党外代表人士联系交友制度的意见》《关于进一步加强聘请民主党派成员、无党派人士担任特约人员工作的意见》《关于进一步加强与民主党派等统战组织对口联系的意见》，区委常委每人联系一名党外代表人士，发改、经信等20个政府部门与各统战组织建立了对口联系，法院、检察院等17个部门单位聘请了40名党外特约人员。开展了“走基层、联党派、交挚友、谋发展、促和谐”活动，区委统战部班子成员分别与10个统战组织和20名党外人士建立联系、交友和服务关系。与党外人士谈心交流30次，参加相关活动20次，倾听意见和建议23条，帮助解决实际问题8个。

【社会服务活动推出新模式】 区民革组织成立“博爱团队”和“同心助农团队”，资助贫困学生，义务为城乡群众提供种养技术、销售信息和法律咨询；民盟组织成立爱心委员会，先后救助多名癌症女童、车祸母子、困难盟员；民建组织对口帮扶困难中小学生30人；民进组织赴贫困村开展义诊敬老活动；农工党组织开展义诊活动，与重病困难户结成诊治帮扶对子；致公党组织创办“爱心储蓄”服务站发展社区居家养老事业，捐建“致公同心书屋”；九三学社组织帮助柳行村实施旧村改造；无党派联络组与智障儿童携手开展“大手拉小手，共游古商城”活动；新阶层联谊会组建“同心”服务团队，大力开展助困爱老活动。

【民族宗教工作又上新台阶】 积极支持和引导少数民族企业健康发展，分别为灯塔民族社区、天村斋清真肉制品有限公司申请少数民族发展扶持资金项目，指导大染坊公司成功申报国家民品企业，享受国家贴息贷款优惠政策；扶持发展灯塔民族社区，民营工业园、民族园、幸福苑等项目实现较好的经济社会效益；广泛开展清真食品安全检查行动，建立首个清真食品企业数据库，实行全方位动态管理。充分发挥灯塔社区全国民族团结进步教育基地的作用，先后接待2000余名各地参观群众。顺利完成基督教会王村教堂房产确权、金周农贸市场清真摊点搬迁，积极协调落实宗教场所执行居民电价政策。积极引导和严格规范宗教慈善事业，组织为四川雅安地震捐款12.7万元，为48户生活困难的群众送去米、面、油等生活物资。

【参政议政质量有了新提高】 各统战组织及其成员提交各类提案、议案、议政报告200余件，占全区提交总数的88%；区政协十二届二次优秀提案中29条为党外代表人士撰写，占85%，4份提案得到区委主要领导的批示。

【调研宣传信息工作】 一是建立了大调研制度，班子成员带队开展专题调研，摸透统战舆情，有针对性地开展工作。二是面向新闻媒体和党外干部、知识分子集中的单位聘请了11名特约信息员，组织了全区统战信息员专题培训。三是发动统战成员深入基层，开展调查研究，形成《要想“统”，先要“通”》等9项调研成果，分别刊登在《经济社会发展》《联合日报》《淄博日报》《领导参阅》《今日周村》等刊物上，成为转变思路、指导工作的重要依据。

（翟昀仪）

·临淄区委统战部·

【服务全区经济发展】 扎实开展参政议政活动，各民主党派、工商联共提交提案、议案、议政报告等参政议政成果100余件，一大批有真知灼见的意见和建议进入区委、区政府的决策。认真开展帮扶救助行动，积极协调朱台镇及相关企业成立“帮扶救助基金”，对宋桥村进行长期帮扶。继续深入开展发挥统战、高校优势，服务民营企业“1+1+1”活动，为民营企业提供技术、项目等方面的支持。开展争创优秀社会主义建设者、优秀工商联会员企业活动，极大地调动了非公企业发展经济、服务社会的积极性。继续深入开展了“民企帮村”“村企共建”“整村推进”等服务新农村建设活动，7个民主党派分别建立了活动实践基地，开展了一系列服务活动，捐建卫生室2所，文化大院1处、图书室3处，义务植树1万余株，开展义诊活动3次，捐助困难学生10名，举办道德讲堂5期、农业科技讲座11期。广大非公有制企业积极参加“民企帮村”“感恩行动”“光彩事业”等活动，投入资金约330万元，为全区经济建设和社会各项事业发展作出了积极贡献。

【多党合作事业稳步推进】 出台了党外代表人士队伍建设实施意见，对全区党外代表人士进行了全面摸底，完善充实了数据库。举办了全区民主党派成员培训班和全区党外知识分子培训班，不断提高党外代表人士的政治素质和参政议政能力。进一步健全了党委统一领导、统战部门牵头负责、各有关部门和社会团体密切配合的工作机制，认真做好党外干部的发现、培养和推荐。在区人大、区政府和区政协换届工作中，按照上级有关要求，配齐了领导班子成员中的党外干部。目前，全区配备党外副区长1名、人大常委会副主任1名、政协副主席3名，1名党派主委担任了区直部门正职，全区副科级以上党外干部24名。2013年，与组织部门联合选派6名党外干部、民族干部参加优秀青年干部培训班，并到基层挂职锻炼，为今后工作开展储备了人才。成立了区党外知识分子联谊会，组织联谊会成员开展法律服务进社区、扶贫济困等社会公益活动，扩大了社会影响。继续深化“双基建设年”活动，在全区各镇、街道，有关村居社区和企事业单位设立了统战工作场所，选定专人担任统战联络员，建立起了纵到底、横到边的统战工作网络。

【服务和谐社会建设】 争取少数民族发展资金，扶持民族经济发展，以经济发展促民族和谐。2013年申报扶持项目5个，投资400余万元。开展了城市民族工作调研，调研成果作为四新工程课题上报省委统战部。进一步建立健全三级宗教管理网络责任制，镇、街道配备宗教工作助理、村确立宗教联络员，宗教动态限时上报，管理责任落实到人。健全各项宗教工作制度，及时召开联席会议，形成工作合力。扎实做好宗教团体换届工作，顺利完成了基督教爱国组织换届。进一步完善抵御境外宗教渗透的工作机制，联合有关部门妥善处理了与境外勾结非法传教活动，确保了宗教领域稳定。

【扎实开展非公经济人士理想信念教育实践活动】 向区区委常委会作了专题汇报，研究制定活动实施方案，成立以区委副书记为组长的活动领导小组，召开了动员大会。区财政拨付专项经费，为教育实践活动提供了物质保障。选定4个镇、街道和4家非公企业为试点单位，以点带面，树立典型，在此基础上，划分12个活动片，成立12个指导组，努力做到全覆盖。开展了“我为化工产业发展献一策”大讨论、“化工行业安全知识培训”和“我的梦·企业梦·中国梦”演讲比赛等活动，健全了长效机制。教育实践活动取得了实效，在2013年的全国卫生城市创建活动中，安平市场60名企业主主动配合区政府拆除了乱搭乱建，解决了多年的老大难问题。

【切实加强对台工作】 2013年先后接待台胞社团论坛、台胞夏令营等10余个参访团310余人次，促进了两岸在文化经济领域的交往交流。深入开展了“台胞台企服务年”活动，对全区台企台胞情况进行详细摸底，健全了走访制度，对定居台胞、驻地台企进行定期慰问、走访，努力为本地台胞台企服好务。加大海外联谊力度，通过网络等渠道广泛联系，吸引台胞来区参观、考察、投资、兴业，增强海外统战工作的综合效益。建立健全了涉台应急工作机制，定期排查各种矛盾隐患，妥善处理涉台突发事件。

【着力加强自身建设】 做好重点课题调研工作，形成调研报告2篇并上报。全年向省市区报送各种统战信息180余条，被各级采用60余条。切实抓好机关作风建设，开展了“树统战干部形象，建党外人士之家”活动，加强思想、组织、作风和制度建设，打造和谐统战、幸福统战。

（常锦成）

·桓台县委统战部·

【民主党派工作】 一是积极引导各民主党派开展树立和践行社会主义核心价值体系活动，通过召开座谈会、举办经验交流会，强化思想政治教育，筑牢共同团结奋斗的思想政治基础。二是积极引导各民主党派科学参政议政、建言献策，提报各类参政报告、提案、议案70余件，为县委县政府科学决策、民主决策发挥了“智囊团”“人才库”作用。三是引导各民主党派扎实开展“整村推进”工作，民盟基层委员会把新城镇西贾村作为帮扶对象，帮助建设卫生室、幼儿园，成立文化大院，赠送文体设施和书籍；民建基层委员会帮扶邢家镇吉托村搞好路灯、水井、沼气池、健身广场、少年宫等建设；九三学社基层委员会把邢家镇黄家村作为帮扶对象，组织社员定期为村民进行医疗义诊、提供法律咨询，帮助村民解决实际困难。

【党外代表人士工作】 对全县党外知识分子进行普查登记，建立150余人的人才库，实行动态化管理，扎实做好党外人才储备工作。7名党外知识分子被选为市党外知识分子联谊会理事。进一步健全党外干部培养、选拔、任用机制，与组织部配合全力做好党外代表人士实职安排工作。

【非公经济人士理想信念教育实践活动】 紧紧围绕“打造实力桓台、建设幸福城乡”的目标，科学谋划、精心组织，强化措施、扎实推进，确保教育实践活动取得实效。县委常委会议先后多次专题听取活动开展情况汇报，对活动开展提出明确要求。成立了由县委副书记任组长的领导小组，每周听取一次工作汇报。从相关部门和单位抽调综合素质高、工作能力强的同志充实到领导小组办公室，完善相关工作职责和工作制度，确保教育实践活动扎实有效推进。着力抓好活动示范点建设，选树2个示范镇、2个示范基层商会、27家示范企业，命名表彰了42家“双强六好”非公企业党组织，筹建了15个教育实践活动基地。活动领导小组办公室下设3个指导检查小组，每名成员担任1个镇办或者行业商会教育实践活动督导员，进行指导检查，对各镇办工作情况实行“积分制”考核。充分利用明白纸、展板、宣传栏、企业内刊等灵活多样的形式，进行广泛宣传，依托各类媒体资源，推动教育实践活动“上报纸、上广播、上电视、上手机、上互联网”，收集和采写相关信息和典型事迹材料，及时宣传报道教育实践活动先进典型和经验做法，进一步营造浓厚的社会舆论氛围。县委统战部被评为全市非公经济人士理想信念教育实践活动先进单位。

【理论调研宣传信息工作】 制定年度统战宣传工作计划，强化措施，加大宣传力度，做到宣传工作有重点、有特色，点面结合、全面推进，2013年度向市委统战部报送各类信息和图片170余篇，采用30余篇。

（刘迎新）

·高青县委统战部·

【党外代表人士队伍建设】 下发《贯彻落实〈中共淄博市委关于加强新形势下党外代表人士队伍建设的实施意见〉责任项目分工方案》，形成县委统一领导，统战部、组织部密切配合，各部门积极参与的工作机制。通过采取个人推荐与组织推荐、党内推荐与党外推荐、上级推荐与基层推荐相结合的方式，形成了503人的党外代表人士人才库，其中副科级以上党外干部51人，副县级5人，正科级6人，民主党派代表人士5人。

【工商联工作】 县工商联以推动全县非公有制经济科学发展为主题，不断创新活动载体，加强和改进思想政治工作，深入开展服务会员、服务大局系列活动，拓展组织覆盖，搭建服务平台，选树先进典型，激活会内资源，加强对外联络，引领和推动全县非公有制经济加快发展，团结引导广大非公有制经济人士抢抓机遇、干事创业，不断把教育实践活动推向深入，取得了新成效。

【打造“同心”品牌，服务经济社会发展】 一是组织92名党外人士成立7支“同心”社会服务团队，不断完善团队工作格局，实现了“同心”服务活动的整体推进。二是依托党外人士实践基地，组织开展轮岗交流、跟班学习、社会服务、村企共建、扶贫助困等多形式锻炼，丰富党外干部一线工作经历，增强参政议政和解决实际问题的能力。三是组织统一战线各部门和广大统战成员开展调查研究和建言献策，在全县形成了“党委出题、统战成员调研、政府采纳、部门落实”的建言献策新机制，促使相关问题得到及时解决。

【民族宗教领域和谐稳定】 一是调整充实了县、镇、村三级宗教工作网络，形成了民族宗教维稳工作的长效机制。主动捕捉信息，争取上级支持，为民族项目、宗教团体提供力所能及的帮助。山东大地肉牛清真食品股份有限公司被市委宣传部、市民族宗教局命名为“全市民族团结进步创建活动示范单位”。二是抓住《山东省民族工作条例》修订的时机主动提出有关建议，为县少数民族群众争取优惠政策。三是开展宣传活动，宣传推介县民族宗教界的好人好事、先进事迹、先进经验。结合全市“教风年”创建活动，鼓励、引导宗教教职人员和信教群众加强对宗教教规教义的学习，提高宗教学识和综合素质。

【基层网络助推统战工作落实】 继续推进“双基建设年”活动深入开展，根据县、镇（街道）、村换届后人员变动，调整充实了县、镇（街道）、村三级统战工作领导小组，全县767个行政村及大型社区全部确定了统战联络员，形成了“纵到底、横到边”统战工作组织网络。县直设立党委和有统战工作任务的单位成立了以分管领导为组长的统战工作领导小组，各镇（街道）、县直有关部门和大的社区全部设立专门的统战工作办公室，夯实了统战工作基层基础。健全统战工作运行机制，落实了各镇分管统战工作副书记主要抓，统战委员靠上抓，统战干事常抓不懈的基层统战工作责任制。出台了统战工作月调度工作制度，成立了督查组，分别对全县7个镇、2个街道办进行工作督导。每月进行一次工作调度，每季度召开一次工作例会，不间断地对基层统战工作进行督促检查，进一步推动了统战工作的落实。

【统战宣传信息工作】 认真贯彻落实市委统战部宣传信息工作会议精神，围绕全县统战工作大局，以促进工作开展、宣传高青统战、争创一流业绩为目标，坚持以理论创新推动工作创新，多方面、多层次挖掘统战信息资源，切实做好统战信息的撰写和上报工作。被市委统战部采用26条，山东统战信息采用3条。

【统战部门自身建设工作】 深入学习落实十八大文件精神，加强统战部机关效能建设和党风廉政建设，通过集中收看、分散自学、专题传达等多种学习形式，举办了6期统战干部培训班、3期统战知识学习班，培训统战干部及统战对象骨干500余人次，提高了干部队伍的理论素养和工作水平。

（付学礼）

·沂源县委统战部·

【扎实开展非公有制经济人士理想信念教育实践活动】 一是组织非公人士到广西百色、陕西延安等开展红色教育活动，组织企业家赴北京、上海等地参加各类高端培训5次，培训非公人士2300余人。二是组织开展了“跨越发展我献策”活动，收集整理合理化建议35条。协助3家会员企业成功组织产品推介会活动，签订合作项目5个，达成就业意向3300余人次。主动联系协调，帮助30余家中小企业融资1.2亿元，缓解了企业的资金困难。三是继续深化“回报社会感恩行动”，非公有制经济人士积极捐款捐物，参与民企帮村、村企共建、助残助教、帮扶困难群众、资助特困大学生等各项社会公益事业。四是深入开展“县级工商联组织建设年”活动，增补县工商联执委29名、县总商会副会长9名，发展新会员135人，指导帮助10个镇办顺利完成商会换届工作，成立了县工商业联合会女企业家商会和青年企业家商会。加强了非公企业党建工作，不断增强了非公企业党支部的凝聚力向心力。

【加强党外代表人士队伍建设】 一是制定了党外代表人士队伍建设《分工方案》，对目标任务进行了详细分解，进一步明确职责分工，确保各项任务落到实处。二是成立了县党外知识分子联谊会，组织联谊会部分理事开展人才情况调研，向县委、县政府提交的《关于加快引进高层次紧缺人才的建议》被纳入决策。三是健全完善党外代表人士发现举荐、教育培养、民主协商、情况通报、监督管理工作机制，组织开展轮岗交流、社会服务、村企共建、扶贫助困等多形式实践锻炼，使他们接受教育、凝聚共识、增长才干。哈佛龙幼儿园与大张庄镇牛栏峪村结成了村企共建对子，实现了合作双赢。四是党外代表人士推荐安排工作呈现新局面，目前，县各级人大代表、政协委员中党外代表人士达189人，全县共有副科级以上党外干部47人。为13个政府部门和司法机关聘请26名党外人士担任特约检察员、特约监督员等，引导党外代表人士发挥积极作用。

【强化统战基层基础建设】 一是调整充实县统战工作协调领导小组成员，各镇（办、开发区）调整充实相应工作机构，加强对统一战线工作的领导；二是健全完善统战工作联席会议、通报协商座谈、联系党外人士、党外人士综合评价、监督管理等工作制度，为统战工作深入开展提供制度保证；三是搭建活动载体，开展骨干企业帮扶经济薄弱村、深化“民企帮村、村企共建”“回报社会感恩行动”等活动，不断提高基层统战活力。

【认真做好民族宗教工作】一是组织开展第十三次民族团结进步宣传月活动、民族团结进步示范单位创建活动、民族宗教政策法规集中宣传活动等，营造各民族共同团结进步的良好氛围。二是积极争取上级部门对民族经济发展给予政策倾斜，扶持民族村加强基础设施建设，改善群众生活条件。协助完成了柳枝峪村回民小学达标工作，积极创建省级规范化学校。三是坚持宗教工作联席会议制度，开展宗教政策法规进街道、进社区宣传活动和反邪教宣传教育活动等，对宗教活动场所进行安全大检查，加大宗教行政执法力度，开展基督教私设聚会点专项清理活动，依法处理3起非法宗教活动。顺利完成了基督教组织换届工作。四是加强宗教活动场所规范化管理，支持爱国宗教团体加强自身建设，发挥其在维护稳定、抵御渗透、促进和谐等方面的作用。

（王　娜）

·高新区统战工作·

【扎实做好基础工作】一是把统战工作纳入年度工作计划、列入年终工作考核项目，确保工作扎实开展。二是建立党外代表人士信息数据库，不断加强同党外代表人士的联系，积极推荐党外代表人士后备干部，把培养和推荐党外干部工作落到实处。三是建立完善管委会领导同工商联会员和无党派人士的协商会、座谈会、情况通报会制度，搭建沟通交流的平台，开辟了党外代表人士参政议政、建言献策的渠道，保障了党外代表人士的权利。

【深入开展非公有制经济人士理想信念教育实践活动】召开工委会进行研究。成立活动领导小组，制定了《活动实施意见》和实践活动配档表。召开动员大会，安排部署高新区教育实践活动。成立企业家沙龙，为非公经济人士搭建交流平台，促进相互间合作，实现共同发展。加强教育学习，强化理想信念，为非公经济人士赠送专家解读十八大精神系列光盘，帮助他们认真学习领会十八大精神，指导企业的科学发展和个人的成长进步；二是发放教育实践活动学习资料，赠送相关理论书籍，指导非公经济人士广泛开展自学教育；三是为非公经济人士推荐学习书目，扩大学习范围，确保学习成效。开展公益活动，增强社会责任感，组织非公经济人士企业家累计捐赠爱心基金44000元。

【党外代表人士工作】制定高新区《关于加强新形势下党外代表人士队伍建设工作的实施意见》，进一步完善党外代表人士的发现举荐、教育培养、监督管理、综合评价等工作制度。通过实地走访调研、发放调查问卷、召开座谈会等形式，详细了解党外代表人士的基本情况，深入查找薄弱环节，制定相应有效的措施，不断提高党外代表人士队伍建设工作水平。

【民主党派、工商联工作】积极争取工委、管委重视和支持，将民主党派、工商联考察调研、教育培训等专项经费列入财政预算。深入推进树立和践行社会主义核心价值体系活动，坚定统一战线各界人士自觉接受中国共产党领导的信心和走中国特色社会主义道路的决心。

【创新服务社会管理工作】全面贯彻落实党的民族宗教政策及法律法规。积极引导宗教界代表人士增强爱国爱教意识，协助爱国宗教团体加强自身建设。在涉及民族宗教重大问题上，积极发挥统战工作优势，坚持以引导、教育为主，主动牵头协调处理，维护了民族团结、宗教和谐和社会稳定。

【调研宣传信息工作】先后3次到基层调研，通过发放调差问卷、召开座谈会等方式，广泛征求基层意见，形成统战工作调研报告上报市委统战部。进一步加强对统战宣传、信息工作的领导，安排专人负责，及时宣传统战工作经验，积极向市委统战部及新闻宣传部门报送统战信息。

（贺文峰　赵　晋）

·文昌湖旅游度假区统战工作·

【加强党外代表人士队伍建设】区党工委制定《加强党外代表人士队伍建设的意见》，成立党外代表人士队伍建设工作领导小组，把党外代表人士队伍建设工作列入重要议事日程，健全完善各项工作制度、活动制度，在各镇、管理处明确党外代表人士队伍建设工作分管领导和联络员。成立区党外知识分子联谊会，建立3处党外代表人士工作联系点，设立2处活动基地，为党外知识分子搭建活动平台。积极组织党外代表人士参加各类教育培训，不断提升素质能力。

【深入开展非公有制经济人士理想信念教育实践活动】 按照全市非公有制经济人士理想信念教育实践活动动员会精神，研究制定实施意见，成立由区党工委副书记任组长，组织人事部、经发局、财政局、环保局、国土局、工商局等部门主要负责人为成员的领导小组，召开动员会，对教育实践活动进行部署。组织非公经济人士结合企业自身实际，创新活动载体，推动活动有序开展。建立全区非公经济人士理想信念教育实践活动联系点，加强区领导、区各部门与非公有制企业的联系沟通，区领导经常到企业调研，及时帮助企业解决发展中的困难和问题，区各部门发挥各自职能作用，制定推进企业发展的措施，不断优化企业发展环境，促进企业健康发展。

【扎实推进党的群众路线教育实践活动】 按照省市委的部署要求，聚焦作风建设，集中解决形式主义、官僚主义、享乐主义和奢靡之风“四风”方面的突出问题，深入开展党的群众路线教育实践活动，认真组织学习教育，开门听取党外人士意见建议，深入剖析在“四风”方面存在的突出问题，认真开展批评和自我批评，加强整改落实、建章立制，为更好地推动统战工作开展奠定基础。

（蔡　霞）

枣庄市

·枣庄市委统战部·

【统一战线共同思想政治基础更加巩固】 一是组织全市统战干部和广大统战成员认真学习党的十八大、十八届三中全会和习近平总书记系列重要讲话精神，举办培训班、读书会、征文活动等活动10余次。二是做好引导、协调、交流、宣传、推动，在各民主党派、工商联和无党派人士中开展坚持和发展中国特色社会主义学习实践活动，进一步增强对中国特色社会主义的道路自信、理论自信和制度自信。三是以纪念中共中央发布“五一口号”65周年和台儿庄大战胜利75周年等为契机，开展形式多样的系列纪念活动。民革中央、黄埔同学会在台儿庄召开纪念台儿庄大战胜利75周年座谈会，农工党中央书画院在台儿庄设立书画交流基地。四是支持和协助各民主党派、工商联、爱国宗教团体等加强自身建设，保障活动经费，将民主党派市直支部活动经费列入市级财政预算，对区(市)落实统战工作政治特别费、民主党派基层组织活动经费、工商联调研经费、少数民族发展资金等的落实情况进行严格考核，为开展工作、发挥作用创造良好条件。

【服务经济社会发展成果丰硕】 一是积极参政议政建言献策。多次召开党外人士情况通报会，其中2次由市委、市政府主要领导参加。增强调研工作的针对性，引导统战成员针对市委、市政府中心工作有计划地联合调研，为党委、政府科学决策提供依据。协助民主党派、工商联加强参政议政制度建设，建立联席会议制度，提高参政议政质量和水平。各民主党派全年整理上报社情民意信息300余篇，提交提案238件，31件提案被评为优秀提案。民主党派、工商联市级组织及骨干成员撰写调研报告15篇，4篇获全市优秀调研成果奖，各类建议大多转化为推进经济社会发展的成果。二是扩大对外交流合作。充分发挥工商联、海外联谊会、党外知识分子联谊会等组织和团体对外联谊交友的作用，加强与外地商会、工商社团、企业及工商界人士的交流与合作，引进资金、技术和人才，帮助企业走出去。充分利用台儿庄海峡两岸交流基地平台作用，实施“联络行动”和“牵线计划”，以文化创意、旅游服务、优质农业等产业为重点，与台湾相关工商团体和企业进行对口联络，开展产业和项目对接交流。三是广泛开展社会服务活动。引导组织全市统战成员开展支教助学、送医下乡、“感恩行动”和“光彩事业”等各类活动100余次，累计投入帮扶资金和捐助实物价值1000余万元，受益群众达1万余人。

【党外代表人士队伍建设取得新进展】 一是深入开展教育培训。对全市科级党外干部进行统计，调整加强了党外后备人才库。在省社会主义学院举办全市党外干部培训班，选调了87名党外干部参加培训，帮助提高政治理论素养和领导能力。二是切实抓好实践锻炼。配合省委统战部搞好省级党外代表人士实践锻炼基地（山亭区）建设，做好山亭区与烟台经济开发区交流挂职人员的选调、职位安排等工作。抓好市党外代表人士实践锻炼基地建设，实现了党外代表人士挂职锻炼规范化、制度化，新选派5名党外干部到薛城区有关乡镇挂任副镇长。三是大力推动实职安排。市直部门安排党外县级干部22人，其中市政府32个工作部门配备党外领导干部11人（正职2人），占比达34.4%。按照不低于四分之一的乡镇（街道）和政府工作部门领导班子中配备党外干部的标准对各区（市）进行考核，有力地推动了区（市）党外干部配备工作。滕州市在上半年的干部调整中，一次性为8个政府工作部门配备了党外领导干部；峄城区21个政府工作部门配备党外领导干部13人，占比61.9%；市中区21个政府工作部门配备党外领导干部11人，占比52.3%。

【工商联工作全面加强】 一是进一步加强和改进对工商联党组的领导和工作的指导，协助市委制定并贯彻落实有关工商联工作的各项政策，加强对非公有制经济人士工作和工商联工作的指导和协调，支持工商联创造性地开展工作。二是扎实开展非公经济人士理想信念教育实践活动，引导非公经济人士自觉履行社会责任、坚定理想信念，同时把教育活动与服务工作结合起来，帮助会员企业协调解决各类问题30余个，协调金融机构为会员企业融资8000余万元，争取科技扶持资金700余万元，有力地促进了“两个健康”。三是组织民营企业家参加全省青年企业家管理创新培训班，在上海财经大学举办全市非公经济人士经济管理培训班，帮助企业开阔视野，创新发展观念。四是根据省委统战部“百名专家教授联百企”活动要求，做好市非公企业与专家教授的牵线搭桥工作，组织企业到高校、科研院所开展专题性交流洽谈活动，专家教授与企业签订各类产学研合作项目37项，17位专家教授被企业聘为科技顾问。

【民族宗教保持和谐稳定局面】 以“务实解难促团结和谐、交流交融求繁荣发展”为主题开展民族团结进步宣传月活动，推动民族团结内容进学校、进教材、进课堂。积极培育典型，指导市中区争创全省、全国民族团结进步示范单位。加大财政扶持力度，民族工作任务较重的区（市）安排少数民族发展资金不少于20万元，其他区不少于10万元，全年共落实省、市两级专项扶持资金212万元，扶持项目16个，带动地方配套和群众自筹资金2143万元，惠及全市8个民族村（居）、部分宗教场所，受益群众近5万人。依法管理宗教事务，开展专项整治活动，确保宗教活动正常化。开展宗教政策法规学习月活动，法制宣传无缝覆盖。加强爱国宗教团体建设，开展教风建设年活动，建立宗教教职人员及宗教团体负责人约谈制度和民主评议制度，进一步完善了“财务、人员、活动”等方面的管理制度，提高宗教团体自我管理和民主办教水平。引导宗教界积极有为、量力而行地做好公益慈善事业，鼓励宗教组织兴办敬老院3家。进一步巩固和谐宗教活动场所创建活动成果，新向省宗教局推荐8个和谐宗教活动场所“示范窗口”，全市已有61处场所被评为省级“和谐宗教活动场所”。建立会商民族宗教工作制度，统一协调处置全市民族宗教方面的重大问题和突发事件等，先后及时发现调处了多起涉及少数民族当事人与有关方面因借贷纠纷、医疗纠纷和偶发矛盾等引发的信访问题，加强互联网信息管理，会同有关部门及时妥善地处理了有关敏感信息。

【海外联谊实现新拓展】 召开市海联会三届二次理事会议，对理事进行增补和调整，将理事会分为7个联络小组，使理事会组织和制度建设得到不断加强。为全市72家企业授“枣庄市海联理事企业”铜牌。发挥海联会优势，促成香港天成数码控股有限公司投资60亿元建设联合数码城项目。做好海联新农村卫生室工作，确定5个医疗卫生条件较差的村街作为卫生室落户村，并积极争取市区配套资金。通过举办报告会、学习会、捐资助学等有特色的活动，畅通对外信息和宣传渠道，广泛团结港澳台海外朋友，与多个港澳台海外社团建立了联系。

（程　亮　张　磊）

·滕州市委统战部·

【强化思想政治引领】 组织统一战线成员深入系统学习十八届三中全会、习近平总书记重要讲话和上级党委重要会议精神，引导统一战线广大成员增强道路自信、理论自信、制度自信。组织编印《统一战线工作知识手册》，帮助各级党政领导干部和统一战线成员了解掌握统一战线知识和相关政策规定。

【服务经济社会发展】 一是组织开展“同心服务社会”活动。民建滕州总支会员企业山东大华眼镜有限公司举行了春节送温暖活动，为贫困学生免费配镜，捐助资金5万余元。民盟滕州总支教育讲师团到姜屯中学指导教学工作，开展评课交流研讨活动。九三学社滕州市基层委员会组织社员到市实验幼儿园，为三百余名小朋友进行义务健康查体，已连续开展29年。农工党滕州总支举办了第六届“中国环境与健康宣传周”活动，组织人民医院、中医院和工人医院医疗专家开展义诊活动。组织开展非公有制经济代表人士“回报社会、感恩行动”鲍沟行、木石行活动。二是积极开展非公有制经济人士理想信念教育实践活动，组织非公经济代表人士赴西柏坡、延安等地开展学习考察活动，进一步增强对中国特色社会主义的信念、对党和政府的信任、对企业发展的信心。三是进一步推进民族宗教工作制度化、规范化建设。市委统战部、市民族宗教局研究出台了镇街民族宗教事务管理规范，明确了镇街在民族宗教管理中的职责、任务、机构设置、工作制度及标准、程序要求等，较好地解决了镇街、村居民族宗教工作干什么、怎么干的问题。组织开展全市佛道教寺观管理专项治理，进一步规范基层民族宗教工作。按照民族宗教系统“基层基础建设年”活动要求，制定并推行了《镇街民族宗教工作八有基本标准》，健全了“市、镇街、村居”三级队伍网络和责任体系，完善了市、镇（街道）、村（社区）民族宗教管理制度。

【加强党外干部队伍建设】 一是不断加大使用力度。市委统战部积极建议市委充分利用现有党外干部资源，通过交流使用的办法，在原来只有1个市政府工作部门配备党外领导干部的基础上，一次性选配了8名党外干部分别担任教育局、文广新局、科技局、卫生局、计生局、环保局、审计局、司法局等部门领导班子副职。4月份干部调整时，又有6名党外干部提拔重用为副科级。目前，全市共有党外科级以上干部31名，17个市直单位配备了党外领导干部，在6个镇街配备了5名党外领导干部和1名少数民族干部。二是加强教育和培养。设立党外干部专项教育培训资金。选送12名党外干部参加枣庄市委统战部组织的党外干部培训班。市委组织部首次行文由统战部对党外干部、民族干部进行推荐。经过推荐、考试、面试、考察、公示等环节，11名非中共党员干部和1名民族干部到有关镇街和市信访局等部门挂职锻炼。

【做好宣传信息调研工作】 一是加强调研。认真组织力量围绕“改变基层统战工作薄弱状况的因应之策”这一重点课题进行调研，形成了调研报告，上报枣庄市和省委统战部。成立由市委政研室、市委统战部、工商联、中小企业局、工商局等部门组成的非公有制经济发展联合调研组，先后深入滕州经济开发区和13个镇（街）46家不同类型的非公企业实地调研，发放问卷1300余份，形成《滕州市非公有制经济发展调研报告》，得到省委和省委统战部领导的充分肯定。二是积极开展《滕州统战志》编纂工作。按照高标准严要求，认真开展编纂工作。在广泛收集素材的基础上，本着真实性、客观性、全面性的原则，对材料进行去粗存精、去伪存真的整理，已完成初稿。

【加强统战干部队伍和机关效能建设】 认真贯彻落实全市干部作风建设大会精神，深入开展机关干部作风集中整顿活动，制定印发了中共滕州市委统战部《干部作风集中整顿活动的实施方案》，成立了领导小组，建立了严格的考核制度，积极营造了“严谨、和谐、清正、务实”的机关良好风气，进一步提高了工作效率和服务水平。

（姚树佩）

·薛城区委统战部·

【民主党派工作】 一是紧紧围绕区委工作中心，团结和凝聚社会各方面的力量，积极营造和谐稳定的大氛围，形成合力。二是参政议政卓有成效。各民主党派、工商联积极为经济发展建言献策，在市、区人大、政协会议上提出议案、提案180余件，有20余件被列为重点提案，受到市、区政府的重视和采纳，并责成有关部门组织实施。三是结合纪念中共中央发布“五一口号”65周年，深入开展学习践行社会主义核心价值体系和“同心”教育活动，各民主党派开展送医疗下乡活动20次，健康体检600余人次，送药5000余元，急救公益宣传1次。四是充分发挥市党外代表人士实践锻炼基地的作用，做好市委统战部选派第二批5名党外干部来到薛城区开展挂职锻炼的各项对接工作，挂职干部争取并落实各类资金272万元，举办农业技术培训班3期，所负责的重点项目工作均取得突破性发展，受到接收单位欢迎和好评。

【经济统战工作】 一是积极开展非公有制经济人士理想信念教育实践活动，制订了实施方案，成立了领导小组，召开了动员会议，确立11家企业为活动示范点，成立了督查组。二是按照区委部署帮包恒翔电器有限公司，组织有关人员深入企业开展集中调研，帮助企业制定中长期发展规划，解决生产和发展方面的问题。三是积极引导非公有制经济人士开展“送温暖”“献爱心”“扶贫助学”等社会公益和光彩事业活动，筹集资金30万元，走访慰问全区5处敬老院、500多名孤寡老人，资助60余名贫困儿童。

【民族宗教工作】 认真贯彻落实全国及省、市民族宗教工作会议精神，及时处理民族宗教发展中的矛盾和问题，维护民族宗教界的稳定。与公安部门配合，按照有关规定做好民族成分更改工作；与区教育主管部门配合，对54名参加中高考的少数民族考生进行了民族成分认定；年初对区穆斯林农户和城市穆斯林低保户发放了牛羊肉价格补贴。与区教育局、食品药品监督管理局薛城分局、区伊斯兰教协会联合开展了学校清真食品专项检查，为全区400多名穆斯林学生饮食安全提供了保障。开展了民族团结进步宣传月活动，在区电视台、《薛城周讯》等新闻媒体开辟专栏，对党的民族宗教方针政策、民族宗教知识，以及促进民族团结进步的先进典型等进行了集中宣传报道，3次到少数民族居住比较集中的区域宣讲民族政策法规，开展咨询活动，发放宣传资料2000余份，使党的民族宗教政策更加深入人心。开展了“基层基础建设年”活动，健全了区、镇（街）、村（居、社区）三级民族宗教工作管理网络和三级责任制。开展了“宗教政策法规学习月”和以“教风”为主题的和谐宗教活动场所创建活动，改善了宗教界的形象。开展了专项治理工作，规范了宗教活动秩序。开展了以“慈爱人间，五教同行”为主题的宗教慈善活动，引导各宗教团体和宗教活动场所积极行动，踊跃为社会奉献爱心共计3万余元。

（邢文蕴）

·山亭区委统战部·

【加强领导，统战工作地位作用有了新的提升】 区委高度重视统战工作，将统战工作纳入了重要议事日程，从人力、财力、物力上保障了统战工作的开展。区委主要领导听取统战工作汇报、参加统一战线重大活动共9次，区委常委会议研究统战工作3次，及时研究解决了统战工作中遇到的困难和问题。各乡镇和区直机关各单位领导对统战工作的认识进一步提高，把统战工作纳入党务工作的一项重要内容来抓，明确了专人负责。各乡镇（街道）形成了副书记分管，统战委员具体抓，部门单位、村各负其责的工作格局，每个乡镇（街道）统一配备了统战干事。大力开展统战宣传，统一战线的影响不断扩大，累计在中央、省、市统战部门、民族宗教部门刊发各类稿件30多篇（条）。先后编发《山亭统战工作》信息18期，及时反映各领域统战工作新举措、新进展、新经验。

【突出亮点，多党合作和党外人士工作凸显新活力】 区委先后出台重大问题、重要事项协商通报制度、党政领导干部与党外代表人士交友制度和《关于进一步加强镇（街道）基层统战工作的意见》。在人大、政府、政协及政府部门担任领导职务的党外人士与同职级党内干部享受同等政治和生活待遇。承担省级党外代表人士实践锻炼基地建设任务，圆满完成了挂职党外干部对接工作，8名挂职人员分别被安排到区政府、教育局、经信局、旅服局、经济开发区和汉诺集团挂职实践锻炼。重视党外干部推荐培养，大胆使用优秀年轻党外干部，在干部调整中有3名党外干部和民主党派干部被提拔重用，其中1名担任了正科级领导。区委统战部制定了党外干部推荐培养方案，设立后备人才库，全区党外代表人士已由3年前的82人调整充实到目前的219人。

【热情服务，民族宗教工作得到新加强】 为米山顶村申报了花生油农产品深加工项目，为城头镇申报城头清真寺修缮工程项目；为城头镇西城头村、徐庄镇米山顶村申报了《全国少数民族特色村寨保护与发展名录项目》。严格按程序为9名少数民族考生办理了中考加分审核登记手续，民族团结进步宣传月活动先后发放民族政策教育宣传书籍和民族团结进步宣传手册1500多本，悬挂宣传横幅80多条。到米山顶村开展了民族团结进步宣传月暨走访慰问义诊活动。完成了196户穆斯林群众的牛羊肉价格一次性补贴发放。

【发挥优势，服务经济社会发展结出新硕果】 一是积极建言献策。引导统一战线广大成员以“招商引资项目建设年”“城建提升年”活动为契机，深入调研，建言献策；区委统战部会同区工商联对全区10个镇（办）和山亭经济开发区内的60多家非公有制企业进行了调研，详细了解企业目前生产经营情况及存在的困难和问题。二是努力改善民生。区委统战部先后到西集镇、凫城镇看望慰问福利院孤寡老人，走访慰问困难群众家庭、新中国成立前老党员。区内5所新建“海联新农村卫生室”项目已全部竣工。由日照冠华集团捐助100万元的2万册图书，也分发到山城街道南庄小学、东江小学等10所学校。农工党山亭支部在西集镇伏里村开展了“同心爱老，助推敬老”免费义诊活动，为200多位村民做了健康查体；民建山亭支部与民建枣庄市委在山城街道库山头小学举行“枣庄民建·思源助学工程”捐赠活动，共捐赠了价值1万元的物品，发放了100余份视力保健资料。

（张　鹏）

·市中区委统战部·

【区委区政府高度重视】 区委把统战工作列入重要议事日程，下发了《关于调整市中区统一战线工作领导小组的通知》，明确区委副书记分管统战工作，定期召开区委常委会议，听取统战工作专题汇报，研究解决统战工作中存在的实际困难和问题，区委统一领导、统战部牵头协调、各有关部门和人民团体各负其责的工作体制得到进一步加强。把统战工作纳入党政领导班子工作考核。拨付10万元统战政治活动经费。

【党外代表人士队伍建设】 一是落实政治待遇。民革、民盟、民建、农工党等四个民主党派主委和工商联主席分别在人大、政府、政协担任领导职务，与同职级党内干部享受同等政治和生活待遇。二是落实活动经费。将各民主党派活动经费计15万元列入财政预算，帮助5个民主党派基层组织协调解决活动场所，为民主党派开展工作提供必要的支持。三是落实政治和实职安排。全区乡镇、街道政府领导班子都配备了党外干部。1/3的政府工作部门领导班子和法院、检察院也都配备了党外领导干部。全区现有党外县级干部5名，党外科级干部52名，其中，正科级8名，党外政协委员143名，党外人大代表35名。

【协商民主制度化】 制定了《市中区民主党派工作制度》，区委区政府实施重大事件通报制度，推进多党合作规范化、制度化，通过召开民主协商、情况通报等会议，向党外人士定期通报经济社会发展情况、党风廉政建设和反腐败工作等情况。各民主党派积极参政议政，开展专题调研活动，广开了言路，开阔了视野，提高了参政议政能力。全年提交调研报告7篇，社情民意40余条，在2013年全区“两会”上共提交建议意见和提案63件，70%立案，17篇被评为优秀提案。

【经济统战工作】 健全工商联党组，党组书记由统战部分管经济统战工作的副部长兼任，并担任第一副主席。对工商联班子成员进行了培训，组织非公企业负责人参加上海财经大学举办的非公经济人士高层培训班。充分发挥非公经济组织党工委作用，开展非公有制经济人士理想信念教育实践活动，制定活动实施意见，举办了座谈会。新发展工商联会员68个，新建和完善基层组织和行业商会23个，新增补企业界工商联副主席5名、常委12名。为促进非公有制企业转型升级，对骨干会员企业进行走访调研，走访会员企业160余家，召开座谈会16次，发放调查问卷200余份，完成了“市中区民营企业发展情况及建议”等3篇调研报告；积极协调开拓融资渠道，2013年为会员企业协调资金1.21亿元。积极开展“光彩事业”活动。组织45名工商联和经济界政协委员参与捐款、捐物，总价值计23.1万元，走访困难家庭80余户，走访敬老院、福利院7个。2013年，会员企业共认捐慈善基金5800万元。据不完全统计，全区会员企业用于济贫、助学、修路、绿化等方面的光彩事业资金达760多万元。

【海外统战工作】 积极为外贸企业对外交流合作提供高效便捷服务，对规模大、外向度高、信誉好的涉外企业人员简化手续，减少审核环节，为企业“走出去、请进来”开辟绿色通道。全区共办理12批17人次对外邀请函，办理8批17人次出国公务考察，组织参加了5月香港活动，先后拜访国际知名企业10余家，签约项目3个，合同金额达1.2亿美元。两岸互访更加紧密。把市南工业区、经济开发区作为对台招商引资的主阵地，已有台商110余人次前来参观考察，与台湾东嘉建设开发有限公司达成了多个合作意向。

【民族宗教工作】 建立完善统战部牵头的民族宗教工作协调机制。积极争取对上扶持资金。国家拨付40万元资金用于清真寺重修改造为基础的特色村寨保护项目；为回民小学争取10万元，用于打造省级民族团结进步创建示范学校资金；积极开展“民族团结进步宣传月”活动，指导利民社区开展利民回族家园和社区服务中心的建设和搬迁工作；在少数民族群众百人以上村居，配备社区民族助理员，先后协调处置多起涉及少数民族的经济纠纷。开展“基层基础建设年”活动，创建甘泉寺4A景区，门前道路及停车场扩建工作有条不紊地进行；全面防御非法宗教势力的渗透，与区公安分局联合开展了“打邪”“治非”专项整治工作，对全区非法聚会点依法取缔。

（梁龙海）

·峄城区委统战部·

【多党合作和政治协商制度建设】 按照比例要求，推荐民主党派和无党派人士作为人大代表、政协委员候选人。1月届中调整后，区人大党外代表12名，区政协党外委员148名，均达到了配备比例要求。重视发挥党外人士民主监督作用，在区检察院、教育局、监察局、国土资源分局、审计局、国税局、地税局7个单位聘请了29名党外人士担任特约监督员。

【党外代表人士队伍建设工作】 对150余名优秀党外代表人士分别建立人物档案，实行动态管理。做好党外代表人士思想政治工作，举办党外干部培训班，引导他们思想上始终与中共保持高度一致。2013年调整交流党外干部4名，区教育局、文广新局、科技局、卫生局、人口与计划生育局、环保局、监察局、审计局、司法局、体育局、畜牧兽医局、国际商会共12个部门领导班子按配备了实职党外干部；区建材局、区人民医院、区中医院3个单位主要负责人由党外干部担任。全区2个镇（街）政府领导班子配备了党外干部。截至2013年12月31日，全区共有党外干部25人，其中县级干部5人，科级干部20人。

【经济统战工作】 落实领导班子抓工商联工作的责任制，及时研究和解决工商联工作的重大问题。全区7个镇（街）全部设立了商会组织，配备了工作人员，设立专门办公室。加强非公企业党建工作，帮助企业建立、完善党支部。截至2013年底，全区共有84家非公有制企业建立了党支部，其中单独建立的68家，联合建立的16家。按照中央、省、市统一安排部署，在全区开展了非公有制经济人士理想信念教育实践活动。加大非公有制企业服务力度，利用商会搭建银企对接合作平台，帮助非公企业解决融资难题。建立部门合作机制，搭建人才信息平台，为企业提供人才、信息服务。开辟绿色通道，开展“政务服务一条龙活动”。

【服务社会工作】 引导广大党外人士围绕群众关心的热点和难点问题开展调研活动6次，形成调研报告18篇。组织民主党派成员开展“同心·义诊”活动，为百姓送医、送药、送健康；开展“金秋助学”活动，帮助偏远地区学校和贫困学生；开展科技助农活动，邀请种植养殖专家为群众答疑解惑，发放科普图书；开展同心助老活动，到敬老院慰问老人，健康查体。引导非公经济人士参与光彩事业，全区100余家非公企业开展了“助残”“助学”“助老”“助困”“运河情·慈母心”等系列活动，设立了“中原慈善助学基金”“思源助学基金”，共捐款、捐物折合人民币108余万元，资助困难学生287名，资助残疾人、老年人260余人，帮助困难群众380多人。

【民族宗教工作】 成立了民族宗教工作领导小组，明确任务和职责，做好协调、沟通工作。在镇（街）设立民族宗教办公室，确定专兼职工作人员，完善区、镇、村三级网络两级责任制，形成上下联动的民族宗教工作体系。认真贯彻落实民族宗教政策，全年共发放全区穆斯林农户和城市穆斯林低保户牛羊肉价格一次性补贴13440元，结对帮扶少数民族特困户5户。为符合条件并愿意办理的宗教界教职人员及工作人员全部办理医保和社保。开展以“学习贯彻党的十八大精神”为主题的宗教政策法规学习月活动。开展清真食品安全大检查、“两乱治理”及整治基督教私设聚会点等专项活动6次。修改制定了《峄城区突发性民族宗教群体事件应急预案》，与各宗教团体主要负责人签订安全稳定目标责任书，组织安全工作大检查4次。

【海外统战工作】 加强与港澳台和海外社团、各阶层代表人士的联络交往，组织参加了枣庄市台协会赴台经贸洽谈、峄城·桃园农业产业合作恳谈会等4项对台经贸活动，全年共接待台商、台胞、台湾考察交流团共97人。

【信息宣传调研工作】 制定了统战信息宣传调研工作计划和《2013年全区统战信息宣传调研工作要点》《全区统战信息宣传调研工作考核表彰办法》。全年共撰写调研文章5篇，上报信息、宣传稿件95篇，被《山东统一战线》采用6篇，被《枣庄统战信息》采用10篇，被《枣庄日报》采用1篇，被《峄城通讯》采用8篇，被区政府网站采用12篇，被峄城电视台采用7篇。

（孙　青）

·台儿庄区委统战部·

【党外代表人士队伍建设扎实推进】 区委出台了《关于加强新形势下党外代表人士队伍建设的实施意见》，提出了加强党外代表人士队伍建设的总体要求及具体措施。以实施意见为指导，着力做好党外干部的发现、培养、使用、管理工作，采取民主推荐、单位审核、组织考察、确定公示等程序，选拔了一批年纪轻、学历高、有发展潜力的党外优秀人才为后备干部培养对象，纳入后备干部人才库。目前，人才库已储备党外后备干部31名。分层次、分阶段推进党外人士学习贯彻十八大精神活动，培训教育民主党派、非公企业、少数民族等各领域统战成员7800余人次。

【多党合作和民主党派工作不断深化】 积极协助民主党派抓好领导班子和组织建设，及时发现、培养和吸纳优秀年轻后备人才。2013年，全区各民主党派发展新成员5人，进一步充实了成员队伍。积极引导各民主党派成员着眼于经济社会发展重点开展调查研究，提出高质量的建议和提案，全年共立案委员提案27件，服务了区委、区政府决策。各民主党派发挥自身优势，积极组织开展送医下乡、社区义诊、扶贫解困等社会公益活动，产生了良好社会反响。

【非公有制经济统战成效明显】 开展了非公经济人士理想信念教育实践活动，印发了实施意见，召开了动员大会，以专题培训、参观考察、联谊交流、企业家“关爱助学”等丰富多彩的载体，推动活动取得实效。区委统战部、区工商联联合有关部门组成5个调研组，对全区182家非公有制企业进行专题调研，形成了内容翔实的调研报告，为区委提供决策参考。在全区非公经济组织党组织推行“党建六会两课新模式”，得到省委统战部重视，被作为全省创新成果推荐到中央统战部。积极引导非公经济人士参与社会公益事业，帮助贫困群众脱贫致富，全年在“关爱助学”等各类公益活动中捐款捐物共计10万余元，建立重点帮扶项目4个，安置就业再就业人员500余人。

【民族宗教工作积极稳妥】 举办了民族团结进步宣传月和宗教政策法规学习月活动，发放宣传材料1万余份。深入开展民族宗教工作调研活动，通过召开座谈会、实地查看等方式，对宗教活动场所管理、信教群众分布及教职人员社会保障、财务监督管理、社会公益慈善事业等方面进行了全面细致的了解。对涧头天主教堂的房产纠纷问题和清真南寺的拆迁安置问题，在详细调查的基础上，明确专人靠上工作，协调相关镇街和部门积极稳妥处理。积极牵头协调，完成了清真南寺管委会班子的选举工作，使清真南寺的管理走上正轨。

【统战部自身建设进一步加强】 以干部作风能力建设年活动为契机，加强政治学习，坚持机关学习日制度，坚持举办“廉政教育每月一课”，扎实推进学习型党组织建设，努力提升统战干部能力和水平。在配齐镇街党委统战委员的基础上，将镇街统战工作场所建设纳入镇街政协工作室建设之中，一同检查考评，有力地促进了镇街统战工作的开展。将宣传信息、调研工作列入统战工作的重要内容，制定奖惩措施，实行专项考核检查，确保完成宣传信息调研工作任务。全区统战信息被《山东统一战线》采用5篇，《枣庄统战》采用20篇。

（李召亮）

东营市

·东营市委统战部·

【深化教育引导，始终保持统一战线正确的政治方向】 一是深入开展学习教育活动。召开了全市统一战线学习贯彻党的十八大精神座谈会，举办了民主党派、工商联负责人和无党派代表人士读书班，认真学习贯彻习近平总书记系列讲话和市委工作会议精神。开展了非公有制理想信念教育活动，举办了纪念“五一”口号发布65周年座谈会、统一战线庆“七一”书画联谊会和“同心论坛”，进一步统一思想、凝聚共识，巩固了统一战线共同的思想政治基础。二是坚持和完善多党合作和政治协商制度。召开民主协商会、通报会、座谈会4次，党政主要领导主持或出席协商会、通报会2次，市纪委就市纪委五届三次全会工作报告向各民主党派负责人征求意见，并邀请党派负责人出席会议，为进一步扩大统战成员有序政治参与奠定了基础。积极争取市委、市政府支持，改善民主党派办公条件，投资200万元对民主党派办公楼进行了改造提升。三是建立健全联系交友制度。研究制定了与党外人士联系交友、对口联系和特约人员制度，扩大了交友范围，拓宽了党外人士参政议政渠道。

【加大推进力度，党外代表人士队伍建设工作深入开展】 出台了《党外代表人士队伍建设工作联席会议制度》和《贯彻落实〈中共东营市委关于加强新形势下党外代表人士队伍建设的实施意见〉分工方案》，召开了第一次联席会议。全市党外代表人士队伍建设力求“五个强化”（强化人才储备、教育培训、选拔任用、实践锻炼、监督管理），规范化程序化制度化水平进一步提高。全年培训党外代表人士1000人次。从市直选派了1名民主党派副县级干部和1名无党派副县级干部分别到利津、垦利担任县政协副主席。安排1名党外副县级干部担任市政协副秘书长。在全市科级干部轮岗和竞岗交流中，有5名党外科级干部进行了轮岗交流，3名党外科级干部进行了竞岗交流。

【凝心聚力　服务黄蓝经济区建设成绩显著】 发挥优势，献计出力。开展了同心建言活动。一是支持鼓励党外人大代表、政协委员积极撰写提案议案，各民主党派在市政协七届二次会议上提交提案135件，占总提案量的37%，有近20件提案、议案进入党政决策，为市委、市政府科学决策提供了依据。二是围绕贯彻落实市委工作会议精神，组织民主党派、无党派人士开展了专题调研活动，研究确定了10个重点调研课题。三是邀请民进中央沿黄滩地考察团前来调研，就滩地保护和开发利用提出建设性意见。四是组织同心服务团为市领导联系企业和各联络员联系企业开展服务，市委、市政府主要领导对“同心·党外服务团”围绕中心、服务经济发展的做法给予肯定和表扬。

加强服务，促进发展。以开展非公有制经济人士理想信念教育实践活动为契机，加强教育引领，加大服务力度。一是建立了政企、科企和法企联席会议制度，配合各级政府出台了支持非公企业发展的相关政策。市县两级实行了“企业联络员制度”，对影响企业生产经营的关键问题，由联络员和所在单位责任到人、到单位，限时办理。二是组织开展了“百名专家联百企”和人才对接、银企对接、科研对接“三对接”活动，省委统战部、省工商联协调安排10名专家联系市属10家企业，帮助解决实际困难和问题。三是开展了“大走访、大调研”活动，重点围绕微型企业社会化服务体系建设进行调研，推动改善发展环境。四是通过组织报告会、经营管理讲座，外出参加创新管理培训班、山东巡回大讲堂等，培训人员2000多人次，企业管理水平和能力进一步提升。

同心引领，服务民生。以打造“同心同行”活动品牌为平台，组建五个由全市各民主党派、无党派人士代表组成的同心·党外服务团，先后开展法律进社区、医疗下乡、科技帮扶、文教服务等活动，服务各界群众达3000多人次，发放宣传资料1000余份，赠送常用药品价值5000余元，实现了“党外专家受教育、人民群众得实惠、统一战线树形象”的多赢效应。引导广大非公有制经济人士自觉履行社会责任，继续开展“感恩行动”“三帮活动”等光彩事业活动，在抗击四川雅安芦山地震灾害中，全市统一战线成员踊跃捐款捐物价值300多万元。联系村帮扶工作成效明显，开展新型农民学校培训20余次，筹集帮扶资金80多万元用于疏浚沟渠、建设书屋、绿化村庄，进一步改善了蒋官村的生产生活条件。

维护稳定，促进和谐。深化“民族团结进步创建活动”，完善了市、县、乡（街道）三级少数民族服务网络，推动少数民族经济合作社建设，积极支持市民族民品定点生产企业发展，为少数民族经济发展提供了强有力的支持。举办了全市宗教界人士培训班和“慈爱人间，五教同行”演讲比赛。开展了规范宗教活动秩序专项治理活动，在重要节日、重大活动期间，对不稳定因素进行深入排查调处。全程指导观音寺、天宁寺开光法会，保证了开光活动合法有序进行。切实做好抵御境外宗教渗透工作，建立健全了防控、隐患排查化解、应急处置等机制，确保了全市民族宗教领域持续和谐稳定。

加强联谊，增进交往。坚持“请进来、走出去”的工作思路，充分发挥“海联会”联系广泛的优势，促成泰国华人青年商会“中国寻根之旅”考察活动。邀请香港国际投资总商会“山东东营能源项目合作访问团”来我市访问，促成与万达集团能源项目的合作。接待俄罗斯中国和平统一促进会等国家和地区的友好社团22批次累计200余人次。先后组织30多批次100余人次赴港澳台和海外进行考察访问，拓展了联谊工作空间。积极争取中华海联会投资25万元在广饶县大码头镇建设海联新农村卫生室5所，已全部建成并投入使用。

务实创新，提高水平。结合县区统战工作重点，研究制定了《2013年度科学发展综合考核统战工作目标管理考核细则》，将年度创新性工作和信息调研工作作为加分指标纳入考核体系。推动工作创新，在东营区和河口区社区开展了统战网格管理试点工作。在民主党派中开展了以“五个一”为内容的基层规范化活动室建设。创建了“统战服务窗口”，开设了“同心360”“621”服务平台、“四个四”统战调研宣传信息工作模式、党外人才约谈制度、“五不变”管理模式，有力扩大了统战工作影响，有效服务了统战成员和广大群众。

（张国锋）

·东营区委统战部·

【把握政治方向，扎实推进思想教育引导】 组织统一战线广大成员深入学习贯彻党的十八大会议精神，用新思想新要求统领统战工作。组织全区党外科级干部、统战委员、民主党派成员开展重访革命旧址活动，参观台儿庄战役、小李庄、抱犊崮革命旧址，接受爱国主义教育；在两新组织中开展“中国梦·我的梦”主题演讲活动，引导企业自觉将个人成长梦、企业发展梦与中华民族伟大复兴中国梦统一起来；开展以增强“三信”、践行“三强”、争创“三百”、力求“三促”为内容的理想信念主题教育实践活动，引导非公经济人士在实践“两个率先”中争当排头再立新功；在统战成员中开展纪念中共中央发布“五一口号”65周年、“协同创新、转型升级”“履行责任、助推黄蓝”等专题讨论活动，凝聚实现中国梦的强大力量。

【做好民族宗教工作】 一是开展专项调研。在民族宗教界开展“三项调研一项统计”活动，即宗教界人士培养管理工作调研、民族教育调研和民族关系调研，协调公安户籍部门对全区少数民族情况进行调查统计，更新了数据库资料和流动少数民族人口台账。二是深入开展“基层基础建设年”活动。建立民族宗教“三级网络、四级责任制”，在镇一级，由专职统战委员负责民族宗教工作，在村居、社区一级，由村支部书记或两委委员担任民族宗教工作联络员并为民族工作“第一责任人”。向各镇、街道下发了“基层基础建设年”活动方案和活动调查问卷，要求村居、社区书记全面掌握本辖区内民族宗教底数并对活动情况应知应晓。三是扎实开展民族团结进步创建活动。在辛店街道明珠社区设立了城市民族工作示范窗口，省、市领导多次到社区视察指导工作。四是积极建设民族宗教网络化管理服务平台。依托东营区数字信息社会服务系统，健全完善民族宗教行政功能模块，建立了《东营区政府民族宗教事务局行政审批事项目录》，规范了13类民族宗教事务的办理程序、办理依据和办理时限。五是支持民族宗教事业发展。为10名少数民族考生办理了加分证明，为9名少数民族群众更改了民族成分。连续多年在“开斋节”“古尔邦节”对穆斯林群众进行走访慰问，送去款物。按照《山东省省级民族宗教事业发展专项资金管理办法（暂行）》的规定，指导6个少数民族示范窗口、3个寺观教堂、1个少数民族传统体育项目训练基地进行项目申报，积极争取省级专项资金，促进民族宗教事业更好更快发展。六是加强宗教事务管理和规范化建设。在各宗教团体和宗教场所开展了“教风年”主题和谐宗教活动场所创建活动，推动宗教活动场所在规范管理、教风教貌方面进一步上水平。11月份，省民委（宗教局）对区和谐场所创建和“示范活动窗口”建设（清真寺、圣恩堂和观音寺）进行了考核验收。在全区民族宗教系统开展了“宗教政策法规宣传月”活动，组织开展了宗教政策法规答题活动。组织各宗教团体、宗教活动场所负责人和教职人员参加了全市宗教界人士培训班暨“慈爱人间，五教同行”演讲比赛活动。七是做好矛盾纠纷排查。每月按时上报矛盾纠纷排查报表，配合公安、安全部门和市民宗局做好观音寺开光法会的安保工作，在全区开展了佛道教专项工作治理和基督教清理私设聚会点活动。八是落实“三争”，积极争取民族宗教优惠扶持政策。为东营区旭日畜牧养殖农民专业合作社争取少数民族发展专项资金10万元；在胜利街道实施民族团结进步示范街道创建活动；中国石油大学胜利学院成为全市首批少数民族传统体育项目训练基地；落实低收入宗教教职人员补助政策，2名宗教教职人员被确定为山东省第一批享受生活补助的宗教教职人员。

【认真抓好中央、省市委文件的贯彻落实】 一是制定出台配套文件。下发了《中共东营区委关于加强新形势下党外代表人士队伍建设的实施意见》和《贯彻落实〈中共东营区委关于加强新形势下党外代表人士队伍建设的实施意见〉分工方案》，区委牵头抓总，统战部具体负责，各相关职能部门密切协调配合的领导机制进一步健全。二是重视和支持民主党派工作。将党派办公、调研、培训经费列入财政预算，办公活动场所由区政府统一调配，在国有资产运营公司的协调下，为3个民主党派支部在新区租赁了办公活动场所，区内5个民主党派支部全部有了自己的活动场所。三是搭建党外代表人士成长教育平台。建立组织部、统战部、区委党校联合调训机制，将党外干部培训班次列入区委主体培训班次，培训经费列入区级财政预算，依托区委党校成立东营区社会主义学校。举办了由各镇街道统战委员、党外代表人士参加的培训班。推荐21名党外代表人士到知识分子联谊会、海联会等社会团体任职。四是党外干部任用实现历史突破。2013年有1名党外干部提拔为政府部门正职，2名被提拔正科级，目前全区科级以上党外干部达到40人，其中正科级干部3人。继续抓好优秀党外干部的培养工作，建立和完善了一支包括80名党外高级知识分子和300名党外代表人士组成的人才队伍。

【推进统战机关规范化建设】 深入贯彻中央、省市区委关于改进工作作风、密切联系群众的规定，着力建设廉政机关、效能机关和勤俭机关。在“第一书记”帮扶村和所包网格开展“双联”工作，走访联系群众61户，倾听群众意见10条，帮助解决困难5个。

（毛雪梅）

·河口区委统战部·

【加强党外代表人士队伍建设】 区委出台了《中共河口区委关于进一步加强新形势下党外代表人士队伍建设的实施意见》和分工方案等相关配套措施，建立了统战部门牵头，各有关部门、单位积极参与的机制。区委统战部与组织部门联合出台了《关于加强党外干部管理工作的实施意见》，建立了规范的党外干部培养、推荐、选拔、使用、管理工作程序，为统战部门参与党外干部管理工作提供了制度依据。开展了党外干部信息统计、党外优秀干部推荐等工作，分类建立了数据库，做到所有党外代表人士一界别一册，重点代表人士一人一表。所有数据库每年更新一次，实行动态管理。加强培训工作机制建设，将党外干部培训工作列入全区干部教育培训计划，每年划拨专项经费。在江苏省社会主义学院举办了40人的党外代表人士培训班。选派党外干部到基层、企业、村居挂职，先后选派党外干部到镇街挂职副主任2名，到社团挂职副书记1名，到企业挂职副经理1名，丰富了干部培养锻炼形式。

【支持民主党派加强自身建设】 一是抓阵地建设，增强凝聚力。协调区政府有关部门，为民盟、民建基层组织配备了办公室，由统战部统一配备了电脑、文件柜、沙发及办公桌椅，确保了各民主党派成员活动有阵地、阵地有设施、设施上水平，为工作开展奠定了基础。二是抓成员使用，增强吸引力。年内有5名党外人士加入民主党派组织，7人被区政府部门聘为特约人员。先后出台了特约人员工作制度、向政府部门、司法机关派驻民主监督员制度，为民主党派成员发挥作用创造了条件。三是抓活动开展，增强影响力。积极引导各民主党派组织结合各自实际，围绕区委、区政府中心工作，献计献力，提出提案15个，有5个被列入区级决策，1个被市领导批示。民建组织向雅安地震灾区捐款3万余元，民进会员义务举办教育讲座6场次，受益学生家长300余人。

【扎实推进非公有制经济人士理念信念教育实践活动】 一是走访调研做朋友。印发了区领导联系镇街、开发区制度，区委领导、区政府分管工业的副区长带队，深入企业生产经营一线，与企业负责人交心、与企业员工座谈，了解企业发展情况，征求对教育实践活动的意见和建议。二是教育培训提素质。邀请国内知名专家教授来河口讲座、授课，提高非公经济人士素质。组织全区骨干企业家赴清华大学、上海财经大学、东北财政学院等高校学习。举办培训班3期，培训160余人次。三是出谋划策指方向。聘请专家教授、知名董事长、CEO到企业现场解决实际问题。四是排忧解难强信心。注重整合各部门力量，解决企业发展中的难点问题，增强非公经济人士对企业发展的信心和对教育实践活动的认同。针对企业“钱荒”问题，组织召开了政银企洽谈会，为企业融资搭建平台，筛选合作项目144个，签约金额69.02亿元。五是开门纳谏增信任。坚持开门征求意见，坚决整改影响制约企业发展的政策问题，优化企业发展环境。建立了评议、反馈、督办机制。指导石油业商会承办了“黄河三角洲（中国·东营）第五届油品贸易洽谈会”，油商与地炼企业签订供需协议115项，成交额达196亿元。

【确保民族宗教领域稳定，营造良好环境】 一是做好宗教活动场所安全管理工作。民宗部门与各宗教活动场所负责人签订安全管理责任书，明确责任、齐抓共管。邀请安全、交通、消防等有关方面负责人到宗教活动场所进行安全知识培训，确保不出任何安全事故。二是提升宗教活动规范化管理水平。制定和完善了宗教活动场所爱国爱教制度、基督教活动场所财务管理制度、宗教活动场所安全管理制度等规章制度，并悬挂上墙、抓好落实。开展“慈善周”活动，各宗教活动场所救助困难学生、孤寡老人，捐赠款物累计2万余元。三是积极改善少数民族群众生产生活条件。在少数民族群众较多的村，发起成立农业合作组织，形成“农业合作组织+农户”的生产模式，带动少数民族群众增收致富。成立了河口区少数民族水产养殖合作社，吸收苗、满、朝鲜族等5户少数民族户参加，总投资60余万元，为社员提供苗种供应、水产收购等服务。

【做好基层基础统战工作】 一是加强镇、街统战工作调度。出台了《2013年镇街统战工作考核办法》《宣传调研信息考核办法》等文件，增强统战委员做好统战工作的紧迫感。每半年召开一次经验交流会，地点选在镇街，通过组织统战委员观摩先进典型、寻找差距，推动镇街统战工作出成绩、出亮点。二是加强统战委员队伍建设。组织各镇街统战委员赴潍坊高密和青岛市北区参观学习统战工作经验，开阔了思路。三是引导镇街加强工作创新。出台了《创新课题申报评选方案》，各镇街道结合实际，积极推进，2013年，各镇街上报创新课题4个，涌现出孤岛镇的“同心360”服务平台、河口街道的621服务平台、六合街道的社区统战网格化管理等工作创新典型，促进了统战工作开展。

（荆爱军）

·广饶县委统战部·

【民主政治建设不断推进】 一是强化思想政治引导。开展了学习十八大精神知识竞赛活动，召开了统一战线各界人士学习中共十八届三中全会精神座谈会。二是积极搭建参政议政平台。组织各界人士通过人大、政协会议提出议案、提案280余件，对城市建设管理等情况行了专题调研，分别提出了意见和建议。三是认真做好党外干部及党外知识分子工作。及时更新党外副科级以上干部档案和党外后备干部队伍档案，实行跟踪管理，目前全县配备党外干部的职能部门占政府工作部门的25%。组织党外人士参加全市统一战线“同心论坛”讲座。选送3名党外科级干部参加全市第六期党外科级干部研修班。对党外知识分子进行调查摸底，完善了党外知识分子档案，推荐15名同志为东营市党外知识分子联谊会会员。四是拓展了党外代表人士联系平台。依托民盟广饶支部建立广饶县统一战线实践基地“同心园”，展示党外人士立足本职、岗位奉献的风采，并组织开展学习、联谊活动。

【非公有制经济人士理想信念教育活动扎实有效】 一是组织领导有力。制定了切实可行的实施意见，成立了以县委分管领导为组长的领导小组，组建了办公室，召开了动员部署会议。县工商联全体执委向全县非公有制经济人士发出了“积极参加理想信念教育实践活动倡议书”，活动办公室编印了学习资料，通过编发信息、在报纸设立宣传专栏等形式，对活动开展情况进行报道。二是点面互动有效。把大王镇作为全县乡镇活动示范点，确定10家非公企业作为全县企业活动示范点；指导各乡镇（街道）确定了19家非公企业作为各自活动示范点。县一级示范点由县委统战部、县工商联干部联系指导，其他活动示范点由乡镇（街道）党（工）委分管副书记、统战委员联系指导。县乡各级举办主题报告会14场次，组织非公企业负责人赴先进地区考察200余人次，举办交流会16场次。三是借力服务务实。开展了“当好龙头、改进作风、干事创业、促进发展”主题活动，提升环境质量。开展“企业大走访”活动，县级领导带头，有关县直部门单位和乡镇（街道）班子成员深入企业进行走访，了解企业存在的困难，帮助企业研究发展战略，理清发展思路。开展经济环境集中整治活动，依法严厉打击各类影响企业生产经营或施工秩序的不法行为，营造健康良好的经济发展环境。四是长效机制完善。依托华泰集团主题展馆，设立了全县非公有制经济人士理想信念教育基地。县委实行了县级领导干部联系重点企业制度，同时向全县181家重点企业选派了“驻企联络员”。县委制定出台了《关于加强企业家队伍建设的意见》，进一步完善了企业家培养、激励、服务和保护等方面的机制。

【工商经济工作成效显著】 一是充分发挥联系广泛优势，服务招商引资。在工商联会员企业中开展“我为滨海新区做贡献”活动，促成一批符合产业规划的高新项目正向滨海新区集聚，台湾客商投资的芳纶纸项目已达成协议，并成功落地。组织会员企业参加第四届中国（广饶）国际橡胶轮胎暨汽车配件展览会，与国内外知名企业签订投资合作项目，拓展了发展空间。二是围绕推动转调升级，积极为企业提供服务。实施“企业家素质工程”，组织会员企业负责人200余人参加“道德教育大讲堂”，组织5家会员企业主要负责人参加上海财大企业管理培训班，组织7家会员企业主要负责人参加浙江大学企业管理培训班，提高了企业家整体素质。联合有关部门举办“企业专场招聘会”，组织会员企业赴济南参加“山东民企人才招聘会”，达成就业意向2100多个。推荐1家企业为市委统战部“百名专家教授联百企”支持对象。在会员企业中确定2家“中小微企业监测点”，及时准确掌握中小企业发展新情况新问题。组织会员企业参加全省民营企业“三百联创”活动，6家民营企业被评为“山东民营企业100强”，2家民营企业被评为“山东民营企业公益之星”，1家企业被评为“山东创新型民营企业”。对“民间资本投资36条”落实情况进行调研，及时向上级工商联作出报告。三是加强工商联组织建设。召开县工商联八届二次执委会议，增选了副主席、执委和商会副会长。成立了“广饶县粮食行业商会”。四是组织工商联会员企业履行社会责任。组织开展了“捐资助学·奉献爱心”“慈心一日捐”等活动，民营企业家捐助款物累计400余万元，受到社会广泛赞誉。

【非公有制经济组织党建工作规范提升】 一是深入开展集中攻坚行动。对非公有制企业党建情况进行了全面摸底调查，进一步健全完善了工作台账。加大组织组建力度，全县新建非公经济党组织34个，县非公经济组织党工委新建党支部1个。二是认真落实企业党组织工作经费列支制度。所属党支部经费列支总额超过14万元，确保了党建工作的正常开展。三是加强党务工作者队伍建设。采取“一人一企、一人多企”的方法，指导乡镇（街道）、开发区及滨海新区选派党建指导员，并对党工委所属党支部党建指导员进行了调整。“七一”期间，举办了“企业兴党旗红、共圆中国梦”企业党支部书记座谈会。对年产值过十亿元的非公有制企业主要出资人和党组织书记培训情况进行了统计，并上报县委组织部。指导各乡镇（街道）做好非公企业专职党务工作的聘任或安排工作，全县非公企业共聘任专职党务人员191名。四是注重党员队伍建设。党工委所属支部共接收预备党员9名，10名党员按期转正。围绕庆祝建党92周年、学习十八届三中全会精神，组织开展主题活动。在非公企业党员中开展了“争当先锋党员”活动。五是加大典型培养工作力度。在《广饶大众》报开设宣传专栏，对宇通集团党支部等9个非公企业党组织开展党建工作经验进行了集中宣传，宇通集团的经验在省工商联《齐鲁工商》刊发。

【民族宗教工作健康开展】 一是基层基础更加稳固。扎实开展“基层基础建设年”活动，县政府民族宗教工作办公室更名为县政府民族宗教事务局。在全县561个村（居）、社区（有关企业、合作社）配备了民族宗教工作联络员，完善了基层网格化建设。加强宗教界人士培训工作，组织宗教教职人员及各活动场所负责人参加宗教政策法规百题答题和全市培训活动，增强了依法开展宗教活动意识。二是服务民族经济发展力度加大。华誉集团作为民品企业全年兑现贴息贷款3.425亿元。加大对少数民族合作社项目扶持力度，指导广饶丰泰（少数民族）胡萝卜合作社及千户菌业（少数民族）合作社加强规范化管理，通过了市财政、民族宗教等部门的联合考核验收，争取市级补助23万元。三是积极开展城市民族示范窗口创建工作。培养选树广饶街道城里社区、山东华誉集团等为示范点，城里社区工作经验得到上级充分肯定。命名了1处少数民族传统体育训练基地，开展了一批少数民族传统体育项目训练活动。四是切实维护少数民族群众权益。建立了农村困难少数民族重点帮扶工作台账，对穆斯林农户和城市穆斯林低保户进行调查，为每户穆斯林发放生活补助金120元。做好少数民族考生身份认证工作。对民族教育工作、清真食品生产企业进行了调研，并分别形成调研报告。五是创建“和谐宗教活动场所”活动深入扎实。制定下发了活动实施方案，2处活动场所创建为市级“和谐宗教活动场所”；开展了公益慈善捐献活动，宗教界人士为四川雅安芦山地震灾区捐款21169元。

【侨务工作更加广泛】 一是积极服务侨资企业发展。组织华侨橡塑有限公司等5家侨资企业参加第七届华商企业科技创新合作交流会；推动东营华侨橡塑有限公司350万套全钢子午胎项目顺利投产。二是开展侨务“进社区、进学校、进企业”工作。组织侨资企业爱心人士与陈官乡坡南·侨心幼儿园结成帮扶对子，送去书籍和体育器材，捐赠了价值6000元的学习用品；在各中小学校开展侨法知识宣传，组织中小学校学生参加“第十五届世界华人学生作文大赛”；在归侨侨眷中开展了中国梦征文活动。三是挖掘推荐侨界人士典型。侨商李云章荣获“全国侨联系统先进个人”荣誉称号。四是认真做好侨务信访工作。共接待来访10起、13人次，县侨办被省侨办表彰为“全省侨务信访工作先进单位”，1名同志被评为“全省侨务信访工作先进个人”。五是对全县侨务资源涵养利用情况进行了调研。广饶街道康居社区被表彰为“全省社区侨务工作先进单位”，国侨办农业产业化及农村社区建设调研组、全省“华侨华人社团负责人研修班”全体学员以及省侨办有关领导先后来广考察调研。

（周　洁　刘志强）

·垦利县委统战部·

【凝聚共识筑牢共同思想政治基础】 积极为统战成员学习十八大和十八届三中全会精神搭建平台，通过开辟网上专栏、网络论坛、微博互动等提供开展学习和讨论的阵地，营造了浓厚的学习氛围。组织开展了“挚友真情、凝心聚力”机关服务品牌建设，将同心内涵与统战职能有机融合，全面展示了统一战线在服务大局、自身建设、履职尽责方面的优秀成果。

【加强党外代表人士队伍建设】 印发了《中共垦利县委关于加强新形势下党外代表人士队伍建设的实施意见》，明确了对象范围、基本标准以及总体目标，对做好党外代表人士的发现储备、教育培训、选拔任用、考核管理等工作提出具体要求。推动“同心活动”向深层次、宽领域发展，组织了100多人的服务团队。积极为党外代表人士成长搭建平台，组织参加有关座谈会、协商会、情况通报会等9次，安排党外干部开展调研、视察、参观6次。通过调研、座谈、走访、联谊等方式，了解党外人士思想情况、工作情况、生活情况，切实帮助解决实际问题。

【做好非公有制经济领域统战工作】 一是服务和促进非公有制经济持续健康发展。协调省农科院与县田菁植物胶厂合作开展田菁种植技术研究，在黄河口现代农业示范园区规划1500亩土地，开展耐盐碱作物田菁种植。筹备召开了中凯国际汽车港汽车配件产品推介会，推动企业形成新的发展方式、增强发展后劲。二是支持商会开展各项活动。组织家电商会开展“同心·家电维修”进社区活动。县工商联主办、永安商会承办的黄河家第五届酒文化节取得了良好效果。永安商会投资30万元举办了“走百村联万户，牵手走上幸福路”为主题的消夏广场文艺晚会。三是深入开展非公有制经济人士理想信念教育主题实践活动。以“民营企业家与中国梦”为主题，组织非公经济人士开展了“携手共进、回报社会一寸心”“打造增长极，我们怎么办”解放思想大讨论等一系列实践活动，以分片包点的形式进一步加强与企业的联系，坚定了对中国特色社会主义道路的信念、对党委政府的信任和对企业发展的信心。

【做好民族宗教领域稳定和发展工作】 一是加强基层民族宗教工作基础建设。镇（街道）由统战委员分管民族宗教工作，并兼任镇（街道）民宗办主任，配备1名专职副主任。村（居、社区）由主任分管、村（居、社区）委会文书担任联络员。二是大力推动民品企业实施“龙头拉动”工程，促进少数民族致富，全县民品企业安排少数民族就业岗位100多个，依托万得福集团成立的万福少数民族肉牛养殖合作社为少数民族群众无偿提供牛犊，统一回收、统一防疫，已为少数民族群众实现养殖纯收入40万元。三是以“教风年”为主题深入开展和谐宗教活动场所创建活动，依照宗教政策法规和佛教仪轨做好天宁寺开光的活动申报、隐患排查、宗教教职人员聘用、常住僧人备案、安全保卫等各项工作，确保了法会的圆满成功。成立了天宁寺民主管理委员会，做好寺院的民主管理工作。引导基督教三自爱国会做好城区基督教活动场所建设前的各项准备工作。四是开展治理“两乱一私设”工作，维护宗教活动秩序，做到治理工作有安排部署、有督促检查、有考核验收，确保专项治理工作取得实效。

【改进作风提效能，加强统战部门自身建设】 一是深入开展“改进作风提效能，务实为民谋发展”主题实践活动。统战部全体班子成员到黄河口镇王连村开展调研和帮扶工作，及时解决处理村里反应的困难和问题。到县物流商会、永安商会了解企业发展情况，帮助解决实际问题。二是严格落实中央八项规定，抓好统战部门党风廉政、机关效能建设，严格整风肃纪，全力提升办事效率。三是大力开展调查研究，建立信息调研工作激励机制。2013年在《山东统一战线》《齐鲁工商》《山东民族宗教》等省级刊物上发表1000字以上的宣传文章5篇、信息8篇，在各级网站、简报发表信息200多篇。

（劳海卫）

·利津县委统战部·

【积极服务经济社会发展】 一是拓宽统战工作融入大局新渠道。帮助三阳纺织公司列为“十二五”期间全国民族特需商品定点生产企业；积极搭建商会与各金融机构合作交流平台，帮助企业贷款额度突破10亿元，有效缓解了民营企业融资难困境；联合县人保、经贸等部门开展了“民营企业招聘周”活动；深入开展非公经济人士理想信念教育活动，认真做好非公经济人士综合评价工作，引导非公经济人士致富思源，富而思进，广泛参与社会扶贫济困、捐资助学等各类公益活动；对非公企业党建工作情况进行调研摸底，探索派驻党建指导员、联合建立、“商会＋支部”等党建工作新模式，进一步扩大党组织覆盖面。二是整合运作社会新阶层统战工作新途径。创新思路，将党外知识分子联谊组织与义工协会整合运作，促进了党外知识分子与社会各阶层深度融合、高效结合。先后组织开展贫困生爱心助学、到敬老院义诊、募集善款等活动。三是推动统一战线创新性工作取得新进展。设立“基层统战工作创新奖”，对统战工作实行项目化管理，组织各乡镇（街道）、县直有关部门单位打造工作亮点、开展特色工作。

【各领域工作取得新进展】一是切实做好党外代表人士工作。健全完善通报、座谈和交友等工作制度，认真听取党外代表人士意见建议，积极推进协商民主建设进程。县委出台《中共利津县委关于加强新形势下党外代表人士队伍建设的实施意见》，建立了联席会议制度，县委办公室下发了分工方案，为党外代表人士队伍建设提供了坚强的组织保障。上半年提拔重用党外副处级干部1人、正科级干部5名、副科级干部2名，全县党外科级以上干部达到35人，党外干部在部门单位正职安排和乡镇班子副职配备方面实现了突破。首次采取异地办班的方式，在江苏省社会主义学院组织举行了第六期党外干部培训班，40人参加了培训。协助县纪委组织召开了党外人士教育实践活动征求意见座谈会。积极配合省委统战部、山东大学课题组调研黄埔同学会成员工作。二是切实加强和改进新形势下工商联工作。抓住换届后有利时机，重点加强工商联基层组织建设，完善工作机制，健全工作网络。先后组织开展了直属商会规范提升、基层分会标准化建设工程。三是扎实做好民族工作。对全县少数民族情况进行统计调研，以合作社为载体，扶持和帮助少数民族群众改善生产和生活条件。认真做好2013—2015年民族事业发展项目申报工作，为3名少数民族子女变更民族成分，对5名高（中）考学生进行特殊考生身份确认，对全县的清真食品企业、网点进行拉网式大检查，对发现的问题及时予以纠正，有效维护了少数民族群众的合法权益。切实抓好少数民族代表人士培养工作，汀罗镇罗家村锡伯族妇女佟玉杰荣获“全国孝亲敬老之星敬老模范”称号。四是加强宗教工作规范化管理。以宗教“双基建设年”活动为契机，完善宗教三级网络和四级责任制，以信息化带动民族宗教数据库建设和干部能力素质提高。举办“宗教政策法规学习月”，组织各宗教场所开展宗教政策和法律知识竞赛。组织召开基督教私设聚会点治理专题会议，对各活动点进行了拉网式排查，及时纠正，限期整改。深入开展“教风年”宗教场所创建活动，组织召开了县基督教“三自”爱委会一届二次会议，北宋镇北宋村基督教活动场所被省民委（宗教局）评为全省“和谐宗教场所创建活动”先进单位。

【全面加强自身建设】一是丰富活动载体，提高服务本领。上半年深入开展“爱我利津、敢于担当、跨越发展”和“解放思想、加快发展”主题实践活动，围绕如何提高理论和业务素质、打造服务型机关、提升机关和干部形象等课题研究制定讨论题目，开展了“统战干部讲坛”和“岗位大练兵”活动，进一步提高了干部队伍的团结力、凝聚力和服务能力。精心组织开展了《全省统一战线学习贯彻党的十八大精神》知识竞赛活动，收到竞赛答卷550余份。二是深化品牌创建，树立良好形象。以打造“党外人士之家”服务品牌为契机，组织召开两次乡镇（街道）统战委员工作会议，并组织统战委员赴浙江大学参加素质能力提升班。开展了机关服务品牌标识和宣传语征集活动，机关向心力和凝聚力进一步增强，整体环境得到明显优化。三是坚持统筹兼顾、做好各项工作。围绕重点课题深入开展大调研活动，着力加强统战宣传信息工作网络和工作机制建设，切实加大稿件报送力度，2013年在各级各类报刊发表宣传理论文章30余篇，被省市采用各类信息58条次。深入开展非公经济人士理想信念教育活动。成立工作机构、编印学习资料、建立县乡（镇）联系点，整个活动呈现出“点上示范、面上造势、全面推进”的良好态势，达到了增强“三信”、加快非公企业发展的目标。四是扎实做好帮扶工作。把教育帮扶作为重中之重深入推进，为凤凰城街道前刘小学购置教学电脑10台，与陈庄镇新韩六村贫困群众结成帮扶对子，深入推进联系企业工作，组织全体党员参与党员助学基金募捐活动，向社会奉献爱心、为贫困学子送温暖。

（张建辉）

烟台市

·烟台市委统战部·

【巩固思想基础增进共识】出台了《中共烟台市委同市各民主党派无党派人士政治协商的实施意见》，18名市级党员领导干部与各民主党派、工商联、无党派人士建立一对一联系对子。以市委名义召开全市协商民主工作推进会暨政府部门与各民主党派、工商联对口联系座谈会，28

个政府部门“一把手”与各民主党派主委、工商联主席面对面座谈交流，形成了民主党派、工商联与政府部门定期座谈、长期联系的长效机制。扎实开展“同心烟台”主题活动，举办5期“同心大讲堂”，着力选树农工党莱阳总支1个先进集体和李谦敬等4个典型人物，在省、市主流媒体进行了广泛宣传。积极优化民主党派工作环境，市委、市政府为党派机关选定了新的办公场所，面积达到1500多平方米，拨付60万元专款，购置新的办公家具和电器，支付水电暖和物业费。为各民主党派、工商联分别增加10万元调研经费。积极协调组织部门为党派机关2名原驻会副主委办理退休手续、享受正县级待遇。

【强化党外代表人士队伍建设】 重储备。加强与市委组织部联系沟通，按照“两部”联席会议纪要要求，在各县市区推荐基础上，开展竞争性选拔副处级党外后备干部公开面试和考察考核，选拔出20名副处级党外后备干部。重培养。分专题、多形式组织学习党的十八大、十八届三中全会精神和统战理论政策，全年共举办各类培训班9期，培训1260人次。首次在中央社院举办县处级党外领导干部进修班。重使用。高标准推进省党外代表人士实践锻炼基地建设和运行管理工作，实现省商务厅、枣庄市与烟台优秀党外干部交叉任职和换岗锻炼，经验做法得到省委领导多次批示表扬，并在全省通报推广；首次选拔2名民主党派机关干部参与烟台市第三批驻北京信访值班工作。全年共提拔1名副厅级、7名副处级党外干部，1名党外副县市区长交流到市直部门。全市县处级以上党外干部达到100名，科级党外干部871名，县市区政府工作部门党外干部配备比例达32%，芝罘区达到了54.5%。

【推进民族宗教工作】 着力加强县、乡、村三级民族宗教工作力量，制订下发《关于进一步健全完善基层民族宗教工作体系的意见》，首次举办县、乡、村三级宗教工作干部培训班，组织学员赴吉林、辽宁等地进行专题考察学习。指导成立山东省第一家宗教界基金会——普觉公益基金会，有效增强了宗教界从事慈善活动的主动性、规范性和可持续性。指导市天主教爱国会圆满完成换届任务，选举产生新一届领导班子，解决了烟台天主教长期以来组织不健全问题，工作经验被省委统战部推广。率先在基督教开展了宗教活动场所民主管理试点工作，房兴耀主教监管天主教烟台教区的民主办教工作，得到中央统战部和全国政协调研组的充分肯定。

【服务非公经济发展】 扎实开展非公有制经济人士理想信念教育实践活动，助推全市非公经济始终保持良好发展势头。组织召开了全市重点项目介绍和非公企业项目产品推介会，连续两年与浙江大学联合举办全市非公经济人士骨干培训班。把“感恩行”活动与非公经济人士理想信念教育实践活动有机结合。组织开展抗震救灾、“看企业、进学校、访军营”等感恩实践活动，非公企业为外来务工人员子女学校捐建爱心微机室，为警备区船运大队修建运动场所，为雅安地震灾区捐款捐物1000余万元，赢得了社会各界的广泛赞誉。

【港澳台海外统战工作】 充分发挥海联会、台联会独特优势，以“乡情”“友情”“亲情”为主线，积极开展港澳台海外统战工作。组织企业家赴港澳台及海外参观考察，邀请海外侨团、商会、文化交流团组来烟进行经贸合作和文化交流，取得了丰硕成果。长岛县立足妈祖文化优势，积极开展对台文化交流，以独特方式增进了两岸人民的深厚情谊；海联会会员企业香港鑫融基投资发展有限公司在高新区、牟平养马岛分别投资6亿元的高档酒店项目已经立项，香港大诚集团在海阳投资5000万元成立的烟台东方神州生物技术有限公司正式投产。

（于庆军）

·芝罘区委统战部·

【加强教育培训】 采取辅导报告、研讨班等形式，有计划、有步骤地安排广大统一战线成员学习培训，不断提高政治理论素质和思想觉悟。年内安排2名优秀党外干部到市委党校进修培训，组织无党派人士代表及部分党外干部90多人参加区委党校举办的学习贯彻十八大精神辅导班。

【健全体制机制】 建立完善了组织部、统战部培养选拔党外干部工作联席会议制度，统战部牵头、工商联和民营经济发展局、工商局共同参与的非公经济优秀人才培养使用制度，党外干部调查摸底、重点登记制度，多渠道选拔、全方位推荐、多领域安排的党外代表人士选人用人机制，为党外人才和干部队伍建设奠定了坚实基础。区政府部门领导班子中配备党外干部达到59%，其中政府“九部门”全部配齐党外领导干部。年内对全区1971年以后出生的党外干部情况进行了调查摸底，登记1897名，其中科级领导7名、股级干部21名，为下一步做好培养选拔任用工作奠定了基础；对新一届人大代表、政协委员中的无党派人士，新安排的科级领导干部和在区党校参加过统战培训的股级干部中的无党派人士进行了重点登记，录入在册183名。

【强化基础建设】 全区各街道都建立了由党工委副书记分管的统战工作领导小组，覆盖社区企业的统战工作网络体系和规范完善的统战工作制度基本建立。对辖区统战成员调查摸底、建立信息数据库、登记造册分类管理的工作基本结束，各社区、企业成立统战活动室，为基层统战成员提供了良好的学习和活动场所。

【落实“富民兴烟”】 将“富民兴烟”活动与“同心”思想结合，不断充实活动内容、丰富活动形式，打造“同心”工作品牌。积极引导广大统战成员和民营企业为建设“首善之区”献计献策。通过召开情况通报会、向党外代表人士发放调查问卷和征求意见函等多种形式，广泛征求意见和建议。发挥统战成员优势，积极开展招商引资活动。以群众工作为中心做好各项帮扶工作。协调卧龙园管委与致公党芝罘二支部设立了“同心专家服务团卧龙园社会活动基地”，与民建支部联合开展了“一对一”结对帮扶贫困居民活动。进一步发动非公经济人士开展“回报社会、感恩行动”，将“感恩行动”与非公人士理想信念教育实践活动相结合，开展结对帮扶。

【开展对台交流】 先后为烟台台华食品公司、烟台冰轮集团等17批共63人次完成了赴台交流报批手续，进一步加强了对台经贸联络。安排接待基隆市经济文化参访团，基隆市仁爱区文安里与世回尧街道办事处签订了《交流合作协议》。应台湾“中华中等教育协会”邀请，组织烟台一中、三中组织部分师生前往台湾参加2013海峡两岸高中学生辩论赛，并开展了教育研讨和青少年交流活动。

（赵中元）

·福山区委统战部·

【加强思想教育增进共识】 在全区开展了非公有制经济人士理想信念教育实践活动，联系经济社会发展实际和非公经济人士思想实际，坚持引导教育和自我教育相结合、理论学习与实践活动相结合、广泛覆盖与突出重点相结合、教育活动与日常工作相结合、教育实践活动与加强非公经济组织党建工作相结合，调动非公有制经济人士的积极性。加强多党合作制度建设。向各民主党派、工商联及无党派代表人士通报经济社会发展情况，听取意见建议。组织民主党派、工商联深入农村开展送医送药、科技讲座、文艺演出、法律宣传等活动，受到群众欢迎。

【党外代表人士队伍建设】 人大、政府、政协领导班子配备副处级党外干部5人、科级正职2人。法、检两院各配备1名党外副职，7处镇街3处配备了党外副镇长，政府9部门配备党外领导干部4人。与组织部门沟通协商，把党外代表人士教育培训纳入全区干部培训总体规划，依托区委党校科级干部培训班和领导干部“双休日”讲习班，对党外代表人士进行社会主义核心价值体系、国际国内形势及福山经济发展等教育，不断提高政治鉴别能力、参政议政能力、组织协商能力和合作共事能力。

【“同心”实践活动】 积极参与市委统战部“同心烟台”主题实践活动，进一步调动了民主党派、无党派人士服务经济社会发展的积极性。组织民主党派成员开展“三下乡”活动，受到群众欢迎。组织开展了“传播爱心正能量、助力学子中国梦”等活动，为贫困学生和乡村小学捐钱捐物60多万元。致公党福山支部与门楼镇中心小学结成助学帮扶对子，2013年捐助20多万元为学校建起一处设施齐全的省级标准化音乐室，使乡村孩子圆了音乐舞蹈梦。组织各民主党派深入基层调查研究，通过问卷调查、走访等形式，广泛了解社情民意，整理合理化建议近百条，其中多条建议被区政府采纳，取得良好效果。

【民族宗教工作】 组织力量深入全区宗教活动场所调研，切实掌握宗教工作推进过程中存在的问题，着力解决事关发展、和谐稳定的问题。对城区基督活动场所进行了集中整理，将3处聚会点整合到1处面积1500平方米的场所，以便于集中管理。对宗教教职人员信息进行动态管理，对云游僧人信息随时了解、随时更新。加强对信教群众和少数民族流动人口的管理，建立民族宗教工作联席会议制度，定期沟通情况，随时掌握信息。建立健全区、镇街、社区三级网络和镇街、社区两级责任制，提高依法管理宗教事务的能力和抵御境外渗透的能力。举办了全区民族宗教联络员培训班，区镇街、村居200多名联络员参加培训。

（宋　娜）

·莱山区委统战部·

【夯实基础、发挥优势】 指导街道（区）及有关部门完善统战工作长效机制，7个街（区）、90多个村（居）配齐配全统战委员、统战干事和村居专管人员。解决区工商联独立办公、编制、经费等问题，增补执委8名，其中副主席1名，副会长1名。开展专题调研和座谈、征文活动，推荐杰瑞集团等三家企业参与“山东民营企业100强”等三项评选表彰活动。组织辖区企业家参加“企业管理方案大讲堂”，参观龙泉·温泉嘉苑项目以及祥隆置业、绿叶制药等投资兴建的重点项目，调动会员企业参与新农村建设的积极性。举办全区非公经济人士培训班，邀请专家教授为百余名工商联会员做相关报告。统战专家服务团到村居进行义诊、送医送药、农业技术科学讲座和现场指导15场次，受惠人员达6000多人次。非公经济人士走访慰问“五老”人员85人次，培训其子女76人次，帮助就业12人。杰瑞集团捐款130多万元支援芦山灾区，民建莱山支部筹集善款11200元、音索益音响公司捐助3万元帮扶10名家庭困难学生。致公党莱山支部向学龄前残疾儿童康复中心捐赠价值1万多元的康复教具。组织民族宗教培训20人次，为120多个村（居）发放《民族宗教政策法规知识手册》，普及宣传民族宗教方针政策。取缔非法传教点3处，涉及人员450多人次，收缴非法宗教宣传品一宗。指导成立区基督教“三自”爱国会。莱山区实验小学被评为“民族团结进步创建活动示范单位”。筹资3万元支持刘村文化大院建设，丰富村民文化生活。帮助宝源净化公司盘活存量资产，进行技术改造，开发新产品。协调台资企业美联国际广场落户莱山；协调烟台商会大厦项目落户莱山并进行前期规划；投资额度5000万美元的台湾文创产业园区项目正在洽谈中。

【“同心”实践活动】 开展“同心烟台”系列主题实践活动。组织各民主党派、工商联主要负责人、部分市直部门负责人个人捐助困难家庭，累计11000元；致公党莱山支部捐款累计21146元用于困难家庭及困难学生、春蕾女童，捐款11000元用于残疾人康复器材，捐款16000元用于“同心书屋”建设。

【党外代表人士队伍建设】 制定下发《中共烟台市莱山区委关于加强新形势下党外代表人士队伍建设的意见》；推荐优秀党外知识分子、民族宗教界代表人士、挂职干部16人次；组织党外代表人士参加“同心大讲堂”等培训6期80多人次。鼓励民主党派基层组织和成员积极建言献策、反映社情民意。2013年，统战成员提交议案、提案共89件次，96%得到落实。

（李成清）

·牟平区委统战部·

【“同心”实践活动】 在全区各民主党派、党外人士、非公企业中开展“同心共筑中国梦·统战在行动”活动，引导统一战线成员立足本职岗位，扎扎实实做好本职工作，为实现中国梦添砖加瓦。深入开展中国特色社会主义主题教育活动，加强对非公有制经济代表人士和新生代企业家的教育培养。在统战成员中开展“同心共筑中国梦”品牌工程创建活动，把中国梦落到实处。开展“学习调研年、改进作风年”，紧紧围绕中央和省委的重大战略部署、影响统一战线各领域工作开展的突出问题，制定调研计划、确定重点课题、完成调研报告。开展“转作风、正学风、改文风”主题学习教育活动，切实改进工作作风，提振机关精神、提升服务能力、提高工作效率，增强机关凝聚力。

【理想信念教育活动】 组织理论学习。通过报告会、座谈会、专题培训等多种形式，学习党的十八大精神和习近平总书记一系列讲话精神特别是关于中国梦的重要论述，加深非公经济人士对党和国家方针政策的领会理解。开展主题讨论。工商联会员企业党组织召开由企业出资人、中层负责人和职工代表参加的主题会议，听取各方面对企业发展和企业家个人的意见建议。突出主题实践。每个企业从企业健康发展和履行社会责任两个方面，至少确定1至2个主题实践项目，精心组织，务求实效。组织非公企业赴东部新区、福山、龙口等地考察参观，就重大项目建设、现代企业管理、理想信念教育等方面开展了调查和研讨。

【服务非公经济发展】 以开展“工商联建设年”活动为契机，组织召开工商联界政协委员座谈会2次，组织政协委员视察区重点建设项目和民营企业2次。设立会员维权服务中心、会员法律咨询服务中心，组织法律界会员为非公企业免费提供法律咨询、代理法律事务，帮助企业挽回经济损失660余万元。组织50多家企业参加银企联谊会，促进了银企之间的合作交流。新组建了4家行业商会，有力地促进了基层商会组织建设。

【党外代表人士队伍建设】 全区现有民革、民盟、民进、致公党4个民主党派支部，成员31人。现有党外代表人士140人，其中，无党派人士20人，非公有制经济人士90人。担任科级以上实职的党外人士15人，区级领导干部5人。在政府部门中安排了6名党外领导干部。4个镇街领导班子中配备了党外领导干部。2013年两会换届，区人大代表中党外代表45名，占21%，区政协委员中党外委员93名，占47%。

【服务中心工作】 积极引导非公企业参与“富民兴烟”“双联双包”“民企联村”等活动，全区已有192家企业确定联系村105个，投资水、路及合作开发项目5000多万元，帮扶困难家庭387户、贫困学生270多人次，帮扶款物折合人民币51万多元。发放杨培鑑先生助学金14万多元。部机关自筹资金4万元资助屿岬河等村的新农村建设，发动机关干部捐助近万元爱心款。

（祝安业）

·海阳市委统战部·

【巩固思想基础增进共识】 深入学习贯彻党的十八大精神，扎实推进学习践行社会主义核心价值体系活动。把全市县处级以上无党派领导干部、政协委员中的无党派代表人士149人，按照行业和地域划分为26个小组开展活动。为工商联机关增加了调研经费，改善了工商联办公条件。召开党外人士座谈会、通报会4次，市委书记、市委副书记代表市委向工商联及无党派代表人士通报了经济社会发展情况，听取意见建议。

【发挥统战优势】 积极引导统一战线广大成员开展专题调研、建言献策，提交提案97项、建议92项。引导非公经济人士积极履行社会责任，深入开展光彩事业、感恩行动、民企帮村等活动，资助资金40万元，捐赠实物9万元；200家企业与贫困村和贫困家庭结成帮扶对子，帮助3万名贫困群众脱贫；实施惠民项目50个，投入资金4800万元；启动光彩项目2个，投入资金25万元，吸纳安排农村贫困人口和下岗职工700人；参与新农村建设项目50个，投入资金2000万元；各类社会公益事业捐款3000万元。引导宗教与社会主义社会相适应，自觉抵御海外宗教渗透，维护宗教领域的和谐稳定。

【“同心”实践活动】 整合工商联会员、党外代表人士等优势资源，协调有关部门、单位，落实帮扶方圆街道它山泊村方案，确定和推进帮扶项目到位，使它山泊村面貌有新改观。为保障和改善民生服务。不断深化“感恩行动”，组织温州商会党员和入党积极分子与20名高中、初中贫困生结成包办对子，每人帮助1000元。通过走访、调研，全面、准确地把握统战成员的工作生活情况和思想状况，协调解决实际问题，做好政策、融资、技术、人才、维权、信息等服务。

【党外代表人士队伍建设】 全面贯彻落实中共中央《关于加强新形势下党外代表人士队伍建设的意见》和中央统战部关于党外代表人士队伍建设的7个专项文件，完善制定了海阳市实施意见。采取上门走访、召开座谈会等形式，与党外代表人士零距离接触，为党外代表人士发挥作用创造良好而宽松的环境。进一步健全完善党外代表人士发现储备和管理机制，创新建立完善了全市党外代表人士数据库，实行动态管理，及时调整充实后备人选名单。汇总了5名县处级干部、18名科级干部的详细资料，现已将23名党外干部信息录入到数据采集系统。数据采集系统以党外领导干部为重点，统筹兼顾无党派代表人士、爱国宗教团体负责人等各方面代表人士。与市委组织部共同在市行政学院举办了全市党外代表人士进修班，80余人参加了培训，进一步提高了党外代表人士的政治把握能力、参政议政能力、组织领导能力和合作共事能力。借助统战政策落实考核，加强党外干部的推荐选拔，市政府工作部门党外干部配备比例达33.3%；法检两院配备党外副院长1名，“九部门”配备党外副职7名。

【加强和改进工商联工作】召开市工商联第五届会员代表大会，配备了党外主席，充实了新的党组成员，新提拔一名熟悉工商联工作的业务骨干担任党组成员、秘书长，为工商联的发展和非公党建工作的开展提供了人力保障。按新要求一步到位选配了相当数量的较理想的执委、常委领导集体。新一届15名主席、副主席，平均年龄只有38岁，既有两位能用流利英语参与国际贸易竞争的80后新秀，又有初中毕业却能靠做文体用品做成颇具规模的百货公司的草根阶层。

（刘智勇）

·莱阳市委统战部·

【筑牢统一战线思想政治基础】 向全市各民主党派、工商联、民族宗教和无党派代表人士下发了《关于深入学习宣传贯彻十八大和十八届三中全会精神的通知》，举办多种形式的培训班、研讨班和报告会5次，发放《学习宣传贯彻党的十八大精神传达提纲》100余份，使广大统战成员进一步与党思想上同心同德、目标上同心同向、行动上同心同行。深入开展非公有制经济人士理想信念教育实践活动，成立了活动领导小组，出台了实施方案，召开了动员大会，举办了知识讲座，开展了一系列富有特色的主题活动，进一步坚定了广大非公经济人士的道路自信、理论自信、制度自信，凝聚了科学发展的正能量。

【做好民主党派工作】 坚持“三为主”的原则，指导民主党派发展新成员，调整领导班子成员5名，协助培养考察积极分子14人。实行“三个一”的奖励政策，激发了党派阵地建设积极性，解决了有处议事的问题。全市6个民主党派均建成高标准的活动室，其中投资12万元的九三学社活动室、20万元的民建支部活动室，得到了省、市委统战部的肯定和多次观摩。指导民主党派加强自身建设，全年各党派共开展交流学习会20余次，深入开展调研活动10余次，提出有价值有分量，符合客观实际的提案、议案65份。

【开展“同心”工程】 组织医疗卫生界专家学者深入开展“同心示范带动”“同心专家服务”等系列活动，为500余名群众进行义诊，发放药品价值达6000余元。民盟、致公党、九三学社组织在“六一”儿童节前夕开展“同心助困”“同心助学”活动，赠予价值1万余元的学习用品。农工党组织实施“爱心复建·农工关爱行动”，筹资10万元，共为126人次脑瘫儿童实施了康复治疗。以“生态环境提升年”活动为重点，深入开展察民情大走访、环境综合治理等活动，帮助所驻村庄清理“三大堆”30余吨，新建垃圾池12个，配备垃圾清运车4辆；帮助绿化美化道路3.5公里，种植各种苗木2600棵。

【党外代表人士队伍建设】 进一步健全动态管理机制和培训制度，利用“以会代训”和行政干部学校集中培训“两种形式”，举办了党外后备干部座谈会、党外人士培训班；认真落实烟台市统战、组织两部联席会议纪要精神，建立了党外干部发展举荐、教育培养、监督管理、综合评价四个机制，形成了社会各界重视、支持党外代表人士队伍工作的良好氛围。

【开展社会服务】 引导非公有制经济人士围绕中心、调查研究、建言献策，撰写调研报告10余篇，其中《加快行业商会建设，助推工业强市战略》被市政协评为二等奖，引起市委、市政府的高度重视。加强指导商会党建工作，18处镇街商会全部建立了党组织，7处行业商会3处建立了党组织，其他4处也正在审批中，192个非公企业建立党组织，进一步扩大了党支部的覆盖面。引导全市统战成员在招商引资、“3+1”联手共建等工作中建功立业。组织开展了“回报社会感恩行动”和“科技、文化、医疗”三下乡等活动，结对帮扶贫困家庭300余户，资助贫困学生250人。全面贯彻落实党的民族宗教政策，依法管理民族宗教事务，协助民宗局对全市宗教活动场所创建和谐寺观教堂活动进行再部署、再检查，促进了民族团结，维护了社会稳定。

【加强对台交往交流】 积极参加对台招商引资活动，接待4批次40余人的台湾团组来莱参观访问，一期投资6000万元的台湾肥水生态休闲园项目成功落地。与市商务局合作，开展以“送政策、办实事、促发展”为主题的“台资企业走访月活动”，对全市40余家台资企业进行了走访和摸底调查。加强赴台审批和对台胞台属服务工作，为四家企业和一个单位办理了五个组团团组和一个随团团组的赴台审批手续，为台胞、台属提供服务30余件次。

（王 伟）

·栖霞市委统战部·

【党外代表人士队伍建设】 健全完善党外后备人才库建设。对党外干部有关情况进行全面调查摸底，健全完善相关档案资料，充实后备干部队伍，为党外干部队伍建设注入了新鲜血液。加大对党外干部的选拔使用力度，按照上级关于“9部门”党外干部配备的规定，为监察局、科技局2个部门配备了党外领导干部。提拔1名党外女副镇长担任镇长；对部分在镇街工作时间较长、年龄偏大的党外干部照顾进城安排，激发了党外干部队伍活力。在党外代表人士中深入开展建言献策活动，共提合理化意见建议86条，为党委政府科学决策提供了支持。

【非公有制经济工作】 抓好基层商会组织建设。制定下发《关于做好基层商会换届工作的意见》，19处基层商会全面完成换届工作。深入开展非公有制经济人士理想信念教育实践活动，认真制订活动方案，召开专题会议进行安排部署。邀请专家对全市中小企业家和市直、镇街区分管经济工作的同志进行为期3天的集中培训，收到明显效果。活动中共举办报告会、讲座13次，683名企业家参与活动，举行政企沟通2场次，赴商会、企业调研20余次，组织企业间观摩考察3次，开展商务活动6次，为企业推荐急需人才29名，帮助企业维权3件，为企业融资6.5亿元。积极引领非公有制经济人士参与社会光彩事业，组织全市60名企业家“一对一”帮扶贫困学生60名，帮扶期限为3年，每人每年帮扶资金不低于1000元。2013年，全市参与民企联村活动的企业58家，帮助村庄63个，落实帮扶资金680多万元，为构建和谐社会、加快新农村建设发挥了积极作用。

【服务经济社会发展】 发挥统一战线联系广泛、渠道畅通的优势，扎实开展招商引资工作。由部机关引进在建总投资1.2亿元的高效节能过滤机项目，2013年累计投入5850万元。由部机关联系的上海青浦区客商投资1.5亿元、占地50亩的大鲤鱼网具项目，9月正式签约，厂房建设的基础工作稳步推进。在部机关开展“两进两诺两评”活动，多次组织干部职工深入包帮村、服务对象，积极征求群众意见建议，做出承诺事项7件，并已全部落实。邀请专家对贾家庄村果农进行果业技术培训，为该村协调100吨水泥用于村委办公室和漫水桥建设，协调资金2万元安装路灯，为部分贫困户、贫困学生和困难老党员送去了生活物品和慰问金。

【宗教领域和谐稳定】 组织力量对全市已登记宗教活动场所和人大代表、政协委员中的少数民族代表人士有关情况进行深入调查，掌握民族宗教工作推进过程中存在的现实问题，为今后开展专项活动、引导民族宗教服务经济社会发展奠定了坚实基础。开展以《宗教事务条例》为主要内容的法律法规宣传教育活动，积极推动《条例》的贯彻实施，不断提升宗教团体自我管理的能力。

（孙 龙）

·蓬莱市委统战部·

【党外代表人士工作】 制订出台《中共蓬莱市委关于加强新形势下党外代表人士队伍建设的实施意见》。对“六支队伍”基本情况摸底汇总，对届中增补的人大代表、政协委员和工商联会员进行了梳理，精选出有代表性的党外人士充实到数据库。举办了党外代表人士培训班，培训120余人。已配备副科级以上党外领导干部23名，其中人大常委会副主任1人、政府副市长1人、政协副主席3人，政府工作部门配备党外正职1人，24个政府工作部门配备党外领导干部11人，政府“9部门”党外领导干部全部配齐，12个镇（街、区）配备了3名党外领导干部。

【同心实践活动】 开展同心座谈活动。召开纪念“五一口号”发布65周年座谈会，引导统战成员自觉接受和拥护中国共产党的领导。开展同心调研活动。组织各民主党派、工商联会员、无党派代表人士，紧紧围绕四大产业、城镇化、改善民生等方面重点工作，确定10多个重点课题，有针对性地开展调研。借助蓬莱市开展“情系万家进基层”活动，引导非公经济企业反哺兴村，回报社会，助推新农村建设。2013年，全市共有333家工商联会员企业与249个村结成了共建对子，投入资金2123.13万元。

【民族宗教工作】 进一步健全和完善党委领导、统战部门牵头的民族宗教工作协调机制，全面落实民族宗教政策。开展民族团结进步活动宣传，积极防范影响民族团结、社会稳定的矛盾和问题。对宗教团体进行了全面走访，健全了宗教界代表人士队伍。协调民宗、公安等部门成功制止了两起非法宗教活动。

【工商联工作】 开展“送政策、送信息、送资金”活动，积极促成政企协调、银企合作，先后帮助企业争取资金1.6亿元，解决实际问题372个。主动协调法院、税务、工商等10个工商联顾问单位，定期深入商会和企业现场办公，建立为商会和企业服务的联动机制。举办了会员企业《商战智慧》专题讲座，130多家会员企业的近200名主要负责人、高管和财务主管参加讲座。筹备成立了山东省首家海参产业专业商会组织——蓬莱市工商联海参业商会，吸收会员115家。2013年，市工商联被山东省人力资源和社会保障局、山东省工商联、山东省公务员局授予全省工商联系统先进集体称号。

【对台工作】 加强与驻蓬台商和管理人员的座谈交流，了解企业生产经营状况和台胞生活情况，做好联系沟通、排忧解难等工作；接待和处理台胞台属政策咨询，2013年接待来电来访等相关业务42人次。

【统战宣传信息工作】 部机关每月编发一期《统战商会简报》，定期编发上级政策、行业信息、产业动态等，发放到统战成员、商会和企业。在基层商会和专业商会搭建商务信息交流平台。紫荆山街道商会借助信息平台，帮助12个会员企业建立合作关系，引进新项目4个，实现经济效益1500多万元。市工商联房地产业商会充分利用商会网站、“仙境置业”电视专题栏目和《蓬莱房地产》季刊，整合社会资源，搭建行业平台，从信息、技术、商务和国际合作等多层面服务会员企业。年内，部机关和统战成员先后在各级新闻媒体级报刊发稿70多篇次，被刊发采用信息和调研报告43篇次。市台办被中央台办评为“‘两刊’对台宣传工作先进单位”，市委统战部被烟台市委统战部评为“信息工作先进单位”。

（张艳妮）

·长岛县委统战部·

【党外代表人士队伍建设】 加大党外知识分子培养力度，向上推荐优秀党外知识分子8名。加大党外干部发现、培养、使用力度，新提拔副科级党外干部1名。充分发挥“三个一”服务热线平台作用，不断加强与党外代表人士的交流和沟通，年内与党外人士沟通交流40余次，解决实际困难和问题11个，采纳反馈合理化意见、建议21条。扎实开展政协委员推荐增补工作，顺利完成政协委员提名推荐、考察协商、名单确定等工作，增补党外政协委员2名。

【学习践行“同心”思想】 扎实开展“同心调研”工程，开展了“走基层、看变化、摸实情”“改变基层统战工作薄弱状况的因应之策”等重点课题调研，完成调研报告5篇。组织开展“同心”思想学习教育主题活动，统战成员对“同心”思想的重要价值和丰富内涵有了更加深刻的了解，强化了认识，准确把握了“同心”思想对工作的指导作用。

【非公有制经济工作】 深入开展非公有制经济人士理想信念教育实践活动，树立非公经济人士先进典型2名，表彰了工商联会员企业先进典型3家。组织开展“我的企业梦，我的中国梦”主题征文活动，征集文章13篇，筛选上报优秀征文3篇，获全市二等奖1篇。组织工商联企业负责人赴昆山、义乌等地开展考察交流工作。召开银企座谈会2次，着力解决当前会员企业融资难、创新难等问题。积极参与筹办“中国北方生态旅游度假岛”招商推介会，联系烟台11家规模企业进岛参会，其中有两家企业对长岛港口建设项目产生投资意向。新吸收发展工商联执委单位3家，对工商联领导班子结构进行了优化调整；走访执委以上会员企业，撰写切合实际、可行性强的调研报告3篇。

【妈祖文化产业】 精心筹办元宵节妈祖庙会以及妈祖诞辰纪念日活动，进一步扩大了长岛对外影响力；筹组赴台文化交流团，参加北港朝天宫主办的“2013世界妈祖会北港暨万神祈福祭祀大典”活动，向台湾妈祖信众传授古礼仪乐舞；扎实推进庙岛大型妈祖露天塑像及文化广场建设项目，组织并协助相关部门依法办理各项审批手续，妈祖塑像形象设计方案获得省宗教局、国家宗教局、国台办、全国道协肯定和支持，已完成1∶10模型制作。

【民族宗教事务管理】 加强民宗工作队伍建设，建立了县、乡、村民族宗教工作三级网络，为县民宗局新争取一名行政编制，增设民族宗教科，培训县乡村三级民宗工作干部、联络员90余人。深入开展少数民族人口及家庭情况、穆斯林农户和城市穆斯林低保户摸底普查工作，建立健全了数据库。积极组织民宗工作干部参与民族政策法规知识竞赛，全县参赛人员达57名。切实做好少数民族考生身份认定工作，为长岛中学学生落实了加分优惠政策。深入开展“宗教政策法规学习月”活动，组织相关人员宗教法规考试，参考人员平均成绩90.6分。强化庙岛显应宫内部宗教事务管理，完善场所5项规章制度，审计检查场所财务情况并提出整改措施。及时遏止王沟村以“博物馆”名义建寺的违规行为，督导其按程序依法申报王沟村隆兴寺恢复建设项目。对全县基督教信众分布、私设聚会点情况进行排查理顺，依法申报一处基督教固定处所。

（葛茂纯）

·龙口市委统战部·

【党外代表人士队伍建设】 制定《关于加强新形势下党外代表人士队伍建设的意见》，组织党外干部参加中央、省、市组织的培训，提高政治把握能力、参政议政能力、组织协调能力和合作共事能力；会同工商联成功举办非公经济人士培训班，对全市300多名非公经济代表人士就人力资源管理等进行培训，受到企业家欢迎。

【“同心”实践活动】 把“同心龙口”活动作为统战工作服务“实力龙口”“幸福龙口”“生态龙口”建设的切入点和落脚点。动员广大统战成员广泛开展科技扶贫、智力支农、医疗义诊、咨询服务等活动，参与对特困户、贫困学生、孤寡老人等弱势群体的关怀救助和定向帮扶，群众满意度大幅提高。

【工商联工作】 按照“共同出资、互帮互助”的原则，协助工商联组建“龙口市工商联合会小额贷款公司”，缓解中小企业融资难，推动民营经济科学发展。争取市委、市政府支持，引导工商联会员企业联合出资，筹建工商联会员大厦，为会员企业搭建集商务办公、招商引资、洽谈业务、接待客商、交流培训等功能为一体的综合经济服务平台。

【社会民主政治建设】 按照“五个一”标准，加强民主党派基层支部建设，切实把基层民主党派建设成“自我教育的学校、团结互助的集体、参政议政的桥梁、培养人才的基地”，完善健全“党委出题，党派调研，部门落实，市委办督导，统战部反馈”的调研机制。顺利完成致公党龙口支部换届工作。

【民族宗教工作】 成功组织市佛教协会、基督教“三自”爱国会的换届工作；召开宗教工作联席会议，协调解决历史遗留问题，提出工作要求；指导开展以“教风年”为主题的和谐寺观、教堂创建活动，13处宗教活动场所达到省级创建标准；成功举办宗教界人士“爱心行”慈善捐助书画展，筹得善款8万多元，用于资助贫困山村基础设施建设。

【对台工作】 积极参与省台办组织的“台胞千人夏令营”活动，定期走访在龙台胞、台资企业，认真调查并协调有关部门依法帮助解决台商反映的问题。组织协调台湾中天电视台来龙口采访首家樱桃输台企业活动，扩大了龙口水果在台的影响。狠抓涉台宣传工作，被国台办评为对台宣传工作先进单位。申报南山集团省级海峡两岸交流基地工作进展顺利。

【机关建设】 开展了“学习型、创新型、服务型、和谐型”机关建设活动，统战信息宣传工作取得了新突破，在市级以上刊物发表信息78篇，在中央、省级刊物上发表信息6篇，连续两年获得烟台市统战信息宣传工作第一名，被省委统战部确定为全省统战信息工作重点联系点；机关文化体育工作丰富多彩，在龙口市“工会杯”篮球比赛中获得纯机关组冠军，市直机关运动会也取得优异成绩，并获得“市直机关运动会体育道德风尚奖”。

（刘永伟）

·招远市委统战部·

【筑牢同心同行思想基础】 在全市统战系统兴起学习贯彻十八届三中全会精神热潮，学习讨论了三中全会报告和省、市学习贯彻意见。针对无党派人士参加系统的理论培训机会少，加强无党派人士的教育培养和组织管理，全面提升政治、业务素质。

【发挥优势参与各项社会事业】 开展理想信念教育活动，引导非公有制经济人士政治上求进步、发展方面提速度、建设和谐社会方面有力度。非公经济人士年内引进外资1200多万美元，引进国内资金2.8亿元，引进内外资项目76个；参与化解社会矛盾19起。大力推动党外代表人士参与议政，年内有93个提案(议案)被有关部门采纳，其中关于促进电子商务健康快速发展等3个提案（议案）被市委市政府采纳，以文件形式要求全市加快落实。继续开展“双百共建”，广大非公经济人士积极参与联村帮村、联户扶贫、对口捐助贫困群众和贫困学生，直接资助资金36万元，捐赠实物9万多元；107家企业与贫困村和贫困家庭结成帮扶对子，帮助1100名贫困群众脱贫；实施惠民项目6个，投入资金400万元；吸纳安排农村贫困人口和下岗职工1800多人；参与新农村建设项目34个，投入资金1100多万元；各类社会公益事业捐款150多万元。坚持走访宗教界和少数民族代表人士制度，教育引导宗教与社会主义社会相适应，维护宗教领域的和谐稳定。做好对台交往交流工作，年内为两个团组11人次办理赴台手续；参与接待台商2批次12人次。

【非公有制经济人士理想信念教育】 出台了《市委统战部、市工商联关于开展非公有制经济人士理想信念教育实践活动的实施意见》，对活动目的、步骤、任务分工、达到效果、检查验收等作出具体要求。加强对活动的总体领导，确保有人管事、有人干事。市里成立了由市委统战部长任组长、市工商联主席任副组长，工商、税务、财政等9个相关部门负责人为成员的领导小组，并对成员单位的责任进行了明确分工。制定了联席会议制度、规定定期集中调度制度，推动活动顺利开展。

【党外代表人士队伍建设】 对党外代表人士队伍建设情况进行摸底，做好动态管理。按规定为人大、政府、政协领导班子足额配备党外副职，其中人大配备1名无党派女副主任，政府配备1名无党派女副市长，政协配备3名无党派副主席（含有女副主席一名），检察院配备1名无党派副检察长；上级规定的“九部门”配齐党外副科级以上领导干部（其中正科级3人，女干部4人），9个镇配备4名无党派副镇长。其他部门、单位有党外科级领导干部8人，全市党外领导干部总数达26人。建立资料库，将全市所有党外领导干部、党外人大代表、党外政协委员都录入资料库。积极推荐合适人选参加上级培训和党校主体班次培训，提升理论与业务素质。

（于同祥）

·莱州市委统战部·

【党外代表人士队伍建设】 整编提升党外代表人士“六支队伍”整体水平，实行定期考察和动态管理制度，及时进行调整充实。进一步健全完善档案，从中筛选了30名重点党外代表人士，完善了8名民主党派成员、7名高级知识分子代表人士档案。加强教育培训和团结联络工作，全年共举办4次培训，培训900多人次。落实各级领导班子成员联系党外代表人士制度，不定期开展座谈、走访，定期举办党外代表人士情况通报会和座谈会。

【党外干部安排】 共安排县处级党外领导干部5名，其中市人大、市政府领导班子各安排1名，市政协领导班子中安排3名。选配科级以上党外领导干部23名，其中26个政府工作部门中已安排党外领导干部12名，占46.2%，安排党外正职1名，政府“9部门”和法院、检察院全部按规定安排了党外领导干部，全市11个镇安排党外副镇长4名，占36.4%，各项指标均达到或超过上级要求。

【非公有制经济人士工作】 协助工商联加强基层组织建设，各镇街基层商会全部建立了党总支。成功举办“全省知名企业家莱州行”活动，省市领导及省内知名企业家150人参加了活动，达成多项投资意向。与市工商联、胶东在线《莱州新闻网》联合举办2013年莱州市第三届企业影响力年会暨莱州市中小企业公共服务平台建设启动仪式。组织4家光彩事业促进会会员企业参与烟台市非公有制经济企业重点项目推介会。

【非公有制经济人士理想信念教育实践活动】 全市32个商会和985名非公有制经济人士参与了活动。开展了“我的企业梦、我的中国梦”系列征文比赛活动，收到征文120多篇。聘请有关专家学者做报告，举办专题培训3次，培训700多人次。组织赴青州学习交流，组织2次重点企业观摩交流活动。开展“大走访”活动，认真组织实施“主题实践”工程。工商联副主席、企业家周忠昌继投资800万元建设中昌小学和中昌幼儿园之后，由其企业出资建设的莱州市社会福利中心于7月份正式营业，每年补贴各种费用200多万元。

【统一战线主题活动】 会同有关部门开展了“民企联村双百共建”“回报社会感恩行动”“一提双争”等主题活动。据初步统计，参与“回报社会感恩行动”的非公有制经济人士174人，累计捐助款物50多万元。参与“民企联村”的统战成员企业195家，联系帮扶218个村庄，转移农村劳动力5100人，启动农村闲置资产2.5亿元，救助特困户210个，贫困学生120人，累计捐助款物300余万元。

（潘秉寿）

·开发区工委组织部统战处·

【发挥统战优势，服务全区发展】 围绕区内招商引资工作部署，发挥统一战线交友广泛、信息丰富优势，拓宽招商领域，提高招商力度。深入开展感恩行动、光彩事业等活动，引导非公经济人士积极承担社会责任，为改善民生多办实事。2013年，为公益事业、社会事业累计捐资达到1500多万元，帮扶困难家庭1200多户，资助困难学生2400多人。引导非公经济人士积极参与“民企联村”活动，先后发动30多家企业与农村结对。2013年累计为共建村提供款物420万元，转移农村劳动力1400余人。

【党外代表人士工作】 立足产业基础和人才优势，在省、市统战部门的指导帮助下，建成省首批党外代表人士实践锻炼基地，接收省直单位和枣庄市山亭区6名党外干部来区挂职。研究出台基地管理实施细则，跟踪管理服务，探索跨部门、跨行业的党外代表人士实践锻炼方式。省委统战部主要负责同志给予充分肯定。进一步健全完善发现储备和管理机制，创新党外代表人士科学管理方法，建立完善了数据库，对党外代表人士实行动态管理。汇总28名科级以上党外干部、89名优秀党外知识分子的详细资料，录入到数据采集系统。坚持人才优先发展战略，在产业培育、政策扶持、环境建设上强化举措，着力提升高层次人才的吸引力和创新创业能力，现已拥有国家“千人计划”专家19人，“泰山学者特聘专家”19人。

【工商联工作】 组织开展非公经济人士理想信念教育实践活动。采取座谈讨论、专家辅导、主题征文、有奖问答等多种形式，深化理论学习，组织3次区内外学习考察活动，举办金融服务、人才供需、政策辅导、政企对接4个服务专场，经验做法在全市会议上做典型发言。调整工商联班子成员8人，各基层商会按期完成换届，通过聘请顾问、招聘专职工作人员、由街道干部兼任街道商会秘书长等形式，增强了领导班子整体功能。积极发展社会影响好、具有行业代表性、热心商会工作的民营企业入会，全年累计新发展会员500多个。龙江商会成立了筹备委员会，海河商会在原有基础上新成立了葡萄酒、IT产业、金融等多个下属分会。出台《关于进一步规范基层商会组织建设的意见》，对商会换届、会员入会和日常管理进行系统规范，被市工商联以1号文件转发全市学习推广。制定出台了会费管理使用办法、执委以上领导班子成员管理办法等，并将商会工作首次纳入街道基层组织建设考核。

【民主党派工作】 注重加强与各民主党派负责人沟通交流，主动听取对开发区工委、管委重大决策和重点工作的意见。组织各民主党派负责人赴临沂、青岛等地学习交流。将民主党派经费列入财政预算，规范管理使用。

【民族宗教工作】 认真宣传贯彻党和国家的民族宗教方针政策，积极参与涉及民族宗教突发事件的处置、协调。完成开发区基督教三自爱国运动委员会换届选举工作，进一步规范了各活动点的宗教活动。

（赵　韬）

·高新区工委党群工作部·

【党外代表人士队伍建设】以“大培训、大练兵”为载体平台，依托高新区发展论坛，组织党外代表人士参加学习贯彻十八大会议精神、蓝色经济等专题讲座20余次，深化了思想共识，提升了综合素质；加大党外干部选拔力度，结合全区干部“大考察”活动，对党外干部进行重点考察，共提拔使用科级党外干部3人，推荐副处级党外干部1人。做好非公经济统战工作，引导非公经济代表人士坚定理想信念、坚定跟党走的信心，积极参与光彩事业、“感恩行动”和社会公益事业，募集专款用于走访慰问“三老”人员和困难群体，为促进社会和谐贡献了力量；积极搭建科技、金融结合平台，推进产学研合作，帮助非公经济转调发展，扶植非公企业做大做强。

【高端人才统战工作】先后引进海内外高端人才33名，其中党外人士占78%。以优秀股级干部为主体，在全区选拔推荐人才服务专员，为高端人才提供企业入驻手续办理、贷款担保、办公经营用房、科研成果及发明专利申报、户口迁转、社会保险、购（租）生活用房、配偶工作安置、随迁子女入学择校等一对一、全方位、保姆式服务。不断优化服务保障、加强与高端人才的联系，帮助解决创业中的实际问题，为高端人才发展构建广阔的平台和良好的环境，有力助推了“人才特区”建设。

【民主政治建设】注重发挥社情民意联络员作用，组织重点项目观摩会，让社情民意联络员实地感受新区日新月异的变化，引导他们在全区中心工作上积极建言献策、参政议政。组织社情民意联络员参加对区直部门和驻区单位的阳光评议，推动了机关效能和作风建设；免费为社情民意联络员订阅党报党刊，每月定期邮寄《烟台高新》报纸和《蓝海潮》杂志，使社情民意联络员及时了解区情、关注政事，与新区发展同呼吸、共命运。

【民族宗教工作】开展为少数民族困难职工送温暖活动，依托区“三联双包”机制平台，帮助少数民族职工解决实际困难。注重维护少数民族职工合法权益，帮助解决用工纠纷和工资待遇问题。建立健全了区、街道、村民族宗教工作“三级网络”和三级工作责任制，举办民族宗教工作联络员培训班，进一步提高了街道办事处、农村民族宗教联络员依法管理民族宗教事务的能力。

（苏　健）

·昆嵛山保护区党群工作部·

【民族宗教工作】通过进村入户走访，摸清少数民族家庭成员信息，及时更新资料数据库，实现了区内少数民族档案管理动态化。联合相关部门单位，通过资金支持、就业指导等形式，扎实开展少数民族群众脱贫解困工作，带动少数民族家庭逐步走上致富之路。加强与少数民族群众的联系和沟通，保障其合法权益，营造区内各族同胞协心共力、共建美丽昆嵛的浓厚氛围。大力提升宗教事务规范化管理，不断建立健全组织机构，完善工作机制，推进培训教育经常化，全面提高信教群众爱国守法意识，确保了民族团结、宗教和睦。先后两次召开全区民族宗教干部培训会议、全区民族宗教工作联络员培训会议，实现了民族宗教事务管理瞬时化、常态化、有效化。

【加强统战宣传调研工作】采取入户访谈、村边巷道闲谈、实地查看、填写调查问卷等形式，深入到36个村扎实开展“大走访、大座谈、大调研”活动，期间共发放调查问卷400多份，征求到群众意见建议120余条，形成调研报告17篇，为统战工作提供具有全局性、前瞻性的新观念、新思路、新举措。大力做好统战信息宣传工作。充分利用“昆嵛网站”、《昆嵛简报》、镇村宣传栏等多种宣传平台，宣传党的统战方针、政策及法规，使统战理论进入基层一线，为做好统战工作奠定坚实基础。

（于晓东）

潍　坊　市

·潍坊市委统战部·

【学习贯彻党的十八大精神】印发学习通知和学习计划，组织动员全市统一战线原原本本学习党的十八大报告、十八届三中全会报告和习近平总书记系列重要讲话，举办座谈会、报告会、理论研讨会，开展征文、书画展、知识竞赛、参观考察等活动30多场次。在全省统一战线“学习十八大精神”知识竞赛中，参赛人数达12.8万人，荣获全省优秀组织奖。开设统一战线“同心论坛”，部领导班子成员分专题领学领讲十八大精神。指导市各民主党派开展“学习贯彻十八大精神，提高履职能力”大讨论活动以及纪念“五一口号”发布65周年系列纪念活动。开展非公有制经济人士理想信念教育实践活动，全市共建立活动领导小组成员联系点51个，举办动员会、报告会、培训会等36场次，参加人数3800多人次。

【参政议政建言献策工作】 一是坚持完善市委与民主党派和无党派人士协商议事制度。协助市委办制定年度协商计划，组织各类协商活动7次，就政府工作报告、突破滨海、“四一三”战略等征求了意见建议。二是指导各民主党派积极建言献策。2013年市政协会上各民主党派提交提案128件，占提案总数的38%，其中，12件提案被市委、市政府主要领导批示，占批示总数的42.9%。三是进一步打造民主党派重点调研课题工作品牌。为帮助市各民主党派成员深入了解市情，更好地履行参政议政职能，市委统战部组织各民主党派召开了2013年市委、市政府重点工作通报协商会，并会同市委、市政府两个研究室印发了2013年度市各民主党派重点调研课题指南，7个民主党派市委会共确定18个重点调研课题，由主委带队分赴县市区、开发区和市直有关部门开展调研，调研报告质量、数量有了大幅提高。四是深入开展“我为经济文化强市建设献一策”活动，积极打造建言献策“直通车”。2013年编报12期“献一策”建议，有9期被市委主要领导批示，并由相关职能部门落实。

【引资引智助推经济发展工作】 紧紧围绕市委、市政府战略部署，充分利用统一战线独特优势，有效整合各领域统战资源，全力服务全市转型发展、跨越发展。组织开展了海内外知名企业家“县区行”“滨海行”活动和民营企业与高校、科研单位科技项目对接活动共13次，承办了全省第四期港澳台海外代表人士培训班暨“情系海联·同心同行”考察活动，举行了“山东省海外联谊会潍坊联络站”揭牌仪式和潍坊市招商引资重点项目推介会，当场达成合作意向8项。已有40多家省内外高校、科研单位和潍坊市200多家中小企业达成了产学研合作项目意向260个，其中82项已进入实质合作阶段，投资额达130亿元。通过招商活动，落户潍坊滨海经济开发区的签约项目有4个，落户县市区的项目有12个，投资额约86亿元。截至2013年年底，市直统战系统共联系招商项目32个，协议投资额178亿元。

【促进社会和谐稳定工作】 一是发挥统战优势，广泛开展社会服务活动。整合各民主党派成员的专业优势，组建“同心·社会服务团”，下设医疗、文化等6个专业分团，吸引230名有技能特长的知名专家教授等党派成员参加，并依托奎文门社区建立社会服务团社会实践基地，已在全市开展了义诊医疗、法律咨询、捐资助学等社会公益服务活动110多次，服务群众3000多人次。二是积极引导新的社会阶层人士履行社会责任，感恩回报社会。四川雅安芦山地震发生后，全市非公有制经济人士踊跃为灾区捐款捐物2500多万元。2013年，非公有制经济人士为灾区和贫困山区、学校捐款达9000多万元。积极协调全国中华职教社，将“温暖工程”引入潍坊市鑫易电声科技有限公司，为甘肃等5个西部省份中职学校贫困学生解决了上学、就业等实际困难，计划招收2000人，首批200名学员现已到位。三是加强民族宗教管理。深入镇街、社区和宗教活动场所，面对面接触宗教界代表人士和少数民族群众，及时掌握舆情动态，妥善处置了5起涉及民族宗教因素的矛盾隐患，确保了全市民族宗教领域和谐稳定。四是加强基层基础建设。召开了全市基层统战工作现场观摩交流会，建立部领导班子成员包靠社区统战建设联系点制度，定期调度，总结推广了奎文区、寿光市等把统战文化纳入城乡社区社会管理的经验和加强基层商会建设的做法，对基层统战工作示范点授牌，较好地起到了典型带动、争先创优效果。

【党外代表人士队伍建设】 一是教育培训规范化。推动把党外代表人士教育培训纳入全市干部教育培训规划，制定印发了《2013年度全市统一战线培训计划》，年内安排了各个层次、各领域培训班次13个。制定出台《潍坊市党外代表人士实践锻炼基地工作管理办法（试行）》，安排首批2名科级干部到基地挂职锻炼。二是联谊交友常态化。市、县两级统战部门领导干部带头与党外人士交朋友，利用重要节日、纪念日，一同外出考察、学习等机会，加强与党外代表人士的联系沟通。据不完全统计，全年召开各类党外代表人士座谈会130多个，走访非公有制企业370多家，梳理意见建议150余条，帮助党外代表人士解决困难120多个。三是安排使用科学化。在干部选拔工作中坚持把党外干部特别是党外正职干部选配摆上重要议事日程。4月份，在全市竞争性选拔正县级领导干部工作中，有2名党外干部进入最后推荐选拔环节，其中1名党外干部担任了市住房公积金办公室主任，1名担任了市政府副秘书长，市直部门党外正职人数达到了5人。潍坊市推进党外干部正职配备工作的做法得到省委统战部主要负责同志的肯定并在全省转发。

【自身建设不断加强】 制定了《关于改进工作作风、加强党风廉政建设、发扬艰苦奋斗优良传统的意见》。部领导班子成员带头加强和改进作风，建立了调研联系点制度，每位统战部干部至少联系1名党外代表人士、1家非公有制企业、1个社区和3户群众，深入社区开展入户走访、结对帮扶活动。截至2013年年底，已组织机关干部开展帮扶困难群众活动100余人次，帮扶困难群众45户，梳理意见建议62条，为帮扶村筹资60多万元，硬化道路4000多米，新上变压器一套，该村生产生活环境得到了明显改善。11月份，组织市社会新阶层党外知识分子联谊会开展了“同心·知联图书室”捐赠活动，为帮扶村捐赠价值近4万元的图书、书橱等。组织机关干部赴市廉政教育基地等进行现场参观学习，接受警示教育。在机关干部中开展德廉知识学习测试和知识竞赛，测试通过率为100%。制定了《统战社团组织经费管理制度》，进一步规范了统战社团组织的经费管理使用。市委统战部党总支被评为市直机关先进基层党组织，2名同志被表彰为市直机关优秀共产党员，9名同志被评为市直统战系统优秀共产党员。

（刘　滨）

·奎文区委统战部·

【党外代表人士工作】 一是健全联系制度。区委下发《关于建立奎文区党政领导同志联系党外人士制度的意见》，从各民主党派、无党派、民族宗教界、非公经济和新社会阶层代表人士中确定42人为联系对象，14名区级党政领导同志为联系主体，每人联系3名党外人士。每年至少为联系的党外人士办一件实事，帮助解决工作生活中的困难和问题。二是加强管理。强化教育培训，每期全区干部培训主体班次中都安排一定数量的党外干部参加，表现优秀的党外干部推荐参加上级举办的培训班。选派优秀党外青年干部到街道（社区）挂职主任助理。成立专门管理办公室，负责挂职干部的日常管理和评价考核工作。加强对已经走上领导岗位的党外干部的动态管理，教育引导其自觉与党内干部搞好合作共事，打造一支人格好、人缘好、形象好、能力好的党外干部队伍。

【民族宗教工作】 一是深入调查，建立数据资料库。对全区8个街道和卫生、教育2个系统少数民族情况进行调研调度，形成调研报告上报区委区政府。建立起全区少数民族基本情况数据库和宗教活动场所基本情况数据库，同时建立起各类专题资料库。二是完善机制，强化基层服务工作。健全民族宗教工作“三级网络，四级责任制”，区民族宗教局配备执法人员3名，各街道确定分管领导和工作人员各1名，各社区聘任联络员1名，区民族宗教局先后4次对全区98名民族宗教工作联络员进行了专题业务培训。对全区9处宗教活动场所进行深入走访检查，了解存在问题。建立服务联系群众长效机制，实行“三卡一联”制度，及时掌握辖区内民族宗教人士情况。切实抓好少数民族餐饮管理，会同有关部门联合下发了《奎文区清真食品管理办法》。做好少数民族身份认定和民族成分变更工作，认定少数民族考生7名，变更民族成分6名。三是加强宣传，促进民族关系更加和谐。开展了民族团结进步宣传月活动，分别举办全区、各街道、各社区民族理论基本知识学习班，对各级分管干部进行培训。

【非公有制经济工作】 一是坚持做好非公经济人士思想政治工作。在非公有制经济人士理想信念教育实践活动中，举办了“民营企业家与中国梦”讲座和活动骨干培训班，举办丰富多彩的思想政治教育活动共130多场次，编写印发了《奎文区非公党建制度汇编》和《奎文区非公党建学习资料》1000本，广泛开展非公有制企业创建党建示范点、党员服务先锋岗、“三联三明三谈”等活动，引导非公经济人士在做好企业生产经营的同时，积极履行社会责任。二是积极创建楼宇小微企业商会。成立了东盛广场小微企业商会，选举产生了第一届商会理事会成员。与区工商联成立联合调研组，了解小微企业发展现状，多次组织有关专家召开研讨会，帮助企业理清发展思路和制定发展措施。三是全力扶持非公有制企业成长。对全区规模以上会员企业组织开展调研活动5次，征求协会成员各类意见建议40多条。加大对非公企业的培训力度，组织150余家工商联会员企业参加企业危机管理、企业家金融峰会等大型培训讲座。积极构建非公经济组织党建新格局，建立区、街道、社区“条块结合、三级管理”体系，强化非公有制经济组织党员队伍建设。

【社会统战工作】 一是健全服务社会机制。成立“深入推进社区统战工作，积极服务社会管理创新”活动领导小组，将社区统战工作与社区管理服务相结合，明确分工，落实责任。完善社区统战工作情况通报制度、信息反馈制度、走访慰问制度，形成“领导带动、社区联动”的社区统战工作机制。切实抓好社区服务试点工程，先行在辖区奎文门社区等三个社区开展试点工作，抓点带面，创新理念，带动社区服务质量全面提升。二是积极开展各项服务民生工作。扎实开展“领导干部群众工作日”“包居联万户、为民办实事”“统战成员进社区”活动。深入所包靠的东关街道工福街社区和潍州路街道黄家社区开展调研。出资1万余元建立“同心书屋”并捐赠图书5000余册。出资13000余元修整公路一条。先后举行民族工作座谈会8次，科技、卫生、文化、法律“四下乡”2次，发放科技书籍、光盘300余本（张），提供法律咨询多次，走访慰问少数民族困难群众8户。着力打造“同心·医疗服务”品牌，联合党外知识分子联谊会，开展医疗专家义诊、健康讲座、免费发放医药用品等服务活动，受益群众2000余人次。按照包居联户活动“1+5”式要求，统战部全体干部每人联系1户贫困家庭和5户普通群众，每月走访至少1次，积极为包靠群众解决生活工作难题。三是强化对统战成员的服务。完善更新辖区统战成员资料库，加强与广大统战成员联系交流。充分发挥各街道“统战之家”的作用，为统战成员提供“一站式”服务，及时向统战成员反馈办理结果。强化统战成员学习培训，积极组织参加市委和区委举办的各项培训活动，提高广大统战成员的理论水平和履职能力。开通“同心·奎文”统战微信公众平台，及时将党的统战政策以及中央、省、市重大决策和工作安排传达给统战成员。

【自身建设有了新提高】 制定《奎文区委统战部行动学习实施方案》，认真学习贯彻党的十八大和十八届三中全会以及习近平总书记系列重要讲话精神，广泛开展向兰辉同志学习活动，牢固树立宗旨意识，自觉做到为民务实清廉。严格贯彻落实中央“八项规定”，认真开展党风廉政建设。召开专题会议进行研究部署，制定了2013年党风廉政建设方案等系列规定。集中学习了中纪委二中全会精神，以“改进机关工作作风、密切联系群众”为主题，扎实开展干部职工作风教育整顿活动。根据中央、省、市有关要求，加强对本单位“三公”经费管理，进一步推进资金管理规范透明。

（张　宁）

·潍城区委统战部·

【学习贯彻十八大精神，凝聚思想共识】 组织开展了学习十八大精神知识竞赛活动，全区社会各界人士踊跃参加答题，共收缴答卷12000余份，荣获“全市统一战线学习十八大精神知识竞赛优秀组织奖”。举办学习十八大和十八届三中全会报告专题辅导班，统战干部和统一战线各界人士300余人参加。在统战系统开展了“我与中国梦”学习十八大精神大讨论活动，以统战工作的“转调创”更好地服务经济社会发展“转调创”。

【围绕发展大局，打造“活力统战、助推发展”品牌】 组织和引导统战干部、民主党派支部、宗教团体和统战社团组织开展形式多样的主题实践活动，向区委、区政府和有关部门提报40余条意见和建议。深入开展非公有制经济人士理想信念教育实践活动、“县级工商联建设年”活动，先后组织50余名企业家到青岛、烟台、威海等地学习企业经营管理先进经验。组织20余名企业家到北京、上海参加专题辅导班，推动非公企业加快转型升级。通过组织企业间互保、向银行点对点推荐等形式，帮助中小企业协调资金6500万元。借助风筝会、文展会、接待省委统战部第四期港澳台海外代表人士国情研修班和其他平台，做好牵线搭桥和推荐服务工作，保障了项目建设年活动顺利开展。

【围绕稳定大局，打造“维护稳定、促进和谐”品牌】 一是加强组织领导，成立领导小组，召开全区民族宗教界代表人士座谈会，动员社会各界力量积极参与和谐创建活动。二是制定项目推进计划，明确创建任务、目标和方式方法，加强对推进情况的指导。三是争取上级支持，进一步加强城市民族工作示范社区建设和和谐寺观教堂示范点建设。四是做好品牌推介工作。《潍城区五措并举推动民族宗教工作创新发展》等文章，被有关媒介和网站采用，品牌影响进一步扩大，区民宗局被评为全市民族宗教工作先进单位和全市民族宗教信息工作先进单位。

【围绕服务大局，完善工作机制，树立良好形象】 将统一战线纳入全区科学发展综合考核，充实完善了基层统战工作队伍，健全基层统战工作网络，实施统战干部全员培训，推动了基层统战工作规范化、制度化。统战部门和全体统战干部用心对待工作、用脑谋划工作、用力推进工作，为统战工作的发展做出了新贡献。强化服务意识，向社会公开承诺统战工作目标，组织开展社区统战示范点创建工作和“三下乡”“三访四问”等活动，为基层和统战成员排忧解难，在社会各界树立了统战干部的良好形象。

（冯卫兵）

·坊子区委统战部·

【深入学习贯彻党的十八大和十八届三中全会精神】 召开由各民主党派负责人、无党派、少数民族、非公经济及宗教界代表人士参加的迎接十八届三中全会座谈会，举办全区副科级党外干部学习贯彻十八大和十八届三中全会精神轮训班，组织4000多名统战成员参与全省学习十八大报告知识竞赛，统一思想，形成共识。

【全面贯彻落实中央4号文件和省、市委《实施意见》】 组织各街道（发展区）调查摸底，梳理了全区党外代表人士基本情况，健全完善了党政领导干部联系党外代表人士制度，将教育培训纳入了全区领导干部培训总体规划。设立了民主党派活动室，各项规章制度统一上墙，增加了书籍资料，为民主党派成员培训学习提供良好的工作平台。召开党外代表人士座谈会3次，梳理意见建议10余条，帮助党外代表人士解决困难5件。选派4名优秀党外干部到市委党校参加学习培训班。联合农工党潍坊市委、坊子支部举行第二十五届“国际科学与和平周”义诊咨询活动，发放医疗保健资料600余份，为200余名群众进行义诊。

【以“品牌建设年”活动为抓手，倾力打造统战品牌】 把潍坊富源动力公司作为品牌企业，着重培育打造，建立和创新工作载体，组织开展有特色、见成效的活动。充分挖掘统战文化资源，结合辖区内新方集团（原坊子煤矿）百年发展史，组织专人对煤矿统战文化进行深度挖掘整理，精心制作了宣传版面，着力把新方集团打造成坊子统战思想教育基地。

【积极助推非公有制经济健康发展】 以“同心”思想为引领，以“强信念、强责任、强奉献”主题活动和“回报社会感恩行动”为载体，积极引导非公有制经济人士自觉践行社会主义核心价值体系，年内向市光彩事业促进会推荐4名企业理事。

【巩固发展民族宗教工作良好局面】 按照“属地管理”原则，建立健全区、街道、村（社区）三级工作网络，全区7个街道共确定256名联络员，按照民族宗教信息平台采集信息要求，每月定期排查、采集辖区内的民族宗教人员变动情况，对排查出来的不稳定因素及时上报街道民族宗教领导小组研究解决。形成了纵向到底、横向到边、全覆盖、无盲区的工作网络格局，进一步夯实了基层基础。分期举办了基督教负责人培训班，学习《山东省宗教事务条例》及相关宗教法律法规，受训人数达400余人次。召开全区统战工作暨民族宗教工作座谈会，扎实开展教风年创建活动。协调各部门组织精干人员对全区清真食品企业进行了全面检查。根据《山东省民族宗教事业发展专项资金管理办法（暂行）》的要求，确立凤凰街道沟西教堂修缮和坊城街道西华昌社区民族示范窗口建设两个项目，申请省级民族宗教事业发展专项资金20万元。充分利用多种载体，积极推进民族团结宣传教育进机关、进学校、进社区、进企业、进村居，切实夯实民族团结的基层基础。

【积极参与全区重点工作及包村工作】 认真做好天同·九龙湾等全区重点项目的包靠工作。坚持做好群众包村工作，按规定要求到所包村辛庄征求意见建议，先后为村委购置电视机、办公桌椅、文件柜等，用以改善办公条件；协调区林业局专家到村讲解果树种植与养护知识；协助做好“党建标语一条街”“计划生育标语一条街”有关工作；协助村里做好主干道绿化工作，使村容村貌大为改观。结合区里统一安排，扎实开展“三问”大走访活动，走访群众60余人次，为困难群众和党员送去慰问金及慰问品，受到群众的热烈欢迎。

（张海霞）

·寒亭区委统战部·

【党外代表人士队伍建设工作】 一是加强党外代表人士教育培训。充分利用本地统战文化资源优势，将参观考察统一战线教育基地、张雪岩纪念馆纳入全区统一战线“两支队伍”培训体系之中，作为培训的第二课堂。2013年共组织43名党外人士参加教育培训，接待临沂、东营等各地统战系统前来参观考察人员达300余人次。二是加大党外干部选拔使用力度。全区副科级以上党外干部33名，2013年新提拔重用2名。建立党外干部基层挂职锻炼制度，4月份通过笔试、面试、组织考察的方式公开选派2名优秀党外科级干部到街道、开发区挂任领导职务。三是加强对政协委员担任特约监督员工作的管理。区委制定出台《关于聘请区政协委员担任特约监督员的暂行规定》，明确了特约监督员的推荐条件、选聘程序、工作职责、实施民主监督的方式、管理和服务工作以及解聘等相关工作。

【民主党派工作】 区内有民革、民建、民进、农工党、九三学社五个民主党派支部（社）、成员72人。区委统战部积极引导民主党派围绕全区中心工作建言献策，提交提案、调研报告、意见建议23件（条）。开展走访慰问困难群众、下乡义诊、捐资助学等活动5次，为困难群众捐款捐物14000余元。协助指导农工党寒亭支部顺利完成换届工作。

【经济统战工作】 一是深入开展非公有制经济人士理想信念教育活动，在20余家有代表性的会员企业建立活动联系点。建立联系非公经济企业长效机制，走访企业70多家，形成了《全区外事服务民营企业走出去情况调研报告》等多篇调研报告，上报区委、区政府。二是组织工商联会员企业参加各类对接洽谈活动，3家企业与高校签订合作协议，13家企业与科研院校单位达成了初步合作意向。积极探索建立工商联与政府部门对口联系长效机制，与区人力资源和社会保障局、区总工会大力开展了工资集体协商“春季要约集中行动”；会同区劳动就业办公室召开促进就业座谈会，组织会员企业参加“寒亭区民营企业招聘洽谈会”并进行培训。三是以“民营企业家与中国梦”为主题，联合区政协、区广播影视集团对部分民营企业家政协委员进行“委员风采”专题报道，积极宣传推广先进典型。组织20家中小型企业相关负责人共60余人参加专题讲座3次。四是组织非公有制经济人士深入开展光彩事业、回报社会感恩行动及同心实践活动，在捐资助学、扶贫济困、捐款修路等社会公益活动中捐款达80多万元。

【民族宗教工作】 认真组织开展民族团结进步宣传月活动，指导寒亭街道海龙社区等单位积极开展民族团结进步示范创建活动。对辖区内清真食品企业落实监管措施，按程序为1名学生办理了更改少数民族成分相关手续。强化宗教政策法规教育培训，先后对宗教教职人员、场所负责人、财务人员、信教群众骨干分别进行了一次轮训。在每个宗教活动场所确定一名政治素质高、责任心强的人员担任普法联络员，积极引导宗教界代表人士和信教群众学法遵法守法用法。继续深入开展民族宗教“基层基础建设年”活动，按照属地管理的原则，进一步加强区、街道、村（居）社区三级工作网络建设。区委统战部、区综治办、民宗局联合聘请民族宗教工作网络联络员共计372人，以街道为单位，采取“以点带面、点面结合”的方式对全区民族宗教联络员进行专题培训，对新聘任的民族宗教工作联络员发放聘书、联系服务信息卡、重点联系对象名单卡、民族宗教知识宣传卡及《基层民族宗教工作60问》，切实提高民族宗教工作联络员能力和素质。集中开展民族宗教纠纷排查调处活动，建立周报、重大事件随时报告和零报告制度，定期对宗教活动情况进行监督检查，及时了解和掌握教堂、活动点活动情况。与各宗教活动场所签订2013年度宗教团体（场所）公共安全管理责任书。联合消防、公安、安监等部门，对区内宗教活动场所进行了全面安全检查，指导宗教团体和场所对存在的6项安全隐患进行了整改。与公安、相关街道配合，依法取缔辖区内非法宗教活动聚会点1处。

（李新霞）

·青州市委统战部·

【党外代表人士队伍建设】 认真贯彻落实中央4号文件和省、市委《实施意见》精神，进一步健全完善了与党外人士合作共事的政策和制度。先后出台了《关于进一步做好培养选拔党外干部工作的意见》、市委领导与党外人士交朋友制度、发挥党外人士民主监督作用制度等系列制度。注重教育、加强引导，努力为党外代表人士的成长创造条件。搭建学习培训平台，积极组织选送党外代表人士参加各类学习培训，邀请有关专家教授举办读书会、专题讲座等。安排党外人士开展调研、视察、参观，为党外人士了解情况、参政议政、建言献策创造条件。开展“百企联村、共同发展”活动，引导党外代表人士积极投身新农村建设和促进社会和谐的光彩事业。全市共有对接企业39家，对接项目45个。结合全国和省人大、政协换届，推荐1名党外人士当选全国人大代表、推荐1名担任全国政协委员，另有2名分别担任了省人大代表、政协委员。

【抓好三项工程，构筑“同心”品牌】 一是发挥统一战线优势，促进社会各项事业和谐发展工程。积极引导和帮助各统战团体参政议政、建言献策，为经济社会发展服务。组织民主党派成员中的医务工作者开展下乡义诊活动，共诊治病人200余人次，免费发放4000多元的药品。二是创新开展“同心·改善民生工程”。组织市新知联与市人民医院结对，市新知联成员捐款建立了潍坊市第一家慈善医院，目前，基金已达600多万元，先后完成了对脑瘫患儿、新中国成立前的农村贫困老党员、社会特殊贫困人士等700人的医疗救助。建立“同心·感恩行动基金”，现已筹集善款1260多万元，为260位“三老”人员和老工商业者发放扶助金30多万元。三是积极参与全市重点工作工程。市委统战部充分发挥自身优势，进一步加大招商引资力度，全力以赴服务项目建设。

【服务经济社会又好又快发展】 一是坚持多党合作制度，做好民主党派工作。引导各民主党派、工商联及侨联、台联、海联等统战团体围绕树立和落实科学发展观建言献策，提出有价值、有深度的调查报告6篇，议案、提案30多条，为市委、市政府科学决策提供了依据。二是民族宗教工作取得稳定、和谐的良好局面。市委出台《关于进一步加强民族工作的意见》，每年设立70万元的少数民族发展资金，用于少数民族经济发展、民族教育、卫生、文化、体育、新农村建设等事业。在少数民族比较集中的区域，规划建设民族工业园，吸引10余家企业落户民族工业园。2013年，全市民族企业有121家，规模以上企业有18家，民族企业生产总值达32亿元，利税2.8亿元，为1200多名少数民族群众解决就业。发挥少数民族群众经商传统优势，投资2亿多元，规划建设了8处民族特色专业市场，其中有4个市场年交易额突破10亿元。深入挖掘和扶持了40余家具有民族特色的餐饮门店。三是大力做好民族团结进步创建工作。14个单位纳入潍坊市重点创建名单，25个社区纳入潍坊市示范社区创建名单，18个企业纳入潍坊市示范企业创建名单。

【非公有制经济统战工作】 扎实开展非公有制经济人士理想信念教育实践活动。通过报告会、座谈会、专题培训等形式，组织非公经济人士学习十八大和习近平总书记讲话精神，举办“实现中国梦与提升文明素质”讲座，探索和培育青州企业家精神。以“服务立会”为宗旨，以“转变服务方式、拓宽服务渠道”为途径，创新发展思路、拓宽服务渠道，促进会员企业又好又快发展。建立优势互补的融资服务体系，抓好培训，努力提高会员队伍的整体素质，树好社会形象、创成一流团队，使“服务”机构不断发展壮大。

【港澳台海外统战工作】 充分利用“鲁台会”“风筝会”

等节会平台，推动港澳台海外统战工作取得新进展。

（宋乐宝）

·诸城市委统战部·

【党外代表人士队伍建设】 开展民族宗教界、台侨联界政协委员学习十八大精神专题座谈会等活动，组织非公经济人士、新的社会阶层党外知识分子培训班2期，把广大党外人士的思想和行动统一到中央和省、市委要求上来。在新的社会阶层和党外知识分子中开展了“我为富民强市争作贡献”和“我为蓝区建设献一策”活动，收到合理性建议70余条；在非公经济人士中开展了“回报社会感恩行动”“大手牵小手亲情结对”等社会公益活动，捐款捐物300多万元，资助孤儿61名。注重党外干部的培养选拔使用，新安排两名副科级党外领导干部到市人口与计生局、审计局担任副职，全市10个政府部门配备党外领导干部11名。

【实施“同心·助推经济发展”三大工程】 一是开展“同心帮扶共建”工程。通过帮助制定发展规划、落实帮扶项目、帮助就业等方式，为农村社区发展提供了助力。二是开展“同心创业”工程。以工商联为依托，设立“同心创业基金”，发动20家非公企业设立扶持创业基金200万元。三是开展“同心助推发展”工程。在非公经济人士中开展了“深入一次调研、提交一份建议、开展一次公益服务、引进一个项目”的“四个一”活动，完成招商引资1000万元。

【切实维护民族宗教领域和谐稳定】 建设6个城市民族工作示范服务窗口，为5名符合条件的少数民族群众更改民族成分，为18名少数民族考生出具证明。推荐诸城外贸公司纳入国家“十二五”民族特需用品（清真食品类）定点生产企业，每年获中央财政贷款利差补贴2100多万元。荣获潍坊市“民族工作先进单位”“全市少数民族流动人口管理与服务工作先进单位”等荣誉称号。通过了省宗教局对常山万佛寺创建省级“和谐宗教活动场所”的考察验收，指导市基督教会圆满完成了换届工作。

【深入开展统一战线群众工作】 深入开展“包社区联农户促和谐谋发展”活动和“百企联百村”活动，建立统战领域“民情台账”，落实“第一书记”定期走访调研制度，与群众面对面交流，帮助群众解决难题，树立了统一战线“为民、务实、清廉”的良好形象。全年共开展民情走访活动30多次，走访联户群众280多人次，举办农业技术培训班3期，为群众解决实际困难17起。

【深化统一战线文化建设】 以全省统战文化资源普查为契机，全面总结梳理本地统战文化资源，提炼出富有特色的“王统照故居”“臧克家故居”“基督教慕义堂”等爱国统一战线文化、民族团结文化、宗教和谐文化品牌，建设完成了一批统一战线“爱国教育实践基地”和“同心实践基地”。

【全力打造“活力统战”工作品牌】 精心培育了非公企业服务农村服务社区的“双服务”活动、党组织互帮互助的“城乡联建党总支”、知联会“社区共建联系点”和“关爱教育帮扶基地”、工商联会员企业“大手牵小手”亲情结对等统战工作品牌，拓展了工作载体，提升了统战活力。

【强化非公经济组织党建指导】 深入开展非公有制经济组织党组织创先争优活动，先后6次对非公经济组织中的党员及中层以上非党业务骨干进行系统培训，收集合理建议40余条。

【进一步提升统一战线工作效能】 深入推进学习型党组织建设，通过辅导报告、专题培训、党课和考察调研等形式，组织广大统战干部认真学习领会省市区有关重要会议精神，增强业务素质和廉洁勤政意识。建立统战工作联系点，经常性开展调研活动，发挥社区统战联络员作用，定期交流工作情况，及时掌握社情民意，进一步拓宽信息渠道，加强调研信息宣传工作。加强统战成员对统战刊物的学习、领会和应用，发动各镇街、非公企业积极征订《山东统一战线》，2012年荣获全省统战宣传刊物工作二等奖。

（李亚军）

·寿光市委统战部·

【统一战线共同思想政治基础建设】 把深入学习贯彻党的十八大精神作为首要政治任务，组织召开各类座谈会、报告会、研讨会16次，进一步强化了统战成员的政治共识。组织参加全省统一战线学习贯彻党的十八大精神知识竞赛活动，13000多名统战成员踊跃参与，列潍坊各县市区第一名，荣获全省统战系统“学习十八大精神”知识竞赛优秀组织奖。扎实开展非公有制经济人士理想信念教育实践活动，全市“三个注重”推动活动深入开展的做法被全国非公有制经济人士理想信念教育实践活动简报转发。与市工商联联合在《潍坊日报·今日寿光》设立专栏，开展“同心共筑中国梦”征文活动10期，集中宣传了全市20名优秀民营企业家的先进事迹。深入挖掘统战文化资源，进一步丰富统一战线教育基地建设内涵，马保三故居被潍坊市委统战部授予“潍坊市统一战线教育基地”，参观人数已超过2000人。

【党外代表人士队伍建设】 在深入调研、全面把握和深入分析全市党外代表人士队伍总体状况的基础上，出台了《中共寿光市委关于加强新形势下党外代表人士建设的实施意见》。扎实推进全市党外代表人士“3456”工程（即党外代表人士队伍逐步达到：市级300名、市级后备400名；镇街级500名、镇街级后备600名），进一步完善市委统战部信息管理系统，分级分类更新党外代表人士信息库。制定印发了《2013年度党外代表人士教育培训计划》，与组织部门联合调训，在省社会主义学院举办党外代表人士培训班，27个市直部门、单位和镇街的35名党外干部参加了培训。

【“同心·助推蓝黄战略行动”】 在党外代表人士中深入开展“为城乡一体均衡寿光建设献一策、办实事、做贡献活动”，组织专题调研活动6次，提报意见建议20多条，其中16条已被政府有关部门采纳。会同有关单位和统战团体先后组织开展了“教授、博士企业行”、银企对接、中国·寿光首届“汇聚”民企高峰论坛等活动，促成10余家非公企业与党外专家签订12份合作协议，帮助中小企业解决融资困难6亿元，为200多人次的非公有制经济人士提供了政策咨询和形势引导。引导市工商联会员企业直接参与寿光滨海（羊口）经济区建设，新上项目27个，总投资额达86.9亿元。围绕企业转型升级和重点项目建设，建立非公企业联系点制度，全市统战系统联系非公经济组织20多家，帮助企业解决实际困难40多项。

【服务群众惠民生工作】 深入开展“进园区送岗位、进社区送和谐、进老区送温暖”活动，全市统一战线参与人员达300多人次；依托市党外知识分子联谊会、市促进民营企业发展联谊会和各类商会，组织引导党外代表人士积极参与感恩行动、光彩事业、“三下乡”等“同心”系列活动，帮扶困难群众300余人；积极引导宗教界开展爱心捐助活动，市基督教爱国会、市佛教协会为受灾地区和贫困群众捐款捐物分别达20万元和10万元。

【基层商会建设工作】 在已有25个基层商会的基础上，又先后成立了物流业商会、租赁业商会、茶叶商会、汽车维修配件行业商会、茶博古玩城商会等5个行业商会。加大招商引资工作力度，帮助福建商会抓好总投资1.5亿元的中闽大厦建设，主体工程顺利完工。

【民族宗教领域和谐稳定】 深入开展民族团结宣传教育和少数民族工作示范窗口创建活动，突出做好少数民族流动人口管理服务工作，协调做好流动穆斯林临时活动点设立和阿訇聘请工作；扎实开展基层基础建设工作，会同市综治办下发了《关于加强和规范全市民族宗教基层基础工作的通知》，健全完善市、镇（街、区）、村（居）社区三级民族宗教事务管理网络，建立健全民族宗教工作责任制和民族宗教工作联络员制度；以“教风”建设和“两个专项”工作为切入点，继续推进基督教场所财务管理“双代管”，推动宗教活动场所日常管理上水平；积极引导爱国宗教团体服务和谐社会建设，帮助市基督教爱国会创办经营养老护理院，协助举办全省基督教爱国书画展，取得了良好的经济效益和社会效益；会同有关部门先后处置了穆斯林群众上访事件，取缔了2起基督教非法聚会活动，有力地维护了民族宗教领域和谐稳定。

【统战调研宣传工作】 健全完善目标考核和奖惩激励机制，统战信息宣传工作始终走在全省前列、潍坊第一，连年被评为“山东省统战宣传工作先进单位”“潍坊市宣传统战工作先进单位”，全年共完成省市以上信息40多篇，中央采用信息5条，稳居全省第一。

（李永玖）

· 安丘市委统战部 ·

【扎实开展非公经济人士“理想信念”教育实践活动】 成立由市委副书记任组长，市委统战部长、市工商联主席任副组长的活动领导小组，领导小组成员每人联系2家非公企业，指导活动开展。组织召开座谈会3次，培训讲座一期。通过潍坊交行、潍坊银行、潍坊邮政储蓄银行等金融单位，为非公企业协调发展资金5300多万元。为非公企业提供法律咨询和维权服务，先后接待咨询人员30多人次，代理诉讼案件3起，诉讼标的600多万元。引导广大非公企业积极参与“民企帮村”“光彩事业”、扶贫济困等公益活动，41家非公企业参与“包村联户”活动，完成帮扶项目86个，捐款捐物300多万元，32家非公企业参加“光彩事业山区行”活动，走访困难党员群众50多户，捐款捐物3万元。

【稳步推进“温暖工程就业助学计划”】 “温暖工程就业助学计划”鑫易电声培训中心已被确定为“全国培训示范点”，安丘市职业中专被确定为“山东省中华职教社定点学校”。参加温暖工程就业助学计划项目的学生，大专或本科毕业后，在安丘市范围内可参加事业单位编制招聘考试，享受同全日制普通高校毕业生相同的待遇。鑫易电声学习中心学员总数已达136人，所有学员全部入学、就工。向山东中华职教社推荐集体社员2个，个人社员5人。

【党外代表人士队伍建设不断加强】 一是抓管理。积极做好各领域党外后备人才的发现、培养和推荐工作，建立起20人的党外后备干部库。与组织部门联合，对全市副科级以上党外干部进行综合考评，遴选确定了5名优秀党外干部，建立了党外正职干部后备人才库。二是抓培育。探索实施了“上推下挂、外联内训”的教育培训模式，多层次、多渠道、多形式，有针对性地对党外干部进行政治理论培训。先后举办党外干部研讨班1期，党外代表人士培训班1期，参训人员96人。三是抓机制。不断加强与组织部门的协作，建立了以“六个共同”为基础的党外干部选拔任用机制，统战部直接参与党外干部的考察和任用，2名统战干部担任了全市干部考察员。四是抓使用。在重点培养、强化锻炼的基础上，通过民主推荐和组织考察，对基本素质好、发展潜力大的党外代表人士积极推荐任用。全市共有各级党外人大代表、政协委员136人，党外副科级以上干部32人，24个政府工作部门中8个部门配备党外干部12名。

【统一战线“三力”建设全面提升】 一是打造“同心”品牌，增强统战工作凝聚力。深入打造“四大同心基地”工作品牌。2013年，先后有53名党外代表人士加入到活动中，开展各类同心活动18次，服务群众500多人次，捐款捐物85万元，挖掘宣传典型人物事迹8个。二是统战进社区，激发基层统战工作活力。把统战工作阵地建设纳入到社区建设的总体规划，在各社区设立“统战之家”和“统战工作办公室”，为基层统战工作开展搭建了平台。七一期间，组织统战成员走访社区老党员30多人，捐赠慰问金16000元，组织卫生系统党外人士到农村社区开展义诊6次，义诊群众800多人。三是开展“三子”活动，提升统战工作影响力。在全市统战系统开展以建言献策出点子、帮扶群众领路子、争当典型做样子为主题的“三子”活动，广大统一战线成员提出各类提案、议案50余件，合理化建议60多条；30多家非公企业参与“民企帮村”活动，捐款100多万元；100多家企业参与“困难学生帮扶活动”，捐款200多万元，帮扶困难学生3000多名，引起社会高度反响。

【民族宗教领域和谐稳定】 协助4家清真食品加工企业进行了备案，办理少数民族考生备案登记4名，建成“潍坊市民族团结进步创建示范企业”1个。妥善处置2起涉及回族群众纠纷事件，帮助1名外来少数民族群众解决子女入学难题。组织开展宗教法规政策“学习月”活动，在全市各宗教活动场所设立了普法联络员，成立了50人的宗教界普法联络员队伍，形成了上下联动的长效普法机制。在宗教界组织开展了以“学习贯彻党的十八大精神”为主题的“学习月”活动，确保落实十八大精神进团体、进场所、进信众，2000多名教职人员、场所负责人、宗教信众参加学习。联合公安局、国保大队对基督教私设聚会点进行了全面调研，不断加强管理。深入开展民族宗教“基层基础建设年”活动，建立健全了民族宗教工作“三级网络、四级责任”工作机制，在全市14处镇街区的每个社区、每个村（居）全部配齐了民族宗教干部，形成了纵到底、横到边、全覆盖、无盲区的工作网络格局。积极申报省民族宗教事业发展资金。上报省财政厅、省民委民族宗教事业发展项目4个，申请项目资金500万元。目前，省财政厅、省民委批复2014年项目2个、2015年项目2个。积极协助市基督教三自爱国会解决土地难题，争取市政府支持，无偿划拨土地31亩，用于基督教堂和福乐托老院二期工程建设。

（田夕宾）

·高密市委统战部·

【夯实统一战线共同思想政治基础】 以纪念中共中央发布“五一口号”65周年为契机，组织全市各民主党派成员、无党派代表人士60余人在党校进行了以“中国梦·我的梦”为主题的学习讨论，进一步深入学习领会了“中国梦”的思想内涵和现实意义，增强了实践“中国梦”的自觉性和积极性。

【大力加强党外代表人士队伍建设】 认真抓好各级文件精神的学习宣传和贯彻落实，围绕党外代表人士队伍建设的发现、培养、锻炼和使用等重点环节开展工作。在高密政府门户网站、《今日高密》等媒体，对《实施意见》贯彻落实情况及优秀党外代表人士进行宣传，营造浓厚舆论氛围。把党外代表人士教育培训纳入全市干部教育培训总体规划，举办了全市各民主党派、无党派代表人士培训班，宗教界人士培训班及社会新阶层党外知识分子研讨班，提高了党外代表人士的政治把握能力、参政议政能力、组织协调能力和合作共事能力。坚持实职安排与后备队伍建设相结合，把党外干部纳入党政领导干部交流培养总体安排计划，在全市科技、文化、卫生、监察、司法、林业等部门配备党外干部16人，使全市的党外干部达到22人。广泛物色发现优秀后备人才，建立80余人的党外后备人才库，为党外代表人士队伍建设提供源头活水。

【拓宽平台、汇智聚力，为构建和谐社会凝聚人心】 发挥职能、搞好服务，助推非公有制经济发展。会同市工商联在充分考察调研的基础上，新成立了广告、餐饮2个行业商会。全市行业协会商会发展到12个，基本覆盖了经济发展的各个领域。依托信用联盟，为会员企业融资贷款1.4亿多元。积极搭建企业与金融机构的对接平台，为40多家企业协调融资2亿多元。切实发挥应急机动基金的作用，为会员企业解决应急资金20多笔，达1亿多元。充分发挥统一战线联系广泛的资源优势，以及工商联的“桥梁”“纽带”作用，积极牵线搭桥，助推经济发展。由统战部牵头青岛明基置业投资5亿元商住楼开发项目已经落户，投资6000万元的鸿源饮品生产线开工建设。继续深化感恩行动，鼓励更多企业参与到活动中来，新增参与企业24家，筹集感恩行动基金18万余元。七一前夕，走访慰问老革命、老党员、老模范120余人次，发放慰问金36000元。全市非公企业积极响应“企业联村庄、共建新农村”行动号召，120余家符合条件的企业热情参加到活动中来，取得良好效果。

【依法管理民族宗教事务，保持民族宗教领域和谐稳定】 配合潍坊民宗局为弘道食品等3家企业办理了清真食品准入认证，帮助企业开辟了伊斯兰市场，增加销售收入2000万元。在宗教界继续开展了“宗教与社会主义相适应”“基督教私设聚会点清理整顿”“宗教为构建社会主义和谐社会做贡献”等活动，为依法管理全市宗教事务，稳定宗教秩序创出了新路子。对15处宗教活动场所进行了全面规范，为信教群众合法、有序地参加各种宗教活动提供有力保障。进一步健全了市、镇、村三级宗教工作管理网络，坚持一级抓一级、层层抓落实。建立了由神职人员、宗教活动场所负责人和部分信徒骨干组成的信息网络。

（王永乾）

·昌邑市委统战部·

【巩固共同思想政治基础】 组织全市统战干部和统战成员学习十八届三中全会和习近平总书记一系列讲话精神，激发学习主动性和积极性。组织全市统战成员参加了“全省统一战线学习十八大精神知识竞赛”，300多人参与了答题。结合全市调研走访活动，在全市统战系统创新推行基层统战工作“上下互动法”。通过约谈的方式对新任职基层统战干部进行业务培训，提升统战工作能力。

【党外代表人士队伍建设工作】 在全市开展了新一轮党外代表人士调查工作，建立数据库，及时录入新增党外代表人士。会同市政协对新任政协委员中的党外代表人士进行了综合评价，对纳入市级数据库管理的党外代表人士运用《党外代表人士综合评价系统》进行了全面评价。开展了“党外专家昌邑行”活动，联系协调潍坊市新知联、海联会和光彩会的专家、企业家到昌邑滨海开发区实地考察调研，为滨海开发建设支招。组织全市民主党派人士参加潍坊市“问政于民、问需于民、问计于民”调研活动，积极为全市经济社会建设建言献策。在统战成员中认真开展“我为转调创献一策”活动，全年共征集意见建议19条。

【非公有制经济工作】 市委下发了《中共昌邑市委关于开展非公有制经济人士理想信念教育实践活动的实施意见》，召开了动员大会，就活动开展进行了安排部署。以“感恩行动”和非公有制经济人士理想信念教育实践活动为载体，积极引导非公有制经济人士主动承担社会责任。

【民族宗教工作】 夯实基层民族宗教工作基础，会同有关部门对全市宗教活动场所进行拉网式调查，摸清了情况。着力加强民族宗教“双基”建设，已基本建立市、镇街、社区和村居三级工作网络，每个社区、村居都配备了1名民族宗教工作联络员。努力为少数民族和信教群众搞好服务。做好少数民族成分更改和少数民族考生认定工作，按要求上报有关审批材料，办理相关手续；协调潍坊市民宗局、市人民银行、市建设银行等单位落实民品企业（华晨印染有限公司）流动资金贷款额度8000万元。对全市重点镇街、相关企业和社区进行了民族关系状况分析，并写出和上报调研报告。协助公安、奎聚街道及时化解了城区两家清真拉面馆之间的纠纷，避免了事态的进一步恶化。

【自身建设工作】 一是抓实信息调研工作。信息工作实现突破，被上级统战部门采用信息54篇，位居潍坊市第二名，创历年信息考核最好成绩。二是加强作风建设。深入开展党的群众路线教育实践活动，扎实做好群众工作。借助“网络红页”这一平台，做好党务、政务公开工作。三是坚持依法行政。认真落实各项民族宗教和统战政策，对相关业务工作，做到严格把关，提高效率，倾心服务，提高质量，努力建设行为规范，运转协调，公正透明，廉洁高效的统战工作部门。

（王　前）

·临朐县委统战部·

【深入学习贯彻党的十八大精神】 组织统战干部和统战成员采取报告会、培训班、演讲比赛、参观考察等形式深入学习贯彻党的十八大精神。3月份举办了全县统一战线学习十八大精神辅导报告会，4月份、6月份分别召开了各镇（街、园、区）统战委员学习十八大精神座谈会。开展“我为临朐科学发展献一策”活动，共征集意见、建议170多条。

【非公经济人士理想信念教育】 扎实开展非公经济人士理想信念教育实践活动，以县委办公室文件下发实施意见，召开动员大会，编辑出版《非公有制经济理论政策学习读本》。活动中，举办培训班5期，开展调研及参观交流等主题实践活动7次，参加人员1700多人次，取得了显著成效。

【经济统战工作】 以县委、县政府名义制定下发《关于加强工商联工作的意见》，进一步优化非公有制经济发展的市场、政策、法律和制度环境。会同县工商联开展春季银企对接活动，以县政府办公室文件下发《关于金融支持工商联会员企业发展意见的通知》，印发了《临朐金融工作手册》，对全县非公企业资金需求情况进行调查统计，汇总项目94个、总投资112亿元，全县非公企业申请银行贷款47.9亿元。举办了秋季银企对接活动，15个对接项目集中签约，授信总额达4000万元。与县工商联、县人社局、县技工学校联合为企业培训技能人才1300多人，组织30多家企业参加了“潍坊市民营企业与省内外科研单位合作对接洽谈活动”，达成合作意向13项。举办新一代创业者培训班，近20名“富二代”和新创业者参加学习培训，并到井冈山接受红色教育，促进了全县非公经济健康发展和非公经济人士健康成长。成立由30多家会员企业组成的中小企业信用联盟，搞好融资服务。组织10家企业参加广州进出口商品交易会第九届中国国际包装制品展览会，组织16家企业参加北京国际印刷设备制造业博览会。

【服务社会管理取得新成效】 一是加强党外知识分子联谊会建设。对全县党外知识分子分层次、分领域进行摸底，建立党外知识分子信息库，实行动态管理。先后组织党外知识分子开展“义诊”、科教文卫下乡等活动8次，服务群众6000多人次，捐助款物10万多元。二是打造民族团结进步民品企业示范点。创办了山东红叶地毯有限公司民品企业“文化沙龙”，印发《民族知识手册》《文明礼仪普及读本》。三是完成“同心湿地公园”建设。积极协调县规划、住建等部门，全面完成了公园内主要设施的命名、题名、雕刻等工作。公园内有26处统战文化实物景点，全部以统战文化内涵命名，题词全部刻入专门设立的风景石，成为全县“文化统战”建设的创新成果、统战理论学习的教育基地、统战理念传承的生动载体、统战文化传播的重要平台。

【党外代表人士队伍建设】 县委下发《中共临朐县委关于加强新形势下党外代表人士队伍建设的实施意见》，为党外代表人士队伍建设提供了保障。扩大深化“统战沙龙”阵地建设，充分利用教育基地和实践锻炼基地开展对党外代表人士的学习培训，举行了纪念中共中央发布“五一口号”65周年座谈会，完成了红叶地毯、华艺雕塑、华特磁电等7处党外代表人士教育基地和实践锻炼基地挂牌工作。

【回报社会感恩行动】 发挥统战成员各自优势，通过终身式帮扶、捐资助学、扶贫济困等方式，积极开展回报社会感恩行动。七一前夕，围绕建党92周年组织全县205家非公企业开展了终身包靠农村困难党员活动，同时开展民企帮村、光彩事业行等活动，引导非公经济人士自觉履行社会责任，开展扶贫济困实践活动17次，捐款捐物达160多万元。

【民族宗教工作】 认真落实少数民族优惠政策，按规定为3名少数民族考生出具升学优惠证明，依法办理少数民族成分变更3例，为九山镇南店村、冶源镇冶南村、城关街道西安村、基督教王舍教堂分别争取申报了共计50万元的省级民族宗教发展专项资金项目。为红叶地毯协调办理了1.6亿元的2013年民品企业贴息贷款相关手续，使企业享受贴息2.88个百分点的优惠政策。从全县聘请335名民族宗教工作联络员并进行了集中培训。全年共协调处理10余起涉及少数民族群众的各类诉求，妥善做好1处基督教堂的搬迁改造工作。

【加强机关自身建设】 牢固树立“临朐发展，我的责任”意识，深入推进“五型机关”创建，积极参与全省统战文化课题调研。认真做好扶贫包村工作，为城关街道横里炉村捐款3万元解决饮水项目资金，走访老党员、贫困户16家。切实抓好机关党建、党风廉政建设等工作，荣获全县科学发展绩效考核一等奖第4名。临沂市、单县、莒县、东阿、章丘、内蒙古包头等10多个省内外兄弟单位先后莅临参观交流统战工作。

（王丽丽）

·昌乐县委统战部·

【强化理论武装】 把学习贯彻党的十八大和十八届三中全会精神作为首要政治任务，通过座谈交流、征文活动、参观考察等多种形式，组织广大统战干部和统一战线成员深入学习，团结带领统战成员不断增进政治共识，增强中国特色社会主义道路自信、理论自信和制度自信。2013年共召开座谈会2次，参观考察1次、征文活动1次，参加人员达到280多人。

【党外代表人士队伍建设】 一是抓好教育培训。县委统战部与非公有制经济人士综合评价领导小组成员单位密切合作，不断充实非公经济代表人士后备队伍，多渠道、多形式对党外代表人士进行政治理论培训。全年共举办培训班2 期，培训人数70人次。二是重视安排使用。积极配合组织部门，认真做好党外干部的管理使用工作，初步建立了一支素质优良、结构合理、数量充足的党外干部队伍。2013年，新提拔党外领导干部3名，重用1名，全县副科级以上党外干部达到26人。三是完善工作机制。不断完善党外代表人士评价体系。对党外代表人士综合评价标准和评价程序进一步进行细化和规范，设置了相应的定性评价内容和定量评价内容，把综合评价结果作为党外代表人士推荐使用的必经环节，为做好优秀党外代表人士政治安排提供了重要依据。建立完善了统战部门与统战成员联系制度，实行分工包靠责任制，通过征求意见、节日走访、座谈交流等形式，进一步密切与统战成员的联系，切实帮助办实事、解难题。

【服务“三个昌乐”建设】 一是加强指导，做强“经济统战”工作品牌。支持、引导工商联和无党派人士开展以“建言献策服务发展，关注民生促进和谐”为主题的调研活动，教育引导非公有制企业积极转变发展方式，不断提高自主创新能力、加大技术改造力度、实现健康发展。二是创新载体，做强“同心统战”工作品牌。深入开展“回报社会·感恩行动”系列活动。组织非公企业、非公经济人士开展“民企帮村（社区）”“民企助学”、结对帮扶社会弱势群体等活动，支持知联会开展援建“同心书屋”以及科技、文化、卫生、法律下乡等活动。四川雅安地震发生后，引导组织全县非公经济组织向灾区献爱心。其中，山东含羞草卫生科技有限公司捐赠400多箱、价值十万多元的卫生护理用品；潍坊东冶钢结构工程有限公司紧急生产一批600平方米、价值20多万元的活动板房运往灾区；山东蓝天首饰有限公司、山东梦金园珠宝首饰有限公司、潍坊市金伟达钢结构工程有限公司等捐款捐物都超过10万元，全县非公经济组织捐款捐物突破100万元。三是夯实基础，做强“活力统战”工作品牌。积极加强与组织部门合作，不断加大“活力统战·非公企业党建示范点”建设力度，通过配齐配强非公经济党组织书记、搞好党组织活动阵地建设、规范党组织活动制度、发挥党员先锋模范作用等举措，使非公企业党组织建设再上新台阶。2013年，全县316家非公有制经济企业中建立党组织的已达152家，占全县非公有制经济企业总数的48.1%。

【民族宗教工作】 一是积极构建县、镇（街、区）、片（管区）、村（社区）四级工作网络。各镇（街、区）全部成立了民族宗教工作领导小组，明确了镇（街、区）民族宗教工作领导小组具体任务和责任；每个行政村（社区）落实了1名民族宗教工作联络员，建立完善了联络员台账，组织各镇街区对联络员进行了培训。2013年，全县共培训联络员369人，社区工作人员246人，工作片人员327人，下发聘书369份，下发培训材料1100多册。二是加大对教职人员的教育培训力度。举办宗教政策法规专题培训班2期，学习新时期统战理论知识、《宗教事务条例》和《山东省宗教事务条例》等知识，培训人员42人，印发宗教宣传材料3000余份。三是扎实开展民族理论和民族政策宣传月活动。印发了《昌乐县民族团结进步宣传月活动实施方案》，下发《基层民族宗教工作60问》等宣传材料1200多册。四是努力做好新形势下的民族工作。县委统战部积极帮助、引导少数民族群众就业、创业，少数民族群众收入不断提高。2013年，全县农村少数民族人均纯收入达到13037元，同比增长21.3%；进一步完善《昌乐县宗教突发事件请示报告制度》，建立完善了民族宗教矛盾纠纷调解机制，加强了民族宗教领域社会管理，维护了社会和谐稳定。

（李和功）

济宁市

·济宁市委统战部·

【加强学习增进共识，引导党外人士与党同心同德】 一是深入学习贯彻十八大精神。通过专题报告会、培训班、座谈会等形式，组织引导广大统战成员深入学习贯彻十八大、十八届三中全会和习近平总书记系列重要讲话特别是视察山东、视察济宁重要讲话精神。开展“十八大精神进村入户”活动，全市302名统战干部深入到204个村居，通过远程教育、走访座谈等各种方式宣传十八大精神。举办学习贯彻党的十八大精神知识竞赛，全市统一战线共有1.8万人参与竞赛，扩大了统一战线的社会影响。二是积极推动多党合作事业发展。支持各民主党派加强组织建设。中共济宁市委两次召开市委常委会，对成立致公党和民进济宁市委员会进行专题研究；组织、统战部门通力合作，紧密配合，就两个党派市委会成立过程中的具体工作与两个民主党派充分协商，按照程序和民主党派章程规范操作，积极稳妥地进行；市委、市人大、市政府、市政协主要领导参加了两个党派的代表大会开幕式，市委书记马平昌作重要讲话。至此，全市7个民主党派有5个成立了市级委员会，多党合作事业得到进一步拓展。积极争取市委支持，帮助各民主党派解决实际问题，增加了专项活动经费，并为各民主党派市委和市工商联机关购置了新车。三是广泛开展理想信念教育实践活动。各级统战部门和工商联组织以“民营企业家和中国梦”为主题，动员广大非公有制经济人士积极参与，开展了一系列主题突出、贴近实际、特色鲜明的活动。突出典型示范带动，邀请省市优秀非公经济人士作报告，以他们的先进事迹为榜样，引导非公经济人士坚定走中国特色社会主义道路的信心、信念。抓好服务平台建设，注重教育实践活动与服务企业发展相结合，推进全市工商联系统信息服务平台建设，利用平台着力解决当前非公企业普遍存在的人才难、融资难、创新难等问题。突出主体实践特色，与市科技局、山东文思达律师事务所分别合作成立了科技服务中心、法律服务中心，帮助非公企业提升科技创新能力和依法治企能力。强化非公经济组织建设，筹备成立了市青年企业家商会，充分发挥各类商会组织作用，进一步增强了非公经济人士对中国特色社会主义的信念、对党和政府的信任、对企业发展的信心。

【整合资源发挥作用，服务全市经济社会发展大局】 一是凝聚智慧助推发展。围绕打造鲁西科学发展高地，引导市各民主党派、工商联和无党派人士献计出力。2013年，统一战线各界人士共提交提案议案268件，其中重点提案议案和市领导批示的86件。民盟市委联合市政协就全市土地流转情况深入调研，对制约城镇化发展的因素进行深刻分析，又赴外省市学习先进经验，形成了《济宁市土地流转情况调研和分析报告》，为出台土地流转政策提供参考。民建市委发挥联系经济界的优势，积极开展招商引资活动，银河生物科技等多个项目已经落地投产，总投资额达15亿元。九三学社市委成立“九三学社专家站”，招才引智服务企业发展，目前已有7名博士专家先后到站指导，为企业解决技术难题5个，承担省级以上科研课题3个。二是凝聚力量惠及民生。积极引导统一战线各界人士投身“同心”实践活动，服务民生。支持各民主党派开展联系村居活动，全年共协调资金600万元用于村居发展、面貌改善。九三学社社员田少文先后向兖州民政部门、中国残联捐赠价值300万元的医疗设备。致公党市委提交的《关于解决济宁城区部分路段交通拥堵问题的建议》，纳入了2013年市政府公开承诺的“为民办好的十件实事”。民革总支依托山东田尔农业公司成立科技服务基地，为构建新型农业经营体系提供智力支持。农工党总支成立医药卫生关爱活动示范基地，为乡镇卫生院提供技术支持，目前已建立4个联系点。一年来，各民主党派、无党派人士共组织义诊活动26次，诊治群众9000余人；开展各类捐助活动43次，资助金额达820余万元。三是凝聚人心促进和谐。加强协商民主，协助市委召开协商会、情况通报会和座谈会4次，力促政党关系和谐。联合市民宗局，及时化解民族领域矛盾纠纷12起，成立了市道教协会，圆满完成了市天主教爱国会换届工作，依法取缔基督教私自聚会等7起非法宗教活动。继续支持工商界人士杜月野赠送孔子塑像，现已在20多个国家和地区塑建30多尊，受到上级领导的表扬。支持工商界人士组织参与澳大利亚华人华侨社团抗议达赖的活动，促进海内外关系和谐融洽，维护祖国和平统一。

【统筹协调突出重点，大力加强党外代表人士队伍建设】 认真贯彻落实中央4号文件和省市委实施意见，将党外代表人士队伍建设作为统战工作的重中之重，加强调度，统筹安排。与组织部门沟通协调，围绕拓宽党外干部选配领域、建立党外代表人士实践锻炼基地等问题共同研究，明确措施。及时通报各县市区政府工作部门党外干部和党外正职配备情况，推动中央和省市委有关政策的落实。探索创新学习形式，拓宽培训渠道，提升培训层次。选调5名青年企业家参加省委统战部在北京大学举办的全省非公有制经济组织青年企业家管理创新培训班。在市委党校举办了全市“同心促发展”专题理论研讨班，对52名优秀党外科级干部进行了系统培训。任城区在浙江大学举办党外代表人士培训班，鱼台县联合清华大学举办非公有制经济人士现代企业管理培训班。多渠道加强实践锻炼，选派40多名党外干部到上级部门、经济发达地区、高新技术园区、重点项目指挥部挂职。积极推进安排使用。加大党外代表人士实职安排和政治安排力度，2013年全市提拔县级以上党外干部9名。截至目前，全市共配备党外领导干部797名，其中市级领导干部7名，县级领导干部99名，科级干部691名。在市政府工作部门中，配备了12名党外领导干部。指导各县市区做好党外干部安排工作。泗水县农业局、县水利局和曲阜市旅游局均配备了行政正职，兖州市专门拿出3个职位公开选拔党外科级干部。

【提高能力夯实基础，努力提升统战工作科学化水平】 深化驻村联户活动。认真组织开展“干部联系农户”活动，市、县两级139名统战干部共联系农户1535户，为群众解决实际问题865个。部机关驻唐口街道后王村工作组，抓住工作重点，为村里解难题办实事，多方筹集资金，改善村容村貌，完成了近15公里、4万平方米的路面硬化，全年为村里争取协调各类资金238万元。注重基层基础建设。在配齐配强人员的基础上，加大对基层统战干部的培训，确保基层统战工作有人抓、抓得好。精心打造邹城市钢山街道后八里村、山东意可曼科技有限公司等基层统战工作示范点，承办全省县级统战工作联系点会议，在全省范围内推广本市基层统战工作先进做法。抓好统战宣传信息工作。细化分解全年宣传信息任务，加强督导检查。市县两级统战部门全年在《中国统一战线》《山东统一战线》等省级以上刊物发表各类文章124篇，走在了全省前列。

（李　芳）

·任城区委统战部·

【统一战线服务中心工作】 一是推进政治协商制度化规范化建设。区委印发了《关于加强同党外代表人士和工商联政治协商制度建设的意见》，并制定了全年政治协商计划。组织召开了党外代表人士服务经济建设暨招商引资工作座谈会，围绕“发挥党外人才优势、服务全区经济建设”，向区委提出意见建议。区委向党外代表人士通报全市、全区科学发展综合考核情况；委托区委统战部在“两会”期间向各民主党派征求对经济社会发展的意见，召开统战系统“解放思想跨越发展大讨论”座谈会和庆祝建党92周年座谈会；委托工商联召集商会大厦协商会议。二是促进非公有制经济健康发展。区委常委会两次听取工商联工作情况汇报，建立政府联系工商联工作制度，邀请工商联副主席企业参加政府相关会议；建立非公经济人士定期表彰机制，每五年开展一次“中国特色社会主义事业优秀建设者”评选表彰活动。三是精心实施“同心”工程，助推经济社会发展。围绕全区科学发展跨越发展，积极引导统一战线各界人士献计出力，完成投资6200万元的招商引资任务，提报有价值的调研报告5篇，撰写提案、社情民意100余份，不少关注民生改善的政协提案得到了市、区领导的重视。开通门户网站，进一步宣传党的统一战线理论方针政策，展现全区统一战线新形象。积极引导党外人士投身经济社会建设。组织全区统一战线成员开展“与党同心　共铸辉煌”庆祝中国共产党成立92周年书画展，共征集作品300多幅。民盟支部举办纪念“五一口号”发布65周年“同心”书画展。民建支部开展十八大知识竞赛活动，组织会员企业为贵州山区捐款4.5万元建设30口“同心水窖”，并在贵州少数民族聚居区——落别乡抵耳村开展“关爱女孩、关注留守儿童”爱心慈善活动，捐款2万元。致公党支部在儿童节期间举办少儿书画比赛，邀请市口腔医院专家，在北湖开展义诊助学献爱心活动；在区特殊教育学校启动首届“同心·社会服务实践周”活动。农工党支部举办“关爱女性”健康维权知识讲座，增强广大基层妇女的健康保健和守法用法意识。九三支社在山东源根石油化工有限公司设立专家工作站，创新社会服务方式，主动为企业解难题、办实事。

【党外代表人士队伍建设工作】 强化组织部署。推动建立了区委书记任组长、统战部长任副组长的党外代表人士队伍建设领导小组，两次向区委常委会专题汇报上级会议精神和党外代表人士队伍建设情况，积极争取区委重视和支持。在全区党务工作会议上，安排部署全年统战工作任务，对党外代表人士队伍建设工作提出明确目标和具体要求。强化教育培养。区委将党外人才教育培训工作纳入全区教育培训工作整体规划，区财政列支20万元用于教育培训。建立党外人才按需培训机制，本着缺什么教什么补什么的原则，有的放矢地确定教育培训重点内容。将提升教育培训层次和水平作为工作着力点和突破点，邀请市委党校教授作“解放思想　转变作风　提高执行能力”专题讲座，与浙江大学合作，成功举办党外代表人士教育培训班。强化人才储备。先后开展“党外干部工作情况调查”“党外代表人士选拔任用情况调查”“少数民族干部、女干部工作情况调查”，多次向区委、区政府主要领导专题汇报党外人士任职安排情况。开展党外特约人员工作，选聘27名特约人员，到区法院、区检察院等11个重点部门单位开展民主监督。

【民族宗教工作】 通过政策引导、资金扶持和科技服务等手段，大力推进少数民族经济发展。将少数民族村——接庄街道郑庄村确定为帮扶对象，积极申报省级民族宗教事业发展补助项目，向上级争取道路改造资金20万元、自来水管道改造资金3万元。完成全区穆斯林农户和城市穆斯林低保户的统计，确保春节牛羊肉补贴发放到位。完成《山东省民族工作条例》修订和少数民族代表人士情况等多项调研工作，为360余名中高考学生进行民族成分认定。完成民族宗教基础信息统计工作，夯实民族宗教工作基层基础。开展以“学习贯彻党的十八大精神”为主题的宗教政策法规学习月活动，在宗教界营造自觉学法守法的良好氛围。支持宗教团体加强自身建设，推进民主办教，协助做好市道教协会成立和市天主教爱国会换届工作。深入推进“和谐宗教活动场所”创建活动，做好佛教寺庙、道教宫观的管理。

【加强统战团体建设】 注重发挥党外知识分子联谊会平台作用，组织党外人才围绕“改变基层统战工作薄弱状况的因应之策”“影响民主党派自身建设的若干突出问题及对策”等课题开展专题调研。完成海外联谊会换届，选举产生新一届领导机构，进一步推进与港澳台海外人士的大团结大联合。设立海外联谊会办公室，编制3人，加强同港澳台和海外代表人士的联系。

（王　强）

·兖州区委统战部·

【统战成员思想政治基础进一步巩固】 坚持把学习贯彻十八大精神作为首要政治任务，组织广大统一战线成员认真学习、深刻领会十八大提出的重大理论观点、方针政策、工作部署，把握十八大关于统一战线的新思想新要求，在全区民主党派、工商联、无党派人士中组织开展学习贯彻十八大精神知识竞赛活动，引导广大统一战线成员与党委、政府政治上同向、思想上同心、工作上同步。坚持把服务经济社会发展作为统战工作的重中之重，紧紧围绕区委、区政府中心工作，凝聚人心，汇集力量，引导统一战线各界人士为全区经济社会发展献计出力。2013年，全区民主党派、无党派人士围绕党委、政府中心工作和人民群众关注的热点难点问题，通过提案、议案等多种形式提出各种意见建议30余条，其中部分意见建议被列为重点办理提案，较好地促进了党委、政府科学决策。积极引导全区非公有制经济人士积极投身光彩事业，自觉接受党的领导，自觉履行义利兼顾、扶贫济困的社会责任，做合格的中国特色社会主义事业建设者。截至目前，全区参与“感恩行动”和各项社会公益事业的非公企业达到63家，有8名非公经济人士分别被评为全国和省市优秀中国特色社会主义事业建设者。

【党外代表人士队伍建设取得新进展】 围绕贯彻中央4号文件和省市委实施意见精神，进一步加强对全区党外代表人士队伍建设工作的组织领导，会同组织部门研究建立了联席会议制度，按照“共同制定规划、共同物色选拔、共同培养教育、共同考察人选、共同研究提名、共同督促检查”的原则，定期分析研究党外代表人士队伍建设情况和存在问题，制订发现、培养、选拔、使用的措施和方案。积极推进党外代表人士实职安排和政治安排，就重点部门党外干部实职安排、党外人士担任部门正职、少数民族干部配备等问题向区委作了专题汇报，区委结合干部调整新提拔党外正科级干部2名，通过公开选拔等形式，充实了6名30岁以下优秀副科级党外干部，进一步优化了党外干部队伍结构。截至目前，全区共配备党外科级领导干部36名，区政府24个职能部门中有9个配备了党外领导干部，有3个镇街班子中配备了党外干部。积极为各民主党派、党外代表人士履行职能、开展活动创造条件。区委在机关办公用房紧张的情况下，分别为区党外知识分子联谊会和民盟、九三学社、民建、民革4个基层支部解决了办公场所，区财政专门列支了适当的活动经费，为他们开展活动、发挥作用提供了有力保障。

【扶持少数民族村居发展成效显著】 结合开展驻村帮扶工作，积极争取上级有关政策，在深入有关镇街调研的基础上，确定了鼓楼街道民族社区文化长廊等四个项目进入省级民族宗教事业发展专项资金项目库；颜店镇玄帝庙村小街巷路面硬化建设工程也被列入省少数民族发展资金项目。积极争取省、济宁市少数民族扶持资金24万元，分别用于玄帝庙村小街巷路面硬化和明利养殖合作社建设，促进了少数民族村基础设施建设和发展。引导和支持少数民族群众提升就业技能、发展经济，邀请省民委在全区举办了少数民族实用技能星火科技培训班，帮助少数民族群众进一步提升发展养殖业的实际本领和技能。认真做好穆斯林农户的牛羊肉价格补贴和低收入教职人员生活补助发放工作。根据省民委有关通知精神，在对全区10个镇街穆斯林农户进行逐一摸底调查、严格审查确认的基础上，向全区867户穆斯林农户发放牛羊肉价格补贴10.4万元。同时联合有关部门认真做好清真食品市场执法检查和少数民族考生身份认定工作，较好地维护了少数民族合法权益。

【依法管理宗教事务工作有序推进】 结合“基层基础建设年”活动，以“学习贯彻党的十八大精神”为主题，深入宣传马克思主义宗教观和《宗教事务条例》等宗教政策法规，开展了一系列活动，有力地促进了全区社会稳定及其他各项社会事业发展。认真做好基督教教职人员义工培训和圣乐培训人选的考察工作，确立了全区拟上报的2名人选。稳步推进宗教房产落实工作。积极协调区国土资源局、文物旅游局、规划局、房地产服务中心、兴隆庄镇等单位部门，稳步推进天主教堂规划、设计工作。扎实做好民族宗教调研工作。根据省、市宗教局安排，深入到14个宗教场所，围绕宗教团体建设、民族教育和《省民族工作条例》修改等问题进行了专题调研，并形成了调研报告。

【统战部门自身建设得到进一步提升】 认真组织机关干部深入到所包村或联系村，接地气，转作风，与群众面对面沟通、心贴心交流，真诚为群众解难题、办实事，受到了群众和社会各界的一致好评。扎实开展“效能年”活动，党员干部的学习创新能力、文字调研能力、联谊交友能力、操作执行能力和自我约束能力得到进一步提高。机关党建工作得到进一步加强，党员素质能力得到进一步提升，推动了统战领域各项工作的顺利开展。加强党员干部思想作风建设。加强机关党风廉政建设，教育党员干部严格执行中央“八项规定”、区“十条禁令、七个一律、八不准”等廉政自律各项规定，党员干部思想工作作风得到进一步转变。

（李传标）

·曲阜市委统战部·

【不断加强党外代表人士队伍建设力度】 深入贯彻落实中央、省市委有关文件精神，建立完善了党委统一领导、组织和统战部门共同负责、各有关部门积极参与的党外代表人士队伍建设工作领导机制。市委主要领导多次对加强党外代表人士队伍建设作出指示，在党外干部安排使用上，严格按政策规定进行政治安排、实职安排，确保在实职安排上取得新突破。在全市领导班子调整中，民革支部主委当选为市旅游局局长，实现了政府组成部门党外正职安排零的突破。重点考察2名德才兼备的党外代表人士进入人大、政协领导班子，达到了上级文件配备要求。现市级领导班子中，党外代表人士已达5人。截至目前，全市12个镇街领导班子已有5个安排了党外干部，比例达41%；市直部门中的人口与计生、审计、民政、人力资源与社会保障等15个部门配备了党外干部，党外代表人士队伍建设取得丰硕成果。

【不断发展多党合作事业】 坚持定期召开座谈会、交心会、联谊会等制度，加强同各民主党派的沟通交流。市政府重要常务会议邀请民主党派负责人列席；政府有关部门根据业务范围，同相关的民主党派加强联系，建立对口沟通制度，定期召开信息沟通会议，就全市发展规划、年度计划、重大事项等向民主党派通报并征求意见建议；邀请民主党派成员就执行情况进行考察，就重点、难点、热点问题开展专题调研，就社情民意开展走访座谈，得到各民主党派人士的全力支持，形成了紧密团结、步调一致的良好社会环境。各民主党派负责人积极团结带领本党派成员，认真履行参政议政、民主监督的职能，围绕中心、服务大局，为全市政治、经济、文化、社会发展建言献策，贡献力量，提案质量逐年提高。各党派的提案从最初的“路不平、灯不亮、看病难”等内容，发展到就全市的政治、经济、文化和社会发展等有影响的事项提出富有建设性的提案。

【力促民族宗教领域和谐稳定】 按照上级统一安排部署，开展了为期一年的“教风建设年”创建活动，加强对宗教教职人员的教育与管理。各宗教团体把“教风建设年”创建与学习贯彻党的十八大精神相结合，与弘扬优秀的宗教文化相结合，与查找工作中存在的问题并积极整改相结合，与宗教团体、宗教活动场所自身建设相结合，形成了教风建设的长效机制和监督机制，树立了宗教界良好形象，促进了各宗教团体健康发展。继续深入开展“和谐宗教活动场所”建设活动，积极稳妥地处理涉及民族宗教领域的敏感问题。筹集资金1万余元，用于天主教和谐宗教活动场所建设，使各项宗教事务步入了制度化、规范化轨道。进一步完善市镇村三级宗教事务管理网络，建立区域宗教管理工作协调机制，提高处理宗教领域突发事件的能力，确保了全市宗教领域和谐稳定。

【全力全速为经济建设服务】 多渠道开展服务工商联会员企业工作，为建设经济强市提供有力支撑。会员队伍稳定发展，新发展会员23名，新生力量得到进一步充实。筹备成立孔子商贸城商会、文化产业商会和旅游业商会，进一步加强了对直属商会和行业协会的指导。向137家非公有制党组织选派党员干部，担任非公经济党组织第一书记，实现党员干部联系服务非公经济党组织的直接化、常态化，推动了非公经济党组织持续健康发展。广大非公经济代表人士弘扬美德，主动承担社会责任，踊跃参与抗震救灾、光彩事业，捐助敬老院、救助困难学生、大病医疗救助等共捐资150余万元，彰显新时期非公经济人士的无私情怀和高尚情操，树立了非公经济人士良好的社会形象。

【认真做好海外统战工作】 充分发挥孔子故里的独特区位优势，以儒家思想为载体，以文化交流为依托，全方位开展海外统战工作，着力构筑中华民族共同的精神纽带。充分利用人脉、文化、区位等三个方面的资源优势，借助举办海峡两岸发展论坛、尼山春祭、孔林家祭、世界儒学大会等活动的有利时机，加强与海外文化交流工作力度，拓宽合作领域，提升文化软实力，扩大了曲阜的国际影响，推动了统战工作大发展。

【不断加强自身建设】 紧紧围绕全市发展创新型经济的战略部署与要求，不断增强机关干部服务发展的大局意识；不断强化机关干部执行力，树立了高效、快捷、科学的理念和作风，为建设富裕美丽新曲阜做出了积极贡献。

（孔　涛）

·泗水县委统战部·

【服务中心工作成效显著】 一是大力开展建言献策活动。全年共形成党外代表人士提案、议案等79件，内容涉及经济发展、社会事务、科教文卫等方面。其中部分提案和建议受到县委、县政府的重视并进行办理。二是积极参与全县重点项目建设。统战部部长同时担任县招商引资指挥部副总指挥以及省级示范镇建设和尹城河流域土地综合整治项目推进组副组长，部领导班子成员也分别参与有关重点工程，全程搞好协调服务。三是发挥联谊优势，开展招商引资活动。全年引进三发舜和购物广场等三个项目，完成了县委下达的3000万元招商引资任务。

【党外代表人士队伍建设不断加强】 一是加大党外干部的任用力度，在全年干部人事调整中，有5名副科级以上党外干部被交流重用，政府部门中安排领导职务党外干部人数达到17人，县农业局、县水利局实现了部门正职由党外人士担任。二是加强对党外干部的培养锻炼，提高综合素质。成功举办全县党外干部培训班，受训60人次。三是加强对党外干部的管理。及时完善无党派人士、民主党派人士和非公有制经济人士信息库，联合组织部更新了党外科级领导干部信息库，对其实现了动态、长效和信息化管理。目前，全县共有副科级以上党外领导干部40名，其中副县级以上6名。四是注重推进党外人士的政治安排。共安排党外人大代表53人、党外政协委员150人，其中省人大代表1人，市人大代表8人，市政协委员8人，县人大代表44人，县政协委员142人。

【民族宗教领域和谐稳定】 一是注重民族宗教基层基础建设。制定下发了《关于在全县民族宗教系统开展“基层基础建设年”活动的通知》，在全县13个乡镇（街道办事处）成立了专门办公室，配备了专职民宗助理员，有民族宗教工作任务的村（居、社区）确定1名“两委”成员分管民族宗教工作，并配备民族宗教工作联络员。完善了民族宗教工作基础信息数据采集系统。二是注重对少数民族代表人士、教职人员的教育培训。成功开展“民族团结进步宣传月”

和“宗教政策法规学习月”活动。三是积极为少数民族群众办实事。累计争取省市少数民族发展资金52万元，用于养殖区建设和少数民族村级活动场所改建工程；及时向全县穆斯林群众发放了17万元牛羊肉价格一次性补贴。四是规范促进全县清真食品行业健康发展。协调工商、质检、卫生、城管等部门，对全县清真食品生产、加工、销售企业进行检查，规范全县清真食品生产经营活动。五是紧扣“教风”主题，积极创建“和谐寺观教堂”。组织人员深入各宗教活动场所，开展宣传指导工作，顺利完成县基督教“两会”驻地搬迁工作，有效维护了全县民族宗教领域的和谐稳定。

【工商联工作稳步推进】按照“内建外联”的工作思路，加大行业商会建设，引导其积极发挥作用。新成立了商贸流通商会、泉林石材商会两个行业商会。依托行业商会建设，借助商会平台积极运作、开展活动。多次联系工行、信用社、民生银行等信贷企业召开“银企座谈会”，累计为小微企业授信2亿元，有效缓解了小微企业信贷难题。注重发挥非公经济人士参与社会公益事业和新农村建设的作用，动员商会会员积极开展慈善活动，联系包保留守儿童和贫困儿童，积极向他们捐款捐物，母亲节、国庆节期间，巾帼商会、商贸流通商会组织会员到县武警中队和敬老院举行献爱心活动。加强非公经济党建，做好非公经济组织党工委各项工作。完善了非公经济组织党建工作领导体系和工作机制，在全县非公经济人士中开展了理想信念教育实践活动。

【部门自身建设不断加强】一是认真学习党的十八大和省、市统战部长会议精神，深入开展“解放思想与统一战线发展”专题大讨论，统一思想，提高认识。二是切实转变作风。部领导班子成员深入联系点开展驻村调研，走访党员群众400余人次，提供科技致富信息16条，为中册镇大李白西村规划建设了标准化养殖小区一处，并对村级文化场所进行改建，为高峪镇官庄村兴建农家书屋一处，同时引进小型玩具厂一家。三是全力配合全县“三重”项目建设，从部机关选派3名同志参与全县“三重”项目建设，支持他们在基层和经济一线接受锻炼、增长才干。四是认真做好机关党建、党风廉政建设、宣传思想和统战宣传信息工作，在《中国统一战线》《山东统一战线》《济宁统战》等刊发统战信息稿件30余篇，扩大了统战工作的影响。

（东野广平）

·邹城市委统战部·

【服务经济社会发展】一是组织民主党派、工商联界政协委员开展座谈调研、参观视察等活动10次，提出提案建议120余件。二是协调引进落地投资过亿元的新型建材项目，投产后可实现年销售收入1.4亿元。向省、市协调少数民族经济社会发展项目，超额完成对上争取任务。三是组织民主党派、专家学者开展下乡义诊、法律咨询，走访慰问残疾儿童等爱心活动，受益群众2000余人；引导非公企业家捐资60余万元救助贫困学生，捐资近200万元设立创业基金，其中民营企业家孔祥银捐资10万元资助30名贫困大学生。四是制定《镇街商会建设的实施意见》，全市基层商会已达到27家，实现了镇街商会的全覆盖。依托商会开展会员培训、融资活动12次，为非公企业融资超过6亿元。五是开展非公有制经济人士理想信念教育实践活动，增强非公经济人士对中国特色社会主义事业的信念。

【推进民主政治建设进程】一是加强党外代表人士队伍建设。联合教育、卫生、科技等部门开展高级以上职称党外知识分子摸底调查活动，及时充实调整10142人的党外代表人士队伍数据库，健全完善了党外代表人士联席会议制度、党员领导干部联系党外代表人士等制度，开展“同心”教育活动，增进了政治共识。二是积极推荐优秀党外干部。发现培养了一批高素质党外后备干部，党外干部素质、数量得到进一步提升，2013年调整提拔党外干部3人。三是加强情况通报。依托“党外知识分子联谊会”“党外人士之家”，定期召开情况通报会，及时通报省、市各级会议、文件精神，组织开展参观学习活动，打造参政议政、民主监督的活动平台，2013年共举办通报会4次。四是指导民主党派加强基层组织建设。新成立了民建支部和致公党、九三学社小组，帮助对新纳入党派组织成员审核、鉴定、把关，提高新进人员综合素质。

【巩固民族宗教工作】一

是开展民族宗教“基层基础建设年”活动。制定下发了实施方案，经验做法得到省民委充分肯定。二是加强民族团结进步宣传教育。举办民族团结进步图片展，开展“文明穆斯林”和“民族团结创建活动示范单位”评选表彰活动。三是认真做好少数民族考生审核工作。为190名少数民族学生办理高考、中考加分手续，协调有关镇街、部门设立民族工作窗口。四是开展宗教古迹调查活动，编辑出版《邹城市宗教古迹概览》。五是科学调整宗教活动场所布局。推进宗教场所建设，开展宗教教职人员备案、宗教场所财务监管，提高了宗教管理规范化水平。六是建立民族宗教工作预警机制。成功阻止基督教非法夏令营活动，得到省委统战部通报表扬；协助有关镇街及时处置民族村居拆迁过程中存在隐患苗头的问题，保障了全市民族宗教领域的和谐稳定。

【扎实开展联动驻村工作】 一是联动工作。帮助城前镇招引过亿元项目1个，协调争取水利、林业、环境整治等资金（实物）700余万元。帮助城前镇抓好村级班子、场所建设，提升镇村基层组织建设水平，11个后进村全部达到了转化升级标准。引导城前镇围绕“蓝陵古城”实施了蓝陵湿地、购物广场、中小企业产业园等一大批重点建设项目，该镇纳入全省第二批“百镇建设示范镇”。在2013年度镇街群众满意度调查中，取得了全市第三名的好成绩。二是驻村帮扶工作。从市水利局协调20万元建设拦水坝；从供电公司协调120余万元实施农电改造工程；协调市环境综合整治指挥部投资360万元实施绿化美化工程；在部机关办公经费紧张的情况下，拿出2.4万元为村里购置办公桌椅、绿化树苗；以“美丽崇村我的家”为主题建设文化长廊一条街，开展“文明家庭”创建活动，使后进村一跃成为全市先进村，工作事迹先后被《齐鲁晚报》《新邹城》、邹城电视台等媒体报道。

【大力加强自身建设】 一是认真学习贯彻市委全委会和全市干部作风建设大会等会议精神，组织机关干部和镇街统战委员、民主党派成员、党外干部深入基层一线考察学习。二是严格执行中央“八项规定”和省市有关要求，加强机关“三个体系”建设，签订《干部作风建设责任书》，修订完善《机关工作规范》，开展“慵懒散”专项治理、承诺践诺、“廉政勤政宣誓”等活动。三是抽调人员全力配合“三个全覆盖”、指挥部体制等全市重点工作，树立了统战部门和统战干部的良好形象。四是制作统战（民族宗教）工作展板，印发《统一战线工作手册》，编印《邹城统战信息》，在《中国统一战线》《山东统一战线》《邹城调研》等媒体刊发文章10余篇，被评为省、济宁市统战调研宣传工作先进单位。五是巩固统战“双基”建设年活动成果，充实调整镇街、部门统战工作领导小组，开展统战工作调研，及时调度推进基层统战工作开展，保证了全市统战工作运行有序、执行有力。

（孔金龙）

·微山县委统战部·

【党外代表人士队伍建设工作】 完善领导干部联系党外人士制度、与党外人士交朋友制度、情况通报和座谈会制度、党外知识分子联系点和联络员制度，党外代表人士队伍建设工作得到加强。12月份提拔了2名正科级干部，1名党外干部担任部门正职。积极组织统一战线各界人士参与“党的十八大知识竞赛”活动，收回试题答卷1600余份。成立九三学社和民盟支部，协调财政拨付专项办公经费。协助县委聘任10名党外代表人士为“民意代表”。支持民主党派、工商联、无党派人士紧紧围绕经济建设和社会发展中的重大问题和人民群众普遍关心的热点问题，深入开展调查研究，积极建言献策。民盟支部开展了送文化下乡、送教育下乡、送医疗下乡等活动；九三学社支部组织县医院、县中医院专家为湖区渔民群众提供义诊、咨询等医疗服务；巧搭爱心桥，“六一”儿童节前组织民营企业捐书1万余册，赠送给湖区小学。通过组织学习、参观爱国主义教育基地等形式，不断增进广大统战成员的政治共识。与县侨办联合完成了对新的社会阶层人士、微山籍海外华侨华人情况的调研。

【民族宗教工作】 完善了全县少数民族工作各项基础数据，建立少数民族流动人口档案。协助南阳镇南阳村研究制定了《南阳镇南阳村少数民族村寨发展规划书》，向国家民委争取特色村寨建设资金。申报南阳镇回族群众公共体育设施建设等3个项目为2013—2015年省级民族宗教事业发展项目。在春节、开斋节期间，走访慰问夏镇、南阳镇清真寺阿訇和回族群众代表。为保障穆斯林群众饮食安全，重大节日期间，对县清真食品生产企业、经营食品的商场进行了检查。高考前认真进行了少数民族考生资格审查和上报工作。认真开展民族团结进步宣传月工作，与县委统战部、宣传部共同起草《关于开展2013年全县民族团结进步宣传月活动的实施方案》，制作宣传横幅6个，发放宣传材料600多份。在全县领导干部第62个集中学习日专题报告会上，邀请专家作《党的民族宗教政策》专题报告，县四大班子主要领导出席。与县委“四百”活动相结合，把少数民族相对集中的夏镇街道奎文社区、谢桥社区和南阳镇南阳村少数民族联系户作为部领导班子成员的联系对象。开展宗教政策法规宣传工作，举办宗教政策法规培训班1期，召开座谈会2次，发放宣传材料200多份，提供政策法规咨询100多人次。协助市民宗局完成市道教协会第一次代表大会会议代表、常委的考察推荐。圆满完成宗教教职人员养老和医疗保障工作。及时足额发放穆斯林群众牛羊肉补贴，增强了向心力和接受管理的自觉性。协助公安机关妥善处理一起群体事件，会同公安机关依法打击了乱建寺观教堂问题，依法查处了违规建设天主教教堂事件。

【工商联工作】 召开有乡镇（街道、开发区）党委统战委员、商会会长、有关企业负责人参加的座谈会2次，印发中共中央国务院《关于加强和改进新形势下工商联工作的意见》100多份，全面宣传党和国家对民营企业的有关方针、政策及工商联在新时期的重要作用。先后召开中小企业座谈会2次，银企对接座谈会2次，就搭建政府、金融部门和企业“三位一体”的合作平台，解决经济发展中遇到的问题进行了探讨，协调有关部门破解中小型企业融资难题。建立非公有制企业劳动争议预防调解工作长效机制，会同县工商联、县人力资源和社会保障局共同成立非公企业劳动争议调解办公室并出台工作意见。开展“创业促就业”和“以商招商”活动，推动全民创业活动深入开展，实现企业创新，帮助企业顺利实现转型升级。县工商联组织26名规模以上企业法人赴江浙商务考察，学习企业转型经验。开展非公经济人士理想信念教育实践活动，成功组织开展第六届“博爱助学 春蕾圆梦”救助贫困大学生活动。由县工商联组织的第六届博爱助学、春蕾圆梦暨贫困助学金救助大学生170人，每人发放助学金5000元、李宁牌运动服一套，不仅解决了贫困学生的实际困难，也号召更多的会员企业参与进来，富而思源，回报社会，在社会上形成了良好的舆论氛围。

【基层统战工作】 研究制定了《中共微山县委统战部2013年工作要点》和《微山县统战工作督查考核实施方案》，明确各乡镇（街道、开发区）、县直部门年度统战工作重点，建立健全了统战工作通报、督查和责任追究制度。全县15处乡镇（街道、开发区）成立了由党（工）委副书记任组长的统战工作领导小组，明确了统战委员和统战干事，有30个县直部门配备了统战干部，434个村居均配备了统战工作联络员。全县设立统战工作办公室39个，895平方米，配备了电脑、办公桌椅、文件橱等办公设备，经费纳入了乡镇（街道）党务工作经费，统筹安排。建立健全了各项统战工作制度，全县统战基层基础工作迈上新台阶。

（裴　静）

·鱼台县委统战部·

【巩固共同思想政治基础】 以学习十八大、十八届三中全会及习近平总书记系列讲话精神为主要内容，结合中国特色社会主义理论体系、社会主义核心价值体系和“同心”教育，对统战干部和广大统战成员开展政治理论培训，通过教育引导夯实共同思想政治基础。选派3名党外干部参加济宁市“同心促发展”专题理论研修班、33名党外干部参加全县学习十八大精神专题培训班；在县社会主义学校举办党外干部专题培训班1期，培训学员50名；组织党外人士参加全省学习十八大精神知识竞赛，1000余人积极参与。县委统战部制定规划，根据党外代表人士“六支队伍”各自特点，通过自学、社会主义学校培训、新闻媒体宣传、“鱼米之乡大讲堂”等多种形式，开展了分级分类培训。选派37名非公有制经济人士到清华大学学习培训。通过加强学习教育，有效提高了统战干部和统战成员的思想政治素质，将思想和行动、智慧和力量凝聚到推进全县中心工作中来。

【大力加强党外代表人士队伍建设】 一是做好教育培训。组织党外代表人士参加十八大精神专题培训班和党外干部专题培训班各1期，培训学员90人次；举办党外人士学习十八大精神知识竞赛1次。二是加强实践锻炼。先后成立了王庙镇旧城里村民主党派医疗服务实践锻炼基地、于庄村农技帮扶实践锻炼基地，在山东星源矿山集团、鲁源水处理公司两个非公企业建立了非公经济人士实践锻炼基地，促进党外人士在基层一线工作中砥砺品质、服务群众，实现自身的成长及综合素质的提升。三是党外干部安排使用实现新突破。全年共提拔10名副科级以上党外干部，交流使用8名。2013年，全县党外干部33名，其中副县级5名，科级28名，有3名担任政府部门正职，11名担任政府工作部门副职，在23个政府工作部门中的配备比例达到47.8%；11个镇街中有5个配备了党外副科级干部，配备比例为45.5%；在县人民法院、工会、妇联等部门领导班子中也配备了党外干部。

【积极服务非公有制经济发展】 一是加强基层商会建设。全县9个镇、2个街道办事处和1个开发区全部建立了商会组织，配备了10—20人的领导班子。积极发展新会员，联合县中小企业办对新成立民办企业进行了摸底调查，吸纳27个企业入会。加大行业商会组建力度，成立了县企业联合会、泵业商会和大米协会3个行业协会。二是开展非公经济人士理想信念教育实践活动。通过举办高级研讨会、座谈会、企业家培训班等多种形式，对非公企业家进行培训，选派37名优秀企业家赴清华大学进行为期一周的“创新管理”主题培训。三是发挥企业招商引资的主体作用。联合县直有关部门组织专题招商活动2次，参加企业50多个，签订合作项目40多个。开展小微企业授信活动，组织银企对接3次，直接融资4000余万元。依托县企业联合会（商会）开展会员互保，为企业拆借现金6000万元。

【扎实做好统一战线团体组织建设】 一是夯实基层统战工作基础。不断加强统战部干部队伍建设，2013年部机关提拔正科级干部1名、副科级干部1名，调整副部长1名、副主任科员1名，新增工作人员2名。12个镇街全部按要求配备了副科级统战委员，明确了统战干事；384个行政村(居、社区)全部配备了统战工作联络员。所有镇街设立单独的统战工作办公室，健全各项工作制度，分门别类建立统战成员资料库。二是成立党外知识分子联谊会。对县党外知识分子联谊会领导班子进行了调整。联谊会成立以来，联系凝聚广大党外知识分子，为县委、县政府广泛联系全县党外知识分子搭建了良好平台，为全县各项事业发展培养和输送了许多优秀人才。三是大力加强爱国宗教团体组织建设。完成了县伊协、基督教两会的换届工作，召开了县佛教第一次代表大会，选举成立了县佛教协会，成立了天主教和道教领导小组。开展了教职人员登记认定备案工作，基本实现教职人员队伍制度化、系统化、网络化管理。

【努力提高调研宣传信息工作水平】 一是将统战信息宣传工作纳入年度目标管理考核重要内容，完善考核办法，实现规范化、制度化。二是提高信息写作队伍的整体水平。各镇街均明确了统战信息员，拓宽渠道广辟稿源，及时反映最新动态和情况。组织各镇街统战信息员参加县信息宣传写作培训班，提高信息写作质量和水平。三是注重与镇街、部门、民主党派及时沟通，强化协作，做到信息互动、资源共享。四是加强与报社、电视台等媒体和新闻单位的联系，在县报开辟了“非公经济人士风采”和“民族宗教政策知识”两个宣传专栏，宣传效果显著。

（国　宏）

·金乡县委统战部·

【基层统战工作基础牢固】 紧密结合实际，不断加强基层统战工作组织建设，建立健全统战工作目标考核机制。以县委文件形式明确各镇街由党委副书记分管统战工作，13个镇街统一配备了副科级统战委员，成立统战办公室，统一拨付办公经费，配备了办公设备和专职统战干事；各村居、各部门统一配备统战工作联络员；全面完成镇街商会换届工作；将统战工作纳入县委县政府对镇街和县直部门科学发展综合考核的指标体系，进一步夯实了基层统战工作基础，提升了基层统战工作水平。

【党外代表人士队伍建设成效显著】 一是做好物色推选工作。对全县党外人才队伍基本情况开展了调研分析和梳理归纳，充实完善了数据库；联合县委组织部推选年轻党外干部101人，及时充实了党外后备干部人才队伍。二是多渠道培养锻炼。组织52名优秀年轻党外干部在省社会主义学院进行了为期4天的培训，并赴沂蒙革命老区红色教育基地实地接受群众路线教育，取得了良好效果；从县直机关部门推选14名有发展潜力的年轻党外干部到镇街、园区、企业生产一线挂职锻炼，在和群众零距离接触中拉近干群感情，培养提高解决实际问题的能力。三是加大培养使用力度。县委统战部及时向县委推荐表现出色、培养成熟的优秀党外干部和党外代表人士，建议提拔重用或进行政治安排。经考察推荐，提拔了7名党外副科级干部，增补4名党外代表人士为县人大代表、政协委员。

【同心实践活动扎实进行】 强化“同心”思想引领，广泛组织开展了爱国主义和社会主义核心价值体系教育活动。先后召开由各民主党派、工商联、无党派及民族宗教界人士参加的集体学习报告会，迎中秋、庆国庆联欢会和民族团结进步座谈会等活动，广泛宣传党的十八大精神及县委、县政府加快建设城镇化、工业化、农业现代化新金乡的战略构想，深入进行爱国主义、社会主义思想教育，使全县统一战线成员进一步增强了与党委政府在思想上同心同德、目标上同心同向、行动上同心同行的自觉性。扎实开展“同心”实践活动，积极组织统战成员建言献策、奉献社会。开展“我为建设美丽金乡献良策”活动，2000余人积极参与，提出意见建议200多条，有16条纳入县委县政府决策；组织统战成员到帮扶村、联建村及镇街敬老院开展“科技下乡”“医疗救助”“爱心奉献”等社会活动，为农民群众赠送价值1万余元的科技资料、配方肥等，为近千名敬老院老人进行了健康查体，发放2万余元的医疗保健用品，“同心”实践的品牌影响和社会效益逐步提升。在宗教界开展了“和谐宗教活动场所”创建活动，依法严格管理宗教活动场所及宗教团体。从规范财务管理入手，成立宗教活动场所财务监管领导小组和管理办公室，由县民宗局牵头，制订财务监管办法和财务管理制度，对全县各宗教活动场所财务实行“四统一”（统一培训、统一票据、统一报账、统一审计）监管，避免了各宗教场所内部矛盾，促进了宗教领域和谐稳定。

【非公有制经济领域工作扎实推进】 全面扎实推进非公经济党建工作和非公经济人士理想信念教育实践活动。一是抓实非公经济人士理想信念教育实践活动。成立领导小组、召开动员会，围绕“民营企业家与中国梦”主题开展了系列主题活动；联合县工商联在全县非公经济人士中举办了2次“金乡县工商联大讲堂”，邀请专家进行理论培训，同时组织企业家到外地知名企业参观学习，提升管理水平和境界。二是帮助企业拓宽融资渠道。积极牵头协调有关部门和金融机构，召开4次银企对接会，促使 9家金融机构与106家非公企业签约，融资8.2亿元。发挥镇街商会作用，成立“企业信用联盟”，争取县信用联社信用贷款3.05亿元。三是推进非公企业党建全面开展。全县279家非公企业单独或联合建立了党支部，46家规模以上非公企业全部建立了党组织，党组织覆盖率和党的工作覆盖率达到100%。

【统战理论调研宣传信息质量显著提高】 围绕新时期统一战线面临的新情况新问题，完成调研报告6篇。围绕贯彻落实中央4号文件和省市委实施意见精神、扎实开展“同心”实践活动和非公经济人士理想信念教育实践活动等重点内容，强化专题理论调研和宣传信息工作。建立健全专兼职统战信息员队伍，加强对信息工作的考核。强化机关干部理论水平和业务能力的提升，积极扩大统战信息宣传调研成果，年内统战信息被中央信息刊物采用1篇，省级信息刊物采用10余篇，《济宁统战》采用10余篇，县委统战部分别被省、市委统战部授予全省统战信息工作先进单位和全市统战信息工作先进单位荣誉称号。

（曹玉慧）

·嘉祥县委统战部·

【推动非公有制经济健康发展】 一是开展非公企业人才队伍建设状况调研活动。3月，县委统战部、工商联组成专题调研组，通过发放调查统计表、召开座谈会，面上调查和重点抽样调查相结合等方法，对全县四大重点产业中的40家非公企业进行了调研，形成《关于嘉祥县重点产业非公企业人才队伍建设调研情况汇报》。二是举办“非公”企业人才工作论坛。5月份，统战部、工商联组织举办了嘉祥县

“非公企业人才工作论坛”，邀请工商联企业家副主席、商会副会长20余人参加座谈，促进了各企业在人才工作方面的经验交流，加快全县非公企业人才队伍建设步伐。三是扎实开展理想信念教育实践活动。县委办公室转发了《县委统战部、县工商联关于开展非公有制经济人士理想信念教育实践活动的实施方案》，组织30多名非公经济人士到羊山鲁西南战役纪念馆接受革命传统教育，开展“我的中国梦”演讲比赛、技能大比武等活动，将教育实践活动与促进经济社会发展的生动实践深度融合，切实取得实效。四是引导非公经济人士履行社会责任。非公经济代表人士积极参与光彩事业、“感恩行动”等回报社会活动，全县参与光彩事业活动的非公企业家达30余人，在捐资助学、荒山绿化、环境卫生综合整治、扶危济困等方面捐款捐物近360万元。

【加强党外代表人士队伍建设】 一是完善数据库建设。在全县范围内开展了党外代表人士摸底调查工作，更新了400余人的数据库。二是加强教育培训。在县委党校举办了为期10天的嘉祥县党外代表人士培训班，对政治坚定、业绩突出、群众认同、具有较强参政议政能力和发展培养潜力的50名优秀党外人才进行了培训。选调3名党外干部参加了济宁市“同心促发展”专题理论培训班。三是成立“嘉祥县党外知识分子联谊会”。首届发展会员137人，涉及全县67个机关、企事业单位，涵盖工农医商、教科文卫以及新社会阶层等多个领域。下设综合组、卫生组、经济组、教育组、科技文化组、农业组。知联会卫生组到卧龙山镇姚庄村开展了“送医下乡”活动，诊治300余人次，接受群众咨询500余人次，发放宣传资料200余份。

【维护民族宗教工作和谐稳定】 一是扎实做好民族工作，促进民族团结进步。认真开展第十三个民族团结进步宣传月活动，在《今日嘉祥》、嘉祥电视台开辟了“民族团结进步宣传月”专栏，刊发和播放相关新闻、图片、文章10余篇。同时，悬挂标语横幅21条，发放宣传资料1万余份。对少数民族群众进行实用技术培训，培训人员达100余人次。落实3个少数民族发展项目资金，分别为腾飞特种养殖基地建设项目解决资金30万元、纸坊镇虎头山村公共体育设施建设项目20万元、少数民族实用技术培训项目4万元，共计落实资金54万元。二是加强宗教事务管理，促进宗教领域和谐稳定。根据有关文件精神，制定了《关于在全县民族宗教系统开展“基层基础建设年”活动的实施方案》。进一步加强了县、乡、村三级网络建设，按照“属地管理、分级负责”责任制要求，建立长效管理机制。加强宗教团体自身建设，完善管理制度，加强宗教活动场所财务监督管理，强化安全管理。坚决抵御境外宗教渗透活动，整治私设聚会点，治理“两乱”及非法宗教活动，排查整改隐患，及时化解不稳定因素。

【搞好统战部门自身建设】 一是加强基层统战队伍建设。各乡镇（街道）按照“六有”标准，设立了统战办公室，710个行政村均配备了统战工作联络员。通过专题培训、以会代训和考察调研等形式，培养提高统战干部队伍干事创业的能力和水平。二是着力提高统战信息宣传调研工作水平。2月底，统战部下发了《关于强化统战信息报送工作的通知》，要求各党（工）委、党组要加强信息报送，实行量化管理、定期通报制度。部机关实行全员信息工作，明确一名专职信息员，做好信息宣传。全年共上报各类信息150余条，被省市采用23条，独立成篇8条，简讯15条，综合成绩全市第4名，被评为全市统战信息工作先进单位。三是密切干群关系，转变干部作风。每周六组织机关全体人员到村入户、调查摸底，了解村情民意，认真执行“双包一联、民事代办”制度。先后开展了“结对帮扶困难儿童”“中秋节慰问困难群众”“送医下乡义诊”等活动，解决群众反映问题20多个、民事代办事项68个。为2个联系村分别协调解决健身器材1套，慰问困难群众24户，各类救助物质折合现金8千多元。

（孙方敏）

·汶上县委统战部·

【服务经济社会发展大局成效显著】 县委统战部切实增强责任感，勇于担当，在招商引资、城区改造、“三城同创”等重点项目工程一线做出了积极贡献。引进投资2.3亿元的杭州祥源农业科技有限公司落户白石镇，投资380万元的袁记粥铺落户中都大街；总投资1260万元的渔乡园餐饮有限公司落户在圣泽大街。全程参与第十届中国汶上宝相寺太子灵踪文化节，确保宗教活动有序进行。

【非公有制经济领域工作稳步推进】 积极开展理想信念教育实践活动，切实加大非公经济组织党建力度。开展了“党组织集中组建月”活动，新单独建立非公企业党组织6个、乡镇企业服务中心党组织12个。强化业务培训，举办了全县党务干部和入党积极分子培训班。创新小微企业党建，依托县诚信服务联盟商会，建立汶上县城区小微企业服务中心党支部，“七一”前夕开展了党员经营户挂牌活动。基层商会和组织建设进一步加强。乡镇工商联建设进一步加强，完善了南站（开发区）、康驿、次丘工商联建设，切实加强服务镇域经济职能作用。加快行业协会商会建设步伐，成立了县诚信服务联盟商会、家居建材行业协会，对县服装商会进行了换届。积极引导行业商会开展活动。先后举办了“厉行勤俭节约反对铺张浪费”专项行动、中国佛都第四届婚礼文化高峰论坛、服装生产工艺创新精益生产技术推广讲座暨自动化设备展示会等一系列丰富多彩的活动。

【民族宗教事业和谐稳定】 积极促进少数民族经济文化长足发展，为康驿镇金街村和军屯乡马山村争取资金20万元。认真落实少数民族考生中高考加分优惠政策。19名中高考考生通过了加分资格审核。认真落实上级各项惠农补贴，少数民族农户的牛羊肉补贴政策共惠及全县少数民族农户430余户。加强党和国家民族政策的宣传教育与贯彻落实，积极开展第十三个民族团结进步宣传月活动、和谐宗教活动场所创建活动。加强对清真食品生产经营情况的监督管理，对城区各大超市清真食品专柜和城区清真餐馆进行认真检查，对检查中出现的问题及时处理，确保消除各类不安定因素。

【党外代表人士队伍建设扎实推进】 通过有关单位推荐、与县委组织部共同考察等多个环节，完善了党外干部数据库、优秀党外代表人士数据库、少数民族干部数据库，储备了一支高素质党外代表人士队伍。召开了全县统战工作会议，县委、县人大、县政府、县政协等几大班子参加了会议。举办统战工作知识培训班，各乡镇、县直有关部门统战委员、统战干事和党外代表人士等180余人参加了培训。积极推进安排使用，在全县干部调整中，提拔重用1名党外领导干部到重要岗位，交流调整了4名党外领导干部。与县委组织部联合下发了《2013—2017年培养选拔党外干部工作五年计划》，明确了培养选拔的指导思想、工作方针、主要目标任务和措施，为党外代表人士队伍建设工作提供了制度保障。

【自身建设进一步加强】 县委统战部围绕“从严从紧抓作风、强化执行提效能”主题活动，切实改进作风、做好工作。部机关全体党员干部积极参与包村联建，下基层、接地气，先后协调各类资金、物资折合人民币约50余万元。协助民建市委开展“同心思源　民建生态村”建设活动。努力打造学习型、创新性、和谐型、廉洁型机关，建立完善集中学习制度，加强廉政教育，进一步增强了大局意识。2013年，统战工作在全市综合考核中位居第四名，被市委统战部评为全市统战调研宣传工作先进单位、全市统战信息工作先进单位，被省委统战部授予全省统战宣传工作一等奖。在全县目标管理督查综合考核中由二档部门晋升至一档部门。

（徐西平　陈　曦）

·梁山县委统战部·

【全面落实统战工作目标任务】 县委召开了统战工作会议，分析了全县统战工作面临的形势和任务，总结工作经验，安排部署年度统战工作任务。向各乡镇和县直单位下发了《2013年全县统战工作目标管理考核细则》，按百分制列入全县党政领导班子目标考核内容。年中对全县统战工作目标运行情况进行了检查，并督促落实。加强统一战线宣传教育，在县委党校举办的学习党的十八大精神专题培训班上，开设统一战线理论专题，进一步加深了全县党员干部对统一战线的了解。

【大力加强党外代表人士队伍建设】 对全县党外知识分子、后备干部和新的社会阶层人士进行了一次全面调查摸底，按照标准要求，将202名党外代表人士纳入了县党外人才数据库，并进行动态管理。与组织部门联合在县社会主义学校举办了为期3天的培训班，61名党外后备干部参加了学习培训。积极推进党外干部实职安排。年初对全县党外干部进行了摸底走访，与每名党外干部进行座谈交流，了解工作学习生活等各方面的情况，及时向县委常委会汇报党外干部安排使用的建议。目前，副科级以上党外干部共22人，其中在政府部门担任实职的8人，均比去年有了大幅度提高。

【服务经济社会发展成效显著】 积极引导各民主党派、工商联和无党派人士为梁山科学发展、跨越发展献计出力。全县统一战线各界人士共提交提案议案203件，其中重点提案议案和县领导批示的12件，纳入了县委、县政府决策。县工商联充分发挥总商会的服务平台作用，着力解决当前非公企业普遍存在的招聘人才难、发展融资难、科技创新难等问题，组织全县60余家中小企业与梁山民丰村镇银行、济宁银行梁山支行等金融机构，联合成立了梁山县小微企业信用联盟，融资350余万元，开创了银企搭桥、促产业共同发展之路。组织民盟、九三学社、民建等党派成员和工商联会员奔赴长三角、珠三角、京津唐等地区开展招商引资活动，从浙江宁波成功引进精密轴承生产项目落户马营镇，该项目总投资5亿元、占地150亩，全部建成后可年产精密轴承3000万套，实现销售收入11亿元、利税1.8亿元。另外，由统战部牵线，梁山文东畜牧养殖、外资企业美国格林豪泰酒店两个项目也落户梁山，目前项目建设正按照合同文件逐步推进。协助民盟梁山总支与梁山县诗词楹联学会一起举办了“建设美丽梁山我先行”活动，受到社会各界的好评。雅安地震发生后，积极引导各民主党派、工商联及社会各界做好抗震救灾工作，各民主党派共为灾区捐款捐物3万余元，其中民革党员孙明科个人捐款5000余元。

【民族宗教工作得到加强】 为13名考生做了加分因素认定，受到学生本人和家长的称赞；在馆驿镇举办了两期少数民族群众经济发展培训班，共培训80余人；结合全县大规模进村入户活动，利用1个月的时间，深入全县少数民族群众家中，了解情况，宣传政策，解决问题，帮助脱贫致富；会同县委宣传部在水泊街道后集村召开了座谈会，对全县贯彻执行党的少数民族政策听取意见和建议，并及时向县委做了汇报；每月五号开展“法律法规进教堂”活动，宣传党的宗教政策和法律法规。

【驻村帮扶工作扎实有效】 积极开展“大规模驻村入户、面对面谈心交流”活动，部机关全体干部真正扑下身子，深入群众，结合包村实际，想群众之所想，急群众之所急，积极为群众解难题，办实事。协调资金20万元，帮助村小学改造了总面积945平方米的教室，并购买了大量图书和体育器械；争取资金20万元，改造扩建了村文化大院，满足了全村300多位老年人的娱乐需求；协调上级资金100万元，重点对村内2条街道68条胡同进行了硬化；协调资金5万余元，帮助所包村打了一眼深水井，安装了21盏路灯，解决了百姓关注的很多热点难点问题，受到了当地群众的交口称赞。

（李海华）

泰安市

·泰安市委统战部·

【多党合作事业】 组织举办通报会、报告会、座谈会等30多次，引导各民主党派、工商联、无党派人士深入学习贯彻党的十八大、十八届三中全会和习近平总书记系列重要讲话精神，着力夯实统一战线共同思想政治基础。支持各民主党派以组织座谈交流、撰写体会文章、外出参观学习、举办书画笔会、开展社会服务等形式，深入开展纪念中共中央“五一口号”发布65周年系列活动，着力强化多党合作历史传统教育。召开民主协商会、征求意见会、情况通报会等7次，市委主要领导同志出席5次，就市委市政府重大决策、事关全市发展重点工作、重要人事安排事项等，及时向党外人士通报情况、征求意见。协助各民主党派市委健全完善领导班子谈心会、述职评议、领导成员民主测评等制度，全面加强民主党派市级组织领导班子建设。支持各民主党派坚持组织发展原则、壮大成员规模，全年累计发展新成员100人，全市民主党派成员总数达到2002人。

【为经济社会发展服务】 深入实施党外人士建言献策精品工程，推动形成人大政协“两会”党外议案提案、民主党派专题调研报告等建言献策成果291件，其中8件被市政协评为年度重点提案。在各民主党派、工商联、无党派人士中部署开展“为推进富民强市、建设幸福泰安建言献策”活动，收到意见建议230多条，其中45条建言质量高、参考价值大的建议直接呈送市委市政府主要领导和有关部门参阅。继续推行“党委出题、党派调研、政府采纳、部门落实”的民主党派专题调研工作机制，协助各民主党派市委完成重大调研成果7件，全部呈报市委市政府主要领导作决策参考。深入实施党外人士社会服务品牌工程，持续深化感恩行动、同心工程、民企帮村等服务民生工作品牌，积极创办科技服务基地、医疗救助基地、专家工作站等党外人士实践锻炼基地27处，引导各领域统战成员开展义诊下乡、科技咨询、困难救助、慈善捐赠等社会服务活动50多次。截至2013年年底，市非公有制企业设立的光彩事业慈善基金达到96个，华侨华商设立的慈善基金达到21个，基金总额分别达到3.79亿元和5000万元。积极助推经济发展，在全市统战系统部署开展以“百人服务、百亿投资”为内容的“双百建功”行动，与省委统战部部署开展的“百名专家教授联百企活动”紧密结合，在服务和促进全市招商引资、招才引智和项目建设方面，取得良好成效，相关做法在全省“百名专家教授联百企活动”推进会上作经验介绍。支持台办、台联、侨联、海联会等统战团体，通过文化交流、经贸往来等形式，开展港澳台海外代表人士团结联谊工作，引导他们为促进泰安改革发展牵线搭桥、贡献力量。全年共接待40多个国境外团组、1100多人来泰参访交流。积极维护社会和谐稳定，支持各级商会积极参加和谐劳动关系三方会议，创新搭建民意投诉和纠纷调处平台，探索推进商会调解工作，双向保障非公有制经济人士和企业职工合法权益。深入开展民族团结进步宣传教育及和谐宗教活动场所创建活动，严厉打击非法宗教渗透，有效促进了民族宗教领域和谐稳定。

【党外代表人士队伍建设】 制定落实《中共泰安市委关于加强新形势下党外代表人士队伍建设的实施意见》分工方案，把62项具体工作指标分解明确到45个部门（单位），从制度层面确立了牵头抓总、各负其责、协同配合的工作格局。会同市委组织部制定党外代表人士教育培训登记管理办法，建立实行联席会议制度，党外代表人士队伍建设工作规范化程度进一步提升。重视加强党外代表人士教育培养工作，全市各级统战部门和系统单位共举办各类党外人士辅导班、培训班25次，培训学员1835人次。在省社会主义学院成功举办全市党外干部培训班，60名党外科级后备干部参加培训。着力推进党外代表人士实职安排工作。全市副科级以上党外干部618名，其中副县级63名、正县级10名、副厅级7名。加强党外后备人才管理服务，建立健全党外代表人士综合数据库，把2500名党外代表人士基本信息纳入数据库管理范围，对其中县级以上党外干部和150名科级党外后备干部分别建立了详细信息档案。

【基层统战工作】 部署开展“基层统战工作示范点建设年”活动，市委统战部领导班子成员带队深入各县市区调研指导工作，包保示范点建设任务，加强督查调度和分类指导，确保建设年活动扎实有效推进。年内，以每个县市区重点打造3至5个统战工作示范点为基本要求，指导、推动各县市区在民主党派、民族宗教、非公有制经济人士、党外知识分子等基层统战工作重点领域，形成20多个基础扎实、特色鲜明、带动力强的工作典型，较好地发挥了示范带动作用，有效推动了面上工作开展。

【非公有制经济人士理想信念教育实践活动】 组织专门力量深入40多家非公有制企业实地调研，与110多名非公有制经济人士座谈，发放、回收调查问卷1200多份，全面摸排全市非公有制经济发展状况和非公有制经济人士困难需求。6月14日，召开180多人参加的高规格动员会议，对活动开展进行全面动员部署。活动中，突出“企业家与中国梦”主题，举办经济形势报告会、财富论坛等大型讲座3次，分两批组织30多名非公有制经济代表人士到北京参观复兴之路基本陈列展览，深入开展以“企业梦、个人梦、中国梦”为主题的思想大讨论活动，创新搭建“政企对话、效能监督、服务社会”三大平台创优非公有制企业发展环境，有效增强了非公有制经济人士对中国特色社会主义的信念、对党和政府的信任、对企业发展的信心。

【“双百建功”行动】 以“百人服务、百亿投资”为内容，总体目标是从2013年7月起利用1年时间，联系引荐100名以上各类党外人才，为全市非公有制企业开展多方面多形式的服务；通过引进项目和资金、推动企业实施技改升级或增资扩规等途径，实现全市非公有制企业新增投资100亿元以上。“百人服务”方面，广泛开展非公有制企业人才需求调研和党外人才推荐储备工作，累计征集各方面人才需求信息120多条，推荐储备党外专家人才170多人，通过对口推介、面谈商议、实地考察、恳谈签约等活动，促进60名党外专家人才与非公有制企业建立合作关系。“百亿投资”方面，举办招商引资工作专题培训会，引导统战系统各单位发挥联系广泛优势，重点依托市工商联以小分队招商、组团招商、以商招商等形式广泛开展招商引资活动，同时引导企业加大技改投入，争取项目扶持，加快转型升级步伐。据不完全统计，截至年底，全市统战系统共推动新上及扩规非公有制经济项目93个，实现新增投资175.8亿元。

（张基瑞）

·泰山区委统战部·

【“同心”思想教育】 召开学习党的十八大、十八届三中全会精神座谈会、辅导会3期，协助各民主党派组织开展相应学习活动6次，组织全区240余名统战成员参加《全省统一战线学习十八大精神知识竞赛》。在全区宗教界开展以十八大精神“进团体、进场所、进信众”为主题的宗教政策法规学习月活动。举办纪念中共中央发布“五一口号”65周年座谈会。深入开展非公有制经济人士理想信念教育实践活动，成立以区委副书记为组长的教育实践活动领导小组，制定下发实施意见，先后举办“泰山区民营企业家与中国梦”报告会和“企业家·中国梦”征文活动，编发《梦·追梦·圆梦——泰山区民营企业家纪实》宣传册，展示区内10名优秀企业家先进事迹，与泰山有线电视台联合开办“企业家与中国梦”专栏，通过各种形式，增强了广大非公有制经济人士对中国特色社会主义的道路自信、理论自信和制度自信。

【为经济社会发展服务】 创新开展以“送法律进园区服务非公企业，送岗位进社区服务下岗人员，送科技进农村服务种养大户，送文化进广场服务休闲居民，送美丽进讲堂服务时尚女士，送爱心进楼院服务孤寡老人，送健康进家庭服务病困群体，送政策进寺庙服务信教群众”为内容的“八送八进八服务”活动，搭建起统一战线服务经济社会发展的宽广平台。年内累计开展各项活动12次，捐建同心书屋1所，提供就业岗位430个，救助困难家庭60多户，捐赠款物110多万元。在全区统战系统部署实施“双二十工程”，自2013年7月起，利用1年的时间，联系引荐20名党外优秀人才与企业建立长期服务关系，为企业发展提供智力支持；选定11家重点非公有制企业，通过引进项目、资金、技术等途径，推动技改升级、增资扩规，实现投资过20亿元。截止2013年底，已推荐15名党外人才与非公有制企业建立服务联系，推动实现非公有制企业新增投资13.8亿元，有效推动了全区非公有制经济健康发展。

【统战工作示范基地建设】 分领域创建统战工作示范基地，计划1–2年内在党外知识分子资源丰富的教育卫生系统，选择硬件设施好、统战工作有一定基础、辐射带动力强的学校、医院分别建立2处示范基地；在全区规模以上非公有制企业中，选择3–5家科技含量高、发展前景好、社会责任感强的企业建立示范基地；在民族村居、宗教活动场所分别建立1处示范基地。截至年底，已初步建成上高街道岔河社区统战文化宣传基地、市场社区民族经济发展示范基地、岱银集团非公有制经济发展示范基地、省庄镇一中党外知识分子建功立业示范基地等6处基地，先后组织党外代表人士160多人到基地参加实践锻炼活动。

【党外代表人士队伍建设】 制定出台《中共泰山区委关于加强新形势下党外代表人士队伍建设的实施意见》《关于贯彻落实〈中共泰山区委关于加强新形势下党外代表人士队伍建设的实施意见〉分工方案》《关于建立全区党外代表人士队伍建设工作联席会议制度的通知》等文件，为加强和改进党外代表人士队伍建设工作提供了制度化保障。在全区实施党外后备队伍建设“650工程”，按照党外代表人士“六支队伍”每支50人的规模建立一支总人数300人的高素质后备人才队伍，截至2013年底已推荐选拔160人进入档案库。举办全区党外代表人士培训班，组织区党外人大代表、政协委员、区各民主党派支部领导班子成员、党外干部、区工商联领导班子成员等160人参加培训。

【民主党派工作】 制定《中共泰山区委统战部协助民主党派纳新考察程序》，加强与纳新对象所在单位中共党组织的沟通，使民主党派纳新工作更加规范有序。印制《泰山区民主党派成员纳新评价表》，严把政治关，特别是对其中的非公有制经济人士进行综合评价，充分听取所在党组织及执纪、执法部门的意见，确保民主党派组织纳新的质量。创新开展“三访三问”活动，以民主党派领导班子成员为主要访问对象，一访工作生活、问困难问题，二访议政建言、问意见建议，三访服务奉献、问做法打算，年内共走访党外代表人士22人，收集到各类困难问题11个、意见建议40多条。

【非公有制经济人士工作】 进一步充实壮大区工商联骨干队伍，增补16名具有较高政治觉悟、文化程度和社会影响力的非公有制经济人士担任区工商联副主席和执（常）委。举办“银企合作洽谈会”，为山东恒通膨胀节制造有限公司等8家非公有制企业融资1.7亿元。积极引导非公有制企业参与光彩事业，山东岱银集团为少数民族贫困地区甘肃临夏回族自治州捐助200万元，建设“岱银希望小学”；大唐宅配公司出资100万元设立企业冠名基金，救助社会弱势群体和困难学生。持续推进对外合作交流，依托区工商联企业信息资源多、经济互补性强、联系面广等优势，先后邀请上海千紫香料有限公司、新加坡傅氏集团泵业有限公司、雨润集团等企业到泰山区考察，进一步加大了非公有制企业走出去、请进来步伐，促进了全区经济良性健康发展。

【民族宗教工作】 继续实施少数民族帮扶工程，推动16个项目纳入省、市帮扶范围，争取省、市帮扶资金235万元；14个项目列入区委区政府为民办十件实事之列，投资1574.6万元改造提升市场社区等9个民族社区（村）的基础设施。开展以“民族政策进万家”为主题的民族团结进步宣传月活动和民族团结进步示范单位创建活动。省庄镇、泰山民族职业中专、市场社区被评为全省民族团结进步创建示范单位；财源街道、东孙村、岗上村被评为全市民族团结进步创建示范单位。举办全区宗教法律法规培训班、全区教职人员座谈会和宗教法律法规学习月集中宣传日活动。深化“教风年”创建活动，开展“四比四看”争当“五好”教职人员活动，强化宗教场所规范化管理。广泛开展宗教慈善周活动，慈善周内共募集善款20余万元。投入455万元对宗教场所进行修缮和改造。集中开展“全能神”专项整治和依法治理基督教私设聚会点专项行动，对7个街道（镇）的宗教活动场所进行拉网式排查，与全区42个以堂带点负责人签订抵御邪教渗透责任书，有效保证了全区宗教领域和顺稳定。

（王海珍）

·岱岳区委统战部·

【多党合作事业】 区委把统战工作纳入全区科学发展综合考核体系，与全区重点工作同部署、同检查、同考核。区委常委会每年两次专门听取统战工作情况汇报，区委主要负责人多次对统战工作提出专门要求，分工负责人参与研究安排统战工作。区级党员领导干部都分别与各民主党派支部负责人等党外代表人士保持对口联系。各级各单位自觉把统战工作放到重要位置，形成了主要领导亲自抓、分工领导靠上抓、统战委员具体抓的工作格局。年内，通过举办培训班、召开辅导会、座谈会等多种形式，组织引导各民主党派、工商联、无党派人士深入学习十八大、十八届三中全会以及习近平总书记系列重要讲话精神，持续推进“同心”思想教育实践活动，不断增进广大统战成员对中国特色社会主义的道路自信、制度自信和理论自信，进一步夯实了统一战线共同思想政治基础。引导各民主党派以加强制度建设为抓手，全面推进自身建设。年内，各民主党派支部共建立健全各项规章制度、工作规范32项，有效保障了民主党派工作规范有序开展。

【为经济社会发展服务】 广泛开展建言献策活动，组织引导广大统战成员紧紧围绕片区建设、新城区建设、教育医疗、改善民生、文化旅游发展等区委、区政府重点工作和人民群众关心关注的热点问题，深入调查研究，积极建言献策，累计完成各类调研报告30余篇，上报社情民意信息56条，为区委区政府科学民主决策提供智力支持。广泛开展各种形式的社会服务工作。充分发挥广大统战成员在经济、医疗、法律、科技、教育等方面的优势，持续推进感恩行动、光彩事业、温暖工程等品牌项目。

年内，各民主党派支部先后开展义务支教活动36次、法律咨询及司法援助活动13次，到贫困村居送医送药50余次，结对帮扶贫困家庭近300户，资助贫困学生265人，筹措资金180万元为农村贫困小学捐建艺术培训中心2处、合唱团及器乐合奏团2个、“爱心书屋”1处，民主党派社会服务活动的覆盖面进一步扩大，影响力逐渐增强。

【党外代表人士队伍建设】 区委研究出台了《关于加强新形势下党外代表人士队伍建设的实施意见》《关于建立全区党外代表人士队伍建设工作联席会议制度的通知》以及贯彻落实《实施意见》的分工方案等文件，细化措施，明确责任，狠抓落实，有效推动了党外代表人士队伍建设工作。截至2013年年底，全区共选拔任用党外副科级以上干部22名，其中副县级5名、正科级1名、副科级16名。在全区范围内进行了大规模的调查摸底活动，初步建立起一支由200人组成的党外后备人才队伍，建立了基本信息档案，实行动态管理，为做好下一步重点培养、梯次配备工作创造了条件。

【非公有制经济人士统战工作】 深入开展非公有制经济人士理想信念教育实践活动，通过集中学、指导学、个人学等形式，加深非公有制经济人士对中国特色社会主义的道路自信、理论自信和制度自信。通过开展小微企业发展情况调研、搭建银企对接平台、引导非公有制经济人士投身光彩事业服务回报社会等措施，增强了非公有制经济人士对中国特色社会主义的信念、对党和政府的信任、对企业发展的信心。动员广大统战成员积极投身市委统战部组织开展的以“百人服务、百亿投资”为内容的“双百建功”行动，推荐22名党外优秀人才纳入全市人才服务党外专家库，通过举办人才企业对接活动，推动党外人才与非公有制企业开展合作服务。截至年底，全区党外人士通过牵线搭桥、招商引资，以及服务非公有制企业技改升级、增资扩规等形式，实现新增投资18亿元。

【民族宗教工作】 建立完善民族宗教工作领导体制机制，健全区、乡（镇）、村三级网络和工作责任制，把民族宗教工作纳入社会治安综合治理考核范围，统战、公安、财政、教育、旅游、司法、宣传等部门协作配合、齐抓共管，形成了区域协作、部门联合执法、抵御境外渗透联席会议等工作机制。及时排查民族宗教领域不稳定因素，做到问题早发现、早处理、早化解、早平息。对上争取省、市级少数民族帮扶项目14个、帮扶资金300余万元，有力推动了民族村居经济社会发展。

（冯克涛）

·新泰市委统战部·

【多党合作事业】 以深入学习和贯彻落实中共十八大和十八届三中全会精神为主线，以实施“同心”工程为载体，加强教育引导，开展主题教育和实践活动2次，举办党外代表人士培训班2期，组织召开座谈会6次。深入开展“重温传统，薪火相传”活动，组织民主党派成员到台儿庄战役纪念馆参观学习，加强对统战成员的爱国主义、多党合作教育。帮助民主党派组织搞好新老交替和政治交接，指导民革支部顺利完成换届工作。

【为经济社会发展服务】 以服务经济社会发展为目标，以“同心·兴新”为主题，组织引导党外代表人士开展社会服务活动，打造“同心”品牌。实施“同心·建言献策”行动，引导党外代表人士积极建言献策，提出提案建议146件。实施“同心·服务社会”行动，组织各民主党派支部开展扶贫敬老、科技服务、捐资助学等活动8次，筹集捐赠资金6.6万元、图书2000余册。非公有制经济代表人士、民革新泰支部主委李海燕以企业名义第一时间向雅安地震灾区捐赠价值48万元的消毒棉片。认真做好“光彩·冠华图书室”捐助活动，为10所学校争取价值100万元的图书。引导非公有制企业积极参与社会民生事业，安置就业人员4.8万余人，成立26个由非公有制企业或非公有制经济人士冠名的慈善基金，基金数额达到2.56亿元，全年捐资1180余万元用于各类扶贫帮困活动。洪强医院设立2亿元救助基金，并与民政部门签订协议，以每年不低于5%（1000万元）的支出幅度，帮助困难群众减免医疗费用。实施“同心·助推发展”行动，积极开展人才、银企、科技金融“三对接”活动，协调人社部门和工商联会员企业举办人才用工对接会，签订就业协议6000多人；与工商银行合作成立工银商友俱乐部，指导家居商会成立信用联盟，协助光明起重集团和春潮集团利用商标质押分别获得贷款1500万元、1000万元；积极筹备成立科技金融协会，强化银企合作和科技对接。加强对台文化交流交往，樱桃节期间，签约台资和外资项目10个，总投资18.83亿美元；协助组织经贸合作考察团赴台开展“台湾招商周”经贸考察活动；举办“2013三圣故里·山水新泰”两岸书画艺术交流活动，两岸交流交往日益深入。

【党外代表人士队伍建设】 研究制定《中共新泰市委关于进一步加强新形势下党外代表人士队伍建设的实施意见》及分工方案，以健全完善党委统一领导、统战部牵头抓总、各有关部门共同参与的党外代表人士队伍建设工作体制为目标，进一步加强党外代表人士教育培训、综合评价、培养选拔、联系交友、动态管理等各项工作。着眼人才储备和梯次培养，建立了一支306人规模的党外代表人士后备队伍，健全了信息档案，并实行动态管理。加大教育培训工作力度，举办各类党外代表人士培训班22期，310人次参加培训。坚持“备用结合、以用为本”方针，推动党外代表人士安排使用工作，全市共安排科级以上党外干部26名，其中副县级5名、正科级4名、副科级17名。

【非公有制经济人士和党外知识分子工作】 深入开展非公有制经济人士理想信念教育实践活动，加强思想政治引导，组织开展“三强三十”“三对接”“三感恩”“民企三帮”、光彩事业等活动，增强了非公有制经济人士对中国特色社会主义的信念、对党和政府的信任、对企业发展的信心。着力助推非公有制经济发展，扎实做好省知名企业家新泰行活动，达成合作协议2个，签约项目15个，签约项目总投资29.6亿元，合同引资额26.1亿元，其中亿元以上项目7个，10亿元项目1个。加快行业协会商会改革发展，新成立市女企业家商会、市钢铁商会，发展会员176人。注重发挥党外知识分子联谊会平台作用，着眼党外知识分子集中的领域，重点加强教育、卫生行业以及新型社会组织机构党外知识分子的教育培训工作，引导他们发挥优势，在改善基层教育、医疗、法治建设水平等方面做出积极贡献。

【基层统战工作】 调整充实乡镇、市直部门统战干部和村（社区）、宗教活动场所统战联络员，全市21个乡镇（街道）全部配齐配强了统战委员和统战干事；市直有关部门（单位）明确了统战工作分工负责人，安排了专兼职工作人员；全市916个行政村、39处宗教活动场所全部调整安排了统战联络员，解决了“有人干事”的问题。成功举办全市统战干部培训班，各乡镇（街道）、重点部门（单位）、村（社区）统战干部80多人参加培训。加强基层统战工作机构建设，指导、督促各乡镇（街道）、市直有关部门（单位）单设或明确统战办公场所，配齐必要办公设备，解决了“有场所干事”的问题。建立健全统战工作联席会议制度、奖惩激励制度、目标责任制度以及党员领导干部联系党外代表人士制度等，解决了“有制度管事”的问题。

【民族宗教工作】 开展民族宗教政策法规“五进”活动，进一步扩大了民族团结进步创建活动成果。扎实开展少数民族帮扶活动，对上争取省、市级财政帮扶项目6个，到位资金165万元，为全市4081户穆斯林农户和城市穆斯林居民争取各类补贴53万元，争取省级民族宗教事业发展专项资金10万元，促进了民族村居经济发展和民族群众生活改善。排查调处涉及民族因素的矛盾纠纷8起，维护了民族团结和社会稳定。依法加强宗教事务管理，深入开展“基层基础建设年”和“教风年”活动，全面提高基层宗教场所建设和管理水平。深入开展宗教界“公益慈善工程暨公益慈善周”活动，筹集善款49.38万元捐助贫困学生100名，为雅安地震灾区捐款 62万元。加强民族宗教界代表人士队伍建设，推选22名少数民族和宗教界代表人士担任省、市宗教团体领导职务。

（田锡玉）

·肥城市委统战部·

【基层统战基础建设】 严格按照“年度工作有计划、每月活动有信息、每季情况有小结”等“十有”目标和“组织领导例会化、目标考核常态化、干部队伍网络化、教育培训系统化、阵地建设标准化、人才培养梯次化、活动载体多元化”等“十化”管理工作法的要求，对市、镇、村三级组织网络体系进行查缺补漏，进一步夯实了基层统战工作基础，提升了基层统战工作水平。

【党外代表人士队伍建设】 扎实推进学习践行社会主义核心价值体系教育活动，积极组织参加全省统一战线学习贯彻十八大精神知识竞赛活动，收到有效答卷3000多份。成立十八大精神宣讲团，进驻党外代表人士培训教育基地巡回宣讲，进一步夯实了统一战线共同思想政治基础。认真贯彻落实中发4号、鲁发10号和泰发18号文件精神，制定出台《中共肥城市委关于加强新形势下党外代表人士队伍建设的实施意见》，切实加强党外代表人士队伍建设。继续坚持县级党员领导干部和统战部领导班子成员、镇街党委成员联系党外代表人士制度、党外代表人士双月座谈会制度、特约监督员制度等，深入推进实施党外人才“千百十工程”，建立健全了党外代表人士“六支队伍”人才库。依托市党外知识分子联谊会，深入开展纪念中央发布“五一口号”65周年座谈会、党外代表人士迎春座谈会、党外代表人士走基层献爱心等活动。进一步规范党外代表人士培养选拔工作，新提拔1名党外代表人士担任正科级审判员，新增3处党外代表人士实践基地，推动统一战线理论和民族宗教知识首次纳入市委党校领导干部培训教材。

【民主党派和党外知识分子工作】 支持协助民盟肥城支部加强自身建设，引导支部成员注重学习提高，勤于参政建言，热心社会服务，不断提高履职尽责水平。依托市党外知识分子联谊会，组织教育、医疗界党外知识分子深入农村、企业开展调研活动4次，形成调研报告、意见建议36件；组织举办肥城统一战线重阳节系列慰问文艺演出，深入敬老院、文化广场演出4场次，组建医疗队下乡义诊3场次，开展书法送福活动8场次，产生较好的社会影响。

【非公有制经济人士统战工作】 深入开展非公有制经济人士理想信念教育实践活动，搭建政企对话、效能监督、服务社会三个平台，帮助非公有制企业解决了一批实际困难和问题。重视加强商会建设，新成立金桃都商会，筹备成立亿丰汽贸商会、肥城浙江商会。结合中共党员远程教育“五进工程”，加强直属商会党组织管理，进一步夯实非公有制企业党组织及群团组织阵地建设。年内，7个商会党支部共培养入党积极分子76名，发展党员6名。积极引导非公有制经济人士参与光彩事业，深入推进“感恩”行动，全年开展捐资助学、就业安置、慈善救助等社会服务活动18次，累计捐款捐物160万元，提供就业岗位130个。

【对台和民族宗教工作】 新建台湾商业中心及投资咨询管理企业2家，引进台湾绿洁能化工企业1家，总投资达6600万美元，新增就业岗位1000余个。组织参加山东省“2013台湾·山东周”“山东·香港周”等活动，接待台胞台商代表团12起。加大台胞台商服务力度，有效保障了台胞台商在肥城的权益。牢牢坚持民族工作“共同团结进步、共同繁荣发展”的主题，认真实施少数民族帮扶工程，积极对上争取省、市帮扶项目6个，帮扶少数民族发展生产、改善民生。宗教工作中突出“依法管理、积极引导、真心服务”，狠抓宗教界代表人士队伍建设，制定了《关于我市宗教界为建设美好肥城幸福家园发挥积极作用的意见》，引导宗教界开展社会公益事业活动，在桃源观设立道德讲堂，搭建公民道德建设的新载体，得到省、市各级领导的高度评价。

（李　莹）

·宁阳县委统战部·

【党外代表人士队伍建设】 深入开展党外代表人士队伍建设专题调研活动，制定下发《中共宁阳县委关于加强新形势下党外代表人士队伍建设的实施意见》，对全面加强党外代表人士队伍建设工作提出明确要求。积极推进党外代表人士实践锻炼工作。结合教育系统骨干教师下乡支教、卫生系统县直医疗机构医生支援基层医院建设、农业系统专业技术人员下乡开展技术服务等活动，先后分三个批次，在鹤山乡等3个偏远乡镇建立了3处党外代表人士社会实践锻炼基地，分别制定了基地运行管理制度和激励办法，15名党外代表人士到基地参加各类服务和援助行动。不断加大党外科级干部选拔任用工作力度。年内，提拔1名党外干部担任县政府工作部门正职，提拔3人担任副科级领导职务，安排1名党外干部到乡镇挂职锻炼，5名党外代表人士被增补为县政协委员。对全县党外中层干部情况进行调查摸底，重点摸清50周岁以下在岗在职的副科级以下党外干部和具有中级以上职称的中层党外人士的基本情况，整理形成了信息数据库，将277名党外代表人士纳入日常管理视野。组成4个小组，分赴乡镇（街道）、县直各系统部门，全面深入开展调研活动，形成关于加强党外后备队伍建设的专题调研报告，提交县委主要领导和分管领导参阅。加强党外干部教育培训。9月底举办了一期由45人参加的全县党外中层干部培训班，就党的十八大精神、全县经济社会发展的形势与任务、党外干部如何敬业爱岗健康成长等方面进行培训。健全完善党员领导干部联系党外后备干部制度。统战部领导班子成员每人负责联系4–5名党外后备干部，推动党外后备干部所在单位党委建立健全中共党委负责同志对口联系党外代表人士制度，进一步拓展了党内外对口联谊的范围。

【为经济社会发展服务】 深入开展“建言献策精品工程”评选活动，引导党外人士积极建言献策。60余名党外代表人士结合各自确定的选题，深入开展调查研究并认真撰写调研报告，最终从收到的60多篇调研成果中评出建言献策精品成果一等奖4篇、二等奖5篇、三等奖6篇，其中5篇推荐到上级统战刊物刊用。努力推进非公有制经济持续健康发展。通过开展优秀中国特色社会主义事业建设者评选活动、幸福企业创建活动、非公有制经济人士理想信念教育实践活动，引导广大非公有制经济人士解放思想、提升境界，抢抓机遇、跨越赶超，努力实现企业转型升级、健康发展。组织7家涉农企业参加市工商联和市农发行联合举行的涉农项目扶持政策贷款座谈会。协调4家国有银行先后对8家非公有制企业进行考察并达成贷款意向，帮助企业破解融资难题。继续开展民族团结进步宣传月和民族团结进步创建活动，对上争取少数民族帮扶项目5个，到位资金74万元，为华兴集团争取民族特需商品生产贷款贴息500余万元，促进了全县少数民族经济发展。加强爱国宗教组织建设，努力抓好宗教团体负责人日常管理和教育引导，深入开展以“教风年”为主题的“和谐宗教活动场所”创建活动，全县20多个省、市级和谐宗教活动场所全部通过了检查验收。切实做好抵御境外宗教渗透工作，坚决打击非法宗教活动，有力地维护了和谐稳定的社会秩序。扎实做好包村工作。结合“提升群众工作能力”“心连心大走访”“党员干部联系困难户”等活动，多次到包村点鹤山乡西罗村蹲点调研，想方设法帮扶村集体发展。为村子争取到市级少数民族帮扶项目资金14万元，并列入2014年县级万亩农业开发计划；与烟农公司签订优质小麦种植供销合同，连片流转土地1700亩，仅此一项村集体可获得服务性收入8万元。

【基层统战工作】 巩固乡镇（街道）统战工作基础建设成果。继续按照“六个有”（有人管、有人抓、有场所、有网络、有制度、有保障）的要求，深化完善各项基础建设工作，确保上级党委各项统战工作任务在基层得到有效贯彻落实。搞好县直重点行业统战工作基础建设，在党外知识分子比较集中的教育、卫生等行业，健全了统战工作日常运行机制。加大统战政策知识宣传，结合基层统战工作实际，整理精选了上级有关政策规定，编印下发了300册《基层统战工作政策指南》。

【对台工作】 积极开展“台资企业走访季”活动，专门制定走访计划，在春节前后对3家台资企业进行了走访。积极做好对台推介活动，狠抓对台招商引资。针对台商近年来在全市的投资特点，有重点地筛选了大枣系列产品深加工、汽车配件加工两个项目，向市台办报备，参加全市范围的集中对台推介活动。努力做好服务台胞台属工作。协同有关部门为台商热诚提供保姆式服务，先后帮助台商协调解决各类事项3件，办结台属亲属关系证明1件，为1名住宁台胞争取省台联会台胞生活补助。加大涉台代表人士发现培养力度，积极向省台属企业联谊会推荐1名理事人选。

【自身建设】 认真组织参与全省统一战线学习贯彻党的十八大精神知识竞赛，动员全县50多个部门和单位共计500多人参加竞赛活动。按照县委部署要求，深入扎实开展作风建设年活动。认真贯彻落实党风廉政建设责任制，组织机关干部深入学习领会中央八项规定和反对“四风”的各项要求，积极树立统战部门的良好形象。重视加强理论学习，建立了部机关每周例会学习、双月讲学讨论等集体学习制度，确保部机关干部学习质量，同时为县直各有关部门统战干部和全县党外科级以上在职干部统一赠阅《山东统一战线》，引导大家学刊用刊，为各有关方面合力做好统战工作奠定了基础。

（柳　莉）

·东平县委统战部·

【加强党外代表人士队伍建设】 制定出台《中共东平县委关于加强新形势下党外代表人士队伍建设的实施意见》《贯彻落实〈中共东平县委关于加强新形势下党外代表人士队伍建设的实施意见〉分工方案》，从制度层面保障党外代表人士队伍建设顺利推进。着力加强“两个数据库”建设。对全县党外代表人士“六支队伍”建设情况进行调查摸底，将具有中级以上职称或大专以上学历并在机关企事业单位担任中层以上领导职务的党外代表人士460人进行登记造册，纳入党外人才数据库，实行动态管理。按照政治素质过硬、文化水平较高、有较强参政议政能力和较高群众威信的要求，从党外人才数据库中精心遴选180名代表人士，纳入党外代表人士后备人才库重点管理，逐人建立信息档案，为重点培养、梯次使用奠定基础。加强教育培训工作力度。与县委组织部、县委党校联合举办党外后备干部培训班，对50名股级党外干部进行集中教育培训。各乡镇（街道）、县直部门和重点企业通过举办读书班、培训会等形式，教育培训党外人士300多人次。继续选派部分党外代表人士到县经济开发区重要岗位和重点项目进行实践锻炼，帮助他们增长见识、提升才干。重视做好党外代表人士安排使用工作。截至2013年年底，全县共有副科级以上党外干部18人，其中副县级5人、正科级1人、副科级12人。

【为经济社会发展服务】 组织党外人士围绕工业提质增效、产业融合发展、旅游要素整合等事关全县发展的重要工作，以及医疗、教育、养老、社保等人民群众关心关注的重要问题，开展考察调研，积极建言献策，年内组织专题调研活动3次，收到党外人士意见建议120多条。会同县工商联等部门，召开银企恳谈会、政企对接会，为非公有制企业提供政策信息、融资贷款等服务。组织以超然律师事务所为主的法律服务团队与县内非公有制企业成立“法律维权会”，为企业提供法律咨询和司法维权服务，帮助处理企业经济纠纷50余起。为贯彻落实县委经济发展“倍增计划”，分2批次组织32名非公有制经济代表人士到江浙等经济发达省份参观学习，引导企业加快转变经济发展方式，不断提升企业经营管理水平和实际生产水平。继续推进非公有制经济人士感恩行动，引导非公有制经济人士通过捐资助学、安置就业、慈善捐助等形式，奉献关爱，回报社会，年内累计捐赠款物200多万元。大力实施少数民族帮扶工程，对上争取帮扶项目3个，完成投资26.36万元，进一步改善了少数民族群众的生产生活条件。深入开展民族团结进步创建以及和谐宗教活动场所创建活动，引导各民族共同团结奋斗、共同繁荣发展，引导宗教界人士与广大信教群众自觉与社会主义社会相适应，努力维护社会和谐稳定。

【基层统战工作】 健全工作网络。及时调整乡镇和县直部门统战工作领导小组成员，重新确定14个乡镇的统战委员和18名专兼职工作人员，明确15个县直部门的统战专职干部，调整确定230个村（社区）的统战联络员，在少数民族群众聚集的15个村（社区）建立民族团结促进会和矛盾调解委员会等组织，形成了纵到底、横到边的基层统战工作网络。加强基础设施建设。参照基层统战工作“六有”标准，对14个乡镇（街道）和县直部门规范化建设工作进行督导检查，做到了平时开展活动有记录、有资料，年底检查考核有档案、有依据，有效保障了基层统战工作有序有效开展。结合县工商联换届建立基层商会分会，与基层统战室合署办公，完善了工作制度，配备了专兼职工作人员，保证了乡镇（街道）商会运转良好。加强制度建设。结合人员变动，调整县级党员领导干部联谊交友安排，协助部分县级党员领导干部与党外代表人士开展“一对一”联谊活动。继续坚持重大决策、重大事项、重要人事安排向党外人士通报制度，积极为党外人士知情明政、参政议政创造条件。健全完善涉及民族宗教工作、新的社会阶层党外知识分子工作、特约人员工作等方面的制度规定10项，促进了各领域统战工作扎实开展、有序推进。

（侯庆科）

威海市

·威海市委统战部·

【落实多党合作和政治协商制度】 深入贯彻落实党的十八大、十八届三中全会精神，巩固共同思想政治基础。抓好学习贯彻。举办了全市统一战线学习中共十八大精神研讨班，总结交流学习贯彻十八大精神工作体会。组织了全市统战干部理论与实践培训班，全市统战系统40余名干部参加了培训。加大宣传力度。举办了全市统一战线学习中共十八大精神电视知识竞赛，强化思想引导，增进政治共识。组织参加全省统一战线学习十八大精神知识竞赛，发放答题卡2万份，汇总上报1.3万份，荣获组织奖。深化政治交接。召开了纪念中共中央发布“五一口号”65周年座谈会，在威海日报开设专栏刊登各民主党派负责人体会文稿。组织各民主党派负责人赴重庆等地进行统一战线传统教育。完善多党合作和政治协商制度化规范化建设，推进协商民主。加强政治协商。市委统战部协助市委召开6次情况通报会、协商会，就十八届三中全会精神及全市经济运行、党风廉政建设等情况进行通报。围绕全市中心工作，组织各民主党派负责人对环保、民政、行政审批、科技自主创新等4个方面进行考察调研。协助各民主党派、工商联及有关统战团体加强自身建设。指导民主党派负责人按要求按程序做好述职和民主评议工作。把好发展新成员政治关，协助各民主党派发展了52名新成员。举办了民主党派新成员培训班。召开了全市民主党派基层组织规范化建设座谈会。将学习践行“同心”思想活动引向深入。组织党外文化艺术工作者开展“颂威海 爱家乡”主题创作活动，进行了参观考察和交流体验，举办了“迎国庆 颂威海 爱家乡”书画展，印制出版了《威海市党外文化艺术工作者联谊会优秀书画作品集》。指导致公党市委、民进市委筹委会在工业新区援建了“致公书屋”“同心书屋”，协助农工民主党市委筹委会赴镇村举办了医疗保健大讲堂等活动。

【党外代表人士队伍建设】 健全机制。出台了《贯彻落实〈中共威海市委关于加强新形势下党外代表人士队伍建设的实施意见〉分工方案》《关于建立全市党外代表人士队伍建设工作联席会议制度》《关于市委常委、党员副市长加强与党外代表人士联系的安排意见》以及加强六支党外代表人士队伍建设等系列配套文件。召开了党外代表人士队伍建设工作联席会议第一次会议，对工作任务进行了分解落实。建设队伍。组织部门与统战部门联合出台了《关于建立党外代表人士实践锻炼基地的通知》，召开了党外代表人士实践锻炼工作座谈会，市委组织部、市委统战部联合建立了党外代表人士实践锻炼基地，顺利完成了首批挂职实践锻炼工作。在市委支持下，推荐提拔了1名副县级民主党派驻会秘书长，为4名党派驻会工作人员解决了职级待遇问题。提名7名党外代表人士进入市政协，组织新任政协委员进行了集体谈话。统筹协调。创办了“威海统一战线讲坛”，邀请市领导及市直部门负责人作了3次专题讲座，解读市委、市政府重要决策部署，介绍相关工作情况，为统一战线成员了解情况、掌握信息搭建知情平台。举办了党外干部“合作共事、同心同向”培训班。建立了40余人的新一代青年企业家档案，召开了新一代青年企业家座谈会。

【为经济建设服务】 引导党外人士为促进科学发展服务。开展了民主党派优秀调研报告评选活动，各民主党派向中共市委报送调研报告21篇。实施了“统一战线服务和谐社会直通车工程”，为群众义务提供服务2000余人次。组织了“双岗建功”和“十佳民主党派成员”评选活动。举行了统一战线“慈心一日捐”活动，募集善款6200元。开展了“同心创未来——服务现代化幸福威海建设金点子征集活动”，收集意见建议300余条。做好新形势下工商联工作。组织6000余名非公经济人士参加了理想信念教育实践活动。开展了县级工商联建设年活动，文登市工商联的经验做法在全省推广。组织开展了“千家民企回馈民生”活动，1100余家非公企业参与农村环境综合整治、捐资助学、帮扶困难家庭和特困学生款物合计3500余万元。推荐10家企业参与省委统战部开展的“百名专家教授联百企”活动。指导市工商联为会员企业放贷11.2亿元，提供担保贷款20亿元，25家民营企业与高校建立了合作关系。在文登市和环翠区各设立了占地500亩的商会工业园，引进投资500万以上的项目48个。拓展海外联谊和归国留学人员工作。圆满完成市海外联谊会换届工作，理事结构得到进一步优化。争取中华海外联谊会5个“海联新农村卫生室”项目落户文登。接待香港专业女性参访团等3个访问团组100余人，香港中联办协调部专门发函给予高度评价。充实归国留学人员联谊会领导班子，向归国留学人员发放留学创业调查问卷30余份，听取他们对经济发展的意见建议。

【为社会建设服务】 深入贯彻落实党的民族政策。协调出台了《促进少数民族事业发展的实施意见》，开展了民族团结进步宣传月活动，评选出了15个民族团结进步创建活动示范单位。切实解决宗教工作重点难点问题。调整充实市宗教工作领导小组，出台了《关于抵御境外宗教渗透和防范校园传教的意见》。定期召开宗教工作联席会议，协调查处3起非法宗教活动，开展了专案查处工作，得到省委统战部充分肯定。指导和支持爱国宗教团体加强自身建设。协助市道教协会、伊斯兰教协会、天主教爱国会、基督教两会完成了换届工作，宗教团体领导班子年龄结构更加优化、人员结构更加合理、文化层次明显提高。开展了宗教团体领导班子述职评议活动，对换届后的宗教团体领导班子进行了集体谈话，对常务理事以上人员进行了政策法规知识培训，积极引导宗教与社会主义社会相适应。

【统战工作科学化建设】 注重规范化建设。认真贯彻落实中央八项规定，开展了整治“四风”活动，厉行勤俭节约反对铺张浪费；开展了党员干部防止利益冲突活动，实施了党风廉政教育月活动，组织党员干部参观了威海监狱；围绕“转作风、重规范、求创新、提效能”主题，深化机关作风建设年活动，开展了“庸懒散”专项治理工作；坚持完善党风廉政建设责任制，实施了岗位廉政风险防范管理。及时召开领导班子民主生活会、党员组织生活会，进一步落实民主集中制，贯彻干部选拔任用四项监督制度，严格选拔任用干部工作，重大决策、重大问题一律提交部长办公会议研究决定。加强基础工作。坚持抓好经常性学习教育，举办了以“同学中共党史 共话中国梦想”为主题的党日活动、以“提能力强素质”为主题的机关文化建设活动、“读一本好书、写一篇心得、搞一次交流”活动、学党章谈体会专题党课等，扎实做好机关服务品牌创建、党务公开、党员目标承诺等工作。

提升服务水平。重视和加大对帮扶村的扶持力度。坚持与党外人士联系制度，与党外人士交挚友、净友。

【威海统一战线讲坛】 通过讲坛，对市委、市政府重要决策部署进行解读，介绍相关工作情况，为统一战线成员了解情况、掌握信息搭建知情平台。4月18日，举行首场报告会，市委工业工委书记、市经信委主任刘伟作题为《坚持产业强市，突出工业带动，在推进转型升级中实现跨越式发展》的报告。7月9日，组织召开民主党派、统战团体负责人情况通报会暨统一战线讲坛专题报告会，传达学习全市城市化工作会议精神，并邀请市城镇化办公室主任宋敏作关于威海市新型城市化发展专题辅导报告。10月20日，举办第三次报告会，邀请市政府党组成员、市长助理陈宁作题为“借力自贸区建设，推动威海大发展”的专题辅导报告。

【“同心创未来——服务现代化幸福威海建设金点子征集活动”】 印发了《关于组织统一战线成员开展“同心创未来—服务现代化幸福威海建设金点子征集活动”的通知》，各级统战部门、各民主党派、工商联、统战团体积极响应，围绕全市经济、政治、文化、社会、生态文明建设和党的建设等工作，提出具有针对性、前瞻性、可行性的意见建议，形成了《同心创未来—服务现代化幸福威海建设金点子汇编》。

（孙冬青）

·荣成市委统战部·

【加强党外代表人士队伍建设】 健全管理机制，制定出台了《荣成市关于加强新形势下党外代表人士队伍建设的实施意见》《关于建立全市党外代表人士队伍建设工作联席会议制度的通知》，强化党政领导联系党外代表人士等三项制度的执行力度；建立党外干部培训机制，举办专题培训班一期；加大党外干部的实职安排力度，截至2013年底，共安排副科级以上党外干部34名，其中处级5名、正科级7名、副科级22名，镇（街）配备党外副镇长（副主任）和政府工作部门配备党外领导干部都超过规定比例；探索建立党外代表人士实践锻炼基地，每年选派一批党外代表人士在基地进行为期6个月以上的挂职锻炼，并对其进行相应的管理和考核。抓好党外代表人士信息化建设。重新筛选确定了337名代表人士名单，分门别类建立信息库，实行动态管理；加强社会主义学院建设。选配了一名副院长，学院的领导力量得到加强；举办党外代表人士培训班一期，50多人参加了培训；继续搞好镇（街道）党外知识分子联谊会工作，在完善组织建设的基础上，进一步完善了工作机制，通过举办报告会、知识讲座、培训班等活动，提升素质，增进共识，并及时向有关部门反映党外知识分子的意见、建议。

【完善基层统战基础建设】 继续巩固基层统战“双基”建设成果，及时对18处镇（街道）统战干部和65个村（社区）统战联络员进行调整，建立健全了统战工作联席会议制度，根据重点时段、重要节点进行政策传达和工作部署，形成了上下联动，分级负责，协调统一的统战工作网络；加大对基层统战干部的培训力度，于4月份举办全市统战干部培训班，取得较好效果。

【推进多党合作和政治协商制度】 召开2次民主党派成员、无党派代表人士情况通报会，2次座谈会和协商会，组织开展专题视察活动2次，参加人数达260人次，先后就全市经济社会发展重要情况和“诚信建设创新年”活动开展情况等进行通报和协商；认真做好部分政协委员届中调整工作，做好两级政协会议期间有关会务工作。

【开创经济领域统战工作新局面】 加强对工商联工作的指导，扩大会员覆盖面，优化会员结构，壮大代表人士队伍。共发展会员15名，开展培训讲座6次，参训会员130人次。支持工商联参与劳动关系三方协调，指导和帮助非公企业改善员工生产和生活条件，构建和谐劳动关系；开展非公经济人士理想信念教育实践活动，与工商联联合下发实施意见，组织工商联执委企业为贫困学生捐款，资助贫困学生203个，资助金额20余万元。组织非公经济人士学习领会“同心”思想的内涵，广泛参与“感恩社会、奉献爱心”“民企帮村”等实践活动，全市218个非公经济组织投身新农村建设，投入资金、物资折款2201.75万元。

【做好民族宗教工作】 开展民族宗教“平安建设”活动，对少数民族群众进行走访慰问，开展清真食品大检查活动，以农民专业合作社为载体，帮助少数民族群众发展经济、改善生活，巩固发展平等、团结、互助、和谐的社会主义民族关系。进一步完善宗教工作责任制，健全市、镇（街道）、村（社区）三级工作网络；召开民族宗教、公安、安全及学校五部门单位联席会议，抵制校园宗教渗透；继续开展“和谐宗教活动场所创建活动”，做好境外宗教宣传品的监控、收缴和基督教私设聚会点清理整治工作；指导和支持爱国宗教团体加强领导班子和骨干队伍建设，坚持学习会制度，加强对宗教界代表人士的教育培训，保证了全市民族宗教形势稳定。

【开展统战工作创新和统战信息调研工作】 在各镇（街道）开展了统战工作创新成果评选活动。通过下发文件、召开会议、实地督导等方式方法，积极谋划，重点推进，各单位上报成果26例，评选出优秀成果20例，重点推出3例推荐上报上级统战部；统战部机关组成两个调研组开展调研，完成调研报告4篇，1篇调研报告被省委统战部评为“四新工程”优秀成果三等奖；在各级刊物发稿20篇。

（张志强）

·文登市委统战部·

【落实多党合作和政治协商制度】 认真贯彻落实《党政领导联系党外代表人士制度》《党外代表人士学习考察制度》《党外代表人士座谈会制度》。组织党外代表人士召开2次座谈会、2次情况通报会，举办4次考察活动。市委、市政府领导3次参加了会议、视察并讲话。全市党政领导（包括镇办）联系党外代表人士226名。集思广益建言献策。联合市政协向全市360多名统战代表人士发出了以“建言献策促发展、建功立业争先锋”为主题的“双建”活动倡议，征集到7大类76条意见和建议。

【党外代表人士队伍建设工作】 市委印发了《中共文登市委关于加强新形势下党外代表人士队伍建设的实施意见》。采取以会代训的形式认真组织学习中央4号文件，继续深入开展“党外代表人士队伍建设年”活动。发现、储备优秀党外代表人士，充实完善数据库，建立了系统、全面的档案。组织党外代表人士进行学习培训，共举办两次培训班，培训人数77人。高度重视党外领导干部配备，镇办选配了5名党外副镇长，政府工作部门配备了13名党外领导干部，配备比例分别为33%和54%。各镇办全部建立党外知识分子联谊分会组织，共开展学习、考察和联谊等活动17次。

【基层统战工作】 把2013年定为“基层统战工作提升巩固年”，进一步加大工作力度，夯实基层统战工作。强化考核。把统战工作列入市委对各镇办目标绩效管理考核，下发了《文登市统战工作考核办法》。加强队伍建设。在各镇办配齐配强了统战委员、专职统战干事、村（居）、企业统战联络员，建立了完善的统战工作网络。加强培训。采取以会代训的形式举办基层统战干部培训班，提高统战委员的业务素质。强化督导。采取召开片会集中观摩和巡回各镇办面对面指导相结合的方式，扎实促动基层统战工作向纵深发展。各镇办召开了党外代表人士情况通报会、座谈会，开展党外代表人士观摩考察、党外知识分子联谊交友等活动。共结对帮扶“三老”“捐款助学”102对，“民企帮村”20个，合计投入资金92万元。

【大力加强工商联建设】 以县级工商联建设年活动和非公有制经济人士理想信念教育实践活动为契机，通过加强工商联领导班子、会员队伍、商会组织建设，强化组织保障；打造政策、基础服务平台、宣传推介沟通平台、银企对接平台，全力服务企业发展；倡树开拓创业意识、社会责任意识，全力提升企业形象，大力加强工商联建设，力促非公经济快速、健康发展。威海市加强县级工商联建设现场会在文登召开，推广了文登的经验，市工商联被评为山东省工商联系统先进集体。

【民族宗教工作】 以打基础、惠民生、重管理、促规范、保稳定、求发展为工作原则，突出以民族团结进步创建为主线，大力发展少数民族各项社会事业，促进各民族和睦相处、和衷共济、和谐发展。全面贯彻落实党的宗教工作基本方针，加强和创新宗教事务管理，充分发挥宗教界人士和信教群众在促进经济社会发展中的积极作用，确保宗教领域持续和谐稳定。健全完善了市、县、乡、村民族宗教工作“四级网络”和县、乡、村三级工作责任制，成立了文登市民族事务协调委员会，建立完善了民族宗教工作信息库。制定了《文登市少数民族专业合作社专项扶持资金使用管理办法》，对文登市二王家少数民族金滩牡蛎养殖合作社等进行重点扶持。深入开展兴和食品有限公司国家级民族团结进步教育示范基地创建工作。加大对少数民族贫困家庭帮扶力度，筹集资金5000元走访慰问了20户少数民族贫困家庭。加强宗教专项治理，开展了宗教教职人员备案、社会保障工作和宗教活动场所财务监督管理等工作。

（邓　涛）

·乳山市委统战部·

【党外代表人士队伍建设工作】 下发《中共乳山市委关于加强新形势下党外代表人士队伍建设的实施意见》和《贯彻落实〈中共乳山市委关于加强新形势下党外代表人士队伍建设的实施意见〉分工方案》，进一步健全完善党外代表人士队伍建设领导机制、落实机制和协调机制。会同组织部门联合下发了《关于建立党外代表人士实践锻炼基地的通知》，将经济开发区所属单位确定为首批实践锻炼基地。充实完善了党外代表人士队伍，建立起了非公经济、无党派、少数民族、宗教、港澳台及海外等五大类别、共计331人的党外代表人士数据库，新增党外文化艺术人才30余人。召开党外代表人士民主协商会1次，情况通报会3次，组织考察活动2次，推动合作共事制度化、规范化和程序化。

【服务基层工作】 以开展“服务农村、服务企业、服务社区”活动为载体，多渠道多形式组织引导党外知识分子为经济社会发展献计出力。协调农业技术专家，在村镇大集设立农业技术知识咨询台，为过往赶集的群众传授讲解病虫害防治、测土配方施肥及农作物高产栽培等技术，发放科技材料8000余份。邀请国家二级心理咨询师、家庭教育专家为怡园社区举办家庭教育专题讲座。组织科技、法律、教育等行业党外知识分子专家骨干，深入信达机械、金桥房地产及部分茶叶企业，进行走访座谈，为企业排忧解难，助力企业创新发展。

【经济统战工作】 在非公经济人士中开展了以“凝聚正能量，建设幸福乳山，共筑中国梦”为主题的理想信念教育活动，组织外出参观4次、互相观摩6次，增强会员做大做强的信心和决心。组织工商局、国税局、地税局等部门分6个工作组，深入走访36家企业，开展现场办公，帮助企业解决困难。在市汽车站和市三农物流配送中心组建了“乳山市工商联会员企业产品展示中心”，组织50余家会员企业将特色产品纳入“中心”统一向外来旅游团队和客商推介。协调和指导成立了汽车服务行业协会、花生协会，协调“企业会计服务中心”和“企业法律服务中心”为企业开展财务和法律培训2次。在建设银行、农村信用社两家金融机构成立了中小企业融资帮扶小组，推动银企合作，为会员企业融资近2000万元。在工商联网站上，先后引进发布高校科研成果246项，供企业参考，提高会员企业产品技术含量。

【文化统战工作】 办好知联会会刊《银杏》杂志，联合举办了“尚尚美美”杯有奖征文比赛活动，收到来自全国各地的稿件100余篇，获奖作品在《银杏》《乳山时讯》《大乳山》等刊物刊登。办好市党外知识分子联谊会网站，做到专人管理，及时更新，上传工作动态、经验信息、统战政策知识、十八大精神以及各种优秀文章50余篇、照片10余幅，宣传党外人士先进典型事迹5人。建立了乳山知联会QQ群，促进全市各行业党外知识分子间的联谊交流，增进团结、凝聚力量。

【民族宗教工作】 开展民族团结进步创建活动，联合下发《关于命名民族团结进步创建活动示范单位的意见》，深入徐家镇圣山少数民族合作社等考察调研民族工作，按照创建标准查漏补缺。联合开展民族团结进步宣传月活动，组织活动30余次，发放宣传材料4000余份，促进全市各民族团结与和谐。开展民族宗教基层基础工作，成立民族宗教事务协调委员会，将53个市直等部门纳入委员单位，确定了15个镇、村分管领导和600多名信息联络员，做好各个时段的情况掌握、信息沟通工作。对五大宗教教职人员进行摸底调查，建立了16人的教职人员信息库。下发《加强宗教管理的实施意见》，对寺庙道观及基督教活动点进行检查，促进宗教活动场所规范有序；向威海市道教、伊斯兰教、基督教、天主教组织推荐换届考察人选20人。

【建言献策工作】 牵头组织市文广新局、市果茶站，深入茶叶企业进行专题调研，形成专题调研报告，得到市领导的充分肯定，市有关部门决定实施统一品牌推介、统一政府采购等“五统一”措施，进一步整合和打造乳山茶叶品牌。开展了“同心创未来—服务幸福乳山建设金点子征集活动”，共收集有价值的意见建议49条，分送有关部门单位办理。发动和引导党外知识分子立足岗位建言献策，组织撰写的招商引资、旅游开发、交通环保等方面的调研报告、参政议政提案，在市里组织的政协委员议政会、政协委员培训班、党外代表人士座谈会上交流发言，受到市领导及社会各界一致好评。

（张　庆）

·环翠区委统战部·

【落实多党合作和政治协商制度】 协助区委及时召开民主协商会、座谈会、情况通报会，通报重要会议精神、重点项目进展情况。组织各民主党派、工商联、党外知识分子联谊会负责人视察区内部分重点项目建设情况、全区保障性住房和老旧生活小区改造工作情况，并提出意见建议。区委统战部全年召开通报会、座谈会、协商会7次，区委、区政府主要领导和分管领导出席4次，组织调研活动2次。着力推进民主党派及统战团体建设。建立联系走访制度，对5个民主党派市委会、5个民主党派支部（社）、1个统战团体和13名党外人士进行走访。做好各民主党派组织发展工作，协助各民主党派市委会考察7名发展对象，对民主党派新成员进行了培训。

【党外代表人士队伍建设】 认真贯彻落实中央、省委、市委文件精神，加强党外代表人士队伍建设。制定实施《中共威海市环翠区委关于加强新形势下党外代表人士队伍建设的实施意见》和《贯彻落实〈中共威海市环翠区委关于加强新形势下党外代表人士队伍建设的实施意见〉分工方案》。成立社会主义学校，举办2次专题培训班，培训党外代表人士70余人次。建立党外代表人士实践锻炼基地，在党外代表人士信息库中选派3名党外科级干部参加实践锻炼。8个镇（街道）中4个配备了党外副镇长（副主任），占50%；21个政府序列部门中，5个部门配备了党外领导干部，占24%，其中，有1名党外干部担任部门行政正职。全区共提拔、重用13名党外干部，是党外干部实职安排有史以来最多的一年，全区机关事业单位安排使用科级以上党外干部达到37名，其中，副处级5名、正科级3名，副科级29名。

【为经济建设服务】 组织各民主党派开展调研。坚持完善党委出题、党派调研、政府采纳、部门落实的民主党派调研工作机制，围绕中心选题，组织力量调研。在区政协十三届二次会议上，提交提案48件，其中，9件被评为优秀提案。在“同心创未来——服务现代化幸福威海建设金点子征集活动”中，提出20余条涉及发展、民生的金点子，其中，19条被市委统战部采纳，获一等奖1人，二等奖3人，三等奖4人，区委统战部被评为“优秀组织奖”。继续在民主党派成员中深入开展“双岗建功”活动，民盟环翠支部副主委周宁被评为“威海市十佳民主党派成员”。在非公有制经济人士中，继续开展“争当优秀中国特色社会主义事业建设者”“民企帮村”“捐资助学”等活动，引导投身光彩事业、回馈社会。

【为社会建设服务】 深入开展民族宗教工作“基层基础建设年”活动。建立基层民族宗教工作网络，在全区8个镇（街道）各设立1名分管领导，确定1名具体工作人员，在各村居（社区）确定1名联络员负责民族宗教工作。建立基层民族宗教数据库，摸清全区少数民族人口、具体楼宇分布等相关数据。落实民族政策，扶持少数民族教育事业。中考前，为155名少数民族考生办理身份认定。开展政策法规学习月活动，10名宗教界人士、170余名信众先后参加了学习培训。扎实开展以“教风年”为主题的和谐宗教活动场所创建活动，加强寺观、教堂等宗教活动场所的管理，张村镇和羊亭镇基督教活动场所被授予省级和谐宗教活动场所。

【调研宣传信息工作】 区委统战部以“围绕中心，服务大局”为工作理念，对基层统战工作、党外代表人士队伍建设等开展调查研究，共撰写调查报告4篇、上报宣传信息16条（篇）。

（靳朝晖）

日 照 市

·日照市委统战部·

【大力推进党外代表人士队伍建设】 一是坚持政治上多关心，积极推荐使用党外代表人士。建立了党外代表人士队伍建设联席会议制度，形成了市委统一领导、市委统战部牵头负责、各有关部门和社会团体密切配合的工作机制；制定出台了《贯彻落实〈中共日照市委关于加强新形势下党外代表人士队伍建设的实施意见〉分工方案》，把中央和省、市委的部署要求逐项落实到相关部门，加强协调调度，共同开创党外代表人士队伍建设新局面。截至2013年底，全市有党外全国人大代表1人、省人大代表6人、市人大代表50人、县级人大代表321人；有党外全国政协委员1人、省政协委员7人、市政协委员204人、县级政协委员609人。市、县两级人大、政府、政协领导班子全部按要求配齐了党外干部，市级民主党派组织主要负责人全部担任了市级领导干部；现有县处级以上职务党外干部41人，市、县两级政府部门安排党外干部37人，市中级法院配备了党外副院长，市、县两级有关团体安排党外正职3人、副职2人。二是坚持工作上多鼓劲，探索建立党外代表人士综合评价机制。研究制定了《关于开展民主党派无党派人士综合评价工作的实施意见》，在强化政治素质的基础上，探索建立 “1+4”综合评价体系。根据综合评价结果，会同有关部门每年对优秀民主党派无党派代表人士进行表彰，激励党外代表人士在本职岗位上争创一流、在党派（社团）岗位上做出表率、在参政议政中多献良策、在“同心”实践中展现优长，涌现出了一大批发挥专业特长、服务社会发展的先进典型。三是坚持思想上多沟通，广交深交党外朋友。把“双向直通”机制向党外人士拓展，满腔热情地与党外人士加强联系、沟通思想，善交广交深交党外朋友，党外人士自觉维护市委、市政府的中心工作，在本职岗位上建功立业、在参政岗位上建言献策。在市政协九届二次会议上，各民主党派、工商联、无党派人士以组织或个人名义提出提案298件，占立案总数（341件）的87.4%，27项大会发言中党外人士占20件。

【全力推进“同心·社会实践基地”建设】 按照“围绕中心、服务大局，助推科学发展”的工作思路，全力推进莒县安庄全市统一战线“同心·社会实践基地”建设。在组织民主党派、工商联和无党派人士开展义诊服务、科技下乡、智力帮扶等社会服务活动的基础上，整合全市统一战线资源力量，以争取政策支持、突出项目带动、注重社会服务、促进社会和谐为根本任务，合力推进同心路、同心园林、同心文化广场、社区服务中心、综治维稳中心、农贸市场、人畜饮水工程、库区移民致富工程、青峰岭安庄流域农业综合开发、农贸市场以及中心小学改造、中心幼儿园改造、卫生院改造、敬老院建设等14个重点“同心”项目建设，在“同心”实践中进一步锻炼党外代表人士队伍、展现统一战线优势作用、助推美丽乡村建设。截至2013年底，“同心·社会实践基地”已陆续投入各类建设资金3000余万元，办成了一批实事好事，取得阶段性成效，得到市委的充分肯定、群众的一致满意和社会各界的普遍认同。为有效推进“同心·社会实践基地”建设，建立了市各民主党派、工商联主要负责同志和无党派人士参加的联席会议制度，成立了各民主党派、工商联驻会干部参加的“同心·社会实践基地”项目推进办公室，从民主党派中抽调部分同志组成项目推进组，齐心协力推进安庄“同心·社会实践基地”建设。在此基础上，大力推动各区县推进建设各具特色的“同心·社会实践基地”14处，有力助推了科学发展。

【深化文化统战工作】 充分发挥党外代表人士中文艺人才的作用，开展丰富多彩的文艺活动，把严肃的思想政治引导与丰富的文化活动有机结合起来，在愉悦平和的氛围中加强思想政治引领。一是举办“统一战线迎春京剧晚会”。发挥部分党外代表人士热爱国粹京剧的特长，并采纳他们的建议，举办了2013“统一战线迎春京剧晚会”，充分展示了统一战线和日照京剧票友的群体形象，引起良好社会反响。二是会同文化等有关部门新建10个京剧票房。积极争取市委宣传部、市文广新局等单位支持，多方筹措资金，在城区新建了10个京剧票房，为热爱京剧的党外代表人士和票友学唱京剧提供了方便。三是举办“纪念‘五一口号’发布65周年文艺晚会”。进一步激发了市各民主党派、工商联和无党派人士继承和发扬优良传统、坚定不移走中国特色政治发展道路的信心和决心。

【统筹推进各领域统战工作】 一是推进多党合作制度化规范化程序化建设。市委先后召开党外人士新春座谈会、党外人士座谈会等，通报有关情况，征求意见建议。健全完善“党委出题、党派调研、政府采纳、部门落实”的参政议政工作机制，围绕全市经济社会发展的重大问题向各民主党派、工商联发布课题指南。二是巩固发展民族宗教工作良好局面。开展民族宗教“基层基础建设年”活动，会同市民宗办对民族宗教工作进行了一次全面调研，及时掌握情况、发现问题，研究对策、推进工作。坚持“保护合法、制止非法、抵御渗透、打击犯罪”的方针，依法加强宗教事务管理，依法规范各类宗教活动和场所建设。推进民族团结进步宣传教育和创建活动，进一步巩固和发展平等、团结、互助、和谐的社会主义民族关系。三是扎实做好非公有制经济领域统战工作。开展了县级工商联组织建设年活动，切实加强工商联组织规范化建设，不断夯实工作基础。深入开展理想信念教育实践活动，引导非公经济人士切实增强对中国特色社会主义的信念、对党和政府的信任、对自身企业发展的信心。充分发挥各级工商联的职能作用，加强行业自律和诚信建设，引导非公经济人士自觉承担社会责任，主动参与“同心工程”“感恩行动”“光彩事业”“民企帮村”等实践活动。四是深化新的社会阶层人士和党外知识分子工作。对私营企业和外资企业管理技术人员、中介组织从业人员、自由职业人员和新媒体从业人员、网络意见人士情况进行了调查摸底，积极探索开展工作的方式方法。五是加强港澳台海外统战工作。加强海外联谊会自身建设，积极做好第三届海联会换届大会筹备工作。整合有关部门资源，坚持凝聚人心力量和促进引资引智相结合，进一步加强同港澳台海外各界人士的联系，增进了解，累积共识。

【全面提高统战工作科学化水平】 一是健全完善工作机制。召开首次全市统战工作联席会议，邀请台办、民宗办、侨联、工商联等单位负责同志参加，沟通情况，交流工作，构建大统战工作格局，推动各领域统战工作协调发展。二是加大宣传调研和信息工作力度。组织开展“走基层、看变化、摸实情”大调研活动，建立了信息调研工作例会制度，推动宣传调研和信息工作迈上新台阶。启动了日照统一战线志编写工作。三是加强作风建设。认真贯彻落实中央和省委、市委关于改进工作作风、密切联系群众的各项规定，加强机关规范化建设。倡导“积极作为、科学务实、埋头苦干、干就干好”的工作作风，推动整体工作上水平。

（徐国防）

·东港区委统战部·

【坚持以“同心”思想为引领，切实筑牢统一战线思想政治基础】 一是积极加强教育引导，筑牢共同思想基础。组织全区广大统战成员深入学习贯彻党的十八大和十八届三中全会精神，通过召开座谈会、举行知识竞赛等形式，把学习践行“同心”思想转化为统一战线成员的自觉行动，落实到统战工作各个方面。

二是不断深化实践活动，着力构建长效机制。按照市委统战部要求，结合本区实际，新选定了2处“同心·社会实践基地”，确定了20个“同心”项目。为进一步加强组织领导和项目推进，针对每个基地的基本情况，分别制订了实施方案，并实行部领导成员包保责任制，具体进行包保推进。

三是切实注重活动实效，扎实推进项目建设。按照“以开展活动引导各界参与，以项目建设促进基地发展”的思路，积极组织广大统战成员发挥各自优势，投入“同心”项目建设。去年以来，先后组织了6次社会实践活动，共计争引资金50余万元，完成“同心街”“同心广场”“同心书屋”等16个“同心”项目。党外代表人士组成“同心·统一战线志愿团”，到西湖镇大花崖村举行了捐赠图书、示范讲课、科技展览、技术培训以及教师互动交流等支农支教社会实践活动。民革日照市委到大花崖村开展了“送医、送文化、送法律、送温暖”下乡活动，为300余名群众进行了免费查体；捐建民革“同心书屋”1处，捐赠了3万元的图书。致公党山东省委、日照总支为三庄镇中心小学等捐赠了10000余册图书，建设“同心·致福书屋”3处。区工商联积极引导非公有制企业参与“同心·社会实践基地”建设，捐赠10万元，用于大花崖村“同心·社会实践基地”建设。

【不断提升工作标杆，统战工作实现新跨越】 一是党外代表人士队伍建设工作扎实推进。召开了全区党外代表人士队伍建设工作会议，出台《关于加强新形势下党外代表人士队伍建设的实施意见》《贯彻落实〈中共日照市东港区委关于加强新形势下党外代表人士队伍建设的实施意见〉分工方案》。下发《关于进一步健全党外干部信息档案的通知》，进行排查摸底，建立了131人的党外干部数据库。积极向组织部门推荐政治素质好、有培养前途的党外后备干部，并注重加强实践锻炼，努力促进党外后备干部成长。不断加强党外干部实职安排，在政府组成部门任职的党外干部有10人，占政府组成部门总数的50%，其中，有1名担任政府组成部门主要负责人，实现了党外干部正职安排的新突破。

二是经济领域统战工作不断加强。区委办公室转发《区委统战部、区工商联关于开展非公有制经济人士理想信念教育实践活动的实施意见》，深入推进理想信念教育实践活动，非公经济人士对中国特色社会主义的信念、对党和政府的信任、对企业发展的信心不断增强。积极引导非公经济人士更新观念、练好内功、科学发展，组织参加各种学习和培训，搭建政策支持、银企合作、技术创新等平台，帮助提升发展能力，解决实际困难，不断做强做大。积极引导非公经济人士致富思源、富而思进，自觉承担社会责任，通过“同心·社会实践基地”“双带双联”“感恩行动”等载体，广泛开展“包联·帮扶·奉献”“支农、支教”“科技、医疗、法律”三下乡等实践活动。2013年，全区非公企业走访慰问“三老”人员及困难群众400余名，捐助金额70余万元；积极参与“突破三庄、带动西部”战略实施，通过助教、民企帮村等活动捐款1000余万元；四川雅安地震发生后，区非公企业及个人捐款75余万元；建立了慈善基金会，募捐慈善基金10余万元，帮扶困难户50余户；积极为创业青年申请创业资金扶持150万元。

三是民族宗教和港澳台及海外统战工作健康发展。深入开展民族团结宣传教育活动，打造了城市花园社区、实验高中等一批省市民族团结进步示范基地。健全区、镇、村三级管理网络，建立了突发事件快速反应机制、信息反馈等制度，及时掌握信息，做到异常苗头早发现、早处理。组织开展民族宗教工作情况调查和信息平台建设，进一步摸清了全区民族宗教工作基本情况。认真抓好以“教风”为主题的和谐宗教活动场所创建活动，支持宗教团体搞好组织建设、抓好自身建设，维护了宗教界的和谐安定。按照“广交朋友、联络友谊、宣传政策、争取人心、促进合作与交流”的要求，积极开展联谊交流和海外统战工作，进一步加强了同港澳台海外的经贸合作和各界人士的交往交流。

四是深入开展信息调研活动，进一步加大统战工作宣传力度。通过举办培训班，下发《进一步加强统战调研信息宣传工作的通知》《关于开展走基层、看变化、摸实情系列调研活动的实施方案》等文件，不断健全完善工作网络和制度，全面加强统战信息宣传调研信息工作。2013年，上报信息、调研报告等50篇，各级报刊采用23篇。

【紧紧围绕全区工作中心，积极服务经济社会各项事业又好又快发展】 根据区委区政府统一部署，扎实开展“作风提升年”活动，严格按照步骤要求认真组织，取得明显成效。围绕全区工作中心，自觉服从、服务于区委区政府工作大局，积极做好“突破三庄、带动西部”战略实施、“双带双联”活动、大项目包保、“创城”、党群“双向直通”等工作。

（邱志刚）

·岚山区委统战部·

【加强教育引导增进共识，共同思想政治基础更加巩固】 把学习贯彻十八大和十八届三中全会精神作为首要政治任务，把十八大对统一战线的新论述新要求落实到统战工作的各个层面、各个领域，用十八大精神武装头脑、指导实践、推动工作。积极协助各民主党派、指导工商联和各有关统战团体不断深化政治交接，增进政治共识。先后召开“同心·示范工程”建设现场会、非公有制经济人士理想信念教育实践活动动员会议、党外代表人士队伍建设工作会议、党外代表人士情况通报会和党外代表人士廉政讲堂，积极选派民主党派、工商联和无党派代表人士参加上级举办的培训班，切实把智慧和力量凝聚到中央和省、市、区委的决策部署上来，始终做到同心同德、同心同向、同心同行。

【把握重点突破难点，大力加强党外代表人士队伍建设】 区委建立了党外代表人士队伍建设联席会议制度，制定出台了《中共岚山区委关于加强新形势下党外代表人士队伍建设的实施意见》及分工方案，形成了区委统一领导、区委统战部牵头负责、各有关部门和社会团体密切配合的工作机制，开创了党外代表人士队伍建设新局面。2013年，经与区各民主党派、无党派人士协商，进一步健全完善了党外代表人士“1+4”综合评价机制，在强化政治素质的基础上，根据党外代表人士“专职岗位、兼职岗位、参政岗位、公益岗位”的特点，充实了综合评价内容。根据综合评价结果，每年向有关部门推荐使用优秀民主党派、无党派代表人士。全年有201名党外代表人士纳入人才库，保证了后备队伍结构合理、数量充足，为党外代表人士队伍建设工作提供了充足的人才保障。

【立足优势发挥作用，为“六个岚山”建设积极贡献力量】 以开展非公有制经济人士理想信念教育实践活动为契机，按照市委统战部部署要求，向区委提报了《搭建平台　创新实践　务实推进“同心标兵企业”工作》的呈阅件，区委主要负责同志做出重要批示，统一战线各级、各单位、各团体迅速启动“同心标兵企业”创建。区工商联主动参与，用心推动项目建设，先后开展了“同心示范工程”创建、“两个健康”大讨论和“同心杯”征文活动，各镇街道党委主要负责人亲自指导创建，制订实施方案，“同心标兵企业”创建特色亮点凸现。区委统战部充分发挥典型示范促动，制作了《“同心示范工程”建设专题片》《全区非公有制经济人士理想信念教育实践活动“同心杯”征文选编》和《全区“同心示范工程”建设成果汇编》，推动“同心标兵企业”建设。第一批同心示范工程建成同心·示范村居（社区）9处、同心·标兵企业20家，同心·社会实践服务基地9处、同心农家书屋1处、同心科技书屋1处。在“同心手牵手，共圆中国梦”系列活动中，实施科技助农、爱心助困、人才助企等为主题的“三助一树”服务项目，举办惠民健康讲座1期、惠农科技讲座1期，爱心结对助学10人；为非公企业建立了“两中心一平台”（工商联会员企业服务中心、非公经济法律服务中心和中小会员企业信息网络资源共享平台）。“同心标兵企业”创建以来，区工商联会员企业积极参加银企洽谈会、招商引资和“民企帮村”“感恩行动”等活动，有47家非公企业与486户结成了帮扶对子，帮助新上项目32个，提供就业岗位2000余个，帮扶资金820多万元；日钢集团捐助3000万元建设了官山社区“同心小学”，兴业集团投资200余万元在高兴镇建设了“同心广场”和“同心桥”各1处，日广房产无偿投资600余万元在黄墩镇邵家沟建设了高标准的“同心示范村”1处，进一步彰显了统一战线在服务建设生态经济强区、打造文明宜居新区的强大凝聚力。

（李洪海）

·莒县县委统战部·

【抓联谊、促共识，共同思想政治基础取得新巩固】 把学习贯彻党的十八大和十八届三中全会精神作为首要政治任务，利用知识竞赛、专题讲座、理论中心组学习、座谈讨论等方式，组织统战成员加强理论研讨学习，用先进理论指导实践、推动工作。建立县级党员领导干部与党外人士联系交友制度，与46名党外代表人士结对子、交朋友。开展“走基层，看变化，献良策，促发展”活动，组织全县历任统战部长及离退休老干部参观考察安庄“同心·社会实践基地”和现代化农业示范项目，征求意见建议。通过调研摸底、自我推荐、组织推荐、党外人才数据库分析等方式，突破区域、部门、行业、所有制等限制，面向社会各界物色发现优秀党外人才，成立了党外知识分子联谊会，组织开展形式多样的联谊活动，为党外知识分子更好地发挥参政议政和民主监督作用提供了更加广阔的舞台。结合纪念“五一口号”发布65周年，召开党外代表人士座谈会，集体观看电影《南京！南京！》，进一步增强了统一战线的凝聚力和向心力。

【抓机制、强基础，党外代表人士队伍建设有了新进展】 先后召开全县党外代表人士队伍建设工作会议和联席会议，出台《关于加强新形势下党外代表人士队伍建设的实施意见》《关于建立全县党外代表人士队伍建设工作联席会议制度的通知》等文件，进一步明确目标任务和原则要求。全面提升党外代表人士信息管理系统运行质量，积极探索建立综合评价体系，《山东统一战线》杂志对此予以报道。强化教育培训，举办党外代表人士培训班2期，培训130余人次。加大上派下挂力度，选派5名年轻党外后备干部到省水利厅、省住建厅、省建筑工程管理局、市环保局等上级机关跟班锻炼学习。推荐1名少数民族代表人士当选省人大代表。在晨曦集团建立党外代表人士创业示范基地、“同心”文化长廊，在海汇集团设立海汇文化展厅，展现企业健康发展、企业家健康成长的历程及感恩回报、热心公益的事迹，激发党外代表人士干事创业激情和奉献社会的责任意识。

【抓进度、促落实，“同心·社会实践基地”建设实现新突破】 积极争取县委、县政府支持，将“同心·社会实践基地”建设列为全县重点项目（工程），建立月调度季通报制度，确定一名副部长靠上抓落实，从规划论证、考察学习、协调督促等方面下功夫，有力保障了基地各项工程顺利进行；邀请省、市、县有关部门专家召开规划论证会6次，协调县财政局、住建局、农业局、林业局、水利局等县直有关单位就村镇规划、工程建设、农业综合开发等项目进行规划，推动项目建设合理有序实施；组织有关人员赴省内莱州、莱西、蓬莱、菏泽以及河北深州等地学习先进管理经验和生产模式，洽谈引进新优品种。至2013年底，同心园林、同心找水打井工程已完工，同心文化广场、同心社区服务中心已基本建成，农业综合开发项目在一期工程1300亩的基础上，又完成了二期5000亩的水、电、路等基础设施配套建设。

【抓服务、重引导，非公有制经济“两个健康”实现新发展】 大力推进基层商会规范化建设，进行分类指导、督导帮扶。以刘官庄镇商会为试点，成立劳动争议预防与调解委员会，被人社部和全国工商联确立为全国劳动争议预防与调解示范商会。深入会员企业开展调研，形成调研报告3篇，通过提案、议案、调研报告等方式提出有价值的意见建议26条，为县委县政府科学决策提供借鉴和参考。切实发挥工商联桥梁纽带作用，参与组织“银企对接”活动，为恒兴建材等企业融资5000多万元，为7名青年创业者提供35万元的“无利息、无抵押、无担保”创业启动资金。引导会员企业积极承担社会责任，参与光彩事业，为困难学生捐赠助学金100余万元。

【抓稳定、促和谐，民族宗教事务管理服务实现新加强】广泛开展“民族团结进步宣传月”活动，联合县电视台对宣传月进行系列报道。争取专项扶持资金40万元，支持少数民族群众发展致富。组织少数民族群众、信教群众参与支持农村社区建设，提出把农村宗教活动点建设一并纳入社区规划的建议，得到相关部门的重视和认可。扎实开展民族宗教“基层基础建设年”活动，创新工作机制，实施了“中心辐射、网格管理”的宗教基层管理模式，进一步健全完善了县、乡（镇）、村三级网络。深入推进“和谐宗教活动场所”创建活动，新创建省级“和谐宗教活动场所”3处、省级“宗教活动示范窗口”2处。

（陈为春）

·五莲县委统战部·

【“同心”行动】依托潮河镇林泉社区创建了“同心·社会实践基地”，成立了基地示范推动工作领导小组，制定了工作制度，确立了同心家园、同心幼儿园、同心医院、同心茶叶示范园、同心蔬菜示范园、同心就业示范园、同心便民市场、同心书画院、同心林等9个同心·社会实践项目，为广大统战成员发挥才智、献计出力提供了舞台。组织党外农业技术专家到“同心·蔬菜示范园”“同心·茶叶示范园”进行病虫害防治技术指导，组织科协、司法局的党外人士开展了送法律、送科技下乡活动；组织县工商联主席、副主席和部分党外知识分子代表到同心·社会实践基地向同心幼儿园捐款近万元。

【党外代表人士工作】县委常委会听取加强党外代表人士队伍建设工作汇报，县委召开了全县党外代表人士队伍建设暨统战工作会议，对党外代表人士队伍建设和统战工作进行全面总结部署，出台了《关于加强新形势下党外代表人士队伍建设的实施意见》。县委办公室印发了《贯彻落实〈中共五莲县委关于加强新形势下党外代表人士队伍建设的实施意见〉分工方案》，建立了全县党外代表人士队伍建设工作联席会议制度，明确责任分工，加强协调配合，进一步解决党外代表人士队伍建设工作中的综合性问题，形成了齐抓共管的工作合力。召开了全县党外知识分子联谊会成立大会。建立了党外代表人士人才数据库，进行分类管理，为党外知识分子交流沟通和实践锻炼搭建了平台。加大党外干部推荐、安排力度，年内在法院系统新提拔一名党外科级干部，实现了政法系统配备党外科级干部零的突破。

【服务科学发展】积极引导民主党派、工商联和无党派代表人士围绕全县经济社会发展大局建言献策，在县政协八届三次会议和县人大十七届三次会议上，各界人士共提交提案议案40余件，全部进入了党委、政府决策。充分发挥统一战线联系广泛的优势，坚持领导带头招商和全员招商相结合，主动走出去，请进来，先后与北京、浙江、安徽、济南、泰安、日照、诸城等地商会或客商进行了联系、洽谈，取得了明显成效，超额完成了县里分配的招商引资任务。

【工商联工作】深入开展非公有制经济人士理想信念教育实践活动，县委办转发了县委统战部、县工商联关于开展理想信念教育实践活动的实施意见。组织工商联主席、副主席观摩了8家会员企业，不断丰富教育实践活动的内容和载体，推动了教育实践活动的深入开展。筹备举行了县工商联书画院揭牌暨首届书画展仪式，成立了县工商联书画院。切实搞好会员服务，3家企业分别荣获“山东创新型民营企业”“山东民营企业公益之星”和“山东民营企业100强”。积极开展光彩事业活动，四川雅安地震发生后，会员企业捐款共计200余万元。高泽镇商会组织开展了“森林五莲建设有我”活动，商会企业捐款16万元。

【民族宗教工作】开展“基层基础建设年”活动，进一步健全县、乡、村“三级网络”，建立完善了民族宗教工作信息数据库。开展民族团结进步创建活动，县实验小学、林泉社区分别被命名为“全市民族团结进步示范学校”和“全市民族团结进步示范社区”。开展和谐宗教活动场所创建活动，对光明寺1998年以来的财务情况进行了集中审计，督促规范财务管理。开展民族宗教普法活动，6月份开展了“宗教政策法规学习月”活动，9月份开展了“民族团结进步宣传月”活动，11月份组织参加了国家民委、全国普法办举办的“民族政策法规知识竞赛”网上答题。开展宗教慈善活动。四川雅安地震发生后，组织信教群众踊跃为灾区捐款，共募集捐款1万元；8月份开展了“宗教慈善周”活动，组织信教群众为17个残疾、贫困家庭捐赠花生油、面粉等物资，为2个病患家庭捐款3800元。

【机关建设】 深入学习贯彻党的十八大和十八届三中全会精神，自觉做到思想上、行动上同党中央保持一致。开展了“树三观、找差距、促发展”和“庸懒散”专项治理活动，机关作风进一步改善。部内一名同志提拔为正科级干部，一名同志重用为副部长。开展了“走基层、看变化、摸实情”调研和实践创新活动，完成《五莲县新社会阶层人士发展状况调查》等3篇调研报告；完成《探索建立新形势下应对涉及民族宗教因素突发事件的长效机制》《做活以人为本文章激活工商联工作活力》2篇实践创新成果；30多篇稿件信息被各级采用，推动了统一战线的创新发展，提高了统一战线的社会影响力。

（尚现昌）

莱芜市

· 莱芜市委统战部 ·

【夯实共同思想政治基础】 一是深入学习党的十八大和十八届三中全会精神。通过举办专题研究班、报告会、研讨会等形式，组织统一战线成员认真学习、深刻领会党的十八大和十八届三中全会提出的重大理论观点、重大方针政策、重大工作部署，引导广大统战成员找准服务的切入点、着力点和结合点，按照科学跨越的要求，确立高目标、高追求，在本职工作、参政议政、服务发展中比进位、争一流，为经济社会发展作出积极贡献。二是深化政治交接。结合纪念中共中央发布“五一口号”65周年，组织民主党派、工商联和无党派人士寻访革命旧址、参观统一战线教育基地，认真学习中国特色社会主义理论体系，扎实开展学习践行社会主义核心价值活动，坚定统一战线各界人士自觉接受中国共产党领导、走中国特色社会主义道路的信心和决心。

【为济莱协作区建设贡献力量】 一是突出抓好招商引资工作。充分发挥统一战线联系广泛、人才智力密集的优势，加强与港澳台侨人士和非公有制经济人士的联系，为济莱协作区建设提供更多的项目、人才和资金支持。引进项目吉利农机公司、锦尔泰精密压铸公司、泰来铸铝公司、山东名嘉集团、香港名嘉百货等8个项目，完成固定资产投资投资10亿元。二是组织开展“我为莱芜发展建言献策”活动。各民主党派、工商联、无党派代表人士围绕全市济莱协作区建设、转方式调结构、招商引资、镇域经济发展等重大课题建诤言、献良策，形成了一批优秀调研报告和提案。提交调研报告38篇，提案、议案102个，提出意见和建议60多条，其中12条意见、建议进入了各级党委、政府决策。三是支持非公有制企业加快发展。开展服务非公企业大调研活动，举办民营企业家素质提升和上市知识讲座培训班，推荐1名青年企业家参加全省非公有制经济组织青年企业家管理创新培训班，协助有关部门对涉及非公企业的收费进行了清理。积极帮助民营企业与金融部门进行对接，开展了“争先创优”“百名专家联百企”等活动，引导非公企业转方式调结构，做大做强企业。在全市非公有制经济代表人士中开展了理想信念实践教育活动，加大非公经济人士综合评价工作力度，开展“十佳基层服务型党组织”评选活动，教育引导非公有制经济人士致富思源、回报社会，积极参加“民企帮村”“光彩事业”等社会公益活动。截至2013年底，参加“民企帮村”企业326家，帮扶村庄238个，带动农民增收9800多万元；参加“光彩事业”405家，投入资金6.5亿元，实施光彩项目249个，吸纳安排农村人口和下岗职工2.7万人。四是扎实推进市委安排的各项重点工作。继续抓好“包驻联帮”工作，帮助“包驻联帮”村居争取各级扶持资金30多万元，修建桥梁1座，完成了村民吃水工程，落实土地复垦资金300多万，做好11亩土地复垦的申报以及修建村庄道路的立项等工作。认真做好企业督导联络员工作，组织开展银企对接活动，引导高校、科研院所与企业进行技术交流、项目合作，帮助企业解决用地、用工、用电、用水及资金等问题，推动企业快投产、快见效，目前，帮助企业解决土地指标70亩、贷款3000万元、企业用工60多人。

【加强党外代表人士队伍建设】 一是调查摸底、储备人才。在全市范围内开展了六支队伍调查摸底工作，进一步充实了党外后备干部队伍数据库，实施动态管理，有重点地加强培养。目前，已遴选党外代表人士1266人。二是教育培训、提升素质。有计划地选送党外代表人士及后备人才参加不同层次、类型的培训，举办读书会、培训班 5次，开展主题教育活动3次，推荐6 名党外人士参加全省党外律师专题培训班、全省民主党派骨干成员进修班等，培训党外代表人士1200人次。三是注重使用，加大安排力度。配合市委组织部选调46名党外代表人士参加“千名干部下基层”活动，到企业、村居任职，进行多渠道、多层次、多岗位的实践锻炼。四是建章立制，完善长效机制建设。市委下发《关于加强新形势下党外代表人士队伍建设实施意见》《关于建立全市党外代表人士队伍建设工作联席会议制度的通知》和《贯彻落实〈中共莱芜市委关于加强新形势下党外代表人士队伍建设的实施意见〉分工方案》等文件，省委统战部出台了《关于市委统战部领导干部与党外代表人士联系交友的通知》《关于支持和帮助民主党派开展调研的实施办法》《关于支持和帮助党外代表人士开展对口联系活动的实施方案》等有关文件，促进了党外代表人士队伍建设工作的制度化、规范化和程序化。

【民主党派工作】 一是深化“同心”思想引领。组织民主党派深入学习党的十八大、十八届三中全会和习总书记系列重要讲话精神，寻访革命旧址、参观统一战线教育基地，认真学习中国特色社会主义理论，扎实开展学习践行社会主义核心价值体系活动。二是支持各民主党派开展社会服务活动。民革支部邀请民革省委医疗专家团开展义诊，民盟市委组织师生参加科普培训、开展“烛光行动”并捐助24000元、为乡镇小学捐助图书3000余册和学习用品1000余件、组织盟员开展“爱心妈妈们圆梦行动”并与16名贫困学生结成帮扶对子。民建支部为农家书屋捐助图书，民进支部慰问敬老院老人，农工党市委开展疾病预防知识宣传、为贫困大学生捐款12000元，开展建筑业企业风险防控专题培训。致公党支部开展“送医药、送文化”下乡。九三学社支社开展“百名专家企业行”活动，在社会上产生了良好的影响。

【民族宗教工作】 举办民族团结进步宣传月活动，开展全市民族宗教界代表人士调研活动，做好宗教界代表人士读书班学员选调工作。协助有关部门妥善处理涉及民族宗教事件排查和维稳工作，对全市乱建庙宇乱塑宗教造像进行认真清查，促进了和谐稳定。

【港澳台海外统战工作】 积极推动港澳台海外统战工作开展。帮助台胞申请生活困难补助5400元，推荐1名全省国情研修班学员、6名省海联会四届理事会理事，指导海联新农村卫生室开展工作，协助澳门澳中置业、名嘉集团以及香港金荣昌矿业解决生产、生活中的问题和困难，促进了港澳台海外统战工作的开展。

【统战理论调研、宣传和信息工作】 制定“走基层、看变化、摸实情”系列调研活动实施方案，确定5个重点调研课题。向市委政策研究室、市社科联和省委统战部上报12篇调研文章。积极联系各民主党派、工商联向省委统战部《议政建言集萃》投稿工作。联合新闻媒体，以开设专栏、专题等形式，加强党的统战理论和统一战线重大活动的宣传。广泛发动社会各界人士参加“统一战线学习十八大精神知识竞赛”活动，扩大统战工作的社会影响力。在中央、省和市各类媒体上发表宣传文章30余篇，编发《统战工作简讯》5期，获全省刊物宣传工作三等奖。认真做好统战信息工作，建立健全市、区、乡三级统战工作信息网络，与各方面代表人士保持经常性联系，及时反映各界人士的思想动态和意见建议。

（吕永军　桑立恒）

·莱城区委统战部·

【为经济建设服务工作】 引进项目三个：一是由北京客商投资2100万元的莱芜市泰成建筑材料有限公司项目，已建成投产；二是中石油昆仑能源公司LNG加气站项目，总投资2600万元，正在建设中；三是与市政府办公室联合引进东电公司投资的风力发电项目，完成了60万美元的外资任务。由宁波蓝光集团投资10亿元的“精密微型轴”项目已多次来区考察并选址，正在稳步推进中。

【建言献策工作】 引导各民主党派成员、工商联、无党派代表人士紧紧围绕大项目建设、招商引资、建设“首善之区”、镇域突破等重大问题，建净言、献良策，形成了一批优秀调研报告和提案。

【支持非公有制企业发展】 开展服务非公企业大调研活动、“百名专家教授联百企”和“争先创优”活动，引导非公企业转方式调结构，做大做强企业。在全区非公有制经济代表人士中开展理想信念实践教育活动、“十佳基层服务型党组织”评选活动，加大非公经济人士综合评价工作力度，教育引导非公经济人士致富思源、回报社会，积极参加社会公益活动。

【做好区委安排的各项重点工作】 深入开展“干部作风建设年”活动，以“提效率、整体工作上水平，提标准、各项建设上档次”为目标，着力加强部机关思想政治建设、作风建设、效能建设和纪律建设；继续抓好“千名干部下基层”工作，帮助帮扶村协调资金、物资硬化长2000米、宽8米的村中心道路1条，看望困难户5户，为他们送去现金、慰问品2500余元。

【党外干部工作】 建立党外人才数据库，完善党外代表人士综合评价体系，健全党外代表人士考察、评价、监督和激励机制。截至2013年底，全区共有党外代表人士 385人，其中担任副县级以上职务的领导干部5人，正科级党外干部1人，副科级党外干部8人，党外人士后备队伍人数达到120名。出台了《关于区委统战部领导干部与党外代表人士联系交友的通知》《关于支持和帮助民主党派成员开展调研的实施办法》《关于支持和帮助党外代表人士开展对口联系活动的实施方案》等有关文件，促进了党外代表人士队伍建设工作制度化、规范化和程序化。

【党外知识分子工作】 制定了《莱城区党外高层次人才引进实施细则》，在党外人才工作的工作机构与职责、引进范围、引进措施、认定程序和管理、政策支持与配套保障等方面作了详细说明和规定，为党外人才的引进提供了政策依据。对涉及五个领域的统战对象、留学人员、社会新阶层人士等开展调查摸底，做好建档立卡工作；继续引导党外知识分子开展“爱岗位、献良策、做贡献”活动，充实完善党外知识分子联络员制度，做好反映情况、建言献策的工作。

【民族宗教工作】 积极开展“民族团结进步宣传月”“五五普法”“民族团结进步和谐乡（镇）村（居）社区”创建以及“民族团结进步和谐乡（镇）村（居）社区”等活动。东升居委会被评为全省“民族团结进步和谐社区”；认真推进“创建和谐寺观教堂”工作，加强对宗教教职人员的法制教育，进一步提高宗教界的内部管理和自身建设水平；积极协调并督促有关单位和部门完成了西关清真寺迁建工作。积极争取少数民族发展资金。

【港澳台和海外统战工作】 组织莱城区经贸文化考察团赴台湾举办“莱台交流合作恳谈会”。与景台集团、芊芊农产生化科技公司、名间乡农会、悠游概念国际有限公司在现代农业、生物科技、现代服务业等领域达成合作意向3项，总投资达1.45亿美元。

（周长举）

·钢城区委统战部·

【健全制度，明确责任，奠定扎实基础】 区委把统战工作纳入重要议事日程，实行目标管理。调整充实了统战工作领导小组，建立了由副书记分管统战工作的领导体制，健全了统战工作制度。把统战理论纳入理论中心组学习和机关学习中，大力倡导理论与调研相结合。区委在重大问题决策前，主动听取统战人士的意见、建议。区委每年研究统战工作不少于2次，对涉及统一战线方面的问题及时研究解决。

【做好党外代表人士的培养、推荐工作】 把党外人士工作纳入全区干部管理工作整体规划。统战、组织部门加强配合，认真做好党外干部的培养、选拔工作，积极向区委推荐后备干部。按照“缺什么，补什么”的原则，举办各类党外代表人士知识培训班，学习党的政策法规、市场经济和依法行政等方面的知识，累计培训学员30余人。通过兼职挂职，交流换岗等方式，全区12名党外干部得到交流锻炼，积累了经验、提高了能力。围绕钢城建设开展建言献策活动，共征求各类意见建议35条。按照德才兼备、以德为先的用人标准，通过公开推荐、民主测评、组织考察等方式，在全区选拔了2名优秀党外代表人士担任局级领导。

【创新经济统战，加大招商引资力度】 成立钢城区创业促进会（YBC钢城区工作站），搭建青年创业发展平台。先后解答青年创业者咨询120多人次，收到青年创业扶持申请表25份，实地考察创业项目16个，上报市创促会创业项目14个，其中有8个项目共获得26万元的无抵押、无担保息贷款支持。认真组织非公经济人士参加第十九届鲁台经贸洽谈会，协调联络台湾知名人士、工商团体、企业家等参加活动。在台中举办钢城区经贸恳谈会，成功推进了云谷电子物流、特控流体阀门、固可力彩色轮胎等三个项目落户。

【扎实开展非公经济人士理想信念教育实践活动】 召开教育实践活动动员大会，以“民营企业家与中国梦”为主题，以“四信”为主要内容，以促进非公经济人士素质提高、非公经济发展环境优化和促进经济社会科学发展为目的，引导广大非公经济人士奋起赶超，科学跨越。山东金雷风电科技有限公司、山东温岭精锻科技有限公司被评为全省理想信念教育实践活动先进单位。

【围绕“同心”活动，开展扶贫帮困】 以打造“有为统战、和谐统战、人文统战”为统揽，以解决群众困难为目的，积极开展包村工作。在新一轮包村驻村活动中，一名干部担任驻村第一书记，与村两委成员一道，了解群众诉求，对上争取政策资金技术支持，对下解决群众实际困难，协调企业出资修路、架桥、助学。

【切实做好宗教工作，全力维护宗教领域和谐稳定】 扎实做好敏感期维稳工作，充分发挥民族宗教领域三级网络的作用，对宗教领域重点乡镇、重点领域、重点部位深入开展不安定因素排查，对于排查出的矛盾隐患，按照属地管理原则和将问题解决在基层的要求，成功进行化解。认真做好宗教领域工作，协调各相关部门明确分工、各司其职、相互配合，确保把问题解决在萌芽状态，维护宗教界的和谐稳定。

【扎实开展信息调研工作】 充分发挥统战成员的积极性，上报统战理论研究课题2篇，发送统战信息5篇，组织4次调研，献计献策12条，为党委、政府科学决策提供了强有力的智力支持。认真做好刊物征订工作，荣获全省统战宣传刊物工作三等奖。

（郑春梅）

临 沂 市

·临沂市委统战部·

【民主党派工作亮点纷呈】 一是思想上引领。召开了市各民主党派主委座谈会、新专联一届三次会长会议，举办市各民主党派、工商联、新专联负责人暑期研讨会，开展建党92周年和“五一口号”发布65周年纪念活动。举办“同心讲堂”，由市委统战部组织，市各民主党派轮流主讲，2000多名统战成员参加。二是组织上加强。争取财政支持，拨款1000万元为市各民主党派、新专联、知联会解决了办公场所问题。指导市各民主党派调整充实了专委会，落实了成员发展写实制、问责制和培养期制度。制定下发《关于协助市各民主党派领导做好2013年度述职和民主评议工作的通知》，建立健全了党派主要负责人述职和党派机关考核制度。三是制度上完善。以市委名义印发《中共临沂市委同市各民主党派、工商联、无党派代表人士政治协商的实施细则》，全面落实多党合作和政治协商制度。市委主要领导同志主持召开协商会议2次，部门召开协商会议6次。四是工作上创优。研究制定《市各民主党派创优活动的实施意见》，在市各民主党派开展“基层工作比规范，特色工作比实效”创优活动，引导支持市各民主党派服务发展、议政建言。民革市委开展“生态农业富民工程”，建成蔬菜基地15个，发展合作社成员2000余户。民革党员、中联物流有限公司董事长隽立峰受到习近平总书记的亲切接见。民盟市委创办的大学生创业园已入驻企业40多家，二期工程完成后，可入驻企业200余家，为1000多名大学生提供就业创业机会。民建市委会开展“爱心厨房”捐建活动，已捐建爱心厨房8处，捐赠物品折合人民币20万元，惠及3000名农村中小学生。民进市委会开展特色教育，“神墨教育学校”在全国十余个省市开办连锁机构，为开发少儿智力、提高全民素质做出了贡献；创办“天使特教学校”，为1000多名残障儿童提供良好成长环境；创办集幼儿教育、小学、初中为一体的民办学校，为留守儿童撑起一片天。农工党市委会开展义诊活动30余次，利用助残日、国际儿童节、重阳节等节庆日，为乡村群众、儿童和老人送医送药到门，深受群众欢迎。致公党总支开展“致公书屋”捐建活动，九三学社市委会开展“亮康行动”，都取得了很好的经济效益和社会效益。在市政协第十四届二次会议上，各民主党派提交集体提案59件、个人提案300件。九三学社社员刘双全同志提交的《科学规划临沂港 打造临沂国际贸易新高地》被市政协列为一号提案。民建《关于发展职业教育 服务县域经济 助推“四三二一”战略的建议》等多篇提案被列为重点提案。

【党外代表人士队伍建设不断加强】 一是制度建设有新亮点。市里相继出台了《贯彻落实〈中共临沂市委关于加强新形势下党外代表人士队伍建设的实施意见〉分工方案》《全市党外代表人士实践锻炼基地工作实施细则》等12个规范性文件。各县区按照市委要求制定出台了《实施意见》和配套文件。二是培养锻炼有新举措。在市社会主义学院安排3个主体培训班次，培训党外代表人士500余人次。全市有6个县区成立了社会主义学校，举办各类形式的培训班21场次，培训党外代表人士2000余人次。成立了市党外知识分子联谊会，在郯城县召开了党外知识分子工作现场会，在莒南、兰陵、沂南县建立了9个集学习教育、技术技能培训和创业实践于一体的党外代表人士实践锻炼基地。从市发改委、市物价局选派党外干部到莒南县大店镇、筵宾镇挂职副乡镇长。三是安排使用有新突破。2013年，市委一次性调整了9名党外干部，使配备党外干部的市政府部门比例达到41.2%。将3个县区4名党外干部调整充实到市直有关部门，探索出一条党外干部任职交流的新路子。

【非公经济领域工作成果丰硕】 一是非公有制经济人士理想信念教育活动扎实有效。成立了由市委副书记任组长的活动领导小组，开展学习培训、抗震救灾、重走长征路、“鱼跃沂河、放飞梦想”、巡回事迹报告会等活动，有力促进了“两个健康”。组织市工商联直属商会、非公经济人士向雅安地震灾区捐款244.93万元，捐物价值达108万元。召开市光彩事业促进会二届一次理事会议，选举产生了新一届理事会领导机构。二是商会建设活力充盈。新成立餐饮、陶瓷石材、IT、雨具等4个直属商会，市工商联直属商会达42个、会员企业1万多家。深入开展了“思想政治工作创新年”“直属商会规范化建设年”活动，精心打造“沂蒙名商”品牌，选出首批“沂蒙名商”30人。启动“临沂民营企业50强”“临沂民营企业公益之星”“临沂创新型民营企业”三项评选活动。在全省“三项评选活动”中，全市企业上榜总数名列全省第一。在市工商联八届二次执委会上，劝退常委12名、执委56名，增补执委75人、常委24人，企业家副主席5人、副会长3人，建立了“能者上、庸者让”的优胜劣汰工作机制。三是招商引资成果丰硕。围绕全市“10+6”现代产业体系建设，邀请省内40家非公企业前来参观考察，召开了“山东省民营企业助推临沂经济发展推介会”，引进浙江冠达置业有限公司投资25亿元建设城市综合体、山东省台州商会投资40亿元建设台州工业园等11个重点项目，总投资200多亿元。与济南临沂商会联合，开展“回报家乡沂蒙行”活动，引进城市建设综合体、农业深加工综合基地等项目，总投资150多亿元。四是银企合作势头强劲。以市工商银行、民生银行、平安银行、农村合作银行、浦发银行为合作平台，通过下达授信额度，在行业商会成立城市信用联盟、城市商业合作社等形式，持续加大融资服务力度，每个商会各获额度2亿~3亿元，其中民生银行为各行业商会授信50亿元，完成贷款发放30亿元。由市工商联牵头发动组织，副主席、副会长企业自愿入股，聘请专业团队运作，筹建总商会融资服务公司，为会员企业提供更加便捷的融资服务，从根本上解决非公企业融资难问题。五是非公组织党建成效显著。率先在全省进行了非公经济组织党工委机构调整，设立了“两新”组织党工委。举行了市工商联非公经济组织党工委揭牌和24家商会党支部揭牌仪式，50家非公经济组织先进基层党组织和50名非公企业优秀共产党员受到隆重表彰。

【民族宗教工作积极稳妥】 一是民族工作全面推进。抓示范引领：召开全市民族团结进步创建活动经验交流会，推广苍山县磨山镇西疃村、黄甫寺民族社区先进工作经验。深入开展“民族团结进步宣传月”活动，组织座谈会70余次，群发民族团结进步宣传短信100多万条。抓资金扶持：实施帮扶计划，投入各类帮扶资金100多万元，争取省、市少数民族发展资金及财政资金近500万元。核定审批2013年度民品优惠贷款12.11亿元，享受国家财政贴息3400多万元。抓纠纷调处：指导县区妥善处理因清真食品问题引发的矛盾纠纷5起，依法处理涉及少数民族群众突发性问题4起。二是宗教工作成绩突出。抓教育培训：实施“十百千”培训工程，全市宗教系统、五大宗教举办培训班37期，培训宗教工作“三支队伍”2300多人次。抓民主办教：指导市天主教爱国会积极探索民主办教新路子，建立完善30余项内部管理制度。完成了国家宗教局天主教民主办教调研课题。抓和谐创建：召开全市性宗教团体负责人座谈会，开展了以“教风年”为主题的和谐宗教活动场所创建活动。全市809处场所被省、市宗教工作部门表彰为“和谐宗教活动场所”（其中省级231处、市级578处）。抓依法管理：指导帮助天主教圆满完成沂水圣母山朝圣和主教府座堂百年庆典活动，受到中央、省委统战部的充分肯定。在5个全市性宗教团体、30个全县性宗教团体和871个宗教活动场所设立了普法联络员。查处境外利用宗教进行渗透案件11起、治理基督教私设聚会点105处、治理乱建庙宇和露天宗教造像23处，4000多名在私设聚会点活动的信教群众回到了“三自”爱国的队伍中。

【港澳台海外统战工作扎实推进】 一是临台经贸合作取得新成效。2013年，全市实际利用台资8126万美元，临台贸易额2917.3万美元。组织经贸文化考察团赴台参加“2013台湾·山东周活动”，举办了临沂两岸现代产业交流合作恳谈会和临沂两岸电子和信息产业交流会等8场现代产业主题推介活动，参会台商300余名，与台湾企业共达成合作协议6个，引进台资约10亿美元；达成意向项目及合作备忘录意向21个，意向投资额近60亿美元。截至目前，已累计组织20批次194家台资企业、329名台商来临沂参观考察。二是临台交往交流实现新跨越。成功举办“齐鲁台商临沂行”“百名台商临沂行”“台湾媒体临沂行”“百名农业合作社长台湾行”“妇联台湾行”等活动。重点推动市直部门、行业协会、群众团体赴台开展对口交流活动。截至2013年年底，应邀赴台人员51批302人次，同比增长132.3%；来临台胞4912人次，同比增长863.1%。三是优化发展环境推出新举措。召开市海外联谊会三届一次理事会议，选举产生了新一届理事会领导机构，建立了洛杉矶、首尔、孟买三个海外联谊工作站。深入开展了“台胞台企走访季”活动，累计走访台企117家、台胞69人，为台胞台企办实事、解难题30余件，解除了台胞台企生产生活的后顾之忧。

【统战信息宣传调研工作再上新台阶】 召开临沂市统一战线理论研究会第四次会员代表大会，选举产生了新一届领导班子。深入开展“大走访、大调研、大创新”活动，撰写调研报告12篇，在《中国统一战线》《山东统一战线》发表宣传稿件25篇。先后被中央、省委统战部授予“全国统战宣传工作先进单位”“全省统战宣传工作一等奖”“全省理论调研宣传‘四新工程’先进单位奖”。费县的基层统战工作规范化建设和沂南县统战人才工作站建设被中央统战部确定为典型案例。深入开展学习宣传党外干部张玉兰同志先进事迹活动。《山东统一战线》、临沂电视台《琅琊风云榜》《临沂日报》等新闻媒体全面报道了张玉兰同志的先进事迹。举办了由市各民主党派、无党派人士、非公人士、新社会阶层人士500余人参加的张玉兰同志先进事迹报告会，在社会上产生了很好反响。

【机关建设再上新水平】 一是打造学习型机关。成立理论学习中心组，坚持周四学习日制度，组织开展学习十八大精神征文比赛、优秀读书笔记评选、理论成果转化等活动，充分调动了机关干部“做学习表率、创学习型机关”的积极性。顺利通过“省级文明单位”复查验收。二是加强干部队伍建设。调整了部领导班子工作分工，对科室负责人进行轮岗交流，考选充实了4名机关干部。三是开展“结亲连心”活动。按照市委要求，25名机关干部到郯城县开展“结亲连心”活动，联系群众445户，协调解决群众诉求23件次。四是全力做好驻村帮扶工作。部领导和驻村“第一书记”多方协调，为向阳社区建立了草莓收购基地，改善水利设施，推进社区建设。协调水利、建设、公路等单位，为村基础设施建设投入资金130多万元。五是狠抓党风廉政建设。制定下发了市委统战部《关于开展惩防体系制度评审工作的实施方案》《关于开展治理“庸懒散”专项活动的实施方案》《关于深入开展厉行勤俭节约反对铺张浪费专项行动的通知》等系列文件。要求全体党员干部“为民、务实、清廉”，以德修身、以德服众、以德润才，一身正气，两袖清风。

（曹德玉　李　静　王子鹤　姜　东　丁明云）

·兰山区委统战部·

【基层统战组织建设】　一是认真学习贯彻党的十八大、十八届三中全会精神，不断加强部机关思想、组织、作风和制度建设。二是与组织、宣传、人社、党校等部门联合，对全区统战工作联络员、党外科级以上干部、优秀非公经济人士120人进行集中培训教育。三是以点带面，巩固提升全区统战“双基建设”水平，实现基层统战工作的规范化、制度化、经常化。

【经济统战工作】　一是切实搞好服务。组织非公有制企业外出参观学习，邀请外地企业前来参观考察，促进本地企业升级转型。二是抓好非公党建。扎实开展非公经济人士理想信念教育实践活动，6名企业家被评为“非公经济优秀共产党员”，3个企业党组织被评为“优秀非公经济党组织”。在新组建的企业党组织设立统战委员或成立统战机构，目前，全区460家企业党组织中，有56个设立了统战办公室，220个安排了专兼职统战委员。三是加强教育引导。发动全区非公经济人士参与捐资助学、扶贫济困等公益事业，促进社会和谐安定。雅安地震发生后，全区非公经济人士捐款捐物达2000万元。

【党外干部工作】　一是及时将中央和省、市有关文件精神向区常委会专题汇报，以区委名义出台了《关于加强新形势下党外代表人士队伍建设的实施意见》；建立以分管书记为召集人的党外代表人士工作部门联席会议制度；完善《聘请党外代表人士担任特约人员的实施办法》等制度，在全区40余个部门、单位聘请45名党外代表人士担任特约人员。二是对全区“六支队伍”在内的296名党外代表人士建立档案资料，实行动态分级管理，及时把优秀党外代表人士纳入管理，在区、镇、社区三级初步建立了综合评价体系。三是加强与组织部门的沟通协商，注重党外干部的推荐培养。2013年干部调整中，有6名党外干部得到提拔重用，全区党外副科级以上干部达34人。

【民主党派和党外知识分子工作】　一是协助民主党派搞好党派成员的考察推荐工作。协助全区6个民主党派搞好组织建设和阵地建设，参与考察、发展民主党派成员18人。二是在全区民主党派和党外知识分子中开展“送医下乡”“送教下乡”“送科技下乡”“义务献血”和“关爱老人”等便民服务活动，免费提供药品和慰问品价值1万元，为6000余人提供医疗、支教、科技服务，产生了“全国无偿献血奉献奖金奖”1人。三是以召开座谈会、走访慰问等方式，加强同各民主党派、工商联负责人和党外代表人士的沟通交流。四是增强民主党派和党外知识分子的参政议政意识，就社会发展中的难点、焦点问题建言献策，以各种形式提交议案、提案130余件，调研报告6篇，受到领导的高度重视和社会各界的广泛赞誉。其中，民建兰山支部的《关于县区民主党派基层组织发展研究》获得全省统战理论调研成果二等奖。

【统战宣传教育】　组织统战成员认真学习贯彻党的十八大、十八届三中全会精神，加强“同心”思想教育，增强民主党派与党同心、同向、同行的自觉性；继续深入开展理想信念教育实践活动，为非公经济健康发展提供精神动力和思想保证；发动全区统战成员联系实际、选准课题，就有关问题进行深入调研，形成有深度的调研报告报送上级统战部门。加强与宣传部门和新闻单位的联系，大力宣传各级统战工作会议精神和全区广大统一战线成员取得的成绩、作出的突出贡献，扩大统一战线的影响力、凝聚力和号召力。

（包汉青）

·罗庄区委统战部·

【民主党派工作取得新突破】　抓学习培训筑牢思想教育建设。召开各民主党派、工商联、无党派负责人、各街镇宣统委员学习十八大精神及全市统战部长工作会议精神座谈会，邀请市委党校副校长为统战成员作辅导报告。举办党外代表人士培训班，培训400多人。认真落实《关于加强新形势下党外代表人士队伍建设的实施意见》，对责任目标进行量化分解，帮助民主党派加强组织建设，本着把握方向、坚持标准、规范程序的原则，严把初审、考察、审批“三道关”，2013年培养发展党派成员7名。圆满完成民进总支、农工党支部、九三支社的换届工作，将171名各民主党派和无党派联谊会成员，122名优秀党外后备干部和131名党外政协委员全部纳入信息库，为优秀党外人士的使用提供了人才基础。围绕中心工作积极建言献策。全区各民主党派、工商联和无党派人士开展各类社会调研活动10余次，提交提案、议案110余件。对全区60多家民营企业的发展规模、经营状况、融资情况以及参与光彩事业等进行调研，对民营企业转方式、调结构现状进行分析研究，形成了《关于“优化企业发展环境、促进罗庄经济跨越发展”的调研报告》，得到区有关领导高度重视。民盟罗庄基层委员会提交的《关于加快供热管网设施建设，解决罗庄区东部地区集中供暖的建议》被区政府列为重点督办提案。做好统战成员走访慰问工作。节日期间，区委统战部会同民宗局、工商联、民主党派等单位对非公经济人士、党外人士、新的社会阶层人士等510人及部分单位的困难党员群众进行了走访慰问，受到社会各界广泛称赞。积极组织各民主党派开展社会服务活动。民革支部推广的“秸秆生物反应堆技术”已建成有机草莓大棚50个。民盟基层委员会为沂堂镇麒麟山社区、荆山村争取到省级农业节水灌溉示范项目资金130多万元，发展农业节水灌溉面积1000亩。民建支部为黄山镇柴口小学捐助价值1万多元的“爱心厨房”1处，民进支部开展了关于学前教育的调研及践行“同心”思想集中学习活动。无党派人士联谊会和农工党支部为敬老院送去1.5万多元的棉被和保暖内衣，并开展了送文化、送春联下乡活动。致公党到儿童福利院献爱心送去价值1万余元的物品。九三支社协助付庄士强食用菌基地流转土地200余亩，建成日光温室大棚4个，并为付庄办事处小丁庄村免费送去15台小麦宽幅播种机。民主党派各项服务活动的开展，大大提高了统一战线的社会影响力。

【非公经济领域工作取得新发展】 扎实开展非公有制经济人士理想信念教育实践活动。坚持把理想信念教育实践活动作为全区“思想政治工作创新年”的重要内容，丰富和完善思想政治工作的手段，不断增强非公经济人士对中国特色社会主义的信念、对党和政府的信任、对企业发展的信心。夯实非公党建基础，争创科学发展先锋。在非公经济企业实施了“科学发展先锋企业”主题创建活动，通过“抓一类规范、促二类提升、扶三类转化”，逐步提升非公党建工作水平。久泰能源集团、新光集团、华盛中天机械集团等10家企业被评为“科学发展先锋企业”，52家企业实现了转化提升，区工商联被省人社局、省工商联授予“县级工商联先进集体”。举办“民营企业家讲堂”和“领导解放、企业重生”培训活动，组织全区6家知名企业参加哈洽会尚志市分会活动，促进了两地经贸交流；发挥YBC罗庄创业工作站作用，积极鼓励全区青年创业，在充分考察基础上推荐的7名创业青年全部受到市创促会的资助；利用《工商业信息》内刊提供企业发展资讯260余条，积极为企业引进项目、资金、技术和人才提供各项信息服务，受到广泛赞誉。弘扬光彩精神，自觉承担社会责任。组织和引导全区非公经济人士积极参与新农村道路建设、捐资建校、扶贫济困等各项慈善活动。高都街道办事处、册山街道办事处组织辖区内企业募集243.6万元支持当地学校建设，山东盛阳集团致富思源，为“三老人员”和村居建设捐款累计97.5万元，安泰能源公司为支持黄山镇道路建设捐助82万元。目前为止，区光彩事业促进会拨付款项已累计430多万元，受到社会广泛好评，为构建和谐罗庄做出了积极贡献。

【民族宗教工作再上新台阶】 为辖区内15名中考生、4名高考生办理了少数民族考生加分手续；指导山东新光集团争取民品企业优惠政策；帮助申请省、市级少数民族发展专项资金80万，并会同区审计局对资金使用情况进行了审计；完成了1800户穆斯林群众每户200元的牛羊肉补贴发放工作；落实区政府连续5年、每年100万元的花埠圈村基础建设帮扶资金。参与花埠圈村五年发展规划制定，完成全村4800亩土地测量及住房摸底测量、登记工作。积极落实开展民族团结进步创建活动。加强民族团结进步的宣传引导，在民族团结进步宣传月活动中，认真制订方案，精心组织实施，营造了团结进步的良好氛围。组织花埠圈村有关人士到外地民族村参观学习，落实国家民族政策，加快少数民族社会事业发展。加强宗教团体建设，依法管理宗教事务，认真搞好宗教法规宣传月活动。区民宗局组织专门人员，利用信教群众集会的时间，宣传宗教法律法规，发放宣传纸2000余份。查处境外利用宗教进行渗透案件1起，治理基督教私设聚会点3处、治理乱建庙宇和露天宗教造像2处，使200多名在私设聚会点活动的信教群众回到了“三自”爱国的队伍中。全面推进“和谐宗教活动场所”创建工作。与各街镇、各宗教团体签订《宗教工作责任书》，对60处宗教活动场所进行了防火、防盗、防汛、饮食安全等8个方面的安全大检查，确保宗教场所创建工作的顺利进展。43个基督教堂点全面实行财务“双代管”制度，基督教财务规范化管理工作走在了全市乃至全省前列。11月份圆满完成和谐宗教活动场所的创建达标验收工作，区基督教两会被省宗教局验收为“省级宗教活动场所创建示范点”。

【机关建设再上新水平】 按照区委统一安排，深入到高都街道中坦社区和车辋社区开展直接联系和服务群众工作，共联系群众152户，解决群众诉求16件。认真做好全区“选派机关干部到基层任职”工作，结合金坦社区实际，提出“整合帮扶资源，农商统筹推进，建设宜居家园”的总体规划。2013年帮助该社区协调资金208.2万元，重新架设电缆3处，修建及硬化社区道路3.8公里，清理水渠1500米，浇灌小麦1000余亩，建成7座高效温室大棚。协调致公党临沂三支部为中坦小学捐助价值2.8万元的图书和测试题。深入贯彻落实中央八项规定和《党政机关例行节约反对浪费条例》规定，聚焦作风建设，贯彻整风精神，坚决反对形式主义、官僚主义、享乐主义和奢靡之风，突出弘扬沂蒙精神和“创新、奉献、唯识、争先”的罗庄精神。

（王远顺）

·河东区委统战部·

【党外代表人士队伍建设工作扎实开展】 以区委名义制定下发《关于加强新形势下党外代表人士队伍建设的实施意见》及相关配套文件，形成了区委领导、组织部和统战部共同负责、相关部门积极参与的党外代表人士队伍建设工作机制。对党外代表人士队伍分类建立了详细、完备的动态信息库。与区委组织部、区委党校联合，委托江西省吉安市委党校，采用理论学习与现场教学相结合的方式，对40余名党外干部及党外代表人士进行了爱国教育和革命传统教育。加大对党外干部的安排使用和实职安排力度。2013年以来，共提拔3名党外乡科级正职领导干部，5名党外乡科级副职，其中法院配备了1名党外副院长（正科级），激发了全区党外干部干事创业的积极性。

【多党合作和政治协商制度稳步落实】 结合换届，配齐配强党外人大代表和政协委员，所占比例比上届有一定幅度的增长。下发了《关于建立聘请党外代表人士担任特约人员制度》，25名来自全区各个部门、不同行业的党外代表人士担任检察院、国土资源局及公安局等部门的特约人员。积极引导党外人大代表及政协委员开展参政议政和“同心”实践活动。2013年以来，共提交议案、提案120件，进入党委政府决策的8件。党外人士开展免费健康查体800余人次，发放防病、种植等实用技术资料（手册）15000余份、济困助残物品及慰问金12万余元，为全区经济社会发展作出了积极贡献。

【民族宗教工作开展扎实有效】 基督教两会及天主教爱国会进行了换届，对新一届班子成员进行了严格审查。在40多处宗教活动堂点开展以“教风年”为主题的和谐宗教活动场所创建活动，与各宗教堂点签订安全责任书，对各宗教堂点存在安全隐患的问题进行全面排查和整治。按照政策严格做好本区域内中、高考少数民族考生的认定工作。结合创城工作，对全区清真食品经营场所进行安全大检查，对发现的问题进行了及时整改。根据省、市关于开展民族团结进步宣传月活动要求，以“巩固和提升民族团结进步创建成果”为主题，在全区掀起了民族团结进步宣传月活动热潮，取得了扎实成效。

【非公有制经济工作有序推进】 认真贯彻落实《中共中央、国务院关于加强和改进新形势下工商联工作的意见》（以下简称《意见》），并根据《意见》要求，起草了符合本区实际的相关配套制度。组织推荐16

家企业申报了“临沂民营企业50强”“临沂民营企业公益之星”“临沂创新型民营企业”三项评选表彰活动，1人参加了第二届“临沂市十佳（优秀）青年民营企业家”评选活动，3家企业6人参加了“临沂市非公有制企业优秀党员出资人”和“临沂市非公有制经济组织先进基层党组织和优秀共产党员”评选表彰，激发了全区非公经济人士开展创业的积极性和主动性。充分利用光彩事业促进会平台，深入开展“民企帮村”活动，引导民营企业积极投身社会主义新农村建设和捐资助学、助残、扶老、扶危、赈灾、济困等社会公益活动，受到社会一致好评。

【基层基础统战工作成效显著】 成立镇（街）统战工作领导小组，镇（街）党委将统战工作列入重要议事日程，定期或不定期地研究、检查统战工作，及时解决工作中的问题。按照市委统战工作考核意见要求，对全区9个镇（街）、工业园区进行监督、监察，帮助完善一整套规章制度，使各镇（街）统战工作逐步走向规范化、正规化、制度化。按照中央、省、市有关文件要求，健全统战工作队伍，全区9个镇（街）都配备了专职统战委员，各村居配备了统战工作联络员，各级统战政策能够及时有效地落到实处。

（王乐玲）

·郯城县委统战部·

【巩固统战工作基层基础】 县委调整了统战工作领导小组，配齐配强了统战部、民宗局、工商联、台办领导班子，健全了乡镇统战领导组织，完善了县、乡、村三级统战工作网络，形成组织完善、机制健全、人员充实的良好统战格局。

【深化宣传阵地建设】 以“同心同向为实现中国梦而贡献力量”为主题，累计规范、更新有关单位宣传版面共30余幅，以大量的图片和文字资料介绍党外人士的先进事迹。引导有关单位立足实际，将统战工作与本职工作有机结合，充分发挥统战成员作用，在社会上开展了一系列建言献策、服务社会的活动，营造了良好的氛围。

【加强党外代表人士队伍建设】 县委研究出台了《中共郯城县委关于加强新形势下党外代表人士队伍建设的实施意见》，为做好全县党外代表人士工作提供了依据。按照动态管理原则，建立了党外代表人士人才库，规模达430人。各界党外代表人士积极开展调查研究、建言献策，在县人大、政协会议上，就项目建设、城乡建设、基地品牌建设、生态文明建设、社会建设献诤言、出良策。

【提升党外知识分子工作】 通过调研走访，进一步摸清全县党外知识分子知识水平、行业分布、流动方向等基本情况。将联谊会作为做好党外知识分子工作的有力抓手，全县共成立各领域、各层次党外知识分子联谊会38个，设立联络员64人，会员总数超过2000人。积极推进基地示范带动工程，先后在美澳学校、计生局等5家单位建立了“党外知识分子工作示范基地”，起到了很好的示范带动作用。坚持内引外联、上下联动、左右配合，探索出了立足党外知识分子本职，以各级联谊会为平台，以科技、文化、医疗“三下乡”、捐资助学、扶贫济困为主要内容的品牌建设模式，汇聚了党外知识分子服务社会的强大力量，涌现出一批优秀品牌。

【开展关注民生、服务社会活动】 组织有63家非公有制经济企业参与的“关爱外来务工人员子女”活动，共筹得善款80余万元，组织走访137次，帮助23名外来务工人员解决了子女就学问题；春节前夕开展了“关注敬老院老人、关爱残疾人”活动，送去羽绒服、被褥、油米面等生活物品，得到党委政府和社会各界的一致认可，为社会和谐稳定和经济发展作出了积极贡献。

（陈国伟）

·兰陵县委统战部·

【党外代表人士队伍建设】 按照省、市关于加强党外代表人士队伍建设的要求，健全完善党外代表人士数据库，创新方法，健全机制，全县党外人士队伍建设取得良好成效。一是工作机制进一步健全。制定出台了《中共苍山县委关于新形势下党外代表人士队伍建设的实施意见》，形成县委领导、组织部和统战部共同负责、相关部门积极参与的党外代表人士队伍建设工作体制。二是选拔使用力度进一步加大。在使用上，既坚持干部“四化”标准和德才兼备的原则，又做到高看一眼、厚爱一层，建立了公开、平等、竞争、择优的党外干部选拔任用机制。加大对党外代表人士的实职安排。2013年，先后提拔重用正科级党外干部2名、副科级3名，考选3名党外副乡镇长。三是实践锻炼进一步强化。经县委批准成立了县社会主义学校，为全县统战干部、统战成员学习理论、提高思想文化素质提供了平台。积极推进党外代表人士实践基地建设，制定《全县党外代表人士实践锻炼基地工作实施细则》，把兰陵国家农业公园作为实践基地，使党外代表人士在实践中积累经验、增长才干。四是党外知识分子工作领域进一步拓宽。对全县具有专科学历或中级职称以上的党外知识分子进行调查摸底，共统计党外知识分子10156名。成立了苍山县党外知识分子联谊会，召开了一届一次理事会议。

【非公有制经济统战工作】 认真贯彻中央和省、市关于加强和改进新形势下工商联工作的意见，以加强非公企业、基层商会和行业商会管理和服务为抓手，促进“两个健康”，推进各项工作扎实开展。一是深入开展三项活动。组织开展大服务、大走访、大宣传活动。制定下发《关于选派机关干部挂职帮扶企业工作的实施意见》，全县共选派县乡工商联（商会）在职在编机关干部25名挂职企业副总或助理兼党建指导员。挂职干部每周至少到挂职企业调研一次，及时了解掌握企业发展中的新情况、新问题；组织12次走访活动，共走访16个企业和6个行业商会，及时掌握外部环境对民营企业发展的影响，分析企业面临的困难和问题，更好地为企业商会服务；在《临沂工商界》杂志先后对7名非公经济人士进行宣传报道，展现了新时期民营企业家的良好形象，增强了企业发展信心。二是充分发挥商会作用。一方面，加大对商会的建设和指导力度，分别组织物流商会、美容美发保健商会以及服装鞋业商会开展了一系列活动；按照“五好”标准对全县基层商会和行业商会进行了检查考核，有效促进了商会的健康发展。另一方面，新成立了糖酒食品、小商品商会，使广大行业经营者有了自己的服务、交流和共谋发展的平台。三是搭建三个服务平台。搭建融资平台。协调市民生银行分别为小商品商会和糖酒食品商会授信5亿元和3亿元；搭建交流平台。积极与胶东异地商会对接，与兰陵籍在外成功人士交流，宣传推介全县的地理资源优势及各种优惠政策，捕捉招商信息。分别组织糖酒食品商会与费县、蒙阴商会，美容美发商会与临沭商会开展了交流学习活动，有效促进了行业健康发展；搭建合作平台。认真组织企业参加第二十四届哈洽会尚志分会场“第三届山东临沂地产品展销会”，利用首届中国（苍山）蔬菜产业博览会机遇，组织15家县执常委企业参展，努力搭建对外经贸合作的平台。四是强化思想政治教育。制定《全县非公有制经济人士理想信念教育实践活动实施方案》，动员广大非公经济人士参与到活动中。与山东省品牌与市场运营中心联合举办“新形势下优秀民营企业家创新与突破、发展、投资专家讲座”，180多家民营企业负责人参加讲座。创新社会管理，成立全县两新组织党工委，夯实两新组织党建工作基础，加强企业出资人和社会组织负责人队伍建设。

【民族宗教工作】 一是以帮扶为切入点，促进民族村居社会发展。深入开展民族团结进步创建活动，发挥少数民族企业在资金和技术上的优势，引导企业在促进民族村居发展上做贡献。金信皮革有限公司捐资1000万元用于西疃村的基础设施建设。明辉集团投资3500万元，建设皇甫寺民族社区。充分利用上级的优惠政策，为皇甫寺民族社区争取省级少数民族发展专项资金50万元。不断加大少数民族教育资金投入力度，筹资300万元新建西疃民族小学教学楼一处，并争取上级资金50万元，用于学校配套建设。二是以法律法规为依据，不断规范宗教活动秩序。对全县范围内136处宗教活动场所进行安全检查，先后查处3起非法宗教活动，对11处存在安全隐患宗教活动场所下达停止使用通知书，对20处下达整改通知书限期整改。根据《宗教活动场所财务监督管理办法（试行）》，成立了由各宗教团体主要负责人任组长的财务监督小组，全面加强对宗教活动场所的财务监督和指导。加强宗教界人士的思想教育工作，加大与公安、国家安全部门的联系和联合执法力度，不断增强宗教界抵御境外利用宗教进行渗透的能力。对各乡镇（街道、开发区）统战委员、宗教教职人员及民族村负责人约60人进行了专题培训。三是以和谐创建为载体，维护和谐稳定的社会局面。深入开展“民族团结进步”“和谐宗教活动场所”创建活动，组织开展全县民族团结进步创建活动现场观摩会。“和谐宗教活动场所”创建活动开展5年来，136处宗教活动场所中有131处创建达标。在2013年宗教活动场所示范窗口评选中，县基督教两会救恩堂被省民委（宗教局）评为“省级示范窗口”。

【统战工作基层基础建设】按照市委《关于加强全市县（市、区）统一战线工作意见》要求，坚持抓基层、打基础，积极推动基层统战工作的规范化、制度化。一是着力提高基层工作能力。一方面提高基层党委对统战工作重视程度，将统战工作的研究、协调、落实摆上重要议事日程。另一方面注重对基层统战干部的教育培训，引导乡镇统战干部学习党的统战方针政策，提高工作能力和对统战工作的认识。2013年，先后组织召开全县基层统战工作现场交流会、全县统战工作理论调研研讨会等，使基层统战干部进一步了解统战工作的基本内容，掌握统战工作的基本方法，提高工作积极性。二是把统战工作向社区延伸。制定了《关于在全县开展社区统战工作的意见》，广泛联系和团结社区内统一战线各界人士，为经济建设、维护社区稳定服务，促进社区经济和社会事业的协调发展。三是广泛开展光彩事业活动。以县光彩事业促进会为依托，以开展“民企帮村”和“民营企业助学寒门学子活动”等为主要形式，引导广大统战成员尤其是非公经济人士广泛开展光彩事业。近年来，全县民营企业参与光彩事业投资类项目138个，参与投资的民营企业家243人，到位资金4.95亿元。“民营企业助学寒门学子活动”自2011年开展以来，已累计筹集善款63万元，资助630名贫困中小学生。

（张　涛　宋　倩）

·莒南县委统战部·

【党外代表人士工作有新突破】一是争取组织保障。定期向县委常委会作专题汇报，积极争取党委支持。县委制定下发了《关于加强新形势下党外知识分子队伍建设的实施意见》，具体指导工作开展，逐步建立起党委统一领导、相关部门大力支持的领导机制和工作机制。二是出台《2013—2017年莒南县党外知识分子队伍建设规划》。规划中对加强全县新形势下党外代表人士队伍建设工作作了系统阐述和具体部署，为有重点的培养举荐优秀党外人士提供了政策依据和行动指南。三是成立党外代表人士实践锻炼基地。2013年，市党外代表人士实践锻炼基地在莒南成立，市委统战部首派了来自市发改委和市物价局的2名党外干部分别到大店镇和筵宾镇挂职副镇长。四是成立社会主义学校。以县委党校为依托，成立了莒南县社会主义学校，定期举办讲座、培训，通过丰富多彩的培训形式，不断提高全县党外知识分子自身素质。五是成立党外知识分子联谊会。发展会员110余名，均为各行各业中无党派知识分子中的优秀代表，为党外代表人士开展各类学习、调研、考察、座谈等活动打造了坚强阵地。2013年，提拔1名同志任党外政协副主席，提拔重用6名党外干部到实职副科级以上岗位工作。

【“双基”规范化建设有新进步】一是加强领导。明确各乡镇（街道）分管领导，建立统战工作领导小组。12个乡镇均配备专职统战委员和1名专职统战干事，在各村、社区全部配备由村委委员担任的统战工作联络员，形成了“横到边、纵到底、全覆盖”的统战工作网络。二是提升办公场所档次。规范硬件投入，每个乡镇（街道）统战办公室都重新配备了电脑，根据统战工作具体情况变化，更新宣传版面内容。三是着眼长效机制。完善基层统战学习例会、调研宣传、联谊交友、联席会议等制度，对统战成员基础档案资料进行了规范完善。全县“双基建设”达到了“五有三规范”的标准要求。

【异地商会联系有新发展】不断加强日常交流，了解在外商会发展中出现的新情况、新问题，提出新对策，积极帮助协调解决。先后赴北京参加莒南商会周年庆典大会，赴青岛参加临沂商会党委成立挂牌仪式，积极组织日照莒南商会筹备会和成立大会及济南莒南商会筹备工作。

【民族宗教工作有新作为】一是积极组织开展佛道教专项治理。开展宗教教风年建设，充分发挥宗教界人士在和谐社会建设中的积极作用。组织佛教界人士到筵宾镇敬老院开展“迎新春、献爱心、送温暖”活动，发放蔬菜、米面、花生油、干果等慰问品及慰问金，总价值5000余元。二是全力推动民族团结进步事业发展。积极协调相关部门，多方筹措资金，为民办好事、实事。为筵宾镇民族村东集西前河大桥筹资60余万元，筹资为东集西回族聚居村硬化道路1800米，为王家庄子村争取少数民族发展资金10万元。三是认真组织排查民族宗教领域存在的不稳定因素。上半年，处置来访3起，全县民族宗教领域和谐稳定，有力地维护了全县和谐稳定的大好局面。

【“同心”教育有新成果】 联合教体局、总工会成功举办了“金城国际杯”社会各界人士“庆五一”乒乓球比赛，组织党外代表人士召开纪念“五一口号”发布65周年座谈会，举办党外知识分子培训班。通过组织各界人士参加一系列活动，凝聚共识、强化“同心”教育，进一步深化了统一战线成员与党在“思想上同心同德，目标上同心同向，行动上同心同行”。

【服务全县中心工作有新成效】 积极参与嵋山路片区改造，紧紧围绕全县“一年初见成效、两年明显改观、三年有大变化、五年再造一个新县城”的中心目标，严格工作纪律，积极做好土地权属调查及未确权房屋认定等工作，做好片区运作成熟地块的征收、收储及出让工作。2013年，签订协议51户，上报征收地块28亩。片区提升改造后将大力提升城市形象，改善居民生活环境，吸引投资，拉动就业，为县域经济快速发展提供新的增长极。

【联系和服务群众工作有新举措】 坚持把联系和服务群众工作与服务民生工程密切结合，为筵宾镇东筵宾社区协调资金15万元，协调有关部门捐助价值5万余元的路灯14盏，协调县交通局捐资20余万元修路600米，并捐助价值10余万元的建桥石料，用以修建一座大桥，极大方便了社区居民。协调县国土局捐助10余万元进行土地整改项目。通过实际行动，切实解决了大量直接关系群众切身利益的问题，让群众真正得到实惠，受到广大群众一致好评。

（滕　云　宋艳萍）

·沂水县委统战部·

【服务全县中心工作】 招商引资工作成效显著，外出招商30余人次，提报过亿元信息2条；认真开展干部“联系群众、转变作风”主题实践活动，部机关8名同志联系245户642名群众，共为群众解决诉求12类85个，办结率98%；部班子成员参与的4个城建拆迁项目、1个企业、1个村庄等重点工作全部按照节点正常推进；圆满完成了县政协例会各项筹备服务工作。

【党外干部和党外知识分子工作】 同心同行：组织全县广大党外知识分子以“同心”为主题，非公经济代表人士以“发展”为主题，民族宗教界代表人士以“和谐”为主题，深入学习贯彻十八大精神，夯实和巩固了“同心”思想基础。活动开展：深入贯彻落实中发4号文件、十八大会议精神，大力开展“同心双联、为民服务”活动，为党外人士发挥作用、锻炼成长搭建平台。以各级党外知识分子联谊会为依托，开展送医下乡活动，免费为14000多名群众提供健康咨询、查体等服务，发放药品价值4.5万元；开展“走出去”异地查体服务，为在外务工育龄妇女节约路费、误工费等400余万元；开展送文化下乡活动90余场次，观众1.3万余人，丰富了群众的文化生活；开展为100余名残疾儿童“送教上门”活动总计1600次3200课时。推荐后备：面向全县民主推荐、考察确定80名党外后备干部，充实了党外代表人士数据库。教育培训：将党外干部培训列入全县党员干部教育培训整体计划，举办了一期80余人参加的党外干部培训班，进行统战理论、红色教育、招商引资、城建知识等内容的培训，进一步提高了党外干部综合素质。建言献策：召开县、部门层面建言献策座谈会50余场次，收到各类建言献策文章3800余篇，为党委政府科学决策提供了参考。品牌创建：教育系统开展了“教师联系学生家长、办人民满意教育”活动，6014名党外知识分子与64804名学生家长结对联系；医疗卫生系统开展了“健康服务面对面”活动，762名党外人士联系1.3万余名患者和病人。

【工商联工作】 思想教育：依托“企业家商学院”，组织引导全县非公经济人士学习贯彻十八大精神，促进非公经济健康发展。走访调研：开展“抓调研、听诉求、解难题、促发展”主题调研活动，走访会员企业32家，召开座谈会2次，帮助解决各类问题18件。金融服务：组织召开2次“政、银、企座谈会”，积极与市交通银行、平安银行对接，争取对会员企业授信放贷，发放贷款1.08亿元。企业维权：会员法律维权服务中心与43家企业签订聘任法律顾问合同，参与维权153起。对外联络：组织2家企业参加第二十三届哈洽会，帮助企业拓展市场、开辟购销渠道；加强与即墨、青州、赣榆、周村、盱眙等地友好商会的沟通联系。非公党建：成立了非公有制企业党委，在新糖酒食品商会成立党支部，实现了党建工作与经济建设同步发展、理念创新与企业服务同步发展。光彩事业：发动广大会员企业为雅安灾区捐款捐物40余万元；开展“爱心传递·情满沂水”关爱儿童活动，为763名中小学生捐款24.5万元；组织企业家到高庄镇敬老院献爱心，捐赠价值2万元的食品及生活用品；组织开展夏日送清凉活动，为身处一线的交警、环卫、执法职工送去价值2万元的矿泉水和饮料；组织糖酒商会为泉庄镇两所小学捐款2.5万元，用于改善困难学生生活学习条件。青年创业：充分发挥YBC沂水创业工作站的作用，为14名创业青年提报项目，有5名获批5万元无担保、无利息、无抵押贷款。2013年，县工商联荣获“全省县级工商联先进集体”荣誉称号。

【民族宗教工作】　促进发展：积极争取各类资金扶持少数民族村居经济社会发展，向上级申报专项资金项目5个，争取资金51万元。政策执行：为73名少数民族中高考考生办理了有关登记，为4人办理了更改民族成分。及时发放各类补贴。为1376户穆斯林农户发放牛羊肉价格一次性补贴16万余元，为6名低收入宗教教职人员发放生活补助费2.16万元。安排部署全县清真食品检查，抽调执法人员对县城范围内的清真食品生产经营场所进行了集中检查。宗教管理：完成宗教工作基础信息采集，共采集上报教职人员10人、活动场所40处、团体4个；开展“宗教政策法规学习月”活动，增强了宗教界人士和信教群众的法律意识。健全网络：在全县45个民族宗教工作重点村设立了联络员45名、普法联络员13名。参与维稳：妥善处理来人来访、咨询4起，协助有关部门处理涉及少数民族的治安信访案件2起、矛盾纠纷2起。

【基层统战工作】　构筑起了统战大网格新格局，促进了统一战线科学发展。县直统战网格，分为教育、卫生、农业、建设、政法、经贸、金融财税等7个系统网格，下设若干个小网格；基层统战网格，分为17个乡镇（街道）网格，根据实际情况下设若干个小网格；非公企业统战网格，与非公党建网格共享，共设27个非公企业网格；民族宗教网格，分为民族和宗教2个网格。各大网格都高标准打造一个示范点，带动了全县面上工作的开展。

【宣传信息调研工作】　加强统战信息宣传员队伍的教育培训，上报信息120篇条，采用数量位居全市前列；完成了《中国统一战线》《山东统一战线》征订发放工作；完成统战调研重点课题2个，一般课题3个。

（鞠太明）

·蒙阴县委统战部·

【党外代表人士队伍建设工作】　召开全县党外代表人士队伍建设工作会议，传达学习了全市党外代表人士队伍建设工作会议精神，对全县党外代表人士队伍建设工作作出全面部署。县委下发了《中共蒙阴县委关于加强新形势下党外代表人士队伍建设的实施意见》，县委办公室下发了《关于建立全县党外代表人士工作联席会议制度的通知》，对全县党外代表人士队伍建设工作提出明确指导意见。县委选派2名党外副科级干部到乡镇挂职锻炼，9名党外副科级干部参与县里的重点工作组，205名党外干部参加干部直接联系和服务群众活动，联系农户4000多户。围绕冬季供暖、学校安全、农资管理、生态文明建设等问题，组织部分党外代表人士深入调查研究，提出建议意见。县政协年内5件重点提案中，有4件为党外人士所提。

【民族工作】　及时发放少数民族生产生活补助金、穆斯林农户牛羊肉一次性补贴，县财政专款补助数额进一步提高。开展清真食品检查活动。为全县少数民族学生落实了升学优惠政策。开展“民族团结进步宣传月”活动。帮助垛庄镇南蓉芙果蔬种植合作社争取资金，举办农村实用技术培训班2期，培训学员150余人次，入社农户由60户发展到250多户。加强与上级民族部门、财政部门沟通协调，争取资金、政策支持，申报1个民族发展资金项目、5个省级民族事业发展专项资金项目。认真做好2012年民族发展资金项目的督促检查指导验收工作。

【宗教工作】　召开宗教工作联席会议2次，通报工作情况，研究解决相关问题。深化和谐宗教活动场所创建活动，加强财务管理、场所安全监督指导，积极推进宗教活动场所管理规范化。指导三个宗教团体进行了换届，对新任职人员进行了培训。对行政区划变更、教职人员属地变更的2个宗教活动场所管理进行了理顺，对相关信教群众的活动进行了规范。申报4个省级宗教事业发展专项资金申报项目。为南蓉芙清真寺协调资金进行维修，为岱崮镇丁家庄村回族群众协调手续、资金，开工修建清真寺一坊，为两坊清真寺争取安装太阳能项目资金4万元。

【非公有制经济领域统战工作】 对乡镇街区商会工作进行规范，积极加强行业商会建设，切实发挥其桥梁纽带作用。组织非公经济人士到孟良崮开展革命传统教育，引导他们感恩社会、回报社会，参与捐资助学、走访慰问困难党员、困难群众等活动12次，捐款捐物累计20多万元。鼓励企业参与社会文化活动，在全县广场文化艺术节中组织非公企业专场文艺演出5场。县委对县非公经济党组织进行了调整理顺，成立了“两新”组织工委，统战部、工商联积极指导非公企业党组织建立健全各项工作制度，加强非公经济组织党建工作，引导其研究新情况，总结新经验，探索新路子。

【教育培训工作】 举办了全县党外干部培训班，培训120人，党外代表人士教育培训工作长效机制逐步完善。举办全县乡镇商会会长培训班2期、宗教团体培训班2期、宗教团体负责人和宗教界代表人士座谈会3次，对新任职的商会会长和宗教团体组成人员分别进行了培训。通过“周末课堂”、以会代训等方式，对乡镇（街道）、县直部门和单位专兼职统战干部开展政策理论和业务培训。会同县政协组织党外委员和党外代表人士开展调研、视察活动，引导党外代表人士紧紧围绕全县经济社会发展和群众关心的热点难点问题建言献策。

【信息宣传工作】 落实了信息工作责任制，认真做好统战信息宣传工作，提高信息报送数量和质量，上报信息50余篇，编办《蒙阴统战信息》12期，刊发信息30篇（条）。

【部机关自身建设工作】 学习贯彻党的十八大及十八届三中全会精神，贯彻落实中央八项规定，加强党风廉政建设，转变作风，提高效能。深入开展直接联系和服务群众活动、“庸懒散私奢”问题专项治理活动，不回避矛盾，不畏惧困难，把各项要求落到实处。在直接联系和服务群众活动中，6名机关干部联系群众162户，帮助群众解决问题2件，转交活动领导小组2件，介绍到其他部门1件，帮助咨询问题12人次。

【服务中心工作】 选派机关干部参与片区改造、土地增减挂项目、重点项目、到村担任“第一书记”等工作，积极推动各项工作顺利进展，在推进全县重点工作顺利开展的同时锻炼统战干部队伍。积极履行牵头、督导职能，充分发挥统战部及本系统各部门作用，在重大活动期间，深入排查不稳定因素，及时化解苗头性问题，为全县创造和谐稳定的社会环境。

（李英明）

·平邑县委统战部·

【党外代表人士队伍建设工作扎实推进】 把贯彻落实市委21号文件精神作为一号工程来抓，党外代表人士队伍建设工作迈上了新台阶。一是准确把握标准，建立党外代表人士队伍数据库。认真做好发现储备工作，形成制度、严格标准，及时充实和完善数据库。二是突出实践锻炼，深入开展教育培训活动。选派一名政协副主席到重庆市挂职锻炼，在全县交流了6名党外干部，通过加强教育培训，交流锻炼，党外代表人士的工作能力，政治素质不断增强。三是着力破解难题，加大党外干部使用力度。积极争取县委支持，安排党外正职1名，新提拔3名，重用6名，在25个县政府工作部门中配备了10名党外干部。四是抓好联合评价，提升综合管理水平。全面考核党外代表人士的德、能、勤、绩、廉等方面情况，并把考核结果作为推荐使用、评优表彰的重要依据，充分发挥导向激励作用。

【宗教领域继续保持和谐稳定】 一是认真落实各项民族政策。向省民委、省财政厅上报4个省级民族宗教事业发展项目，争取少数民族发展资金42余万元。大力扶持少数民族经济，环球印铁制罐公司被确定为全国民族特需商品定点生产企业，享受贷款利率下浮和贷款贴息的优惠政策，每年可减免150万元生产费用。将5万元牛羊肉价格补贴及时拨付到穆斯林农户手中。为少数民族考生作了身份认定工作，确保各项优惠政策落实到位。二是民族团结进步创建活动成效明显。平邑街道莲花山社区被评为“全省民族团结进步创建活动示范单位”。三是宗教领域保持和谐稳定。1处宗教活动场所申报为“省级和谐宗教活动场所”，12处活动场所严格按照创建标准，全部实现制度牌上墙，提高了全县的创建水平。为9名低收入宗教教职人员发放补贴，全县宗教领域继续保持和谐稳定。

【工商联工作上新水平】 一是扎实开展理想信念教育实践活动。召开了县工商联八届三次执委扩大会议，成立理想信念教育实践活动领导小组，下发活动实施方案。二是做好服务会员企业工作。积极联系民生银行、平安银行，以平邑县工商联糖酒食品商会为依托，为商会授信三亿元，解决了商会会员的融资难问题。三是不断加大行业商会建设。按照成熟一个成立一个的原则，组建成立了建材家居、餐饮商会，有力促进了县域经济发展。四是努力抓好非公党建工作。成立了非公有制经济组织党工委，为建材家居商会、餐饮商会成立了党支部，非公组织党建工作实现全覆盖。

【统战部门自身建设进一步加强】 一是抓好重点项目建设。扎实做好城市建设、重点项目推进、信访维稳等各项工作任务，积极参与城市“网格化”管理工作。二是突出招商引资。统战系统招商引资2000万元，联系山东和顺农牧有限公司来平邑兴办企业，促成了平邑同惠食品有限公司落户平邑。三是积极开展光彩事业。联系深圳格田电器有限公司，为地方镇利渊小学捐赠现金20万元，成立光彩小学。联合县综治办等6部门发出《不忘父老恩、永记家乡情、我为乡亲送平安募捐倡议书》，引导非公经济人士发扬光彩精神，履行社会责任，为平安平邑建设做贡献。四是做好任职帮扶工作。按照县委统一要求，为帮扶村安装了视频监控，建成健身广场一处，争取到村级道路网格化工程资金10万元，硬化道路1100米，改善了村里基础设施，方便群众出行。五是深入开展直接联系和服务群众工作，切实解决好群众反映的诉求，努力化解矛盾，不断密切党群、干群关系。

【宣传信息工作进一步加强】 进一步加强与宣传部门和新闻单位的联系，加大统战工作宣传力度。切实加强统战信息工作，及时了解、准确掌握基层统战工作实际情况和存在问题，积极向省、市统战部上报有价值的统战信息。

（唐　涛）

·费县县委统战部·

【服务经济社会发展】 积极参与全县重点工作，为新时代项目建设和三和水源工程建设等重点项目建设做好协调服务，及时解决项目推进中遇到的困难和问题。全力参与“两河”治理改造工程，积极开展鲁公庙片区拆迁还建工作，协调解决好涉及非公有制企业、宗教活动场所、少数民族企业拆迁难题，为和谐拆迁创造条件，鲁公庙片区852户、35家企业全部拆迁完毕。积极开展招商活动，协调国泰铝业落户县经济开发区工业园，初步投资4—5个亿。积极开展统战服务新农村建设工作，推广应用秸秆生物反应堆技术，协调相关部门免费提供30多万元菌种，推广面积8500余亩，产量和经济效益大幅提升。为帮扶村石井镇板桥村争取资金22万元，用于基础设施建设；积极联系民盟市委到板桥小学开展捐资助学活动，捐建“民盟书屋”，捐献书桌100张、凳子200把，共计7万余元。

【基层基础建设】 召开全县统战工作基层基础建设现场会，通过现场观摩、专项评比等方式，全面提升阵地建设水平和作用发挥水平，推动基层统战工作向纵深发展。更新完善全县统战成员电子数据库系统，根据统战成员类别进行分类、分层次管理。5月份，中央统战部调研组到费县就“改变基层统战工作薄弱现状的因应之策”进行专题调研，对费县基层统战创新工作做法给予高度评价。

【党外代表人士队伍建设工作】 召开全县党外代表人士队伍建设工作会议，县委书记出席会议并讲话。制定《中共费县县委关于加强新形势下党外代表人士队伍建设的实施意见》（费发〔2013〕18号）、《中共费县县委办公室关于建立全县党外代表人士队伍建设工作联席会议制度的通知》（费办发〔2013〕10号）及《中共费县县委办公室关于进一步完善县委常委与党外代表人士交友联系制度的通知》（费办发〔2013〕11号）等文件，完善了党外代表人士经常性活动机制、党外代表人士工作流程和特约人员工作制度等。举办全县统一战线学习贯彻党的十八大精神知识竞赛，收到答题卡2000余份。建立完善全县党外干部档案，副科级及以上党外干部达到50人，其中，8个县直部门正职由党外干部担任（兼任）。

【非公有制企业党建】 摸清全县664家企业的相关情况，进一步更新完善全县非公企业党建工作台账。对停业破产的9家建立单独党组织、102家建立联合党组织、9家未建立党组织的非公企业及时对账销号，对未纳入台帐的90家非公企业及时纳入台账管理。召开全县非公企业党建工作现场推进会，通过典型发言、现场观摩、集中座谈等方式，总结推广非公有制企业党建经验。制定下发《关于组织非公有制企业到结对帮扶村挂职的实施方案》，召开结对帮扶村挂职工作会议，61家非公有制企业参与。向帮扶村累计投入资金150余万元。

【民族宗教】 协调市国土局、市法制局为梁邱西村拨付5万元慰问金。对穆斯林农户和城市穆斯林低保户进行统计，按时发放牛羊肉补贴。争取省资金20万元，用于梁邱西村西市场建设和道路硬化；争取省资金4万元，用于西马庄清真寺和许庄清真寺太阳能及配套设施建设；争取资金7万元修缮梁邱清真寺。及时拨付县民族发展教育资金20万元，用于民族教育基地和小区配套建设等工程。开展民族团结进步创建活动和民族团结进宣传月活动，排查调处涉及少数民族群众的纠纷2起。加强基督教团体建设，为基督教团体配备10名办公室工作人员；积极协调县人社局，为5名60岁以下的基督教教职人员办理城镇职工养老保险；积极上报伊斯兰教阿訇、女阿訇名单，争取省资金每人每月发放补助300元。开展涉及佛道教寺观管理有关问题的专项治理，排查出违规建设佛道教活动场所7处。

【工商联工作】 积极开展非公经济人士理想信念教育实践活动。新增选执委45名、副主席4名、总商会副会长8名。开工建设费县工商联大厦。不断扩大会员覆盖面，全县工商联会员达3452个。组织会员企业赴“港、澳、台”经贸考察，对海峡两岸中小企业合作发展愿景、发展方向具有指导意义。深入开展“百家企业、百家商会”大走访、大调研活动，扎实开展“党的十八大精神进商会、进企业”等活动。扎实开展光彩事业活动，为雅安地震捐款20.6余万元。

（邹嘉仪）

·沂南县委统战部·

【做好理论调研宣传工作】 积极研究和探索统战工作出现的新情况、新问题，努力提高统战理论研究和信息宣传工作整体能力和水平，统战人才工作站建设被推荐为中央统战部基层统战工作典型案例。

【党外代表人士队伍建设工作扎实开展】 分类建立621人的党外代表人士数据库，储备党外后备干部126名。狠抓党外干部配备。自中发〔2012〕4号文件下发后，提拔重用6名党外干部，6名党外干部交流轮岗。扎实开展教育培训工作。依托党外代表人士学习教育基地、技术培训基地和创业实践基地，举办各类党外代表人士培训班4期次，培训600多人次，组织实践活动4次。着力推动政治安排。先后推荐10名党外代表人士为市海外联谊会成员，推荐3名具有高级职称的党外知识分子为市党外知识分子联谊会理事。

【民族宗教工作稳步推进】 指导大成庄民族村加快推进新社区建设，协调做好两泉坡民族村的“城增村减”和旧村改造工作，帮助两泉坡民族村争取市、县资金帮扶，投资50余万元建成高标准清真寺。指导民族村出台优惠政策，积极招商引资上项目，投资5500万元的临沂汇泉革制品有限公司已开工建设。高标准抓好两个创建活动。深入开展民族团结进步创建和“和谐宗教活动场所创建”活动。制作民族团结创建宣传专题片1个、制度版面6个、标语条幅20条、宣传图版5个、开展活动3次。高标准完成了91处宗教活动场所创建活动，在制度机制、管理运行、规范活动、促进和谐等方面有了很大提升。坚决维护和谐稳定。妥善处理涉及少数民族群众的突发事件3起、矛盾纠纷12起。取缔私设聚会点5处，依法制止外来传教2人次，教育转化群众240余人。

【非公有制经济健康发展】 在全县非公经济人士中开展理想

信念教育实践活动，通过组织开展“搞好招商引资、助推县域经济”、培育打造“阳都名商”品牌等活动，引导广大非公经济人士积极参与对外开放、招商引资，先后引进项目6个，招商引资1.6亿元。加强基层组织建设。新成立糖酒副食和鞋业商会，发展会员560余名。扎实开展服务企业活动。开展了非公经济人士免费健康查体、“弘扬孝文化书画展”“烹饪技术大赛”等活动。组织3家企业参加第二十四届哈洽会，7家企业参加第七届中国（临沂）年货精品展销会，8家企业参加第十三届梦想赢天下·沂蒙企业领袖论坛。成立沂南县维权服务中心，帮助企业开展法律维权服务。引导有实力的会员企业成立了“融资互助”组织，参与企业23家，为30多家会员企业提供应急资金达1370万元，使多家会员企业的资金链保持畅通；积极引导开展光彩事业。组织民营企业家捐款10万余元看望老党员、优抚对象、武警官兵和交警，资助贫困学生20余名。全县非公人士共实施“光彩项目”2个，到位资金1.5亿元，安置就业人员2000名，其中优抚对象300人，带动2万余人脱贫致富，参与“光彩事业”捐款达200余万元，增加农民收入2320万元。

【海外统战工作成效明显】组织召开6场政策宣讲会，收集意见建议12件，帮助协调解决10件，帮助台企招收新工人300余名，切实维护了台商的合法权益。扎实开展“走访季”活动“回头看”，巩固“走访季”活动成果，全县7家台资企业累计完成工业总产值13.57亿元，销售收入12.9亿元，实现利税4360万元。狠抓对台招商引资。成功促使台湾兰花协会与林海花田产业园达成总投资5000万元（台商投资500万元）的花卉种植项目意向，成功引进台商独资的临沂星泰体育用品有限公司落户沂南，与攀峰胶囊有限公司二期工程达成了1.2亿的投资意向。先后接待知名台胞10余人次，促进了两岸沟通交流，提升了海外统战工作的影响力。

（黄新萍）

·临沭县委统战部·

【党外代表人士队伍建设工作】 一是加强领导。县委将党外代表人士队伍建设工作纳入重要议事日程，纳入全县人才及干部队伍建设的总体规划，纳入领导班子和干部考核目标体系，纳入党政领导干部交流总体计划。制定下发了《中共临沭县委关于加强新形势下党外代表人士队伍建设的实施意见》等文件，建立起全县党外代表人士队伍建设工作联系会议制度和特约人员聘请制度等，层层召开动员会议进行落实，为党外代表人士队伍建设工作营造了良好的政策环境。二是健全机制。建立信息管理机制，通过发放调查表，对全县党外代表人士进行充分摸底调查，填报信息档案，建立起120人的党外后备干部队伍，建立起620人的信息库，实行动态管理。建立完善教育培训机制。以县社会主义学校为依托，精心编制培训计划，对纳入人才库管理的党外代表人士分级分类培训。建立推荐使用机制。统战部门对党外代表人士的德、能、勤、绩、廉等工作表现情况进行定期了解考察，及时向县委提供推荐、选拔和使用意见、建议。年内新提拔任用5名副科级干部。建立实践锻炼机制，安排8名党外人士分别到省、市、县直部门、镇街等挂职锻炼。三是创新载体。通过筹备全县党外知识分子联谊会，在卫生、农业、教育系统等建立5个党外知识分子联系点。大力开展联系交友活动。党政领导干部带头联系1～2名党外代表人士，结成56个联系对子。定期召开党外代表人士座谈会，主动帮助他们排忧解难。大力开展优秀党外代表人士评选表彰等活动。4月份专门召开会议表彰了全县优秀党外知识分子30名。利用县电视台、临沂日报临沭版等及时宣传报道党外人士的先进事迹，不断提升社会知名度，全县党外代表人士的整体活力日益凸显。

【服务县域经济发展工作】积极组织党外代表人士和广大党外知识分子，围绕落实县委、县政府确定的建设“幸福临沭”战略目标开展调查研究，通过到村入点走访座谈，深入非公企业调查，认真研究制约全县经济社会发展和影响民生方面存在的突出问题，形成《关于开展“两区同建”工作的调研报告》等调研报告及建议意见60多份，为县委、县政府科学决策提供了依据。广大统战干部认真参与全县开展的干部直接联系和服务群众活动，每名干部联系40余户群众，早出晚归深入农户和田间地头，发放联系群众承诺卡，帮助困难群众理清发展致富路子，尽最大努力帮助贫困家庭解决生产生活中的实际问题。协调有关部门帮助非公企业解决融资难、引进人才技术难、产品销售难等实际问题。会同工商联邀请上海交通大学教授等对非公经济人士进行培训，充分发挥非公经济组织党工委的作用，扩大党组织在非公经济组织的覆盖面。引导民营企业家关注民生，开展了“同心·民企帮村”“同心·民企助学”和光彩事业等活动，民营企业金正大公司每年拿出100多万元资金用于帮助困难职工、捐助家庭困难学生。全县非公经济人士和非公企业积极参与各项社会公益事业，累计捐款捐物折合人民币360多万元。年内对饮食商会等进行了换届，新成立了糖酒食品商会，对新成立的商会班子人员进行业务培训；不断加强行业商会、镇街商会的规范化管理，健全各项规章制度，提高商会自我管理自我约束能力，避免同业不当竞争。

【民族宗教领域工作】 加大少数民族项目争取力度和扶持资金使用额度，筛选上报项目15个，积极争取省、市少数民族发展资金、民族宗教事业发展资金、民族企业技改资金。店头镇店北街改水项目和店头清真寺水房太阳能利用项目已获批准，争取上级资金13万元。常林集团享受贷款额度3.45亿元，享受贴息365.68万元。协调发改局为店头正茂皮革争取技术改造资金410万元。春节、高考期间，对全县近60家清真食品生产、经营场所及学校食堂进行检查。化解涉及少数民族纠纷2起。成立考核工作组，对宗教团体领导班子、领导班子成员和教职人员的政治思想、团结状况、教风及作用发挥等方面进行考核。协调民宗局加大执法力度，依法取缔非法聚会点一处。县基督教三自爱国委员会投资300多万元建设的中心堂已投入使用。深入开展了“服务社会、促进和谐”“法律进教堂”“五好宗教界人士”和“民族团结进步宣传月”等活动。

【基层基础和海外统战工作】 调整充实了县统战工作协调领导小组，建立健全了统战工作组织网络，进一步完善《2013年全县统战工作综考核办法》，细化考核内容，加强督导检查，突出抓薄弱环节，提高落实效果，促进平衡发展。加大了对镇街统战工作的督导检查力度，努力实现基层统战工作基础建设规范化、制度化、经常化，建立起基层统战工作的长效机制。

不断加强同台湾同胞海外侨胞的联系和沟通，积极拓宽联系渠道，开展各种形式的联谊交流活动。进一步加强信息调研宣传队伍建设，举办了一期培训班，加大对信息员的培训力度，不断提高业务素质和写作水平。进一步集中力量办好《临沭统一战线》，编发10期，充分发挥统战网站平台作用，加强与宣传部门、新闻单位的联系，不断扩大统战宣传影响。积极开展学刊用刊订刊活动。

（高　娟　朱孔高）

·临沂经济技术开发区·

【领导高度重视，组织保障坚强有力】 一是党工委重视程度高。将统战工作纳入党工委重要议事日程，纳入干部培训计划，纳入宣传、新闻工作的总体计划，纳入开发区科学发展综合考核指标体系，与经济发展工作同部署、同检查、同考核，直接与各部门单位年终绩效考核挂钩，使各级统战工作者肩上有担子、心里有责任、手中有抓手。二是两委支持力度大。两委会议专题研究统战工作，对统战各项工作进行安排部署。成立了由组织部长任组长、有关部委办局及单位主要负责人为成员的领导小组，进一步明确了工作职责和任务分工，切实加强对统战工作的领导。三是分管领导靠上抓。由党工委委员、组织部长直接分管统战，经常性地听取汇报，及时研究解决工作中遇到的重大事项、重要工作，为统战工作提供了良好的工作环境和坚强的领导支持。

【搭建平台载体，推动统战工作跨越发展】 推进党外代表人士队伍建设。一是加强调查研究。对区内区级以上党外人大代表、政协委员、无党派人士、少数民族干部、宗教教职人员情况进行排查摸底，建立专门台账。二是加强思想政治工作。积极开展机关事业单位与非公企业结对共建，选派3名机关党员干部到非公企业结对子，提高非公企业党建工作水平。通过举办培训班、座谈会，引导党外代表人士和非公经济代表人士进一步统一思想、吃透政策，为全区经济社会发展建功立业。三是坚持广开言路。组织人员下企业、召开座谈会，主动倾听意见建议，引导为开发区建设献计献策、多作贡献。四是做好联谊推荐工作。推荐党外知识分子联谊会副会长两名、理事一名，光彩事业促进会荣誉副会长两名、理事五名。充分发挥工商联的作用。工商联将园区企业及优秀企业家联系起来，加强工商联机关与企业的沟通与交流，优化了各部委办局对企业的服务。做好归国侨胞优抚工作。成立了侨联、台办，专门负责归国侨胞和台商的优抚工作，做好归国同胞的统计与联系工作，通过定期和不定期走访及开展文体活动、联谊晚会等形式，积极引导归侨人员为开发区经济发展做贡献。

【发挥资源优势，推动经济社会科学发展】 一是充分发挥对外交往优势，招商引资力度不断加大。利用统战资源共发出招商项目资料2000余份，传递招商信息500余个；联合有关部门引进项目9个，其中过亿元项目6个。二是积极听取企业建议，服务环境不断优化。开展直接联系服务群众、服务企业活动，通过召开企业座谈会、上门走访调研、发放调查问卷等形式，就如何改进机关作风、帮助企业解决困难和问题，征求园区各企业的意见和建议，及时整理上报，为开发区党工委、管委会领导决策提供依据。三是积极争取指导支持，服务效能不断提升。争取市、区政协委员、人大代表鼎力支持，积极推进项目建设。高度重视开发区范围内市、区人大代表和政协委员的作用，多次开展调研活动，深入现场实地察看重点项目进展情况，对开发区如何加快发展提出了很多宝贵意见和建议。

（王建元）

德　州　市

·德州市委统战部·

【学习宣传贯彻十八大、十八届三中全会精神】 举办专题辅导班6期，组织学习研讨、座谈交流30多次，市委统战部荣获全省统一战线学习党的十八大精神知识竞赛优秀组织单位一等奖。开展“凝心中国梦·聚力幸福城”主题教育活动，组织征文，举办演讲会。扎实开展非公有制经济人士理想信念教育实践活动，举办专题培训班56期，开展主题讨论38次，组织实践活动44次，参与活动的企业家达1万多人次，帮助企业梳理发展困难问题384条，解决236件。

【服务经济社会发展】 以“同心·共推共创行动”为总抓手，支持各民主党派、工商联、无党派人士开展专题调研30多次，形成调研报告20多篇，10多篇被批示转化；提交提案议案900多件，100多件进入党委、政府决策。深化百企连百区、三下乡、光彩事业、感恩行动，举办科教文卫法下乡活动50多次，受益群众3万多人次；948家非公企业帮扶269个农村社区、168个产业园区，完成投资额181.1亿元；512名非公企业家帮扶1289名“三老人员”，开展帮扶活动196次，捐赠资金1000多万元。深入开展民族团结进步创建和“教风年”创建活动，维护民族和睦、宗教和顺、社会和谐。“星级宗教活动场所”创建工作被评为2013年度全省统战工作实践创新优秀成果。成功举办德州市海外联谊会第四届理事大会，邀请海内外120多名理事参加，组织30多名港澳台海外知名企业家开展“德州行”活动，推介项目123个，2个项目成功落户，投资额近20亿元。

【党外代表人士队伍建设】 制定《德州市2013—2015年党外代表人士队伍建设规划》，确定2013年为“党外代表人士队伍建设推进年”。研发党外代表人士综合管理服务系统，创新管理方式，提高工作效能。制定《2013—2017年德州市统一战线教育培训规划》，推动县市区成立社会主义学校。在禹城市房寺镇、庆云县尚堂镇、德城区黄河涯镇建立3个市级党外代表人士实践锻炼基地，选派6名党外干部参加挂职锻炼，并制定管理办法，推动工作规范。举办德州市2012党外代表人士“十大年度人物”“十大年度新星”评选表彰活动，编印《共筑幸福与梦想》，被省委统战部评为全省统战理论调研宣传“四新工程”特别奖。积极推动落实政治协商制度，市委、市政府共召开党外人士情况通报会5次。协助民主党派、工商联加强自身建设，组织民主党派负责人到辽宁考察调研，实施民主党派成员“能力素质提升”工程，开展民主党派机关“抓学习、建制度、搞服务、上水平”活动、“县级工商联建设年”活动。大力推动党外代表人士选拔任用，2013年，全市共提拔重用县级党外干部10名，其中正县级3名，县市区共提拔党外干部36名。

【加强自身建设】 推动县市区按要求配齐配好统战部长。认真贯彻执行中央“八项规定”、市委“八条禁令”，切实转变工作作风。成立市委统战部机关党总支，下设三个支部全部被评为“五星级党支部”。调研宣传信息工作成绩突出，市委统战部荣获全省统战理论调研宣传“四新工程”先进单位、全省统战信息工作先进单位一等奖、全省统战宣传刊物工作先进单位二等奖。

（苏利军　戚少冉）

·德城区委统战部·

【助推经济社会发展】 一是充分发挥统一战线人才荟萃、智力密集优势，积极引导统战成员围绕全区重点工作调查研究、建言献策，2013年共收到各类意见建议43件。联合民盟市委、民盟德城支部，在黄河涯镇于西小学建设“同心·教育服务基地”。联合民革德州总支医疗、书法专家深入天衢街道办事处新四合社区开展送健康、送温暖、送祝福为主题的“三下乡”活动，免费为300多名群众体检，发放有关卫生防疫、健康指南等宣传材料1000多份，撰写春联120多幅。联合致公党德城支部的科技、医疗专家深入二屯镇百卉社区开展“科技医疗进村居，社会服务进社区”活动，受到村民欢迎。二是充分发挥统一战线联系广泛优势，主动加强与民主党派中央、省委，工商联全联、省联及北京、天津、长三角、珠三角地区统战部门、商会及社团的联系，大力招商引资。区工商联先后与天津、青岛、秦皇岛及长三角等发达地区工商联建立友好商会。成功举办港澳台知名企业家“德城行”项目推介会。三是认真开展幸福帮扶活动。组织科级以上统战干部深入社区，了解社区群众在工作生活中遇到的困难问题，积极帮助解决，征求他们对党组织服务民生方面的意见建议，并建立科级以上干部联系居民基本情况表和便民服务卡。共征集到社区居民意见建议31条，解决实际困难9件。为新湖办事处桥口社区申请安装排污管道等基础设施建设项目资金20万元，为小锅市社区申请太阳能浴室项目资金15万元。四是认真做好民族宗教工作。建立健全民族宗教工作四级网络和三级工作责任制，夯实基层民族宗教工作基础。扎实开展民族团结进步宣传月、民族团结和谐进步村居（社区）和平安村居（社区）创建活动、和谐宗教场所创建活动，促进区内民族团结、宗教和睦、社会和谐。

【加强党外代表人士队伍建设】 认真贯彻落实中央4号、省委10号文件精神，认真抓好党外代表人士物色发现、培养锻炼、使用管理等工作。以区委党校为主体，成立社会主义学校，对党外代表人士进行轮训。加强党外代表人士实践锻炼基地建设，在黄河涯镇、天衢街道办事处建立了“一南一北、一农一工”两个实践锻炼基地，与有关部门联合选派党外干部挂职或任职锻炼。开展“德城十佳统战人物”和“德城十佳统战新星”评选表彰活动，评选出10名统战人物、10名统战新星和20名优秀党外代表人士，在全区统战工作会议上进行表彰，区委书记亲自颁奖。在《德州日报·德城版》、德城区新闻中心开辟《党外人士风采》专栏，宣传候选人先进事迹，将进入评选范围的40名先进人物事迹材料汇编成册，向社会各界发放。

【加强自身建设】 认真做好调研宣传信息工作，形成理论调研报告3篇，编报《统战工作信息》18期，在各级媒体发表调研宣传信息稿件31篇。开展争做“三好、四有、五型”统战干部、“树统战干部形象，建党外人士之家”活动，加强思想、组织、作风和制度建设，打造和谐统战、幸福统战。

（何尉豪）

·禹城市委统战部·

【扎实推进“同心·共推共创行动”】 一是全面贯彻十八届三中全会、习近平总书记系列讲话精神，组织非公有制企业、党外代表人士听取十八届三中全会精神专题辅导报告。二是做好招商引资工作。多次到北京、上海、天津、济南等地招商，引进胶东村镇银行项目，邀请外地客商来禹考察、洽谈近20多人次。利用统战平台，邀请民建山东省委企业委员和海内外企业家到禹城参观考察，积极引导会员企业结合自身优势以商招商、项目引商。三是助力两区同建工作。引导非公企业积极投身产业园区建设，目前已开工建设的有投资10亿元的鳌龙现代农业园项目、投资9亿元的肉鸡养殖加工项目、投资12亿元的2万头奶牛牧场全产业链项目等。四是做好民族宗教工作。开展四个一活动，即：建立一处法律宣传教育阵地、向少数民族群众发放一本法律知识宣传手册、举办一期民族村干部法制培训班、开展一次民族村法制宣传巡回演讲活动。联合市委党校、市民族宗教局举办全市民族宗教工作培训班，对各级民族宗教工作者和村支部书记进行培训。结合“五五”普法和“民族团结进步宣传月”活动，积极开展“三下乡”“送法下乡”等活动。举办禹城市“共建和谐”卧尔兹演讲比赛和民族宗教界书画展，促进了民族团结，宗教和顺。

【建立统战工作基地】 一是以探索党外代表人士工作为重点，建立实践锻炼基地。以房寺镇党委为中心，在通裕集团、镇卫生院等建立了8个党外代表人士“同心·实践点”，涵盖了教育、文化、卫生、法律方面，形成了一个中心、辐射八方的实践锻炼基地体系，分3批组织152名党外代表人士到实践点进行实践锻炼，提高工作能力。二是以探索活动载体为重点，建立禹城市统战活动中心。活动中心设在党外代表人士较多的龙力公司，购置了各类统战资料、报纸杂志，完善了各项工作制度，定期召集党外代表人士进行座谈、开展活动。2013年，活动中心共举办各类活动6次，召开非公经济代表人士、党外知识分子等座谈会4次，召开经济洽谈和人才交流对接会2次，刊发《活动简报》12期，240多人参与，增进了党外人士之间的感情，提高了参与各类活动的积极性。三是以探索新的工作方式为重点，建立统战工作实践基地。基地设在禹王集团，重点在非公企业党建、非公经济代表人士和社会新阶层人士的培养、党外知识分子联谊、海外联谊、统战理论研究等方面开展工作，全年共召开党外知识分子座谈会3次，新阶层人士交流会2次，举办新阶层人士统一战线学习论坛3次。先后撰写了《关于商会经济发展情况的调研报告》和《关于加强我市经济发展软环境的调查报告》。四是以做好民族宗教工作为重点，建立民族宗教工作实践基地。基地设在十里望回族镇，加强对民族宗教工作的理论研究和实践探索，开展对少数民族干部、宗教界人士的实践锻炼。

【指导工商联开展各项工作】 一是开展理想信念教育实践活动。开展了“六个一”系列活动，即：“开展一次读书讨论征文活动、一次走访慰问老党员活动、一次主题演讲比赛、一次支部结对共建活动、一次爱心捐赠活动、一次非公人士进社区活动”。二是加强工商联自身建设。达到了“一个设立”“五个有”，解决了编制、经费和独立办公场所问题；全年新发展会员48名，大多为高学历的青年企业家；制定了一系列规章制度。三是做好非公经济人士的思想政治工作。开展学习宣传党的十八大精神和十八届三中全会文件精神活动，坚定非公经济人士理想信念。全年召开非公企业家交流会5次，收集意见建议13条。积极引导非公有制企业开展光彩事业、感恩行动、扶贫助困行动，开展帮扶活动33次，开展扶贫助困活动56次，帮扶困难群众249名，帮扶资金650万元。

（冯　振）

·乐陵市委统战部·

【全面深化同心行动】 一是紧紧围绕实现跨越发展、建设幸福乐陵这一主线，以党外知识分子联谊会、企业家轮值活动为平台，组织引导党外人士积极参与重大项目建设、招商引资、社区并建等市委重点工作，先后3次组织农林科技系统、文化系统、卫生系统、司法系统统战成员到乡镇、社区开展送科技、文化、卫生、法律下乡活动，受益基层群众6000多人次。加强对外交往和招商引资工作，促成义乌市义发集团在乐陵投资建设城市垃圾无害化处理、农村秸秆无害化处理、发电设备制造3个项目。二是引导广大非公有制企业家积极践行义利兼顾、以义为先的理念，弘扬优秀建设者和光彩精神，引导义乌商贸城、金麒集团、强力日化有限公司和市中街道办事处多家企业与66名“老党员、老干部、老革命”长期结对帮扶，已落实帮扶资金1600万元，提供就业岗位128个，扶持致富项目90个。信诺医疗器械有限公司为湖北山区医院捐助价值300万元的医疗器械。三是按照市委统一部署，对云红办事处、胡家办事处、朱集镇、郑店镇11个社区（村）的农户入户走访，重点走访困难户、种养大户、个体私营户、农民专业合作组织成员户，征求意见建议16条，为社区群众解决小麦直补政策落实、特色规模养殖、居住环境改善等方面的实际问题9件。自筹资金2万多走访慰问22户困难党员，帮助朱集镇张明川村修建排水渠2500米。

【加强党外代表人士队伍建设】 相继出台《关于进一步加强党外代表人士队伍建设工作的意见》《关于选派年轻党外干部到乡镇（街道）、企业挂职锻炼的实施意见》等文件，建立40人的党外人才信息库，动态管理，跟踪培养。举办党外代表人士培训班4次，选派10名优秀党外干部到市直部门和乡镇（街道）挂职锻炼。通过“六公开两监督两评议”（“六公开”即公开职位职数、公开任职条件、公开方法程序、公开推荐人选、公开竞岗演讲、公开竞岗成绩，“两监督”即纪检监督、社会监督，“两评议”即单位满意度评议、社会认可度评议），竞争选拔文化市场综合执法局局长1名（正科级实职），发改局主任科员1名，教育局主任科员1名，农业局副局长1名，副科级以上党外干部5名。

【做好非公有制经济领域统战工作】 一是提供人才支持。联合市人事局、人才市场举办大型人才招聘会，110多家非公企业参加，提供就业岗位6897个，1200多名文秘、管理、营销、财务、技能、信息等专业对口人才成功应聘，有效缓解了非公企业用工难题。二是提供融资服务。成立3个企业互助商会，分别与德州银行、中国银行、工商银行签订长期合作协议，采取相互担保的方式借贷融资，解决中小微企业融资难问题，为36家企业获得融资近2亿元，节约270万元的财务费用。三是提供培训服务。联合市金融办举行非公有制经济企业家金融知识大讲堂，市财政负担费用。活动每月举办两天，以讲授为主，讨论为辅，案例式教学。四是参与两区同建。引导帮助山东盘中餐农业发展有限公司与杨安镇崔刘社区开展合作，规划出226.5亩用于新社区建设用地，节约土地527亩，全部流转给盘中餐农业发展有限公司建设高效生态示范园。飞达集团、希森三和集团、希森马铃薯集团着力打造“一乡一业”特色农业基地，开展订单式、定向性经营，促进农村剩余劳动力转移就业，带动周围近百个社区农民增收9000万元。五是深化非公经济人士理想教育实践活动。联合市委宣传部、市电视台、市报社举办“国强杯·幸福乐陵在我心中”有奖征文和“企业家理想信念教育专题访谈”活动，以坚定理想信念、实现跨越发展为主题，增强企业的信念、信任、信心和信誉。

（王宗兴）

·宁津县委统战部·

【增进共识、凝聚力量】 认真组织统一战线学习贯彻党的十八大、十八届三中全会精神，通过召开座谈会、举办知识竞赛等形式，坚定理想信念，增进政治共识。深入开展非公有制经济人士理想信念教育实践活动，出台实施意见，三岭集团董事长倪国岭作为企业家代表在动员大会上向全县非公经济人士发出倡议。组织举办学习培训、主题讨论、实践活动等10多次，梳理非公企业发展困难问题22条，帮助解决13件。

【再掀“共推共创行动”新高潮】 制定关于再掀“共推共创行动”新高潮的实施方案，联合县人大、县政协下发《关于加强人大代表、政协委员调研活动的通知》，全年共收到各类意见建议60多条，部分优秀调研报告得到领导重视和批示。充分发挥无党派代表人士联谊会的平台作用，组织文教、卫生、科技、工商联等小组，根据各自专业特色开展送医药送技术、安全讲座、法律咨询下乡活动10多次，累计发放宣传手册3000多份，诊疗咨询2000多人次，走访慰问困难群众150多人，特困家庭21户，资助贫困学生达300人。积极做好民盟省委帮扶宁津的协调服务工作，为25名中小学生申请了教育资助。引导企业家进一步参与“两区同建”，筛选10家非公企业定点帮扶10个“两区同建”项目，形成产业带动、结对帮扶、公益捐助、就业扶持等多种帮扶模式。深化党员干部联系服务群众工作，累计走访慰问困难群众100多人，特困家庭6户，发放连心卡100多份。注重培养先进典型，在县电视台开辟专栏，加强宣传，在全社会营造发挥统战优势，整合资源、凝聚力量，推动发展的良好氛围。

【扎实做好党外代表人士工作】 在县委党校挂牌成立社会主义学校，划拨办公经费，确立办公场所，配备办公设备。在县信访局、津城街道办事处、恒硕太阳能公司建立3处党外代表人士实践锻炼基地，选派3名新提拔的党外干部进行为期一年的挂职锻炼，每个单位轮流实践3～5个月。2013年5月，一次性新提拔任命12名年轻副科级党外干部。截至2013年底，全县共提拔副科级以上党外干部38人，充实完备党外后备干部人才库150人，党外代表人士人才库230多人。

【工商联工作取得新进展】 推动主席轮值会活动常态化，每三个月召开一次，每次确定一个主题，定期走访，密切与企业联系。积极引导非公企业诚信经营，联合县电视台开办“诚信企业先锋”栏目，联合宁津报开设“诚信在行动”专栏，播出胜阳五金、恒硕太阳能、大亨木业等7家非公企业的诚信经营报道，弘扬了“我诚信、我发展、我奉献”精神。加强县级工商联建设，全县乡镇、街道商会覆盖率均超过95%，所有商会均达到“六有”标准，会员数量年增长率超7%。积极推行以商会带行业协会、行业协会带动农户的帮带工作模式，对会员企业在资金、技术、信息等方面给予积极帮助和支持。主动加强与上级部门、友好商会、港澳台海外工商社团的联系，邀请知名企业家来投资考察，大力招商引资，引进河北春蕾集团有限公司投资1.5亿元的春蕾生物（糠醛化工）项目。成功争取中国食用菌协会命名宁津县为“中国食用菌产业化建设示范县”。

（王秀青）

·齐河县委统战部·

【推进“同心·共推共创行动”深入开展】 一是扎实推进“百企连百区”活动。组织部分非公有制企业学习美东工贸和益康食用菌有限公司参与“两区同建”的经验做法，召开了企区双方对接会，引导更多企业参与活动、支持“两区同建”。二是大力开展招商引资。按照全县招商引资“双百”会战工作部署，精选18名优秀党外代表人士加入招商引资工作小组，进行专职招商。加强与上级统战部门、统战组织联系沟通，大力宣传推介齐河。共搜集有价值信息22条，正在跟踪项目3个。三是开展同心·送温暖活动。组织教育、医疗卫生、法律等方面的53名党外人士深入到仁里集大王社区、刘桥乡华中社区开展三下乡、维权服务等系列社会服务活动。四是开展“135”大走访活动。组织副科级以上干部多次深入仁里集镇大柴村、边庄、马庄、左庄村走访，了解群众生产生活中存在实际困难和问题，听取他们的意见建议，并建立帮扶台账。活动中共走访农户340户，发放服务联系卡300余张，收集到合理化建议150条，为群众解决问题85件。五是大力发展光彩事业。引导全县非公经济人士积极参与社会公益事业，莱钢永锋有限公司捐款50万元，资助178名贫困大学生。六是扎实推进感恩行动。组织10家非公企业与“三老”人员实行“一对一”帮扶，每人发放慰问金200元。组织医疗卫生系统20多名优秀党外人士，成立义诊服务医疗队，免费为“三老”人员进行健康检查，并建立完整的健康档案。七是认真做好民族宗教工作。举办了全县宗教工作干部培训班，提高基层宗教干部工作能力和水平。在全县89处依法登记的宗教活动场所中开展“安全年”创建活动。扎实开展民族团结进步宣传活动，发放宣传明白纸2000多份。

【党外代表人士队伍建设取得新进展】 一是建立健全人才库。在全县范围内调查摸底，建立起335人的党外代表人士人才库、68人的优秀党外人士后备人才库，动态管理，跟踪培养。实行阶梯式推荐党外干部，确立了21名第一批推荐人选和47名第二批推荐人选。二是加强教育培养。在县委党校正式挂牌成立社会主义学校，举办2期党外代表人士培训班，160多人士参加。在县信访局、天宇机械等处建立4个党外代表人士实践锻炼基地，选送4位年轻优秀党外干部进行实践锻炼。三是加强联谊交流。建立了统战部长与党外人士约谈制度，并制定具体实施方案，对约谈对象、约谈时间、约谈方式等进行明确，2013年共约谈党外代表人士25人，收集到合理化建意14条。在齐河一中、齐河旗舰集团建立2个“党外人士之家”，配齐办公设施及图书资料室，共接待党外人士100多人次。举办了“旗舰杯”党外知识分子庆祝建党92周年书画摄影展，共收到书画、摄影作品300余幅，展出150幅。

【非公有制经济代表人士理想信念教育实践活动有效开展】 组织开展以“走进革命老区，缅怀革命先烈，坚定理想信念”为主题的“老区行”学习教育活动，加强对民营企业家的革命传统教育。建立健全15个基层商会和3个行业商会，定期召开商会交流联谊活动，用活动实现合作共赢、密切政企对话。定期深入企业，了解生产经营状况，帮助企业协调解决融资难、招工难、项目用地、用电增容等难题。

【部门自身科学化建设上水

平】 深入开展“五型”机关创建活动。建立健全学习、公文处理、档案管理等工作制度，切实改进机关作风，提高办事效率。

（张志霞）

·陵县县委统战部·

【认真组织实施“同心·共推共创行动”】 采取多种措施，组织引导广大党外人士结合各自优势特长，开展形式多样的“同心”活动，推动活动向纵深发展。定期组织卫生系统党外专家开展“同心·三送（送医、送药、送健康）”活动，在糜镇、宋家镇等民族工作重点乡镇开设了同心窗口、同心咨询站，芦坊、李家寺等统战工作重点社区组织了“同心服务队”“同心剧团”等社团组织；推动“百企连百区”工作向纵深发展。截至目前，全县统战成员和各界人士共提交提案、议案和合理化建议80多条，开展各类帮扶活动30多次，累计提供帮扶项目300多个，捐款捐物200多万元，走访慰问“三老”人员30多人，救助贫困生100多人。普利森集团捐款80多万元，用于建设“普利森希望小学”、救助贫困学生、“帮扶三老”等。银海物资贸易有限公司累计捐款90多万元，帮助糜镇基山村修路、修桥、捐资助学、赡养农村孤寡老人、为村民安装健身器材等。认真做好民族宗教工作，深入开展民族团结进步创建活动，举办“民族团结进步杯”篮球比赛，22支回汉族篮球队参赛；举办为期三天的陵县第一届民族团结文化艺术节，400多名回汉群众同台演出。扎实开展“宗教政策法规宣传月”“宗教政策法规学习月”活动，通过举办座谈会、法制讲座、法律咨询等方式，增强宣传效果。同时，注重将活动开展与解决工作中的重点难点问题结合起来，促进各项工作开展。“同心·共推共创行动”已成为全县统战成员参与富强陵县、品位陵县、幸福陵县建设的有效载体。

【党外代表人士队伍建设取得新进展】 一是建立工作台账制度。制定了基础信息、锻炼成长、活动开展、典型示范、督导评议五类工作台账，对全县党外代表人士队伍建设工作进行全方位、立体式记录。二是建立健全数据库。在深入调查摸底的基础上，首批遴选40名党外代表人士和10名党外后备人才，分门别类录入数据库，每年进行更新完善。三是强化实践锻炼。在糜镇、群力塑胶有限公司、卫生局建立3个党外代表人士实践锻炼基地，首批选派3名党外干部到基地挂职锻炼。组织40名科级以上党外干部参与全县“三包一联”活动，每人包一个片区或村居，促进他们成长进步。

【非公有制经济代表人士工作迈上新台阶】 扎实开展非公有制经济人士理想信念教育实践活动。成立了活动领导小组，召开了动员会议，按照典型示范、重点推进、分类指导、全面铺开的原则，选取陵城镇商会、陵县畜牧行业商会等作为教育实践活动示范点，采取学习培训、主题讨论和实践活动相结合的方式，确保活动取得实效。通过以会代训、参观考察、选送学习等方式举办有针对性的培训活动16次，组织召开各类座谈会、演讲比赛、征文比赛等6次，参与人数2000多人。发放各类宣传资料3000多份，非公企业参与社会公益活动20多次，捐款捐物100多万元。

（李树蓓）

·临邑县委统战部·

【抓项目，经济统战工作由“务虚”向“务实”转变】 一是发挥优势引进项目。依托塑编、化工、餐饮、木业和企业互助商会等统战组织，先后多次到北京、天津、青岛、泉州等地招商，获取有价值的项目线索30多条，全县统战系统引进项目数4个，合同引进资金7.6亿元。积极争取项目发展资金，上报国家民委项目1个，省民委项目3个，上报市级以上少数民族发展资金360万元，实际到位资金280多万元。二是倾力培植保障项目。出台《临邑县大企业培植重点调度企业个性化培植方案》和《临邑县科技成长型企业培植重点调度企业个性化培植方案》，建立县领导挂包重点非公企业制度和县级领导干部联系高科技非公有制企业服务高层次人才制度等，优化非公有制经济发展环境。针对重点非公企业，出台高含金量的扶持政策，出资5000万元，为企业提供“过桥”资金，保障企业资金链的安全;对企业三年内新上项目采用一事一议的方式，优先供应土地，提供完善的配套基础设施；对企业技术创新、创牌、挂牌上市等提高奖励标准。三是主动帮扶服务项目。联合县委组织部、县非公有制经济组织党工委、国税、地税等18个部门，组建“非公企业服务团”，为非公企业提供帮扶，共走访企业93家，帮助解决困难问题167件。选派15名年轻党外干部担任重点联系非公企业专职项目秘书，为项目落户和企业发展提供全方位的高效服务，以达到干部受锻炼、企业得实惠、项目大发展的目标。

【抓载体，人才统战工作由“单一”向“多维”转变】 一是搭建联谊载体，不断增强工作新活力。成立县党外知识分子联谊会，共有成员103人。二是创新活动载体，不断丰富工作新内容。开展“同心·凝共识”活动，组织县知联会成员开展送书法、送医疗下乡活动、“凝心中国梦·永远跟党走”演讲比赛，增强党外知识分子与党同心的共识。开展“同心·理想信念教育”活动，在100多家规模以上重点非公企业开通“理想信念教育在线”微课堂，将有关开展理想信念教育实践活动的重要内容、动态信息和统一战线、企业文化建设、争当优秀建设者等知识，以手机报形式定期发送，引导非公经济人士自觉把个人梦、企业梦融入到中国梦中，积极履行社会责任。三是搭建培育载体，不断提升队伍素质。在县委党校挂牌成立社会主义学校；精心打造王为民纪念馆、邢侗文化纪念馆、临邑党史馆，廉政警示教育基地、全省民族团结进步宣传教育基地“三馆两基地”培训载体，对党外人士进行理想信念和爱国主义教育；定期组织优秀党外代表人士、优秀社会主义建设者、民族团结进步先进个人等进企业、进单位开展巡讲活动，引导党外人士学先进、赶先进、当先进，打造“理论教育+实践教育”“课堂教育+基地教育”“定点教育+巡讲教育”教育培训新模式，2013年，2000多人参加培训。在县信访局、恒源街道、山东天鼎丰非织造布有限公司建立3处党外代表人士实践锻炼基地，选派3名党外代表人士进行挂职锻炼。在全县副科级以上党外干部中大力开展进村进户进田间、同吃同住同劳动、促发展促民生促和谐的“三进三同三促”教育，增强党外干部宗旨意识、群众观念。

【抓基础，和谐统战工作由“独奏”向“合唱”转变】 一是以“百企连百区”活动为纽带，汇聚力量，推进工作。引导10家重点非公有制企业与社区结对帮扶，提供就业岗位2000多个。依托县光彩事业促进会，积极推进“感恩行动”、扶贫助困等活动的开展，2013年新增参与感恩行动企业10家，全县共有60家非公企业对接帮扶300名留守儿童、留守妇女、留守老人，12名企业家结对帮扶15名贫困大学生，帮扶项目8个，帮扶资金100余万元。二是以民族团结教育基地为平台，集中资源，示范带动。充实完善民族团结教育基地，举办“卧尔兹”巡回演讲报告会，培训少数民族干部、群众及学生2000多人次。健全完善县、乡、村三级民族工作网络和宣传教育网络，设立示范单位、示范镇、村和学校，发放民族政策知识及法律法规宣传册500多本，营造民族团结的浓厚氛围。临邑县被评为全省民族团结创建活动示范县。三是以培育统战典型人物为抓手，扩大影响，彰显价值。加强与宣传部门、新闻媒体的沟通协作，发挥新闻媒体的宣传优势，在临邑大众、广播电台等媒体上开辟“与党同行·身边的榜样”专栏，在“临邑县统战网”开辟“优秀社会主义建设者”“双岗建功人物风采”“党外人士风采专栏”等专栏，大力宣传一批长期以来与党同心同德、政治上可靠、对促进经济社会发展有突出贡献的优秀统一战线各界人士，扩大社会影响，提升统一战线的社会地位。

（冯玲玲）

·平原县委统战部·

【积极参与经济社会发展】 积极引导党外人士围绕平原经济发展、文化旅游、社会治安等工作参政议政、建言献策，受到县委、县政府的重视。扎实开展“回报社会、感恩行动”活动，通过广泛宣传动员，激发全县非公有制经济人士致富不忘党、不忘国家、不忘父老乡亲的情感和“送温暖、献爱心”的热情，涌现出一大批非公经济爱心人士，2013年为敬老院、贫困家庭、贫困学生捐款300多万元，为受强暴雨灾害的群众捐助化肥、种子、抗灾物资等100多万元。先后开展了“优化经济发展环境年”“企业服务年”等活动，帮助非公企业解决生产经营中的困难问题，促进全县非公经济健康发展。加强非公企业党建工作，本着重点帮扶、连点带动、示范引导的原则，指导福源淀粉生物有限公司、安华瓷业有限公司等20家骨干企业成立党建办公室，增强了企业党组织的凝聚力和战斗力。

深入开展网格化党员干部联系服务群众活动，组织统战系统机关干部深入王杲铺镇栾庄社区进行走访慰问，帮助群众解决生产生活中的困难问题，收集群众意见建议，为20户贫困群众发放麦收帮扶资金4000元。认真做好民族宗教工作，深入开展民族团结进步宣传月和民族团结进步和谐乡（镇）、村（居）、社区创建活动，深化“和谐宗教活动场所”创建和“星级寺观教堂”活动，促进了民族团结、宗教和睦、社会和谐稳定。

【加强党外代表人士队伍建设】 认真贯彻落实中央、省委、市委关于加强新形势下党外代表人士队伍建设的意见。县乡两级党委领导干部先后与100多名党外人士结对子交朋友，及时听取意见建议，帮助解决实际困难。全面做好党外代表人士培养选拔工作，2013年新确定党外代表人士50名，党外代表人士总数达到280人。成立了党外知识分子联谊会，搭建联系交流、发挥作用的平台。始终坚持把党外干部培养选拔作为重中之重，常抓不懈，通过层层选拔，确立党外后备干部100名，进行重点培养。截至2013年底，全县县处级党外干部5名，科级党外干部13名。

【加强基层基础建设】 推动县直部门、乡镇（街道）、重点社区成立统战工作领导小组，各乡镇（街道）配齐了专（兼）职统战委员，村居（社区）和宗教活动场所配齐了统战工作联络员。

（王玉刚）

·武城县委统战部·

【扎实推进“同心·共推共创行动”纵深发展】 一是引导党外人士积极建言献策。在党外人士中深入开展“我为幸福武城建设建言献策”活动，先后召开以“素质教育”“环境保护”“城区供水”“企业转型”为主题的知情座谈会4次，共计收到意见建议86条，形成调研报告6篇。二是深入开展“双百活动”。积极动员非公经济人士和非公企业投身两区同建，有9家民营企业参与10个社区建设。三是大力推进“温暖工程”。组织全县党外知识分子先后4次深入基层开展“送知识、送医疗、送技术、送法律”活动。充分发挥“爱心联盟”的品牌效应，积极动员党外代表人士和非公企业加入，2013年共接受捐款约30万元，救助128人。积极引导非公企业参会全县“慈善助学”活动，190个非公企业捐款86.7万元，资助贫困大学生300多人。进一步深化“回报社会、感恩行动”，“敬老月”活动中，走访慰问100名“三老”人员，送款送物共计2万多元。四是认真做好民族宗教工作。扎实开展民族团结进步创建和星级宗教活动场所创建活动，在9个少数民族聚居村庄和24个宗教活动场所统一开展了爱国爱教进步宣传教育。开展少数民族群众一对一结对帮扶活动，对县内30余户少数民族低收入家庭实施结对帮扶，力争短期内帮助其脱贫致富，切实维护社会和谐稳定。

【加强党外代表人士队伍建设】 一是加强教育培养。举办了全县党外代表人士培训班，邀请省市专家领导授课，60多人参加。建立4个党外代表人士实践锻炼基地，制定出台《武城县党外代表人士实践锻炼基地工作管理办法》，选派4名优秀党外干部和党外后备干部到实践锻炼基地挂职。二是完善管理监督体系。加强与组织部门的密切配合，强化对党外代表人士、后备人才队伍的监督、考核，及时掌握党外代表人士的思想状况和工作情况。进一步完善党外代表人士及其后备人才数据库，全面掌握资料信息，实行动态管理、跟踪培养，对于失去代表性的及时予以剔除，新发现的及时纳入管理范围，与组织部门共同备案。三是注重挖掘宣传典型。充分利用县电视台、《武城时报》、网络等媒体作用，及时发现、培养六支队伍代表人士典型、“同心·共推共创行动”典型、先进工作单位典型、先进统战干部典型等，通过典型带动，提高党外代表人士和统战干部队伍的工作积极性。

【深入开展非公有制经济人士理想信念教育实践活动】 成立活动领导小组，制定实施意见，召开动员大会，确定鲁权屯镇贝州集团公司等作为活动示范点。加强教育培训，通过举办培训班、召开主题座谈会等形式，增强企业开展活动的积极性、主动性。积极开展服务活动，联合县司法局开展“律师志愿者服务团进民企”活动，组织13名律师志愿者同企业对接，援助案件21件，接受电话咨询60余次。积极组织非公企业参加招商会、推介会、洽谈会、联谊会等活动6次。帮助5家非公企业解决融资1000多万元，招聘技术人才300多人。

【加强基层基础建设】 认真开展“基层基础建设回头看”活动，加强基层统战工作规范化建设，确保县直单位有分管统战工作的领导、镇街有专（兼）职统战委员、村（社区）有联络员，使统战信息上下通畅。举办了全县统战干部培训班，提升统战干部整体素质。

（陆林峰）

·夏津县委统战部·

【工商联工作开创新局面】 一是构筑协调合作平台，大服务格局业已形成。与22家政府职能部门和执法管理部门建立长期协调合作关系，帮助会员企业争取上级扶贫贴息贷款5000多万元，减免税收200万元，化解30多起会员单位与工商、城管、环保、商贸、质监等政府有关职能部门的纠纷。二是构筑融资服务平台，企业融资难有效缓解。与多家境内外金融机构建立战略合作关系，帮助2家工商联会员企业成立小额贷款公司。县委统战部、县金融办联合成立中小企业融资超市暨金融服务大厅，为企业、银行搭建合作平台，已为11家企业达成融资意向1.8亿元。三是构筑商会互动平台，夯实基础求发展。加强基层商会联系交流，要求每个乡镇商会必须与2个以上其他乡镇商会开展一次互动活动，促进交流合作。成立了礼仪庆典业商会，家居商会目前也正在筹备中。四是构筑服务发展平台，回报社会活动不断涌现。组织28名非公经济人士开展“描绘德州梦 助力幸福城”茶话会，共收集意见、建议35条，提出困难问题22个。举办《爱我祖国、爱我家乡》感恩革命老战士文艺汇演活动，启动“夏津县非公有制经济人士敬老月”，为100名70岁以上老人专门送去价值3万元的慰问品。协调10家非公企业参加就业洽谈会，为2500多名农村富余劳动力以及大中专毕业生提供就业岗位。

【党外代表人士队伍建设取得新进展】 一是广泛开展摸底调查。明确调查范围和责任主体，全面分析统计，进一步充实完善全县党外代表人士及后备人才资源库。二是加强教育培养。举办全县党外干部培训班3期，安排15名优秀党外代表人士到关键岗位挂职锻炼。三是为发挥作用提供平台。积极为党外人士参政议政、建言献策提供帮助，共收集意见建议100多条。推荐12名党外人士担任特约人员。开展党外代表人士“三进三帮”活动，全县123名党外代表人士立足察实情、讲真话、解民忧，进企业、进社区、进学校，共走访非公企业35家、社区68个、学校10所，发放联系卡1600多张，帮助引进瓜果产业、清真商贸等发展项目6个，办理修路、改水、改厕等民生实事56件，化解矛盾纠纷23件，解决突出问题109件。

【民族宗教工作迈上新台阶】 一是建立健全民族宗教工作台账。通过摸底调查，全面掌握全县18个少数民族成分，109处宗教活动场所，2.5万多名信教群众基本情况，对每一处活动场所的坐落、负责人、联系电话、活动人数等资料建立台账。二是扎实推进民族团结进步创建活动。建设少数民族社区学习文化广场，增设文化健身器材、乐器设备及图书室，丰富少数民族群众的精神文化生活。建设穆斯林清真商贸一条街，把回族群众从事的食品、服装等商贸活动集中起来，方便少数民族群众生产生活。三是帮助改善少数民族群众生产生活。联合县民族宗教局、县老龄委、县医院组建“爱心服务队”到少数民族群众家中，开展“爱心服务周”志愿帮扶活动。帮助雷集镇大姜庄顺利从省民委争取15万元少数民族资金，建设百亩黄瓜大棚园，促进夏津县少数民族地区经济发展。四是扎实做好宗教工作。继续开展和谐寺观教堂创建活动，推进黄河故道森林公园大云寺建设项目，加强寺院管理。推动玉皇庙、碧霞宫被山东省道教协会、市民族宗教局批复为固定活动场所。县佛教爱心居士捐资捐款5000元救助白血病儿童。

（杨 慧）

·庆云县委统战部·

【同心·引领工程稳步提升】 一是对统战成员进行同心教育引领。开展“重温历史 同心同行”主题教育活动，组织23名党外代表人士赴临沂革命老区接受红色教育。在县社会主义学校开设“同心大讲堂”，增强统战成员同心共识。二是对统战对象进行同心帮扶引领。在党员干部联系群众活动中，与中丁乡崔家社区20名困难群众结成帮扶对子，走访慰问6次，并联系鲁丰集团对社区进行帮扶。举行“统战献真情、同心筑大爱”为四川雅安地震灾区捐款仪式，累计捐款15万元。组织15名医务专家为尚堂镇300多名群众进行义诊，并免费发放价值1万元的药品。三是对非公经济人士进行同心产业引领。联合县人设局等单位举办“同心·春风行动人才招聘会”，为300多家企事业单位提供人才需求2300人。在工商联会员中开展“招商引资攻坚年”活动，组织6支招商小分队，由县工商联副主席分别带队，赴京津冀、长三角、滨海新区重点区域进行友好商会对接、专项招商，全县非公有制经济人士引进、扩产项目20多个，累计投资30多亿元。

【党外代表人士实践锻炼基地工程有序推进】 一是领“三个证”。起草筹备报告，呈报县委主要领导，获得建立基地的“许可证”。多次和有关部门进行沟通，使实践锻炼基地有名有实，办理基地的“身份证”。形成书面材料向县委常委会做专题汇报，得到县委、县政府的支持，拿来基地的“通行证”。二是建“三项制度”。成立党外代表人士实践锻炼基地办公室，制定基地实施方案、制度和管理办法。细化挂职锻炼带教制度、跟踪了解与培养制度和考核工作制度，及时了解掌握挂职人员工作情况和思想动态。三是抓“十个试点”。在尚堂镇、中澳集团等单位建立十个党外代表人士实践锻炼活动基地。根据挂职人选的专长特点、培养方向，选择合适的岗位，进行为期半年的挂职实践锻炼工作。通过社会考察、献计献策、招商引资、服务民生等方式，帮助党外代表人士提升综合素质。先后有6名党外干部、16名党外代表人士在实践锻炼基地锻炼成长。四是突出“三个结合”。结合“同心·引领工程”开展政治锻炼。依托教育基地开展“践行‘四德’、统一战线在行动”等同心活动，坚定党外代表人士与中国共产党同心同德、同心同向、同心同行的信心和决心。结合全县经济社会发展开展能力锻炼。充分运用挂职人员的专业优势，将专业知识与挂职单位和庆云经济社会实践有机结合起来，在加强招商引资等方面发挥积极作用。结合党外干部的成长途径开展培养锻炼。把党外后备干部纳入挂职锻炼、轮岗交流计划，有针对性地选派优秀党外后备干部到实践锻炼基地挂职，对于政治素质好、具有发展潜力的党外干部，给职务、压重担，加快他们成长。

【社区统战试点工程积极探索】 在9个社区开展现行试点。一是建立组织，落实责任。统战部成立社区统战工作领导小组，负责组织、协调开展具体工作。试点社区成立所在乡镇（街道）副书记为组长，组织、宣传、群团、社区党委负责人为成员的社区统战工作落实小组。依托乡镇（街道）、社区中的公共服务场所，建立9处“社区统战办公室”和“党外人士之家”。二是结合实际，制订方案。出台《关于延伸统战工作触角进一步加强社区统一战线工作的实施意见》，明确社区统战工作的指导思想和“十个一”的工作目标。三是广泛宣传，营造氛围。利用社区宣传栏张贴活动方案30张，设立统战方针、政策宣传标牌150个，利用座谈会、入户走访的形式发放宣传资料300份，提高社区居民和统战成员对社区统战工作重要性和必要性的认识。四是开展双向服务活动。举办“促和谐·同心共创谋发展”美术作品展，展览统战成员各类同心书画作品100多幅，在9个社区巡回展览。在常家镇大高社区举行“畜牧养殖进社区”服务，赢得广大社区统战成员的尊重和支持。在庆云镇彩云社区组织3名优秀党外律师接待居民法律咨询。组织社区统战成员与80名困难群众结对子，开展“光彩助学”“救助贫困母亲”“关爱三老人员”活动。围绕社区居民最关心、最直接、最现实的利益问题，召开民主协商会、座谈会3次，收集各类民生建议60多条。

（赵小强）

聊 城 市

·聊城市委统战部·

【深入学习贯彻十八届三中全会精神，推动统战工作上新台阶】 一是下发《关于在全市统一战线认真学习宣传贯彻党的十八届三中全会精神的通知》，对学习贯彻活动提出了明确要求。二是及时召开通报会，向各民主党派工商联负责人及无党派代表人士通报全会精神。三是用全会精神指导统战工作，明确目标任务，完善工作思路，细化工作措施，推动了各领域统战工作的科学发展。

【发挥优势，为经济社会发展做出新贡献】 积极引导广大统战成员围绕“东融西借、跨越赶超”献计出力，协助各民主党派、工商联和无党派人士确定30个重点调研课题，组织开展调查研究、献计献策活动，全年共形成各类调研报告40余篇。进一步健全完善多党合作、政治协商制度，全年共召开协商会、反腐倡廉情况通报会、征求意见座谈会及其他通报会5次，党政主要领导主持或出席3次。引导各民主党派工商联积极开展服务民生、回报社会系列活动，开展各类社会服务23次。积极引导非公企业参与感恩行动、光彩事业和“三帮”（民企帮村、民企帮学、民企帮老）等活动，参与企业3206家，帮扶村庄732个，受益群众50余万人。

【立足岗位特色，超额完成招商引资任务】 市委统战部按照年初制定的跨越赶超的思路措施，会同市工商联等有关部门发挥自身优势，促进企业转型，开展招商引资活动。5月中旬，组织了16位副主席企业家组成工商联经贸考察团赴台考察访问，取得了丰硕成果。29个合作项目进行了现场签约，签约项目合同总投资额达到168.2亿元人民币。市水源糠醛有限公司（工商联会员企业）与台湾远意实业有限公司签约投资5亿元的项目6月份在莘县开工建设，年底已正式投产见效。

【突出重点，抓住关键，全力做好党外代表人士队伍建设工作】 认真贯彻落实中发4号、鲁发10号和聊发12号文件精神，市委办公室下发通知建立了由市委统战部牵头负责，市委办公室、组织部、宣传部等24个部门（单位）为成员的联席会议制度，制定了贯彻落实聊发12号文件的分工方案，将关于加强党外代表人士队伍建设的59项任务予以分解细化，落实到各县（市区）和市直有关部门、单位。增加党外代表人士队伍建设工作在2013年度科学发展综合考核中所占比重。对全市党外干部进行摸底统计，汇总70名党外副县级以上干部情况报省委统战部存档，建立了696名的党外科级干部数据库。联合市委组织部下发了《聊城市党外代表人士挂职实践锻炼工作暂行办法》，在市直部门选派了4名正科级、有较大发展潜力和培养前途的党外干部到4个实践锻炼基地进行为期一年的锻炼。进一步做好党外代表人士在人大、政协及政府职能部门、法检两院的配备工作，全年有3名党外干部得到提拔重用，其中新提拔正县级1名，副县级1名，交流重用到政府工作部门1名。

【全力做好民族宗教工作，服务团结稳定大局】 召开了全市清理整治非法宗教活动工作电视电话会议，下发了《聊城市全面开展宗教基本情况普查和清理整治非法宗教活动工作实施方案》。截至9月份，全市清理整治非法宗教活动完成，达到了预期目的。联合市民宗局下发《县级爱国宗教团体换届工作指导意见》，在茌平县召开了全市爱国宗教团体换届工作观摩会议，进一步增强了爱国宗教团体换届工作的信心。8个县（市区）的24个爱国宗教团体基本完成换届工作任务，市级爱国宗教团体换届筹备工作已基本到位。协调有关部门解决隆兴寺建设有关问题，筹建规划图正在论证过程中，预计2014年正式破土动工。

【双联共建和机关自身建设有了明显改善】 继续做好“双联共建”帮包茌平县洪屯镇官庄村工作，一是从市财政一次性争取一事一议资金20万元，从部机关办公经费中拿出5万元作为配套资金，修建村内下水管道2300米。二是协助做好村庄文化大院的相关配套建设。从市体育局争取4万余元的健身器材，毗邻文化大院建设了健身广场；从市文广新局争取3万余元的图书影像资料，建立了农家书屋；协调资金2万元，为村内主要干道及文化大院周围安装了路灯。三是开展送医下乡及慰问特困户活动。联合市卫生局、农工党市工委组织市级医院的10余名专家到官庄村开展义诊活动，服务群众300余人次。组织机关干部捐款，为村内三户特困户每户捐助扶贫款600元。四是积极推动西新河大桥修建，计划投资80万元，已就大桥的修建达成一致意见，争取2014年开工建设。

下大力抓好机关作风建设。市委统战部相继出台一系列规章制度，严格要求工作人员，保证中央八项规定的贯彻落实。建立“一会双岗”制度，“一会”即工作例会，由部主要领导同志主持，各位部长、各科室负责同志参加，以交流工作、汇报计划，学习统战业务知识、政策文件为主。“双岗”即AB岗，要求科室负责同志既要精通本科室业务做好A岗工作，又要熟悉了解其他科室业务即B岗工作，人员缺乏、需要互相帮忙时能够共同完成任务。“一会双岗”制度的实行，使部机关工作状态极大改观，形成人人学业务、人人干工作的良好局面。

（曲成磊）

·东昌府区委统战部·

【民主党派、工商联工作】 认真贯彻落实上级文件精神，积极做好民主党派、工商联的工作，充分发挥统战成员智力密集、人才荟萃的优势，为全区经济社会平稳较快发展贡献力量。一是加强学习，筑牢共同思想政治基础。引导统战成员深刻领会党的十八大提出的新思想、新观点、新论断，武装头脑、指导实践。组织18名党外知识分子参加市委统战部举办的“全市党外知识分子培训班”，与区委组织部联合举办了“东昌府区党外干部专题培训会”，举办政治经济形势报告会和宗教人士培训班。全年组织统战成员参加各类培训班、报告会20余次，引导统战成员不断增进接受共产党领导、走中国特色社会主义道路的自觉性、坚定性和为建设经济文化强区做贡献的积极性。二是发挥统战优势，服务经济社会发展成果丰硕。围绕中心，筛选确定了产业转型升级、城乡建设用地流转、加快园区跨越赶超、城镇新型社区建设等重点课题，组织各民主党派、工商联深入开展调研，形成报告10余篇，得到区委区政府主要领导高度重视，并被采纳落实。整合人才资源，积极开展社会服务工作。组织统战队伍中的专家人才，开展面向基层特别是农村的法律咨询、助学助教、送医送药、科技帮扶、非公助农等社会服务活动，据统计，全年共举办活动20多次，服务群众5000余人次，产生较大影响。

【民族宗教工作】 一是开展宗教基本情况普查和清理整治非法宗教专项活动。专项活动共清查出非法宗教活动场所104处、自封传道人94人。依法登记4处私设点，合并21处，纳入镇（街道）管理过渡的77处，依法取缔2处，对重点场所和重点人员进行密切掌控。二是扎实做好宗教团体换届工作。会同民宗局对换届人选进行认真考察，圆满完成区天主教爱国会、区基督教三自爱委会和区伊斯兰教协会的换届任务，实现了宗教团体班子的顺利交接和平稳过渡。三是依法管理宗教事务。按照上级要求，结合实际，加大工作指导力度，深入场所开展调研，积极为各宗教团体解决各类实际困难20多件。

【经济领域统战工作】 一是扎实开展非公有制经济人士理想信念教育实践活动，提出“坚定信念谋发展、造福东昌比奉献”的主题实践口号。二是组织部分企业家外出考察学习，邀请外地工商联前来考察交流，达成了6个合作协议。三是加强与上级部门的联系。经组织协调，选派区工商联一名副主席到全国工商联经济部商务处挂职锻炼，通畅了与全国500强民营企业的渠道。四是招商引资成效显著。全年共完成招商引资任务1.1个亿，其中龙堤美食岛项目投资达6000万元。

【机关建设】 一是加强思想建设，增强工作能力。坚持机关集体学习制度，集中学习党的十八大、十八届三中全会以来的精神、统战业务知识、时事政治、统战优秀文章等内容，产生了非常好的效果。在区直机关岗位练兵技能比武活动中，统战部包揽了四项技能的两项第一名。统战部党支部获得优秀组织奖。二是加强作风建设。严格执行中央八项规定、省委十条实施办法、市委五项规定和《党政机关厉行节约反对浪费条例》等的各项规定要求，结合统战部工作实际，制定了严格细化措施并抓好落实。制定了《区委统战部关于整肃机关纪律作风的六项规定》，认真查找实际工作中存在的问题和不足，努力转变工作作风。修订完善了机关学习、考勤、车辆管理等制度，机关工作更加规范有序，营造了积极向上、廉洁高效的机关环境。

【统战信息宣传工作】 一是办好《统战工作简报》。及时收集、整理统战信息，要求各科室、党派办、台办每周至少上报1篇信息，及时把统战成员的优秀事例报道出去，进一步激发统战成员干事创业的热情。二是加强与宣传部门和新闻单位的联系，对统战领域的亮点工作、特色工作重点宣传，及时反映党外人士的思想动态和工作业绩。全年共在区级以上报刊发表信息稿件46篇。其中，《发挥优势，服务社会，探索党外知识分子服务基层工作的新路子》被评为2013年度全省统战工作实践创新优秀成果。

（王洪涛）

·临清市委统战部·

【完善工作机制，推动多党合作和政治协商制度化、规范化、程序化】 一是完善协商议事制度。进一步健全机制、完善制度，坚持重大问题事前协商和事后通报。市委、市政府6次就经济社会发展、党风廉政建设、人事安排等情况向党外人士通报，征求意见建议。二是搭建建言献策平台。进一步健全民主党派、无党派人士参政议政联席会议制度，形成党外人士意见、建议、调研报告和社情民意报送、批阅、办理、反馈工作机制。2013年，广大统战成员撰写调研报告5篇，提交提案45件，整理提交社情民意40余条。三是加强民主党派、工商联自身建设。协助各民主党派开展以实现“中国梦”为主题的系列活动，不断凝聚经济社会发展的正能量。通过深化“同心”工程实践活动、非公经济人士理想信念教育实践活动、举办统一战线成员培训班、统战理论知识竞赛、召开民营企业家座谈会等一系列活动，不断巩固共同思想政治基础，统一战线不断巩固和发展。

【加强组织领导，扎实推进党外代表人士队伍建设】 一是在制度建设、机制完善上下功夫。着力深化党外代表人士队伍建设年活动成果，进一步完善党外代表人士培养选拔任用工作机制，建立健全了人才库和联席会议制度，市委组织部和市委统战部定期研究党外干部选拔培养使用和管理等工作，形成了工作合力。切实加强市、镇街等党外干部网络组织建设，将党外代表人士培训、民主党派调研活动经费列入财政预算，确保了党外代表人士队伍建设工作的顺利推进。二是在积极推荐，选拔任用上下功夫。在干部选拔调整中，新提拔14名副科级、5名正科级党外领导干部，目前，全市有科级党外领导干部46名。其中人大委室和政协专委会安排了3名正职主任，监察局安排了1名正科级副局长，检察院、法院、司法部门均已安排党外干部，环保、农业、林业、计生等政府部门领导班子均配备了党外领导干部。

【搭建服务平台，凝聚经济社会发展合力】 一是突出信念教育，加强非公经济人士思想政治工作。明确了实践活动的主题，即：“二次创业强信念 跨越赶超做贡献”，起草了实施意见，并由市委办公室转发；成立了由市委副书记任组长的领导小组，对活动进行组织、督导。通过“感恩行动”“光彩助学”“三个一”等载体，广大非公经济人士踊跃参与教育实践活动，已有228家企业联系了207个村，帮扶209名困难群众，资助228名困难学生，增强了非公经济人士的社会责任感，实现了“两个健康”的活动目标。二是突出商会特色，加快经济发展方式转变。以各商会为平台，组织成立了以5家行业商会为主体的招商引资小分队，分赴天津、上海、常熟、温州等地，与当地行业商会进行交流、洽谈，为本市传统产业升级，地方经济转方式、调结构输入了先进理念，提供了实践经验，并成功签约项目8个，签约金额4.5亿元。三是突出载体引领，拓展奉献社会领域。在统战成员中深化“同心”教育，不断凝聚力量、推动实践。2013年，按照同心工程实践任务，在民主党派成员中开展“同心·三下乡”活动，组织送医、送药、送科技6次，建立民主党派书屋3个。在党外知识分子中启动“智力惠民”工程，组织农林科卫等方面的党外专家举办种、养、林果生产等方面的知识讲座、技能培训、咨询服务7次，创办领办科技示范基地2处，惠及群众3万余人。动员非公经济人士开展捐资助学活动，100余家工商联员企业和贫困家庭大学生结成帮扶对子，捐助金额50余万元。

【着眼社会稳定，巩固民族宗教工作良好局面】 一是以发展少数民族经济为切入点，大力营造民族团结良好氛围。指导重点民族村（居）制定符合实际的发展规划，培植发展少数民族专业合作组织。加大对少数民族发展资金的监管力度，确保发挥应有的经济和社会效益。为三家民品企业争取2013年度民品贷款额度8.1亿，全年到位民品贴息达1000余万元。积极做好新华办事处牛八里居委会、尚店镇张庄回族村村内道路建设和尚店镇焦东回民养殖小区建设项目省少数民族发展资金的申报工作。二是以组织建设为突破口，提升宗教事务管理水平。首先，进一步推进宗教团体组织建设。经过充分调研、认真研究，积极稳妥地做好有关宗教团体换届工作，完成了天主教、佛教的换届任务，成立了市道教协会。其次，健全宗教工作网络。以贯彻落实省、市清理整治非法宗教活动专项工作会议精神为契机，重新梳理了工作网络，进一步完善工作机制，坚持问题排查和报告制度，完善应急机制，在圆满完成专项工作任务的同时，努力实现宗教管理工作的常态化、规范化，有效维护了社会和谐稳定。

（王福兴）

·冠县县委统战部·

【党外代表人士工作】 全面贯彻落实中央4号、省委10号和市委12号文件精神，建立了158人的无党派人士重点人物库、50人的党外干部资料库、73人的党外后备干部数据库，实行动态管理。一是推动党外干部培养选拔工作纳入全县干部队伍建设整体规划。全年新提拔党外副科级领导干部12名，提任党外正科级领导干部2名，调整重用6名党外副科级领导干部。截至目前，全县累计配备科级以上党外干部50人，其中县级4人、正科级4人。二是突出教育培养。3月份组织26名优秀党外代表人士参加聊城市党外知识分子培训班，11月份举办全县党外干部座谈会。三是积极组织党外人士参加全省统一战线学习贯彻党的十八大精神知识竞赛，上交答卷1600余份。

【民族宗教领域工作】 一是春节、国庆等节假日期间与政法、公安、民宗等部门协调配合，维护全县民族宗教团结稳定。二是认真开展非法宗教活动场所清理整治工作，取缔非法点11处，合并14处，有15处通过整顿成为合法点。三是做好宗教团体换届工作。分别召开了冠县天主教爱国会第二届代表会议、冠县基督教三自爱国运动委员会第五届代表大会，选举产生了新一届领导班子，圆满完成了换届任务。四是重引导、促规范、建制度，加强民族宗教团体建设。

【非公经济领域工作】 一是推动企业搞好二次创业。县工商联交通设施行业商会6家会员企业中有5家企业扩大规模，建立新厂区、投资新领域。二是抓好招商引资。先后赴北京、广州、青岛、西安等地开展招商引资活动，达成合作意向12项，投资21.65亿元，完成合作项目3个，到位资金投资3亿元。三是开展非公有制经济人士理想信念教育活动。618家非公有制企业参与活动，制作板报40多期，刊发宣传文章50余篇次，走访企业60户，发放调查问卷100多份，收集整理意见建议150多条。捐款捐物累计达50余万元。四是积极为非公企业搞好服务。搭建商贸交流平台，多次组织协调民营企业赴外地参加交流。搭建融资平台，在统战部、工商联的积极协调下，省民生银行等辖外银行为冠县工商联交通设施行业商会提供9000余万元授信额度。

【统战宣传调研工作】 一是做好建言献策工作。统战成员全年提出提案、议案115件，有价值意见建议137条。二是做好调查研究工作。组织人员深入乡镇（街道）、县直有关部门和企业开展调查研究12次，为县委、县政府决策部署提供参考。三是做好宣传工作。充分利用报刊、电视及互联网等宣传渠道，全年共在各类刊物发表稿件、信息18篇，撰写有价值的调研报告7篇。

（马卫东）

·莘县县委统战部·

【深入学习贯彻十八大和十八届三中全会精神】 县委统战部组织24个乡镇（街道）基层统战干部和全县统一战线成员共计2500余人积极参与学习贯彻党的十八大精神知识竞赛活动，进一步加深了基层统战干部和广大统一战线成员对十八大精神和新形势下统一战线法宝地位的深刻认识，激发了工作活力和动力。组织民主党派成员、无党派人士和非公企业负责人专题学习党的十八届三中全会精神，要求每位参加学习的人员务必学好学透并深刻领悟精神实质，以十八届三中全会精神指导实际工作。

【进一步加强党外代表人士队伍建设】 全面贯彻落实中央4号、省委10号文件和市委12号文件精神。一是做好党外知识分子培训工作，切实加强党外知识分子队伍建设，组织20人参加了在市委党校举办的全市党外知识分子培训班。二是深化学习践行社会主义核心价值体系活动和“同心”教育活动，组织党外代表人士42人赴鲁西抗日爱国教育基地进行参观学习。三是下发《关于建立全县党外代表人士队伍建设工作联席会议制度的通知》《贯彻落实〈中共聊城市委关于加强新形势下党外代表人士队伍建设的实施意见〉分工方案》两个文件，健全党外代表人士队伍建设工作制度机制，明确工作责任和目标。四是积极做好党外知识分子联谊会前期相关工作。

【经济领域统战工作取得新进展】 积极发挥优势，加大招商引资力度。莘县金羊汽车文化园项目投资6亿元，26个展厅全部装修完毕并投入使用。组织特色乡镇、特色企业参加2013年中国(海南)国际热带农产品冬季交易会，展出莘县特色农产品，宣传资源优势和投资优势。继续加大非公企业党建工作力度，进一步巩固扩大党的组织和党的工作覆盖，引导基层党组织和党员发挥战斗堡垒和先锋模范作用。七一前夕，对非公企业优秀基层党组织、优秀共产党员、优秀党务工作者进行了表彰。

【扎实开展非公有制经济人士理想信念教育实践活动】 成立以县委副书记为组长的领导小组，制定下发了《中共莘县县委统战部、县工商联关于开展非公有制经济人士理想信念教育实践活动的实施意见》，全面开展教育实践活动，增强非公经济人士对中国特色社会主义的信念、对党和政府的信任、对企业发展的信心。

【加强与周边县市联系，维护边界区域和谐稳定】 坚持与周边县市统战部长联谊活动，及时沟通信息、交流情况，协助处理突发性事件，维护了边界区域宗教环境的和谐稳定。

【积极稳妥做好民族宗教工作】 一是积极争取各类项目资金，促进民族经济发展。2013年争取各类项目资金177万元。二是促进民族团结进步事业发展。加大对《山东省清真食品管理规定》宣传力度，每个月都对清真食品市场进行检查，防止出现清真不清现象；推动马本斋烈士陵园被命名为省民族团结进步教育基地，县人民政府被省委宣传部、省委统战部、省民委命名为“全省民族团结进步创建活动示范县”。三是扎实开展清理整治非法宗教活动工作，共清理出宗教私设聚会点64处，分类进行了处理，规范了宗教活动秩序，确保宗教领域的稳定。四是深入开展民族宗教基层基础建设年活动。各乡镇（街道）加强了基层管理网络建设、工作机制建设、基础数据库、基础信息和干部队伍基本能力建设。党委统一领导、各部门齐抓共管、民宗部门综合协调、各方面共同参与的工作机制进一步完善，基层民族宗教干部队伍工作能力进一步提升。五是宗教团体换届工作顺利完成，选举产生了新的领导班子，宗教团体自身建设得到进一步增强。

【对台工作取得新进展】 全年共组织赴台团组3个，赴台人员达30余人，有力推进了两岸的交往交流。对台经贸方面，接待来莘县投资、考察的台商团组4个，接待探亲、考察的台胞台商50余人次。邀请台湾圣马尔定医院考察团来莘县考察、商谈合作项目，由义和诚集团与台湾嘉义圣马尔定医院、台东圣母医院合资合作的莘县日月潭怡养院项目建设已经开工奠基，项目总投资达3.6亿元，建成后可满足3000多位老年人的住宿、医护、康复、学习、娱乐、休闲等需要。

【统战部门自身建设进一步加强】 一是把深入学习宣传贯彻十八大和十八届三中全会精神作为首要政治任务，自觉用会议精神统领各项工作。二是牢固树立统战意识，立场坚定、善于引导，坚定维护统一战线团结合作的共同思想政治基础。三是努力提高统战干部队伍整体素质，转变工作作风，真正树立起统战干部的良好形象。

（周　荣）

·阳谷县委统战部·

【扎实开展党外代表人士工作】 充分发挥统一战线人才荟萃、智力密集的优势，积极组织开展建言献策活动。健全完善了选拔、培养、推荐、使用、管理、联系六项机制，召开党外代表人士座谈会并组织各种形式的培训，坚持以岗位培养人才、以舞台锻炼干部，不断创新党外代表人士特别是党外干部管理机制，进一步激发了参政议政、民主监督和建功立业的奋发进取精神。

【经济领域统战工作成效显著】 围绕县委、县政府实施的“高点定位　跨越赶超”发展战略，充分发挥联系广泛的优势，积极牵线搭桥、招商引资。做好非公经济代表人士的思想政治工作，教育引导爱国、敬业、诚信、守法、贡献。成立了非公有制经济组织工作委员会，各乡（镇、街道）总支部委员会精心组织全县非公企业党组织和党员开展创先争优活动。认真组织开展“建组织、扩覆盖”活动，对全县非公有制企业逐一进行摸底核实，健全完善了工作台账，实行动态管理。开展了非公经济人士“强信念、强责任、强奉献”主题实践活动，不断提高非公经济组织党建工作科学化水平。创办《阳谷工商界》报刊，大力推介宣传非公企业。在县委、县政府支持下，建立了中小企业服务中心，搭建项目平台、银企合作平台、信息宣传平台、法律维权平台、教育培训平台、原料采购及产品营销平台，县委统战部协调联系相关部门、行业商会及其他机构，为中小企业提供融资担保、创业创新、科技孵化、技术支持等全方面、多层次服务。据统计，服务中心共计为企业提供采购营销信息110余条，实现交易额3200余万元；提供法律维权10多次，受益380人；参与招商引资项目20多个，到位资金10多亿元；同时为企业引进各类管理人才600多人。

【不断加强工商联工作】 新发展会员100多个，健全了会员企业数据库；指导成立橡胶软管协会、汽车座垫协会、企业家协会。充分发挥民间商会职能作用，先后与南京市六合区工商联、常州市工商联塑化业商会、江西省萍乡市工商联缔结为友好商会。成功举办了“冀鲁豫”县级工商联联谊会暨阳谷县产业对接说明会。建立了县工商联网站和鲁阳商城。县工商联深入企业、深入基层，对非公经济现状、发展规划进行调查研究，帮助解决各类问题，充分发挥了桥梁和纽带作用。全县18个乡（镇、街道）建立健全了工商联分会。研究制定了县工商联工作制度、学习制度、廉政制度、考勤制度、文件处理制度、经费及财产购置接待制度、保密制度、治安卫生制度，工商联机关和乡（镇、街道）分会进一步明确了任务目标，落实了责任，逐步实现科学化、制度化、规范化。

【民族宗教领域更加和谐稳定】 充分发挥宗教工作联席会议机制，制定了应急预案，形成信息准确、反应迅速的情报网络；每年十月份组织开展“民族团结宣传进步月”。加强抵御宗教渗透工作执法联动机制，开创多部门互相配合、依法办事的新模式，努力形成各有关部门各负其责、齐抓共管的工作格局。协同县民宗局积极为民族村争取扶持资金。每年协助县凤祥集团、三山钎具等民品企业落实贴息贷款政策。在每年的大中专考试中为少数民族考生办理加分照顾手续。组织各乡（镇、街道）民族宗教工作干部参加了全市首届民族宗教工作干部培训班。深入开展“和谐宗教活动场所”活动。依法打击非法组织，进一步做好抵御境外宗教渗透工作。加强民族宗教队伍建设，支持爱国宗教团体加强自身建设，帮助各宗教有效地建立了各项规章制度，帮助基督教成立了三自爱国运动委员会，帮助天主教、佛教顺利完成了换届工作，维护了宗教界的和谐稳定。联合县民宗局开展了宗教活动场所安全大检查活动，排除不安全因素，确保了宗教活动安全有序进行。

（李秋云　穆佳佳）

·东阿县委统战部·

【加强教育引导，进一步夯实工作基础】 一是认真开展十八大精神学习活动，积极组织县开发区及各乡镇、办事处积极参加全省统一战线学习贯彻党的十八大精神知识竞赛，促进广大统战干部、统一战线成员和社会各界人士对统战工作重要性的认识。二是根据中央、省、市文件要求，县委制定印发了《中共东阿县委关于加强新形势下党外代表人士队伍建设的实施意见》，为加强党外代表人士队伍建设指明了工作方向。三是表彰公益之星，评选诚信企业。对12家获得“第一届东阿民营企业公益之星”称号、4家获得“第一届东阿民营企业公益之星优秀组织奖”称号、3家荣获“五好商会”称号的模范企业进行了公开隆重表彰；认真组织开展了“东阿王杯”全县诚信企业评选活动，进一步激发全县非公人士参与公益事业、承担社会责任的积极性创造性和为全面建成小康社会做贡献的信心与决心。四是积极组织协调，开展专题培训。组织各类会议学习培训10余起，参训人数1000余人次。进一步建立健全党外代表人士档案，推荐15名党外人士到市委党校接受重点培训。结合基层统战建设及党外代表人士综合评价工作，先后赴费县、莒县、东港、临朐等先进县区进行参观学习。五是健全人才档案，做好推荐使用。协同县委组织部对13名党外干部进行了定向考察，并举荐提拔为副科级干部，提拔正科级干部1名。目前全县党外副科级以上干部达到37名，为促进社会和谐进步提供了更加坚实的人才支撑。

【整合统战资源，促进民生改善】 鼓励引导非公经济人士做好扶贫济困工作，为民生改善作出积极贡献。成立“东阿县恒建助学基金会”，由恒建商品混凝土有限公司每年出资20000元，对10名应届贫困大学本科生每人一次性救助2000元。组织天天购物广场到县消防大队走访慰问。云南省山东商会、明日之星教育科技有限公司开展“中国梦·家乡情”公益助学捐赠活动，为东阿县第五中学捐赠学习机等价值15万元的学习用品。泰悦宾馆出资58000元，对29名应届大学生进行资助。山东东阿创新腐植酸科技有限公司向刘集镇刘集村、后张村分别捐赠化肥10吨、50吨。组织部分民营企业家到长三角、珠三角开展招商引资，广东汇银集团出资10亿元建设东阿县汇银中小企业创业基地。向中华海外联谊会申请资金30万元，在刘集镇赵寺、贾集等5个村庄建设海联新农村卫生室项目。积极协调配合省委统战部“第一书记”帮包村工作，及时了解各村情况，制定详细合理的发展规划及符合各村实际的工作措施。协助帮包村“第一书记”对刘集镇坡里村外环路和同聊城市开发区之间的断头路问题同县直各部门进行协调，促进了“第一书记”帮包村工作有作为、惠民生。

【强化民族宗教工作，维护大局稳定】 一是根据人员工作变动情况，县委、政府制定印发了《中共东阿县委办公室、东阿县人民政府办公室关于充实调整县民族宗教工作领导小组的通知》，及时调整了县民族宗教工作领导队伍，为进一步加强全县民族宗教工作打下坚实基础。二是结合贯彻全市统战工作电视电话会议精神，召开了全县民族宗教工作会议，安排各乡镇、办事处、开发区认真摸底排查，严查非法宗教活动，禁止私设活动聚点，及时报送宗教活动情况，由民宗局接收统计，切实做到正确引导，严格防范。三是认真安排部署，宗教爱国团体协会换届顺利完成，为有效保护合法、制止违法、打击非法奠定了基础。

（范　霞）

·茌平县委统战部·

【党外代表人士队伍建设工作】 按照省、市统战部门总体要求和部署，把对全县党外代表人士的专题调研、座谈培训、联谊交友等列为全年党外人士工作的重中之重，并取得了较好的成绩。召开党外代表人士迎新春茶话会，通报全县经济社会发展情况。开展党外代表人士工作专项调研，形成《关于我县非公有制经济代表人士的调研报告》《关于我县党外知识分子工作情况的调查与思考》《关于少数民族党外代表人士的调查》等调研成果，并结合调研成果对党外人士数据库进行了调整充实。加强与党外代表人士联谊交友。出台了《县级党政党员领导干部与党外代表人士联谊交友工作制度》，16位县级党政党员领导干部与32名优秀党外代表人士结成了联谊交友对子，融洽了党内外合作共事关系。

【民族宗教工作】 严格落实民族政策，积极为少数民族争取扶持项目、扶持资金，帮助少数民族群众发展生产、改善生活，全年共向上级争取到了20余万元的资金、补贴和9项民族宗教事业发展项目。深入开展第十三次民族团结进步宣传月活动，重点开展清真食品市场监督检查活动，大力宣传民族团结进步事业取得的巨大成就，营造民族团结、社会和谐的浓厚氛围。依法管理宗教事务。抓好和谐宗教场所建设，在全县范围内开展非法宗教活动场所清理整治工作，做到“情况明、底数清”，共清理76处非法场所，涉及691人。做好宗教团体换届工作，实现了平稳有序，得到市委统战部的充分肯定。开展了宗教政策法规宣传月活动，累计发放宗教事务条例、宗教政策法律汇编183份，宣传资料1400余份，答复提问200余人次，取得了良好效果。

【经济领域统战工作】 对全县非公经济代表人士政治安排和评选表彰情况进行摸底统计，对代表人士的年龄层次结构、具体政治安排、评选表彰情况等进行归类整理，为以后做好各项政治安排提供重要参考依据。开展非公经济人士理想信念教育实践活动。县里成立了以县委副书记为组长的领导小组，制定了具体实施方案，召开了动员部署大会，有效促进了全县非公经济的健康发展和非公经济人士的健康成长。出台《加强和改进新形势下工商联工作的实施意见》，对进一步加强党委对工商联工作的领导、落实党委统战部领导工商联党组和指导工商联工作的职责等方面做了进一步的规定和明确。组织非公经济人士开展专项调研。11月份，组织部分非公经济人士就全县工业经济、城市建设工作进行专项调研，参观考察重点项目，并召开了座谈会。

【统战部门自身建设】 完善各项规章制度。坚持高标准、严要求，制定完善岗位责任制度、目标考核制度等各项规章条例，并将职责履行情况纳入年底个人考核结果。加强理论学习。坚持每周五下午学习制度，根据实际需要，学习内容不局限于统一战线、民族宗教业务知识，还涵盖了政治、经济、文化等各个方面。抓好机关作风建设。按照县委要求，深入开展了“我承诺、我清廉、我服务”主题实践活动、“为民、务实、清廉”党风廉政教育活动、“庸懒散”专项治理活动等，统战干部服务群众意识进一步增强，作风进一步转变。

（于明博）

·高唐县委统战部·

【党外代表人士工作】 将培养选拔党外干部，作为统战工作的一项重要内容。一是认真学习宣传中央4号文件精神，充分认识加强党外代表人士队伍建设的重大意义，积极主动给县委汇报工作。二是强化培训，提高素质。2013年举办党外知识分子培训班1期，培训人员15人。三是根据人大、政府及政府工作部门、政协、司法机关、国有企事业单位、社会团体等方面推荐使用的需要，按照多于可配备职数的要求，建立党外代表人士后备名单，实行动态管理，有重点地加强培养。四是加大党外干部任用力度，推动党外干部配备。2013年新提拔党外正科干部两名，其中工商联主席1人，红十字会会长1人。

【民族宗教领域工作】 一是集中开展宗教私设聚会点整治工作，2013年上半年与县民族宗教局、县公安局联合开展了全县基督教私设聚会点清理整治活动，集中活动取得了显著成效。全县共清理出基督教非法聚会点20处。对其中3处私设聚会点按程序依法予以登记，4处私设点实行以堂代点管理，撤点合并了8处，依法取缔了5处。二是先后协助高唐县基督教三自委员会顺利换届，同时成立了县基督教协会，成立了高唐县佛教协会。组织充实调整了天主教爱国会筹委会班子成员，成立了高唐县依协筹委会。截至2013年6月底，高唐县顺利完成了宗教团体换届工作。三是根据少数民族群众的需要，协助南关清真寺在原址翻建了濒临倒塌的清真寺大殿。协助北关清真寺组建了新的寺管会，重新聘请了阿訇。

【非公经济领域工作】 一是积极创新工作思路，探索发展光彩事业。2013年6月18日，云南省山东商会在高唐县第一实验小学举办明日之星“中国梦——家乡情”公益助学捐赠活动。正确引导非公有制经济人士实现企业回报社会、贡献社会、服务社会的最高宗旨。二是完善工商联会员会议制度，适时召开各项会议，深入研究讨论民营企业发展等重要问题，重点传达和落实县委、县政府各项会议文件精神，筹划招商引资活动，收集招商引资信息，结合民营经济的发展，做好全方位的服务工作。

【统战宣传调研工作】 一是进一步加强统战宣传和理论调研工作，2013年底制定了《统战宣传信息及理论调研工作考核奖励办法》，建立全员参与机制，强化激励机制，力争宣传信息调研数量上规模、质量上档次。二是加大统战宣传工作力度，上报统战信息刊发数量和质量有了新的提高，统战宣传、信息工作取得新成绩。2013年被山东省委统战部授予“全省统战宣传刊物工作三等奖”。

（朱洪元　赵　欣）

滨　州　市

·滨州市委统战部·

【民主政治建设】 一是共同思想政治基础更加牢固。召开纪念中共中央发布“五一口号”65周年座谈会，举办纪念中共中央发布“五一口号”65周年书画展，召开市各民主党派主委座谈会，引导加强政治建设、思想建设，坚定不移地走中国特色社会主义政治发展道路，自觉接受共产党领导，深化政治交接。二是政治协商制度更加健全。市委常委联系党外代表人士制度、重要情况通报制度、市政府及有关部门对口联系民主党派工商联工作制度等得到较好落实，召开座谈会、征求意见会、通报会等6次。市“两会”期间，各民主党派提出提案、议案139件，其中有12件提案被评为“优秀提案”。协助市各民主党派做好2个基层支部的调整，新发展党派成员50人。三是教育培训更加规范。制定了《2013—2017年滨州市统一战线教育培训规划》。在省社会主义学院举办全市党外领导干部培训班，并列入2013年度全市干部教育培训计划主体班次。充分发挥市党外代表人士实践锻炼基地作用，选派2批4名党外干部到基地挂职，2名挂职党外干部提拔为副县级。四是党外人士安排更加有力。对各县区党外干部配备情况进行专项督导，召开党外代表人士队伍建设推进会，对党外干部配备情况进行了通报。对人大、法院、检察院、政府工作部门的优秀党外干部进行推荐，提拔重用5名，其中正县级2名，副县级3名；2名党外干部分别担任市文广新局、地震局局长，实现了党外干部任行政正职零的突破。提名1名党派副主委担任市人大常委会副秘书长。做好党外全国、省人大代表人选及全国、省政协委员建议提名人选推荐工作，推荐党外全国人大代表人选2人、当选1人，党外全国政协委员2人；推荐党外省人大代表人选7人、当选4人；推荐省党外政协委员9人、预备人选2人，入选10人。五是知联会工作更有活力。召开党外知识分子联谊会年会，确定以“同心献智”为服务民生系列活动主品牌，明确了以服务项目与市党外干部实践锻炼基地对接为引领的工作目标和实施步骤；顺利完成换届工作，对全市党外人才进行统计，及时吸纳新会员。举办知联会趣味运动会、“拥抱微生活”知识讲座，展现全市党外知识分子团结、拼搏、向上的精神风貌。

【服务经济社会发展】 一是“智力惠民”工程更加深入。组织党外专家举办农业技术培训班，畅通畜牧养殖服务热线，对乡村教师、医疗卫生人员进行培训，开展“三下乡”“四进堂”等活动200余次，惠及群众6万余人。“智力惠民”工程已成为统一战线支持新农村建设、服务科学发展的有效载体和品牌工程。二是“同心”项目效应更加明显。召开市各民主党派秘书长联席会议，就劳店镇帮扶项目对接问题征求意见，签订了项目对接书，调度完成情况，督促项目进度。市各民主党派在基地开展“同心”系列活动30余次：民革市委开展“同心关爱·送课行”活动，民盟市委到劳店镇敬老院开展走访慰问活动，民建市委向劳店镇捐建农家书屋并开展“春风送暖送健康”和捐资助学活动，民进市委开展“送教下乡”活动，农工党市委赴劳店镇举办医疗专题讲座，开展“重阳送温暖·同心促和谐”活动，九三学社市委开展“同心·送温暖”活动，致公党市支部农业示范园项目种植蓖麻50余亩，知联会开展“同心·献智”系列活动。三是非公有制经济人士理想信念教育活动扎实开展。召开动员部署会议，引导全市非公经济人士增强中国特色社会主义的道路自信、理论自信、制度自信，增进对党和政府的信任；召开市长与企业家“面对面”座谈会，听取企业家意见，优化发展环境，提振企业发展信心，激发企业活力。四是海外统战领域更加广泛。加强与涉外部门和有关社会团体的协调联系，做好海外留学人员和归国人员的调查摸底工作，建立市、县两级165人海外留学人员和150人留学归国人员的电子数据库，加强与留学人员、留学生团体的联系，吸引海外人才回滨创业；组织海外联谊会理事和企业家与巴西中国经济贸易促进会等华侨华人社团建立密切联系，为引资引智奠定了基础；积极帮助台胞台属解决工作、生活困难，为6名定居台胞申请生活补贴和补助7200元。五是民族宗教领域更加和顺。紧紧围绕“两个共同”的主题，组织开展“民族团结进步宣传”活动；推动“民族村居新农村推进年”活动顺利开展；贯彻落实《关于进一步做好城市世居和流动少数民族服务和管理工作的意见》，积极帮助城市少数民族人员解决实际困难和问题；继续对少数民族学生进行结对帮扶，帮助其顺利完成学业；加强宗教团体建设，成立了市佛教协会；会同有关部门，做好基督教私设聚会点清理整治工作；加强与有关部门的沟通与配合，坚决抵制境外宗教势力渗透。

【夯实统一战线基础】 一是双基建设得到进一步提升。各级党委对统战工作更加重视支持，统战工作纳入科学发展综合考核重要内容；沾化县新任统战部长由县委常委担任；各乡镇（街道）均建立了统战、民宗和商会办公室，92个乡镇（街道）配齐统战委员，在民族宗教工作任务较重的乡镇配备民族、宗教工作助理；统战工作领导机构、岗位职责和工作制度日益完善，统一战线成员档案更加齐全，市、县区、乡镇（街道）、村（社区）四级统战网络更加健全，统战、民宗、商会三条线工作机制作用得到充分发挥。二是调研宣传信息工作成绩更加突出。完善课题下达、社会化合作和激励机制，做好“四新工程”

的组织实施，坚持部长带头认领调研课题机制，组织开展了“学习十八大精神，树党外人士形象”统一战线先进人物宣传活动和“统战信息提升年”活动，就改变基层统战工作薄弱状况及统战工作进社区、进工业园区、进商务楼宇等课题到县区、高校、科研院所等有关单位进行深入调研。2013年，市委统战部获全省统战理论宣传“四新工程”先进单位奖、宣传工作一等奖，信息工作二等奖，《滨州市“智力惠民”15年打造统一战线民生工程》获全省统战工作实践创新优秀成果奖。三是机关党建工作进一步加强。扎实开展“作风改进年”活动；组织全体干部职工到临沂开展“庆七一”革命传统教育活动；继续开办“统战干部学经济”系列讲座；深入开展“树统战干部形象，建党外人士之家”活动；动员机关干部开展联系帮扶困难家庭工作，共联系帮扶5户困难家庭，完成了入户对接，明确了帮扶措施。进一步调整充实部领导班子，提拔重用县级干部4名。

（孙维勇　舒　明）

·滨城区委统战部·

【党外代表人士队伍建设不断发展】 把党外干部安排工作纳入区委干部管理工作整体规划。一是与组织部门加强配合，认真做好党外干部的培养、选拔工作，把一批德才兼备的优秀党外干部选拔到后备干部队伍中来。积极征求党外干部的意见和建议，探讨党外人士在工作岗位上发挥作用的途径，引导他们积极参政议政。二是积极主动向区委汇报党外人士工作，及时将市委统战部关于党外人士安排的意见向区委汇报。三是积极向区委推荐后备干部，建议安排党外干部的单位。与区委组织部共同研究，推荐处级党外后备干部1名，科级和副科级党外后备干部3名。四是积极推荐党外人士担任区政协委员和乡镇人大代表，切实做好了党外人士的政治安排工作。

【为非公有制经济发展搭建平台】 先后在全区非公经济人士中开展了“致富思源，富而思进”教育、“爱国、敬业、诚信、守法、贡献”做合格中国特色社会主义事业建设者教育、“履行社会责任，共建和谐社会”基本职业素养教育、“发挥光彩精神，参与公益事业”的“感恩光彩行”教育，率先全面建成小康社会，率先基本实现现代化的“两个率先”教育等主题教育活动。

【努力做好新时期民族宗教工作】 一是借助政策，力促民族经济发展。2013年累计为亚光集团争取民品企业贴息扶持贷款到位资金9.97亿元，争取国家无偿贴息资金2600余万元；二是城市民族工作实现了新突破、新进展。率先探索实施的城市民族“六个一工程”被评为全市民宗系统管理创新奖。三是民族宣传月期间，先后在文汇社区成功举办了城市民族广场文艺晚会、政通社区民族同心书画展。四是先后协助隆达食品、泰欲麦业办理了清真食品认证。五是主动发挥民宗部门职能作用，加大执法力度，及时查处民族宗教领域不和谐、不稳定案件。1～11月份共参与调处少数民族纠纷案件5起，化解宗教矛盾4起，依法查处取缔宗教境外渗透案件2起，配合相关部门参与执法活动10余次。

（王　萍）

·惠民县委统战部·

【巩固统一战线共同思想政治基础】 一是围绕“作风效能服务年”“基层组织建设年”等活动，不断加强制度和党风廉政建设，修订完善机关工作规范，广泛开展学习动员，不断提高思想认识。二是学习贯彻党的十八大精神，组织党外代表人士学习十八大的重大理论观点、重大方针政策、重大工作部署，把握十八大关于统一战线的新思想、新要求，进一步加深对新形势下统一战线法宝地位的认识。三是结合纪念“五一口号”发布65周年，扎实推进“同心”思想教育，组织统战成员开展以学习和践行社会主义核心价值体系为主题的政治交接教育活动。四是积极开展“非公有制经济人士理想信念教育实践活动”，组织专题培训，增强非公经济人士的自信心，提高了企业管理水平、促进了企业快速发展。

【加强党外代表人士队伍建设】 进一步健全协商民主制度和工作机制，完善特约人员、对口联系、考察学习等制度，拓宽党外人士知情渠道，大力推进政治协商、民主监督、参政议政制度化、规范化、程序化建设。上半年对全县35周岁以下、大学本科以上学历的党外后备干部进行了摸底调查，组织举办了全县党外干部培训班。进一步发挥党外知识分子联谊会作用，召开联谊会理事会议，安排部署了工作任务，并根据会员行业、工作的不同对会员进行了分组。

【积极服务经济社会科学发展】 一是服务经济社会又好又快发展。为非公有制企业融资近2000万元，推介产品200多万元，项目10多个，为企业维权10多起，有效缓解了部分企业的融资困难，为企业开辟了新的市场。二是关注民生。引导非公企业出资500多万元，为结对村修路、打井，修缮办公场所、购置办公用品及科技书刊，丰富了群众的文化生活。向上级部门争取光彩事业资金30万元，对麻店镇中心小学校舍维修。三是推进新农村建设。深入开展“智力富民”“民企帮村”等活动，组织党外知识分子开展卫生、科技、法律三下乡，受益群众3万余人。深入开展“争当优秀建设者”活动，对先进典型进行宣传。四是加大招商引资力度。全年完成300万元现代服务业类招商引资任务。五是积极参与“千名干部进农村”“党员干部联系困难家庭”活动。积极为辛店镇蒲家、陈庵两村办实事解民忧，走访慰问困难家庭，得到群众好评。

【维护民族宗教工作良好局面】 贯彻落实省、市、县民族宗教工作会议精神，强化有关政策的落实，建立健全镇、村民族宗教工作制度，进一步落实责任，明确任务，确保了各项工作有条不紊地进行。定期进行巡回检查，确保宗教场所和谐稳定、长治久安。促进宗教工作民主管理，维护宗教场所合法权益。巩固治理“两乱”成果，做到无非法活动，无乱建寺观教堂。

（李莹莹）

·阳信县委统战部·

【突出思想引导增进政治共识】 组织召开了学习贯彻党的十八大精神情况通报会，重点把握关于统一战线的新思想、新要求。召开了全县非公有制经济人士理想信念教育实践活动动员会议和总结表彰会议，对活动进行动员部署、总结表彰。滨阳燃化等非公企业先后举办了生产技能比武、我为企业发展献计策等实践活动，广大非公经济人士更加坚定了坚持和发展中国特色社会主义的信念，增强了对党和政府的信任，提振了对企业发展信心。

【加强党外代表人士队伍建设】 下发了《中共阳信县委关于进一步加强新形势下党外代表人士队伍建设的实施意见》《贯彻落实〈中共阳信县委关于进一步加强新形势下党外代表人士队伍建设的实施意见〉分工方案》。

【维护民族宗教工作良好局面】 设立民族宗教宣传教育宣传栏，积极宣传党的民族宗教政策，发放各种明白纸、传单等8000余张。“县民族团结进步教育展馆”对外免费开放，全县广大基层干部、各族群众及中小学生共计5000余人进馆参观。在第13个民族团结进步宣传月活动中，开展了“八个一”（开展一次“三下乡”活动，开展一次清真食品安全大检查活动，开展一次民族团结进步宣传进民族企业活动，组织开展一次市级民族示范企业、民族示范乡镇、民族示范村、民族示范单位申报授牌活动，在中小学开展一次民族团结进步主题教育活动，开展一次集中走访流动少数民族个体工商户活动，依托民族团结进步教育展馆开展一次专题宣传教育活动，举办一次少数民族养殖实用技术培训班）活动。民族团结进步教育基地的窗口作用日益突显，受到各级领导的一致好评。在全县15个少数民族村集中开展了“依法治理普法教育突击宣传月”活动。组织举办了“阳信县宗教界学习贯彻党的十八大精神及宗教政策法规培训班”，对全县93名宗教界人士进行了专题培训，进一步提高了法律意识和业务素质。

【服务经济社会科学发展】 由县委统战部、工商联牵线搭桥，在县发改局、油区办的共同参与下，组织非公企业四联担保公司走访慰问困难群众、残疾人家庭、孤寡老人，送去60余袋面粉、200余斤食用油。中凯生物公司为5名品学兼优、家庭贫困的高中毕业生每人发放5000元助学金，并向50名品学兼优的大学新生提供了旅行箱包。县党外知识分子联谊会组织到河流镇中学送课下乡活动。

【提高统战工作科学化水平】 制订下发《关于进一步明确领导及工作人员工作分工的通知》《全县统战宣传调研信息工作奖励办法（试行）》，重新修改了《县委统战部办公考勤制度》，努力推动部机关工作制度化、规范化建设步伐。全县统战工作综合考核已经纳入《阳信县2013年度科学发展综合考核实施细则》中，县委统战部出台的《阳信县2013年度统战工作综合考核实施意见》印发至各乡镇（街道）。严格执行中央“八项规定”，密切联系群众，切实转变工作作风，深入开展党的群众路教育实践活动。通过召开座谈会、入户调查、电话询问等多种形式，走访调研300余人次，收到意见建议10余条，慰问困难户15户，送去米、面、油及现金共计7500余元。

（刘广新）

·无棣县委统战部·

【进一步加强统战干部队伍建设】 全县统战干部改进作风、积极作为，深入基层、深入困难多、矛盾多的地方，帮助统战成员解决实际问题，打造了一支信念坚定、勤政廉洁、勤勉好学、扎实务实的统战干部队伍。全县11个镇（街道）全部配备专职统战委员，建立统战工作办公室，健全规章制度，制作标牌上墙，统一配备办公设施，统一档案标准，进一步巩固“统战工作基础建设年”成果。进一步健全统战、民宗、商会“三线三级”工作机制，完善工作网络，构筑起覆盖全县的县、镇、村（社区）统战工作组织体系。各镇（街道）将统战工作与中心工作有机结合，积极组织开展有特色、见成效的活动，增强基层统战工作活力。开展雅安地震捐款、慈心一日捐等活动29次，资金总额达到86万元。积极组织各乡镇（街道）参与全省统一战线学习贯彻党的十八大精神知识竞赛，收到答题卡373份。修改和完善了《乡镇统战工作管理办法》《基层统战工作指南》等规章制度，以制度督促工作开展，实现了日常工作规范化；县委将统战工作纳入乡镇综合目标考核，建立了科学的运行机制和量化考评体系，进一步增强了统战工作科学化和规范化；建立健全联谊机制，定期走访慰问统战成员，全面了解情况、掌握动态。

【加强党外代表人士队伍建设工作】 县委高度重视党外代表人士队伍建设工作，制定印发中共无棣县委《关于进一步加强新形势下党外代表人士队伍建设的实施意见》，就重大事项专门听取县委统战部工作汇报，要求县直有关部门、乡镇（街道）把党外代表人士队伍建设工作纳入重要议事议程，全力做好后备党外人才的发现、教育、培养。对全县党外干部进行调查摸底，组织党外科级干部和统战干部培训班，组织少数民族村支部书记到青海省参观考察，并就畜牧养殖达成合作意向。目前，全县有党外干部39人，其中副县级5人，正科级8人，副科级26人。按照要求，配备一名党外人大常委会副主任、三名党外政协副主席、一名党外副县长。县政协党外常委18名、委员105名，均达到配备比例。法检两院、教育局、环保局、审计局、畜牧局、监察局、编办、农业开发办均配备了党外班子成员。开发区经济发展局、县政府驻津办、县文联、县中心医院由党外干部担任一把手。选送3名同志作为宣传对象参加市委统战部开展的“学习十八大精神，树党外人士形象”统一战线先进典型人物宣传活动。党外代表人士积极为全县科学发展积极参政议政、建言献策。成立党外知识分子红十字志愿服务队，吸收志愿者62人，举行公益活动2次，为当地困难群众送上大米、食用油等生活物品，受益群众800余人。

【做好民族宗教工作】 牢牢把握“两个共同”民族工作主题，创新工作思路，积极推动全县民族团结进步创建活动。结合市民促会帮扶民族村工作，积极搞好五营社区文艺队组建、五营后村文化大院建设、五营侯家村休闲娱乐广场建设、五营回民学校蹴球基地建设。联系市吕剧团到五营社区现场演出，努力创造民族团结的和谐氛围。民族村居新农村建设工作走在了全市先进行列。争取民族宗教工业发展资金12万，少数民族发展项目资金145万。春节期间，为全县1335农户和20户城市低保户发放每户120元的牛羊肉价格补贴。继续贯彻落实少数民族考生降低分数录取优惠政策，按照有关规定，对20名少数民族学生身份进行了认定审查备案上报工作。按照省宗教局的要求，对全县33名低收入宗教教职人员每月发放生活补贴300元。

【服务县域经济发展建设】 发挥统战职能优势，深入基层、走村入户，面对面的做思想工作，把征地补偿、房屋拆迁、安置建设等工作中出现的矛盾化解在基层，有力维护了全县社会稳定。抓好招商引资工作，引进滨州世豪商贸有限公司总投资3.8

亿元的大唐开元广场建设项目落户，目前到位资金2700万元。

【强化调研信息宣传工作】 2013年，上报市委统战部统战信息48条，简报采用9条，网站采用7条。积极配合市委统战部就基层统战工作存在的困难、面临的问题、出现的弱化现象、如何加强基层统战工作等实际问题开展调研活动，形成题为《改变基层统战工作薄弱工作状况的因应之策》的调研报告。联合县委组织部人才办，对党外人才基本情况、工作及成长过程中遇到的困难问题、制约因素进行了专题调研，形成《无棣县党外人才工作调研报告》。

（张世杰　王　苗）

·沾化县委统战部·

【统一战线政策进一步落实】 一是坚持定期向党外代表人士情况通报制度。做到每半年一次，使他们知情出力、建言献计。二是严格执行中央关于党外代表人士在人大、政协安排比例和数量的规定。按文件要求，及时向县委提出《我县党外代表人士队伍建设中急需解决的几个问题及建议》报告，促进政策落实。三是坚持党员领导干部与党外人士交友制度。县委县政府党员领导干部都确定了联系人，经常谈心，了解他们的思想、工作、生活情况，帮助解决一些实际困难，支持他们在自己的岗位上发挥专长，建功立业。

【党外代表人士队伍建设进一步加强】 县委出台了《沾化县委关于进一步加强新形势下党外代表人士队伍建设的实施意见》，对党外代表人士的发现储备、培养教育、选拔使用和管理及相关部门的职责作出了明确要求。加强党外代表人士的选拔储备、教育培养、使用管理工作。积极和组织部门沟通协调，按照一职二备的要求，推荐选拔好党外科级后备中青年干部，确立了58人的党外后备干部库。支持民主党派发展，指导民盟沾化支部发展新成员3名。

【民族宗教领域进一步和顺稳定】 围绕“民族团结进步，繁荣发展，宗教和谐稳定”主题，加强领导，明确责任，成立民族宗教维稳工作领导小组，完善民族宗教工作三级网络、四级管理工作机制，认真排查民族宗教界各类不稳定因素，每月向县维稳办报送分析研判报告，制定化解措施。加强信息畅通渠道，实行24小时值班制度，保持与爱国宗教团体负责人和宗教活动场所的联系，随时掌握民族宗教界人士的思想动态，确保民族宗教领域情况明、信息通、不稳定因素可掌可控，维护了民族宗教领域的安全稳定。

【服务经济社会发展能力进一步提高】 发挥统战成员智力密集、联系广泛的优势，积极组织党外代表人士开展科技、文化、医疗卫生“三下乡”活动，切实解决农村群众生产生活中遇到的实际困难和问题。县乡（镇）两级统战部门共开展“智力富民”活动45次，受惠群众6.6万余人。继续开展“百名企业帮百村”活动，选配80名非公企业参与帮村，使所帮村的办公条件和村容村貌有了较大改观。做好下派第一书记和干部包村工作，在2012年帮扶的基础上，2013年又筹措资金1万元，为帮包村安装路灯26盏。

【非公有制经济人士理想信念教育实践活动顺利推进】 一是与企业党组织建设相结合。县非公企业党工委把加强非公企业党组织建设、建立健全规章制度、实现党组织全覆盖，作为教育实践活动的切入点，努力提高非公企业党组织的凝聚力和战斗力。二是与农村环境卫生整治相结合。积极引导非公企业开展村企帮扶，参与农村环境卫生综合整治，以整治成果展示活动取得的成效。三是与解决职工切身利益问题想结合。各非公企业坚持开门搞活动，设立意见箱、召开职工代表座谈会，听取职工的意见建议，切实解决职工养老保险、福利待遇、食宿等方面的利益诉求，激发了广大职工爱岗敬业的主人翁意识。四是与解决企业当前生产经营中遇到的困难相结合。县委县政府出台了《非公企业融资担保实施意见》《严禁到企业乱检查乱收费的各项规定》，开展科级干部联系非公企业活动，切实为非公企业排忧解难、优化发展环境，增强了企业发展信心。五是与树立典型相结合。推树了一批中国特色社会主义优秀建设者典型，使活动取得了实实在在的效果。

【宣传调研信息工作水平进一步提升】 把统战宣传调研信息工作摆上重要议事日程，定期组织信息交流研判会议，研究解决工作中存在的问题。制定下发了《信息宣传调研奖励办法》，明确信息报送的范围、时效和报送渠道。健全网络，县、乡、村都设立了统战工作信息员，加强协调和配合，形成合力，共同做好信息调研宣传工作。被省市简报、网站刊发信息25条，完成调研报2篇。

（戚哲利）

·博兴县委统战部·

【服务民主政治建设】 坚持和完善中国共产党领导的多党合作和政治协商制度，认真落实县委确立的重大问题协商和通报制度。年初，协助县委召开了全县民主党派、工商联、无党派代表人士迎春座谈会，各界人士踊跃发言，提出了许多建设性的建议和意见。春节前夕，集中走访慰问统战成员100多人，送去党的关怀。

【服务经济社会发展】 在统战成员中开展“智力惠民”活动。调动广大统战成员的积极性、主动性、创造性，发挥人才、智力、联系广泛的优势，围绕全县发展大局积极建言献策；组织基层统战委员结合各自实际，围绕招商引资、非公有制经济发展、新农村建设等开展活动，使广大基层群众从中受益。部主要领导积极参加全县林业水利会战指挥部等工作，有关同志做好包村工作，为陈户镇尹楼村修路、修桥、安装路灯、装修办公场所、建成农家书屋，对全村线路进行整改，实实在在解决了一些群众关心的民生问题。

【做好民族宗教工作】 认真贯彻落实党的宗教政策，建立并不断完善宗教管理网络。依法管理宗教事务，打击非法宗教活动。加强爱国宗教团体建设和宗教界代表人士队伍建设。对宗教工作中的重点、难点问题，会同民宗局、公安局等单位共同研究及时解决。

【统战调研、宣传、信息工作】 深入基层、深入统战成员，开展多种调研活动。按照市委统战部要求，选取3个调研课题进行调研，按时进行报送成果。做好统战宣传工作，及时在县电视台、《今日博兴》等媒体宣传报道统一战线重要活动；积极向上级统战部门上报统战工作信息，为领导科学决策提供依据；认真做好学刊、用刊、订刊工作，被授予“全省统战宣传刊物工作一等奖”。

（安　俐）

·邹平县委统战部·

【积极作为，民族工作取得新进展】 针对外来少数民族务工经商人员日趋增多情况，6月份在全县开展少数民族外来务工经商人员及其经营场所的调查摸底工作。10月份，开展第十三个民族团结进步宣传月活动。县委统战部、县民宗局共同制定下发《关于开展2013年全县民族团结进步宣传月活动的通知》，紧紧围绕“两个共同”民族工作主题，以宣传教育促进社会和谐为重点，运用多种形式加大对党的民族理论、民族政策、民族法律法规及民族基本知识的宣传力度。10月初，联合清真食品生产企业走访慰问少数民族特困家庭。2013年，针对“十二五”民品企业政策调整变化情况，组织企业负责人参加全市民品企业贷款额度核定联席会议，为2家企业申办了清真食品生产许可证。

狠抓落实，宗教工作取得新成效。2月份、5月份先后两次召开了全县民宗干部培训工作会议。4月份开始，扎实开展佛教寺庙、道教宫观有关问题专项治理工作。建立专项治理工作台账，对排查出的问题分类制定处理措施，确保整改措施落实到位。9月集中组织开展全县依法治理基督教私设聚会点专项行动。加强宗教团体自身建设，深化和谐宗教场所创建。认真组织开展“教风年”活动，通过开辟宣传栏、举办培训班、召开宗教界人士座谈会等形式，大力宣传“教风年”主题创建活动。6月份，深入开展宗教政策法规学习月活动。订购下发了《宗教政策法规文件选编》等书籍，明确5个宗教工作重点镇街、24处宗教场所各有1名普法联络员。巩固提升“和谐宗教活动场所”创建成果，截至2013年底，原未达标的6处场所也基本达到创建标准。8月4日，在县城里基督教堂举办募捐活动，全县宗教界人士现场募集善款合计23633.9元。

【党外代表人士队伍建设】 市委滨发〔2012〕17号文件下发后，及时将文件精神向县委进行汇报，县委将此项工作纳入重要议事日程。深入调研，理清思路，调整充实队伍名单。组织全县16个镇办，结合实际，将近年来涌现出来的优秀人物纳入党外代表人士队伍名单。截至2013年底，全县党外代表人士队伍共计

494人。突出重点，统筹推进。印发了《中共邹平县委关于进一步加强新形势下党外代表人士队伍建设的实施意见》（邹发〔2013〕23号）及《贯彻落实〈中共邹平县委关于进一步加强新形势下党外代表人士队伍建设的实施意见〉分工方案》（邹办字〔2013〕29号）。

【不断强化统战基层基础建设工作】 为进一步强化统战基层基础工作，县委出台了《关于进一步加强统战、群团基层组织建设的意见》（邹发〔2013〕14号），统战部下发了《关于在全县统战系统深入开展调研活动、进一步加强基层基础工作的实施意见》（邹统发〔2013〕4号），对各镇街基层管理网络建设、工作机制建设、基础数据库建设、统战干部基本能力建设等提出了具体要求。年内，各镇街按照要求认真抓好落实，及时调整充实了统战工作领导小组，健全完善了工作网络和工作制度，进一步巩固提升了“双基”工作成果。组织各镇街结合各自工作实际，确定创新项目，制定活动实施方案和具体措施，努力推动实践创新，进一步激发基层统战工作内在动力和活力。

【全力做好党外知识分子工作】 助推知联会开局起步。抓好组织和制度建设，对会员划分了九个小组，为知联会开展工作搭建起较好的组织构架，制定了《知联会工作制度（试行）》，并制定“学习培训制度”“会议制度”“交流沟通制度”等会员分组活动制度。先后组织开展了参观考察县环境保护工作、8月份集中调研、以“送温暖、献爱心”为主题的关爱老年人健康义诊等活动，扩大知联会社会影响。

【做好留学人员统战工作】 一是深入调查摸底。县委统战部牵头与相关单位联合下发了《关于对全县留学归国人员和海外留学人员进行摸底调查的通知》，在《今日邹平》刊登了3期开展统计调查工作的《公告》，共联系了解98人，其中海外留学人员62人，留学归国人员36人。二是加强联系沟通。县委统战部联合外侨办、教育局、人社局、人才办等部门，建立资源共享机制，详细了解掌握了留学人员联系方式，建立了留学归国人员飞信平台，利用电子邮件、短信等与他们保持密切交流。

【扎实开展非公有制经济人士理想信念教育实践活动】 按照教育实践活动的总体要求，成立了由县委、县政府和县政协有关领导为正副组长的活动领导小组，制定了翔实的实施方案。7月24日组织召开全县非公有制经济人士理想信念教育实践活动动员部署会议，对活动开展作出安排部署。全县参与非公有制经济人士理想信念教育实践活动的企业家达102家，活动期间共举办报告会（论坛）3次，听众数达400余人，开展县级培训200余人次，编发《邹平县理想信念教育实践活动简报》6篇，省级、县级媒体对企业家典型事迹报道5次。

【坚持不懈抓好统战调研宣传信息工作】 根据市委统战部《2013年全市统战理论研究课题计划》，认真选题，深入调研，完成了《关于党外知识分子联谊会建设与发展的几点思考》《宗教团体建设的现状分析和思路对策》两篇调研报告。进一步调整充实了信息员队伍，积极参加上级部门组织的业务培训，逐步提高信息质量。2013年，我部共向上级部门报送信息90余篇，其中被《山东统战简报》采用3篇，《滨州统一战线》采用16篇，市网站采用8篇。认真做好统战刊物的征订、发行、利用工作。订阅《中国统一战线》20余份和《山东统一战线》340余份，并开展了学刊、用刊活动，进一步提高了全县广大统战干部业务素质。2013年7月，我部被省委统战部授予2013年度全省统战宣传刊物工作二等奖。

（滕　峰　李新东）

菏　泽　市

·菏泽市委统战部·

【多党合作】 一是精心组织学习。协助各民主党派、工商联深入开展学习和践行社会主义核心价值体系教育及理想信念教育活动；组织统一战线成员认真学习党的十八届三中全会精神，学习《中共中央关于全面深化改革若干重大问题的决定》；在全市统战系统中开展“同心”讲坛征文活动，组织举办了5场“同心讲坛”报告会，4名民主党派主委分别作了报告，1000余人次听取报告；主办“中华传统文化公益大讲堂”，邀请专家、教授就中华传统文化的传承、学习和实践做专题报告，600多人受到教育。

二是推动多党合作制度落实。建立了市委常委联系党外代表人士制度；协助市委市政府召开协商会议10余次，把政治协商纳入决策程序；协助各民主党派进一步充实完善规章制度，组织各民主党派市委进行领导班子述职和民主评议；建立政府有关部门与民主党派对口联系制度，加强了双方的沟通和交流；进一步拓宽民主监督渠道，完善特约人员工作制度，规范工作程序。三是推动各民主党派开展社会服务活动。引导各民主党派、工商联和无党派代表人士深入开展“同心·创先争优”活动。各民主党派市委均被市政府、市政协评为“优秀提案单位”。民革市委组织开展“秸秆生物反应堆技术”，使农民群众增加了收益；民盟市委举行“同在蓝天下——孤儿救助活动”，设立了“民盟菏泽市委爱心救助基地”；农工党市委举办“市福利院关爱儿童”活动，组织党员开展6次义诊，受益群众1000余人次；致公党市委捐助3所“致公同心书屋”，为每个书屋配备3000册图书，总价值20余万元，被市直机关工委评为2013年度最佳实事，并举办“致公康辉爱心行动”；九三学社市委开展第25届“国际科学与和平周”“百名专家企业行”“九九暖心”等活动。

【党外代表人士队伍建设】 成立市党外代表人士队伍建设领导小组，建立了联席会议制度，将党外干部队伍建设列入对县区统战工作的重点考核内容。制定《2013年党外代表人士教育培训计划》，以市社会主义学院为阵地加强了对党外代表人士的培训。5月份组织各民主党派基层组织负责人、市直和县区党外干部及县区统战部长等77人到省社院进行培训学习；7月份在遵义市委党校和井冈山干部学院举办了全市非公有制经济人士理想信念教育培训班。全年共举办党外代表人士及统战干部培训班5次，受训人员300余人次。市县区统战部门都建立了党外干部数据库，在全市范围内重点掌握党外代表人士“六支队伍”690余人，并建档立卡，登记备案。党外干部实职安排工作取得一定成绩，全市共有副科级以上党外干部530人，其中，市级6人、县级72人、科级452人。有8个市政府工作部门领导班子中配备了党外干部，其中，市科技局配备了党外正职。市人大、政府、政协领导班子中均按规定配备了党外干部。

【民族宗教】 一是开展民族团结进步创建活动。大力推进民族团结进步模范社区创建和社会主义新农村建设，协助市伊协开展了第三届“新卧尔兹”演讲比赛；联合宣传、民宗部门举办了全市民族知识竞赛。联合有关部门及时化解一起矛盾纠纷。二是大力推进爱国宗教团体建设。多次召开全市爱国宗教团体负责人座谈会，到宗教活动场所和市宗教团体办公室走访探望，加强了与宗教团体负责人的联系。召开市基督教第二次代表会议，选举产生了市基督教三自爱国运动委员会第二届委员会，成立了市道教协会筹备委员会。积极协助爱国宗教团体解决实际问题，协调市财政为其解决了办公经费，添置了办公设备，协调有关部门为市天主教堂免费安装了自来水管道。三是稳妥推进天主教工作。召开了05专项工作表彰大会，成武、巨野天主教房产遗留问题得到实质性解决，做好了天主教圣母月朝圣处置工作。四是成功举办“第四届四省九市民族宗教工作联谊会”，重点交流了各市爱国宗教团体建设的经验和做法，并组织与会人员赴鄄城和市天主教堂等宗教活动场所进行了实地考察。

【非公有制经济】 一是大力加强工商联组织建设。成立了济南市菏泽商会、潍坊市工商联鲁西南商会、昆明市山东菏泽商会和市棉花产业商会，做好了市节能产业商会、山东浙江商会菏泽分会的筹备工作。全市新发展会员720名。二是积极开展为会员服务活动。推动各商会和会员通过“商会贷”“支农专项贷款”等业务与银行对接。160余家会员企业达成融资协议，贷款近15亿元。与菏泽学院联合创立了校企产学研合作平台，联系学院专家与企业对接，建立产学研基地11个，落实大学生就业实习岗位1000多个。三是不断加强对外联络。与广东省山东商会、深圳市山东商会等7家商会建立了友好商会关系。四是促进了“光彩事业”发展。推动会员投身公益事业及“光彩事业”，建军节期间，开展了10余次拥军慰问活动，为武警消防官兵们送去总价值15万元的慰问品；开展了“民企助学”行动，在“市工商联会员牵手菏泽一中大学新生圆梦助学”活动现场，17位爱心企业家为32名家庭特别困难的大学新生每人发放5000元助学金。五是大力开展非公有制经济人士教育实践活动。成立活动领导小组，抓好活动载体，扎实推进活动深入开展。组织企业家参观冀鲁豫边区革命纪念馆、毛泽东像章纪念馆，建立全市非公有制经济人士思想正式教育基地，举办“中华传统文化公益论坛”报告会。

【自身建设】 一是建立健全统战工作机制。召开全市统战工作会议，进一步完善党委统一领导、统战部牵头协调、各有关部门和人民团体各负其责的统战工作领导体制。加强对县区、市直单位统战工作的指导，形成全面统筹、上下联动的运行机制。制定下发《关于加强作风建设、厉行节约反对铺张浪费的实施意见》《关于进一步加强机关考勤纪律的办法》，以“慵懒散”专项整治活动为抓手，大力弘扬真抓实干、深入一线、锐意创新、负责担当、艰苦奋斗、淡泊名利的工作作风，使统战部门真正成为和谐之家、纳谏之家、举贤之家、服务之家。加强机关内部管理，着重提高领导班子学习力、凝聚力和创新力，保持了统战部干部队伍的生机和活力。二是调研宣传信息工作水平稳步提升。修订完善《统战调研宣传信息工作奖惩办法》，建立通报和奖励机制，健全市、县、乡、重点村四级统战宣传网络。年初召开全市统战调研宣传信息工作会议，确定调研课题，从各县区、各民主党派、无党派、工商联、各宗教团体抽调30名骨干，组成调研宣传信息队伍。在新浪网开通了“菏泽统一战线”官方微博，并通过V认证，扩大了统战宣传渠道；联合各民主党派市委举办3期信息员培训班，提高了信息员的综合素质。全年共完成调研报告45篇，上报信息百余篇，被中央统战部采用2篇，被省委统战部采用10余篇，市委统战部获全省统战宣传工作二等奖，9县区均获三等奖。

（李　钊）

·牡丹区委统战部·

【引导党外人士强化同心思想】 举办了统一战线学习贯彻十八大精神培训班，区直单位负责人、乡镇（办事处）统战委员、区各民主党派负责人、民族宗教代表人士、党外知识分子、工商联常委100余人参加了培训。举行了“牡丹区统一战线同心思想论坛”，党外人士结合中国共产党领导的多党合作和政治协商制度，结合牡丹区政治经济形式，结合本职工作，撰写同心思想论文50余篇。

【引导服务民生践行同心思想】 成立了“同心·科技服务团”“同心·卫生服务团”“同心·教育服务团”和“同心·文化服务团”，为基层群众办实事。“同心·卫生服务团·致公党组”驾驶“健康直通车”深入到安兴镇郭楼村义诊，为农民朋友测血压、X光透视、彩超检查、专家咨询，发放冬季常见病预防、新农合宣传页500余份。“同心·卫生服务团·农工党组”到菏泽市福利院，为孩子们送去营养品、药品、棉服和玩具，并计划给唇腭裂孩子做手术。“同心·卫生服务团·民革组”深入到小留镇敬老院，为老人查体，送棉服、食品。组织党外人士开展牡丹产业化调研、节能环保知识宣传、慰问一线交警等活动，增强了向心力，扩大了民主党派和无党派人士的影响。

【着力做好经济统战工作】 一是引导工商联会员参与“光彩事业”。会员企业为社会提供了5000多个工作岗位。春节、中秋节，为贫困户和敬老院老人送去衣服、食品和现金计两万余元；建军节为武警消防战士送去价值两万余元的日常用品；重阳节为区干休所老干部送去节日慰问；热心捐助贫困大学生10名，每人5000元。二是积极服务民营企业。及时向有关部门反映民营企业的合理要求；搭建银企合作平台，着力帮助企业化解融资难题；聘请专家为企业家讲解科学管理、经营风险防范等知识。三是夯实工商联组织发展和党建工作。新吸收会员63人，会员企业42家；成立非公企业党组织4个，发展预备党员18人，入党积极分子5人。

【联系服务少数民族和宗教界代表人士】 一是完善了区、乡镇办、村三级民族宗教管理网络，建立了民族宗教基础数据库。为民族宗教管理服务工作打下了坚实的基础。二是采取多种形式宣传民族宗教政策，举行了少数民族干部座谈会、宗教政策法规有奖知识竞赛等活动，提高了少数民族、信教群众和教职人员的素质。三是为少数民族和信教群众办实事。利用专项资金，为少数民族聚居的马岭岗镇辘湾村修建了3000余米的灌溉渠；帮助教职人员办理了低保、养老保险和医疗保险；开展了“宗教慈善周”活动，帮助弱势群体，积极引导宗教与社会主义社会相适应。

（沙启军）

· 曹县县委统战部 ·

【突出重点，不断加强党外干部工作】 优化政策环境。一是多请示汇报，争取领导重视。二是多沟通协调，争取部门支持。加强与组织部的联系、沟通与协调，确保将党外干部的培养选拔工作纳入干部队伍建设整体规划。三是进一步完善党政领导联系党外干部制度，县党政领导每人联系2名党外干部。

【创新培养机制】 一是建立后备干部储备机制。采取党组织推荐、党外知名人士推荐以及干部群众推荐相结合的方式，确定60多名党外后备干部进入“人才库”，并及时调整充实。二是完善教育培训机制。在加强理论培训的同时，更注重强化实践锻炼，不断加大党外干部的轮岗交流力度。三是建立工作考核和回访机制，将党外干部和党外后备干部年度考核情况装进个人档案。四是建立部门协调机制。县委明确党外干部培养选拔工作由县委组织部和统战部共同负责，各有关部门协作配合，找准结合点和各自工作侧重点。

【强化政策落实】 2013年，先后提拔重用正科级党外干部2名，副科级党外干部4名，并有1人担任县政府工作部门正职。截至2013年底，共安排党外领导干部18人，其中县级4人、正科级2人、副科级12人，初步形成一支数量可观、结构合理、素质良好的党外干部队伍。

【强化责任，切实做好民族宗教工作】 一是扎实做好民族宗教调研工作。按照省、市委统战部门要求，对全县民族宗教基本情况进行调查统计，对代表人士进行登记，全面掌握情况，为进一步加强民族宗教管理工作奠定基础。二是切实加大民族宗教管理力度。进一步完善县、乡、村民族宗教管理网络，各宗教活动场所都成立了管理组织，重点乡镇建立民族宗教突发事件快速反应机制和矛盾纠纷月排查制度，定期排查和消除影响民族团结进步的各类问题。在天主教等各教会中开展了“防异端、反邪教、正教风”教育活动，有效维护了社会稳定。三是认真落实少数民族干部任用政策。始终把培养、选拔和使用少数民族干部作为全面贯彻党的民族政策的重要措施，一批能干事、会干事、干成事的少数民族干部走上了领导岗位，确保了少数民族经济的快速发展和全县的和谐稳定。目前，全县县级领导班子中有少数民族干部4人，民族乡镇及少数民族人口1000人以上的乡镇办事处领导班子中，共配备少数民族领导干部7人，基本达到了配备要求。

【围绕中心，尽职尽责服务经济建设】 一是以培养曹县经济发展精英为目标，成功举办了北京大学高级工商管理研修班；以提高入党积极分子的思想修养和政治理论水平为目标，顺利举办了第二期非公企业入党积极分子培训班，159名非公企业法人代表参加培训；以共同富裕、同奔小康为目标，积极引导企业帮助困难群众，帮助困难群众脱贫致富，全县参与帮扶的民营企业413家，共帮扶困难群众1179户，帮扶资金36万余元。二是大力开展招商引资工作，为经济建设增添后劲。充分利用统战人士联系广泛的优势，广泛搜集有价值的招商信息，先后邀请多名客商来曹县实地考察，对宣传曹县、推介曹县起到一定作用，并成功引进两个三产项目，圆满完成招商任务。三是积极服务城市建设，全力搞好城市搬迁，做了大量卓有成效的工作，同时加大对落地项目的服务力度，以优质的服务促进项目建设的顺利进行。

（王桂玲）

· 定陶县委统战部 ·

【切实转变工作作风，统战干部队伍自身建设进一步加强】 一是认真贯彻落实“八项规定”，切实加强统战干部作风建设。根据“八项规定”要求，进一步完善了学习、调研、考核等多项工作制度；在全系统切实整治“庸懒散行为”，大力解决“十大问题”，倡树“十大正气”，营造了努力干事的良好氛围。二是认真学习贯彻十八大和十八届三中全会精神，进一步统一思想，凝聚力量。采取自学、研讨交流、报告会等形式，在统战系统掀起学习十八大和十八届三中全会精神高潮，进一步统一思想认识，凝聚智慧力量。在统战成员中举办了学习十八大精神知识竞赛，共收答题卡5000余份；开展了十八届三中全会精神“大宣讲”活动。三是认真开展群众路线教育活动，积极争当

"五个表率"，切实为群众办好事、解难事。向统战成员发放联系卡1400余张，加强与统战成员的联系，密切与统战成员的关系，更好地贴近群众服务群众，为他们解决问题，排忧解难。

【围绕中心，服务大局，为经济建设服务自觉性进一步增强】 一是认真开展调研，搞好服务，积极为县域经济发展出谋划策。就优化经济发展环境、健全非公有制企业党组织、破解中小企业发展融资难等问题，先后通过走访、召开座谈会、开展问卷调查等形式，认真开展调研。积极搭建银行与企业融资信息平台，开展多形式的融资活动，共融资5000万元，缓解了中小企业融资难的问题。

二是认真抓好非公有制企业党建工作。全县145家非公企业通过多种形式，全部建立了党组织，覆盖率100%。并建立了102个活动阵地，为党员职工搭建了活动平台。

三是认真开展招商引资工作。引进的投资1.1亿元的金瑞明胶项目，基本完成土建，有望尽快安装设备并投产。积极组织人员赴广州、佛山、深圳、昆明等地，建立友好关系，洽谈合作事宜，开展项目推介。

【强化宣传，完善机制，民族宗教工作规范化水平进一步提高】 民族工作方面，一是进一步加强宣传，提高干部群众民族政策水平和全社会对民族工作重要性的认识。继续抓好《山东省清真食品管理规定》的宣传教育，依法加强对清真食品市场的监管力度。3次联合多家单位进行了清真食品安全大检查。开展以"政策、科技、卫生"三下乡活动和政策宣传系列活动为主体的民族团结进步宣传月活动。

二是认真开展民族宗教基层基础建设年活动。各乡镇和有民族宗教工作任务的村都成立了领导小组，明确专人分管民族宗教工作；全县乡镇、村庄、宗教场所、民族中小学等设立民族宗教工作联络员350人，形成了三级网络和四级责任制；分别建立了汇报制度、联席会议制度和协调联动机制，为工作的开展、困难问题的解决提供了有力保障。

三是认真排查矛盾纠纷和安全隐患，积极稳妥处置突发性事件。进一步完善了信息机制，做到民族宗教领域矛盾纠纷排查工作常态化，确保小事不出村，大事不出县，问题不上交。成立全省首家民族调解委员会，认真做好少数民族群众思想工作，妥善处理突发性群体事件，防止事态扩大。

四是深入开展民族团结进步创建活动。鲁花公司被命名为省级民族团结进步创建活动示范单位，天中办事处、陈集镇被命名为市级民族团结进步创建活动示范单位。

五是积极帮助少数民族发展经济和各项社会事业。争取省市各项少数民族扶持资金199万元，协调交通部门对中沙海至岳程1500米总投资55万元的道路建设进行了项目立项。协调在全县所有中学全部建立了"清真灶"，方便回族学生生活。

宗教工作方面，一是强化宗教政策和法律法规的宣传。召开了宗教团体、场所负责人会议，以会代训，学习政策法规，提高其法律意识和政策水平。举办了45人的全县宗教界代表人士培训班。二是认真开展调研，推进各项工作开展。先后组织人员对佛、道教基本情况进行调查摸底，掌握了第一手材料。认真做好宗教团体组织建设，完成了基督教"三自"负责人的交替。三是开展了以"教风"为主题的和谐宗教活动场所创建活动。

【以贯彻中发4号、鲁发10号文件为契机，党外代表人士队伍建设措施进一步加大】 以中发4号、鲁发10号为依据，结合实际，制定了定陶县的具体实施意见。完善了党外代表人士教育培训、交流、联系、双向约谈、走访考核、述职"六项制度"。努力打造党外代表人士教育培训基地、企业实践锻炼基地、同心教育基地、廉政教育基地"四大基地"。先后选拔16名党外干部到企业进行实践锻炼。开通了党政县级领导干部与所联系的党外代表人士、统战部与党外人士2个党外代表人士"建言献策直通车"。举办了全县党外干部理论读书会，开展了党外干部"廉洁自律教育"系列活动。举办了党外干部廉政讲座。开展了党外干部"同心·服务百姓健康"和"同心·关注老人"活动。

【强化责任意识，统战信息宣传调研工作扎实开展】 进一步落实各项措施，认真扎实做好信息宣传调研工作工作，确保在全市的领先水平。举办了全县统战信息员培训班，开展了"统战政策百日讲"，举办了"同心杯"统战政策知识竞赛等活动。统战信息在省统战内刊上稿量创历史最高水平，获全省统战宣传工作三等奖；在全市统战宣传工作中获第1名、调研工作第1名、信息工作第2名。

（张　玉）

·成武县委统战部·

【思想作风建设】　把学习贯彻中央“八项规定”同贯彻落实十八大精神、提高工作效率、落实群众路线相结合，要求全体干部职工大兴调查研究、求真务实之风，严格执行精简会议、简化公务接待和厉行勤俭节约等相关规定。结合治理“慵懒散”工作和对标学习，进一步修订完善了统战部工作管理制度，做到有章可循。开展了党员干部联系困难家庭活动，到所联系的农村困难家庭走访慰问，查找致贫原因，帮助寻找脱贫致富门路。

【党外代表人士队伍建设】　按照组织程序，新考察补充党外后备干部16名，提拔两名无党派年轻女干部到卫生局、文体局任副职，做到了条件成熟随时充实。在县委党校召开党外干部座谈会，来自全县文化、卫生、教育、公、检、法、司等县直部门以及镇、街道、开发区的48名党外科级干部、后备干部结合自身工作成长经历，围绕如何摆正位置、发挥自身优势、积极参政议政，如何更好地为全县经济社会发展贡献力量进行了交流座谈。

【经济领域统战工作】　新成立了22个独立非公有制企业党支部，9个企业成立了联合支部，实现了企业党组织全覆盖。开展非公经济代表人士理想信念教育活动，引导非公经济人士积极投身于扶危济困、捐资助学、民企拥军、民企帮村等行动中去，非公企业捐资助学达到30多万元。组织工商联会员企业参加中国银行“商会贷”融资，参加企业20多家、批准10家，贷款规模达3500万元。批复成立了企业服务商会，服务商会成立后通过拓宽融资渠道、加强交流合作、倡导公益事业、立足会员服务，做了大量的卓有成效的工作。

【民族宗教工作】　一是不定期组织开展清真食品安全检查和宗教活动场所安全检查活动，向各宗教团体、宗教活动场所发放防范邪教知识手册200本。二是进一步健全完善民族宗教突发事件处置预案，与各镇（办、区）签订了民族宗教安全稳定责任书，配合政法委、公安局开展了打击邪教、反邪教渗透工作。三是积极筹备天主教堂建设工作，10月竣工并交付使用。四是完成“呱呱鸭”食品公司清真食品企业申报工作。五是配合市民宗局开展“和谐宗教活动场所创建活动”“民族宗教基层基础建设年活动”和“民族团结进步宣传月活动”。六是开展涉及佛道教寺观专项治理工作，制止查处乱建寺观、滥塑宗教造像行为。

【海外统战工作】　中秋节、春节向成武籍港澳台侨胞发出慰问信150余封，在其眷属中间广泛开展了“三个一”（发一封信、打一个电话、发一条信息）活动。积极为“三胞”眷属搞好服务、排忧解难，帮助4户贫困台属找到了致富门路。

（周茂席）

·单县县委统战部·

【以政治教育为先导，健全优秀党外代表人士队伍】　一是调查了解摸实情。根据省市委文件规定，对全县党政机关、企业事业单位、乡镇（办事处）中45周岁以下、大专以上学历、三年以上工作经验的在编党外人士和少数民族干部进行摸排，摸排出符合条件的人员共82名，其中县直单位70名，乡镇12名，男35名，女47名。二是教育培训提素质。全年培训党外干部、工商经济界人士、民族宗教界人士120余人，选送2名科级干部到省社会主义学院参加培训。积极探索运用远程教育等现代信息手段，增强培训的实效性。开通“短信课堂”，将党的十八大精神、县委最新决策、会议精神等编辑成短信，发送给党外代表人士学习。三是实践锻炼促发展。选派4名年轻有潜力的党外人士到信访、维稳、大项目建设一线等地实践锻炼。聘请5名优秀党外人士担任政风行风评论员、特约监督员。组织各界人士立足岗位开展调研、双岗建功，收到调研文章3篇、意见建议47条，为党政决策科学化提供了依据。继续开展“同心”社会服务活动，创建“同心社区”、组建“同心”志愿者队伍，开展扶贫帮困、法律援助、心理咨询、就业创业辅导活动。积极开展“同心扶贫行动进农村”“农村教育烛光行动”活动，为龙王庙镇惠王庄村捐资20万元，用于该村道路照明设施和村文化广场配套设施建设。

【以促进发展为目标，做好

“两个”健康发展】 一是思想教育促发展。加强非公经济人士思想教育工作，举办了《卓越领导与现代企业》讲座和国学讲座，与中国城市教育培训中心联合举办了5期培训，共培训4000人次，增强了爱岗、敬业、奉献精神，为企业发展注入了精神动力和智力支持。二是正确引导促发展。深入开展理想信念教育实践活动，组织“民企帮村”“民企济困”“民企助学”“民企拥军”等特色活动，引导非公经济人士感恩回馈社会。举办“寒窗暖流·2013”爱心助学慈善活动，筹集爱心款18余万元，资助60名贫困大学新生。开展“企村牵手同心行·双联行动再推进”“牵手行·助推发展”活动，推动会员投身生态文明村建设，发展生态农业。鼓励企业发挥龙头作用，辐射带动周边企业和村民致富。华英集团承包旧村腾出土地造孵化场，带动本村群众致富，并辐射周边乡镇；百寿坊承包1000余亩土地养殖青山羊，将羊羔低价出售给周边群众农户养殖，回收成羊，带动群众致富。三是搞好服务促发展。着力解决制约非公企业发展的人才难、资金难、技术创新难等问题。选择10家前景好、信誉好的中小企业给予专项资金贷款扶持，受贷企业年销售收入比2012年增加15%以上。组织召开3次银企洽谈会，参与企业12家，达成贷款8000余万元。召开“春风行动2013民企用工招聘会”2次，提供用工岗位2600个，达成意向1620个。赴青岛、浙江举行人才招聘会2次，引进企业高层管理人才和科研技术拔尖人才23人。四是基层商会建设步伐不断加快。协助成立了五金建材商会和汽车配件商会，全县基层商会达到6个。

【以维护社会稳定为重点，进一步凝聚人心构建和谐】 一是做好民族工作。千方百计帮助少数民族群众和民族聚集村加快发展。积极申报民族经济发展项目，争取发展扶持基金，为24名少数民族考生办理优待加分录取等有关手续。深入开展民族团结宣传教育和团结进步创建活动，创建活动不断向基层延伸、向纵深发展。二是依法加强宗教事务管理。联合县民宗局、司法局、安监局、公安局等14个单位，广泛开展了法制宣传进教堂、科普知识进教堂、国情教育进教堂、创业致富进教堂、安全教育进教堂的“五进教堂”活动。继续深化“和谐寺观教堂”创建活动。采取“听、看、查、访”的形式核查了各宗教活动场所。化解了多起矛盾纠纷，维护了民族团结和睦。三是在宗教界践行“同心”活动。组织开展“宗教慈善周”活动，宗教界人士在捐资助学等方面捐款数2万多元，帮助7户贫困家庭和3个贫困学子渡过难关。“慈善周”期间，基督教爱国会组织医疗专家开展义诊活动，免费为1000余名群众进行健康查体，发放药物1万余元。

【以加强自身建设为着力点，进一步促进统战宣传调研工作再上新台阶】 召开全县统战工作会议，进一步完善党委统一领导、统战部牵头协调、各有关部门和人民团体各负其责的统战工作领导体制。加强对乡镇、县直单位统战工作的指导，形成全面统筹、上下联动的统战工作运行机制。开展“转作风、树形象、促和谐”活动，专项整治庸懒散，改进了机关作风。开展第一书记工作、包村扶贫、党员联系困难群众等工作，为所驻郭村镇周楼村新修生产桥一座，为所联系的2户困难群众送去慰问金、礼物。

（王春梅）

·巨野县委统战部·

【深入贯彻党的十八大会议精神】 一是以十八大精神统一思想，精心组织、联系实际，迅速掀起学习贯彻热潮并贯彻全年始终。二是以十八大精神指导实践，创新工作方法，在完善工作制度、助推科学发展、维护和谐稳定、加强党外代表人士队伍建设等方面下工夫，有力开创了全县统战工作新局面。三是严格执行市委、县委有关作风建设的要求，组织党员干部学习党史，参观廉政教育基地和烈士陵园，进一步提升服务大局的能力和意识，切实加强自身建设，努力造就一支为民、务实、清廉的统战干部队伍。

【努力推动党外代表人士队伍建设工作开展】 出台了《中共巨野县委关于加强新形势下党外代表人士队伍建设的实施意见》，为全面做好全县党外代表人士队伍建设提供纲领性的指导意见。进一步加大党外干部培养力度，继续完善党外后备干部人才数据库，对表现优秀的党外干部实行重点跟踪、重点培养，在以党外干部任职情况为主要考核目标的全市统战工作科学发展观考核中，取得第三名。在县委支持下，筹备成立巨野县社会主义学院，为更好地培养、教育党外代表人士创造有利的条件。

【经济领域统战工作取得新成绩】 着力抓好工商联组织建设，深入开展“工商联建设年”活动。部署开展了非公有制经济人士理想信念教育实践活动，引导广大非公经济人士积极投身地方社会经济建设。320余家企业共捐款50余万元，累计帮助苦难群众1100多户。举办了县优秀非公企业典型事迹座谈会、非公企业和金融行业对接会，引导企业自觉调结构、转方式、上档次，帮助解决融资问题。组织45位企业法人代表前往上海交大开展为期7天的知识培训。大力开展以商招商、会员招商活动，共达成投资意向3个，落实项目资金6000万元。

【抓好民族宗教工作促进社会和谐稳定】 一是继续大力推进少数民族工作，在基础设施建设、惠农政策、教育卫生事业方面给予一定的倾斜，帮助少数民族群众发展生产。2013年完成了3个民族发展资金项目和1个民品企业帮扶项目的申报工作。二是全面贯彻党的宗教工作基本方针，加大对宗教界代表人士的教育培养力度，举办2次培训班，引导宗教界人士和信教群众在促进经济社会发展中发挥积极作用。全县宗教界积极参与慈善公益事业，为芦山地震募捐善款10908元，基督教为10多名家庭困难的新录取大学生提供每年4000元的资金帮扶。三是加强宗教活动场所规范化建设，积极开展佛教寺观乱建、乱塑和基督教私设会点的专项治理行动，依法查处非法违建寺庙1处、私设会点4处。天主教宗教房产问题得到基本解决，已完成选址、新堂设计、施工预算编制等工作。

（王艳芳　徐宏坤）

·郓城县委统战部·

【深入学习贯彻十八大会议和十八届三中全会精神】 召开统一战线各界代表人士座谈会，对十八大和十八届三中全会精神进行深入学习，邀请县党校专家进行了专题辅导。

【围绕中心，服务大局，全力做好经济统战工作】 为招商引资及大项目建设牵线搭桥，先后邀请20余位客商来郓投资考察，引进项目4个，其中由温州客商投资的旧城改造项目已初步完成拆实施阶段。组织县工商联（商会）会员赴外地参观考察，建立友好商会，搭建招商平台，培植人脉资源，积极推介郓城，开展招商活动，全力促进非公经济健康有序发展。把提升服务质量、帮助企业转型升级、引进人才、资金等作为工作重点，举办民营企业用工专场招聘会2次，为企业引进各种人才100余名；举办银企对接洽谈会5次，为企业融资1.7亿元；帮助企业技术升级改造项目2项；组织专门人员围绕非公经济转方式、调结构等开展专题调研，全面提升自主创新能力，努力培育具有核心竞争力和发展后劲的自主品牌；加大非公经济人士的教育培训力度，在广大非公经济人士中继续深入开展以“强信念、强责任、强奉献”为主题的“三强”主题实践活动。220余名非公经济人士分别与老党员、老革命、老劳模及贫困学生结成长期帮扶对子，全县非公经济人士先后为爱心助学、扶贫救助、光彩事业等累计捐款捐物达120多万元。

【围绕社会和谐稳定，全力做好民族宗教工作】 一是认真开展民族团结进步宣传月，联合县委宣传部、县广播电视台等单位开展了民族宗教知识大宣传、大教育活动；在国庆节和中秋节期间，联合县执法局、工商局开展打击假冒伪劣清真食品和走访慰问贫困少数民族群众活动。二是加大对宗教教职人员的教育培训力度，先后举办5期培训班，全面提高宗教教职人员的政治思想素质。加大对宗教工作的调研、排查和管理力度，在全县18处宗教活动场所中开展了创建“和谐宗教场所”活动。三是对天主教房产问题、全县天主教工作情况等进行调查摸底，召开了天主教爱国委员会会议，圆满完成了05专项工作各项任务。

【积极做好党外代表人士工作】 全面加强“六支队伍”建设，开展了党外代表人士队伍调研月活动，深入机关单位、企业等实地考察调研全县党外代表人士队伍现状，及时发现优秀人才，并登记造册。坚持党外人士参政议政日和信息“直通车”制度，为教育、国土、环保等10家单位聘请30余名党外人士为特约监察员。全年举办党外人士培训班4次，开展各类服务活动20余次，组织视察6次，召开座谈会7次，党外人士建言献策130多条，走访慰问困难党外人士30余人次，为党外人士解决各种困难20余件次。

【积极开展港澳台海外统战工作】 积极加强与海外重点人士的联络交流，元旦、春节向在台同乡会各位理事、重点侨胞寄送贺年卡，积极邀请台侨胞代表参观考察，大力开展有特色的组团交流活动。成功举办“第二届两岸宋江阵”表演交流活动，对来郓城探亲、旅游的台胞、侨胞提供周到热情的服务，积极为他们排忧解难。全年共邀请港澳台人士120多名，提供各种服务70余次，为台、侨胞（属）解决各种困难20余件次。

（韩晓旭）

·鄄城县委统战部·

【扎实做好党外代表人士队伍建设工作】 贯彻落实中发4号文件及省市党外代表人士队伍建设工作会议精神，结合全县干部调整，提拔 16名党外干部担任不同岗位的领导职务。连续3次召开座谈会，加强与党外干部的联谊交心通气，及时掌握思想动态和工作情况，进行动态管理。充实党外干部人才库，加大后备干部配备力度。对97名后备干部分层次建立档案，采取交流轮岗等多种途径，让后备干部在联系重点项目、处理复杂问题过程中锻炼成长。乡镇、街道有5名后备干部得到县委提拔重用，分别担任了副乡镇长及街道办副主任。

【积极促进非公有制经济发展】 在全县非公有经济人士中大力开展以“民营企业家与中国梦”为主题的理想信念教育实践活动。充分发挥企业家副主席作用，及时了解分析企业发展的热点难点问题，帮助解决实际困难，增强教育实践活动的针对性。组织企业家到遵义、井冈山市委党校参加培训班，进一步坚定对党和政府的信任、对企业发展的信心、对中国特色社会主义的信念。八一期间，组织40余位会员企业对武警部队、消防官兵进行慰问。联合县委组织部、财政局到各有关企业安排部署党组织工作经费问题，切实加强党组织建设，实现党员、党组织全覆盖。挑选103家规模企业参加县政府组织的政风行风评议，企业家的评分占整个分值的30%。开展以商会为载体的招商引资，多次组织会员企业进行项目推介和业务合作。成立县五金行业商会，并与河南、安徽等外地五金商会组织广泛缔结友好商会。

【巩固并拓展海外统战工作新优势】 联合有关部门对20多家县内外资企业经营现状、效益和存在问题进行了为期一个月的摸底调研，并跟踪外商投资信息，为县委、县政府提出了可行性意见和建议。深入到村对二三代台胞和海外侨胞中比较有影响的知名人士现状进行了摸底登记。对“天南地北山东人”涉及鄄城的政治上比较有影响、学术上有一定造诣的知名台胞和海外侨胞进行了摸底上报，为鄄城对台经贸、招商引资、人事历史提供了第一手详细资料。继续开展向台湾同胞送贺卡活动，发送贺卡30份；与公安部门密切配合，做好身份认证，为阳城生物有限公司等10余名非公有制经济人士办理赴台考察手续，并做好临行前教育培训，禁止违规赴台。

【切实做好民族宗教工作】 狠抓基层基础年建设，实现了县、乡、村三级民宗网络全县覆盖，民族宗教工作机制得以完善，民宗基础数据库建设完成。成立了以村“两委”和清真寺管委会为主的调解委员会、预防和处置民族宗教问题引发的突发性群体性事件工作领导小组，妥善处理影响民族团结、社会稳定宗教方面的矛盾纠纷。积极配合市委统战部做好四省九市统战联谊活动，来自山东江苏河南河北共70余名统战系统领导同志来鄄考察指导民族宗教工作，有效宣传了鄄城，促进了统战工作。联合工商、防疫、伊协等部门对城区市场、清真食品的生产经营基地进行了联合突击执法检查，对制造、销售假冒伪劣清真食品的行为进行了严肃处理，结合人社、教育、司法等部门为城市少数民族流动人员，在劳动就业、子女入学、法律援助等方面提供服务。加大少数民族政策宣传、普及少数民族知识，全面提升其素质。在2013年举办的全市民族知识大赛中，鄄城县荣获第一名。

（王殿军）

·东明县委统战部·

【民族宗教领域和谐稳定】 协调解决了两处基督教活动场所搬迁问题，处理一起少数民族群众土地纠纷事件。

【经济统战工作成效显著】 加强工商联组织建设，吸收3家化工企业、5家畜牧养殖企业和2个行业协会加入工商联。扩宽服务渠道，联合法院、司法局开展了“法律进企”活动；举办招聘会为企业输送各类人才310人；举行培训班2期，培训非公有制经济人士600余人次；按照联保方式为非公企业融资3215万元。非公经济党组织覆盖面扩大，完成13家企业党组织的组建，成立了7个行业党支部，培养26名入党积极分子，吸纳新党员8名，为企业发展注入动力。思想政治工作取得实效，先后组织执委以上企业捐款102万元，资助新入校贫困大学生30名，跟踪资助高中生35名，在县一中捐建光彩书屋一处；利用春节、中秋节、建党节等节日，慰问贫困家庭123户，慰问老党员35名，树立了非公经济人士的良好形象。

【党外人士工作突出】 及时广泛发现、储备党外代表人士，更新了党外人士数据库。强化教育培训与政治引导，举办全县党外青年后备干部培训班，召开民主协商会8次，就全县重大问题征求党外人士意见。开展“同心工程服务”活动，组织医疗卫生部门党外人士义诊患者700余人次，扩大了社会影响力。开展“同心同向建言献策”活动，完成《农村留守人员的安全调研报告》等5个方面的调研课题，为县经济社会的科学发展做出了贡献。

【统战信息宣传调研工作成绩位居全市前列】 组织专题调研6次，形成了《非公有制经济转变经营方式的策略与思考》《宗教与社会风尚的促进与反制》等调研文章6篇，报送统战信息162篇，其中被《山东统一战线》采用14篇、《菏泽统战网》采用14篇。

（司伟华）

4.企业高等院校科研院所统战工作

企业统战工作

·济南铁路局·

2013年，济南铁路局党委统战部认真贯彻落实党的十八大、十八届三中全会和全省统战部长会议精神，紧紧围绕全局科学发展这一中心任务，突出“同心”思想教育，把加强统战工作，发挥统战人士作用，作为一项重要任务摆上议事日程，加强组织领导，完善各项机制，优化活动载体，保证了党的统战方针政策在企业的贯彻落实。

【学习教育工作】 路局党委和统战工作领导小组以扎实开展党的群众路线教育实践活动为载体，认真组织统战成员学习党的十八大、十八届三中全会和习近平总书记系列重要讲话精神，学习党的统战工作理论政策。在统战成员中深入开展学习贯彻党的十八大精神大宣讲活动。通过学习宣讲，引导广大统战成员和干部职工进一步领会党的十八大精神，营造推进铁路科学发展的浓厚氛围。路局所属的民盟、民革和农工党支部也通过支部学习日等形式，组织成员学习会议精神，参加相关知识竞赛答题活动。

【主题实践活动】 落实省委统战部《关于印发〈全省无党派人士坚持和发展中国特色社会主义学习实践活动实施方案〉的通知》要求，围绕路局重点工作，设计主题实践活动，为济南铁路局科学发展作出新的贡献。引导各系统、各专业、各工种的统战成员围绕企业管理的难点，进行专题调研，形成高质量调研报告，为领导科学决策提供服务；围绕安全运输的重点，开展专业培训、技术咨询等服务活动；围绕提高生产设备设施的效能，开展技术攻关；围绕货运组织改革，开展“铁路走向市场”大讨论。组织编写一套宣传材料，成立一个宣讲报告团，开展一次座谈宣讲，印制一批宣传画，建立一支文艺宣传小分队。开设大讨论活动专题网页，搭建了短信直通车、职工论坛、金点子征集三大互动平台。开展“领导层、管理层、作业层”三个层次的安全理念征集活动。在局域网建立“安全管理直通车”专栏，引导职工围绕安全生产谈体会、提建议。加强安全环境文化建设，组织指导各单位建立局域网安全警示教育平台，推动警示教育网上做、进班组，规范完善安全宣传。在“企业文化与稳增长调结构促改革研讨会暨中国企业文化促进会2013工作年会”上，济南铁路局荣获“企业文化建设百佳单位”称号。

【参政议政】 路局统战部积极组织省市两级政协委员参加

政协组织的各项活动，积极参政议政，为山东经济发展作出应有贡献。2013年，共提报议案4余件，其中3件分别被农工党中央、省市政协会议采纳。

【夯实统战工作基础】 认真落实省委统战部有关通知精神，积极适应铁路改革发展的新要求，健全企业统战工作网络、完善统战工作制度、落实考核责任，不断完善、夯实统战工作基础。

【服务保障工作】 一是组织参与企业重大决策。在涉及企业管理、安全生产、多元经营、科技攻关等重大事项中，特别是涉及职工利益的重要事项，事前听取党外代表人士的意见和建议。二是为党外知识分子“充电补氧”。利用春检、秋检的间隙，选派一线骨干高级党外知识分子，到大专院校、兄弟单位、设备厂家学习取经。三是工作生活上关心。及时了解党外代表人士、党外知识分子的工作、生活情况，帮助他们解决实际困难，利用春节、中秋节等节日开展走访慰问活动。

（牟宗国　王新宇）

·胜利石油管理局·

截至2013年底，胜利油田共有统战成员26760余人。其中大专学历以上党外知识分子13560余人，各级人大代表、政协委员106人，7个民主党派成员179人，“三胞”眷属1500余人，34个少数民族3700余人，登记宗教活动场所21处，信教群众8000余人。

【组织制度建设】 以党的群众路线教育实践活动为契机，深入基层征求意见建议，查摆“四风”问题。召开专题民主生活会，对查摆的问题提出整改措施。建章立制，修订完善《政协委员履职管理规定》等相关制度。梳理完善管理职责，新增社会组织党建等内容，细化了民族、宗教及统战信访等条目。加强干部队伍建设，明确二级统战部门职能。

【党外知识分子工作】 巩固党外代表人士建设年活动成果，完善人才数据库，加大党外知识分子培养、选拔和使用力度，推荐山东省党外知识分子联谊会常务理事1名、理事2名。拓宽统战成员安排渠道，推荐中央统战部“建言献策信息员”2名、省委统战部建言献策信息工作联系人1名。推进民主党派基层组织建设，考察、推荐积极分子10人。

【政协工作】 周密部署换届工作，考察推荐十二届全国人大、政协预备人选各1名、省政协第一批预备人选3名。加强政协委员政治理论学习和履职能力锻炼，举办专题讲座、参加“政协讲坛”、开展县域经济社会发展视察，提高委员建言献策能力和水平。市政协全委会期间，提交提案64件。严格委员年度履职考核，推荐优秀市政协委员5名、区政协委员4名。参与《东营市政协志》编撰，圆满完成历届政协秘书长以上领导班子油田人选的资料整理和上报任务。

【民族宗教工作】 深入开展“民族团结进步宣传月”活动，支持少数民族文化发展，设立3处少数民族传统体育训练基地，参加全省少数民族毽球邀请赛并获优秀组织奖和女子组三等奖。尊重民族传统习俗，为穆斯林开斋节捐赠2万元。严格民族身份认定纪律，办理考生身份认定手续99名、身份更改手续11名。深化“和谐宗教活动场所”创建，完善安全承包制度，推进宗教事务管理规范化。

【侨务对台工作】 组织开展侨法宣传咨询活动，发放资料1000余份。依法依规做好三侨考生和台籍考生身份认定、“三胞”眷属困难救济等工作。开展侨务资源调查，进一步摸清归国留学人员基本情况。

【社会组织工作】 学习贯彻国务院社会组织登记、管理新规定，总结宣传先进典型，推动“建组织、扩覆盖”活动深入开展，建立单独的社会组织党支部10个、联合党支部2个。

【统战信访工作】 严格落实信访责任制，妥善解决了清真寺水电气等生活设施集中改造、宗教活动场所租赁、台属探亲、台胞台属及黄埔同学会会员困难补助等20余件。坚持开展“三联系”送温暖活动，向1500名各界人士代表赠送了纪念品，对30户重点人士和困难统战成员家庭登门慰问。

【统战调研宣传工作】 发挥统战刊物的阵地和载体作用，积极参加全省统战理论调研“四新工程”成果评选活动，《构建长效机制，发挥政治优势，不断开创国有企业统战工作新局面》获优秀成果三等奖，并在全省统战部长会议上作典型发言。

（丁立江　王增光　刘　琦）

·齐鲁石化公司·

2013年，齐鲁石化公司党委统战工作围绕企业中心任务，服务改革发展大局，把握政策、突出重点，实现整体推进，取得新成绩新进展。

公司民族工作经验做法《扎实做好民族工作，促进和谐企业建设》在国家民委《民委信息》上专题刊发；在全省党外知识分子联谊会成立大会暨党外知识分子工作座谈会上，公司作了典型经验发言交流；住公司多名临淄区政协委员获奖，刁春森委员所在齐鲁石化塑料厂被授予“建言献策，建功立业”先进单位，杨宝柱委员被授予“建言献策，建功立业”先进个人，曹泉海常务委员被授予“争做学习标兵，争当履职模范”优秀政协委员；贾庆龙委员提交的《关于建立绿色低碳经济发展战略，建设美丽和谐临淄的提案》被评为临淄区政协九届二次会议以来优秀提案。

【党外知识分子工作】　组织公司党外知识分子代表参加党的十八届三中全会精神报告会，开展代表人物年度工作和参政议政述职。引导党外知识分子发挥自身智力、技术优势，围绕公司强化管理、提升效益、装置检修，通过“小指标劳动竞赛”、合理化建议、项目攻关等渠道，积极献计献策。积极举荐安排党外知识分子。推荐公司1名党外候选人当选为第十二届全国人大代表，推荐公司2名无党派知识分子当选山东省党外知识分子联谊会第一届理事会理事，推荐公司2名无党派知识分子当选淄博市党外知识分子联谊会理事。

【参政议政】　一年来，协助住公司的政协委员向省政协提交提案1件，向淄博市政协提交提案4件并全部立案，向临淄区政协提交提案12件并全部立案。协助省政协文史资料委员会完成齐鲁石化考察调研工作。

【落实党的民族政策】　规范统一了公司7所回民食堂食谱，提高了回民食堂供餐标准和质量。公司党委统战部利用岗查、下基层等渠道，定期深入回民食堂了解餐饮及服务情况，进行督促指导。按照国家民族政策，制定了有关统战工作流程，为符合条件的少数民族职工子女及时审核办理特殊考生手续。10月份，全省民族团结进步宣传月期间，会同协助淄博市民族宗教局，组织公司11名少数民族职工参加了2013年山东省少数民族毽球邀请赛，公司参赛选手分获一、二、三等奖。在穆斯林传统节日盖德尔节和开斋节期间，公司党委统战部领导代表公司应邀参加了淄博市清真寺开斋节、临淄区清真寺盖德尔节庆典活动。

【依法搞好社区宗教事务管理】　以山东省委统战部、省610办公室、省公安厅开展专题调查为契机，会同公司社区管理单位，对企业社区宗教活动情况进行全面调查，广泛宣传党和国家的宗教政策，促进社区和谐稳定。学习行业先进单位镇海炼化经验，不断细化工作措施，制订实施了《公司涉及民族宗教方面群体性事件应急预案工作程序（试行）》，推进工作流程化，搞好社区宗教事务管理。协助信教人员向“4·20”四川雅安地震灾区捐款17500元。

【侨务对台工作】　按照公司“主题探访”和上级部门安排，在中秋、国庆、春节等节日前夕，走访慰问公司老归侨等困难及重点统战成员。推荐2名同志分别当选山东省海联会四届理事会副会长、理事，推荐公司3名同志当选第五届淄博市海外联谊会理事。会同山东省台办，协助组织公司2名职工参加了由国家体育总局游泳运动管理中心举办的“第五届厦金海峡横渡活动”，获得第五名的好成绩。

（曹泉海）

·山东铝业公司·

2013年，山东铝业公司统战工作在上级统战部和公司党委的正确领导下，以生产经营为中心，以做好党外知识分子工作为重点，按照中共中央下发的《关于加强新形势下党外代表人士队伍建设的意见》和省委《关于加强新形势下党外代表人士队伍建设的实施意见》要求，健全机制、完善措施，充分发挥统战工作优势，为公司改革、发展、稳定工作作出了积极贡献。

【加强党外代表人士队伍建设，筑牢思想政治基础】　2013年，在党外知识分子队伍建设方面，主要做到以下几点：一是用先进的思想教育人。党委统战部在公司党委的领导支持下，积极开展党外知识分子的思想教育工作，通过交友结对、谈心谈话、交流讨论等方法进行引导和启发。制定公司统战工作要点，把学习贯彻党的十八大精神作为首要政治任务，组织统战干部和部分统战成员参加座谈会和工作交流会，学习宣传党的十八大精神和十八届三中全会精神。二是科学地考察培养人。建立了公司党外知识分子档案，注重把握成长要素，抓住关键环节，加强“个性化”考察培养，制定有针对性的培养方案。定期举办规模小、周期短、层次高的培训班，并通过轮岗交流等形式，加强不同岗位的交流使用和锻炼。三是用改革的体制激励人。建立了考核激励办法，对矿石选配工作中作出突出贡献的给予特别奖励；开展“科技降本攻关项目”活动，2013年，完成科研项目25项。

【联系工作实际，将统战工作植根于企业生产经营工作】 在实际工作中，将统战工作与推进企业生产、经营、改革、发展结合起来，把统战工作的出发点和落脚点放在提升企业的经营绩效上。组织部分统战成员代表到生产现场对企业技术改造、生产流程、设备更新、废料再利用等问题进行实地调研，对公司开展的市场化工作以及控亏增盈、结构调整工作提出建议和设想。通过统战工作把广大党外知识分子尤其是专业技术骨干，以及归侨侨眷、少数民族等职工的积极性充分调动起来，在统战成员中开展“爱企业、献良策、凝心聚力作贡献”主题活动，已成为发挥统战成员作用的重要平台，取得了良好的效果。

【充分发挥桥梁纽带作用，服务经济文化强省建设】 公司把党外知识分子思想教育和工作培训列入工作计划，根据业务专长和工作需要，有针对性地开展党外知识分子教育培训工作。推荐住公司1名市政协委员参加2013年全国血液净化会议，进行了多学科学术交流。由公司党外知识分子主要参与的“大承气汤对重症急性胰腺炎细胞因子NF-α、L-6、IL-8、PAF的影响研究”项目，被专家认定达到国内先进水平。组织参加鲁中晨报医学专家库首次举行的大型问诊和市委统战部组织的“淄博市同心博士专家团队”等活动。

（胡晓燕）

·兖矿集团有限公司·

2013年，兖矿集团各级统战组织认真学习贯彻党的十八届三中全会精神和全国全省统战部长会议精神，适应新形势，谋划新思路，构建新机制，形成新优势，为集团深化改革、转型发展发挥了应有作用。

【深入开展学习教育活动】 制定下发《关于在统战系统认真学习宣传贯彻党的十八届三中全会精神的通知》，发放材料300余套。举办学习会、培训班，参与“解放思想大讨论”，通过召开报告会、茶话会、下发《致各界人士的倡议书》、组织赴临沂教育基地参观等多种形式统一思想。

【扎实推进献计献策活动】 周密开展2013年献计献策活动，共有11000余人次参与，形成合理化建议5300多条。重新遴选统战成员列席集团职工代表大会。举办“企业渡难关，我们怎么办”各界人士电视谈话节目。参与省国资委第二届“智慧献企业”金点子征集活动，上报金点子52条。

【宗教民族管理工作进一步加强】 对两处基督教活动点进行调研摸排，完成场所年审换证工作。坚持开斋节放假一天或调休制度，10个少数民族职工集中的单位坚持开设回民餐厅或回民灶。组织少数民族职工参加济宁市民族书画作品展。认真开展民族团结进步宣传月活动。

【民主党派和统战群众组织建设成效明显】 协助民盟、民建、九三学社三个矿区支部做好各自党员的思想引导。对申请加入党派的5名知识分子严格把关。组织党派代表参加致公党济宁市委成立大会。组织党派成员赴化工企业实地参观。开展医疗下乡爱心活动，赴邹城市城前镇小崇村为120余名留守老人和儿童义诊。

【党外代表人士建设取得新进展】 一抓制度，坚持党政干部与党外代表人士联系交友、征求意见等制度。二抓培养，有计划地选送优秀人才到高校学习，7人在2013年处级干部招聘中脱颖而出。三抓典型，不断完善“十百千”骨干队伍建设工程，实施9年来效果良好。

【政协委员工作充满活力】 组织各级政协住矿区政协委员参加政协会议。配合《联合日报》，选树委员典型。与济宁政协、邹城政协部分委员活动小组联谊交流。组织委员赴山西、贵州考察对外开发中项目投资推进情况。组织委员对接资助21名邹城市田黄镇贫困小学生。组织委员代表对集团招聘处级干部面试现场进行监督。

【服务意识和服务水平进一步提高】 对具有少数民族身份和“三侨”身份的考生进行身份认定。为出国、赴台探亲的职工提供政策咨询。热情接待探亲访友的海外来宾。全年接待解决统战信访120余件次。做好各类典型人物培育宣传工作，19人被评为省管企业、济宁市、集团道德模范或提名奖。

【统战部门自身建设全面加强】 积极组织统战干部代表参加各种培训班、辅导班、进修班，不断提高自身素质。注重强化理论调研和信息工作，有多篇课题获集团公司课题研究二、三等奖，并在《中国统一战线》《山东统一战线》等刊物及集团三媒体上发表。

（冯　文）

·山东钢铁集团有限公司·

山钢集团共有各类统战成员12000多人，约占职工总人数的14%，包括党外知识分子、民主党派成员、党外政协委员、归国留学人员、少数民族职工、信教职工、归侨及“三胞”侨眷等。2013年，按照省委统战部的部署要求，结合自身实际，围绕企业生产经营和改革发展的中心任务，加强对统战工作的领导，着力推进“规范化组织建设、共赢统战文化建设、党外代表人士队伍建设”三项重点工作，凝聚企业各界人士思想共识，激发活力，为企业应对困难和挑战献策出力，不断增强企业核心竞争力。

【夯实基础】 山钢集团把统战工作纳入党委议事日程，形成党委统一领导，党政齐抓共管，各部门通力合作，统战部门协调运作的统战工作机制。做到统战工作与党委其他工作同部署、同检查、同考核、同总结、同表彰，形成协同高效的运行机制。加强对党的统战方针政策的宣传和贯彻，营造良好的企业发展氛围。加强统战制度体系建设，健全完善了综合协调、信息沟通、绩效评估、督察落实、目标考核和奖罚等工作机制，建立健全了工作通报、台账统计、征求意见、民主管理和监督、联系交友等规章制度。强化专业管理考核，把基层单位统战工作的绩效纳入季度、年度精神文明考核、生产经营绩效考核和班子考核，确保各项统战工作任务的落实。

【文化统战】 强化“共赢文化”建设，采取多种形式教育广大统战成员深刻理解其内涵，认同践行山钢文化，营造浓厚的“共赢文化”建设氛围，坚持以“共赢文化”引领指导统战成员立足岗位、扎实工作，实现在集团战略统领下目标的同心同向同行。通过开展“创建用户满意服务明星”等系列活动，引导广大统战成员积极践行“为客户提供满意的产品和服务的山钢使命”；通过学习践行“信恒如山，创新超越”的山钢精神，强化统战成员的创新意识。开展了以“同心教育，凝聚共识”“同心实践，共克难关”“同心文化，凝聚合力”三大活动为主体的“同心工程”建设。针对钢铁企业面临形势的严峻性、复杂性和困难的长期性、艰巨性，在全公司统战系统深入开展了“企业有困难，我该怎么办”大讨论、“我为节能减排献一计”“我的指标我的责任”及降本增效大家谈、技术课题攻关等活动，积极为山钢“转方式、调结构”做贡献，促进了山钢集团化运营和科学发展。近年来，山钢研发创新获得国家专利565项，其中近四分之一的创新项目由统战成员主导、参与或协作完成。

【党外代表人士队伍建设】 以党外知识分子队伍建设为重点，扎实推进山钢党委《关于加强党外代表人士队伍建设的实施意见》贯彻落实。充分利用各种媒体大力宣传党外代表人士献身企业、刻苦攻关、技术创新等方面的先进事迹，提高党外代表人士的社会影响力，营造有利于党外代表人士成长的良好环境。建立健全了工作例会制度、专业技术人员激励机制、科研项目技术人员承包和研发项目首席研究员制度。把党外代表人士后备队伍建设工作纳入全公司人才和干部队伍建设的总体规划，按照“活动中发现、工作中培养、成熟后推荐”的选用原则，注重从管理技术岗位的党外知识分子中发现培养重点学科带头人、首席专家、有突出贡献的中青年专家，大胆提拔、合理使用。建立了沟通联系、联谊交友等机制，完善了党外后备干部人才库。积极支持民主党派领导班子建设，帮助培养选拔思想政治素质高、年富力强的后备人才。引导民主党派把重点放在发展政治素质高、工作能力强的骨干人员上，积极向各民主党派举荐优秀的党外知识分子，协助做好发展新成员的政审工作，把好政治关。注重把德才兼备的党外代表人士及时向地方各级政协推荐。目前，山钢集团已推荐18名党外代表人士在省、市、区政协组织中任职。

（王天立）

·山东能源新汶矿业集团有限责任公司·

2013年，集团公司党委认真贯彻落实党的统战方针政策，坚持以科学发展观为指导，紧紧围绕“创新发展、深化突破”主题，科学研判形势，充分发挥统一战线智力密集、人才荟萃、联系广泛的优势，最大限度地发挥统一战线在凝心聚力、推动发展、促进和谐方面的积极作用，使统战工作真正进入了企业科学发展的主战场，齐心协力积极应对挑战，实现了重点工作重点突破、其他工作协同推进、四大产业协调发展，全年集团完成原煤产量4665万吨，营业收入724亿元，利税70.48亿元。煤炭产量、精煤产量、商品煤销量、营业收入、资产总额5项指标再创历史新高，矿区总体保持了健康和谐稳定的良好局面。

【加强党外知识分子工作，凝聚企业发展合力】 集团党委定期召开党外知识分子（知联会）会议，听取工作汇报，协调平衡各部门之间的关系。通过主题研讨、个人岗位承诺等活动载体，引导党外知识分子施展才华、建言献策、建功立业。实行“模块式岗位化”后备人才培养工程，建立集团公司人才库，始终坚持“人尽其才，才尽其用”的原则，在职称评定、岗位招聘上一视同仁。培养和任用有较高政治鉴别能力、组织领导能力、合作共事能力的优秀党外干部，建立了一支数量充足、年龄结构合理、综合素质较高的党外后备干部队伍。为使新分配来的大中专毕业生由“职场新秀”成长为“职场精英”，建立了大学生采煤队、大学生机电班组、大学生自动化研究班组等知识密集型团队，让他们担负起企业重要生产任务。大学生采煤队组建后，短短两个月时间，就完成了自动化煤机挡门板、端头支护技术改造等9项技术革新；不到一年时间内，已有1人被提拔为工区区长，5人进入专业科室从事技术工作，4人担任区队技术员，已成为培育企业管理人员的摇篮。

【规范政协委员、民主党派参政议政工作】 近年来，先后在统战成员中推荐23人担任省、市、县三级政协委员，成立了农工党新矿支部。重点组织了一会一访“双一”专题活动：每年初组织召开一次统战成员座谈会，一次政协委员“大走访”活动。通过开展专题活动，递交调研报告2篇提出建议46条，其中13条被采纳。积极为他们参政议政创造条件，在集团公司召开职代会和党代会时，各级政协委员列席会议，并邀请一定比例的民主党派和党外人士参加。

【开展民族团结进步教育，创建文明宗教活动场所】 针对矿区多民族聚居、少数民族占有一定比重以及企业跨地域发展的实际，引导各族干部群众为实现“千亿新矿、亿吨集团”的目标团结奋斗。尊重少数民族的生活习惯，每逢少数民族节假日，新矿集团和权属二级单位党政主要领导都走访慰问少数民族职工，与他们一起欢度节日。严格执行党的宗教信仰自由政策，积极开展“省、市级文明宗教场所”创建活动。针对矿区信仰伊斯兰教群众较多的实际，成立了清真寺管理委员会，加强宗教事务的规范管理；组织有条件的权属单位建立了回民食堂，条件不具备的单位安排开设了回民小灶。2013年新矿集团清真寺被泰安市伊协评为全市模范清真寺，1名同志荣获市民族宗教工作先进个人。

权属二级单位伊犁能源公司地处新疆伊犁自治州伊宁市，目前有维吾尔族、回族等少数民族职工121人，占职工总数的10%。伊犁能源公司将民族团结进步工作融入到省外干事创业中，不仅积极参与地方建设，大力支持经济发展，还努力帮助少数民族职工成长成才，多次联合国内外优秀职业技能学校的专家，对少数民族职工的职业技能培训和鉴定，让少数民族职工人人都有一手绝活，涌现出多位技能高手，其中伊犁一矿的买尔丹被提拔为班组长，受到了中央电视台采访；毕业于中央民族大学的少数民族职工阿依努尔在企业人才选拔中脱颖而出，被提拔为人力资源部副主任。企业荣获州工委“民族团结优秀企业称号”，2个班组荣获“民族团结进步模范班组”，4人荣获“民族团结先进个人”荣誉称号。

（翟金伦）

·山东能源枣庄矿业（集团）有限责任公司·

2013年，在省委统战部、市委统战部的坚强领导下，枣庄矿业集团统战系统认真贯彻全国、全省统战部长会议精神，积极落实省委统战部关于统战工作“转调创”要求，不断加强新形势下企业统战工作，为助推经济发展、构建和谐矿区作出了努力。

【抓好统战成员的政治学习】 枣矿集团统战办把政治理论学习作为统战工作的首要任务，通过开辟学习室、配送学习资料、组织听取宣讲报告、参加所在单位政治学习等措施，对统战成员进行中共十八大和十八届三中全会精神、社会主义核心价值观等内容的学习教育。组织统战成员参加集团公司开展的解放思想、改革创新、形势任务“三项教育”活动，为认清形势、共克时艰奠定了思想基础。

【抓好党外知识分子工作】 枣矿集团现有党外知识分子3609人，按照上级有关文件精神要求，枣矿集团统战办高度重视并积极做好党外知识分子工作。一是摸清底数。针对近年来企业招收大学生较多、党外知识分子动态变化大等实际，统战办与组织人事部门保持密切联系，掌握变化，摸清底数，建好档案。二是宣传引导。通过各类媒体，介绍统战政策，报道矿区党外知识分子事迹，增强党外知识分子展示作为的氛围。三是注重培养。通过选派党外知识分子参加各类培训，不断提高其综合素质。集团公司开辟选拔人才“双通道”，为党外知识分子的成长拓宽了渠道。目前枣矿党外知识分子拥有副高级以上职称的700多人、担任副处级以上职务的10人。四是发挥智力。引领党外知识分子积极参加“建言献策增效益”“青年创新创效大赛”“金点子”“QC小组”和“五小”活动，给拔尖人才搭建更大的施展才华平台。集团公司成立了以省知联会理事和德涛为首的“和德涛煤化工研发团队”，基层许多党外知识分子参加了“创新工作室”“劳模工作室”，并取得了突出成绩，发挥了更大作用。如高煤公司4名同志参加了“刘小平劳模创新工作室”，先后获得国家知识产权局颁发的实用新型专利3项。

【抓好民主党派建设】 枣矿集团现有农工党支部2个、九三学社支社1个，另有部分民革、民盟成员。工作中坚持“三到位”，抓好民主党派建设。一是发挥作用到位。结合开展党的群众路线教育实践活动，完善各种民主形式，营造“简单、坦诚、阳光”的清风正气，激发民主党派发挥参政议政、民主监督作用。二是联络交友到位。建立定期交谈、走访等制度，进一步加强联系。三是支持建设到位。积极推荐民主党派成员担任市政协委员，支持引导民主党派加强班子建设以及发展新成员等工作。

【抓好政协委员履职及相关工作】 枣矿政协委员小组现有市政协委员19名。根据市政协统一部署，2013年开展了“三服一推”（服务基层、服务群众、服务社会、助推发展）主题实践活动。多次组织政协委员深入基层调研。如赴柴里煤矿就压煤村庄搬迁与新农村建设相结合、赴宏达化工公司就与韩国SK新上化工项目、赴滨湖煤矿就低阶煤热解制油项目等进行考察调研，提出了许多建设性意见。

【抓好港澳台属及归侨侨眷工作】 枣矿集团具有130多年的发展历史，港澳台属及归侨侨眷相应较多。工作中认真落实“五必访”工作机制，对统战成员来访来信热情接待、积极办理，努力为困难的统战成员排忧解难。认真落实《侨法》，保障归侨侨眷侨属的合法权益，促进了和谐矿区建设。

（刘德科）

·山东能源淄博矿业集团有限责任公司·

山东能源淄博矿业集团有限责任公司，现有统战成员1348人，其中党外知识分子1047人，归侨侨眷14人，台属10人，民主党派人士21人，民族人士232人。党外知识分子占统战成员总数的77.7%。

【加强组织领导】 淄矿集团党政主要领导对统战工作高度重视，把统战工作摆上重要工作日程，纳入党建目标责任考核内容，在财力、物力方面给予全力支持。建立健全组织机构，完善统战工作机制。明确各单位统战工作要由党委书记或副书记分管，主要单位至少设立1名兼职统战工作人员。各二级单位的兼职统战工作人员17名，为统战工作的开展提供了保证。注重从党外知识分子中选拔优秀管理人才，每年都有一定数量的党外知识分子走上领导岗位或加入党组织。

【摸清统战成员基本状况】 对归侨侨眷就业、侨资侨属企业吸纳就业情况，归侨侨眷知识分子、副科级以上无党派人士干部和少数民族干部情况进行摸底调查。通过调查，目前淄矿集团没有就业困难归侨侨眷和零就业归侨侨眷家庭。另外，对归侨侨眷知识分子情况进行了调查摸底，掌握了7名归侨侨眷知识分子的基本情况。开展了副科级以上无党派人士的调查摸底活动。据统计，现有副科级以上无党派人士干部134人，少数民族干部4人。

【开展“送温暖，献爱心”活动】 坚持开展“送温暖，献爱心”活动，利用重大节日走访慰问侨户，把公司的关怀送到归侨侨眷家中。2013年春节期间走访归侨侨眷14人，发放慰问金7000元，让广大归侨侨眷感受到了企业的关心和爱护。

【抓好日常统战工作】 2013年1月，按照淄博市委统统战部关于推荐提名十一届市政协委员人选的意见和通知要求，上报十一届市政协委员推荐提名人选名单和不再继续提名的十届政协委员名单。3月，按照中央、省、市委统战部要求，对集团公司党外知识分子情况进行了普查并分类登记，并按要求填报淄博市党外知识分子登记表和汇总表。进行普查登记。为进一步加强党外知识分子工作，3～5月，按照淄博市委统战要求，上报两名党外知识分子联络员。7月，按照中共山东省委统战部办公室《关于报送统战部门机构设置、人员编制情况的通知》要求，将山东能源淄矿集团统战部门机构设置、人员编制情况上报省委统战部。8月，山东能源淄矿集团的徐新启同志，被定为淄博市党外知识分子联谊会理事候选人。

（侯桂香）

高等院校统战工作

·山东大学·

截至2013年底，山东大学共有副处以上党外干部74名，其中副校级2名。除台盟之外的7个民主党派在学校建立了基层委员会，成员930余人，约占学校教职工总数的10%。党外教职工比例为49.8%。各级人大代表、政协委员65人，中央文史研究馆馆员1名，山东省文史馆馆员2名，省政府参事2名，省特约人员8名。

山东大学无党派知识分子联谊会成立于2009年5月，理事会由各级人大代表、政协委员及副处级以上干部共38人组成。在省党外知识分子联谊会中，1人担任会长、1人担任副会长、1人担任常务理事、2人担任理事；在济南市党外知识分子联谊会中，2人担任副会长、7人担任常务理事。

【加强引领　深化共识　夯实共同思想政治基础】 山东大学组织各民主党派基层委员会、无党派知联会负责人学习贯彻党的十八大、十八届三中全会、习近平总书记系列重要讲话和山东大学第十三次党代会精神。利用重大节日和纪念日等时间节点，增进统一战线的凝聚力和向心力。4月26日，举行纪念“五一口号”发布65周年座谈会。

【聚焦问题　改进作风　群众路线教育活动取得实效】 党委统战部领导班子成员认真开展调查研究，广泛征求意见建议。召开专题民主生活会深入开展批评与自我批评，查摆问题、剖析根源、端正作风，进一步提高服务水平和工作能力。

【把握重点　统筹推进　党外代表人士队伍建设成效显著】 3月，山东大学下发了《中共山东大学委员会关于加强党员领导干部与党外代表人士联谊交友工作的意见》，实现了党员领导干部与党外代表人士联谊交友工作的制度化、规范化、程序化。

【彰显特色　发挥优势　民主党派工作稳步推进】 2013年，山东大学各民主党派基层组织共发展新成员38人。

【开拓创新　积极作为　理论建设取得重要进展】 6月，《山东大学统战工作》杂志复刊，已相继出版两期。在6月举行的华东地区高校统战工作研讨会上，山东大学作大会发言，所提交的论文被评为优秀论文二等奖。9月23日，山东大学与中央社会主义学院共同签订了合作共建“统一战线学”学科备忘录。

【围绕中心　服务大局“同心·双建”活动务实有效】 开展“建言献策、建功立业”活动，鼓励和支持统一战线成员充分发挥自身优势，围绕学校中心工作和社会重大需求深入开展调研。积极参加省委统战部组织的“百名专家教授联百企”活动，推荐5名党外知名专家教授分别与相关企业实现对接。

【把握政策　热情服务　民族宗教工作顺利开展】 认真贯彻中央和省委有关民族宗教政策，努力做到认识到位、关心到位、服务到位。完成全校党外少数民族代表人士基本情况的调查统计。

【加强联谊　促进交流　侨台工作取得明显成效】 7月7日，组织全国台联台胞青年千人夏令营山东省分营在学校的交流活动。组织学校归国专家学者、归侨侨眷参加市侨联组织的参观十艺节场馆、济南市侨界中秋联欢会等活动。

【学习互鉴　协同发展　校际交流工作不断深化】 5月10日、12月9日，扬州大学、北京林业大学统一战线考察团到山东大学访问交流。

【建章立制　强基固本　统战工作水平不断提高】 注重加强自身建设，坚持和完善统一战线联席会、党务公开、信息采集和报送、统战干部政治和业务学习等一系列制度，努力提升统一战线工作科学化水平。

（马毓轩）

·中国海洋大学·

2013年，中国海洋大学党委统战部按照省、市相关统战部门文件精神的要求，在省、市委统战部的指导下，在校党委的高度重视和支持下，扎实推进党外代表人士队伍建设，团结引领党外代表人士积极为学校教学科研、服务地方经济社会发展做贡献，取得了显著成效。

【弘扬传统　深化举措　扎实推进党外代表人士队伍建设】 学校党委坚持把党外代表人士队伍建设融入党建工作一盘棋，始终常抓不懈。党委书记亲自主抓党外代表人士队伍建设。2013年，党委统战部先后4次向常委会汇报统战工作，专题研究党外代表人士队伍建设事宜，逐步完善形成了校党委统一领导、党委统战部具体协调，各相关职能部门、二级单位分党委和各党派基层组织积极配合的统战领导体制和工作机制。结合中央、山东省相关文件要求，立足学校实际，通过营造氛围、加强学习、深入研讨、内化提升等方式积极引领党外知识分子学习贯彻党的十八大会议精神，巩固统一战线的政治根基。为进一步提高学校党外人士服务社会、建言献策的能力，组织学校党外人士参加培训学习，提高服务社会、建言献策的能力。注重加强与统战工作成绩突出的部属高校间的交流，9月份，组织各民主党派、无党派基层组织负责人组成的调研团赴兰州大学学习交流统战工作经验。积极为党外代表人士搭建平台，鼓励他们履职尽责。把党外代表人士的培训纳入干部培训总体规划，2013年共选拔推荐18名人士参加省、市各级各类培训班，75人加市、校两级的交流研讨会议。学校现有的30名处级党外干部（占处级干部的近12%）分别在教学、管理岗位上发挥着积极作用。

【着眼特色　集中优势　引领党外代表人士建言献策建功立业】 统战部于每年“两会”前后和年终分别召开党外代表人士建言献策的交流讲评会议，努力营造建言献策的良好氛围。2013年，统战成员围绕社会所需、立足海洋特色提出一些有力度的建议，其中“筑牢‘四个支撑’，推进蓝色跨越”的建议，在市政协十二届二次会议专题讨论会上重点发言，受到了相关统战部门的高度评价等。注重发挥统战成员的整体优势，提倡不同领域的学科交叉，从而提升统战成员服务地方经济发展的社会价值和总体效能。世园会建设期间，省政协委员宫庆礼联合其他统战代表人士担纲青岛世园会海洋植物生境区“海底森林”的建设工作，采用室内人工模拟海水循环系统进行大型海藻的活体展示，借力海洋科技优势彰显蓝色经济建设主体，提升青岛市蓝色国际形象。统战成员的领衔担纲和多领域的交叉合作体现了学校统一战线的强大凝聚力，展示了学校统战成员合力为青岛经济发展和社会进步的关键事业献点睛智慧的能力和水平。积极搭建平台，着眼社会所需，务求实效，努力拓展统战成员服务地方经济和社会发展的有效范围和针对区间，鼓励统战成员以基层组织为单位开展实地调研活动，为统战成员建言献策、建功立业搭建平台。专题突破、服务发展，为统战成员建言献策、建功立业创造条件。组织统战成员先后赴青岛市蔬菜科技示范园、蓝色硅谷、崂山区海蜇生产基地等地调研考察等，为各企业可持续发展提供理论和技术支持。合理依托省、市相关统战部门开展各项活动，努力为统战成员服务社会牵线搭桥。2013年推荐3位统战成员参加省委统战部“百名专家教授联百企”活动，并与4家企业实现了初步对接，积极鼓励统战成员承担青岛市相关统战研究重点课题，2013年，中国海洋大学统战理论研究课题共立项14项。经整理后12项调研成果提交至市委统战部，并从中优选6项调研成果提交至省委统战部参评本年度的省市统战理论调研优秀成果奖。此外，统战部课题的深入研究表明了我校统战成员立足青岛背景深入研究统一战线理论及海洋强国战略，努力为地方经济发展和社会管理服务做贡献的能动性。

（王俊玲）

·中国石油大学（华东）·

2013年，学校统战工作紧紧围绕学校和地方大局，强化服务意识，突出“增共识、强基础、添作为”，努力搭建党外知识分子之家，有力调动了广大统战成员的积极性。

【以各类换届为契机　不断加强党外人士的实职、政治和社会安排力度】　印发《关于党员领导干部联系党外人士制度的若干意见》，推进联系交友工作。9位校领导、32位教学院部党政主要领导与68名党外专家教授结对联系。大力举荐选拔党外各类优秀人才。在4月份的二级干部换届中，16名党外同志走上处级领导岗位，其中正处4名，副处12名，新提任9名。此外，1人当选山东省党外知识分子联谊会副会长，4人获聘青岛市侨联特聘专家，1人当选青岛市伊斯兰教委员会委员。2人当选省、市青联委员，14人被推荐为省政府部门特约人员、青岛市知识分子联谊会、青岛市海外联谊会会员和市政府评审专家等。

【以“双建”活动为载体　不断提升统战成员建言献策、服务地方的本领】　围绕“黄蓝”区域经济战略和地方社会发展，深化“建言献策、建功立业”活动。组建的150人的信息员队伍基本覆盖各专业层面。发挥省、市人大代表、政协委员作用，撰写了多份高质量提案建议。组织统战成员参加“百名专家联百企”活动，多项成果达成意向。聚焦建言深度，对重点人物重点挖掘，建言献策质量逐步提高。以“没有坚实的海角，就没有美丽的沙滩”为代表的系列建议得到省委常委、青岛市委书记李群等省市领导的批示。

【以推动能力建设为抓手　不断增强党派团体的组织活力】　利用各类培训平台，提升政治素养和业务能力。2013年度，7人参加市政协培训，3名新任省政协委员参加省政协培训，2人参加青岛市无党派人士培训班并赴延安考察，1人参加青岛市归国留学人员培训班，2次组织37名党外专家教授赴日照、临沂参观调研。统战部联合储建学院和文学院举办了2013年统一战线“同心讲堂”。《创设统一战线“同心讲堂”，打造高校统战服务品牌》一文被《山东统一战线》全文登载并入选华东地区高校统战工作案例集锦。

【以践行群众路线为动力　努力建设学习型、创新型、服务型部门】　利用统一战线网站及时宣讲有关政策，反映党外人士思想动态，传播基层新举措，多次在校报刊发理论文章。筹备党外知识分子联谊会换届工作，经认真摸底，反复酝酿，严格标准程序，推出了由33名政治坚定、专业突出、群众认同的理事会成员。17名中青年教师提出加入党派申请。注重倾听党外人士的声音，强化党外监督。

（张庆强）

·山东大学（威海）·

山东大学（威海）党委统战部与党委宣传部合署办公，有专兼职统战工作人员3人。学校现有3个统战团体（民盟威海分校支部、中国致公党威海分校支部和无党派知识分子联谊会），有6个民主党派，成员共43人。在1200余名教职工中，党外知识分子530余人，其中副高级职称180余人，正高级职称60余人。民主党派代表人士中，有省政协委员1人，威海市政协委员6人。学校已安排的党外代表人士干部数为16人，正处级5人、副处级11人。

2013年，山东大学（威海）

党委统战部深入学习贯彻党的十八大、十八届三中全会和全国全省统战部长会议精神，以加强党外代表人士队伍建设为重点，以统战工作规范化建设为主线，努力进取、开拓创新，较好地完成了各项工作任务。

【参政议政工作】 大力支持党外人士履行参政议政职能，充分发挥其独特优势和作用，建睿智之言、献务实之策。2013年共提交提案议案11件，其中姜世波教授提交的“建议制定《紧急状态法》”被省政协采用并单篇报全国政协，“关于完善《工商管理条例》第十五条第一款第一项规定的建议”被全国政协综合采用。

【加强党外代表人士队伍建设】 学校在中层以上领导班子中已安排的党外代表人士干部数16人，其中副处级11人、正处级5人。修订完善了党员领导与党外人士交友联谊制度细则，把多党合作制度落到实处。1人当选为山东省党外知识分子联谊会常务理事，1人当选为理事。

【服务地方发展】 制定了服务蓝色经济区建设科研行动方案，使党外代表人士发挥更加重要的作用。吉爱国教授主持的“海藻健康产品技术创新平台”被威海市科技立项为重大专项课题。民革成员侯旭光博士与威海寻山集团开展的《新西兰皱纹盘鲍杂交驯化养殖及全年可控育苗技术实际运用》、市政协委员袁灏主持的《制造商驱动基于SAAS的网络分销资源计划管理平台》等多项项目通过鉴定。

（刘胜民）

·哈尔滨工业大学（威海）·

2013年是哈尔滨工业大学（威海）的“统战工作推进年”，是统战工作水平、统战组织及统战对象发展水平等大幅度提升的一年。

【积极引导　不断提升统战成员发展力】 学校统战成员层次较高，以具有博士学位、副高以上职称的海外归国留学人员居多，一直是教学科研、社会服务一线的骨干。着眼于提升他们的发展潜力，在统战工作中首次引入了发展力评价指标，即统战成员在教学科研、社会服务活动中，持续创造经济价值、社会价值和实现以人为中心的全面发展的能力。在对教学、科研、社会服务等各方面数据综合评估的基础上，有针对性地对统战成员发展提出工作建议，帮助他们看清形势与任务，大力支持他们不断拓展服务领域，提升服务能力。校致公党支部主委盖玉先领衔，于2011年与国内著名的专用打印、扫描产品生产企业新北洋成立哈工大——新北洋联合工程实验室，聘请中国工程院院士蔡鹤皋教授担任顾问，组建了一支包括5名教授、6名副教授为骨干的26人组成的研究团队，近年完成了高速无刷电机控制技术、中文OCR引擎等研究项目，创造了良好的经济效益。目前，盖玉先教授团队正以“哈工大新北洋联合工程实验室”为基础，与中国航天科技集团公司一部合作筹建航天科技集团一部机电设计室和研究生联合培养基地。此外，还认真开展教授专家服务企业活动，推荐6位党外专家教授与企业对接，在复合纤维、结构设计及响应分析等领域初步达成了合作意向。

【加大支持　不断提升统战组织凝聚力】 针对前期出现的统战组织活动少、凝聚力差等现象，不断增加经费支持，加大对统战组织的支持、指导力度。2013年重点支持致公党支部开展主题活动，继续支持归国留学人员联谊会开展留学讲坛活动，通过活动交流、主题宣讲等方式为统战组织搭建平台，丰富日常活动内容，提升凝聚力。按照省委统战部进一步加强党外知识分子队伍建设的意见，于2013年上半年启动党外知识分子联谊会换届筹备工作，完成了党外知识分子联谊会章程修订，成功召开了第二次会员大会暨换届大会，选举产生了新一届年富力强的领导班子，为下一步开展工作奠定了良好的基础。

【主动服务　不断增强统战工作向心力】 继续在主动服务统战成员，保障统战成员权利等方面下工夫，不断增强统战工作向心力。开展慰问党外代表人士活动，从统战工作经费中列支专项经费为原九三学社威海市委主委、市政协副主席张锦升提供补助；在新教工住宅楼排序分配中，积极严格认定归侨侨眷身份，为他们争取到额外加1分的权利，确保他们分到相对理想的住宅。此外，利用重阳节、新年等节日尽可能多地走访慰问党外代表人士和有困难的统战对象。

（赵常信）

·山东农业大学·

2013年，山东农业大学党委统战部在省委统战部的关心支持下，围绕中心，服务大局，较好地完成了各项工作。

【思想共识教育工作】 组织党外代表人士学习十八大精神报告会、纪念“五一”口号发布65周年报告会；组织新任省政协委员参加十一届全省政协新委员培训班；组织统一战线成员开展关于社会主义协商民主制度理论研究，形成题为《充分发挥人民政协在协商民主中的优势作用》的调研论文。

【党外代表人士工作】 召开2013年学校党外代表人士新春座谈会、党的群众路线教育实践活动党外代表人士座谈会；开展了党外代表人士队伍建设及服务经济文化强省建设等情况调研，形成《山东农业大学党外代表人士队伍建设及服务经济文化强省建设情况调研报告》；推荐14名党外专家教授参加“百名专家教授联百企”活动；增补泰安市政协委员1人、泰山区政协委员1人，新提拔党外处级干部4人。

【民主党派（统战团体）工作】 协助各民主党派、统战团体召开新年座谈会，协助学校民盟总支召开纪念民盟省委成立50周年暨新春座谈会、民建会员专家赴新泰开展科技支农服务活动，协助各民主党派考察新发展成员5人，推荐省知联会名誉会长、副会长各1人、常务理事2人、理事3人。

【参政议政工作】 在2013年省市区两会上，各级人大代表、政协委员提交提案20余件，多人作大会发言。1人被表彰为泰安市政协“四个一”活动先进个人，4人被聘为省市政协特邀信息员，九三学社泰安市委副主委、九三学社工委主委孟庆伟和九三学社泰安市委副主委诸葛玉平共同申报的《关于加强农业科技创新服务体系建设的建议》课题被评为九三学社山东省委重点调研课题。

【侨务及民族宗教工作】 推荐全国归侨侨眷先进个人1人；为3名归侨办理并发放归侨身份证；协助附校学生参加第十四届世界华文学生作文大赛，荣获一等奖5名、二等奖6名、三等奖3名；建立健全少数民族教职工信息库；遴选党外少数民族代表人士信息，争取省委统战部“同心·光彩助学金”25万元。

【统战研究与宣传工作】 根据省委统战部《关于开展“走基层、看变化、摸实情”系列调研活动的通知》（鲁统办〔2013〕23号）精神，认真遴选调研课题，形成调研论文《高校统战文化建设发展与思考》，并在《山东农业教育》发表。根据《关于开展高校统战工作问题调研的通知》（鲁统办〔2013〕19号）要求，认真开展调研，形成调研报告并上报省委统战部。加强统战工作宣传，在校园网、校报发表稿件10余篇。顺利完成学校2013年党建研究课题，并被评为学校二等奖。

（史文完　杨圣慧）

·山东师范大学·

2013年，党委统战部深入学习贯彻党的十八大和十八届三中全会精神，准确理解和执行党的统一战线政策，以中国梦凝聚广大党外人士，积极践行“同心”思想，以党的群众路线教育实践活动为契机，加强制度建设，创新工作方式，不断提升统战工作的能力和水平，圆满完成各项工作任务。

【引导广大统战成员积极参政议政和开展科技服务、社会公益活动】 2013年学校各级人大代表、政协委员提交议案、提案36项，提出意见、建议25项；承担省市政府部门课题项目12项；组织开展“百名专家教授联百企”“暑期少年科学营”“为落后地区义务送教”等活动30余项。

【进一步加强党外代表人士队伍建设】 2013年增补7名70后新成员。完善党外代表人士动态化管理系统，建全、更新电子档案。推选28人次参加各级教育培训活动。推选安排13人到省、市、区知联会任职；推选省海外联谊会理事2人；省监察厅特约监察员2人，市监察局特约监察员1人；市侨联委员2人；市侨联文化艺术委员会副主任委员1人，委员5人；少数民族联谊会常务理事2人。

【加强统战规章制度建设】 制定《统战工作规章制度条目》，修订规章制度6项，新建规章制度5项。

【加强民主党派组织建设，成立民主建国会山东师范大学基层组织】 成立民建山东师大支部。圆满完成民进、民盟山东师大委员会更名和领导班子换届工作。

【认真做好宗教与少数民族工作】 支持少数民族教工联谊会开展各项活动。完成省委统战部有关民族、宗教科研课题两项。

【认真做好侨务工作】 组建学生记者团，开展爱国侨商采访宣传工作，编辑出版《侨商风采》一书。组织学校侨联代表团参加“济南市第八届归侨侨眷代表大会”。2013年学校被评为“济南市侨联工作特殊贡献单位”。

【加强统战理论研究和统战工作调研】 支持校统战理论研究会和教育部立项课题《新时代党外代表人士培养选拔机制路径探析》课题组开展科研工作，完成两项省级调研课题，完成调研报告9篇。在全省统战理论调研宣传“四新工程”评选中获奖2项。

（王　澍　宋红梅）

·烟台大学·

学校现有知识分子1764人，党外知识分子876人，约占总数的50%；教授173人，党外教授60人，约占总数的35%；副教授408人，党外副教授211人，约占总数的52%。民主党派基层组织7个，共130人。副教授以上民主党派成员102人，占总人数的78%，取得硕士以上学位55人，占总人数的42%。各级人大代表、政协委员20人，其中党外人士18人，占90%。副处级以上干部187人，党外干部24人，约占处级干部总数的13%。有5个处级单位的主要负责人是党外人士。

2013年，党委统战部在省委统战部的指导和校党委的领导下，认真学习贯彻党的十八大及十八届三中全会精神，围绕学校的中心工作，凝聚人心、汇聚力量，充分调动各方面的积极性，圆满完成了工作任务。

【形式多样，提高党外人士的理论素养】 校党委统战部先后采取学习会、座谈会等多种形式，组织统一战线成员认真学习十八大提出的理论观点、方针政策，把握新思想、新要求，用十八大精神武装头脑、推动工作，使广大统战成员更加自觉地践行与党同心同德、同心同向、同心同行。积极推荐、支持党外代表人士参加市级以上培训班，提高政治思想素质。有2名党外人士参加了市委党校培训班，部分统战成员参加了校内外党政管理、教学、科研等方面的调研、培训。为各民主党派征订报纸、期刊，加强理论学习，提高政治把握能力。

【多措并举，加强党外代表人士队伍建设】 高度重视党外代表人士队伍组织建设和人才库建设。对少数民族、副处级以上党外干部、党外代表人士队伍及民主党派工作进行全面调研梳理，建立了党外人才信息库。推荐4名党外代表人士入选省党外知识分子联谊会会员，其中1人入选常务理事；推荐3名党外代表人士为烟台市优秀党外知识分子。5名党外专家教授参与“百名专家教授联百企”活动，并积极与所联系的企业对接。积极开展统战工作研究，参与省委统战部专题研究项目1项。制定了与党外代表人士“双月座谈会”制度。

【一如既往，支持民主党派加强自身建设】 学校现有7个民主党派基层组织，帮助其制定、实施发展规划，协调好各党派的发展工作，2013年协助发展党派成员8人。坚持民主党派基层组织负责人学习制度，及时组织学习上级有关文件和会议精神及学校党委的有关文件精神，做到在政治上、思想上与党组织保持一致。落实谈话和走访制度，统战部领导对新加入的党派成员进行约谈，走访德高望重的党派老同志。

【密切关注，做好抵御宗教渗透】 面对当前境外宗教对高校渗透的严峻形势，校党委统战部积极和上级有关部门配合，在校党委领导下，切实完善工作机制，形成统一领导、协调联动的反渗透网络。

【注重学习，加强统战部自身建设】 认真学习全国和全省统战部长会议精神，不断增强政治把握能力，广交深交党外朋友，真心诚意做好服务工作，主动关心、帮助党外代表人士解决实际困难。

（朱秀平）

·青岛大学·

青岛大学目前有7个民主党派

组织，有侨联、知联会和欧美同学会3个统战团体。统战部在不断加强自身建设的同时，积极协助各民主党派、统战团体围绕学校中心工作，发挥参政议政、建言献策作用。

曾被山东省委统战部、省人事厅授予“全省统战系统先进集体”；被省委统战部、省委高校工委授予“全省高校统战工作争先创优活动一等奖”；多年连获全省国有企业、高等学校、科研院所统战工作规范化建设年活动先进单位称号；2013年再次被评为全省统战工作先进单位称号；连续多年被评为青岛市统战工作先进集体，2013年还获青岛市统战宣传先进单位、青岛市侨联先进基层组织以及多项先进个人称号。

【加强思想政治建设】 认真学习贯彻十八大和十八届三中全会精神，深入领会改革内涵，结合统战工作实质和我校统战工作现状，积极引导校民主党派和统战团体加强学习，有针对性地开展工作。组织民主党派和统战团体代表人士进行十八大和十八届三中全会精神的座谈交流。组织民主党派负责人和部分党外代表人士召开党的群众路线教育实践活动座谈会，征求他们的意见建议。召开情况通报会，工作总结会，及时通报学校各方面发展情况，与党外人士进行深入沟通。以党的十八大和十八届三中全会精神以及习近平总书记系列重要讲话精神为指针，创新工作方法，做好统战工作。

【加强党外代表人士队伍建设】 以“党外代表人士队伍建设年”活动为契机，认真贯彻落实中央、省市文件精神，积极探索开展党外代表人士队伍建设工作的方法和思路；2013年，对全校党外代表人士情况进行全面摸底调查，建立党外代表人士人才库，定期对人才库进行调整充实，对条件成熟、参政议政能力强的党外代表人士及时进行举荐。加大对党外代表人士的教育培养和推荐力度，支持党外人士参加各级各类培训，推荐党外干部挂职锻炼。2013年8月，经济学院副教授、致公党党员张之峰到黄岛进行为期一年的挂职锻炼。

【发挥统战工作优势服务地方经济社会发展】 继2012年组织政协委员及党外专家赴临沭玉山镇开展义诊、旅游规划、水质检测、病虫害防治、牵线搭桥、咨询服务、捐赠少儿读物等帮扶活动后，我们积极进行后续服务，2013年继续组织政协委员及党外专家赴临沭玉山镇开展义诊、扶贫活动，并对2012年的系列帮扶活动进行后续调研，将学校党外知识分子的智力资源与当地的环境资源整合起来，为玉山镇提供了力所能及的帮助，受到当地政府和人民的欢迎。

【积极支持党外人士建言献策】 积极组织党外人士撰写提案议案，为国家省市经济社会发展建言献策。2013年，我校经济学院教授、市政协委员张旭提出的《关于合理征收网上交易增值税的建议》和《关于减少县市级政府投资公司的建议》被中央统战部最高权威刊物《零讯》综合期刊采用，王乙潜、葛银林等撰写的建议被侨联权威刊物《侨情专报》采用。王乙潜撰写的《农村环境问题应当引起高度重视》得到中央政治局常委、国务院副总理张高丽批示。

【继续做好业产学研对接工作】 积极配合市委统战部组织的“促进就业工程”“民营企业进高校”等系列活动，成功举办民营企业进高校招聘会，做好统战搭台、校企合作工作。2013年，积极联系学校就业部门组织学生参加了崂山区举办的两次对口招聘。为青岛“民营企业与高校产学研对接会”准备合作项目，共征集了300多项关于新能源、新材料、物联网等方面的产学研项目。与青岛市民营企业成功举办产学研对接活动，有13个项目达成了合作意向。同时，由市委统战部牵线，与安哥拉的合作项目正在洽谈之中。

【协助党派抓好自身建设】 定期召开各民主党派、统战团体主要负责人工作协调会。做好新成员吸纳工作，全年吸纳近20名新成员加入到7个民主党派基层组织中。

【加强统战团体建设】 对校内侨情进行摸底调研，进一步深入实际了解侨情，目前学校有市侨联委员5人。学校侨联连续三年被评为“青岛市侨联系统先进集体”，1人获“山东省归侨侨眷先进个人”荣誉称号。加强知识分子联谊会建设，推荐无党派成员参加市社会主义学院组织的培训班等。推荐5位同志成为省知联会理事，6位同志为市知联会理事。进一步吸纳欧美同学会会员，完善各项规章制度，目前欧美同学会会员已达170余人。推荐9位同志成为市海外联谊会理事。

【做好统战理论调研工作】 结合省市统战部要求，认真做好理论调研工作，撰写调研报告并组织参加省市评选，连续多年被评为市统战理论调研、宣传先进单位。参加华东地区统战会，所提交的论文获得二等奖。

【与兄弟院校交流学习】 11月，四川师大来校考察，双方围绕统战工作进行深入交流与探讨。加强与临沂大学、中国海洋大学、青岛科技大学等高校的联系。随时关注高校统战工作动态，把握统战工作态势，结合我校统战工作现状，积极转换思路，寻求创新点。

【做好省市委统战部交付的各项工作】 贯彻落实省市委文件精神，做好各项统战工作。日常工作中，我们积极配合市侨联开展工作，组织归侨侨眷及海外归国人员参加新年联谊会，组织乒乓球联谊赛等文体活动。

（韩淑春）

·曲阜师范大学·

2013年，统战部在校党委的领导下，紧紧围绕学校中心任务和工作大局，把学习贯彻十八届三中全会精神与深入开展党的群众路线教育实践活动相结合，促进和谐、服务发展。

【加强理论学习，大力做好党外代表人士队伍建设工作】 年初，分管学校统战工作的校领导参加了为期一周的山东省统战工作领导干部理论研讨班；11月上旬，校民盟支部主委参加了全省第十四期民主党派领导干部进修班学习。结合学校党的群众路线教育实践活动，通过座谈、实地考察等方式深入曲阜师范大学两校区调研，形成《大力加强党外代表人士队伍建设，推动统战工作新发展》的调研报告。根据上级文件要求，对学校党外代表人士队伍现状进行了摸底，全面掌握了学校党外干部的基本信息。9月，推荐4位党外代表人士当选为山东省党外知识分子联谊会常务理事及理事等职。

【积极协助民主党派基层组织加强自身建设】 6月，统战部协助学校17位民进会员代表参加了中国民主促进会济宁市第一次代表大会，1人当选为委员会委员。12月下旬，校民进支部召开第五次会员大会，按程序升格为总支，推选出新的领导班子。起草并经校党委审议后下发了《关于支持我校民主党派基层组织进一步加强自身建设的实施意见》。

【积极做好人大政协工作】 为驻学校各级政协委员、人大代表参政议政、建言献策提供服务和支持。民革成员朱玉富在曲阜市政协第十三届一次会议上提交的《关于构建曲阜人才战略方略，促进曲阜市在“十二五”期间的快速发展的建议》的提案，被评为优秀提案。济宁市政协第十二届二次全体会议期间，委员李绍强针对“都市区大公交”“反浪费厉节俭”等问题发表的观点被省内多家媒体予以报道。所提交的《关于抢救性整理孔府档案的建议》，得到了市委市政府的特别重视及各大官方媒体的关注。在各方共同努力下，“孔府档案文献整理研究”工作已着手进行，并首度开发建设数据库。

【认真贯彻党的侨台政策，做好侨台工作】 对全校华侨华人、归侨侨眷情况进行普查。7月上旬，配合省委统战部完成了“中华同根文化齐鲁行”活动。9月，山东省海外联谊会四届一次理事大会召开，学校2名同志当选为理事。协助办理十余位师生赴台学术交流与合作。

【坚持做好民族宗教工作】 认真贯彻落实党的民族宗教政策。会同公安、学团等部门，做好信教人员的信息掌握与管理工作，坚决抵制邪教，反对非法传教，维护校园和谐安定。按照上级文件要求，对全校少数民族干部及具有副高以上职称的党外少数民族专家学者情况进行调查汇总，掌握了基本情况。

【不断加强统战调研宣传及交流工作】 统战部部长王华撰写论文《精心打造孔子文化品牌，推动文化统战工作上台阶》在全省统战理论与实践创新研讨会上进行大会发言。撰写的《全面深化改革　青年勇立潮头——学习贯彻党的十八届三中全会精神》等重要理论文章，刊发在校报上。编发统战宣传工作简报《同舟快讯》，通过报刊、网络等形式，及时宣传报道统战工作动态及校党外代表人士的先进事迹。维护门户网站，不断优化升级宣传平台。加强与兄弟院校的交流与合作。10月，与到访的四川师范大学代表，交流统战工作。

【加强统战制度建设工作】 以提高统战工作科学化水平为目标，深入贯彻中央和省委关于改进工作作风、密切联系群众的规定，制定了《党委统战部服务承诺制度》《校领导联系党外代表人士制度》等工作制度。

（张　琴）

·山东中医药大学·

2013年，山东中医药大学以邓小平理论、“三个代表”重要思想、科学发展观为指导，认真学习贯彻党的十八大、十八届二中、三中全会精神以及习近平总书记系列重要讲话精神，以党的群众路线教育实践活动为契机，坚持“服务、务实、高效”的理念，认真扎实开展统战工作，深入推进学校统战工作规范化建设和党外代表人士队伍建设，着力为高水平特色名校建设作贡献。

【加强教育引导，大力巩固统一战线共同的思想政治基础】 采取多种形式组织各民主党派和无党派代表人士认真学习贯彻中共十八大、十八届二中、三中全会精神和习近平总书记系列重要讲话精神，着力提高统一战线成员的思想政治素质。组织学校广大师生参加“全省统一战线学习贯彻党的十八大精神知识竞赛”活动。组织召开了教育实践活动民主党派及无党派代表人士专题座谈会，将所提意见建议列入学校整改方案，并加以落实。积极引导学校各民主党派加强组织建设和思想建设。组织筹备并于7月份召开了民盟山东中医药大学大学支部盟员大会，选举产生了新一届支部委员会。加强民主党派成员对基本国情、基本路线，爱国主义、集体主义和社会主义等内容的学习教育，不断巩固统一战线成员共同团结奋斗的思想基础。

【发挥特色优势，努力为特色名校和经济文化强省建设作贡献】 充分发挥学校特色优势，积极协调开展“同心”实践活动。目前学校共有13名党外代表人士担任各级人大代表、政协委员。在省政协十一届一次会议期间共提交提案8份。校党委书记、省政协委员于富华率学校部分省政协委员、专家赴郯城县泉东村开展义诊活动，共诊治患者200余名，并向两个贫困户赠送了半年用量的常用药。学校九三学社基层委员会到历城区仲宫镇阿里山老年公寓义诊。向省委统战部推荐中医方剂、养生、康复治疗、制药工程等方面的党外代表专家教授5人。组织专家教授参与“百名专家教授联百企”行动，1名专家教授与济南德贝康华科贸有限公司达成意向。

【加强自身建设，着力提升统战工作水平和长效机制建设】 以开展党的群众路线教育实践活动为契机，加强作风建设，增强服务意识。按照省委统战部和上级有关部门的要求，完成了全国政协委员和省政协委员推荐人选材料及名录校核、省特约人员人选、省党外知识分子联谊会副会长等材料的申报工作。完成了“同心·光彩助学行动”50名受资助学生人选的推荐、申报及有关工作的落实。注重加强统战理论学习交流，增强统战工作人员的理论水平和综合素质。组织人员参加了省委统战部举办的“全省统战部办公室主任暨信息员培训班”和2013年华东地区高校统战工作研讨会。进一步修订部门的学习、例会、考勤制度，并严格按照制度规定认真贯彻执行，通过狠抓落实，强化制度的执行力，建立起了做好统战工作的长效机制。

（胡安民　郭海波）

·山东科技大学·

山东科技大学有7个统战基层组织，民主党派115人，知识分子联谊会成员207人。其中，民革14人、民盟27人、民建8人、民进3人、农工党3人、致公党2人、九三学社59人。民革、民盟和九三学社在学校设有基层组织：民革山东科技大学支部、民盟山东科技大学支部、民盟山东科技大学济南校区支部、九三学社山东科技大学基层工作委员会和九三学社山东科技大学济南校区支社。其中，九三学社山东科技大学基层工作委员会又下设三个支社，形成了3个党派7个支部、支社的民主党派组织建设格局。

学校有省政府参事1人、各级政协委员13人、各级人大代表4人。其中，省政协委员4人、民主党派省委委员1人，担任县（处）级以上职务的非党员领导干部26人。

【思想政治工作】 组织统战成员认真学习领会党的十八大、十八大二中、三中全会精神，统战部部长曹明通参加了学校十八大精神宣讲团。以开展党的群众路线教育实践活动为契机，制定下发了《关于发挥民主党派和无党派基层组织在党的群众路线教育实践活动中征求意见建议的通知》，广泛动员党外知识分子积极参加教育实践活动。在活动开展期间，通过召开党外代表人士座谈会等形式，广泛征集统战成员的意见和建议，校党委对所提意见建议都给予充分重视和认真研究。

【组织建设工作】 做好党派工作。协助致公党青岛市委考察发展了1名同志为致公党党员。做好党外代表人士培训工作。推荐1名同志参加青岛市社会主义学院无党派人士培训班学习，并与西安市社会主义学院进行了交流学习。认真做好统战成员信息数据的采集工作。于3月和11月两次对全校民主党派、无党派人士、党外知识分子、华侨、台胞台属、民族宗教界人士等新时期统战成员进行分类登记，建立了一套完整准确的统战成员信息库，全面掌握了统战成员的情况。加大优秀党外知识分子推荐力度。推荐4名同志为青岛市侨联特聘教授人选，其中有2名被青岛市侨联聘为特聘专家。推荐6位党外知识分子在山东省党外知识分子联谊会担任职务。

【服务地方发展】 支持党外代表人士参加人大、政协工作。两会期间山东科技大学的4名省政协委员、9名市级政协委员、4名区级政协委员、1名区级人大代表，积极参会、建言献策，共提出了13个提案、12项建议；1名同志被政协第十届山东省委员会评为先进提案工作者，1名同志被青岛市委统战部聘请为党外知识分子联络员。组织参加青岛市“服务蓝色经济和创新驱动发展战略”主题建言献策活动，共推荐10篇报告，有4篇被评为市级优秀报告，评优数量居驻青高校首位。

【民族宗教工作】 认真学习关于民族宗教工作的文件精神，严格执行党和国家的民族宗教政策。协助上级完成了对学校民族宗教工作的调查了解，如新疆籍教师和学生人员信息表、少数民族情况信息等。积极推荐5名同志为青岛市少数民族联合会第四次会员代表会议代表。

【侨务工作】 与青岛市侨联组织加强联系，做好服务工作；积极做好山东科技大学侨联成员与驻青各高校的交流学习，促进学校侨务工作的顺利开展。组织参加青岛市侨联主办的2013年乒乓球友谊赛，获得团体第七名的成绩。山东科技大学获市侨联多项表彰。山东科技大学党委统战部被评为2013年度全市先进基层侨联组织，统战部张建英被评为全市侨联系统先进工作者，现代教育中心李岩被评为青岛市归侨侨眷先进个人，地质学院余继峰和土建学院乔卫国获得青岛市海外归国人士创业创新贡献奖。

【积极开展统战理论调研课题研究】 先后申报了省委统战部年度理论调研课题、青岛市高校统战年度理论调研课题和青岛市侨联调研文稿等课题。积极发动民主党派基层组织和无党派知识分子联谊会参加省、市理论调研活动。

（张建英）

·青岛科技大学·

2013年，学校设有民革、民盟、民进、致公党、九三学社5个民主党派基层组织。有党派成员157人，分属7个民主党派，其中在职106人。党外知识分子822人，占全校知识分子的42.6%，已认定为无党派代表人士34人。党外人士中现有各级人大代表、政协委员26人，副处级以上干部24人。有31个少数民族的师生756人，其中，教职工46人、学生710人。信奉伊斯兰教的师生227人（学生222人，教师5人），宗教界代表人士3人。归侨、侨属侨眷99人，台属50余人，有境外留学经历的274人，具备或享受归国留学人员待遇的185人。

【发挥优势，服务地方经济和学校事业发展取得新成绩】 深化“双建”活动，引领统战成员为区域经济发展贡献才智。与22家企业达成40项产学研合作意向，与高密市委组织部签署合作协议5项。组织10名党外专家教授与省内16家企业联姻，被省委统战部列入“百名专家教授联百企”活动名册。开展了统一战线志愿者服务活动，率先在青岛市设立了5个志愿服务联系点，“阵地式”服务新模式被中央统战部予以信息报道。举行了台侨资企业进高校产学研对接洽谈会，签署产学研合作协议4项，建立“教学实习、社会实践基地”2个。开展了“同心·牵手行动”法律咨询进校园活动。启动了"'同心·促和谐'，炫彩人生"助残品牌活动，组织部分统战成员参加了"情系灾区，捐资捐画"书画义卖活动，筹善款5万余元。

【增进共识，民主政治建设及民族团结进步工作得到新发展】 深入学习贯彻中共十八大精神，夯实团结奋进的共同思想政治基础。学校荣获"全省统一战线十八大精神知识竞赛优秀组织单位"称号。举办了以"廉政文化与民主监督"等为主题的"同心大讲堂"4次；支持各级人大代表、政协委员积极参政议政、履职尽责，共提出50余项立案提案，其中1项建议案被省政府采纳并予以落实。启动新一轮"同心·民族团结进步宣传"工程，制作并更换了15个版块的流动展牌。

【狠抓落实，党外代表人士队伍建设取得新突破】 启动"选派部分民主党派和统战团体成员到区（市）党派、统战团体基层组织挂职锻炼"工作，推荐9名民主党派成员赴市北区民主党派基层组织挂职锻炼；输送1人到青岛开发区金融办挂职。

【开拓创新，学校港澳台侨及海外统战工作优势进一步凸显】 开展"侨联志愿者服务新农村"活动，送书画、音乐表演等文化艺术下乡，取得良好成效；承接了青岛市侨联系统乒乓球联谊赛。为"2013和文化国际学术论坛暨第二届海峡两岸儒学学术论坛"争取市科协2万元资金赞助。学校获国侨办授予"全国侨务系统'侨法宣传角'"称号。青岛市侨联在学校召开现场经验交流会，授予学校全市首个"高校侨联工作示范基地"。学校归侨、侨眷提交的1项建议被中国侨联第2438期《侨情专报》收录。

【加强自身建设，统战工作科学化水平得到新提高】 在各类媒体报道统战宣传稿件达70篇，荣获青岛市统战信息工作先进单位。获"全国统战理论研究与政策创新"成果二等奖一项，荣获全省统战理论调研宣传"四新工程"先进单位。

（陈朗滨）

·青岛理工大学·

青岛理工大学有民盟、民进、九三学社3个民主党派基层组织。有民主党派成员113人，分属7个党派。成立有无党派知识分子联谊会，无党派人士27人。区级人大代表3人，各级政协委员15人，党外副处级以上干部31人，归侨6人。

【统战理论学习】 加强党的十八大及以来历次全会精神和习近平总书记系列重要讲话精神的学习，不断巩固统战成员的共同思想政治基础。不断完善学习制度和方式，在全校深入开展了"十八大精神知识竞赛"，加大了对统战工作的宣传力度。

【民主党派基层组织建设】 指导各民主党派加强自身建设，促进了党派工作的规范化和制度化。全年民主党派新发展成员3名。不断完善多党合作和政治协商制度，坚持落实好党外代表人士座谈会、情况通报会等制度。积极支持党派成员赴省、市参加各类培训。指导、支持民主党派积极开展学习调研等活动，加强党派活动室的管理。

【党外代表人士队伍建设工作】 贯彻落实上级文件精神，不断加强各项工作。完善党外代表人士数据库，推荐3人参加上级培训，推荐1名党外干部到青岛市挂职，1人获第十六届中国科协求是杰出青年成果转化奖。调整、增补区政协委员2人。吸收党外代表人士参加校党委扩大会、学校第二次党代会等重要会议并充分征求他们的意见。

【党外知识分子工作】 继续开展"建言献策、建功立业"活动。4人当选为省知联会理事，1人为常务理事。推荐2名市党外知识分子联络员参加了学习培训。启动开展无党派人士坚持和发展中国特色社会主义学习实践活动。党外知识分子提交建议等10余件，1件入选市建言献策材料汇编。在全省"百名专家教授联百企"活动中初步确定了对接项目4项。

【民族宗教和侨务工作】 及时更新少数民族师生信息数据库，落实好党的民族宗教政策，向青岛市推荐2名出席全市少数民族联合会换届大会的代表。积极促进学校侨务工作规范化建设，组织人员参加了市侨联干部培训班。在全市侨联系统乒乓球比赛中获男子领导组第五名。1人被市侨联聘为"特聘专家"，4人被市侨联授予先进个人称号，党委统战部被评为侨联工作先进集体。

积极筹备成立学校留学归国人员联谊组织，组织完成中央统战部对留学归国人员的调查问卷。

【统战部门自身建设】 完成调研课题1项，获省委统战部理论调研优秀奖1项。加强内外宣传和信息工作。组织统战部领导和同志参加全省统战工作领导干部理论研讨班、全市统战宣传干部培训班、全市统战工作联席会议等活动。

（邵长飞）

·山东理工大学·

学校民主党派基层组织（总支、支部）7个，成员121人，其中：在职84人，离退37人。无党派知识分子联谊会39人。少数民族教职工29人、学生687人。

2013年，山东理工大学党委统战部以邓小平理论、“三个代表”重要思想和科学发展观为指导，深入贯彻落实党的十八大、十八届三中全会和习近平总书记系列重要讲话精神，牢牢把握大团结大联合主题，将“同心”思想贯穿于统战工作各个领域，围绕“同心”凝聚共识、聚焦“同心”谋划工作，积极进取，开创了学校统战工作新局面。

【民主党派和无党派人士工作】 按照“严格标准、严格程序和有计划、重培养”原则，协助民主党派组织发展新成员1人。对校各民主党派、知联会成员、归国留学人员等进行调查登记，更新了成员数据库。做好山东省党外知识分子联谊会理事选拔、推荐工作，推荐山东省党外知识分子联谊会理事4人。

【党外代表人士工作】 贯彻落实中央和省委关于加强党外代表人士队伍建设的文件精神，根据省委统战部有关通知要求，撰写完成了《山东理工大学党外代表人士队伍建设及服务经济文化强省建设调研报告》《山东理工大学着力加强少数民族代表人士队伍建设》2个调研报告和《党外少数民族代表人士基本情况调查表》等工作。对山东理工大学民主党派工作情况进行了调研，完成了民主党派重点课题调研报告，起草了《关于加强党外代表人士队伍建设意见》。加强党外代表人士信息数据库建设，建立了一支由74名党外教授、164名党外博士、118名归国留学人员、121名民主党派成员、39名知联会成员构成的素质优良、数量充足、结构合理的党外代表人士队伍。组织党外专家教授参加了山东省委统战部开展的“百名专家教授联百企”活动。经过广泛发动，在充分征求意见的基础上，邀请了5名专家教授与12家企业对接联系，以项目合作、技术研发、担任企业科技顾问等形式，积极为经济文化强省建设作贡献。推荐山东省海外知识分子联谊会省内理事1人，淄博市海外知识分子联谊会市内理事3人。在淄博市党外知识分子工作第一届联络员同心发展论坛上作了题为《扎实做好党外知识分子统战工作，为淄博市经济社会发展服务》的典型发言。积极引导党外代表人士参与党的群众路线教育实践活动，通过召开党外代表人士座谈会等多种形式，就加强作风建设，推进学校事业发展积极建言献策。

【民族宗教工作】 对山东理工大学少数民族师生信息进行调查，更新少数民族人员信息数据库。落实《教育法》和《宗教事务条例》规定以及省委统战部等部门《关于教育引导大学生正确认识和对待宗教问题的意见》要求，进一步做好抵御境外敌对势力利用宗教进行渗透的工作。

【统战自身建设】 贯彻落实学校《关于开展“统战工作规范化建设年”活动的实施方案》，积极探索新的工作方式方法，建立和完善行之有效的高校统战工作运行机制，完善和制定了《加强民主党派和无党派干部队伍建设制度》《民主党派、统战团体负责人参加学校有关会议制度》《加强民主监督制度》。积极宣传山东理工大学统一战线工作，提升统战工作影响力。

（孙清立）

·济南大学·

2013年，济南大学党委统战部以邓小平理论、“三个代表”重要思想和科学发展观为指导，认真贯彻落实党的十八大精神，以加强党外代表人士队伍建设为重点，进一步完善统战工作机制，拓宽统战工作思路，围绕中心、服务大局，统战工作再上新水平。

【统战工作规范化建设】 梳理现有制度做好废改立工作，健全了会议、阅文、情况通报等十余项规章制度，对流程复杂的工作制定了工作流程图，统战工作进一步制度化、规范化。

【党外代表人士队伍建设】 完善党外代表人士数据库，推荐学校8名党外专家教授参加“百名专家教授联百企”活动。组织党外代表人士参加“当代知识分子的历史使命”报告会、赴聊城市莘县朝城镇南街中心小学开展“送温暖、献爱心”等活动。1人当选省人大常委，4人当选省政协委员，21人次分别担任了市中区、济南市和省党外知识分子联谊会副会长、常务理事、理事，2人获聘省政协第十一届委员会特邀信息员。

【民主党派工作】 协助民盟、民建、民进基层组织召开代表大会，选举产生新一届支部委员会，做好政治交接。省政协副主席、民革省委主委孙继业，致公党省委副主委马传凯先后到学校调研，指导民主党派发展建设。

【人大代表、政协委员活动】 密切联系学校各级人大代表、政协委员，鼓励支持他们开展调研，省“两会”期间，提交多件金融、教育、文化等方面的议案、提案、建议。

【民族宗教工作】 关心少数民族师生的工作学习生活，关注信教教工学生的思想动态，维护学校的和谐稳定。支持学校“少数民族知识分子联谊会”工作，组织回族教师参加清真寺开斋节有关活动。

【港澳侨台工作】 开展省内高校港澳台事务调研，6月份成立港澳台事务办公室，完善因公赴台手续办理程序。接待2所台湾高校及参加2013鲁台高等教育论坛的台湾高校代表团，协助19名师生办理赴台手续。组织2次师生赴台开展学术文化交流与研习考察活动，分别与台湾两所学校达成合作意向。推荐5人分别担任市中区、济南市台属联谊会副会长、常务理事、理事，推荐11人分别担任市中区、济南市侨联副主席、委员，2人分别担任省海外联谊会常务理事、理事。4人获全市侨联系统先进个人称号，学校党委统战部获评全市侨联工作特殊贡献单位。“海峡两岸特殊教育合作项目”获山东省2013年度优秀对台交流项目。

【荣誉与奖励】 郑中荣获教育部第六届高等学校科学研究优秀成果奖，曹丙强荣获山东青年五四奖章，吴沁被授予“山东省人民友好使者”荣誉称号，九三学社济南大学委员会获九三学社山东省2013年度先进基层组织称号，徐征和获九三学社山东省2013年度优秀社员称号。徐梅、李玉龙撰写的论文获2013年华东地区高校统战工作研讨会优秀论文三等奖。

（徐　梅　李玉龙）

·聊城大学·

2013年，聊城大学党委统战部从巩固党的执政地位和加强党的执政能力建设的高度，正确认识统战工作在教育事业发展中的地位和作用，认真贯彻落实党的统战工作方针政策，紧密结合学校实际，切实执行党的“尊重知识，尊重人才”的政策，注重发挥高校智力优势，积极服务区域经济文化建设，广纳群贤、凝心聚力、科学谋划、积极开展工作，有效地推动了统战工作的健康发展，圆满完成了各项工作任务。

【加强思想引导　凝聚政治共识】 把学习十八大精神作为首要政治任务，通过举行专题研讨会、报告会、考察调研等载体形式，组织统一战线成员认真学习、深刻领会十八大提出的重大理论观点，把握十八大关于统一战线的新思想新要求，积极参与学校建设，为学校发展多作贡献。组织开展“学精神、承传统、促发展”主题教育座谈会；结合党的群众路线教育实践活动，组织学校各民主党派代表及党外知识分子代表等10余人赴枣庄台儿庄大战纪念馆、马牧池革命传统教育基地、孟良崮战役纪念馆等接受革命传统教育。积极组织参加省委统战部全省统一战线学习贯彻党的十八大精神知识竞赛活动，取得良好效果。

【加强党外代表人士队伍建设】 更新完善统战成员人才数据库，对全校党外人士情况进行调研，健全并完善了党外代表人士综合数据库。与聊城市委统战部加强联系、深入交流、互相支持，推荐我校优秀人士参与聊城市两个联谊会的筹建任职工作。推荐1人当选为山东省党外知识分子联谊会常务理事，4人当选为理事。与聊城市共同启动“科技人员挂职工程”，经过一年多实践证明，8位被选派为挂职副县长和副乡镇长的党外干部为聊城区域经济发展作出了一定的贡献，得到了各级政府部门的充分认可。积极参与省委统战部组织实施的

“百名专家教授联百企”活动，选拔6名党外人士参与联系6家企业。

【民主党派工作】 支持协助各民主党派支部（社）完成基层委员会新老交替，引导按照各自章程，全面加强思想、组织、制度和作风建设。推荐3人当选第十一届山东省政协委员，9人当选第十二届聊城市政协委员。

【人大代表、政协委员活动】 积极号召学校党外各人大代表、政协委员向各级“两会”、聊城大学职工代表大会暨工会会员代表大会建言献策。一年来共在各级“两会”上提交议案、提案6个，围绕群众关心的热点难点问题开展调研7次。

【增强服务意识　加强自身建设】 认真学习贯彻落实党的十八大、十八届二中、三中全会精神，以开展党的群众路线教育实践活动为契机，快速转变角色，加强统战理论学习，提高统战工作的预见性，把握统战工作的规律性，增强统战工作的实效性，不断增强贯彻落实科学发展观和推动统战工作科学发展的自觉性和坚定性，树立统战干部良好形象，将统战部建设成为党外知识分子之家。

（高金华）

·山东建筑大学·

2013年，认真贯彻落实党的十八大精神，注重发挥统一战线在学校改革、建设、发展中的政治优势和积极作用，不断推动统战工作走向科学化、规范化、制度化。

【加强政治引导，筑牢统一战线成员坚持中国特色社会主义的思想基础】 深入开展社会主义核心价值体系学习教育活动，进一步增强党外人士在中国共产党领导下走中国特色社会主义道路的坚定信念，将个人价值与党和国家事业、与学校事业发展结合起来，为经济社会和学校建设发展献计出力。

【协助各民主党派加强思想建设、组织建设和制度建设】 注重推荐政治上成熟、有代表性、有影响的高层次人才加入民主党派组织。同时以换届为契机，协助各党派考察其成员在政治把握、协作共事、学术影响、热心党派事业和工作传承等方面的综合素质，加强与省委统战部和民主党派省委的联系沟通，把素质高、能力强、贡献大的党外代表人士选进领导班子，提升班子的影响力和凝聚力。

【积极搭建平台，加强党外干部队伍建设】 把党外代表人士的培养、选拔纳入学校干部总体规划，拓宽途径、整体推进，逐步建设一支素质优良、结构合理、学术造诣深、社会影响大的党外干部队伍，为统一战线服务学校发展奠定坚实基础。积极创造条件，先后选送5位优秀代表人士参加中央、省社会主义学院等的培训。向山东省和济南市党外知识分子联谊会推荐理事以上人选共12人。其中，省党外知识分子联谊会副会长1人，理事5人；市党外知识分子联谊会副秘书长1人，常务理事3人，理事2人。与团省委沟通，积极争取，推荐2名海归博士、党外优秀青年教师担任青联会委员。积极向各级人大、政府、政协和民主党派、人民团体推荐人才。目前，省政协委员5人（其中常委2人），市政协委员4人，历下区政协委员2人（其中常委1人），历城区政协委员4人（其中常委1人），市人大代表1人，历城区人大代表1人。各级人大代表、政协委员认真履职献策，紧紧围绕高等教育发展、科技创新、节能减排、绿色环保、文化建设等热点问题，积极参政议政。

（徐少芳）

·鲁东大学·

学校有民革、民盟、民建、民进、农工党、致公党、九三学社等7个民主党派，有民革、民盟、民进、致公党、九三学社等5个基层组织，民主党派成员92人。党外知识分子联谊会，共有成员79人。有市政协常委2人、委员3人，区政协常委2人、委员3人；民主党派省委委员1人，市委副主委3人、常委1人、委员1人。少数民族教职工40人，少数民族学生585人。

【夯实共同思想政治基础】 组织民主党派和知联会成员开展“学习党的十八大报告和党章知识竞赛答题活动”，组织党外代表人士撰写十八大学习体会文章；起草《关于深入学习贯彻党的十八届三中全会精神的通知》，发放《中共中央关于全面深化改革若干重大问题的决定》辅导读本，部署并支持各民主党派和知联会开展学习活动；结合纪念中共中央发布“五一口号”65周年，组织27名党外代表人士参观山东省爱国主义教育基地——天福山起义纪念馆，开展“寻访革命旧址，铭记革命历史”同心教育活动；结合推进“学在鲁大”办学理念，举办“学在鲁大·同心同行”主题报告会，邀请学校党外代表人士作了《中华民族复兴与中国精神》《诉诸感性，回归人本——亲历与感悟美国教育的创造性》等报告。引导统战成员更加自觉地与中国共产党同心同德、同心同向、同心同行。

【党外代表人士队伍建设不断加强】 对全校党外代表人士队伍情况进行摸底调查，建立了党外知识分子综合数据库和民主党派代表人士、无党派代表人士、归国留学代表人士、少数民族代表人士等专项数据库。加强各院部统战工作规范化建设，起草《关于做好我校民主党派成员和无党派高级知识分子有关情况调研工作的通知》，部署各院部做好有关调研工作，建立完善民主党派和无党派高级知识分子档案。落实联谊交友工作制度。协调各学院进一步做好党员领导干部与党外代表人士联谊交友工作，建立完善党总支统战委员和统战工作联络员队伍。积极向省、市统战部门举荐人才。2013年，向市委统战部推荐优秀党外知识分子24人，市政协委员人选1人；向省委统战部推荐省党外知识分子联谊会常务理事1人、理事3人，海外联谊会理事会理事1人，中央统战部党外知识分子信息员1人。推荐选派2位党外代表人士参加省、市委统战部组织的“全省民主党派领导干部进修班”“高层次创新型人才进修班”培训学习。

【为学校和地方经济建设发挥优势作用】 学校各民主党派进一步健全历史沿革、完善各项制度，组织开展了多种形式的活动。2013年，有10名新成员加入民主党派组织。4位党外代表人士被聘为学校党务公开监督员，4位党外代表人士被聘为特邀监察员。党外代表人士积极围绕区域经济与社会发展的实际，参政议政、献计出力。在烟台市和芝罘区政协会议上，提出了24项提案，均被立项。积极推荐4位党外专家教授参加“百名专家教授联百企”活动，为地方经济建设作贡献。由学校党外代表人士蒋小满教授为负责人的水产品加工与综合利用研发团队与烟台海和食品有限公司进行对接，签订了合作协议，建立了合作关系；致公党支部与卧龙工业园联合，组织部分专家教授进企业开展科技帮扶活动。

【民族宗教工作扎实有效】 按照上级有关部门要求，认真贯彻落实国家各项民族宗教政策，做好少数民族、信教教职工和学生的统计摸底等工作，协同学生工作处、团委、保卫处等相关部门加强思想引导和服务管理；通过网络认真开展马克思主义宗教观和党的民族宗教政策的宣传教育，扎实做好抵御和防范校园宗教渗透工作，维护学校和谐稳定。在烟台市民族宗教工作联席会议上，学校作了典型发言。

（曲秀玉）

·青岛农业大学·

2013年，青岛农业大学统一战线工作坚持“大团结、大联合”主题，围绕学校“十二五”规划、“特色名校建设年”和建设多科性、应用型、高水平农业大学的目标任务，以思想政治工作为先导，以党外代表人士队伍建设为重点，以民主党派和统战团体建设为抓手，扎实做好党外知识分子和侨务工作，以建言献策和社会服务为亮点，不断提高统战成员议政建言水平，以群众路线教育实践活动为契机，着力推进工作规范化建设，为学校和地方经济社会发展作出了应有贡献。

【统一战线思想政治工作】 组织统战成员举行了党的十八大精神学习交流活动；印发了《2013年统战工作要点》，做好全年工作部署；召开了统一战线纪念“五一口号”发布65周年暨学习贯彻十八大精神座谈会；协助各民主党派、统战团体开展了形式多样的学习活动，进一步增强了统一战线政治共识。

【党外代表人士队伍建设】 对全校统战人物进行了摸底调查，充实完善了统一战线人才库；推荐2人参加了青岛市委统战部、青岛市社会主义学院组织的无党派人士培训班和党外处级干部培训班；完成了全国、省人大政协换届人选推荐工作，1人当选全国人大代表，2人分别当选省人大代表、省政协委员，推荐安排省、市统战团理事和会员21人。

【民主党派和统战团体工作】 协助各民主党派和统战团体加强自身建设，协助九三学社基层委成立了2个支社，组织召开了纪念九三学社建设68周年座谈会；协助各民主党派考察发展新成员6人；组织统战成员参加了省、市委统战部及市侨联开展的"百名专家教授联百企""服务蓝色经济和创新驱动发展战略"主题建言献策等建言献策和科技服务活动。民建支部承担完成民建市委调研课题2项；民盟基层委在城阳郝家营等社区开展了科技服务进社区活动；致公党支部开展了城阳"圣之爱"康复中心慰问服务活动和向贫困地区捐赠衣物活动；九三学社基层委承担完成社市委调研课题2项，并赴青岛慧海现代农业有限公司、黄岛灵珠山、即墨王村镇黑石村、大泽山葡萄产区等地开展了社会调研和科技服务活动；无党派知识分子联谊会组织了赴高密惠德公司食用菌产业园考察调研活动。

【参政议政、建言献策工作】 学校党外各级人大代表、政协委员在各级"两会"上提报提案、建议、社情民意20余项；组织开展了"我为科学发展献计策"、党外知识分子"建言献策、建功立业"活动，征集提报建言献策信息10余项，其中《强化农药废弃物管理，提升农业生态环境保护和乡村安全建设》的建议，被中国侨联采用并呈报中央领导参阅；通过召开座谈会、征集书面建议等形式，征集党外人士建议11项，为校党委科学决策提供了参考。

【统战工作自身建设】 积极参加党的群众路线教育实践活动，多次深入各民主党派、统战团体和有关单位走访调研，促进了基层统战工作开展；协助省、市委统战部开展了有关调研活动；承办了2013年青岛高校统战工作联席会议；会同有关部门开展了抵御境外宗教渗透和防范校园传教情况专题调研。

（徐以师）

·山东财经大学·

学校目前共有教职工2552人，非中共人员781人，约占总人数的30.6%。其中，7个民主党派成员共计130余人；无党派知识分子中，具有副高级以上专业技术职称、副处级以上职务（或具有博士学位）人员270余人。根据中央和省委文件精神，遴选出党外代表人士共计69名。主要包括：各级人大代表、政协委员13人，担任副处级以上职务的党外干部35人（其中副省1人，正处9人，副处25人），民主党派各级组织领导班子成员42人，在有关社会团体担任一定职务并发挥较大作用的党外人士7人。

【深入开展"同心"思想教育实践活动，强化"同心"共识】 加强对统战成员的政治引导，结合学习十八大精神、十八届三中全会精神和党的群众路线教育活动，深入开展"同心"思想教育，先后组织了10余次学习座谈、交流讨论活动，增进了统战成员之间的了解和融合。认真组织实施由省委统战部、泛海公益基金会、省光彩事业促进会联合组织开展"同心·光彩助学行动"，确定了50名家庭困难、品学兼优的学生为捐助对象。助学金发放后，及时进行了回访，教育引导受助学子感恩社会，报效祖国。

【加强对民主党派的工作指导，健全工作体制和机制，充分发挥党派作用】 一是积极为民主党派开展工作和组织活动创造条件、提供服务。整修了党派活动室，为党派组织活动提供良好的场地和必要的设施；在预算经费中为民主党派争取到部分活动经费并合理安排使用到位；全力为民主党派组织的每次活动做好协调、筹备和服务工作。二是指导各民主党派建立和健全工作制度，加强组织建设，切实发挥作用。一方面与各党派主要负责人保持经常联系和沟通，在完善党派新成员发展程序、加强组织活动管理、发挥参政议政作用等方面进行了深入调研，指导各党派基本形成了年初有计划、平时有落实、年底有小结的规范化工作制度。另一方面，鼓励党派成员参政议政、献计出力，定期召开党派负责人和党外人大代表、政协委员座谈会，通报情况、交流工作。支持学校民主党派成员外出参加各级各类学习和培训，支持并争取到学校经费资助统战成员汇编历年参政议政文献资料。

【积极协调和推荐，加强党外知识分子联谊会工作】 学校党外知识分子联谊会成立以来，团结和凝聚了一批优秀无党派人士，作为独立的统战团体发挥了重要的纽带作用。2013年，结合省、市、区各级统战部门陆续成立党外知识分子联谊会的工作要求，积极物色人选，举荐人才，向各级党外知识分子联谊会推荐理事以上人选共20人，扩大了知联会和无党派人士的校内外影响。

【加强理论研究，创新活动方式，增强统战工作活力】 先后向华东地区高校统战工作研讨会和省委统战部“统一战线与十八大精神”研讨会提交学术论文并入选，其中《高校民主党派成员参政议政问题研究》一文在“统一战线与十八大精神”研讨会上被评为2013年省社联优秀论坛论文二等奖。在创新工作载体和活动方式上作了一些探索，借助新媒体介质，建立飞信群、QQ群、微信群等，与统战成员建立起广泛联系；寓教于乐、联谊互动，采取书画会友、观影贺岁等方式组织和开展统战活动，受到统战成员的一致好评。

【参政议政工作】 2013年，在统一战线成员中开展参政议政、双岗建功立业活动，在反映社情民意、服务社会和党派工作中表现突出，成绩斐然。学校有5个民主党派基层组织和近20名党派成员受到各民主党派省委的表彰，其中致公党支部被致公党中央评为优秀集体并有多人获得各种荣誉和奖励。

（李　娅）

·齐鲁工业大学·

学校建有民盟、民进、致公党、九三学社4个支部委员会，有民革、民盟、民建、民进、九三学社、致公党等民主党派成员33人，其中30人具有副高以上职称。有在职副处级以上党外干部12人，其中正处级4人。在职省政协委员2人，市政协委员2人，省党外知识分子联谊会常务理事1人、理事2人，济南市党外知识分子联谊会常务理事2人，省监察厅特约监察员1人。

【完善工作机制】 从3月初开始，学校党委统战部历时1个月集中对统战工作各项工作制度进行修改完善，促进了统战工作科学化水平的提高。制定了《齐鲁工业大学各民主党派组织发展程序》和《齐鲁工业大学申请加入民主党派人员登记表》，进一步规范了民主党派组织发展程序，促进民主党派组织发展工作的制度化、规范化和程序化建设。

【组织开展活动】 为充分发挥学校党外人士的专业优势，5月和9月，先后两次组织党外教授学者走进基层、面向工厂、提供技术服务。12月，组织召开齐鲁工业大学党外代表人士座谈会，通报学校党的群众路线教育实践活动的开展情况，传达中央和省委关于统战工作的有关文件精神，对学校各项统战工作做出具体安排。

【积极服务社会】 学校“百姓生活公益科技服务中心”汇聚了大批党外专家，他们积极服务百姓生活，开展食品安全等科普工作，中心被济南市科协评为“2013年度济南市十佳科普教育基地”。

【助力企业与地方经济发展】 5月，根据省委统战部“百名专家教授联百企”活动通知要求，结合齐鲁工业大学的特色和优势，采取措施进行贯彻落实，取得实效。党外人士刘秀河教授及所率领的团队与山东中惠有限公司深入合作，与企业合作申报国家级、省部级科研课题20余项，到位科研经费近3000万元。致公党齐鲁工业大学支部主委段洪东教授与山东富原化工有限公司合作研究开发的项目“间苯二胺合成新工艺研究”，直接经济效益2320万元。此外，蒋文强教授、姚金水教授、王毅教授等众多党外专家教授也都积极投入到“百名专家教授联百企”活动中，与企业积极展开合作，帮助企业攻克了多项技术难题，并取得了多项科研成果。

【加强统战理论研究】 6月，由许忠明博士领衔申报的课题——《我国政治协商民主内生机理研究》获得全国社科规划办批准立项，九三学社齐鲁工业大学支社主委李天铎申报的课题作为九三学社省委重点课题向九三学社中央进行推荐。9月，学校成功获批山东省统战理论研究基地。

（马铁军）

·泰山医学院·

2013年，泰山医学院党委统战部在学校党委和上级统战部门的领导下，全面贯彻落实党的十八大、十八届二中、三中全会精神及全国全省统战工作会议精神和工作要求；积极发挥统一战线的优势，努力提升统一战线服务学校和经济社会发展的能力和水平，为学校和地方经济社会发展作出了积极贡献。

【坚持政治引导，巩固思想共识】 在统战成员中广泛开展了"同心"教育活动。统战部为各民主党派负责人、各基层党组织书记等征订了《联合日报》《山东统一战线》和《中央4号文件学习问答》等报刊杂志，引导统战成员通过学习，进一步坚定理想信念，始终与中国共产党在思想上同心同德、目标上同心同向、行动上同心同行。

【认真学习贯彻党的十八届三中全会精神】 12月13日，召开统战成员学习贯彻党的十八届三中全会精神座谈会，传达了省委统战部《关于全省统一战线认真学习贯彻党的十八届三中全会精神》的有关要求和学校党委有关指示精神。与会人员结合各自实际就学习贯彻党的十八届三中全会精神的心得体会作了交流发言。

【深入开展党的群众路线实践教育活动】 自活动开展以来，统战部领导班子按照中央、省委和学校党委的要求，扎实做好各个环节工作，通过个别谈话、征求意见函、召开座谈会、深入院部进行调研等形式广泛征求意见和建议，对征求的意见认真研究，进行整理、归纳，制定整改落实、专项整治等方案，进一步转变作风、提高工作效率。

【加强党外代表人士队伍建设】 在"党外代表人士"电子档案的基层上，根据党外代表人士队伍建设的新要求，健全完善了党外知识分子人才专项信息库，并实行动态管理。组织、协助党外代表人士积极开展送科技文化下乡、义务医疗咨询等活动，进一步提高他们服务社会科学发展的能力。根据省委统战部有关通知要求，遴选推荐3位著名专家教授参加"百名专家教授联百企"活动。遴选推荐7名党外人才参加泰安市统战系统"百人服务行动"活动。推荐3名无党派人士当选为省无党派知识分子联谊会理事，其中1人为常务理事。

【积极做好各民主党派和统战团体工作】 成立泰山医学院"无党派知识分子联谊会"，按照联谊会章程，选举产生了泰山医学院无党派知识分子联谊会第一届理事会成员。积极做好民主党派成员的发展工作，根据民主党派成员的发展程序，完成了5名发展对象的考察和组织发展工作。

【推进统战工作科学发展】 适应新时期高校统战工作的要求，加强统战干部的理论业务学习；积极开展民族、宗教工作，加强情况调研、教育宣传、正确引导和掌控工作，维护了社会和学校稳定；开展校史馆建设有关统战工作的材料收集和整理工作。

（贾　利）

·滨州医学院·

2013年，滨州医学院党委统战部认真学习贯彻党的十八大和十八届二中、三中全会精神，紧紧围绕学校中心工作，组织和带领全校统战成员认真服务社会、服务基层、服务群众，各项工作都取得了较好成绩，受到了省、市委统战部一致肯定，统战工作迈上了新的台阶。

【坚持思想政治教育不放松，团结奋斗的思想基础进一步夯实】 认真组织统战成员学习十八大、十八届二中、三中全会及全国和省、市统战工作会议精神，确保广大统战成员拥护中国共产党的领导，真诚与党合作。加大培训教育力度，选派统战成员参加市委统战部举办的党外代表人士培训班。编印了《2013年统战工作学习材料选编》、学习十八届三中全会精神知识答卷。扎实开展"同心同行，共谋发展；深入基层，服务百姓"主题教育实践活动，进一步统一了思想，增强了合力。

【坚持党外代表人士队伍建设不放松，统战工作凝聚力进一步增强】 把握"发现"这个前提，注重从海外留学归国人员、高层次科研和专业人员中物色年轻人才。打牢"培养"这个基础，选送党外人士参加省、市理论培训。抓住"使用"这个关键，增加党外代表人士担任领导职务的比例，推荐党外代表人士到各级人大、政协担任代表、委员。向省委统战部推荐党外代表人士、党外知识分子联谊会理事等25人，向烟台市委统战部推荐政协委员、党外优秀知识分子等19名。强化"管理"这个保障。坚持校领导与党外代表人士交友谈心、党外人士座谈等制度，鼓励党外代表人士提出意见建议，确保参政议政效果。

【坚持服务基层群众不放松，为民义诊活动成效进一步突出】 充分发挥专业技术特长，推动卫生下乡、健康下乡，积极开展义诊活动。先后开展面向农村和基层群众的义诊活动、健康讲座20余次，免费诊疗群众1万多人，增进了与群众的感情、拉近了距离、扩大了影响。

【坚持长效机制建设不放松，统战工作科学化、规范化进一步增强】 协助民主党派搞好组织建设，明确和落实了组织发展的程序和原则。加强党派的工作制度建设，做到工作有计划有总结，学习、会议常规化。注重加强统战委员和党外代表人士两支队伍建设。在无党派知识分子联谊会成立了五个分会，建立了相关规章制度，充分发挥无党派知识分子在学校发展中的作用。

【坚持服务学校中心工作不放松，开放办学工作成效进一步巩固】 先后推动学校与北京复兴医院、山东大学医学院、温州医科大学、王忠诚脑科基金会签订合作协议，与美国睿智养老集团公司、中国老年医学会初步达成有关合作意向。与烟台市委市政府、财政局联系对接，为学校重点工程建设取得资金支持。积极推荐和引进有品德、有知识、有能力、有业绩的领军人才，推进学校人才事业发展。

（杜永俐）

·潍坊医学院·

学校现有民革、民盟、民建、农工党、九三学社等民主党派的基层组织7个，有7个民主党派成员123人。有处级党派和无党派干部6人；省政协委员1人，市政协委员10人（其中常委2人），区人大代表2人、区政协委员2人（其中政协副主席1人），市委会主委1人、副主委3人。

2013年度，潍坊医学院党委统战部在省委统战部和学校党委的正确领导下，认真贯彻落实党的十八大、十八届三中全会和习近平总书记系列重要讲话及全国、全省统战部长会议精神，以科学发展观为指导，根据上级和学校工作要点及关于深化统战工作、凝心聚力同行的要求，扎实工作，开拓创新，统战工作取得突破性成果。学校党委统战部被评为全省国有企业、高等院校、科研院所“统战工作规范化建设年活动”先进单位，受到中共山东省委统战部表彰；有1名同志获全省统战工作先进个人并荣记省政府二等功，受到省委统战部和省人社厅联合表彰；有1项成果获全省统战理论调研宣传“四新工程”优秀成果奖，受到省委统战部和省社联联合表彰；有1名同志获“风筝都文化奖”，受到中共潍坊市委、潍坊市人民政府表彰；有1项成果获全省高校校园文化建设优秀成果（理论与学术类优秀成果）一等奖，受到中共山东省委高校工委表彰。

【加强对党的十八大和十八届三中全会精神学习】 2013年初组织召开由全校各民主党派负责人、党外知识分子联谊会会长、副处级以上党外代表人士、市以上政协委员、学校有关党政部门主要负责同志参加的“同心·学习贯彻十八大精神”座谈会，校党委书记、校长石增立出席并作重要讲话，分管书记秦玉明主持会议。推动了党的十八大精神在广大统战成员中的学习和贯彻。潍坊《统战信息》给予报道。

【出席和列席省市“两会”并积极参政议政建言献策】 在2013年省“两会”换届中，党外代表人士李向云博士当选省第十一届政协委员，并提交3份提案，住学校的10位市政协委员向市“两会”提交10余份提案，分别被省、市委和政府及相关部门单位采纳，以实际行动为学校科学发展和全省全市经济社会文化建设做出积极贡献。

【加强党外代表人士队伍建设】 荐送1名党外代表人士挂职潍坊市食品药品监督管理局副局长半年。在2013年学校补充调整处级干部中，1名统战成员被提拔为正处级、1名被提拔为副处级、1名进行了交流；学校被推选为省知联会常务理事单位，知联会会长任春娥、副会长鞠吉雨、韦柳娅分别被选举为省知联会常务理事和理事；学校首次被推选为省海外联谊会理事单位，党委统战部部长王爱成当选为省海联会理事。学校向潍坊市推荐的2名第三届“鸢都学者”均是统战成员。

【积极探索“一个格局六个注重”高校统战工作法】 坚持“以政治引导为主题、以代表人士为主线、以联谊组织为载体、以开展活动为平台、以制度建设为保障、以发挥作用为目的”的高校统战工作新格局，切实做到“六个注重”：注重加强对统战工作的领导，注重加强对统战成员的思想引导，注重加强党外代表人士和后备人才队伍建设，注重健全统一战线性质的联谊组织，注重发挥统一战线优势作用，注重建立健全统战工作规章制度，推动了学校统战工作不断上新水平。在2013年全省新形势下统战理论与实践创新研讨会和全市统战部长会议上分别作交流发言。学校党委统战部“一个格局六个注重高校新统战”管理创新工作法被省委统战部以《积极探索“一个格局六个方法”，推动学校统战工作科学化规范化》为题收入《全省统战部长会议发言材料汇编》。

【支持各民主党派和统战团体按照各自章程开展工作和活动】 协助学校和附院两个农工党支部进行了换届改选工作，协助相关民主党派组织发展新党员3名；出席陈介祺先生诞辰200周年纪念活动，新华网、人民网、凤凰网、齐鲁晚报等新闻媒体给予宣传报道，扩大了学校对外影响。

（王爱成　陈丽萍）

·济宁医学院·

济宁医学院党委宣传（统战）部负责全校的统一战线工作。2013年统战部在职人员2人，其中部长1人，科长1人。学院有7个民主党派，其中民盟、九三学社和农工党在学校设有支部。民革1人，民盟33人，民建1人，民进1人，农工党6人，九三学社22人，致公党10人。

2013年，济宁医学院统一战线工作以科学发展观为指导，深入学习贯彻党的十八大、十八届三中全会、省十次党代会和市十二次党代会精神，扎实开展党的群众路线教育实践活动，认真履行统战部工作职能，振奋精神，求真务实，为学校的建设与发展、推进民主政治建设，为构建和谐校园、平安校园作出了贡献。

【统战思想工作】 加强引导，把握统一战线的政治方向。认真组织统一战线成员学习党的十八大、省十次党代会和市十二次党代会精神。通过举办报告会、研讨会等形式，组织统一战线成员认真学习、深刻把握精神实质，把统一战线成员的思想和行动统一到中央、省委和学校党委的要求上来，进一步增强接受中国共产党领导，走中国特色社会主义道路的自觉性。严格按照校党委党的群众路线教育实践活动的部署，扎实做好学习调研、分析检查和整改落实三个阶段的工作。通过开展教育实践活动，大家进一步解放了思想，提高了认识，自觉用党的群众路线理论武装头脑、指导实践、推动工作。

【组织建设工作】 加强民主党派组织建设，建立健全各民主党派理论学习和组织生活等制度，整理修订统战工作规章制度14则。在学校党委的正确领导下，有计划、有重点、积极稳妥地协助民主党派做好组织发展等工作，确保中层领导班子中有一定比例的党外干部，努力形成有利于优秀党外干部脱颖而出的机制。党校非党处以上干部的比例为14.28%。

【政协工作】 引导各级政协委员积极建言献策，参政议政。组织开展了“爱学校、爱济宁、献良策、作贡献”活动，发挥统一战线整体优势、形成参政议政合力，提出了有分量、有价值、高水平的意见建议，为党委政府科学决策提供重要参考。济宁市“两会”期间，向市政协会议提交议案17条。学校临床学院副院长孙冰教授提交的《土门子街整治方案》得到市委市政府主要领导高度重视并现场督办。

【社会活动】 坚持大局所需、群众所盼、党外人士所能的原则，组织和动员更多的统一战线成员积极参与、主动作为，在承担社会责任中扩大团结面，提升凝聚力。支持引导各界人士有计划地开展定向扶贫、定点扶贫和开发扶贫，在帮助贫困群众共享发展成果中彰显统一战线的独特优势。5月份，学校党外知识分子联谊会赴泗水九巨龙慈善学校慰问，为当地学生捐赠了图书并开展心理健康调查，以实际行动关心社会慈善事业。

【党外知识分子工作】 9月中旬，山东省党外知识分子联谊会成立，济宁市政协副主席、学校图书馆馆长戴伟娟教授当选为常务理事，基础学院院长葛凤教授、精神卫生学院副院长李功迎教授当选为理事。9月下旬，山东省海外联谊会四届一次理事大会在济南召开，校党委宣传（统战）部长王传军作为理事参会。

（高启达）

·山东艺术学院·

2013年，山东艺术学院党委统战部在省委统战部的指导和帮助下，在学校党委领导下，统战部认真学习贯彻中央和省委统战部有关会议和文件精神，进一步解放思想，注重加强理论武装，充分发挥统战人士作用，完善统战联谊组织建设，做好各项举荐工作，不断探索高校统战工作的新思路和新方法，扎实推进学校统战工作走向制度化、规范化、科学化，为全校广大统一战线成员发挥积极性、创造性搭建平台，使之更加自觉、更加主动地为建设高水平综合性艺术大学而努力，为推动社会主义文化大发展大繁荣作出自己的贡献。

【加强理论学习　充分发挥作用】　学校党委高度重视统战工作，一方面在党委中心组理论学习计划中加大对文件精神的学习，在干部培训中加强统战理论政策学习，强化了各级党员干部对统战工作重要性的认识；另一方面，在组织各种政治理论学习、学习贯彻党的十八届三中全会精神和党的群众路线实践教育等活动及涉及学校重大改革决策会议时，均邀请党外代表人士参加，与党内同志同步接收教育、同步展开学习、同步参与讨论。坚持每年至少召开两次党外人士座谈会，集中进行相关政策理论学习，听取党外人士意见建议，对反映的问题由相关职能部门负责解决解答，对提出的合理意见及时予以采纳并补充到相关文件中，在校内培育了良好的民主氛围。

【完善统战联谊组织建设】　在2009年党外知识分子联谊会筹备推荐基础上，2013年学校结合新情况，重新修订了学校党外知识分子联谊会章程等，协商确定了首届知联会理事会成员18人，5月17日正式成立山东艺术学院党外知识分子联谊会。会后，举行了校知联会成立后的第一次活动——“走基层、看变化”企业调研，与会人员一起到长清张夏酒厂参观调研。9月，山东省党外知识分子联谊会正式成立。省政协常委、梁文博教授受聘为名誉会长，省政协委员李百华教授当选为常务理事，彭丽、向兆年、张令杰、李景平四位教授当选为理事。为历下区知联会推荐1人理事人选。

【扎实推进侨务工作】　随着近年学校对海外留学背景人才的引进，具有侨身份和海外留学背景的统战成员增加，相关举荐工作力度加大。2013年，济南市侨联第八次代表大会4名代表从学校推荐人选中产生。学校还推荐了3人为济南市侨联第一届文委会委员。2013年12月，在第九次全国归侨侨眷代表大会上，省侨联委员李百华教授作为特邀代表参加会议，并荣获“全国归侨侨眷先进个人”荣誉称号。

【加大支持力度　抓好政策落实】　学校在机关行政经费全面压缩的情况下，尽可能调拨资金，保障并及时发放了统战活动经费和各民主党派支部活动经费补贴。工作中，注重抓政策落实，较好地坚持了同党外代表人士交友联谊、党外代表人士生病探望等制度。

【及时宣传成果　扩大社会影响】　积极引导、支持、协助党外人士深入社区、艺术团体，参与、主办各类文化艺术活动，党委统战部、宣传部都会通过报纸、宣传栏、电视、网络等各种方式及时进行宣传，扩大其社会影响，树立良好形象。

（邹坤萍　李巍巍）

·山东工艺美术学院·

山东工艺美术学院现有民主党派成员37人，涵盖民革、民盟、民建、民进、致公党、九三学社6个民主党派，设有民革山东工艺美术学院支部、民盟山东工艺美术学院支部两个民主党派基层组织，成立山东工艺美术学院党外知识分子联谊会。

2013年度，党委统战部认真学习贯彻党的十八大、全国、全省统战部长会议精神，围绕学校中心工作，主动作为、凝心聚力，圆满完成了各项工作任务。

【建立健全党委统一领导的工作格局】　始终坚持在党委统一领导下开展统战工作，学校各党总支的统战委员均由党总支书记兼任，不断健全完善党委统一领导，党委统战部牵头组织，基层党组织各负其责的统战工作格局。加强督促检查，注重工作落实。学校党委统战部与组织部合署办公，党委统战部的工作部署与检查，坚持与组织部的工作同步进行。把统战工作列为党建工作检查的重要内容，通过统战工作检查，动态了解掌握统战成员的工作、生活、学习等各方面情况，为开展工作奠定了坚实基础。

【认真组织开展政治理论学习】　组织统战成员集中学习党的十八大、十八届二中、三中全会和习近平总书记系列重要讲话精神，不断巩固统一战线的政治基础。定期召开座谈会、谈心会，认真组织各党总支统战委员、党外代表人士学习中央、省委有关统战工作的新精神新要求。为统战成员发放辅导材料《十八大报告学习辅导百问》，以学习宣传贯彻十八大精神为契机，进一步加强民主党派自身建设，提高参政议政、建言献策的能力。

【加强党外人士安排使用力度】 认真学习贯彻中央和省委关于加强党外代表人士队伍建设的文件精神，不断加强党外代表人士队伍建设，把培养、选拔党外干部纳入学校干部队伍和人才队伍建设的总体规划。1月份，学校开展中层领导班子和处级干部换届调整，一次性提拔党外处级干部8名。注重加强党外干部的交流锻炼。10月，学校副校长、党外知识分子联谊会会长李新在重庆市挂职锻炼1年期满，思想政治水平和工作能力得到了提高。选派2名党外干部参加省委高校工委组织的处级干部培训学习。

【注重发挥统一战线优势作用】 通过召开座谈会、谈心谈话等多种形式，积极引导和鼓励党外代表人士参政议政、建言献策。2013年度，学校省、市、区三级政协委员（人大代表）5人提交大会提案8份。注重发挥党外人士的专业特长和在学科建设、学术研究中的独特作用，积极开展社会服务活动。为解决学校第一书记帮扶工作中遇到的资金匮乏难题，学校号召书画家捐书画，所捐献的书画作品全部被企业出资收藏，将所筹资金设立帮扶专项基金，专项用于3个贫困村的致富项目，帮助困难村民脱贫。

（房　磊）

·山东体育学院·

2013年，在学院党委的正确领导下，以邓小平理论、“三个代表”重要思想和科学发展观为指导，全面贯彻落实党的十八大、十八届二中、三中全会精神，紧紧联系党的群众路线教育实践活动，围绕统战工作目标要求，坚持学院发展战略规划，贯彻落实“人才强校”“科研强校”和“文化强校”的发展战略，切实有效地加强党外代表人士队伍建设，积极开展党外知识分子联谊会活动，努力推进统战工作规范化、制度化和系统化建设，学院统战工作取得了新的成绩。

【加强政治引导和教育培训，进一步巩固统一战线共同的思想基础】 认真组织统战成员深入学习党的十八大、十八届二中、三中全会和习近平总书记系列重要讲话精神及全国、全省统战部长会议精神，不断巩固统一战线共同的思想政治基础。

【积极部署全年统战工作】 1月，学院党委统战部部长列席全省“两会”，参加全省统战工作会议。2月，组织开展党外代表人士座谈交流活动，召开学院统战工作会议，对学院统战工作提出了新的目标任务和工作要求。落实党的民族宗教政策，做好民族、宗教工作。在师生中深入开展民族团结教育，积极推进民族团结和宗教政策教育进教材、进课堂、进学生头脑，大力弘扬民族大团结、大发展、大繁荣的主旋律。丰富学生校园文化活动、加强学生心理疏导、加强教育教学管理等措施，使广大师生进一步增强了抵御境外利用宗教问题进行渗透、破坏和分裂活动的能力。充分发挥党外人士的作用，坚持征求党外代表人士意见、同党外代表人士联系交友等制度，健全完善向党外代表人士传达文件、邀请参加会议活动等制度。党外代表人士充分发挥自身优势，既为学院加强内涵发展做出了贡献，又在各自岗位做出了社会贡献。加强自身建设，不断提高工作能力和服务质量。深入开展党的群众路线教育实践活动，统战部全员积极参加，不断增强全局意识、服务意识，锤炼良好作风建设。统战部两位同志（三人次）被组织选派为“第一书记”到东平县梯门镇尚元村、花篮店村帮扶，协助地方政府在扶贫开发、党的基层组织建设等方面作出了显著成绩。

【统战宣传】 充分利用各种媒体登载统战工作信息、统战政策知识等内容，宣传党的统一战线理论和方针政策以及党外代表人士在学校教学、训练、科研、管理工作中发挥作用、建功立业的情况，各级政协委员参政议政、建言献策的情况，大力营造了解、关心、重视、支持和参与统战的良好氛围。

（贺亚平）

·山东工商学院·

2013年度统战工作以邓小平

理论、“三个代表”重要思想、科学发展观为指导，深入学习贯彻党的十八大、十八届历次全会精神、习近平总书记系列重要讲话精神及省委有关会议精神，坚持和完善共产党领导下的多党合作和政治协商制度，进一步加强党外代表人士队伍建设，做好民族宗教工作，努力发挥统一战线人才荟萃、智力密集、联系广泛的优势，调动一切积极因素，为建设和谐美好的校园贡献力量。

【深入贯彻落实党的十八届三中全会精神】 制定下发了《关于统一战线认真学习贯彻党的十八届三中全会精神的通知》，组织广大统战成员认真学习、深刻领会。通过学习教育，进一步统一了思想、提高了认识、凝聚了共识，坚定中国特色社会主义道路自信、理论自信和制度自信。积极组织全校党外知识分子参加省委统战部组织的全省统一战线学习贯彻党的十八大精神知识竞赛活动。

【加强党外代表人士队伍建设】 根据《山东工商学院关于加强新形势下党外代表人士队伍建设的实施意见》的要求，进一步加强党外代表人士队伍建设，年内，学校3名党外知识分子当选为山东省党外知识分子联谊会理事、1人当选为山东省海外联谊会理事，新发展民进成员1名。充分发挥党外知识分子联谊会的作用。以加强理事联谊为重点，以组织开展活动为平台，以扩大社会影响为目标，充分发挥党外知识分子联谊会的桥梁纽带作用，团结带领广大会员，为学校的快速发展、更好地服务地方经济建设作贡献。目前，学校与地方建立社会服务基地的准备工作正紧张有序地进行。

【积极开展抵御境外宗教渗透工作】 与相关部门一起开展摸底排查，做好自查和经验交流汇报工作，及时了解少数民族和宗教信仰人员的学习、工作、生活和思想现状，积极稳妥地做好民族宗教工作，保障了学校的和谐安全稳定。

【统战宣传】 利用统战部网站对统战工作中的典型人物、典型事迹、典型活动进行宣传报道，进一步调动广大统战成员的积极性，扩大了统战工作在广大师生中的影响。

（孙黎丽）

·山东交通学院·

学校现有民革、民盟、民建、民进、农工党、致公党、九三学社7个党派成员58人，无党派知识分子171人。民盟、民进和九三学社3个民主党派建有基层组织。学校成立无党派知识分子联谊会，现有会员118人，常务理事15人，理事38人。学校副处级以上党外干部8人，其中，无党派5人，民主党派3人。

2013年，学校以邓小平理论、“三个代表”重要思想和科学发展观为指导，认真学习贯彻党的十八大精神和中央、省市统战部长会议精神，着力发挥统一战线优势作用，进一步加强党外代表人士队伍建设，全面提升统战工作科学化水平。

【加强政治理论学习】 深入学习贯彻落实十八大、十八届二中、三中全会精神，重点把握和落实关于统一战线的新思想、新要求。组织开展座谈交流、专题报告、理论研讨等政治学习20余次，参加活动人员150人次。

【加强党外代表人士队伍建设】 制订了《山东交通学院关于加强新形势下党外代表人士队伍建设的实施意见》，努力做好学校党外代表人士的推荐工作，充分发挥党外代表人士参政议政、建言献策的积极作用。2013年，推荐1位教师为省党外知识分子联谊会常务理事，2位教师为省党外知识分子联谊会理事；推荐1名教师为省特约人员；推荐1位教师为济南市党外知识分子联谊会常务理事，1位教师为济南市党外知识分子联谊会理事。组织党外代表人士参加省、市社会主义学院举办的各类培训班参加学习，不断提升能力素质。

【协助各民主党派加强自身建设】 结合学校各民主党派自身建设的实际情况，协助各民主党派基层组织加强组织建设和制度建设，支持各民主党派基层组织做好成员发展工作。2013年，共发展民主党派成员2人。积极鼓励各民主党派成员立足本职工作开展党派活动，加强思想教育、强化业务能力，各民主党派成员百分之百具有中、高级职称，均是各学科各部门的骨干。各党派成员广泛开展横向联系和对外服务工作，积极承担各级各类社会兼职，2013年，各党派成员主持省部级科研项目2项，市厅级科研项目10余项。充分发挥各民主党派参政议政的积极作用，不断为加快省会经济社会发展和新时期学校发展建言献策。2013年，民进支部成员向民进省委和学校提交建议案5条，其中1项提案被学校采纳并在教师节组织实施；民盟多次派出盟员参加民盟市委组织的参政骨干培训班，共向盟省委、市委和学校统战部提交交通、教育、文化建设类提案5项；九三学社支部先后向九三山东省委提交了关于改善长清公交服务质量的建议等3项建议。

（单　珊）

·山东政法学院·

截至2013年底，山东政法学院共有民主党派32人，无党派教职员工122人，包括民主促进会、民盟、民革、民主建国会、九三学社、中国致公党。

【高标准建设党外代表人士队伍】 在建立由350余人组成的6支党外代表人士队伍的基础上，7个民主党派全部建立区级组织，成立历下区党外知识分子联谊会，把党外人士教育培训纳入全区干部教育培训规划，加强党外代表人士教育培训机制建设。王立武教授当选济南市历下区党外知识分子联谊会副会长，王敏副教授当选济南市历下区党外知识分子联谊会理事。5月中旬，济南市历下区委统战部举办了第一期民主党派班子成员培训班。9月17日，山东省党外知识分子联谊会在济南成立，山东政法学院王立武教授、王敏副教授当选山东省党外知识分子联谊会常务理事，王立武教授当选山东省党外知识分子联谊会理事，并代表学校参加了山东省党外知识分子联谊会，与各界党外知识分子进行了学习交流。

【参政议政】 山东政法学院民主促进会成员殷立峰教授作为历下区第十七届人民代表大会代表，参加人大会议，提出议案。

（林　爽）

·临沂大学·

学校有民革、民盟、民进、农工党、致公党、九三学社6个民主党派，成员101人，设2个总支、1个支委和1个支社。党外知识分子700余人，市人大常委1人、政协委员8人，兰山区人大代表1人。

2013年，学校党委重视加强民主党派基层组织建设和党外代表人士队伍建设，团结广大统战成员围绕中心、服务大局，在参政议政、服务地方文化经济建设等方面发挥了很好的作用，取得了显著成效。

【夯实统战政治基础，重视加强民主党派基层组织建设】 将学习贯彻党的十八大、十八届三中全会精神作为重要政治任务，组织党外干部参加十八大精神辅导报告，引导他们自觉践行“同心”思想。通过举办博士联谊会、座谈会等多种方式，通报学校发展情况，征求意见。建立健全统战宣传协作工作机制，宣传党的统战理论方针政策，报道统战工作开展情况。注重加强各民主党派基层组织建设，主动联络沟通，积极配合完成组织发展、考察工作，保障党派组织工作顺利进行。指导民革临沂大学支部和民进临沂大学总支成功换届，保持了民主党派基层组织领导班子的年轻化和活力。

【加强党外代表人士队伍建设，举荐党外优秀人才】 围绕贯彻落实中央和省委有关文件精神，学校党委建立了党外代表人士队伍建设的长效工作机制，坚持以用为本，注重从高层次人才中遴选政治坚定、业绩突出、群众认同的党外代表人士，有重点、有计划、有目的地进行培养，大胆使用。更新完善党外代表人士动态数据库，为做好人才储备工作奠定基础。2013年学校共有44名党外人士在科级以上岗位从事管理工作，向省委、临沂市委统战部推荐省、市知联会、海联会理事等共计13人次。

【以活动促发展，努力提升社会服务能力】 学校党委利用学科门类齐全、人才荟萃、联系广泛等优势，积极搭建服务平台，支持和引导党外知识分子服务区域经济建设。在临沂市委市府大力支持下，选派10名处级干部到县区挂职，其中有3名是党外代表人士，他们充分利用专业特长积极开展捐赠助学、合作开发等活动。支持学校党派基层组织立足党派特色和优势，开展形式多样的社会服务活动。

【拓宽沟通渠道积极参政议政，充分发挥民主监督作用】 努力拓宽沟通渠道，组织引导驻校各级人大代表、政协委员等统战成员围绕学校发展、服务地方经济社会发展等问题开展调研。民革临沂大学支部在临沂市两会期间，共向民革临沂市委提交提案22份；上报社情民意信息5条，省政协采用1条，民革临沂市委采用2条。

（孔　霞　刘艳春）

·德州学院·

2013年，德州学院党委统战部认真学习贯彻党的十八大和十八届历次全会精神，全面贯彻落实中央、省市统战部长会议及有关文件精神，以服务广大统战成员为中心，坚持高度重视、制度保障、培养选用、扶持建设的“四位一体”工作格局，转变思想，加大力度，努力做好学校统战工作。

【形成统战工作合力】　建立健全学校党委统一领导，统战部牵头协调，各有关部门、各院系党组织各司其职的工作机制；搭建校党委、党总支、党支部三级工作网络系统，目前已形成党委书记亲自抓，有关领导分工抓，统战部门牵头抓，党政配合协同抓，基层组织具体抓的“大统战”的格局。校党委坚持把统战工作纳入重要议事日程，定期听取统战部门的工作汇报，总结经验，指导工作，解决存在问题。

【支持学校党外人士发挥作用】　建立情况通报制度。定期召开情况通报会，向学校民主党派成员、无党派人士传达有关文件、会议精神，组织学习有关方针政策。有关文件、简报都按时分发至各民主党派组织。召开重要会议、组织重大活动，都邀请党外人士参加。建立决策咨询制度。学校出台重要文件、制定工作计划前，都充分征求民主党派成员、无党派人士的意见建议。2013年针对职称评定、人才引进等工作，学校专门召开民主党派负责人和无党派代表人士座谈会，在制定决策时吸收了很多宝贵意见。坚持接受监督制度。聘请党外人士为学校党风建设和校务公开监督员，为他们履行监督职责提供便利。建立联谊交友制度。成立了党外知识分子联谊会，定期组织开展联谊交流活动。校、系两级领导都坚持与民主党派负责人、无党派代表人士保持经常的联系，并就学校、系部热点、难点问题及时交换意见，沟通思想。积极为民主党派、无党派人士开展工作和活动提供必要条件，做到经费、场地和待遇“三落实”。鼓励党外人大代表、政协委员履行职能，支持党外知识分子服务社会活动，为建设幸福德州作贡献。

【抓好党外代表人士队伍建设工作】　建立“选人、育人、用人”三位一体人才选用机制，将党外后备干部纳入学校整体后备干部队伍，统一规划管理和培养。抓好对党外代表人士的教育培养。选派1名党外干部赴庆云县尚堂镇挂职锻炼。注重将党外人才放到学校重要工作岗位上任职，很多成为学校教学、科研、管理等方面的骨干。积极选拔重用优秀党外人才。党外人士中担任学校处级中层干部的有18人，科级干部22人。其中，民进会员相子国现任学校经济管理学院院长；九三学社社员钟玲现任德州学院大学外语教学部主任；九三学社社员柳永亮、张秀玲分别任学校汽车工程学院、化学化工学院院长。

（于怀敬）

·潍坊学院·

潍坊学院现有民革、民盟、民建、民进、农工党、致公党、九三学社6个民主党派支部（社）组织、1个党派（致公党）临时组织、1个知识分子联谊会，民主党派成员总计79人，知识分子联谊会32人。有市级政协委员7人，县处级干部7人，副高以上职称23人。无党派知识分子联谊会选举产生会长1人，副会长2人。

【组织学习党的十八大会议精神】　按照“抓住根本、突出重点、彰显特色、联系实际、推进工作”的要求，引导统一战线成员深刻领会十八大提出的重大理论观点和工作部署。组织统战成员参加学校举办的党的十八大理论辅导学习，组织民主党派成员参加学习党的十八大精神学习座谈会，和省委统战部组织的党的十八大知识竞赛活动。

【提高党外代表人士队伍建设的质量和水平】　学校党委按照《关于加强新形势下党外代表人士队伍建设的实施意见》，结合学校实际进一步修订了《潍坊学院党委关于加强统一战线工作的意见》，进一步明确了加强党外代表人士队伍建设意见和具体要求，完善了《统一战线工作制度》。把加强对党外代表人士队伍建设列入全校干部队伍建设和高层次人才队伍建设的规划，与学校干部队伍建设一起研究、共同部署，对党外干部队伍教育、培养、使用做到一视同仁，提高党外代表人士队伍建设的水平。安排党外代表人士参与党委中心组学习，民主党派负责人、市级以上人大代表、政协委员参与中共处级干部学习活动，安排民主党派人士在全校性的干部学习讨论培训会议上发言交流。为党外代表人士争取挂职锻炼机会，2013年共安排12名无党派代表人士在政府机关、企事业单位挂职。学校领导与党外代表人士建立了长期联系，每人联系3～4名党外代表人士，每年至少与他们谈心两次。

【落实统战理论调研宣传任务】 组织思政部老师参加省统战理论调研论文撰写工作，《以"三个自信"引领民主党派核心价值体系建设》的理论调研报告获省三等奖、市二等奖。

【建立健全民主党派组织】 协助有关民建市委于12月1日改选了民建潍坊学院支部，农工党市委于12月18日成立农工党潍坊学院支部。

（马荣舟）

·泰山学院·

学校党委统战部与党委宣传部合署办公，设有统一战线工作科。在职人员3人，部长、副部长、科长各1人（部长、副部长同时兼任宣传部长、副部长）。

2013年泰山学院统战工作在省、市委统战部的关心支持下，在学校党委的正确领导下，以深入学习贯彻党的十八大、十八届三中全会精神为引领，以服务学校大局和中心工作为宗旨，以党外代表人士队伍建设为重点，以转变作风、加强统战队伍自身建设为保障，全体统战干部和成员奋力拼搏，积极工作，取得了显著成绩，为学校改革、发展、稳定作出了积极贡献。

【加强学习，坚定政治信念，提高政治觉悟】 组织民主党派和无党派人士认真学习中国特色社会主义理论体系，学习中共十八大、十八届历次全会精神和以习近平同志为总书记的新一届中共中央领导集体关于治国理政的一系列重要论述，统一战线和多党合作理论，中央、省、市委有关会议精神。制定切实可行的学习计划，采取集中学习与自学的方式，引领无党派人士坚定政治信念、提高政治觉悟。

【围绕中心工作，服务大局，为学校全面深化改革奉献正能量】 充分发挥统战工作在服务学校改革发展和各项业务工作中的优势，组织各民主党派、统战团体紧紧围绕学校确立的改革发展目标，在事关学校改革发展的重大问题上深入调研与思考，多为学校决策提供有价值的意见和建议，不断提高建言献策、民主监督的质量和水平，以实际行动积极支持和参与学校改革。2013年组织统战成员开展社会调研活动4次，召开座谈会2次，为学校改革、发展、稳定积极建言献策，效果显著，得到学校党委的肯定。

【贯彻落实中央、省委文件精神，加强民主党派队伍建设】 协助各民主党派以思想建设为核心，采取多种形式和措施，引导广大成员不断深化对中国共产党先进性的认识，深化对参政党地位、性质和历史使命的认识，深化对多党合作的优良传统的认识，坚定他们接受中国共产党领导的自觉性。严格按照三个《纪要》的要求协助各民主党派坚持高标准、高质量地发展成员，确保民主党派组织发展健康、积极、稳妥进行。协助各民主党派考察发展成员3人。协助民主党派加强后备干部建设，建立起充足的民主党派后备干部队伍，建立健全后备干部机制，将后备干部队伍建设与领导班子建设紧密地、有机地结合起来。支持民主党派开展形式多样的支部活动。先后协助民进支部参观考察全省爱国主义基地徂徕山抗日纪念碑，民建支部到泰安高新区的考察调研。

【加强民族宗教工作，调研少数民族代表人士建设及师生宗教信仰情况】 贯彻落实中央、省委有关文件精神，按照省委统战部有关要求，在全校范围内对少数民族代表人士建设情况和师生宗教信仰情况进行调研，建立数据库，形成调研报告上报省委统战部。通过多种途径加强党的宗教政策、法规教育，根据中央、省委有关文件精神，做好民族宗教工作，抵御境外势力利用宗教进行渗透活动，维护学校稳定。

【建立健全统战工作制度，调动统战成员的积极性】 以学校开展党的群众路线实践教育活动为契机，向广大统战成员发放统战部在"四风"方面存在问题的调查问卷。召开座谈会认真听取广大统战成员的意见和建议，深入开展问题整改。在老人节、春节等节日走访和看望党外代表人士。组织市政协委员进行体质监测，调动了广大成员参与学校民主管理的主动性，积极为学校改革、发展、稳定作出贡献。

（孙衍国）

·枣庄学院·

2013年，枣庄学院党委结合新形势下统战工作实际，完善了“以政治引导为主题、以代表人士为主线、以联谊组织为载体、以开展活动为平台、以制度建设为保障、以发挥作用为目的”的统战工作新机制，密切联系各民主党派基层组织、无党派知识分子等统战服务对象，紧紧围绕学校中心工作，致力于服务学校改革发展、内涵提升、和谐校园建设，积极组织统战成员为地方经济发展作贡献，提升学校的社会影响力和美誉度。

【加强党委领导　强化部门职责】 学院党委加强对统战工作的领导，着力研究解决统战工作中的重点问题。把统战工作纳入党委年度工作计划，纳入单位、部门年度工作考核内容，进一步建立健全了“党委统一领导，各党总支和有关部门各司其职”的校内统战工作格局。强化责任意识，努力提高统战干部的胜任力、执行力与创新力，为做好高校统战工作提供保障。各职能部门为统战成员开展工作和参政议政做好服务性工作，落实有关政策，解决实际问题。

【规范民主协商　建立约谈机制】 坚持和完善民主党派代表座谈会、民主党派负责人会、党员领导干部与党外代表人士联系交友制度。全年共举行了3次民主座谈会，召开了2次联谊座谈会，举办了1次党外代表人士外出考察活动。借鉴组织部门干部人才“双向约谈”经验做法，进一步完善了学校领导、统战部长与党外代表人士“双向约谈”工作机制。在开展党的群众路线教育实践活动中，邀请党外干部积极列席有关会议，先后两次召开民主党派和无党派代表人士座谈会，征求党外人士对学校开展活动的意见，共收到意见建议25条。

【指导参政议政，服务地方经济】 至2013年底，在学校现有的15位处级党外干部中，有2位担任枣庄市人大常委、1位担任枣庄市政协常委、5位担任市政协委员，1位担任区政协委员，其中3位担任相关民主党派枣庄市主委或副主委。2013年民主党派共上交市级提案6件，其中有4件提案被地方政府采纳，社情民意调研报告8份。举办了5次党外人士学术讲座。鼓励各民主党派及无党派人士积极参加服务地方发展活动。11月，民盟枣庄学院支部成员到峄城区榴园镇城郊中学开展支教助学活动，为该中学教师捐赠教育理论、教育心理、教学方法等方面的图书80余册，价值2500多元，为学生作法律知识讲座。九三学社枣庄学院支部组织社员赴山亭区开展生态环境及林果经济方面的调研，为当地经济发展提出了许多指导性建议。

（李　晨）

·滨州学院·

2013年，党委统战部按照省委统战部和学校党委的要求，结合学校实际，认真贯彻落实全国、全省统战工作会议精神，团结和凝聚全校各民主党派成员和无党派知识分子为学校发展建言献策贡献力量。

截至2013年底，全校共有民主党派成员26人，涉及7个党派。其中，民革5人，民盟成员5人，建有一个支部（民盟滨州教育一支部），民建3人（新增1人），民进3人，农工党4人，致公党4人，九三学社2人。具有副高以上专业技术职务的无党派知识分子79人，具有博士学位的无党派知识分子20人，成立有无党派知识分子联谊会。党外干部中具有处级以上职务的7人、科级职务的15人。

【深入开展党的群众路线教育实践活动】 根据中央、省委及学校党委关于开展党的群众路线教育实践活动的总体安排，结合部门工作实际，深入开展党的群众路线教育实践活动，提高了广大统战干部践行党的群众路线的自觉性和主动性。

【巩固统战成员团结奋斗的思想基础】 组织统一战线成员深入学习了十八大、十八届三中全会等有关文件及会议精神，特别是认真学习了党和国家关于统战工作的新论述、新要求、新举措，针对新形势新阶段高校统战工作的新特点，进一步健全、完善了统战工作的体制和机制，引导统战成员牢固树立中国特色社会主义共同理想，巩固了统战成员团结奋斗的共同思想基础。

【加强党外干部队伍建设】 2013年提拔任用民主党派、无党派干部正处级1人、副处级2人、副科级5人，优化了党外干部队伍结构。选派2名党外干部参加了省、市组织的党外干部培训。健全和完善了交友联谊制度，制定了《关于建立和完善党员领导干部与党外代表人士联系交友制度的意见》。召开了年度党外人士座谈会，通报学校发展情况，听取了党外代表人士在人才培养、教育教学、师资队伍建设等方面的意见建议，畅通了建言献策渠道。积极指导民主党派加强自身建设，支持和帮助各民主党派开展多种形式的政治学习教育活动，协助市委统战部和民主党派完成了3名民主党派发展对象的考察工作。加强党外代表人士发挥作用的平台建设。4月起，启动了“同心·助推滨州科学发展”活动，组织“同心·教授博士服务团”先后到滨州高新技术产业开发区、滨州北海新区考察调研，与相关企业在技术革新、文化建设、人才培训等方面达成初步合作意向，为深度开展产学研协同创新奠定了基础。

（刘小青）

·菏泽学院·

菏泽学院现有民革、民盟、农工党、致公党、九三学社等5个民主党派，共有成员71人，无党派人士339人，占教职工总数的29%。

2013年，菏泽学院统一战线工作以邓小平理论、“三个代表”重要思想和科学发展观为指导，全面贯彻落实中央、省委关于统战工作的重要指示精神，在省委统战部和校党委的坚强领导下，认真履行统战工作职能，振奋精神，求真务实，为学校的建设与发展、为推进民主政治建设作出了积极贡献。

【思想教育工作】 认真组织统一战线成员学习党的十八大、十八届二中、三中全会精神，开展统一战线基础理论、方针政策以及参政党建设理论的培训，引导党外干部充分认识科学发展观和全面构建社会主义和谐社会的重大意义，切实把思想和行动统一到党的十八大精神上来，增强统一战线成员坚持、完善和发展中国共产党领导的多党合作和政治协商制度建设的自觉性和坚定性。

【民主党派工作】 党委大力支持和鼓励党外人大代表、政协委员通过各种渠道履行职能、发挥参政议政作用。结合《菏泽学院服务菏泽科学发展行动计划（2011—2015年）》，支持引导党外知识分子参与服务地方工作，为促进地方经济社会发展作贡献。无党派代表人士结合学科专业优势，围绕国家产业政策导向、社会热点和科研成果转化开展调研，建言献策。就环境保护、文教卫生、社会治安、城市建设等与老百姓生活息息相关的问题积极提案，多次受到市政协领导和市政府职能部门的肯定和表扬，在社会上产生了一定的影响。

【党外知识分子工作】 学校注重加强无党派知识分子联谊会建设，加强政治引导，坚持将强化政治共识作为根本任务和政治准则，不断巩固党外知识分子与党同心的思想根基。强化知联会自身建设，不断提升知联会的凝聚力、影响力和贡献力，努力将知联会建设成为党外知识分子之家。充分发挥无党派人士作为民主党派组织发展蓄水池的作用，对其中的高层次人才进行重点培养。

（宁继红　吕建春）

·济宁学院·

2013年济宁学院统一战线工作以科学发展观为指导，深入学习贯彻党的十八大、十八届三中全会精神，积极开展党的群众路线教育实践活动，认真落实党风廉政建设责任制，引导广大成员进一步提高了坚持中国特色社会主义的自觉性和坚定性。截至2013年底，全校共有党外代表人士39人，其中，男21人，女18人；汉族37人，少数民族2人；51～60岁的18人，41～50岁的18人，40岁以下的3人；硕士研究生学历或学位的15人，大学本科学历的24人；教授及相应职称的7人，副教授及相应职称的23人，讲师及相应职称的9人；担任市政协委员的8人，担任县级政协委员的3人；正处级3人，副处级7人。

2013年，在学院党委的坚强领导下，统战部组织统一战线成员不断加强政治理论学习，着力提高素质。不断深化统战工作规范化建设，在凝聚人心，积聚力量，服务学校建设和地方发展上下工夫，推进统战工作再上新台阶，取得了较好的成绩。

【统战思想工作】 高校统战工作是一项特殊的政治工作和群众工作，只有不断加强政治理论学习才能适应政治性强、理论水平要求高的工作要求。面对新时期高校统战工作的新要求、新挑战，党委统战部始终坚持把理论学习作为一项重要的政治任务抓紧抓好。一年来，认真组织统一战线成员学习党和国家关于统一战线的基本理论和新论述、新要求，为进一步做好全校统战工作提供理论支撑；深入了解新时期爱国统一战线的特点及高校统一战线的地位作用、主要任务等。通过举办报告会、研讨会等形式，组织统一战线成员认真学习党的十八大、十八届三中全会及中央、省委会议精神，深刻把握精神实质，进一步明确高校统战工作的任务与方向；在组织广大统战成员学习时，鼓励和引导党外人士就中共十八大提出的重大理论创新和重大方针政策，积极结合自己的专业特长撰写理论文章、建言献策。

【组织建设工作】 学校主要领导多次听取统战部关于党外代表人士队伍建设的专题汇报，参加党外代表人士座谈会、联谊会和其他相关会议，建立了由党委统一领导、分管领导亲自抓、统战部门牵头、党政职能部门齐抓共管的工作体制。认真做好党外代表人士的推荐工作，学校组织部、纪委全程参与并实施监督，确保把政治坚定、业务突出、群众认同的党外代表人士推荐选拔出来。有计划、有重点、积极稳妥地协助民主党派做好组织发展等工作。

【政协工作】 努力把思想认识和行动统一到中央对国内外经济形势的判断上来，紧紧围绕市委、市政府中心工作，围绕改善民生、保持社会和谐稳定的新举措，积极撰写提案，反映社情民意，开展有关调研活动。济宁市“两会”期间，向市政协会议提交提案十余份。

（辛亚杰）

·齐鲁师范学院·

截至2013年底，学院有党外代表人士29人。具有中高级职称无党派知识分子85人，无党派代表人士18人。其中，正处4人，副处10人。民主党派成员35人，其中，民革3人、民盟2人、民建2人、民进20人、农工党2人、致公党4人、九三学社2人。民主党派代表人士11人。副厅级1人，副处级4人。少数民族教工11人，少数民族代表人士1人。具有留学背景教工37人。全院副处级以上党外干部19人。其中，副厅级1人，正处级4人，副处级14人。民主党派5人，无党派14人。省十一届政协委员3人，常委1人；章丘市十三届政协委员3人，常委1人；历下区十七届人大代表1人。设有民进齐鲁师范学院支部和齐鲁师范学院党外知识分子联谊会2个统战团体。

2013年在院党委的正确领导下，统战部按照省委统战部和院党委的要求，积极主动开展工作，圆满完成了各项工作任务。

【召开统战成员畅谈中国梦建言献策座谈会】 5月17日，学院召开统战成员畅谈中国梦建言献策座谈会，副院长李良斋，统战部负责人及统战成员10人出席会议。座谈会上，统战成员结合各自在工作生活中的观察和思考畅谈了中国梦，就学院教学、科研、人才培养和管理等方面提出了具有较强针对性和建设性的合理化建议。通过座谈会，统战成员加深了对十八大精神、中国梦和社会主义核心价值体系的认识，进一步提高了坚持和发展中国特色社会主义的自觉性和坚定性。

【召开群众路线教育实践活动征求统战成员意见建议座谈会】 9月26日，学院召开党的群众路线教育实践活动征求统战成员意见建议座谈会，院领导及13名统战成员参加会议。会上，各位民主党派和无党派代表开诚布公，畅所欲言。在充分肯定院党委工作成绩的同时，结合学院发展和自身实际，就明确学院发展定位目标、加强师资队伍建设、改进人事分配制度改革、优化学科建设、提升科研工作、改善管理服务等方面提出了富有建设性的意见和建议。并对意见建议进行认真梳理，研究制定整改措施，以切实有效的行动回应广大师生的关切，推进教育实践活动进一步深入扎实地开展。

【积极支持、协助民主党派开展工作】 做好民主党派成员组织发展的审核把关工作，协助发展民主党派成员3人，其中，民进2人，致公党1人。按照省委统战部要求，推选民主党派成员李红婷到中央社会主义学院参加3个月的培训。

【党外知识分子工作】 对

学院党外知识分子整体情况进行摸底，掌握了具有中高级职称无党派知识分子、留学人员和少数民族教工的基本情况，建立了信息数据库，为下一步充实完善党外知识分子联谊会、更好发挥党外知识分子作用奠定了基础。组织带领10名党外知识分子参加了省委统战部和省党外知识分子联谊会组织举办的“世界能源展望和中国经济低碳生态转型”专题讲座。组织学院3位统战成员参加省党外知识分子联谊会。2人当选为省党外知识分子联谊会理事，1人当选为常务理事。

【加强统战工作规范化建设】 针对学院实际情况，学习借鉴兄弟院校经验，制定了《统战工作领导制度》《情况通报会和协商座谈制度》《联系党外知识分子制度》《民主党派和统战团体工作制度》《民主党派组织发展细则》等制度，促进了统战工作制度化、程序化水平的提升。

（蒋恩世　关　欣）

·山东英才学院·

2013年，学校在大家的共同努力下，教学、科研、管理均取得长足进步，学生就业获得全国高校就业典型50强，学校也被省教育厅列为特色名校建设单位。

【协助民主党派筹建支部】 目前学校有中共党员400多名，民主党派人士数量有限。统战部根据学院党委意见，把协助各民主党派组织发展列入2013年的工作计划之中。学校原有民建会员1名、致公党员1名，统战部采取两项举措协助民主党派人士筹建支部。一是积极联系各民主党派省委，申请建立民办高校直属支部；二是指导教职工报名加入民主党派，以达到建立支部的人数要求。比如报名加入民建的人员较多，但名额有限一次又发展不了太多；而致公党要求须有海外留学经历者，导致报名人数较少。鉴于此，统战部出面动员报名民建的海归人员转投致公党，以达两全其美。经过积极筹备，致公党山东英才学院支部于5月14日正式成立，民建山东英才学院支部于6月27日正式成立。省政协副主席、民建省委主委郭爱玲亲自到校参加成立大会，并发表重要讲话。

【重视培养使用党外知识分子】 学校党委以人为本，关心关怀调动激发了民主党派成员、无党派人士巨大的工作热情，使他们的潜能得到充分挖掘和施展。肝胆相照精诚团结，荣辱与共创业发展。学校的民主党派和无党派人士，大都是中高级知识分子，思想进步、业务精湛，学校对他们高度信任，放手使用，聘任他们担任学校各级行政和业务领导，积极承担教学和科研重担，竭诚为学校和社会发展建言献策。同时，学校也积极向上级和社会推荐优秀知识分子代表兼任社会组织职务，发挥出更大的作用。如学校民建支部主委兼学校“知联会”会长刘存刚教授，为留学美国的教育管理学博士，学校聘任他为山东英才学院副院长，分管学校的国际交流合作、学生就业和图书馆等方面的工作。他被聘任担任“省级精品课”和“国家精品课”主讲教师，2007年入选为省级优秀教学团队主要成员，2009年又入选为国家级教学团队主要成员。为充分发挥他的才能，学校推荐他兼任济南市政协委员、济南市留学人员联谊会理事、山东省物流协会理事、山东省创业促进会理事、山东省学前教育专业委员会副理事长等，为社会作出更大的贡献。致公党支部主委兼学校“知联会”副会长陈文华教授，学校聘他担任学前教育学院院长。他是国家教学团队主要成员和山东省精品课程负责人，被评为“山东省教学名师”。他的科研成果颇丰，发表论文20余篇；主持和承担科研课题13项，其中国家级1项，省部级6项，市厅级3项；出版专著一部，主编教材4部。连续荣获15项省级教学成果奖。学校推荐他担任了济阳县政协委员、山东师范大学职业技术教育学硕士生导师、华东师大学前教育学硕士生导师等职务。民进支部主委兼学校“知联会”副会长申燕博士，虽为年轻的副教授，但教学和科研成绩突出，发表论文21篇，著作2部，教材主编3部、参编8部，主持省级课题1项，主持厅级课题2项，参与省部级课题8项。荣获8项省级优秀成果，并兼职山东省社会心理学会理事，推荐担任山东省青年联合会第十二届委员会委员。学校还有一大批党外人士聘任为教授、副教授、讲师，在教学科研一线发挥着骨干作用。

（常光明）

·山东协和学院·

2013年是山东协和学院建院20周年，也是全院学习贯彻党的十八大和十八届三中全会精神各项工作取得丰硕成果的一年。在过去一年中，学院统战工作在上级有关部门和学校党委的正确领导下，紧紧围绕学校中心工作，发挥统战工作优势，积极进取，努力工作，各项工作取得了新的进展。

【加强理论学习，努力提高党外知识分子的政治素养】 学校统战工作以“党外知识分子联谊会”为依托，在总结过去一年工作经验的基础上，通过多种形式和渠道，积极引导党外人士加强政治理论学习和统战工作知识学习。全国人大、政协“两会”和中国共产党第十八届三中全会召开后，组织党外人士积极参加“两会”和十八届三中全会精神的学习，把党外知识分子的思想统一到全国“两会”和十八届三中全会精神上来。先后选派组织统战部部长朱岭仁、党外知识分子联谊会副会长朱泽平、孙会良和“知联会”秘书长耿朝彦分别参加了省、市委组织的学习培训。参加省、市党外知识分子联谊会成立大会。学校“知联会”副会长朱泽平、孙会良分别当选山东省党外知识分子联谊会常务理事、理事，副会长孙会良、秘书长耿朝彦分别当选为济南市党外知识分子联谊会理事和会员。

【建言献策，积极参与党的群众路线教育实践活动】 活动开展准备阶段，学校党委召开党外代表人士座谈会，传达学习中央和省、市委开展党的群众路线教育活动工作部署，通报学校党委开展活动的前期准备情况和准备出台的“实施意见”，将“实施意见”和“活动方案”交与会人员讨论、征求意见。活动开展过程中，又召开党外代表人士座谈会，听取党外教工对学校工作、党委工作的意见与建议，现场征集意见建议34条。会后，党委将34条意见建议纳入全校整体意见集中进行整改，并将整改情况及时向党外教工进行反馈。

【发挥人才优势，围绕学校中心工作开展活动】 为了适应“升本”后学校发展要求，2013年学校把加强教学、科研队伍建设，组建教学团队和选拔学科带头人作为年度工作的重点。统战部门积极开展工作，利用在党外知识分子当中高学历、高职称、高层次人才集中的优势，向学校推荐了32名教授、副教授作为学科带头人，为加强教学、科研队伍建设作出了贡献。

【拓展工作思路，“知联会”活动更加丰富多彩】 在统战部门的指导下，2013年学校“知联会”确定了加强活动、拓展空间、发挥作用的工作思路，通过组织更多贴近统战工作的活动，把知识分子联谊会真正办成党外知识分子为社会服务、实现人生价值的平台。根据省委统战部工作要点，结合学校教工当中大部分为无党派人士的实际情况，成立了“知联会”11个活动小组，分别开展活动。如医学院“知联会”小组利用课余时间组织师生深入到学校周边社区，向居民宣传预防H7N9禽流感知识；护理学院小组与东方村开展长期“校地共建”，选择不同时间节点，带领师生开展扶老助残、法制宣传、文艺演出、妇幼咨询服务等活动。

【认真做好“同心·光彩助学行动”贫困学生救助工作】 2013年是学校参加省委统战部泛海基金“同心·光彩助学行动”的第二年，学校党委充分认识做好这项工作的重大意义，统战部门多次召开专题会议研究部署，从受助学生推荐、评选到审核、公示，做到公平公开，严格把关，50名品学兼优且家庭特殊困难的学生得到每人5000元的资助。

【加强党外知识分子队伍和资源信息库建设】 把“知联会”的420名党外知识分子，区分学历、技术职务、行政职务分别建立党外知识分子资源信息库，为非党教工的调配使用和民主党派、无党派干部培养创造了条件。

（徐会吉）

科研院所统战工作

·中国科学院海洋研究所·

中国科学院海洋研究所统战工作按照中央和省委会议精神，以建言献策和建功立业为核心，以党外代表人士队伍建设为重点，以党外知识分子联谊会为平台，统战工作取得新的发展和进步。

截至2013年底，九三学社海洋所基层委拥有社员19人，民盟海洋所支部拥有盟员14人，致公党海洋所支部拥有党员7人，民革成员3人，无党派人士7人（数据为在职人员）。政治安排为全国政协委员1人，山东省人大常委1人，山东省人大代表1人，山东省政协常委1人，山东省政协委员3人，山东省政府参事1人，山东省委特约信息员3人。15名党外知识分子任副处级以上职务，2人任国家863计划资环领域专家委员会主任和专家组成员，1人到福建泉州挂职任科技副市长。

年内，统战成员围绕国家以及沿海省市的海洋科技、教育、经济、环境、社会和民生等共提报提案议案19项，为促进海洋科技和经济的发展做出了积极贡献：全国政协委员侯一筠两会期间提交的提案议案受到与会人员和社会媒体广泛关注，5月在人口资源环境发展态势分析会上作《我国海洋高技术研发的现状分析与展望》报告，8月为全国政协常委作《海洋科技发展建议》报告，11月提报的《关于提升山东省中青年科技和教育工作者科研动力的建议》被《参事建议》采纳并获郭树清省长批示；民革尤锋撰写的《关于降低海水结冰对海水养殖业危害的建议》被《零讯》采用并获回良玉批示；青岛市政协委员杨红生撰写的《关于构建中国特色海洋牧场的建议》被中央办公厅采用；无党派人士侯保荣提交的《关于加强海洋腐蚀防护技术应用与产业化的建议》被《院士直通车》采用并获孙伟副省长批示；民盟周名江撰写的《关于黄海浒苔绿潮灾害形成机制》被《中科院专报信息》采用。

年内共申请专利121项，授权专利86项，其中党外知识分子作为第一发明人的分别有25项和23项；18项科技奖励中党外知识分子作为第一承担者的有2项；在研80余项国家重大重点项目中党外知识分子作为负责人的有41项。

海洋所党委承担的“张福绥学术成长采集工程”顺利结题并获省科协表彰，申报的统战论文获山东省“四新工程”二等奖，1人入选科技部创新人才推进计划，1人获批国家杰出青年科学基金，1人获批山东省有突出贡献的中青年专家，1人获民盟山东省委盟务工作先进个人，2人获致公党山东省委优秀党员，1人被评为九三学社山东省委2003—2013优秀社员，3人获九三学社山东省委参政议政和社会服务工作先进个人。

（展翔天　王　敏）

·国家海洋局第一海洋研究所·

截至2013年12月底，国家海洋局第一海洋研究所共有职工486人。其中，中国工程院院士3人，另外聘中国工程院外籍院士1人（国家“千人计划”人选），外聘中国科学院院士1人。目前在职职工中党外知识分子共221人，有6个民主党派，共计27人。其中九三学社15人，民盟5人，致公党4人，民进2人，民革1人，民建2人。有两个民主党派基层委员会（九三学社崂山区基层委和民盟海洋一所基层委），3名市委统战部认定的无党派人士。党外知识分子中有市政协委员2名，区政协委员2名。近年来在职科研人员中非中共党员的比例有所增加，统战对象呈现增多的趋势。

认真贯彻落实全省统战工作会议精神，根据新时期的特点、结合研究所的实际，创新举措、搭建平台，为党外知识分子施展才华创造条件，发挥各民主党派和无党派的积极作用，团结凝聚各方面的力量，共同为促进研究所的稳定和发展努力工作。一年来，针对统战工作党外知识分子多、党外代表性人物多，具有层次高、代表性强、影响大的特点，及时了解掌握所内各民主党派、知识分子联谊会和无党派知识分子的实际情况，创新工作思路、不断探索工作方法，为研究所统战工作注入生机和活力。研究所党外知识分子联谊会换届工作和留学归国人员联谊会成立工作经过充分准备，已经顺利完成。

研究所党委在内部用人上注重党外知识分子的培养、选拔和任用的同时，也积极向各级党政部门做好党外代表人士的推荐工作，鼓励党外知识分子积极参政议政。遥感室的崔廷伟博士，经过所党委推荐，增补为青岛市青年联合会委员，并当选为山东省青年联合会委员。生态中心的崔志松博士撰写的《关于建立和推广海洋污染生态毒性快速检测技术国家标准的建议》，经致公党青岛市委报送，被全国政协采纳，并转送国务院相关部门办理。该建议在领域内具有前瞻性，对于促进我国海洋环保管控具有积极意义。

（沈继红）

·中国水产科学研究院黄海水产研究所·

黄海水产研究所有6个民主党派，发展成员59人，其中民革2人，民盟11人，民建1人，农工党2人，致公党6人，九三学社37人。民主党派中民盟、九三学社二个党派在本所建立了基层组织：民盟黄海水产研究所支部，九三学社黄海水产研究所基层工作委员会。1个社团组织即党外知识分子联谊会，由23名党外知识分子组成。

民主党派成员中有各级政协委员3人；担任市政协委员2人，区政协委员1人，均为研究员职称;担任县(处)级以上职务的领导干部8人，均为研究员职称；黄海水产研究所无党派知识分子中，有各级人大代表、政协委员4人，无党派人士政治面貌人员7人，留学经历代表人士16人。

黄海水产研究所共有10名少数民族干部；有县（处）级少数民族干部2人；有留学归国人员37人，其中有少数民族干部4人。

黄海水产研究所党外知识分子积极参政议政，2013年有4项提案分别得到中央、省级领导重要批示和被中国侨联侨情专报采用。服务社会，目前承担和完成了众多的国家级科研项目和国家发明专利，2013年党外知识分子参与成果申报各级奖项8项次，参与申请并受理专利37项，发表科技论文119篇，其中SCI、EI收录31篇。

黄海所党委高度重视统战工作，将统战工作列入重要议事日程，明确由党委书记分管统战工作，党委统战工作主要由1名党委委员、办公室主任负责，具体工作由党办1名干部负责。为加强统战工作，所党委在各支部设立了统战工作联络员。统战工作列入党委工作计划和总结的重要内容。党委重视党外干部的配备和选用，全所有副处级以上党外干部8人。

黄海所统战工作主要成绩：2013年1位无党派人士当选为省知联会副理事长；1位致公党党员当选为中国侨联特聘专家、5位留学归国专家当选为市侨联特聘专家；3位党外干部分别荣获市委统战部2012年度“十佳”和优秀建功立业成果奖；1位九三学社社员获九三学社中央全国参政议政工作先进个人，2位获“九三学社山东省委2012年度参政议政工作先进个人”，5位获2012年度九三学社青岛市委“优秀社员”；1位民盟盟员享受国务院颁发特殊津贴，1位获第十六届中国科协“求是杰出青年成果转化奖”；1位无党派人士获市“巾帼科技创新能手”称号，特别是名誉所长、无党派人士赵法箴院士于2013年3月荣获青岛市科学技术最高奖。

（夏盛芹）

·青岛海洋地质研究所·

青岛海洋地质研究所共有民主党派2个，人数14人，所党委办公室负责全所的统一战线工作。青岛海洋地质研究所统一战线工作围绕全所海洋地质调查工作中心，高举中国特色社会主义伟大旗帜，全面贯彻落实党的十八大和十八届二中、三中全会精神，以习近平总书记系列重要讲话和视察山东重要讲话精神为指引，积极营造“尊重知识、尊重人才”的良好氛围，围绕地调科研中心，服务大局，发挥优势，积极投身海洋地质工作，为建设和谐海洋地质研究所，促进我所海洋地质工作又好又快发展，为地方经济建设做出了积极贡献。

【统战思想教育】 1月15日下午，青岛海洋地质研究所召开统一战线迎春茶话会。所党政领导亲自参加，通报全所工作，并征求对加强海洋地质工作的意见、建议和要求。

党外政协委员，各民主党派、无党派人士共30多人参加了会议。周永青书记代表所党委向党外人士表示新年的慰问和祝福！他说，我们要坚持“长期共存、互相监督、肝胆相照、荣辱与共”的方针，学习贯彻党的十七大精神，发挥党外人士的作用。他要求，各民主党派成员要加强学习，提高素质，在各自的岗位上发挥作用，为海洋地质事业发展做出应有的贡献。地调科研处、人事处、财务处、物业部等四部门负责人分别在会上通报了各自的工作，并接受在座人员的现场咨询。

【党外知识分子联谊会】 4月5日下午，青岛海洋地质研究所党外知识分子联谊会召开年度工作会议。主管统战工作的党委书记周永青、党委办公室负责同志参加了会议。大会首先听取了青岛海洋地质研究所党外知识分子联谊会会长印萍同志的工作总结。周永青书记在总结讲话中指出，做好联谊会工作，一要坚持和依靠党的领导。二要围绕中心工作、献计出力，搭建参政议政的舞台。三要充分发挥桥梁纽带作用，培养、选拔优秀人才。四要组织开展多种形式的联谊活动，把联谊会建成党外知识分子之家。五要健全和完善工作机制，不断推进联谊会工作。

周永青书记号召联谊会全体成员，以习近平总书记系列重要讲话和视察山东重要讲话精神为指导，全面落实党的十八大和十八届二中、三中全会精神，同心同德，与时俱进，开拓进取，扎实有效地开展联谊会的各项工作。通过全体理事和会员的共同努力，不断开创联谊会工作的新局面，为推进青岛海洋地质研究所科学发展、和谐发展、率先发展做出新的更大的贡献。同时，还就加强全所的海洋地调科研工作征求了党外知识分子意见和建议。

【人大政协工作】 2013年，周永青、印萍、张光威为第十二届青岛市政协委员，印萍为青岛市十二届省政协常委。

【少数民族工作】 青岛海洋地质研究所目前有畲族、回族、朝鲜族、满族、蒙古族等5个少数民族，共14人，其中在职9人。对全所少数民族干部和各类人才状况进行了摸底，建立了名册，确定了培养对象。所党委高度重视所内少数民族职工的工作、生活，从实际出发认真做好这项工作。有两名少数民族干部担任了省政协委员和市政协常委，积极参政议政。

【其他工作】 向青岛市留学人员联谊会和青岛市青年蓝色经济区建设研究会推荐了2位组织能力强的留学归国人员，分别担任了青岛市留学人员联谊会副秘书长和青岛市青年蓝色经济区建设研究会副会长职务，切实发挥了应有的作用。

（夏晶星）

·山东社会科学院·

统战工作以十八精神和科学发展观为指导，以围绕中心、服务大局、明确任务、抓好落实为主线，以加强党外代表人士队伍建设为切入点，全面做好统战工作。

【深化教育，加强对统战成员的政治引导】 院党委把党外人士教育培训列入年度计划，组织党外人士参加院开展的各项学习教育活动。在党的十八大专题教育和“群众路线教育实践活动”中，组织他们以一个理论工作者的高度进行学习和解读。以参观教育基地、撰写心得体会、召开座谈会等形式，引导他们自觉践行社会主义核心价值体系，形成正确的价值取向，增强奉献国家社会的使命感和责任感。

【完善机制，加强党外代表人士队伍建设】 围绕“发现、培养、使用、管理”四个环节，做好党外代表人士队伍的建设工作。一是发现，发现是党外人士队伍建设的前提。院党委委托各处所长、支部书记对新进人员，新晋升职务、职称的人员进行考察，初步选定合适的人选。委托人事处对初选人员进行考察，加大对中青年代表人士的比重，保证后备队伍数量充足，结构合理、质量高。二是培养，培养是党外人士队伍建设的基础。培养是增强党外代表人士代表性的主要手段，培养突出针对性、增强实效性。通过理论学习、传统教育、思想交流等多种形式，提升理论素养。增强对中国特色社会主义道路的政治认同和思想共识，提高了政治把握能力。以实践锻炼、考察调研、岗位交流为平台，对科研骨干、青年人才尽早进行培养，为党外代表人士队伍输送人才。三是使用，使用是党外代表人士队伍的关键。党外代表人士的发现、培养，目的在于使用。我院做到以用为本，解放思想、拓宽视野，不拘一格、唯才是举，鼓励支持他们大胆工作，各显其能、各尽其才。坚持以用量才的尺度，激励和推动党外代表人士投身经济社会发展的生动实践，立足本职建功立业。在处、所领导班子中，有8人担任领导职务，其中正处2人；具有高级职称35人，其中正高职称9人。四是管理，完善的管理制度是党外人士队伍健康发展的保障。我院建立了教育、考察、评价、监督和激励机制等各项制度；运用个人述职、民主评议、定期考核等多种方式，形成多层次、全方位的管理体系。

【同心同向，充分发挥智库作用】 认真细致地做好协助、引导各级党外代表人士参政议政的工作，鼓励他们以撰写提案等方式实现建言献策、参政议政职能。以张卫国为代表的党外代表人士在对策性研究方面共有成果30余项，其中有3篇得到了郭树清等省领导的肯定性批示；有8项成果在全国C级以上刊物发表。其中，呈报给郭树清省长的《创新驱动创业　创业带动就业——蓝伞国际的成功经验与启示》一文，被郭省长批转给省发改委阅研。

（赵世忠）

·山东省科学院·

按照“党外代表人士”界定标准，2013年全院党外代表人士99人，其中无党派代表人士78人，4个民主党派成员共17人，少数民族代表人士4人。党外代表人士在党组织领导下，围绕科研中心工作，团结拼搏、积极进取，在各自工作岗位上做出了贡献。

【加强政治理论学习，提高思想觉悟和政治素质】 结合开展党的群众路线教育实践活动，组织统战人员参加院举办的各项学习教育活动，学习贯彻党的十八大、十八届三中全会和习近平总书记重要讲话精神，深刻领会中央领导集体执政理念和治国方略，增强政治意识、看齐意识和保持一致意识，不折不扣地贯彻执行党的路线方针政策和中央省委决策部署，统战人员牢固树立了创新为民的科研价值观，把服务社会、造福人民作为科研工作的理念，把满足经济社会发展需求和人民群众生活作为科技创新的基本出发点和主攻方向。

【发挥智力和技术优势，为实施创新驱动发展战略贡献力量】 围绕蓝黄国家战略和西部经济隆起带、省会城市经济圈建设开展调查研究，为推进山东实施“两区一圈一带”战略积极建言献策。承担或参与的重大科研任务取得新进展：研制的海洋环境放射性综合监测系统，解决了我国海水核辐射测量难题；研制的地震光纤检波系统样机，成为新一代地震勘探和微地震监测设备，参与了胜利油田物探的生产勘探试验；承担的“500kw生物质气化发电技术与装备研究”课题在分布式供能和燃煤锅炉生物质能替代方面具有良好应用前景，被科技部作为“863”重点成果推荐亮相上海工业博览会。

【加强队伍建设，注重党外代表人士的培养使用】 重视党外人才的发现和储备及能力培训，建立党外干部岗位锻炼机制，推荐条件比较成熟的党外代表人士作政治安排、实职安排或社会安排。3人当选为省政协委员，其中1人当选为常委。1人当选为山东省党外知识分子联谊会副会长，2人当选为联谊会理事。1人出席了在北京召开的第十一次全国妇女代表大会。院属研究所班子中3人担任研究所所长职务，6人担任研究所副所长职务。

【采取积极措施，组织开展联谊和服务社会活动】 搭建创新创业平台，全方位支持党外人士开展活动。党外知识分子联谊会先后到济南市高新区，东营市各示范试验区以及潍坊市的滨海区、寒亭区和高新区进行实地参观考察，了解蓝黄“两区”建设工作情况。统战人员深入企业调研，推进协同创新，与200余家省内龙头企业开展对接交流，共建科技合作服务平台11项，签署项目合作协议13项，联合申报国家和省自主创新重大专项等31个。

（刘方玉）

·山东省医学科学院·

山东省医学科学院是集科研、医疗、防治、教育、科技支撑管理与服务职能于一体的省级综合性医学科研机构。现有专业技术人员2123人，其中高级职称人员589人，包括2名中国工程院院士及近百名获省级以上荣誉称号的专家。全院有1个省部共建国家重点实验室培育基地、1个卫生部重点实验室、4个国家临床重点专科、1个国家中医药局重点学科、2个山东省高水平重点实验室、7个省重点实验室、3个省工程技术研究中心，为国家“化学中毒医疗救治基地”和“核辐射医疗救治基地”；还有10个省医药卫生重点实验室、12个省医药卫生重点学科；3个本科专业、4个硕士学位一级学科、39个二级学科和临床医学专业硕士学位学科，临床医学博士学位学科通过国务院学位委员会评审。截至2013年底，全院净资产29.65亿元、固定资产22.55亿元，综合实力居全国省级医学科研院所前列。

【统战工作情况】 2013年，省医科院按照省委统战部“转调创”的工作要求，不断提高统战工作的实效性和影响力，切实发挥了统一战线在服务全院事业科学发展中的重要作用。

省医科院党委定期听取关于统战工作的情况汇报，将统战工作纳入所（院）长年度任期目标量化考核体系。院党委副书记负责全院统战工作，院属单位的统战工作均由党组织主要负责人分管，并配齐了专兼职统战委员，院机关党委负责全院统战和党外代表人士工作，院人事处负责全院知识分子和留学归国人员工作。

健全完善了党外知识分子联系制度、与党外代表人士交友制度、向党外代表人士通报情况、征求意见等统战工作制度，鼓励党外代表人士参政议政，发挥积极作用。在党的群众路线教育实践活动中，省医科院党委广泛邀请各民主党派代表、无党派人士代表参与活动，认真听取他们的意见和建议，切实转变工作作风，提高工作水平。

针对高层次专业人才多的现状，省医科院党委认真贯彻中央、省委《关于加强新形势下党外代表人士队伍建设的实施意见》和省委统战部《2013年工作要点》，加强对党外代表人士的培养教育，健全党外知识分子人才库。目前，全院有省政协委员2人，市政协委员2人，区人大代表2人。

【民主党派情况】 截至2013年底，全院有中国国民党革命委员会（13人）、中国民主同盟（16人）、中国民主建国会（1人）、中国民主促进会（7人）、中国农工民主党（20人）、中共致公党（2人）、九三学社（11人）等7个民主党派人士70人，其中47人具有副高级以上职称。1人为民进山东省委委员，9人在4个民主党派的基层组织中任职，分别是民盟济宁市寄研所支部、农工党医科院支部、农工党肿瘤防治研究院支部、农工党皮研所支部、民进医科院支部。

（徐　洁）

·山东省农业科学院·

山东省农业科学院创建于1903年，是山东省政府直属的综合性、公益性省级农业科研单位，现有职工1816人，其中党外职工960人，占职工总人数的52.8%；民主党派有80人，其中民盟35人，九三学社25人，农工民主党17人，致公党3人。

2013年是省农科院创建110周年，也是省农科院发展史上极不平凡的一年。11月27日，习近平总书记来院视察并作出重要指示，充分体现了对农业和农业科技事业的高度重视与亲切关怀，为我院今后事业发展指明了方向。

【强化对统战工作领导，充分发挥党外知识分子在科技事业发展中的积极作用】 建立健全领导工作机制。院党委把统战工作列为重要议事日程，明确一名党委副书记分工主抓统战工作，由院政工处负责具体落实，其他部门协调配合，形成了党委领导，党政有关部门、各群团组织密切配合、齐抓共管的统战工作机制。在事关全院事业发展的重大决策中，都广泛征求统战成员的意见和建议。

【强化对党外知识分子的培养和使用，不断提升他们的综合素质，促进成长成才】 及时更新民主党派和无党派知识分子人才库信息，实行动态管理，为院党委对统战成员的使用和培养提供支持。院所两级积极创造条件开展多种形式的在职培训，不断提高统战成员的履职能力。至2013年底，省农科院共有12名民主党派及无党派知识分子担任处所级领导干部，其中任研究所（处室）正职的有3人，70多人担任所研究室主任或重大项目主持人，为省农科院历史上前所未有。

【强化民主党派和无党派知识分子的社会责任，支持和鼓励他们建功立业、报效祖国】 支持和鼓励广大统战成员立足本职岗位，施展才华，建功立业。2项成果分获国家技术发明二等奖和国家科技进步二等奖，成果首位人员均为九三成员。

组织和鼓励民主党派和无党派知识分子发挥技术优势，服务社会、报效祖国。全年新建院级示范基地3个，开展科技服务活动300余次，培训基层技术员5万余人次。在科技服务的过程中，到处都活跃着民主党派和无党派知识分子的身影。

【无党派知识分子赵振东当选中国工程院院士】 2013年12月19日，中国工程院公布院士增选结果，从560名有效候选人中产生51名新院士，省农科院小麦专家赵振东成功当选。赵振东院士是全国劳动模范，山东省科学技术最高奖获得者。从事小麦遗传育种工作30年，带领团队育成小麦品种济麦17、济麦19、济麦20、济麦22，先后获国家科技进步二等奖。截至2013年夏收，济麦系列品种已累计推广3.5亿亩，为我国小麦丰产和粮食安全做出了突出贡献。

（李梦竹）

5.名录

山东省各级党委分管统战工作负责人

·省级·

颜世元　省委常委、统战部部长

·济南市·

雷　杰（女）　中共济南市委副书记、济南市人大代表
赵东升　历下区委副书记，市、区人大代表
邵登功　市中区委副书记，市、区人大代表
王道忠　槐荫区委副书记，市、区人大代表（12月前）
徐　宾　槐荫区委副书记、区人大代表（12月后）
朱玉明　天桥区委副书记、区人大代表
李光忠　历城区委副书记，市、区人大代表
孙德顺　历城区委副书记、区人大代表
孙常建　长清区委副书记、区委统战部部长、区人大代表
李文秀（女）　章丘市委副书记，济南市、章丘市人大代表
刘业朝　平阴县委副书记兼政法委书记
庞金良　济阳县委副书记，市、县人大代表
张　军　商河县委副书记
寇　梅（女）　济南高新区党工委委员、组织部部长

·青岛市·

陈　飞　青岛市委常委、统战部部长、青岛高新技术产业开发区工作委员会书记（2月前）
边祥慧（女）　青岛市委常委、组织部部长、统战部部长（2月后）
陈　伟（女）　青岛市市南区委常委、宣传部部长、统战部部长
赵宇龙　青岛市市北区委常委、统战部部长、政法委书记
陈北平　青岛市李沧区委常委、组织部部长
于惠霞（女）　青岛市崂山区委副书记
逯　鹰　青岛市黄岛区委常委、组织部部长、统战部部长
薛暖新（女）　青岛市城阳区委副书记、统战部部长
于　澎　即墨市委副书记、统战部部长
庄增大　胶州市委副书记
郭　萍（女）　平度市委副书记、统战部部长

邹学新　莱西市委常委、宣传部部长、统战部部长

·淄博市·

魏艳菊（女）市委常委、统战部部长
徐　磊　张店区委副书记
阎炳义　淄川区委副书记
周茂松　博山区委副书记、区政协主席
于　军　周村区委副书记
王义朴　临淄区委副书记、齐鲁化工区党工委副书记
刘春杰　桓台县委副书记、县政协主席
边江风　高青县委副书记
陆汉明　沂源县委副书记
杨新国　高新区工委委员、高新区组织人事部部长、高新区人力资源和社会保障局局长
张　亮　文昌湖旅游度假区工委副书记、萌山水库管理处党总支书记

·枣庄市·

梁宪廷　枣庄市委副书记
邵士官　滕州市委副书记
韩惊涛　薛城区区委副书记
李　勇　山亭区区委副书记
修　婷（女）市中区区委副书记
窦建军　峄城区区委副书记
韩耀东　台儿庄区区委副书记

·东营市·

刘赞杰　市委副书记
梁润生　东营区委副书记
杨同贤　河口区委副书记
陈景新　广饶县委副书记
盖举波　垦利县委副书记
李道明　利津县委副书记

·烟台市·

程德智　烟台市委常委、统战部部长、政法委书记（政法委书记6月起任职）
李晓明　福山区委副书记
刘来英　高新技术产业区工委副书记、党群工作部部长
陈海涛　海阳市委副书记
高松敏　烟台开发区工委委员、工委组织部部长
冷海强　昆嵛山保护区工委委员、管委副主任
黄　涛　莱山区委副书记
于培超　莱阳市委副书记
黄亚林　莱州市委副书记
李才令　龙口市委常委、组织部部长
王玉新　牟平区委副书记
杨升岩　蓬莱市委副书记
刘宏涛　栖霞市委副书记
刘文家　长岛县委常委、组织部部长、统战部部长（9月前）
于红旗　长岛县委常委、组织部部长、统战部部长（9月后）
杨　波　招远市委副书记
隋运升　芝罘区委副书记

·潍坊市·

张小梅（女）潍坊市委常委、统战部部长
李兰祥　奎文区委副书记
扈洪波　潍城区委副书记
潘振东　坊子区委副书记
石铭奎　寒亭区委副书记、寒亭经济开发区党工委书记
杨云生（回）青州市委副书记
刘峰梅（女）诸城市委副书记
赵绪春　寿光市委副书记、政法委书记
原　理　安丘市委副书记
鞠立强　昌邑市委副书记
马常春　高密市委常委、组织部部长
肖建华　昌乐县委副书记
周书坤　临朐县委常委、组织部部长

·济宁市·

傅明先　济宁市委副书记
朱勇志　任城区委副书记
王　骁　兖州区委副书记
李　玲（女）曲阜市委副书记
刘宜星　泗水县委副书记
许　伟　邹城市委副书记
张洪雷　微山县委副书记
王亚栋　鱼台县委副书记
杜庆节　金乡县委副书记
薛超文　嘉祥县委副书记
侯典峰　汶上县委副书记

李金礼　　梁山县委副书记

·泰安市·

丁　毅　　泰安市委副书记（挂职）（3月前）
李　琥　　泰安市委副书记（3月至7月）
张京洲　　泰山区委副书记
刘兆泉　　岱岳区委副书记
梁久军　　新泰市委副书记
王新民　　肥城市委副书记
陈晓娜（女）宁阳县委副书记（正县级）
吴国庆　　东平县委副书记

·威海市·

李在武　　威海市委常委、统战部长、市社会主义学院院长
于松涛　　荣成市委常委、组织部长
张海军　　文登市委副书记
毕兴全　　乳山市委副书记
刘光辉　　环翠区委副书记

·日照市·

万　同　　市委常委、统战部部长
王汉日　　东港区委副书记，市高新区党工委书记、管委会主任
刘国田　　岚山区委副书记、岚山经济开发区管委常务副主任
韩　鹏　　莒县县委副书记、市农校党委书记
滕厚军　　五莲县委副书记、市工业学校党委书记

·莱芜市·

林殿玲（女）莱芜市委副书记
刘训涛　　莱城区委常委、宣传部长
周　毅　　钢城区委常委、区纪委书记

·临沂市·

李　峰　　临沂市委副书记
隽新阳　　兰山区委副书记
王丽云　　罗庄区委副书记（9月前）
钟呈春　　罗庄区委副书记（9月后）
杨荣涛　　河东区委常委、组织部部长
刘松田　　郯城县委副书记
矫晓斌　　兰陵县委副书记
张　雷　　莒南县委副书记
胡　勇　　沂水县委副书记
刘仕江　　蒙阴县委副书记
刘春波　　平邑县委副书记
陈海玲（女）费县县委副书记
吴昌力　　沂南县委副书记
麻建东　　临沭县委副书记

·德州市·

满春重　　德州市委副书记
隋　力（女）德城区委副书记
刘洪贵　　禹城市委副书记
郭洪霞（女）乐陵市委副书记
朱秀彦　　宁津县委副书记
董庆新　　齐河县委副书记
王拥军　　临邑县委副书记
王　林　　陵县县委副书记
赵明国　　平原县委副书记
马文国　　武城县委副书记
张长臣　　夏津县委副书记
高善玉　　庆云县委副书记
朱青松　　德州经济技术开发区党工委副书记、管委会调研员
张光臣　　德州运河经济开发区党工委委员、副主任

·聊城市·

王忠林　　市委副书记（3月前）
陈　平　　市委副书记（12月任职）
毕黎明　　东昌区委副书记、区政协主席
祁学兰（女）临清市委副书记
张　琳　　冠县县委副书记（7月前）
张俊之　　莘县县委副书记
崔新乐　　阳谷县县委副书记
申　强　　东阿县县委副书记
许兰岭　　茌平县县委副书记（7月前）
朱茂明　　高唐县县委副书记

·滨州市·

薛庆国　　滨州市委副书记
刘　峰　　滨城区委副书记
夏培剑　　惠民县委副书记
王道臣　　阳信县委副书记
彭翠凤（女）阳信县委常委、宣传部部长
佘洪烈　　无棣县委副书记、政法委书记、无棣县

经济开发区党工委书记
丁 锋 沾化县委副书记
刘春国 博兴县委副书记
张金梅（女）邹平县委副书记（12月前）
张宝武 邹平县委副书记（12月后）

·菏泽市·
解维俊 菏泽市委副书记
孟凡荣 牡丹区委副书记
彭德启 曹县县委副书记
刘守文 定陶县委副书记、纪委书记
孙迁国 成武县委常委、组织部部长、统战部部长
宋茂民 单县县委常委、纪委书记、统战部部长
李建刚 巨野县委副书记
孙彦军 郓城县委副书记
史同立 鄄城县委副书记（9月前）
袁红兵 鄄城县委副书记（9月后）
聂元科 东明县委副书记

·各大企业高等院校科研院所·
王 辉 济南铁路局党委副书记
许卫华 胜利石油管理局党委副书记、副局长（1月至8月）
张梅河 胜利石油管理局党委副书记、纪委书记、工会主席（8月至12月）
王洪亮 齐鲁石化公司党委副书记、工会主席
尹雪春 山东铝业公司党委书记、中国铝业山东分公司副总经理
张新文 兖矿集团董事长、党委书记
苏 斌 山东钢铁集团有限公司党委副书记、纪委书记
彭绪军 山东能源新汶矿业集团有限公司党委副书记
张根基 山东能源枣庄矿业集团党委常委、工会主席
张道纶 山东能源淄博矿业集团党委副书记
尹作升 山东大学党委副书记
于志刚 中国海洋大学党委书记
王 勇 中国石油大学（华东）党委副书记
刘玉殿 山东大学（威海）党委副书记
王建文 哈尔滨工业大学（威海）党委副书记、纪委书记
张敬和 山东农业大学党委副书记
初乐娟（女）山东师范大学党委常委、纪委书记
张 伟 烟台大学党委常委、纪委书记
邵 彬 青岛大学党委副书记、纪委书记
刘新生 曲阜师范大学党委副书记
姜少华 山东中医药大学党委副书记
李武修 山东科技大学党委副书记
王瑞芳（女）青岛科技大学党委副书记、纪委书记
薛允洲 青岛理工大学党委书记
谭秀森 山东理工大学党委副书记
朱德强 济南大学党委副书记
徐传光 聊城大学党委副书记
张书明 山东建筑大学党委副书记（4月前）
王崇杰 山东建筑大学党委书记（4月后）
徐祝永 鲁东大学党委常委、纪委书记
张铭锦 青岛农业大学党委副书记
张东超 山东财经大学党委副书记
王光芝（女）齐鲁工业大学党委副书记
徐淑凤（女）泰山医学院副院长
李文喜 滨州医学院党委副书记
秦玉明 潍坊医学院党委副书记、纪委书记
温杭东 济宁医学院党委副书记、纪委书记
杨新力 山东工艺美术学院党委副书记
潘耀滨 山东体育学院党委副书记
王力克 山东艺术学院党委副书记
郭金创 山东工商学院党委副书记
张祖斌 山东交通学院党委副书记
刘继恩 山东政法学院党委副书记
丁凤云 临沂大学党委书记（8月前）
孙常生 临沂大学党委委员、副校长（8月后）
展德明 德州学院党委副书记、纪委书记
牛钟顺 潍坊学院党委副书记
邹成顺 泰山学院党委副书记
胡小林 枣庄学院党委副书记
刘文烈 滨州学院党委副书记
赵 普 菏泽学院党委副书记
张德芳 济宁学院副院长
李良斋 齐鲁师范学院副院长
孙爱玲（女）山东英才学院党委副书记
张兆松 山东协和学院党委常务副书记
杨红生 中国科学院海洋研究所副所长、党委副书记兼纪委书记
徐承德 国家海洋局第一海洋研究所党委书记
殷邦忠 中国水产科学研究院黄海水产研究所党

委书记、副所长
周永青　青岛海洋地质研究所党委书记、副所长
王希军　山东社会科学院党委副书记
王洪娟（女）山东省科学院党委副书记
寻建华　山东省医学科学院党委副书记、机关党委书记
逯　岩　山东省农业科学院党委副书记

山东省委统战部领导班子

颜世元　省委常委、统战部部长
孙传宏　省委统战部常务副部长（正厅级）
张心骥　省委统战部副部长，省政协党组成员、秘书长
孙儒声　省委统战部副部长兼省工商联党组书记（正厅级）、常务副主席
王晓炜　省委统战部巡视员
曲　涛　省委统战部副部长，省社会主义学院党组书记（正厅级）、第一副院长
亓同秋　省委统战部副部长
李法信　省委统战部副巡视员
省委统战部副部长（2013年6月27日后）
牟　强　省委统战部副巡视员
省委统战部副部长（2013年6月27日后）
王传洲　省委统战部副巡视员（2013年6月27日后）

山东省市委统战部领导班子及县（市、区）委统战部部长

·济南市·

慕建民　济南市委常委、统战部部长（7月前）
雷天太　济南市委常委、统战部部长（7月后）
李光明　济南市委统战部副部长（正局级）兼市工商联党组书记、第一副主席（12月前）
万秀水　济南市委统战部常务副部长（正局级）
齐振虎　济南市委统战部副部长，市工商联党组书记、常务副主席（正局级）（12月后）
韩明东　济南市委统战部副部长（12月前）
王亚托　济南市委统战部副部长
张　鹏　济南市委统战部副部长（12月后）
王瑞云　中共济南市委党校党委委员，济南市社会主义学院副院长（7月前）
王保书　济南市委统战部副巡视员
张　勇　中共济南市委党校党委委员，济南市社会主义学院副院长（12月后）
何济庆　历下区政协副主席、区委统战部部长
蒋济东　市中区委常委、统战部部长
梁英林　槐荫区政协副主席兼秘书长、区委统战部部长
马敬民　天桥区政协副主席、区委统战部部长
李庆奎　历城区政协副主席、区委统战部部长
孙常建　长清区委副书记、区委统战部部长（11月后）
林　虎　章丘市政协副主席、章丘市委统战部部长
刘玉霞（女）平阴县政协副主席、县委统战部部长
马庆军　济阳县政协副主席、县委统战部部长
孙德祥　商河县政协副主席、县委统战部部长
寇　梅（女）济南高新区党工委委员、组织部部长

·青岛市·

陈　飞　青岛市委常委、统战部部长、青岛高新技术产业开发区工作委员会书记（2月前）
边祥慧（女）青岛市委常委、组织部部长、统战部部长（2月后）
胡义瑛　青岛市委统战部常务副部长
田云南　青岛市委副秘书长、统战部副部长、台湾工作办公室主任
王吉春　青岛市委统战部副部长、市工商联党组书记
贺天润　青岛市委统战部副部长（正局级）
方　妍（女）青岛市委统战部副部长、市民族宗教局局长
王修照　青岛市委统战部副部长，市社会主义学院党组书记、常务副院长
王进东　青岛市委统战部副部长
贺照宾　青岛市委统战部副巡视员、青岛中华职教社秘书长
殷新民　青岛市委统战部副巡视员（6月前）
陈　伟（女）市南区委常委、宣传部部长、统战部部长
赵宇龙　市北区委常委、统战部部长、政法委书记
李新嘉　李沧区政协副主席、区委统战部部长
张永波　崂山区政协副主席、区委统战部部长
逯　鹰　黄岛区委常委、组织部部长、统战部部长
薛暖新（女）城阳区委副书记、统战部部长
于　澎　即墨市委副书记、统战部部长
郑　雯（女）胶州市政协副主席、市委统战部部长
郭　萍（女）平度市委副书记、统战部部长
邹学新　莱西市委常委、宣传部部长、统战部部长

·淄博市·

魏艳菊　淄博市委常委、统战部部长
国先彧　淄博市委统战部常务副部长、市政协副秘书长
康振东　淄博市委统战部副部长（5月后任市委统战部调研员）
路盛芝　淄博市委统战部副部长、市工商联党组书记、第一副主席
吕爱国　淄博市委统战部副部长
王爱军　淄博市委统战部副部长、市民宗局局长（6月上任）
荣先锋　淄博市委统战部副部长、机关党总支书记（10月上任）
王立文　张店区政协副主席、区委统战部部长
宿孝杰　淄川区政协副主席、区委统战部部长
王在靖　博山区政协副主席、区委统战部部长
胡　军　周村区政协副主席、区委统战部部长
崔来祥　临淄区政协副主席、区委统战部部长
李向阳　桓台县政协党组副书记、县政协副主席、县委统战部部长
王照达　高青县政协副主席、县委统战部部长
王永军　沂源县政协副主席、县委统战部部长
杨新国　高新区工委委员、组织人事部部长、人力资源和社会保障局局长
鲍　波　文昌湖旅游度假区组织人事部部长、人力资源和社会保障局局长

·枣庄市·

陈　伟　枣庄市政协副主席、市委统战部部长
李书亭　枣庄市委统战部常务副部长、市社会主义学院副院长
朱瑞志　枣庄市委统战部副部长、市民宗局局长
周　浩　枣庄市委统战部副部长，市工商联党组书记、第一副主席
朱景宜（女）枣庄市委统战部副部长
孙士泉　滕州市政协副主席、市委统战部部长
程　利　薛城区政协副主席、区委统战部部长
牛逸群　山亭区政协副主席、区委统战部部长
孙永海　市中区政协副主席、区委统战部部长
马士杰　峄城区政协副主席、区委统战部部长
赵瑞启　台儿庄区政协副主席、区委统战部部长

·东营市·

张　惠（女）东营市政协副主席、市委统战部部长、市社会主义学院院长
栾庆恩　东营市委统战部常务副部长
周秀荣（女）东营市委统战部副部长、市社会主义学院副院长
王建明　东营市委统战部副部长、市工商联党组书记、第一副主席
邵小龙　东营市委统战部副部长
陈宏伟　东营市委统战部副调研员
张洪滨　东营市委统战部副调研员
张国锋　东营市委统战部副调研员、办公室主任
马守安　东营区政协副主席、区委统战部部长

李寿年　河口区政协副主席、区委统战部部长
朱洪明　广饶县政协副主席、县委统战部部长
宋建明　垦利县政协副主席、县委统战部部长
崔文凯　利津县政协副主席、县委统战部部长

·烟台市·

程德智　烟台市委常委、统战部部长、政法委书记（政法委书记6月起任职）
秦　英　烟台市委统战部常务副部长、市工商联党组书记（10月前）
杜永刚　烟台市委统战部常务副部长、市工商联党组书记（10月后）
于茂清　烟台市委统战部副部长、市民族宗教事务局局长
隋东玲（女）烟台市委统战部副部长、市社会主义学院副院长
于忠杰　烟台市委统战部副部长
谷学新　福山区政协副主席、区委统战部部长
刘来英　高新技术产业区工委副书记、党群工作部部长
吕占友　海阳市政协副主席、市委统战部部长
高松敏　烟台开发区工委委员、工委组织部部长
于晓东　昆嵛山保护区党群工作部部长
李进喜　莱山区政协副主席、区委统战部部长
任　文　莱阳市政协副主席、市委统战部部长
张志强　莱州市政协副主席、市委统战部部长
李顺军　龙口市政协副主席、市委统战部部长
修先军　牟平区政协副主席、区委统战部部长
任建民　蓬莱市政协副主席、市委统战部部长
王桂军　栖霞市政协副主席、市委统战部部长
刘文家　长岛县委常委、组织部部长、统战部部长（9月前）
于红旗　长岛县委常委、组织部部长、统战部部长（9月后）
王建春　招远市政协副主席、市委统战部部长
冯世波　芝罘区政协副主席、区委统战部部长

·潍坊市·

张小梅（女）潍坊市委常委、统战部部长
任洪武　潍坊市委统战部常务副部长
于来刚　潍坊市委统战部副部长（正县级）
胡　立　潍坊市委统战部副部长，市工商联党组书记、副主席
徐海宏（女）潍坊市委统战部副部长，市民族宗教局副局长
郭文永　潍坊市委统战部副调研员
许朋礼　潍坊市委统战部副调研员
高殿臣　奎文区政协副主席、区委统战部部长
王向东　潍城区政协副主席、区委统战部部长
田立胜　坊子区政协副主席、区委统战部部长
李梅生　寒亭区政协党组副书记、区委统战部部长
陈同洲　青州市委常委、统战部部长
宗素霞（女）诸城市政协副主席、市委统战部部长
杨茂森　寿光市政协党组副书记、市委统战部部长（2月前）
柴寿增　寿光市政协党组成员、市委统战部部长（2月后）
闫　力　安丘市政协副主席、市委统战部部长
夏麦香（女）昌邑市政协副主席、市委统战部部长
张业林　高密市委统战部部长
滕建勋　昌乐县政协副主席、县委统战部部长
傅来昌　临朐县政协副主席、县委统战部部长

·济宁市·

张开朗　济宁市政协副主席、市委统战部部长
李传武　济宁市委统战部常务副部长
王衍安　济宁市委统战部副部长、市社会主义学院副院长
王成玉　济宁市委统战部副部长、市工商联党组书记、副主席
陈恒林　济宁市委统战部副调研员
王为敬　任城区政协副主席、区委统战部部长
邱印水　兖州区政协副主席、区委统战部部长
韦　挺　曲阜市政协副主席、市委统战部部长
韩国英（女）泗水县政协副主席、县委统战部部长
魏洪明　邹城市政协副主席、市委统战部部长
孙兰伟　微山县政协副主席、县委统战部部长
强同晔　鱼台县政协副主席、县委统战部部长
张思宝　金乡县政协副主席、县委统战部部长
王瑞民　嘉祥县政协副主席、县委统战部部长
高文峰　汶上县政协副主席、县委统战部部长
梁开平　梁山县政协副主席、县委统战部部长

·泰安市·

朱永强　泰安市政协副主席，市委统战部部长
吕军德　泰安市委统战部常务副部长（10月前）

戴　磊　泰安市委统战部常务副部长（10月后）
张亚莉（女）泰安市委统战部副部长，市台联会会长（11月前）
刘卫东　泰安市委统战部副部长，市台办主任
刘　华　泰安市委统战部副部长，市侨联主席、党组书记
高树顺　泰安市委统战部副部长，市工商联党组书记
薛其福　泰安市委统战部副部长
杨　灏　泰安市委统战部副部长
王林琳（女）泰安市委统战部副调研员
钱　涛　泰山区政协副主席、区委统战部部长
赵平明　岱岳区政协副主席、区委统战部部长
尹承学　新泰市政协副主席、市委统战部部长
邹家强　肥城市政协副主席、市委统战部部长
韩运来　宁阳县政协副主席、县委统战部部长
王成生　东平县政协副主席、县委统战部部长

·威海市·

李在武　威海市委常委、统战部长、市社会主义学院院长
董旭日　威海市委统战部常务副部长、市社会主义学院副院长
姜文秋（女）威海市委统战部副部长
张　德　威海市委统战部副部长、市工商联党组书记
陈　文　威海市委统战部副部长
程晓军　威海市工商联副主席
苗建臣　威海市委统战部副调研员
孙建明　荣成市政协副主席、市委统战部部长
刘建舫　文登市政协副主席、市委统战部部长
冯曰竹　乳山市政协副主席、市委统战部部长
张华龙　环翠区政协副主席、区委统战部部长

·日照市·

郭长军　日照市委统战部常务副部长
刘新玲　日照市委统战部副部长、市工商联党组书记
康义军　日照市委统战部副部长、市台办主任
滕厚林　日照市委统战部副部长
沈文武　东港区政协副主席、区委统战部部长
张永祥　岚山区政协副主席、区委统战部部长
邹方民　莒县政协党组副书记、副主席、县委统战部部长
丁彩芹（女）五莲县政协党组副书记、顾问、县委统战部部长

·莱芜市·

苏文德　莱芜市政协副主席、市委统战部部长
苏国庆　莱芜市委统战部常务副部长（12月后）
边会勤　莱芜市委统战部常务副部长（12月前）
冯美玲（女）莱芜市委统战部副部长，市工商联党组书记
孟昭友　莱芜市委统战部副部长、市委台办主任
孟庆忠　莱芜市委统战部副部长
杨国莉（女）莱芜市委统战部副调研员（12月前）
田方国　莱城区政协副主席、区委统战部部长
张春修　钢城区政协副主席、区委统战部部长

·临沂市·

杜甲普　临沂市政协副主席、市委统战部部长（2月前）
张广敬　临沂市委常委、统战部长（2月后）
李海宁　临沂市委统战部常务副部长
周少华　临沂市委统战部副部长、市民宗局局长
张建军　临沂市委统战部副部长、市工商联党组书记
解红日　临沂市委统战部副部长、市台办主任
张文彦　临沂市委统战部副部长、市社会主义学院副院长
李　静（女）临沂市委统战部副部长
相　彬　临沂市委统战部副部长（8月后）
张维森　临沂市委统战部副调研员（8月前）
许金涛　临沂市委统战部副调研员
孙汉富　兰山区政协副主席、区委统战部部长
辛　玲（女）罗庄区政协副主席、区委统战部部长（4月前）
王凤英（女）罗庄区政协副主席、区委统战部部长（4月后）
李有祥　河东区政协副主席、区委统战部部长（3月前）
肖树贵　河东区政协副主席、区委统战部部长（3月后）
王成春　郯城县政协副主席、区委统战部部长
高久军　兰陵县政协副主席、区委统战部部长
王亮善　莒南县政协副主席、区委统战部部长

杨少涛　　沂水县政协副主席、县委统战部部长（3月前）
胡　勇　　沂水县委副书记、县委统战部部长（3月后）
王开伸　　蒙阴县政协副主席、县委统战部部长
徐守军　　平邑县政协副主席、县委统战部部长（2月前）
王　忠　　平邑县政协副主席、县委统战部部长（2月后）
刘吉利　　费县政协副主席、县委统战部部长
苗德文　　沂南县政协副主席、县委统战部部长
刘会迎　　临沭县政协副主席、县委统战部部长

·德州市·

邵自升　　德州市政协副主席、市委统战部长
王文龙　　德州市委统战部常务副部长
白兆富　　德州市委统战部副部长、市民族宗教局长
曹致源　　德州市委统战部副部长、市工商联党组书记、第一副主席
邹　岩　　德州市委统战部副部长、市社会主义学院副院长
李雯静（女）德州市委统战部副部长
杨会军　　德州市委统战部副部长
刘书霞（女）德州市委统战部副调研员、二科科长
苏利军　　德州市委统战部副调研员、办公室主任
马振东　　德城区政协副主席、区委统战部长
赵忠祥　　禹城市政协副主席、市委统战部长
袁　丁　　乐陵市委统战部长（3月前）
王德民　　乐陵市政协副主席、市委统战部长（3月后）
李风军　　宁津县政协副主席、县委统战部长
张长利　　齐河县政协副主席、县委统战部长
马桂芳（女）临邑县委常委、宣传部长、统战部长
李治勇　　陵县政协副主席、县委统战部长、县民族宗教局长
王继峰　　平原县委常委、宣传部长、统战部长
刘志刚　　武城县政协副主席、县委统战部长（3月前）
李俊清（女）武城县政协党组副书记、县委统战部长（3月后）
刘长军　　夏津县委统战部长、办公室常务副主任（8月前）
刘　刚　　夏津县委常委、组织部长、统战部长（8月后）
张爱华（女）庆云县政协副主席、县委统战部长
张振江　　德州市经济技术开发区统战部长
李会荣（女）德州运河经济开发区党群办主任

·聊城市·

张传玄　　聊城市政协副主席、市委统战部长
徐启山　　聊城市委统战部常务副部长（8月前）
谭学国　　聊城市委统战部常务副部长（8月后，12月起兼任市工商联党组书记）
殷立森　　聊城市委统战部副部长、市社会主义学院院长（8月离岗）
邢跃隽（女）聊城市委统战部副部长、市工商联党组书记（8月离岗）
李超雪　　聊城市委统战部调研员(8月前任副部长)
辛刚英　　聊城市委统战部副部长（8月前任副调研员）
刘善强　　聊城市委统战部副调研员、办公室主任
段林祥　　东昌府区政协副主席、区委统战部部长
许朝生　　临清市政协副主席、市委统战部部长
朱玉宇　　冠县县政协副主席、县委统战部部长
王　晔　　莘县县政协副主席、县委统战部部长
朱丙林　　阳谷县政协副主席、县委统战部部长
李成伟　　东阿县政协副主席、县委统战部部长
初士锋　　茌平县政协副主席、县委统战部部长
孙海清　　高唐县政协副主席、县委统战部部长

·滨州市·

姜银浩　　滨州市政协副主席、市委统战部部长、市社会主义学院院长
马兴盛　　滨州市委统战部常务副部长（12月前）
张金梅（女）滨州市委统战部常务副部长（12月后）
杨玉鑫　　滨州市委统战部副部长、市工商联党组书记
刘培峰　　滨州市委统战部副部长、市社会主义学院副院长
岳玉武　　滨城区政协副主席、区委统战部部长
劳建刚　　惠民县委常委、办公室主任、统战部部长
岳金辉　　阳信县政协副主席、县委统战部部长
韩翠山　　无棣县政协副主席、县委统战部部长
章俊国　　沾化县政协副主席、县委统战部部长（12月前）
孔令峰　　沾化县委常委、宣传部部长、统战部部长

（12月后）

高新平　博兴县政协副主席、县委统战部部长

王得俊　邹平县政协副主席、县委统战部部长

·菏泽市·

乔忠义　菏泽市委统战部常务副部长（正县）

王宝军　菏泽市委统战部副部长，市工商联党组书记（正县）、第一副主席

靳海岩　菏泽市委统战部副部长、市社会主义学院副院长（正县）

彭益芳　菏泽市委统战部副部长

常乐鸿　菏泽市委统战部副调研员、办公室主任

吕文军　菏泽市委统战部副调研员、一科科长

李春林　牡丹区政协副主席、区委统战部部长

李发志　曹县政协副主席、县委统战部部长

王鲁陶　定陶县政协副主席、县委统战部部长

孙迁国　成武县委常委、组织部部长、统战部部长（5月后）

宋茂民　单县县委常委、纪委书记、统战部部长（3月后）

燕　华　巨野县政协副主席、县委统战部部长

符中太　郓城县政协副主席、县委统战部部长

陈文增　鄄城县政协副主席、县委统战部部长

李革新　东明县政协副主席、县委统战部部长

山东省企业高等院校科研院所党委统战部部长

·企业·

牟宗国　济南铁路局党委统战部部长

李玉琢　胜利石油管理局党委统战部部长（5月前）

朱克军　胜利石油管理局党委统战部部长（5月后）

聂树栋　齐鲁石化公司党委统战部部长、宣传部部长，公司企业文化部部长

丁德君　山东铝业公司党委工作部部长、统战部部长

刘　敏　兖矿集团党委宣传部部长、统战部部长、新闻中心主任

卢彤书　山东钢铁集团有限公司党群工作部部长

尹承东　山东能源新汶矿业集团党委工作部（统战部）部长

刘德科　山东能源枣庄矿业集团宣传部部长兼统战办公室主任

陈安军　山东能源淄博矿业集团党委工作部部长兼统战负责人

·高等院校·

戴智章　山东大学党委统战部部长

李　萍（女）中国海洋大学党委统战部部长

张　军　中国石油大学（华东）党委统战部部长

刘　明　山东大学（威海）党委宣传统战部部长

赵常信　哈尔滨工业大学（威海）党群工作部副部长

史文宪　山东农业大学党委统战部部长

王　澍　山东师范大学党委统战部部长

段志国　烟台大学党委统战部部长

宋贵欣　青岛大学党委统战部部长

王　华　曲阜师范大学党委统战部部长

梁红卫　山东中医药大学党委统战部部长

曹明通　山东科技大学党委统战部部长、机关工委书记

陈朗滨　青岛科技大学党委统战部部长

夏侯雪娇（女）青岛理工大学党委统战部部长

陈凤崇　山东理工大学党委统战部部长

徐　梅（女）济南大学党委统战部部长

王　云（女）聊城大学党委统战部部长

杨　赟　山东建筑大学党委统战部部长

曲卫君（女）鲁东大学党委统战部部长

肖传强　青岛农业大学党委统战部部长

张　骐（女）山东财经大学党委统战部部长

张以刚　齐鲁工业大学党委统战部部长

王日江　泰山医学院党委统战部部长

杜永俐（女）滨州医学院党委统战部部长

王爱成　潍坊医学院党委统战部部长

王传军　济宁医学院党委宣传（统战）部部长

韩世春　山东工艺美术学院党委统战部部长

任　杰　山东体育学院党委统战部部长

邹坤萍（女）山东艺术学院党委宣传统战部部长

杨峰丽（女）山东工商学院党委统战部部长
娄进举　山东交通学院党委宣传统战部部长
林　爽　山东政法学院党委统战部部长
孔　霞（女）临沂大学党委统战部副部长（主持工作）
任立春　德州学院党委宣传统战部部长
李连成　潍坊学院党委组织（统战）部部长
马兆龙　泰山学院党委统战部部长
田素安　枣庄学院党委统战部部长
吕昌春　滨州学院党委统战部部长、组织部副部长
宁继红（女）菏泽学院党委宣传（统战）部部长
朱宁波　济宁学院党委宣传（统战）部部长
蒋恩世　齐鲁师范学院党委统战部部长
常光明　山东英才学院党委统战部部长
朱岭仁　山东协和学院党委统战部部长
展翔天（女）中国科学院海洋研究所党委办公室主任
沈继红　国家海洋局第一海洋研究所党委办公室主任
孙　捷　中国水产科学研究院黄海水产研究所党委委员、党委办公室主任
臧运波　青岛海洋地质研究所党委办公室主任、统战部部长
赵世忠　山东社会科学院统战工作负责人
谷震昭　山东省科学院政工处处长、党委统战部部长
杨　军　山东省医学科学院政工处长、机关党委专职副书记
齐以芳　山东省农业科学院机关党委专职副书记、政工处处长

山东省各民主党派省市级组织领导班子

·中国国民党革命委员会·

民革山东省委主委：孙继业
副主委：麦康森　刘晓静（女）　宋新强　孔维克　王伯之　王鸣歧　徐恩虎
秘书长：高贤德

民革济南市委主委：王伯之
副主委：聂爱华（女）　丁　毅　臧　浩　王东晨　唐玉秋（女）
秘书长：杨金山

民革青岛市委主委：麦康森
副主委：尹明琴（女）　王维礼　曾学锋（女）
秘书长：王夕源

民革淄博市委主委：王怀宾
副主委：张庆盈（女）　苗　玉　郝　博　曹令兴

民革枣庄市委主委：徐　玲（女）
副主委：张宪依　郑遵法　王忠香（女）　朱士刚
秘书长：吕东来

民革东营市委主委：张作龙
副主委：李中杰　杜利峰　贾军战　付丽娜（女）
秘书长：李中杰（兼）

民革烟台市委主委：隋子林（女）（2013.12后）
副主委：贾志林　周晶明　赵德彬
秘书长：丛新红（女）（2013.11后）

民革潍坊市委主委：李向云（女）
副主委：王增祥　李安战　王学军
秘书长：迟同全

民革济宁市总支部委员会主委：徐　莉（女）
副主委：布方锋　翟绪军

民革泰安市委主委：徐恩虎
副主委：张建忠　刘世琦　刘　磊　林国志
秘书长：李　芳（女）

民革威海市委主委：任怀平
副主委：李淑芳（女）　刘德钧
秘书长：赵　江

民革日照市委主委：王坤英（女）
副主委：李振函

民革莱芜支部主委：刘英才（女）

民革临沂市委主委：王启成

副主委：王学斌　王志伟　熊珂安
秘书长：熊珂安（兼）
民革德州总支主委：徐洪波
副主委：周淑华（女）　李　斌
崔丽琳（女）
民革聊城市委主委：马亮宽
副主委：王学臣　刘东安
秘书长：李广祥
民革滨州市委主委：史　东
副主委：孙兆泉　宁彩云（女）
秘书长：孙兆泉（兼）
民革菏泽市委主委：韩中光
副主委：薛兆民　俞志顺　张秀华（女）
秘书长：邱　健（女）

·中国民主同盟·

民盟山东省委主委：温孚江
副主委：王修林　韩圣浩　仪平策
安利国　董利忠　崔大庸
侯桂华（女）
秘书长：张继平
民盟济南市委主委：崔大庸
副主委：安利国　华　巍　张怀成
印　东（女）　王钢城　张殿岭
民盟青岛市委主委：王修林
副主委：江玉民　赵广涛　张晓东
韩　文
秘书长：陈立波
民盟淄博市委主委：达建文
副主委：林红霞（女）　马志忠　裴培科
秘书长：高　清
民盟枣庄市委主委：汤海涵
副主委：刘吉忠　吴元芳（女）
刘　茜（女）　管明坤
秘书长：王宜友
民盟东营市委主委：王新红
副主委：王照平　刘树亮　王旬果
高　敦　徐长海　王国柱
秘书长：王国柱（兼）
民盟烟台市委主委：江林昌
副主委：梁　辉　俞祖华　高月明
王　瑞
秘书长：鞠晓明（女）

民盟潍坊市委主委：毛秀凤（女）
副主委：李来传　张敬军
秘书长：白宗家
民盟济宁市委主委：郭洪敏
副主委：曹　宁　张作记　张黎明
刘宝之　张玉忠　刘　霁
秘书长：刘小颖（女）
民盟泰安市委主委：周　杰
副主委：孙岱峰　程卫民　张春庆
丁　爽（女）
秘书长：崔拥军
民盟威海市委主委：黄晓光
副主委：赵国栋　迟万胜　周英瑜（女）
宋　敏（女）
秘书长：许德勤
民盟日照市委主委：梁云爱
副主委：卢爱玲（女）　胡尊良
赵为爱（女）
秘书长：陈为军
民盟莱芜市委主委：魏春香（女）
副主委：马传军　李兴实　赵素华（女）
秘书长：刘俊敏
民盟临沂市委主委：刘继双
副主委：毛红旗　孟凡明　左志文
秘书长：孟凡明（兼）
民盟德州市委主委：康志民
副主委：王兰英（女）　吕贵林
张　苹（女）　王志刚
秘书长：张泽军
民盟聊城市委主委：訾永春
副主委：张竞放　王俊华（女）
李艳军（女）
民盟滨州市委主委：万永格
副主委：王　强　李保国
秘书长：王　莉（女）
民盟菏泽市委主委：汤建梅（女）
副主委：王翠平（女）　罗盼生
杨冬云（女）

·中国民主建国会·

民建山东省委主委：郭爱玲（女）
副主委：亓久平　于永晖　庄文忠
王法亮　赵联冠　于　萍（女）

王建森
秘书长：李旭茂
民建济南市委主委：王建森
副主委：邢乐成　刘　燕　王传秋
王翠香（女）　杨　捷（女）
王　琳
秘书长：丁保国
民建青岛市委主委：于　萍（女）
副主委：王继尚　高　歌（女）
李　江　姜志荣（女）
秘书长：陈成意
民建淄博市委主委：王法亮
副主委：林治国　毕玉秀（女）　徐兴明
秘书长：葛春强
民建枣庄市委主委：赵联冠
副主委：翟庆龙　刘荣渊　田　静（女）
王　凌（女）
秘书长：王金山
民建东营市委主委：宋心仿
副主委：王志刚　李　强　王新明
李金顺　张向青（女）
秘书长：李　强（兼）
民建烟台市委主委：潘士友
副主委：于春庆　纪华芹（女）　王凤泰
秘书长：郎丰忠
民建潍坊市委主委：刘秀平（女）
副主委：李明喜　李瑞文　李通利
秘书长：墨　萍（女）
民建济宁市委主委：吴霁雯（女）
副主委：李克学　张修占　贾彦鹏
周中稳　于安玲（女）　杨　峰
秘书长：王　浩
民建泰安市委主委：滕先森
副主委：英　玲（女）　张文泉　张庆明
黄屹峰
秘书长：戚　锋
民建威海市委主委：毕礼伟
副主委：李　青　韩　静（女）
秘书长：徐家刚
民建莱芜支部主委：刘　杰（女）
民建临沂市委主委：丁成建
副主委：林本生　庄乾元　刘海亮
副秘书长：赵　岩（女）（主持工作）

民建德州市委主委：吕永忠
副主委：魏　敏（女）　郭世阁
周相国（女）　姜桂廷
秘书长：周相国（女）（兼）
民建聊城市委主委：张广霞（女）
副主委：王俊山　张　斌　张高丞
秘书长：钱振宇
民建滨州市委主委：吴国瑞（女）
副主委：商建文　何建华
秘书长：商建文（兼）

·中国民主促进会·

民进山东省委主委：栗　甲
副主委：张志勇　方　漪　刘德增
王凤山　金德岭　徐　清（女）
郭永军
巡视员：骆宝臻（女）
秘书长：郭永军（兼）
民进济南市委主委：金德岭
副主委：朋　星　邓相超　刘海萍（女）
黄　明（7月前）
徐　琳　孙建军
秘书长：叶　霖（女）
民进青岛市委主委：方　漪
副主委：赵高潮　迟建珉（女）　宗成中
秘书长：林光琳（女）
民进淄博市委主委：禚淑萍（女）
副主委：孙晓萍（女）　董本亮　杜元刚
王新刚
秘书长：李大鹏
民进东营市总支主委：王玉文
副主委：费祥历　王秀刚
民进烟台市委主委：张隽秋（女）
副主委：曲荣君　于　泳
民进潍坊市委主委：王贤臣
副主委：王道奎　周赤舟　刘煜东
秘书长：孙其孝
民进济宁市委主委：李良品
副主委：杨朝明　刘海涛　汪　林
李素真（女）　李　玲（女）
民进泰安市委主委：王昌元
副主委：董　洁（女）　吕忠堂
苏雪峰（女）　贾汇红（女）

秘书长：孙圆景（女）
民进威海市委筹委会主委：陈伟胜
副主委：吕爱权
民进日照市委主委：郇　梅（女）
副主委：杜　琳（女）
民进莱芜支部主委：刘振伟
副主委：亓　剑
民进临沂市委主委：冯　安（女）
副主委：杨忠森　郑世东　张炳才
民进德州市委主委：王惠萍（女）
副主委：程建闽　李晓梅（女）　陈晓强
相子国
秘书长：吴丙友
民进聊城市委主委：孟广武
副主委：王万增　杨庆云　王效文
秘书长：王效文（兼）
民进滨州市委主委：李凤娥（女）
副主委：刘庆敖
秘书长：李秋兰（女）

·中国农工民主党·

农工党山东省委主委：王新陆
副主委：宋修岐　王伦善　吕善勇
陈子江（女）　王延奎
段青英（女）　仇冰玉
秘书长：王　军
农工党济南市委主委：段青英（女）
副主委：王　玉　李肇元　段　林
张继勇　时华勤（女）
秘书长：张连岭
（任秘书长至2013.07.29）
华文俊
（女、2013.07.29任职秘书长）
农工党青岛市委主委：宋修岐
副主委：乔俊良　赵起良　宣世英（女）
秘书长：尹成方
农工党淄博市委主委：张京河
副主委：郑　杰　张振宝　苏成宝
武守南
秘书长：张振宝（兼）
农工党枣庄市委主委：艾百灵（女）
副主委：顾天鸽（女）　林　青（女）
程春河　吴晓荫（女）
秘书长：张荣民（女）
农工党东营市总支主委：沈彦明
副主委：刘修云　燕东川
农工党烟台市委主委：张维利（女）
副主委：汤义军　李京波（女）　邹常厚
王茂波
秘书长：贺业赤
农工党潍坊市委主委：刘棣俭
副主委：郑建伟　钟　池　于贞杰（女）
秘书长：崔向东（女）
农工党济宁市总支部委员会主委：张　璇（女）
副主委：马启兰（女）
农工党泰安市委主委：谢崇国
副主委：王庆才　徐　坤　陈玉社
周广芳
秘书长：巩相会
农工党威海市委筹委会主委：李光华
副主委：王玉珍（女）　王晓雷
农工党日照市委主委：林玉营
副主委：惠　旻
秘书长：惠　旻（兼）
农工党莱芜市委主委：张桂爱（女）
副主委：杨桂钊　张茂勇
秘书长：张茂勇（兼）
农工党临沂市委主委：马　华
副主委：卞鸿娟（女）　杨临洪　张永民
农工党德州市委主委：商怀君
副主委：李贵新　李　挺　刘振河
秘书长：张立英（女）
农工党聊城市委主委：孙　菁（女）
副主委：刘建喜　赵素婷（女）
秘书长：刘建喜（兼）
农工党滨州市委主委：刘　凤（女）
副主委：高玉君　孙翠玲（女）
秘书长：韩德富
农工党菏泽市委主委：黄秀玲（女）
副主委：张国华　刘冬翠（女）　吴继海
秘书长：张国华（兼）

·中国致公党·

致公党山东省委主委：赵家军
副主委：张行如　徐文方　陈德展
马传凯　安　骊（女）

刘光烨　王桂英（女）
副秘书长（主持工作）：姜　明（女）
致公党济南市委主委：赵家军
副主委：樊兆民　毕玉平　刘作宗
袁淑玲（女）　张元玺
秘书长：张元玺（兼）
致公党青岛市委主委：刘光烨
副主委：李　静（女）　莫照兰（女）
王兴武
秘书长：郭振栋
致公党淄博市委主委：吴宗杰
副主委：刘玉泽（女）　赵　毅
致公党烟台市委主委：张行如
副主委：唐振铎　王成华（女）
刘林德　李忠维
致公党潍坊市委主委：王桂英（女）
副主委：崔伯瑜　钟　毅（女）
王泳亮
秘书长：曹　春
致公党济宁市委主委：班　博（女）
副主委：孔祥利　赵广红（女）
王振星　程秀兰（女）
高广勇
副秘书长（主持工作）：赵广红（女，兼）
致公党泰安市委主委：梁望东
副主委：张丽霞（女）　鞠达青　李传泰
秘书长：唐晓飞（女）
致公党威海市委主委：于富波
副主委：曲静娟（女）　吉爱国
秘书长：孙月丽（女）
致公党省属日照总支主委：林彦芹（女）
副主委：张宗焕　申　蒙（女）
致公党莱芜支部主委：赵　涛
副主委：徐　峰
致公党省属临沂总支主委：薛　平（女）
副主委：高德新　张星卫
致公党德州市委主委：马传先（女）
副主委：郝吉国　刘红梅（女）　路合江
秘书长：张俊英（女）
致公党滨州支部主委：王方正
致公党菏泽市委主委：孙凤云（女）
副主委：朱明燕（女）　孔兆京
秘书长：朱明燕（女，兼）

致公党日照总支主委：林彦芹（女）
副主委：张宗焕　申　蒙（女）

·九三学社·

九三学社山东省委主委：王随莲（女）
副主委：解士杰　宋传杰　王　琳（女）
邵峰晶（女）　王志玉　刘梦海
巡视员：郭新民
秘书长：林寿先
九三学社济南市委主委：刘梦海
副主委：李景全　田洁（女）　牟国营
陈宁宁（女）　侯建国
秘书长：陈宁宁（兼）
九三学社青岛市委主委：邵峰晶（女）
副主委：林　萍（女）　董　倩　赵铁军
秘书长：武建平
九三学社淄博市委主委：王济众
副主委：孟　强　闸建文　张新清
魏会东
秘书长：刘　双（女）
九三学社枣庄市委主委：付廷安
副主委：薛宝政　张德琦　姜爱英（女）
孙友华　林　捷（女）
秘书长：姜爱英（兼）
九三学社东营市委主委：温晓杰（女）
副主委：徐冬梅（女）　刘志坚
董春梅（女）　张红玲（女）
九三学社烟台市委主委：温金祥
副主委：邹志强　于党辰　梁启华
常黎明
秘书长：张桂德
九三学社潍坊市委主委：李士来
副主委：梁文道　郭文君　单庆茂
秘书长：任惠卿（女）
九三学社济宁市委主委：殷允岭
副主委：吕爱玲（女）　赵　斌　刘要武
杨冬林　李长华（女）
秘书长：李洪海
九三学社泰安市委主委：刘　君
副主委：孟庆伟　孙启凯　刘　峰
诸葛玉平
秘书长：孙德常
九三学社威海市委主委：贾国哲

副主委：高孝忠　崔胜民
秘书长：曲　兴
九三学社日照市委主委：董全宏
副主委：李宜周　赵　琦（女）
秘书长：赵　琦（兼）
九三学社莱芜支部主委：张同祯
九三学社临沂市委主委：赵爱华（女）
副主委：邸宝成　薛锋儒　孙敬忠
秘书长：薛锋儒（兼）
九三学社德州市委主委：钟　玲（女）
副主委：田正祥　李和平（女）　郭天德
张兰菊（女）
秘书长：戴连强
九三学社聊城市委主委：潘延红（女）
副主委：邹胜鲁　刘继光　黄勇
秘书长：周保松
九三学社滨州市委主委：曹玉斌
副主委：刁万祥
秘书长：孙淑芹（女）
九三学社菏泽市委主委：侯　婕（女）
副主委：王庆英（女）　张传新

山东省省市工商联领导班子及县级工商联主席

·山东省工商联·

主　席：王乃静
党组书记、常务副主席：孙孺声
副主席：曹　元（女）　刘冠凤（女）　司学志
赵延彤　张建宏　夏春亭
苏寿堂　宗立成　徐　航
田友海　彭德洲　谢硕文
刘双珉　袁仲雪　张建华
卢志壮　黄淑玲（女）　唐一林
尚吉永　邵仲毅　林凡儒
张　刚　张　波　邱亚夫
赵焕臣　翟　君　李湘平
陈焕德
秘书长：孙占甲
巡视员：栾文通
纪检组长：张永法
副巡视员：宋艳丽（女）

·济南市工商联·

主　席：唐一林
党组书记：李光明（12月前）　齐振虎（12月后）
第一副主席：李光明
副主席：郝继新　张　鹏
靖淑兰（女）　孙立玉（7月前）
凌沛学　黄淑玲（女）
李胜军　于　剑　于晓玉（女）　张　波
马述杰　许　健　谢建明　张成如
盖守岭　高靖平　张　泉　荣兰祥
李　滨　杨殿明　孔令磊
谢硕文（2月后）
秘书长：孙立玉（7月前）　刘　华（7月后）
历下区工商联主席：刘　军（4月前）
市中区工商联主席：马吉营
槐荫区工商联主席：张　泉
天桥区工商联主席：荣兰祥
历城区工商联主席：李　滨
长清区工商联主席：田宪云
章丘市工商联主席：杨殿明
平阴县工商联主席：孔令磊
济阳县工商联主席：张国华
商河县工商联主席：周从军
高新区工商联主席：凌沛学

·青岛市工商联·

主　席：徐　航
党组书记：王吉春
副主席：王吉春　杨常义　解　军　薛世山
刘瑞金　乔伟光　纪爱师　张永升
张贤存　李金堂　辛华龙　陈索斌
周永恒　姜俊平　袁仲雪　袁　杰（女）

韩方如（女） 于德翔 亓久平 王志庆
佘静怡（女） 吴旭锋 张世安 李廷勇
李松群 杜永利 杜 波 杨效慧
姜丰寿 郝 斌（女） 崔树彬 葛尧伦
秘书长：张冬勇
市南区工商联主席：杨 斌
市北区工商联主席：姜佩霞（女）
李沧区工商联主席：朱光亮
崂山区工商联主席：李恒光（女）
城阳区工商联主席：贾宝忠
黄岛区工商联主席：朱能虎
即墨市工商联主席：孙红兵
胶州市工商联主席：高 燕（女）
平度市工商联主席：侯文焕
莱西市工商联主席：李美玲（女）

·淄博市工商联·

主 席：董学武
党组书记：国先彧
副主席：祝 云（女） 周 勇 范家平 吕丕军
赵 军 戴继锋 石光华 崔政亮
赵鸿富 李学峰 张建宏 刘启仁
张希忠 冯宝令 鹿成滨 朱宣军
秘书长：韩少山
张店区工商联主席：牛文宝
淄川区工商联主席：李宝业
博山区工商联主席：李绪苹（女）
周村区工商联主席：陈 涛
临淄区工商联主席：王 安
桓台县工商联主席：李崇伦
高青县工商联主席：周跃龙（6月前）
王 波（6月—11月）
郭立敏（12月后）
沂源县工商联主席：齐修新
高新区工商联主席：张希忠

·枣庄市工商联·

主 席：李敦奉
副主席：周 浩 王 刚 田 勇 刘 刚
安全忠 吴德合 宋桂明 张 冲
李 毅 杨 军 杨四海 苏卫红（女）
孟凡京 郑 建 贺成伟 黄贵华
宋 峰 张 民 侯贺民 赵洪均
高肇林 章庆乐 黄 河 田传绪
刘学强 陈积光 朱宗启 李金元
冯君山 张茂芝 褚 祺 赵光辉
邓连修 关成善 张 坤
秘书长：王洪军
滕州市工商联主席：杜孝玺
薛城区工商联主席：安 朝（女）
山亭区工商联主席：赵海涛
市中区工商联主席：冯君山
峄城区工商联主席：王为增
台儿庄区工商联主席：张德琦

·东营市工商联·

主 席：温晓杰（女）
副主席：王建明 张建军 刘剑辉 马 娟（女）
刘双珉 尚吉永 张春良 刘福海
杨献平 王 军 徐云亭 王秀生
陈建平 崔志祥 赵曰岭 罗 冰
徐绥远
秘书长：张学胜
东营区工商联主席：吴玉国
河口区工商联主席：胡爱民
广饶县工商联主席：宋继明
垦利县工商联主席：梁东光
利津县工商联主席：苟希锋

·烟台市工商联·

主 席：夏晓峰
副主席：周 敏 孙忠杰 崔建成 栾鲁闽
彭德洲 王 海 邹德松 于晓宁
李海锋 邓博毅 唐 波 车 轼
张宝健 张海波 程绍华 朱瑞超
于 波 孙崇信 周忠昌 李国安
王永才 曹积生 李河谊 林裕明
赵学政 丁英虎 王兆信 管 军
梁 平 王 勇 张树政 王珍海
王金勇 吴健民 纪涵文 任吉宏
王家惠
秘书长：纪华芹（女）
芝罘区工商联主席：王 涛
福山区工商联主席：于 泳
莱山区工商联主席：阎仲虎
牟平区工商联主席：张树政

海阳市工商联主席：刘炳国
莱阳市工商联主席：于归赫
栖霞市工商联主席：李宝路
蓬莱市工商联主席：骆功运
龙口市工商联主席：王珍海
招远市工商联主席：李文正
莱州市工商联主席：张波涛
烟台开发区工商联主席：孙文太
长岛县工商联党组书记（主持工作）：李广玉

·潍坊市工商联·

主　席：李传恒
副主席：胡　立　秦学民　张启云（女）　郭富斌
宗立成　蔡绪旺　秦学昌　王新力
王仁华　李传孝　冯子军　孙志强
郭百忠　张有良　王成利　潘昌虎
王兆连　庄玉冰　骆　刚　孙有华
郑铁民　张金磊　孔宪俊　朱九洲
秘书长：秦学民（兼）
奎文区工商联主席：贾　平（女）
潍城区工商联主席：刘宏亮（女）
坊子区工商联主席：常庆科
寒亭区工商联主席：庞胜明
青州市工商联主席：李守纲
寿光市工商联主席：王安文
诸城市工商联主席：杜建华
安丘市工商联主席：张宝庆
昌邑市工商联主席：李明杰
高密市工商联主席：岳国斌
临朐县工商联主席：衣利民
昌乐县工商联主席：滕恩禄

·济宁市工商联·

主　席：陈　颖（女）
副主席：王成玉　焦军道　梁建坤　李洪信
邢东尚　张建群　江保安　李兆祥
郑兆国　吴宪亮　杜月野　周云共
孙建成　姬广金　李庆义　司相芳
丁　行　刘召建　张伟东　胡桂花（女）
王德开　杜振新　任　鹏　王潇夏（女）
秘书长：韩利峰
任城区工商联主席：高秀国
兖州区工商联主席：宋新光
曲阜市工商联主席：孙建成
泗水县工商联主席：王利民
邹城市工商联主席：高善东
微山县工商联主席：李长华
鱼台县工商联主席：姚念举
金乡县工商联主席：孙和平
嘉祥县工商联主席：王从奇
汶上县工商联主席：魏明科
梁山县工商联主席：王宇帆

·泰安市工商联·

主　席：王淑玲（女）
副主席：高树顺　朱　彬　杨启航　郑金钟
徐淑然（女）　王元成　赵士梅（女）
康凤明　胡广敏　李升刚　张　勇
曹洪涛　张继生　李　勇　王　清
刘庆印　杜欣涛　单　丽（女）
姜广利　赵焕臣　赵　杰（女）
吕如峰
秘书长：周　晓
泰山区工商联主席：张　玲（女）
岱岳区工商联主席：朱　丽（女）
新泰市工商联主席：陈西景（女）
肥城市工商联主席：付振江
宁阳县工商联主席：辛艳珍（女）
东平县工商联主席：王金艳（女）

·威海市工商联·

主　席：夏春亭
副主席：张　德　于维丽（女）　程晓军　刘德顺
刘芳友　单永强　孙树仁　邵明喜
林晓合　杨永杰（已故）　邵茂智　翟佳禹
于建洋　张艳红（女）　张华威　张　智
冯鲁威　杨正权　郑美兴　杨立强
汪　军　郝凡森　周永生　林三豹
吴　勇　龙路刚
秘书长：吴江胜
荣成市工商联主席：于建洋
文登市工商联主席：倪永军
乳山市工商联主席：王丛涛
环翠区工商联主席：张　建

·日照市工商联·

主　席：邵仲毅
副主席：刘新玲　彭　波　朱　明　丁　杰
　　　　王廷龙　郑淑胜　靳　照　张爱华
　　　　周加亮　宋广连　杨春利　秦绪方
　　　　张永堂　王东升　武玉杰　王新选
　　　　姚夫军　杜树登
东港区工商联主席：丁　杰
岚山区工商联主席：郑淑胜
莒县工商联主席：邵仲毅（9月前）
　　　　　　　　于波涛（9月后）
五莲县工商联主席：王新选

·莱芜市工商联·

主　席：翟　君
副主席：冯美玲（女）　王新华　杨国莉（女）
　　　　王永胜　王希俭　任启华　刘仕祥
　　　　刘庆平　刘家文　许英强　郝永贵
　　　　谈朝晖（女）　谭乐清　鞠新燕（女）
秘书长：刘和孝
莱城区工商联主席：周长珍（女）
钢城区工商联主席：葛现军

·临沂市工商联·

主　席：王晓嫚（女）
副主席：张建军　李长存　纪庆兰（女）　张维森
　　　　熊珂安　林凡儒　解永军　王彦军
　　　　王京连　彭思志　李银程　张立省
　　　　李　兴　顾怀亮　杨自江　李步明
　　　　王文升　赵久标　庄　依　周　昆
　　　　李运德　孙佰文　张义华　刘永国
　　　　林　波　夏京利　万连步　金宝华
　　　　蹇兆旺　戴景明　李忠山
秘书长：孙家常
兰山区工商联主席：宿振友
罗庄区工商联主席：李　兴
河东区工商联主席：王文升
郯城县工商联主席：李步明
兰陵县工商联主席：任　力（女）
莒南县工商联主席：李金华（女）
沂水县工商联主席：李运德
蒙阴县工商联主席：赵久标
平邑县工商联主席：张家荣（女）（11月前）
　　　　　　　　　管　建（11月后）
费县工商联主席：孙伯文
沂南县工商联主席：王德平
临沭县工商联主席：杨会军

·德州市工商联·

主　席：张洪波
副主席：曹致源　孔　毅　马　锋　刘　伟
　　　　刘阿平　倪国岭　周晓峰　卞建刚
　　　　车长利　朱昌和　张　迅　周文民
　　　　程少博　满增志　靳海洋　魏建国
　　　　陈声环　刘　勇　李　峰　秦庆平
　　　　崔俊良　王印芳　王志安　张连水
　　　　郑长胜　韩华民　臧汝智　王武清
　　　　孙　勇　刘玉国　刘宗利　刘洪恩
　　　　朱　鸿　陆付军　吴俊峰　张　翼
　　　　李玉林　李洪胜　陈　飞　宋金胜
　　　　郑毓禄　郎光辉　滕先爱　谯　斌
秘书长：杨晓梅（女）
德城区工商联主席：王福华
禹城市工商联主席：南慧清
乐陵市工商联主席：刘子耿
宁津县工商联主席：徐宝华
齐河县工商联主席：郑桂萍（女）
临邑县工商联专职副主席：徐　鹏
陵县工商联主席：门素芹（女）
平原县工商联主席：于建华
武城县工商联主席：潘华伟（女）
夏津县工商联主席：张廷鹏
庆云县工商联主席：张洪波

·聊城市工商联·

主　席：马丽红（女）
副主席：邢跃隽（女）　武玉春　李丙刚　李玉华
　　　　刘玉杰　贺怀芝　韩天进　付朝军
　　　　胡志忠　崔　阁　宫增民　岳修高
　　　　邢志勇　贾振忠　陈振国　徐焕普
　　　　付崇会　张继忠　胡爱军　张本华
秘书长：李丙刚
东昌府区工商联主席：王风清
临清市工商联主席：宛秋生
冠县工商联主席：申丽伟
莘县工商联主席：徐宝泉

阳谷县工商联主席：杨兆阁
东阿县工商联主席：司家勇
茌平县工商联主席：刘继军
高唐县工商联主席：刘维华

·滨州市工商联·

主　席：侯学锋
副主席：杨玉鑫　赵金芳（女）　马韵升　赵洪林
张荣强　刘慧兰（女）　丁　杰　李小得
吕　宏　江文章　黄延昌　张广富
杨承寿　江中木　王雪征　黄大顺
段建国　于　华　崔立新　李　茜
高殿学　薛荣强　郭春森　赵成山
赵振鹏
秘书长：吴殿华
滨城区工商联主席：毛建梅
惠民县工商联主席：赵金沙
阳信县工商联主席：窦志军
无棣县工商联主席：张荣强
沾化县工商联主席：王守泽
博兴县工商联主席：聂泉刚
邹平县工商联主席：张宝武

·菏泽市工商联·

主　席：樊庆斌
副主席：王宝军　朱坤鹏　冉凡文　田明刚
范鲁华　张之昱　孙军利　刘良臣
李呈祥　丁传英　李新民　刘法来
尚瑞芬（女）　张善仲　余庆明　钟国栋
李湘平　郭卫东　车法升　赵　菁（女）
陈殿杰　刘宪进　李宪德
秘书长：冉凡文
牡丹区工商联主席：申瑞萍（女）
曹县工商联主席：和广森
定陶县工商联主席：张宪春
成武县工商联主席：陈承旭
单县工商联主席：吴基因
巨野县工商联主席：尚瑞芬（女）
郓城县工商联主席：王明华
鄄城县工商联主席：肖　云（女）
东明县工商联主席：穆绪刚

山东省省市社会主义学院领导班子

·山东省社会主义学院·

院　　长：王志民（3月前）　孙继业（3月后）
党组书记：崔　巍（3月前）　曲　涛（3月后）
副 院 长：崔　巍（3月前）　曲　涛（3月后）
路笃盛　孙传军　刘鲁会　尹晓民（女）
副巡视员：牛　宏

·济南市社会主义学院·

党委书记：纪宝华
院　　长：纪宝华
副 院 长：耿耀贤　刘晓钟　解　慧（女）
王瑞云（7月前）　张　勇（12月后）
教 育 长：张月琴（女）

·青岛市社会主义学院·

院　　长：王修林
党组书记：王修照
副 院 长：李辛夷　马苏文　江玉民（兼职）
赵高潮（兼职）

·枣庄市社会主义学院·

院　　长：徐　玲（女）
副 院 长：李书亭　刘军业

·东营市社会主义学院·

院　　长：张　惠（女）
副 院 长：周秀荣（女）

·烟台市社会主义学院·

院　　长：程德智
副 院 长：隋东玲（女）

·济宁市社会主义学院·
院　　长：傅明先
副 院 长：张晓玉　王衍安

·威海市社会主义学院·
院　　长：李在武
副 院 长：董旭日

·临沂市社会主义学院·
院　　长：张广敬
副 院 长：张文彦

·德州市社会主义学院·
副 院 长：邹　岩

·聊城市社会主义学院·
院　　长：殷立森（1月至8月）
分管部长：辛刚英（8月至12月）

·滨州市社会主义学院·
院　　长：姜银浩
副 院 长：刘培峰　尚玉明（女）

·菏泽市社会主义学院·
院　　长：孙凤云（女）
副 院 长：靳海岩

山东省各级人大政协党外领导干部

·省级·
温孚江　山东省人大常委会副主任、民盟山东省委主委
孙继业　山东省政协副主席、民革山东省委主委
郭爱玲　山东省政协副主席、民建山东省委主委
栗　甲　山东省政协副主席、民进山东省委主委
王新陆　山东省政协副主席、农工党山东省委主委
王乃静　山东省政协副主席、省工商联主席

·济南市·
段青英（女）济南市人大常委会副主任、农工党济南市委主委
崔大庸　济南市政协副主席、民盟济南市委主委
金德岭　济南市政协副主席、民进济南市委主委
赵家军　济南市政协副主席、致公党济南市委主委
刘梦海　济南市政协副主席、九三学社济南市委主委
王晓军　历下区人大常委会副主任（无党派）
房玉萍（女）历下区政协副主席（无党派）
刘　岩（女）历下区政协副主席、民建历下区总支主委
刘　军　历下区政协副主席、九三学社历下区基层委员会副主委
李　莹（女）市中区人大常委会副主任（民建）
潘　华　市中区政协副主席（民革）
徐长远　市中区政协副主席（民建）
刘友文　市中区政协副主席、市中区外侨办主任（民进）
展庆林　槐荫区人大常委会副主任（无党派）
马厚强　槐荫区政协副主席、民革槐荫区总支主委
李庆甲　槐荫区政协副主席、九三学社槐荫区基层委员会主委
吕红艳（女）槐荫区政协副主席、槐荫区科技局副局长、生产力促进中心主任（民盟）
李　建　天桥区人大常委会副主任、济南留学人员联谊会副会长兼秘书长（无党派）
郑　刚　天桥区政协副主席、九三学社天桥区基层委员会主委
荣兰祥　天桥区政协副主席、天桥区工商联主席
王洪新（女）天桥区政协副主席、民进天桥区总支主委
王连平　历城区人大常委会副主任、民建历城区总支主委
贺光幸　历城区政协副主席、民进历城区总支主委
王钢城　历城区政协副主席、民盟历城区基层委员会主委

宫玉玲（女）历城区政协副主席（无党派）
时华勤（女）长清区人大常委会副主任、农工党长清区支部主委
张　勇　长清区政协副主席、长清区司法局副局长（民建）
郭卫东　长清区政协副主席、区人民医院副院长（致公党）
赵　洁（女）长清区政协副主席、长清区财政局副局长（无党派）
徐家红（女）章丘市人大常委会副主任、章丘市科协副主席（无党派）
赵　敏　章丘市政协副主席、民盟章丘市基层委员会主委
刘乃娟（女）章丘市政协副主席、市卫生学校校长（无党派）
牛凤学（女）章丘市政协副主席、市林业局副局长（无党派）
付　丽（女）平阴县人大常委会副主任（无党派）
孟庆华　平阴县政协副主席（无党派）
宫建泉　平阴县政协副主席、县中医院院长（无党派）
崔召龙　平阴县政协副主席、县畜牧局副局长（无党派）
杨玉美（女）济阳县人大常委会副主任（无党派）
郭协勇　济阳县政协副主席（无党派）
张学兰（女）济阳县政协副主席、科技局副局长（无党派）
卢士平　济阳县政协副主席、县人民医院院长（无党派）
刘学军　商河县人大常委会副主任（无党派）
吕丙翠（女）商河县人大常委会副主任（无党派）
张立森　商河县政协副主席、县人民医院院长（无党派）
任道庆　商河县政协副主席、县第一中学工会主席（无党派）
康建华（女）商河县政协副主席、县人民医院妇产科主任（无党派）

·青岛市·

徐　航　青岛市人大常委会副主任、市工商业联合会主席（民革）
麦康森　青岛市政协副主席、民革青岛市委主委（民革）
王修林　青岛市政协副主席、民盟青岛市委主委（民盟）
方　漪　青岛市政协副主席、民进青岛市委主委（民进）
宋修岐　青岛市政协副主席、农工党青岛市委主委（农工党）
邵峰晶（女）青岛市政协副主席、九三学社青岛市委主委（九三学社）
杨　斌　市南区人大常委会副主任、区工商业联合会主席（无党派）
周　红（女）市南区政协副主席（无党派）
孟祥杰　市南区政协副主席、区卫生局副局长（无党派）
修先约　市南区政协副主席、区城市管理局局长（农工党）
吉红军（女）市北区人大常委会副主任（无党派）
周海鸥　市北区政协副主席（民革）
董锡全　市北区政协副主席、区人民法院副院长（民建）
姜佩霞（女）市北区政协副主席、区工商业联合会主席（农工党）
王德顺　市北区政协副主席（民进）
戴玉环（女）李沧区人大常委会副主任（无党派）
李　燕（女）李沧区政协副主席（九三学社）
吕伟烈　李沧区政协副主席（民建）
朱光亮　李沧区政协副主席、区工商业联合会主席（无党派）
王兴武　崂山区人大常委会副主任（致公党）
于青云（女）崂山区政协副主席（农工党）
李恒光（女）崂山区政协副主席、区工商业联合会主席（民建）
赵广涛　崂山区政协副主席、中国海洋大学海底科学与探测技术教育部重点实验室副主任（民盟）
于惠娟（女）黄岛区人大常委会副主任（无党派）
王世锋　黄岛区政协副主席（无党派）
刘淑岚（女）黄岛区政协副主席（民盟）
许传辉　黄岛区政协副主席、黄岛区第二人民医院院长（无党派）
贾宝忠　城阳区人大常委会副主任、区工商业联合会主席（民建）
牟向信　城阳区政协副主席（无党派）
牛爱春（女）城阳区政协副主席（无党派）

刘庆华　城阳区政协副主席、青岛农业大学园林规划设计研究院院长（九三学社）
迟建珉（女）即墨市人大常委会副主任（民进）
王立峰　即墨市政协副主席、市监察局副局长（民进）
孙文英（女）即墨市政协副主席（无党派）
孙红兵　即墨市政协副主席、市工商业联合会主席（无党派）
徐启斌　胶州市人大常委会副主任（无党派）
李军梅（女）胶州市政协副主席（无党派）
王天鸿　胶州市政协副主席（无党派）
陆君玉　胶州市政协副主席（民盟）
窦利群　平度市人大常委会副主任（无党派）
殷　清　平度市政协副主席、山东黄金矿业（鑫汇）有限公司副总经理（无党派）
刘明娟（女）平度市政协副主席（民革）
崔传富　平度市政协副主席、市文化广电新闻出版局副局长（无党派）
王明兴　莱西市人大常委会副主任（九三学社）
王志强　莱西市政协副主席（无党派）
李美玲（女）莱西市政协副主席、市工商业联合会主席（无党派）
王志超　莱西市政协副主席、市教育体育局局长（九三学社）
孙焕伟　莱西市政协副主席、市监察局副局长（无党派）

·淄博市·

王法亮　淄博市人大常委会副主任、民建市委主委
董学武　淄博市政协副主席、市工商联主席（无党派）
达建文　淄博市政协副主席、民盟市委主委
吴宗杰　淄博市政协副主席、致公党市委主委
王济众　淄博市政协副主席、九三学社市委主委
徐国庆　张店区人大常委会副主任（无党派）
王建国　张店区政协副主席、民革张店区基层委主委
姜尚敬　张店区政协副主席、淄博实验中学副校长（民进）
禚淑萍（女）张店区政协副主席、民进市委主委、山东理工大学化工学院院长（民进）
唐凤德　淄川区人大常委会副主任、民建淄川区基层委主委
苏成宝　淄川区政协副主席、农工党淄川区基层委主委
崔爱农　淄川区政协副主席、淄矿集团资本经营部副部长（无党派）
房宽良　博山区人大常委会副主任、民建博山区委主委
丁修海　博山区政协副主席、民革博山区基层委主委
杨　博　博山区政协副主席、博山区民盟基层委主委
张新清　博山区政协副主席、九三学社博山区基层委主委
李军生　周村区人大常委会副主任（民建）
张红蕾（女）周村区政协副主席、九三学社周村区基层委主委
李玉清（女）周村区政协副主席、民盟周村区基层委主委
王翔宇　周村区政协副主席（无党派）
武守南　临淄区人大常委会副主任、农工临淄区基层委主委
于　海　临淄区政协副主席、齐鲁石化九三学社基层委主委
苗　玉　临淄区政协副主席、民革临淄区基层委主委
李松岭　临淄区政协副主席、九三学社临淄区基层委主委
李崇伦　桓台县人大常委会副主任、县工商联主席（无党派）
裴培科　桓台县政协副主席、民盟桓台县基层委主委
毕玉秀（女）桓台县政协副主席、民建桓台县基层委主委
荆　锐　桓台县政协副主席（无党派）
张　瑞　高青县人大常委会副主任（无党派）
李俊国　高青县政协副主席、县二中校长（无党派）
吴志明　高青县政协副主席、县经济开发区管委会副主任、总工程师（无党派）
于风云（女）高青县政协副主席、县农业局总农艺师（无党派）
苗希峰　沂源县人大常委会副主任（无党派）
董玉贞（女）沂源县政协副主席、妇幼保健院院长（无党派）

陈传禄　沂源县政协副主席、经协办主任（无党派）

·枣庄市·

徐　玲（女）枣庄市人大常委会副主任、民革枣庄市委会主委
付廷安　枣庄市政协副主席、九三学社枣庄市委会主委
李敦奉　枣庄市政协副主席、市工商联主席（民建）
汤海涵　枣庄市政协副主席、民盟枣庄市委会主委
艾百灵（女）枣庄市政协副主席、农工党枣庄市委会主委
顾天鸽（女）滕州市人大常委会副主任，农工党枣庄市委会副主委、滕州总支主委
刘　茜（女）滕州市政协副主席，民盟枣庄市委会副主委、滕州总支主委
杜孝玺　滕州市政协副主席、市工商联主席（民盟）
乔令梅（女）滕州市政协副主席（无党派）
贾继芳（女）薛城区人大常委会副主任、九三学社薛城支社主委
彭景涛　薛城区政协副主席（九三学社）
安　朝（女）薛城区政协副主席、区工商联主席（民建）
姚　磊　薛城区政协副主席、民革薛城支部主委
胡志蓉（女）山亭区人大常委会副主任（无党派）
彭智杰　山亭区政协副主席、九三学社山亭支部主委
汤爱霞（女）山亭区政协副主席、九三学社山亭支部副主委
贾庆仁　山亭区政协副主席、民盟市直二支部主委
周爱国　市中区人大常委会副主任、民盟市中区支部主委
郑遵法　市中区政协副主席，民革枣庄市委会副主委、市中区支部主委
程春河　市中区政协副主席，农工党枣庄市委会副主、市中区支部主委
冯君山　市中区政协副主席、工商联主席（无党派）
刘传玲（女）峄城区人大常委会副主任、农工党峄城支部副主委
王为增　峄城区政协副主席、工商联主席（无党派）
鹿岚芬（女）峄城区政协副主席（无党派）
仲维光　峄城区政协副主席、农工党峄城区支部主委
马维刚　台儿庄区人大常委会副主任（无党派）
张健民　台儿庄区政协副主席（无党派）
朱宪磊　台儿庄区政协副主席，九三学社台儿庄支部主委
孙念素（女）台儿庄区政协副主席，农工党台儿庄支部主委

·东营市·

温晓杰（女）东营市人大常委会副主任、九三学社东营市委主委
陈　胜　东营市政协副主席（九三学社）
王景春　东营市政协副主席（无党派）
张作龙　东营市政协副主席，民革东营市委主委
王新红　东营市政协副主席，民盟东营市委主委
李雪梅（女）东营区人大常委会副主任（无党派）
张慧霞（女）东营区政协副主席、石油大学胜利学院人事处副处长、经营管理处处长（无党派）
刘瑞俭　东营区政协副主席（无党派）
马献忠　东营区政协副主席，区地方史志办公室主任（无党派）
赵淑萍（女）河口区人大常委会副主任、胜利油田河口采油厂副厂长（无党派）
张兆栋　河口区政协副主席，区水利局局长（无党派）
郭玉珍（女）河口区政协副主席，区科技局副局长（无党派）
杨　芳（女）河口区政协副主席、河口区司法局局长（无党派）
顾美英　广饶县人大常委会副主任，广饶一中高级教师（无党派）
戚德仁　广饶县政协副主席（无党派）
刘海涛　广饶县政协副主席（无党派）
秦国峰　广饶县政协副主席，县审计局副局长（无党派）
陆长河　垦利县人大常委会副主任（无党派）
黄　虎　垦利县政协副主席，县教育局副局长（无党派）
徐冬梅（女）垦利县政协副主席，九三学社东营市委副主委

冯建国　　垦利县政协副主席，县商务局局长（无党派）
刘立清　　利津县人大常委会副主任，县中心医院院长（无党派）
刘建民　　利津县政协副主席，县国资办主任（无党派）
宋学民　　利津县政协副主席（无党派）
岳春先　　利津县政协副主席，县供销合作社主任（无党派）

·烟台市·

张维利（女）烟台市人大常委会副主任，农工党烟台市委主委（农工党）
田明宝　　烟台市政协副主席（无党派）
江林昌　　烟台市政协副主席，烟台大学副校长，民盟烟台市委主委（民盟）
张行如　　烟台市政协副主席，烟台市商务局副局长、市投资促进局局长，致公党烟台市委主委（致公党）
栾江平（女）芝罘区人大常委会副主任，烟台城乡建设学校校长（无党派）
郝有林　　芝罘区政协副主席（无党派）
郭桂英（女）芝罘区政协副主席、区法院副院长（无党派）
杜文韬　　芝罘区政协副主席、区卫生局副局长（无党派）
杨　凯　　福山区人大常委会副主任、区医院内二科主任（民盟）
张宏政　　福山区政协副主席、区教体局副局长（无党派）
宋夕纯　　福山区政协副主席、区住房和建设管理局副局长（无党派）
王成华（女）莱山区人大常委会副主任，致公党烟台市委副主委（致公党）
刘殿波　　莱山区政协副主席，山东绿叶制药有限公司董事长、总经理（民建）
王莉莉（女）莱山区政协副主席（无党派）
胡小宁　　莱山区政协副主席（无党派）
蔡德利　　牟平区人大常委会副主任（无党派）
金星月（女）牟平区政协副主席、烟台大同电器副总经理（无党派）
王　宁　　牟平区政协副主席，养马岛旅游度假区土地规划建设局局长，养马岛街道办事处副主任（无党派）
宋向阳　　牟平区政协副主席、烟台新潮实业股份有限公司董事长（致公党）
纪广惟　　海阳市人大常委会副主任（无党派）
刘炳国　　海阳市政协副主席、市工商联主席（无党派）
孙正威　　海阳市政协副主席（无党派）
姜国栋　　莱阳市人大常委会副主任、市职专工会主席（无党派）
邹常厚　　莱阳市人民政府副市长、市政协副主席，农工党烟台市委副主委（农工党）
刘健美（女）莱阳市政协副主席，山东中医药高等专科学校经方研究所所长（民盟）
郭香菊（女）栖霞市人大常委会副主任、市实验中学教师（无党派）
衣玉祥　　栖霞市政协副主席（无党派）
孙宗升　　栖霞市政协副主席、市中小企业局民营经济服务中心主任（无党派）
呼守舫（女）蓬莱市人大常委会副主任、市人民医院传染科主任（无党派）
曹桂琴（女）蓬莱市政协副主席（无党派）
寇润平　　蓬莱市政协副主席、市旅游度假区管委副主任、蓬莱阁管理处主任（无党派）
宋　霞（女）蓬莱市政协副主席、市统计局局长（无党派）
王尊清　　长岛县人大常委会副主任（无党派）
袁　旭（女）长岛县政协副主席（无党派）
王作文　　长岛县政协副主席、县旅游服务中心主任（无党派）
吴小平（女）龙口市人大常委会副主任（无党派）
李忠维　　龙口市政协副主席，龙口市利佳电器有限公司董事长、宁波大和铁芯有限公司董事长，致公党烟台市委副主委（致公党）
杨呈显　　龙口市政协副主席、科协主席（无党派）
杨建荣（女）招远市人大常委会副主任、市总工会副主席（无党派）
李广武　　招远市政协副主席（无党派）
李文正　　招远市政协副主席、市工商联主席（无党派）
赵金菊（女）招远市政协副主席、山东中矿集团有限公司董事长（无党派）
梁艳霞（女）莱州市人大常委会副主任（无党派）
刘笃深　　莱州市政协副主席、市质量技术监督局

局长（无党派）
刘　芳（女）莱州市政协副主席、市国土资源局副局长（无党派）
姜旭春　莱州市政协副主席，市体育工作办公室主任兼市教育体育局副局长（无党派）

·潍坊市·

毛秀凤（女）潍坊市人大常委会副主任、市人口与计生协会会长（民盟）
李传恒　潍坊市政协副主席、市经信委主任、市工商联主席（九三学社）
王贤臣　潍坊市政协副主席、市中级人民法院副院长（民进）
李士来　潍坊市政协副主席、市疾控中心主任、九三学社市委会主委（致公党、九三学社）
王颖红（女）奎文区人大常委会副主任（民革）
滕玉云（女）潍城区人大常委会副主任（无党派）
常庆科　坊子区人大常委会副主任、区工商联主席（民建）
张辉忠　寒亭区人大常委会副主任（无党派）
徐健生（女）青州市人大常委会副主任（无党派）
郑晓瑛（女）诸城市人大常委会副主任、市妇幼保健中心副主任（无党派）
李昌武　寿光市人大常委会副主任、潍坊科技学院院长（无党派）
王洪书　安丘市人大常委会副主任（无党派）
毛进兰（女）高密市人大常委会副主任、市建设局审图中心主任（无党派）
许孝新　临朐县人大常委会副主任、县人民医院副院长（无党派）
周晓玲（女）昌乐县人大常委会副主任、县科协主席（无党派）
陈立宝　奎文区政协副主席（民进）
李　莉（女）奎文区政协副主席、区科技局副局长（九三学社）
郭文君　奎文区政协副主席（九三学社）
刘　波　潍城区政协副主席（民进）
李汝林　潍城区政协副主席、区审计局副局长（无党派）
刘宏亮（女）潍城区政协副主席、区工商联主席（无党派）
于仁之　坊子区政协副主席（无党派）
李叶忠　坊子区政协副主席、区经信局副局长（无党派）
李子木　坊子区政协副主席（无党派）
刘伟宏　寒亭区政协副主席、区水利局副局长（无党派）
高允琴（女）寒亭区政协副主席（无党派）
王建岗　寒亭区政协副主席（民进）
李金凤（女）青州市政协副主席、山东尧王控股集团董事长（致公党）
牛建一　青州市政协副主席、潍坊市益都中心医院院长（致公党）
李守纲　青州市政协副主席、市工商联主席（民建、中共）
张海铁　诸城市政协副主席、市教育局副局长（无党派）
吴建智　诸城市政协副主席、市环保局副局长（无党派）
臧晋运　诸城市政协副主席、市农机局副局长（无党派）
刘建安　寿光市政协副主席（无党派）
袁昌彪　寿光市政协副主席（民盟）
刘美霞（女）寿光市政协副主席（无党派）
李效民　安丘市政协副主席（无党派）
王振红（女）安丘市政协副主席、市科协主席（无党派）
宿明明　安丘市政协副主席、潍坊3V集团董事长（农工党）
吕继贤　昌邑市政协副主席、山东浩信集团有限公司董事长（无党派）
李建军　昌邑市政协副主席、市妇幼保健院院长（无党派）
冯义军　昌邑市政协副主席、市农业局副局长（无党派）
施玉梅（女）高密市政协副主席、 醴泉街道办事处副主任（无党派）
吴金晶　高密市政协副主席、高密市第五中学校长（无党派）
张兆年　高密市政协副主席、市教育局副局长（无党派）
张惠玉（女）临朐县政协副主席、县教育局副局长（无党派）
倪若强　临朐县政协副主席、县监察局副局长（无党派）

白雪峰　临朐县政协副主席、县住房和城乡建设局副局长（无党派）
滕恩禄　昌乐县政协副主席、县工商联主席（无党派）
王泳亮　昌乐县政协副主席（致公党）

·济宁市·

殷允岭　济宁市人大常委会副主任、九三学社济宁市委主委
戴伟娟（女）济宁市政协副主席、济宁医学院图书馆馆长、市党外知识分子联谊会会长（无党派）
陈　颖（女）济宁市政协副主席、市工商联主席（九三学社）
郭洪敏　济宁市政协副主席、民盟济宁市委主委、市第一人民医院副院长
李良品　济宁市政协副主席、民进济宁市委主委、市中级人民法院副院长
王正宝　任城区人大常委会副主任（民盟）
高秀国　任城区人大常委会副主任（无党派）
刘鹭威　任城区政协副主席（无党派）
李云峰　任城区政协副主席（无党派）
尹成玉　任城区政协副主席（无党派）
王正军　任城区政协副主席（民建）
颜光谱　任城区政协副主席（无党派）
宋新光　兖州区人大常委会副主任、区工商联主席（无党派）
刘　春　兖州区政协副主席（无党派）
郭元强　兖州区政协副主席、兖州区联诚金属制品有限公司董事长（无党派）
朱前春（女）兖州区政协副主席、兖州区妇幼保健院院长（无党派）
李　刚　曲阜市政协副主席（民盟）
胥国红（女）曲阜市政协副主席、济宁学院音乐系副主任（无党派）
高善东　邹城市人大常委会副主任（无党派）
仇成全　邹城市政协副主席、邹城市第二中学副校长（无党派）
闫荣阶　邹城市政协副主席、市畜牧兽医局副局长（民盟）
孟淑勤（女）邹城市政协副主席、兖矿东华公司产业发展处副处长（民盟）
王士珂　泗水县人大常委会副主任、县人民医院院长（九三学社）
王孟祯　泗水县政协副主席、县人民医院副院长（无党派）
周传祥　泗水县政协副主席、县畜牧兽医局局长（无党派）
宋恩林　泗水县政协副主席、泗水一中工会主席（无党派）
李德贵　微山县人大常委会副主任（民盟）
周素敏（女）微山县政协副主席（无党派）
韩光丽（女）鱼台县人大常委会副主任、县经济开发区财政分局局长（无党派）
王翠云（女）鱼台县政协副主席、文史资料委主任（无党派）
王海玲（女）鱼台县政协副主席、县商务局副局长（无党派）
李　进　鱼台县政协副主席、县发改局副局长（无党派）
李　丽（女）金乡县人大常委会副主任（无党派）
史衍岭　金乡县政协副主席、县检察院副检察长（无党派）
孙和平　金乡县政协副主席、县工商联主席（无党派）
张守科　金乡县政协副主席、县卫生局局长（无党派）
刘文书　嘉祥县人大常委会副主任（无党派）
高　歌（女）嘉祥县政协副主席、县计生服务站站长（无党派）
王瑞峰　嘉祥县政协副主席、县中小企业局副局长（民建）
杨安娜（女）汶上县人大常委会副主任（无党派）
魏明科　汶上县政协副主席、县工商联主席（无党派）
郭宗林　汶上县政协副主席、县人民医院副院长（无党派）
冯　凯　汶上县政协副主席、县红十字会会长（无党派）
林宪良　梁山县人大常委会副主任、梁山第一中学工会主席（无党派）
刘　征　梁山县政协副主席、县国内招商局局长（九三学社）
王学灵　梁山县政协副主席、县供销社监事会主任（无党派）
于安玲（女）梁山县政协副主席、民建济宁市委副主委

·泰安市·

滕先森　　泰安市人大常委会副主任、民建泰安市委主委
刘　君　　泰安市政协副主席、九三学社泰安市委主委
谢崇国　　泰安市政协副主席、农工党泰安市委主委
王昌元　　泰安市政协副主席、民进泰安市委主委
王淑玲（女）泰安市政协副主席、市工商联主席（九三学社）
刘　凤（女）泰山区人大常委会副主任（无党派）
刘海凌（女）泰山区政协副主席、区卫生局副局长（九三学社）
李战德　　泰山区政协副主席、泰安市中医二院副院长（无党派）
张　玲（女）泰山区政协副主席、泰山区工商联主席（民盟）
唐晓飞（女）岱岳区人大常委会副主任、致公党泰安市委秘书长
游志成　　岱岳区政协副主席、区贸促会会长（无党派）
法臣文　　岱岳区政协副主席、区监察局副局长（无党派）
肖　玲（女）岱岳区政协副主席、区审计局总审计师（九三学社）
张传军　　新泰市人大常委会副主任、市人民医院副院长（农工党）
耿玉松　　新泰市政协副主席，新泰一中副校长（民盟）
殷培文　　新泰市政协副主席、市计生局副局长（农工党）
渠红梅（女）新泰市政协副主席（民革）
王同华（女）肥城市人大常委会副主任、市老龄办副主任（民革）
江玉祥　　肥城市政协副主席、贵州肥矿能源有限公司总工程师（无党派）
杨淑贞（女）肥城市政协副主席、市文广新局副局长（无党派）
付振江　　肥城市政协副主席、市工商联主席（致公党）
苑继常　　宁阳县人大常委会副主任（民革）
尚　勇　　宁阳县政协副主席（民革）
辛艳珍（女）宁阳县政协副主席、县工商联主席（无党派）
连桂荣　　宁阳县政协副主席、县财政局副局长、县国资运营公司总经理（无党派）
李元申　　东平县人大常委会副主任、县疾控中心主任（无党派）
吴绪季　　东平县政协副主席、县农业局副局长（无党派）
王金艳（女）东平县政协副主席、县工商联主席（无党派）
孟　光　　东平县政协副主席、县人民医院副院长（无党派）

·威海市·

毕礼伟　　威海市人大常委会副主任（民建）
任怀平　　威海市政协副主席、山东大学（威海）翻译学院教授（民革）
刘亚东（女）威海市政协副主席、市体育局副局长（无党派）
李淑芳（女）威海市政协副主席（民革）
戚建波　　威海市政协副主席、威海市第一中学副校长（无党派）
刘书国　　荣成市人大常委会副主任（无党派）
刘建忠　　荣成市政协副主席、市教育局副局长（无党派）
郭光远　　荣成市政协副主席、市卫生局副局长、市人民医院院长（无党派）
张新颖（女）荣成市政协副主席、市计生局副局长（无党派）
李健夫　　文登市人大常委会副主任、市电业总公司副总（无党派）
王江炜　　文登市政协副主席（无党派）
杨学文　　文登市政协副主席、市法院副院长（无党派）
黄梅花（女）文登市政协副主席、市工商联副主席（无党派）
赵钧波　　乳山市人大常委会副主任、博物馆馆长（无党派）
李新权　　乳山市政协副主席、市水利局副局长（无党派）
丛宝云　　乳山市政协副主席、市科技局副局长（无党派）
宫红霞（女）乳山市政协副主席、市发改局副局长（无党派）

韩　静（女）环翠区人大常委会副主任（民建）
许德勤　环翠区政协副主席、区海洋与渔业局副局长（民盟）
周　宁　环翠区政协副主席、区商务局局长（民盟）
邓　洁（女）环翠区政协副主席、区水利局副局长（九三学社）

·日照市·

梁云爱　日照市人大常委会副主任、民盟日照市委主委
戚素芬（女）日照市政协副主席、市党外知识分子联谊会会长（无党派）
王坤英（女）日照市政协副主席、民革日照市委主委
董全宏　日照市政协副主席、九三学社日照市委主委
林玉营　日照市政协副主席、农工党日照市委主委
郭慧敏（女）东港区人大常委会副主任、区工商联副主席（无党派）
安丰华（女）东港区政协副主席（民革）
王　诺（女）东港区政协副主席、区农产品检测中心副主任（无党派）
杨静静（女）东港区政协副主席、区林业局副局长（民革）
杨宝友　岚山区人大常委会副主任、日照三木集团有限公司董事长（无党派）
韩建设　岚山区政协副主席（民盟）
谭　洁（女）岚山区政协副主席、区工会主席（九三学社）
王培玲（女）岚山区政协副主席、区监察局副局长（民革）
邵仲毅　省工商联副主席、市工商联主席、莒县人大常委会副主任（无党派）
常志全　莒县政协副主席、县环保局副局长（无党派）
项学喜　莒县政协副主席、县水利局总工程师（无党派）
徐志霞（女）莒县政协副主席、县监察局副局长（民盟）
胡　靖（女）五莲县人大常委会副主任（无党派）
邬云海　五莲县政协副主席（无党派）
彭万柏　五莲县政协副主席、县人民医院副院长（无党派）
刘玉燕（女）五莲县政协副主席、县旅游和文体广电局副局长（无党派）

·莱芜市·

魏春香（女）莱芜市人大常委会副主任、民盟莱芜市委主委
赵　涛　莱芜市政协副主席、致公党莱芜支部主委
张桂爱（女）莱芜市政协副主席、农工党莱芜市委主委
董　杰　莱芜市政协副主席（九三学社）
程克明　莱芜市政协副主席（无党派）
张文琴（女）莱城区人大常委会副主任、莱城区卫生局培训办公室副主任（农工党）
李润亭　莱城区政协副主席、莱芜职业中专副校长（无党派）
王启壮　莱城区政协副主席、鲁中矿医院病理科主任（无党派）
周长珍（女）莱城区政协副主席、莱城区工商联主席（无党派）
谭乐芝（女）钢城区人大常委会副主任（民盟）
侯尚俭　钢城区政协副主席（无党派）
邹　峰　钢城区政协副主席（无党派）

·临沂市·

冯　安（女）临沂市人大常委会副主任、民进临沂市委主委
王启成　临沂市政协副主席、民革临沂市委主委（民革、九三学社）
刘继双　临沂市政协副主席、民盟临沂市委主委
丁成建　临沂市政协副主席、民建临沂市委主委（民进、民建）
王晓嫚（女）临沂市政协副主席、市工商联主席（无党派）
王爱君（女）兰山区人大常委会副主任、区建设局副局长
王观利　兰山区政协副主席、农工党兰山总支副主委
张豪轩　兰山区政协副主席、民进兰山总支主任
朱海燕（女）兰山区政协副主席
杜宝珍（女）罗庄区人大常委会副主任、民进罗庄支部主委
王志伟　罗庄区政协副主席、民革临沂市委副主委
李善农　罗庄区政协副主席、民盟罗庄区基层委员会主委

何　雪（女）罗庄区政协副主席（无党派）
盖慧涵（女）河东区人大常委会副主任、区残联理事长（无党派）
李宗芬（女）河东区政协副主席、区计生局副局长（民建）
张炳才　河东区政协副主席、区科技局副局长（民进）
赵秋云（女）河东区政协副主席（农工党）
李宪娜（女）郯城县人大常委会副主任（无党派）
张凤梅（女）郯城县政协副主席、县司法局副局长（无党派）
梅占洋　郯城县政协副主席、县监察局副局长（无党派）
佟克本　郯城县政协副主席、鲁南纸业集团经理（无党派）
李　玲（女）兰陵县人大常委会副主任、科协副主任（无党派）
黄昌领　兰陵县政协副主席、县体育中心主任（九三学社）
郭秀章（女）莒南县人大常委会副主任（无党派）
李贵续　莒南县政协副主席（无党派）
李金华（女）莒南县政协副主席（无党派）
刘汉虎　莒南县政协副主席（无党派）
庞秀英（女）沂水县人大常委会副主任（无党派）
赵清锋　沂水县政协副主席（无党派）
牛嗣红（女）沂水县政协副主席（无党派）
张振田　沂水县县政协副主席、县林业局副局长（无党派）
邢俊普　蒙阴县人大常委会副主任（无党派）
刁传梅（女）蒙阴县政协副主席（无党派）
李　芸（女）蒙阴县政协副主席、县旅游局副局长（无党派）
李守才　蒙阴县政协副主席、县科技局副局长（无党派）
刘玉山　平邑县人大常委会副主任（无党派）
张庆伟　平邑县政协副主席、县卫生局副局长（无党派）
王秀冬（女）平邑县政协副主席、县审计局副局长（无党派）
吴庆民　平邑县政协副主席、县科技局副局长（无党派）
杨东霞（女）费县人大常委会副主任、县社联主席（无党派）
刘成武　费县政协副主席、县畜牧兽医局局长（无党派）
英静玲（女）费县政协副主席、县果业局局长（无党派）
任庆珠　费县政协副主席、县卫生局副局长（农工党）
祖丽梅（女）沂南县人大常委会副主任、县总工会副主席（无党派）
宋汝金　沂南县政协副主席、县科协主席（无党派）
孔庆德　沂南县政协副主席、县金融办主任（无党派）
高海梅（女）沂南县政协副主席、大庄镇政府副镇长（无党派）
云雪飞（女）临沭县县人大常委会副主任（无党派）
朱孔科　临沭县政协副主席（无党派）
王维玺　临沭县政协副主席（无党派）
孟庆然　临沭县政协副主席（无党派）

·德州市·

钟　玲（女）德州市人大常委会副主任、九三学社德州市委主委
马传先（女）德州市政协副主席、致公党德州市委主委
王惠萍（女）德州市政协副主席、民进德州市委主委
商怀君　德州市政协副主席、农工党德州市委主委
李国杰　德城区人大常委会副主任（无党派）
刘惠平（女）德城区政协副主席、区司法局副局长（九三学社）
段昭基　禹城市人大常委会副主任（无党派）
孙凤云（女）禹城市政协副主席（民盟）
李　艳（女）禹城市政协副主席、市中医院中医科主任（无党派）
韩　东　禹城市政协副主席、市人民医院副院长（无党派）
王　静（女）乐陵市人大常委会副主任、市人民医院副院长（无党派）
崔俊良　乐陵市政协副主席、山东飞达集团董事长（民建）
马润洲　乐陵市政协副主席、市人民医院院长（无党派）
寇静波（女）乐陵市政协副主席、市中医院副院长（无党派）
姜国华　宁津县人大常委会副主任（无党派）
迟吉红（女）宁津县政协副主席（九三学社）
方学武　宁津县政协副主席（无党派）

于振建　宁津县政协副主席、县国有资产经营公司副经理（农工党）
周　芹（女）齐河县人大常委会副主任、县人民医院院长（九三学社）
郑桂萍（女）齐河县政协副主席、县工商联主席（无党派）
张景伟　齐河县政协副主席、齐河县人民医院副院长（无党派）
刘　锋　齐河县政协副主席、山东莱钢永锋钢铁有限公司董事长总经理（无党派）
李丰新　陵县人大常委会副主任、县人民医院院长（无党派）
郭云山　陵县政协副主席（无党派）
高长峰　陵县政协副主席、县交通局副局长（无党派）（10月前）
　陵县政协副主席、县旅游局局长（无党派）（10月后）
李连明（女）陵县政协副主席、县科协主席（无党派）
于　静（女）临邑县人大常委会副主任、县疾控中心主任（致公党）
王燕燕（女）临邑县政协副主席、县发改局副局长（致公党）
董玉德　临邑县政协副主席、县农业局副局长（无党派）
单玉森　临邑县政协副主席（无党派）
张国华　平原县人大常委会副主任、县一中副校长（无党派）
姚汝勇　平原县政协副主席、蓝天学校校长（九三学社）
朱春光（女）平原县政协副主席、县监察局副局长（民盟）
李玉明　平原县政协副主席、县一中政教处主任（无党派）
袁长霞（女）武城县人大常委会副主任（致公党）
石尚贞　武城县政协副主席、县畜牧局副局长（致公党）
潘华伟（女）武城县政协副主席、县工商联主席
张玉青（女）夏津县人大常委会副主任（无党派）
刘长青　夏津县政协副主席（无党派）
袁敬华（女）夏津县政协副主席、夏津特殊教育学校校长（民进）
杨　红（女）夏津县政协副主席、县侨办主任（民进）
张金梅（女）庆云县人大常委会副主任（农工党）
张洪波　德州市工商联主席、庆云县政协副主席（九三学社）
田书明　庆云县政协副主席（无党派）
杨金堂　庆云县政协副主席（无党派）

·聊城市·

孙　菁（女）聊城市人大常委会副主任、农工党市工委主委
张广霞（女）聊城市政协副主席、民建市委主委
潘延红（女）聊城市政协副主席、九三学社市委主委
马亮宽　聊城市政协副主席、民革市委主委
孟广武　聊城市政协副主席、民进市委主委
刘继光　东昌府区人大常委会副主任、九三学社市委副主委、九三学社区委主委
闫　方　东昌府区政协副主席、民革东昌府区委主委
王万增　东昌府区政协副主席、民进市委副主委、民进东昌府区委主委
张永利（女）东昌府区政协副主席（无党派）
张学庚　临清市人大常委会副主任（无党派）
王俊山　临清市政协副主席（民建）
贾艳华（女）临清市政协副主席（无党派）
宛秋生　临清市政协副主席（无党派）
边玉芝（女）冠县人大常委会副主任（无党派）
苏法旺　冠县政协副主席（无党派）
苏兴玲（女）冠县政协副主席（无党派）
刘淑青（女）莘县人大常委会副主任（无党派）
刘锡金　莘县政协副主席（无党派）
武清燕　莘县政协副主席（无党派）
宋玉平（女）莘县政协副主席（无党派）
黄玉华　东阿县人大常委会副主任（无党派）
王恒庆　东阿县政协副主席（无党派）
杨星荣（女）东阿县政协副主席（无党派）
李爱军（女）东阿县政协副主席（无党派）
程仁国　阳谷县人大常委会副主任（无党派）
潘景会　阳谷县政协副主席（无党派）
闫邦一　阳谷县政协副主席（无党派）
冯继勇　阳谷县政协副主席（无党派）
张丽华（女）茌平县人大常委会副主任（无党派）
孙协平　茌平县政协副主席（无党派）
李捷恩　茌平县政协副主席（无党派）
刘继军　茌平县政协副主席（无党派）

白忠海　　高唐县人大常委会副主任（无党派）
巩德春　　高唐县政协副主席（无党派）
曹俊山　　高唐县政协副主席（无党派）
黄广鸿（女）高唐县政协副主席（无党派）

·滨州市·

郭建新（女）滨州市人大常委会副主任（无党派）
史　东　　滨州市政协副主席、民革滨州市委主委、市住房和城乡建设局副局长
吴国瑞（女）滨州市政协副主席、民建滨州市委主委、市服务业发展局副局长
王方正　　滨州市政协副主席、致公党滨州市支部主委
刘　凤（女）滨州市政协副主席、农工党滨州市委主委、滨州医学院护理学院院长
赵秋兰（女）滨城区人大常委会副主任（无党派）
高立忠　　滨城区政协副主席（无党派）
商振敏　　滨城区政协副主席（无党派）
孟立军　　惠民县人大常委会副主任、滨州市中心医院心内科主任（无党派）
魏小蕾　　惠民县政协副主席、县司法局副局长（无党派）
郝思英　　阳信县人大常委会副主任、县畜牧局副局长（无党派）
王义军　　阳信县政协副主席、县文体局副局长（无党派）
秘淑芳（女）阳信县政协副主席、县卫生局副局长（无党派）
韩林生　　阳信县政协副主席、县教育局副局长（无党派）
刘振华　　无棣县人大常委会副主任、县医院副院长（无党派）
孔宪军　　无棣县政协副主席、检察院副检察长（无党派）
孟德辉　　无棣县政协副主席（无党派）
张荣德　　无棣县政协副主席（无党派）
王　娜（女）沾化县人大常委会副主任（无党派）
苏宪成　　沾化县政协副主席（无党派）
张新生　　博兴县人大常委会副主任（无党派）
宋　珂　　博兴县政协副主席（无党派）
戴荣福　　博兴县政协副主席（无党派）
安长东　　博兴县政协副主席、县水利局副局长（无党派）
朱秀东　　邹平县人大常委会副主任（无党派）
朱秀英（女）邹平县人大常委会副主任（无党派）
王允栋　　邹平县政协副主席、县水利局局长（无党派）
耿洪海　　邹平县政协副主席、县环保局局长（无党派）

·菏泽市·

汤建梅（女）菏泽市人大常委会副主任、市科协副主席、民盟菏泽市委主委
张建新　　菏泽市政协副主席（无党派）
何茂远　　菏泽市政协副主席（九三学社）
孙凤云（女）菏泽市政协副主席、致公党菏泽市委主委
樊庆斌　　菏泽市政协副主席、市工商联主席（无党派）
王晓梅（女）牡丹区人大常委会副主任、区审计局高级审计师（无党派）
俞志顺　　牡丹区政协副主席、民革菏泽市委副主委、区林业局副局长
赵奎明　　牡丹区政协副主席、区残联主席（无党派）
申瑞萍（女）牡丹区政协副主席、区工商联主席（无党派）
和广森　　曹县政协副主席、县工商联主席（无党派）
周培勇　　曹县人大常委会副主任（无党派）
刘艳婷（女）曹县政协副主席（无党派）
刘晓华（女）曹县政协副主席（无党派）
王凤娟（女）定陶县人大常委会副主任（无党派）
王利生　　定陶县政协副主席（民盟）
张宪春　　定陶县政协副主席、县工商联主席（无党派）
耿战秋　　定陶县政协副主席、县医院副院长（无党派）
魏凤云（女）成武县人大常委会副主任（无党派）
陈承旭　　成武县政协副主席、县工商联主席（无党派）
朱坤玲（女）成武县政协副主席（无党派）
刘清华（女）成武县政协副主席、县医院副院长（无党派）
朱艳霞（女）单县人大常委会副主任、县一中工会主席（无党派）
吴基因　　单县政协副主席、县工商联主席

（无党派）
曹凤琳（女）单县政协副主席（无党派）
张　伟　单县政协副主席、县中心医院放射科主任（民革）
王海英（女）巨野县人大常委会副主任（无党派）
魏玉坤（女）巨野县政协副主席（无党派）
李平华　巨野县政协副主席（无党派）
尚瑞芬（女）巨野县政协副主席、县工商联主席（无党派）
朱　琳（女）郓城县人大常委会副主任（无党派）
王秀丽（女）郓城县政协副主席（民盟）
刘汉升　郓城县政协副主席（无党派）
樊庆斌　郓城县政协副主席（无党派）
王凤芹（女）鄄城县人大常委会副主任（无党派）
赵广华　鄄城县政协副主席（无党派）
赵艳红（女）鄄城县政协副主席、县司法局局长（无党派）
祝传新　鄄城县政协副主席、县医院副院长（无党派）
王成文　东明县人大常委会副主任（无党派）
穆绪刚　东明县政协副主席、县工商联主席（民革）
王留锋　东明县政协副主席（无党派）
罗世杰　东明县政协副主席（无党派）

山东省各级政府及政府部门和司法机关县处级以上党外领导干部及其他厅级党外领导干部（不含人大政协任职）

·省直·

王随莲（女）副省长、九三学社省委主委
张志勇　省教育厅副厅长、民进省委副主委
徐茂波　省科技厅副厅长、九三学社省委科技委员会主委
赵胜村　省监察厅副厅长（无党派）
王玉志　省国土资源厅副厅长、九三学社省委财经委员会主委
宋守军　省住房和城乡建设厅副厅长（无党派）
曹金萍（女）省水利厅副厅长（民进）
庄文忠　省农业厅副厅长、民建省委副主委
李国琳（女）省文化厅副厅长、九三学社省委文教委员会主委
仇冰玉　省卫生厅副厅长、农工党省委副主委
邱枫林（女）省卫生厅副巡视员（无党派）
宋新强　省人口计生委副主任、民革省委副主委
刘均刚　省审计厅副厅长（无党派）
车纯滨　省环保厅副厅长（九三学社）
王延奎　省体育局副局长、农工党省委副主委
蔡福安　省工商局副局长、民盟省直燕山支部主委
罗新军　省安全生产监督管理局副局长（无党派）
叶赞平　省高级人民法院副院长（民革）
吕　涛　省人民检察院副检察长（民进）
相开进　省鲁信投资控股集团有限公司董事、总经理（无党派）
傅永聚　曲阜师范大学校长、党委副书记（民盟，中共）
李国红　山东黄金集团有限公司副总经理（无党派）
孙启文　兖矿集团有限公司副总经理（无党派）
张宪省　山东农业大学党委常委、副校长（民盟，中共）
张铁柱　青岛大学党委常委、副校长（九三学社，中共）
张洪海　曲阜师范大学党委常委、副校长（九三学社，中共）
杨　冰　曲阜师范大学副校长（无党派）
刘光烨　青岛科技大学副校长、致公党山东省委副主委
赵铁军　青岛理工大学副校长、九三学社青岛市委副主委
刘　甦　山东建筑大学副校长（无党派）
曲荣君　鲁东大学副校长，民进烟台市委副主委

原永兵　　青岛农业大学副校长（九三学社）
王庆宝　　泰山医学院副院长（九三学社，中共）
白威勇　　滨州医学院副院长（无党派）
李建军　　济宁医学院副院长（农工党）
刘晓静（女）山东艺术学院副院长、民革山东省委副主委
李　新（女）山东工艺美术学院副院长（无党派）
张艳霞（女）山东体育学院副院长（民盟）
刘德增　　齐鲁师范学院副院长、民进山东省委副主委（民进，中共）
王效彤　　山东管理学院副院长（无党派）
张兆明　　山东农业工程学院副院长（无党派）
温金祥　　烟台职业学院院长、九三学社烟台市委主委
王鸣歧　　民革山东省委专职副主委
高贤德　　民革山东省委秘书长（民革，中共）
王鲁一　　民革山东省委副巡视员
仪平策　　民盟山东省委专职副主委
董利忠　　民盟山东省委专职副主委、省政协副秘书长
张继平　　民盟山东省委秘书长
于永晖　　民建山东省委专职副主委
李旭茂　　民建山东省委秘书长
李　勇　　民建山东省委副巡视员
郭永军　　民进山东省委专职副主委兼秘书长
骆宝臻（女）民进山东省委巡视员、省人大副秘书长
吕善勇　　农工党山东省委专职副主委（农工党，中共）
王　军　　农工党山东省委秘书长
马传凯　　致公党山东省委专职副主委
王志玉　　九三学社山东省委专职副主委
郭新民　　九三学社山东省委巡视员（九三学社，中共）
栾文通　　山东省工商联巡视员（民盟）
刘冠凤（女）山东省工商联副主席（无党派）
宋艳丽（女）山东省工商联副巡视员（民建）
徐　清（女）山东省贸促会会长、民进省委副主委
肖培树　　山东省老龄工作委员会办公室副主任（致公党）
邓　度　　山东省地质矿产勘查开发局副局长（九三学社）
孔维克　　山东省文联副主席、山东画院院长、民革山东省委副主委
于联华（女）山东省文联副主席（致公党）
孙梽文　　山东省文联副主席（不驻会）、省报告文学研究会会长（无党派）
李掖平（女）山东省作协副主席（无党派）
杨朝明　　孔子研究院院长（民进）

·济南市·

巩宪群（女）济南市政府副市长（无党派）
崔大庸　　济南市政协副主席、市文化广电新闻出版局副局长、民盟济南市委主委
金德岭　　济南市政协副主席、市规划局副局长、民进济南市委主委
李景全　　济南市林业局局长、九三学社济南市委副主委
王建森　　济南市工商局副局长、民建济南市委主委
丁　毅　　济南市经信委副主任、民革济南市委副主委
朋　星　　济南市教育局副局长、民进济南市委副主委
刘作宗　　济南市监察局副局长、致公党济南市委副主委
丁小玲（女）济南市审计局副局长（无党派）
王翠香（女）济南市司法局副局长、民建济南市委副主委
衣光军　　济南市食品药品监督管理局副局长（无党派）
刘　霞（女）济南市国土资源局副局长（无党派）
林海铭　　济南市规划局副巡视员（民建）
王传秋　　济南市财政局副巡视员、民建济南市委副主委
杨志强　　济南市人口和计划生育委员会副巡视员（九三学社）
刘　佳（女）历下区人民政府副区长（无党派）
荆甫荣　　历下区监察局副局长（民进）
毛爱军（女）历下区体育局副局长（民盟）
曲　芳（女）历下区卫生局副局长（致公党）
杨东斌　　历下区经信局副局长（民建）
刘保顺　　历下区审计局副局长（无党派）
林　琳（女）历下区发改委金融服务中心副主任（无党派）（9月前）
李剑波　　历下区商务局副调研员（致公党）
李咸梁　　市中区政府副区长（无党派）
刘友文　　市中区外侨办主任（民进）

孙　勇　　　市中区监察局副局长（民盟）
宋　蔚（女）市中区检察院副检察长、检察委员会委员（12月前）（民建）
高　霞（女）市中区交通局副局长（无党派）
苗　萌（女）市中区司法局副局长（民盟）
吕铸荣（女）市中区人民法院副处级调研员（无党派）
于　晶（女）市中区人口和计划生育委员会副主任（九三学社）
张宝静（女）市中区人民政府金融办公室副主任（无党派）
梁　艳（女）市中区卫生局副局长（民盟）
印　东（女）槐荫区人民政府副区长（民盟）
吕红艳（女）槐荫区政协副主席（民盟）、槐荫区科技局副局长、生产力促进中心主任
韩鲁娜（女）槐荫区体育局副调研员（民盟）
曹　峰　　　槐荫区体育局副调研员（民革）
王青春（女）槐荫区民族宗教事务局副局长（民盟）
刘福云（女）槐荫区监察局副局长（民进）
孙秀华（女）槐荫区卫生局调研员（农工党）
吴　波（女）槐荫区民政局社区服务中心主任（致公党）
张　辉　　　槐荫区文化局副调研员（九三学社）
刘莹莹（女）槐荫区法院副院长（无党派）
刘希红（女）槐荫区检察院副调研员（无党派）
王　尧　　　槐荫区法院副调研员（无党派）
孙翠芬（女）槐荫区物价局副调研员（无党派）
王　睿　　　天桥区人民政府副区长(无党派)
王洪新（女）天桥区政协副主席、天桥区监察局副局长（民进）
慈勤玲（女）天桥区人民法院院长助理（无党派）
周宗雁　　　天桥区人民检察院检察长助理兼案件管理办公室主任、调研员（无党派）
孟一贞（女）天桥区发改委副主任兼医改办主任（九三学社）
上官生　　　天桥区发改委调研员（无党派）
郭　芳（女）天桥区科技局调研员（民进）
牛其华（女）天桥区体育局调研员（民盟）
李东强　　　天桥区人民检察院副调研员（无党派）
李　峰　　　天桥区经信局副局长（无党派）
孙晓蔓　　　天桥区教育局副调研员（无党派）
张　铬　　　天桥区环保局副局长（无党派）
郑颖旭　　　天桥区文化局副局长（九三学社）
王海霞（女）天桥区文化局副调研员（无党派）
刘群群（女）天桥区卫生局副局长、爱卫办主任（致公党）
郎庆文（女）天桥人口计生委副主任（无党派）
付修琍（女）历城区人民政府副区长（九三学社）
赵　彤（女）历城区文广新局副局长（民进）
张东耀　　　历城区行管局调研员（无党派）
郑宝明　　　历城区监察局副局长（九三学社）
吕大海　　　历城区发改委副主任（致公党）
金兆坤　　　历城区发改委副主任（民盟）
韩少敏（女）历城区民宗局副局长（民盟）
张传淼　　　历城区财政局副局长（无党派）
李克明　　　历城区林业局果树站站长（九三学社）
高桂丽（女）历城区流动人口计划生育管理办公室主任（无党派）
陈　萍（女）历城区科技局副调研员（民进）
李廷正　　　长清区人民政府副区长（无党派）
张　勇　　　长清区司法局副局长（民建）
赵　洁（女）长清区政协副主席（无党派）、长清区财政局副局长
张　茜（女）长清区监察局副局长（九三学社）
张　明　　　长清区文广新局调研员（无党派）
蔡河江　　　长清区科技局副局长（无党派）
白秋生　　　章丘市人民政府副市长（无党派）
牛凤学（女）章丘市林业局副局长（无党派）
陈淑平（女）平阴县人民政府副县长（无党派）
郭冬梅（女）济阳县人民政府副县长（无党派）
崔泽花（女）商河县人民政府副县长（无党派）
王雪萍（女）济南市国土资源局高新技术产业开发区分局用地地籍管理处副处长（无党派）

·青岛市·

栾　新（女）青岛市人民政府副市长（民进）
赵　鸣　　　青岛市监察局副局长、巡视员（民盟）
王书剑　　　青岛市司法局副局长（无党派）
王咸宁　　　青岛市国土资源和房屋管理局副局长（无党派）
贺如泓（女）青岛市水利局副局长（无党派）
黄　勇　　　青岛市水利局总工程师（民进）
崔　作　　　青岛市商务局副局长（民盟）
薄　涛　　　青岛市卫生局副局长（农工党）
王　亮　　　青岛市人口和计划生育委员会副主任（农工党）

栾心勇　　青岛市审计局副局长（民革）
鲍国春　　青岛市食品药品监督管理局副局长、市食品安全委员会办公室副主任（农工党）
尹明琴（女）青岛市人民政府侨务办公室主任（民革）
刘龙江　　青岛市质量技术监督局副局长（无党派）
秦瑞基　　青岛市中级人民法院副院长、巡视员（无党派）
郑延荣　　青岛市中级人民法院副局级审判员、审委会委员（民盟）
于　萍（女）青岛市人民检察院副检察长、巡视员（民建）
张　薇（女）青岛市人民检察院副局级检察员（民进）
马超群　　青岛市经济和信息化委员会原材料工业处处长（无党派）
吕　涛　　青岛市民政局民间组织管理局管理处副处长（无党派）
郑　娟（女）青岛市财政局行政事业资产处处长（无党派）
逄国敏　　青岛市财政局农业处副处长（民建）
杜　明　　青岛市财政局农业处副处长（无党派）
吴文皓　　青岛市财政局社会保障处副处长（无党派）
王月萍（女）青岛市财政国库支付局资金调度处处长（民建）
陈晓荣　　青岛市财政国库支付局会计稽核处副处长（无党派）
王建华　　青岛市城乡建设委员会科技处处长（民建）
丁　健　　青岛市城乡建设委员会房地产业处副处长（无党派）
丛锦松（女）青岛市城乡建设委员会办公室副主任（民盟）
孙启龙　　青岛市国土资源和房屋管理局权籍处副处长（无党派）
葛东生　　青岛市国土资源和房屋管理局市北分局副局长（无党派）
张倩铭　　青岛市国土资源和房屋管理局财务审计处副处长（无党派）
胡　雁（女）青岛市规划局村镇处副处长（民建）
赵　玮（女）青岛市规划局市南分局副局长（民建）
张永谦　　青岛市规划局城阳分局副局长（无党派）
张砚训　　青岛市市政公用局审计处处长（无党派）
徐　波　　青岛市商务局市场处处长（无党派）
李莉莉（女）青岛市商务局电商处副处长（无党派）
孙　蓓（女）青岛市商务局外资处副处长（民盟）
刘景杰　　青岛市卫生局卫生监督局副局长（民革）
张万波　　青岛市人口和计划生育委员会科学技术处处长（无党派）
钱　河（女）青岛市审计局政府投资审计专业局投资审计二处处长（无党派）
潘　强　　青岛市审计局企业审计综合处处长（无党派）
薛贵先　　青岛市环境保护局李沧分局副局长（无党派）
王　勇　　青岛市环境保护局高新区分局管理科科长（副处级）
刘志勇　　青岛市人民政府外事办公室亚洲处处长（民进）
陈　强　　青岛市统计局国民经济核算处副处长（无党派）
周庆福　　青岛市统计局办公室副主任（民盟）
崔永春　　青岛市安全生产监督管理局事故调查监督管理处处长（民盟）
陈忠媛（女）青岛市安全生产监督管理局办公室副主任（无党派）
张廷雨　　青岛市安全生产监督管理局职业安全健康监督管理处副处长（民盟）
华丽萍（女）青岛市食品药品监督管理局药品生产监管处副处长（九三学社）
刘　颖（女）青岛市食品药品监督管理局稽查支队副支队长（民革）
董淑娥（女）青岛市食品药品监督管理局稽查支队副支队长（无党派）
李　红（女）青岛市人民政府国有资产监督管理委员会产权管理处处长（民革）
李在岩　　青岛市人民政府国有资产监督管理委员会市直企业专职监事（民建，中共）
车艳华（女）青岛市人民政府国有资产监督管理委员会市直企业专职监事
娄红民　　青岛市人民政府法制办公室复议应诉处

副处长（致公党）
徐鹏岳　青岛市粮食局调控储备处处长（无党派）
赵文静（女）青岛市中级人民法院行政庭副庭长（民建）
石满朵（女）青岛市中级人民法院行政装备处副处长（农工党）
宋丽华（女）青岛市中级人民法院刑事审判第二庭副庭长（无党派）
许凌屏（女）青岛市中级人民法院立案一庭副庭长（无党派）
郭建礼　市南区人民政府副区长（致公党）
仲　荣（女）市南区审计局副局长（民建）
姜培永　市南区监察局副局长（民革）
李　静（女）市南区人口和计划生育局副局长（民盟）
张　萍（女）市南区安全生产监督管理局副局长（无党派）
崔　羿　市南区人民政府法制办公室副主任（无党派）
刘树国　市南区审计局副局长（民建）
卞　涛（女）市南区人民法院副院长（致公党）
曲　波　市南区人民检察院副检察长（民进）
童　煜（女）市北区人民政府副区长（民盟）
王　萍（女）市北区科技局副局长（无党派）
孟晓慧（女）市北区监察局副局长（无党派）
徐　辉（女）市北区司法局副局长（致公党）
王秀丽（女）市北区财政局副局长、调研员（无党派）
肖传勇　市北区文化新闻出版局副局长（无党派）
李建国　市北区卫生局副局长（民盟）
王荣顺（女）市北区人口和计划生育局副局长（民盟）
刘惠民　市北区审计局副局长（无党派）
姜锐锋　市北区教育局副局长（无党派）
姜新民　市北区体育局副局长（无党派）
于小倩（女）市北区金融工作办公室副主任（无党派）
高昌华　市北区人民检察院副检察长（无党派）
孙晋华　李沧区人民政府副区长（民建）
王　静（女）李沧区司法局副局长（无党派）
王暖章　李沧区科技局副局长、调研员（致公党）
乔洪利　李沧区人民政府法制办公室副主任（无党派）
胡铁民　李沧区文化新闻出版局副局长（无党派）
于　鹏（女）崂山区人民政府副区长（九三学社）
孙仁杰　崂山区审计局副局长（民革）
王　薇（女）崂山区文化局副局长（无党派）
李　琰（女）崂山区监察局副局长（农工党）
李丹石（女）崂山区司法局副局长（无党派）
曹鹏利（女）崂山区卫生局副局长（民建）
于鸣溅　崂山区科技局副局长、青岛高新技术创业服务中心（青岛蓝色硅谷产业创业带生产力促进中心）主任（民盟）
王光辉　崂山区人民法院副院长（民盟）
温宾全　崂山区人民检察院副检察长（无党派）
唐旭艳（女）黄岛区人民政府副区长（无党派）
张磊娜（女）青岛中德生态园管理委员会副主任（无党派）
沈　雷　青岛中德生态园管理委员会副主任（无党派）
刘春花（女）黄岛区环境保护局局长（无党派）
王　波　青岛市规划局黄岛分局局长（民盟）
李玉木　黄岛区司法局副局长（民盟）
刘守田　黄岛区卫生局副局长（农工党）
刘仲台　黄岛区食品药品监督管理局副局长（无党派）
陈相娟（女）黄岛区人口和计划生育局副局长（无党派）
丁丛蓉（女）黄岛区审计局副局长（无党派）
隋俊昌　黄岛区工业和信息化局副局长（九三学社）
张仁平　黄岛区教育体育局副局长（无党派）
唐晓鲁　黄岛区人民法院副院长（无党派）
于永伟（女）黄岛区人民检察院副检察长（无党派）
焉　峰　城阳区人民政府副区长（无党派）
梁小平（女）城阳区城市规划建设局副局长（无党派）
刘建民　城阳区审计局副局长（无党派）
张瑞岩（女）城阳区教育体育局副局长（民盟）
张　洁（女）城阳区科技局副局长（民盟）
于文潭　城阳区监察局副局长（无党派）
纪家强　城阳区统计局副局长（民建）
于　芝（女）城阳区人口与计划生育局副局长（无党派）
张元清　城阳区安全生产监督管理局副局长（无党派）
闫丕云（女）即墨市人民政府副市长（民盟）

姜青华（女）胶州市人民政府副市长（无党派）
李玉海　平度市人民政府副市长（农工党）
丁朝霞（女）莱西市人民政府副市长（无党派）

·淄博市·

张庆盈（女）淄博市政府副市长、民革市委副主委
陶志民　淄博市法院副院长、正县级干部（无党派）
张京河　淄博市监察局副局长、调研员、农工党市委主委
张志超　淄博市政府法制办主任、市行政服务中心主任（无党派）
毕红卫（女）淄博市知识产权局局长（农工党）
尹玉发　淄博市教育局副局长（无党派）
吴建虹　淄博市科技局副局长（无党派）
林治国　淄博市住房和城乡建设局副局长、民建市委副主委
崔新花（女）淄博市林业局副局长（无党派）
李玉福　淄博市文化广电新闻出版局副局长、调研员（民进）
刘观湘　淄博市卫生局副局长（无党派）
刘志强　淄博市人口和计划生育委员会副主任（无党派）
房　虹（女）淄博市审计局副局长（无党派）
杨　永　淄博市法院司法技术处处长、副县级干部（民盟）
曲文轩　淄博市卫生局卫生监督局副局长（农工党）
孙东峰　淄博市侨办驻会副主席（无党派）
刘玉泽（女）张店区政府副区长、致公党市委副主委
苗　波（女）淄川区政府副区长（民建）
段迎春（女）博山区政府副区长（无党派）
李寅萍（女）周村区政府副区长（九三学社）
齐昌成　临淄区政府副区长（无党派）
尹　鹏　桓台县政府副县长（无党派）
张欣欣（女）高青县政府副县长（九三学社）
李　玲（女）沂源县政府副县长（民盟）
陈兆爱（女）沂源县副县级干部（无党派）

·枣庄市·

赵联冠　枣庄市副市长、民建枣庄市委主委
付廷安　枣庄市政协副主席、市科技局局长、九三学社枣庄市委会主委
李　慧（女）枣庄市规划局局长（无党派）
刘吉忠　枣庄市监察局副局长、正县级监察员、民盟枣庄市委副会主委
张　伟　枣庄市司法局副局长（无党派）
杨庆东　枣庄市教育局副局长（致公党）
薛宝政　枣庄市环保局副局长、九三学社枣庄市委会副主委
任怡春（女）枣庄市卫生局副局长（无党派）
林　青（女）枣庄市人口和计生委副主任、农工党枣庄市委会副主委
于　晨（女）枣庄市审计局副局长（无党派）
徐春梅（女）枣庄市财政局副局长（无党派）
邵泽法　枣庄市体育局副局长（无党派）
张宪依　滕州市人民政府副市长、民革枣庄市委会副主委
林　捷（女）薛城区政府副区长、九三学社枣庄市委会副主委
孙友华　山亭区政府副区长、九三学社枣庄市委会副主委
田　静（女）市中区政府副区长、民建枣庄市委会副主委
马洪玲（女）峄城区政府副区长（农工党）
张德琦　台儿庄区政府副区长、九三学社枣庄市委会副主委

·东营市·

王吉能　东营市人民政府副市长、市红十字会会长（无党派）
王志安　东营市经济和信息化委员会副主任（无党派）
生钦勇　东营市科技局副局长、调研员（无党派）
张开兴　东营市监察局副局长、调研员（无党派）
马占峰　东营市司法局副局长、调研员（无党派）
燕海云（女）东营市农业局副局长（无党派）
王进河　东营市海洋与渔业局副局长（九三学社）
巴沾红（女）东营市人口和计生委副主任（无党派）
李春庆　东营市林业局总工程师（无党派）
张冬梅（女）东营市审计局总审计师（无党派）
牛金臣　东营市法院副县级审判员（民建）

牛效强　东营市住建委副调研员（民建）
段　鸿（女）东营区政府副区长（无党派）
王秀凤（女）河口区政府副区长（无党派）
王新明　广饶县人民政府副县长、民建市委会副主委
马　俊（女）垦利县政府副县长（无党派）
郭乃利　利津县政府副县长（无党派）

·烟台市·

杨　丽（女）烟台市政府副市长（无党派）
李京波（女）烟台市检察院副检察长（农工党）
张邦业　烟台市审计局副局长、调研员（无党派）
刘建峰　烟台市文化广电新闻出版局副局长、调研员（无党派）
王培学　烟台市监察局副局长（无党派）
姜洪波（女）烟台市司法局副局长（民进）
马永平　烟台市国土资源局副局长（无党派）
李　玲（女）烟台市文化广电新闻出版局副局长（无党派）
邹志强　烟台市卫生局副局长、烟台市传染病医院院长，九三学社烟台市委副主委
王　瑞　烟台市环境保护局副局长，民盟烟台市委副主委（民盟）
崔　伟　烟台市人口和计划生育委员会副主任（无党派）
徐中平　烟台市国资委监事会主席（无党派）
孙小侠　烟台市商务局副县级干部（无党派）
隋子林（女）芝罘区政府副区长、民革烟台市委主委（民革）
于　泳　福山区政府副区长、民进烟台市委副主委（民进）
于军修　莱山区政府副区长（无党派）
孙　萍（女）牟平区政府副区长（无党派）
王晓燕（女）海阳市政府副市长（无党派）
刘志庆　蓬莱市政府副市长（无党派）
陈端梅（女）长岛县政府副县长（无党派）
杨　林　龙口市政府副市长（无党派）
王秀姬（女）招远市政府副市长（民建）
李亚林（女）莱州市政府副市长（无党派）

·潍坊市·

王桂英（女）潍坊市副市长、致公党潍坊市委会主委
李　平（女）潍坊市食品药品监督管理局局长、市食品安全委员会办公室主任（无党派）
陈　明　潍坊市经信委总工程师（致公党）
岳　元　潍坊市环保局副调研员（无党派）
李端梅（女）潍坊市教育局副局长（民进）
安卫红（女）潍坊市科技局副局长（民盟）
单连功　潍坊市司法局副局长（无党派）
刘秀平（女）潍坊市市政局调研员、民建市委会主委
叶　林　潍坊市海洋与渔业局副局长（民建）
孙建秋（女）潍坊市文化广电新闻出版局副局长（无党派）
任翠爱（女）潍坊市卫生局副局长、市人民医院副院长（无党派）
王　芳（女）潍坊市审计局副局长（致公党）
梁文道　潍坊市体育局调研员（九三学社）
王卫东　潍坊市体育局副局长（无党派）
陈　曦　潍坊市人民检察院副检察长（无党派）
刘棣俭　奎文区政府副区长、农工党潍坊市委会主委
王延军　潍城区政府副区长（无党派）
马继山　寒亭区政府副区长（民革）
蔡志敏　坊子区政府副区长（民革）
马雪莲（女）青州市政府副市长（无党派）
刘广斌　寿光市政府政府副市长（无党派）
许传平　诸城市政府副市长（无党派）
张宝庆　安丘市政府副市长、市工商联主席（无党派）
于冬菊（女）昌邑市政府副市长（无党派）
赵海龙　高密市政府副市长（致公党）
赵同祥　临朐县政府副县长（无党派）
崔全华　昌乐县政府副县长（无党派）

·济宁市·

吴霁雯（女）济宁市政府副市长、民建济宁市委主委
李克学　济宁市民族宗教事务局调研员、民建济宁市委副主委
相广灿　济宁市监察局副局长（无党派）
郝　民　济宁市教育局副局长（民进）
沙东娟（女）济宁市民族宗教事务局副调研员（无党派）
刘海涛　济宁市城乡规划局副局长（民进）
孔祥利　济宁市水利局副局长（致公党）
布方峰　济宁市农业委员会副主任（民革）
刘绪军　济宁市商务局副调研员（无党派）
郭克建　济宁市人口和计划生育委员会副主任

（民进）
孙　进　　济宁市审计局副局长（无党派）
李　敬　　济宁市环境保护局副局长（无党派）
宋忠逵　　济宁市政府法制办公室副主任（无党派）
孔凡学　　济宁市人民检察院副检察长（无党派）
李　玲（女）任城区政府副区长（民进）
李连习　　兖州区政府副区长（无党派）
褚福梅（女）曲阜市政府副市长（九三学社）
杨晓东　　泗水县政府副县长（无党派）
吴　婧（女）邹城市政府副市长（民盟）
李长华（女）微山县政府副县长、九三学社济宁市委副主委
李清霞（女）鱼台县政府副县长（无党派）
杨美兰（女）金乡县政府副县长（无党派）
宁瑞锋　　嘉祥县政府副县长（民革）
董学琛　　汶上县政府副县长（无党派）
孙　颖（女）梁山县政府副县长（九三学社）

·泰安市·

徐恩虎　　泰安市政府副市长、民革泰安市委主委
苏学峰（女）泰安市政府教育督导室主任、市教育局副局长（民进）
周　杰　　泰安市环保局局长、民盟泰安市委主委
张克峰　　泰安市教育局调研员（无党派）
刘　磊　　泰安市司法局调研员（民革）
英　玲（女）泰安市住建委调研员（民建）
谭晓蕾（女）泰安市监察局副局长（民进）
齐田峰　　泰安市农业局副局长（民进）
韩　明　　泰安市规划局副局长（无党派）
孙岱峰　　泰安市中级人民法院副院长、正县级审判员（民盟）
贾汇红（女）泰山区政府副区长（民进）
朱　丽（女）岱岳区政府副区长、区工商联主席（民革）
侯　丽（女）新泰市政府副市长（民革）
赵兴广　　肥城市政府副市长（无党派）
柳桂敏（女）宁阳县政府副县长（民建）
程　鹏（女）东平县政府副县长（民革）

·威海市·

陈伟胜　　威海市监察局副局长（民进）
孙思深　　威海市审计局副局长（无党派）
迟万胜　　威海市农业局副局长（民盟）
郭承宇　　威海市文广新局副局长（无党派）
刘亚东（女）威海市体育局副局长（无党派）
朱文娟（女）威海市外办副主任（无党派）
徐　伟（女）威海市卫生局副局长（农工党）
韩文斐　　威海市教育局副局长（无党派）
王　莹（女）威海市计生委副主任（无党派）
高　杨　　威海市水利局副局长（无党派）
王继静（女）荣成市政府副市长（无党派）
孟艳玲（女）文登市政府副市长（九三学社）
陈卫萍（女）乳山市政府副市长（无党派）
隋良杰（女）环翠区政府副区长（无党派）

·日照市·

郇　梅（女）日照市政府副市长、民进日照市委主委
董全宏　　日照市政协副主席、九三学社日照市委主委、市监察局副局长
林玉营　　日照市政协副主席、农工党日照市委主委、市文广新局副局长
陈祥金　　日照市交通运输局副局长、市党外知识分子联谊会副会长（无党派）
陈　丰　　日照市财政局副局长、市党外知识分子联谊会副会长兼秘书长（无党派）
费　融　　日照市环保局副局长、民革市委委员
胡尊良　　日照市教育局副局长、民盟市委副主委
张宗焕　　日照市科技局副局长、致公党日照支部副主委
陈忠新　　日照市体育局副调研员、农工党市委委员
林彦芹（女）日照市中级人民法院副院长、致公党日照支部主委
申　蒙（女）东港区政府副区长（致公党）
张　锋（女）岚山区政府副区长（民建），
刘香初（女）莒县政府副县长（无党派）
赵荣芬（女）五莲县政府副县长（无党派）

·莱芜市·

刘　杰（女）莱芜市副市长、民建莱芜支部主委
杨桂钊　　莱芜市监察局副局长（农工党）
李登杰　　莱芜市经信委副主任（无党派）
李兴实　　莱芜市教育局副局长（民盟）
何文红（女）莱芜市科技局副局长（无党派）
亓　剑　　莱芜市水资源管理办公室主任（民进）
朱向栋　　莱芜市人口与计生委副主任（致公党）
杨文安　　莱芜市审计局副局长（民建）

朱爱莲（女）莱城区副区长（民革）
李秀芳（女）钢城区副区长（民建）

·临沂市·

赵爱华（女）临沂市政府副市长、九三学社临沂市委主委
任兴业　临沂市人口计生委主任、市计划生育协会会长（无党派）
李宗涛　临沂市商务局局长、临沂商城管委会常务副主任（无党派）
张玉兰（女）临沂市水利局副局长、市南水北调工程管理处主任（无党派）
张艳丽（女）临沂市卫生局副局长、市妇幼保健院院长（无党派）
孙沂东　临沂市监察局副局长（无党派）
张建华　临沂市文化广电新闻出版局副局长（无党派）
闫光星　临沂市文化广电新闻出版局文物局局长（民盟）
石玉启　临沂市体育局副调研员（无党派）
尹云平　临沂市经信委工会主任（无党派）
张秀英（女）临沂市财政局副调研员（无党派）
成少忠　临沂市高新技术产业开发区管理委员会副调研员、经贸发展局局长（无党派）
刘庆云　临沂市科技局副局长
李　楠　临沂市司法局副局长
王远振　临沂市食品药品监督管理局副局长
杨忠森　临沂市审计局副局长
宋敬华（女）兰山区副区长（九三学社）
杨翠晓　罗庄区副区长、民盟罗庄区基层委员会副主委
褚　冰（女）河东区副区长（无党派）
祝远昌　郯城县副县长（无党派）
高思圣　兰陵县副县长（无党派）
郑佩芹（女）莒南县副县长（无党派）
郭春玲（女）沂水县副县长（无党派）
李玉国　蒙阴县副县长（无党派）
王　霞（女）平邑县副县长（无党派）
韩冬梅（女）费县政府副县长（农工党）
张生花（女）沂南县政府副县长（无党派）
于丽华（女）临沭县政府副县长（无党派）

·德州市·

康志民　德州市政府副市长、民盟德州市委主委
路　平（女）德州市政府法制办副主任（农工党）
许　慧（女）德州市政府办公室副调研员（无党派）
郝吉国　德州市发改委重点项目办副主任（致公党）
吕桂林　德州市计生委副主任、民盟德州市委副主委
吕永忠　德州市教育局副局长、民建德州市委主委
李晓梅（女）德州市司法局副局长、民进德州市委副主委
戴希祥　德州市审计局副局长（无党派）
谢俊杰（女）德州市环保局直属分局局长（无党派）
辛志才　德州市商务局副局长（无党派）
张洪伟　德州市商务局副调研员（致公党）
刘浩儒　德州市水利局副局长（无党派）
张彦才　德州市监察局副局长、正县级检察员（无党派）
田正祥　德州市安监局副局长、九三学社德州市委主委
李和平（女）德城区政府副区长（九三学社）
司红玉（女）禹城市政府副市长（民进）
孙大鹏　乐陵市政府副市长（九三学社）
陈晓强　宁津县政府副县长（民进）
赵传雷　齐河县政府副县长（民盟）
霍宪涛　陵县政府副县长（致公党）
孟令军　临邑县政府副县长（民盟）
何新梅（女）平原县政府副县长（农工党）
孙金鑫　武城县政府副县长（致公党）
徐　凯　夏津县政府副县长（无党派）
胡晓琴（女）庆云县政府副县长（无党派）

·聊城市·

马丽红（女）聊城市政府副市长、市工商联主席（无党派）
秦新义　聊城市政府正县级教育督学（无党派）
李艳军　聊城市农委调研员、民盟聊城市委副主委
张　斌　聊城市审计局副局长、民建聊城市委副主委
范纯志　聊城市科技局副局长（无党派）
杜　娟（女）聊城市监察局副局长（无党派）
蒋家斌　聊城市城市管理执法支队支队长（无党派）

郭海英（女）东昌府区政府副区长
周志雯（女）临清市政府副市长
郭秀芳（女）冠县县政府副县长
杨庆云　　莘县县政府副县长
杨廷军　　阳谷县政府副县长
陈荣梅（女）东阿县政府副县长
曹志程　　茌平县政府副县长
冯能斌　　高唐县政府副县长

·滨州市·

万永格　　滨州市人民政府副市长、民盟滨州市委主委
侯学锋（女）滨州市教育局正县级督学、市工商联主席、市党外知识分子联谊会会长
曹玉斌　　滨州市文广新局局长、滨州市科学技术协会副主席、九三学社滨州市委主委
王世强　　滨州市卫生局副局长、市爱卫会常务副主任、市党外知识分子联谊会副会长（无党派）
牛瑞波（女）滨州市监察局副局长、市党外知识分子联谊会副会长（无党派）
崔连民　　滨州市人口计生委副主任（民革）
吴国华　　滨州市体育局副局长市党外知识分子联谊会副会长（无党派）
刘庆敖　　滨城区副区长、民进滨州市委副主委（民进）
杨化君　　惠民县副县长（无党派）
蔡桂玲（女）阳信县副县长（无党派）
王景军　　无棣县副县长（无党派）
孔宪军　　无棣县政协副主席、检察院副检察长（无党派）
杜长亮　　沾化县副县长（无党派）
巩红梅（女）博兴县政府副县长（民盟）
张　凯　　邹平县政府副县长（民建）

·菏泽市·

黄秀玲（女）菏泽市副市长、农工党菏泽市委主委
侯　婕（女）菏泽市科技局局长（7月后）、九三学社菏泽市委主委
赵胜利　　菏泽市人口和计划生育委员会副主任（民革）
韩中光　　菏泽市外侨办正县级干部、民革菏泽市委主委
孔兆京　　菏泽市规划局副局长（致公党）
毛宝军　　菏泽市审计局副局长（无党派）
张源溪　　菏泽市民族宗教局副局长（无党派）
赵中华　　菏泽市监察局副局长（无党派）
袁士忠　　菏泽市农业局副局长（无党派）
刘存勇　　菏泽市基层财政管理局局长（无党派）
崔　磊　　菏泽市卫生局副调研员、规财科科长（民革）
姚艳萍（女）曹县政府副县长（无党派）
沙向东　　定陶县政府副县长（无党派）
刘新海　　成武县政府副县长（无党派）
李　军　　单县政府副县长（致公党）
田兴学　　巨野县政府副县长（无党派）
王明华　　郓城县政府副县长、县工商联主席（无党派）
肖　云（女）鄄城县政府副县长、县工商联主席（无党派）
顿文英（女）东明县政府副县长（无党派）

山东省省市级爱国宗教团体领导班子及县级宗教团体主要负责人

·省级·

山东省佛教协会

会　长：仁　昌
副会长：觉　映　心　见　郑子昌　李长吉
　　　　弘　瘏　本　悟　真　龙　陶书童
秘书长：仁　昌（兼）

山东省道教协会

会　长：刘怀元
副会长：霍怀虚　李宗贤　尹利举　张诚达
　　　　周枫林　侯信阳

秘书长：张诚达（兼）

山东省伊斯兰教协会

会　长：王树理

副会长：刘荣喜　张瑞正　金述龙　李全福
　　　　韩来社　杨永光　金述一　王明壁
　　　　马惠亚　张家发　白兆富　陈金海

秘书长：张瑞正（兼）

山东省天主教爱国会

主　任：刘柏年

副主任：房兴耀　赵凤昌　张宪旺　吕培森
　　　　杨永强　张家起　陈天浩　张　辉

秘书长：杨永强（兼）

山东省天主教教务委员会

主　任：房兴耀

副主任：刘柏年　赵凤昌　张宪旺　吕培森
　　　　杨永强　张家起　陈天浩

秘书长：吕培森（兼）

山东省基督教"三自"爱国运动委员会

主　任：高　明

副主任：吴建寅　任现民　李洪玉　陈光旭
　　　　田立柱　赵克玉（女）　黄　斌

秘书长：高　明（兼）

山东省基督教协会

会　长：高　明

副会长：吴建寅　任现民　李洪玉　孙法田
　　　　张建顺　夏伶珺（女）

总干事：涂智进

·济南市·

济南市佛教协会

会　长：陶书童

副会长：弘　庵　界　空　弘　恩　印　慈

秘书长：弘　庵（兼）

济南市伊斯兰教协会

会　长：杨松岳（10月前）　崔然贵（10月后）

副会长：马　杰（10月后）　张通起　金述龙
　　　　李全福　金　凤（女）　金恩庆　安瑞成

秘书长：张通起（10月前）　马　杰（10月后）

济南市天主教爱国会

主　任：张宪旺

副主任：张家起　孙淑慧（女）　张寿勇
　　　　高长德　赵明忠　李守明

秘书长：张家起（兼）

济南市基督教"三自"爱国运动委员会

主　任：赵克玉（女）

副主任：李赋真　张淑媛（女）　殷兰华（女）
　　　　段国山　孙　晶（女）　董永革

秘书长：董永革（兼）

济南市基督教协会

会　长：李赋真

副会长：张淑媛（女）　殷兰华（女）　段国山
　　　　孙　晶（女）　郝　萍（女）　梁　川

总干事：段国山（兼）

历下区基督教"三自"爱国运动委员会主任：王文欢

市中区基督教"三自"爱国运动委员会会长：
　　　　张淑媛（女）

槐荫区基督教"三自"爱国运动委员会主任：
　　　　张宏伟（4月前）
　　　　段国山（4月后）

天桥区伊斯兰教协会会长：金玉谱

天桥区天主教爱国会主任：孙淑慧（女）

天桥区基督教"三自"爱国运动委员会主任：李赋真

历城区佛教协会会长：界　空

历城区道教协会会长：窦明水（女）

历城区伊斯兰教协会会长：金德政

历城区天主教爱国会会长：林玉江

历城区基督教"三自"爱国运动委员会主任：王三元

长清区伊斯兰教协会会长：杨春生

长清区基督教"三自"爱国运动委员会主任：田兴勇

章丘市天主教爱国会会长：张恩海

章丘市基督教"三自"爱国运动委员会主任：张兴森

章丘市伊斯兰教协会秘书长：金绪明

平阴县天主教爱国会主任：史瑞涛

平阴县基督教"三自"爱国运动委员会主任：
　　　　郭海荣（女）

济阳县伊斯兰教协会会长：杨岳军

济阳县基督教"三自"爱国运动委员会主任：王显成

·青岛市·

青岛市佛教协会

会　长：心　见

副会长：王圣瑛　妙　智　吴联国

秘书长：程丕忠

青岛市道教协会

会　长：李宗贤

副会长：刘洪升　许国恩　郭德宝　高明见

侯永凯　于秦玉
秘书长：侯永凯（兼）
青岛市伊斯兰教协会
会　长：马肇维
副会长：李海通　李英杰　李　鹏　刘玉杰
秘书长：金绍蓉（女）
青岛市天主教爱国会
主　任：陈天浩
副主任：李明述　孙　明　刘红妍（女）
隋泽泉　冯士杰　王传力
秘书长：孙　明（兼）
天主教青岛教区民主管理委员会
主　任：李明述
副主任：陈天浩　陈书杰　冯士杰　张　松
刘红妍（女）　隋泽泉　孙凤永（日照）
秘书长：冯士杰（兼）
青岛市基督教“三自”爱国运动委员会
主　任：董美琴（女）
副主任：高永亮　赵开洁　方　静（女）　沈光明
秘书长：赵开洁（兼）
青岛市基督教协会
会　长：高永亮
副会长：董美琴（女）　孙锡英（女）
张　霞（女）　王加加（女）
总干事：孙文乐（女）
崂山区基督教“三自”爱国运动委员会主任：董其利
开发区基督教“三自”爱国运动委员会主任：朴明山
城阳区基督教“三自”爱国运动委员会主任：任睦江
即墨市基督教“三自”爱国运动委员会主任：刘振涛
胶州市基督教“三自”爱国运动委员会主任：
王新岩（已故）
平度市基督教“三自”爱国运动委员会主任：
王　霞（女）
莱西市基督教“三自”爱国运动委员会主任：
李卿德（女）
平度市天主教爱国会主任：陈天智

·淄博市·

佛教协会
会　长：释仁昌
副会长：释仁炟　释果善　释常净　姚秀林
袁　鲲
秘书长：释仁炟
道教协会
会　长：尹清钧
副会长：秦清恒　祖宗清　于清泉
秘书长：秦清恒
伊斯兰教协会
会　长：刘荣喜
副会长：沙文义　查希佳　丁传民　刘荣军
王建国　马俊英　王衍军
天主教爱国会
主　任：杨永强
副主任：王玉同　张志先　张兆玺　颜承海
基督教两会
会　长：翟善水
副会长：张秀霞（女）　王国兴　李冬英（女）
张店区佛教协会会长：释常净
张店区道教协会会长：刘照乾
张店区伊斯兰教协会会长：查希佳
张店区天主教爱国会会长：曲庆华
张店区基督教两会会长：张秀霞（女）
淄川区佛教协会会长：袁　鲲
淄川区伊斯兰教协会会长：王建国
淄川区天主教爱国会会长：张兆玺
淄川区基督教两会会长：翟善水
博山区伊斯兰教协会会长：杨志薪（女）
博山区天主教爱国会会长：张焘发
博山区基督教两会会长：张路德（女）
周村区天主教爱国会会长：张克海
周村区基督教两会会长：李冬英（女）
临淄区伊斯兰教协会会长：刘荣军
临淄区天主教爱国会会长：孙本业
临淄区基督教两会会长：谢洪礼
桓台县天主教爱国会副会长：张仲玉（主持工作）
桓台县基督教两会会长：巩玉莲（女）
高青县天主教爱国会会长：宗学录
高青县基督教三自爱国会会长：王国兴
沂源县伊斯兰教协会会长：马俊英（女）
沂源县天主教爱国会会长：魏学安
沂源县基督教两会会长：李世忠

·枣庄市·

佛教协会
会　长：陈庆平
副会长：郑　光　康锦环　贾奎祥

伊斯兰教协会
会　长：苏伯喜
副会长：丁玉振　吕敬友　周光成　沙光谦
　　　　扈延春　赵光辉　金亚南
秘书长：金亚南
基督教两会
会　长：孙法田
副会长：许鸿海　张恩源
秘书长：于福宝
滕州市佛教协会会长：王效奇
滕州市伊斯兰教协会会长：周光成
滕州市天主教爱国会会长：郭启秀
滕州市基督教“三自”爱国运动委员会会长：张恩源
薛城区伊斯兰教协会会长：扈延春
薛城区天主教爱国会会长：褚思训
薛城区基督教“三自”爱国运动委员会会长：翟俊伟
山亭区基督教“三自”爱国运动委员会会长：邱敬义
市中区佛教协会会长：释惟正
市中区伊斯兰教协会会长：沙光谦
市中区基督教“三自”爱国运动委员会会长：冯相广
峄城区佛教协会会长：释心安
峄城区基督教“三自”爱国运动委员会会长：张茂祥
台儿庄区佛教协会会长：张　勇
台儿庄区基督教“三自”爱国运动委员会会长：许鸿海

·东营市·

佛教协会
会　长：明　哲（圆寂）
副会长：释妙言　劳海卫
秘书长：刘玉玲（女）
伊斯兰教协会
会　长：铁建国
副会长：洪向东　沙启伦　刘广成　邱希祥
秘书长：洪向东
天主教爱国会筹备组
组　长：杜丙雪
副组长：王纯光　刘振学　姜进胜　尤维东
基督教两会
会　长：赵元法
副会长：张晓梅（女）　孙明学
秘书长：张晓梅（女）
广饶县基督教“三自”爱国运动委员会主任：燕西九
垦利县佛教协会会长：劳海卫
垦利县基督教“三自”爱国运动委员会主任：
　　　　刘传美（女）

·烟台市·

佛教协会
副会长：真　龙　觉　光　张桂兰（女）
王胜田　悟　实
秘书长：真　龙（兼）
道教协会
会　长：侯信阳
副会长：龚清泰　陈　明
秘书长：龚清泰（兼）
伊斯兰教协会
会　长：金宗峰
副会长：马惯超　仝道林
秘书长：杨肇君
天主教爱国会
主　任：张心祥
副主任：孔庆丽（女）　韩昌军　张剑锋
秘书长：张　克
基督教“三自”爱国会及协会
会　长：田立柱
副会长：邹钟毅（女）　黄万晓　刘艳庭　张奎文
　　　　于　磊　高丽丽（女）
“三自”爱国会秘书长：于　磊（兼）
协会总干事：孙晓丽（女）
福山区基督教“三自”爱国会主任：王延梅（女）
莱山区基督教“三自”爱国会主任：黄万晓
牟平区基督教“三自”爱国会主任：孔晓丽（女）
海阳市基督教“三自”爱国会主任：刘进义
莱阳市基督教“三自”爱国会主任：刘艳庭
栖霞市基督教“三自”爱国会主任：王忠凯
蓬莱市基督教“三自”爱国会主任：张爱君（女）
龙口市佛教协会会长：释悟才
龙口市基督教“三自”爱国会主任：邹钟毅（女）
招远市基督教“三自”爱国会主任：宋　梅（女）
莱州市佛教协会会长：程显龙
莱州市基督教“三自”爱国会主任：高丽丽（女）
开发区基督教“三自”爱国会主任：臧崇刚

·潍坊市·

佛教协会
副会长：释常文　释本悟　释昌圣

秘书长：释常文

伊斯兰教协会

副会长：李新平（主持工作）　马　俊

秘书长：马　俊

天主教爱国会

主　任：李心法

副主任：孙文君　张树臣

秘书长：李心法

天主教青州教区教务委员会

副主任：李心法　孙文君　张树臣

基督教两会

会　长、主　任：陈光旭

副会长、副主任：石乐新　王复兴

秘书长、总干事：石乐新

奎文区基督教“三自”爱国运动委员会主任：赵永泰

潍城区基督教“三自”爱国运动委员会主任：丁智远

寒亭区基督教“三自”爱国运动委员会主任：张顺天

坊子区基督教“三自”爱国运动委员会主任：张天民

青州市伊斯兰教协会会长：马忠辉

青州市天主教爱国会负责人：孙文君

青州市基督教“三自”爱国运动委员会主任：王长玉

诸城市基督教“三自”爱国运动委员会主任：张夕瑞

寿光市佛教协会会长：释正德

寿光市基督教“三自”爱国运动委员会主任：王复兴

安丘市基督教“三自”爱国运动委员会主任：韩玉萍（女）

昌邑市天主教爱国会主任：王云峰

昌邑市基督教“三自”爱国运动委员会主任：王云南

高密市基督教“三自”爱国运动委员会主任：赵永泉

昌乐县基督教“三自”爱国运动委员会主任：曲学芹（女）

临朐县佛教协会会长：王和平

临朐县天主教爱国会主任：张树臣

临朐县基督教“三自”爱国运动委员会主任：赵亚伯

·济宁市·

佛教协会

会　长：释正德

副会长：释觉一　夏义勇　李宗英（女）　释妙建　张太斌

秘书长：夏义勇（兼）

道教协会

会　长：明艳兰（女）

副会长：扈东朔　王兴乾　焦玉建

秘书长：铁玉良

伊斯兰教协会

会　长：马相智

副会长：马永才（已故）　文洪坤　温伟重　马建波　沙庆水　杨华忠　马　海　夏庆民

秘书长：王明璧

天主教爱国会

会　长：周传铎

副会长：吕培森　孙建波　胡国祥　郭洪新　王国祥

秘书长：周传铎（兼）

基督教两会

会　长：高　明

副会长：孔祥玲　郑尊鑫（已故）　赵秀芳（女）　商会伦（女）

秘书长：孔祥玲（兼）

任城区天主教爱国会会长：周传铎

任城区基督教两会会长：杨国卿（女）

兖州区佛教协会会长：释正德

兖州区伊斯兰教协会会长：杨华忠

兖州区基督教两会会长：张恩霞（女）

曲阜市佛教协会会长：释隆谦

曲阜市伊斯兰教协会会长：刘福兴

曲阜市基督教两会会长：丰宗洁

泗水县伊斯兰教协会会长：沙庆水

泗水县基督教两会会长：兰成玉

邹城市伊斯兰教协会会长：袁彩銮

邹城市基督教两会会长：李保华

微山县基督教两会会长：田广富

鱼台县佛教协会会长：王建中

鱼台县伊斯兰教协会会长：夏庆民

鱼台县基督教两会会长：姚元启

金乡县佛教协会会长：释妙静

金乡县道教协会会长：鹿义才

金乡县基督教两会会长：李国才

嘉祥县天主教爱国会会长：周庆礼

嘉祥县基督教两会会长：胡佩成

梁山县天主教爱国会会长：吕玉林

梁山县基督教两会会长：万福华（女）

·泰安市·

佛教协会

会　长：释大悲

副会长：周知一　吴　军（女）　释仁通
　　　　释法圆　洪贵明
秘书长：马海民

道教协会

会　长：张诚达
副会长：刁宇松（女）　李怀宇　袁海勇　张伟明
秘书长：李永阳

伊斯兰教协会

会　长：丁永峰
副会长：金兰英（女）　弭兆杰　王寿文　韩义才
　　　　弭宪宽　马道同　李忠国　左凤刚
秘书长：金兰英（女）

天主教爱国会

会　长：王兴春
副会长：刘学兵　李成秋　胡明刚　郭衍泉
　　　　丁世军　赵乐缘　王俊宝　李传东
秘书长：刘学兵

基督教两会

会　长：付　林
副会长：石光合　李庆珍（女）　肖文花（女）
　　　　王桂芝（女）　任现海
秘书长：石光合
泰山区伊斯兰教协会会长：王寿文
岱岳区伊斯兰教协会会长：马道同
岱岳区天主教协会会长：李成秋
岱岳区基督教协会会长：肖　梅（女）
肥城市基督教“三自”爱国运动委员会主任：
　　　　王桂芝（女）
宁阳县伊斯兰教协会会长：朱兆新
宁阳县基督教“三自”爱国运动委员会主任：任现海
东平县天主教爱国会会长：李传东

·威海市·

佛教协会

会　长：释宝智
副会长：王书强　释体净
秘书长：王书强（兼）

道教协会

会　长：孙立贵
副会长：单玉梅（女）　段信源　史冯波
秘书长：孙立贵（兼）

伊斯兰教协会

会　长：刘国军
副会长：刘　文（女）　王增学　王小亭
秘书长：侯　俊

天主教爱国会

主　任：包颖明（女）
副主任：董文科　袁廷美（女）
秘书长：董文科（兼）

基督教“三自”爱国运动委员会

主　任：吕昭十
副主任：张建军　许玉红（女）　张永军　周玉财
秘书长：许玉红（女）（兼）

基督教协会

会　长：吕昭十
副会长：张建军　许玉红（女）　张永军　周玉财
秘书长：张永军（兼）
荣成市佛教协会会长：马庆祖
荣成市道教协会会长：孙诚修
荣成市基督教“三自”爱国运动委员会会长：周君秋（女）
文登市佛教协会会长：释体净
文登市道教协会会长：段信源
文登市基督教“三自”爱国运动委员会会长：张建军
乳山市佛教协会副会长：于守永
乳山市道教协会会长：单玉梅（女）
乳山市基督教“三自”爱国运动委员会会长：周玉财

·日照市·

日照市伊斯兰教协会

会　长：杨兆玺
副会长：张传宇　锁旭升　丁德泉　马孝军　马利明
　　　　张厚峰
秘书长：张传宇（兼）
东港区佛教协会会长：高　品
东港区道教协会会长：郭凤君（女）
东港区基督教“三自”爱国运动委员会会长：高春光
东港区基督教协会会长：高春光
莒县佛教协会会长：耀　诚
莒县伊斯兰教协会会长：兰兆秀（女）
莒县天主教爱国会会长：郭庆连
莒县基督教“三自”爱国运动委员会会长：
　　　　岳兴满（代理）

·临沂市·

佛教协会

会　长：释常静
副会长：释惟方　释仁莲（女）　释海富　释玄明
　　　　释妙莲
秘书长：徐向群（女）

道教协会

会　长：魏高清
副会长：周枫林　谢贞秀（女）
秘书长：张宗辉

伊斯兰教协会

会　长：陈玉华（女）
副会长：韩来社　文延礼　金庆民　王佩玉
　　　　马凤印　杨艳明　肖付全　杨　毅
秘书长：马凤印（兼）

天主教爱国会

主　任：房兴耀
副主任：尤锡玖　卜祥武　魏　磊　吴景新　房建东

基督教两会

主　任：吕玉昌
会　长：徐祇刚
副会长：张建顺　刘宗昌　管宜松　曹宗府　王桂林
兰山区伊斯兰教协会会长：金殿君
兰山区基督教两会主任：曹宗府
会　长：李公富
罗庄区天主教爱国会主任：吴彦秋
罗庄区基督教两会主任、会长：张建顺
河东区佛教协会会长：释妙莲
河东区天主教爱国会主任：房兴义
河东区基督教两会主任、会长：王桂林
郯城县天主教爱国会主任：魏　磊
郯城县基督教两会主任：管宜松
会　长：徐祇刚
兰陵县佛教协会会长：释慧悟
兰陵县天主教爱国会主任：周秀芳（女）
兰陵县基督教两会主任、会长：冷相贤
莒南县基督教“三自”爱国运动委员会主任：樊九思
沂水县伊斯兰教协会会长：白清慎
沂水县天主教爱国会主任：彭富春
沂水县基督教两会主任、会长：王恩田
蒙阴县天主教爱国会主任：张玉霞（女）
蒙阴县基督教协会会长：王均珠
平邑县伊斯兰教协会会长：金立忠
平邑基督教“三自”爱国运动委员会主任：时维勤
费县基督教“三自”爱国运动委员会主任：李殿华
会　长：刘西胜
沂南县天主教爱国会主任：袁启邦
沂南县基督教“三自”爱国运动委员会主任：吕玉昌
临沭县基督教“三自”爱国运动委员会主任：陈久选

·德州市·

德州市佛教协会

副会长：徐章练（常务）　仁　光
秘书长：张　克

德州市伊斯兰教协会

会　长：白兆富
副会长：李治勇　李全英（女）　张廷智　马增跃
　　　　韩在元
秘书长：马德谦

德州市天主教爱国会

主　任：韩振国
副主任：马广森　胡素英（女）　聂井伦
　　　　梁吉业（已去世）
秘书长：马广森（兼）

德州市基督教“三自”爱国运动委员会

主　任：孔祥安
副主任：王晋利　刘立奎　周汉威　霍世宽
秘书长：李西丁

德州市基督教协会

会　长：孔祥安
副会长：王晋利　刘立奎　周汉威　霍世宽
总干事：李西丁
德城区基督教“三自”爱国运动委员会会长：李西丁
德城区伊斯兰教协会会长：安金明
禹城市基督教爱国会主任：周汉威
乐陵市基督教“三自”爱国运动委员会会长：
　　　　陈桂珍（女）
乐陵市基督教协会会长：王学杰（女）
宁津县道教协会会长：孙高德
宁津县基督教“三自”爱国运动委员会会长：
　　　　井淑珍（女）
齐河县佛教协会会长：齐素萍（女）
齐河县基督教“三自”爱国运动委员会主任：孔祥安
临邑县伊斯兰教协会会长：马增跃
临邑县天主教爱国会主任：孙寿国
临邑县基督教两会主任：刘立奎
陵县伊斯兰教协会会长：张廷智
平原县伊斯兰教协会会长：麻然军

平原县基督教“三自”爱国运动委员会主任：王晋利
武城县伊斯兰教协会会长：满胜利
武城县天主教爱国会会长：李茂峰
武城县基督教“三自”爱国运动委员会会长：王曰安
夏津县基督教“三自”爱国运动委员会主任：张合庆

·聊城市·

佛教筹委会：
副主任：陈　岿　徐天龙　李秀兰（女）
秘书长：李　彬
伊斯兰教协会
会　长：张家驯
副会长：窦余亭　宛秋生　何培义　李少振　王学信
　　　　杨松明　杨万青　冯立怀　王景元
天主教爱国会
主　任：李启才（已去世）
副主任：赵凤昌　邢凤岭（已去世）　吕端重
　　　　付德成　刘长奎
秘书长：吕端重
天主教民管会
主　任：赵凤昌
副主任：李启才（已去世）　吕端重　邢福成
　　　　付德成　刘长奎
秘书长：吕端重
基督教“三自”爱国运动委员会
主　任：李全新
副主任：赵文斌　于秀兰（女）
秘书长：司学仁
东昌府区伊斯兰教协会会长：窦余亭
东昌府区天主教爱国会主任：商金保
东昌府区基督教“三自”爱国会主任：汪尚军
临清市佛教协会主任：李秀兰（女）
临清市伊斯兰教协会会长：杨万青
临清市天主教爱国会主任：李文岭
临清市基督教“三自”爱国运动委员会主任：
　　　　于秀兰（女）
冠县伊斯兰协会会长：何培义
冠县天主教爱国会主任：徐则周
冠县基督教“三自”爱国运动会主任：马雪芹（女）
莘县伊斯兰教协会会长：李少振
莘县天主教爱国会主任：邢凤岭（已去世）
莘县基督教“三自”爱委会主任：赵文彬（已去世）
阳谷县佛教协会会长：释仁修
阳谷县天主教爱国会主任：吕端重
东阿县佛教协会会长：释永悟
东阿县天主教爱国委员会主任：耿桂珍（女）
东阿县基督教“三自”爱委会主任兼会长：王建营
茌平县天主教爱国委员会主任：姜　丽
茌平县基督教“三自”爱委会主任：桑秋菊
高唐县佛教协会会长：觉　映
高唐县基督教“三自”爱委会主任兼会长：李全新

·滨州市·

伊斯兰教协会
会　长：陈金海
副会长：张　力　从恩广　马玉才　杨明友
　　　　马玉兵　从延华
秘书长：从立宙
天主教爱国会
主　任：张美华
副主任：时云华　杨宝和　杨道灵　刘成武
秘书长：时云华
基督教“三自”爱国会
主　任：马　慧（女）
副主任：李维顺
秘书长：刘树莹（女）
惠民县“三自”爱国会主任：张学海
阳信县伊斯兰教协会会长：马玉才
阳信县天主教爱国会主任：刘成武
阳信县基督教“三自”爱国运动委员会主任：赵玉田
无棣县伊斯兰教协会会长：从恩广
无棣县天主教爱国会主任：杨宝和
无棣县基督教“三自”爱国运动委员会主任：
　　　　刘树莹（女）
沾化县天主教爱国小组组长：杨长新
沾化县基督教“三自”爱国小组组长：丁培改（女）
博兴县天主教爱国会副主任：
　　　　李天祥　杨道灵　李领述　邢会永
　　　　（前任主任去世，未产生新主任）
博兴县基督教“三自”爱国会主任：李维顺
邹平县道教协会会长：梁信阳
邹平县“三自”爱国会主任：马　慧

·菏泽市·

佛教协会
会　长：郑子昌

副会长：释证威（女） 释一来 释印元
秘书长：丁 涛

伊斯兰教协会

会 长：马惠亚
副会长：闫红心 金占军 李克世 马敬端 沙德金
秘书长：郭 慧（女）

天主教爱国会

主 任：郭德华
秘书长：李全胜

教区民主管理委员会

副主任：韦立根

基督教“三自”爱国委员会

主 任：田素良
副主任：张 镇 尹起照 李成永
秘书长：贾防震
牡丹区佛教协会会长：郑子昌
牡丹区伊协会长：张广德
牡丹区基督教“三自”爱委会主任：张 镇
曹县伊斯兰教协会会长：王 超
曹县天主教爱国会主任：赵再民
曹县基督教“三自”爱委会主任：尹起照
定陶县伊斯兰教协会会长：杨慎波
定陶县基督教“三自”爱委会主任：张信福
成武县天主教爱国会主任：陈巧云（女）
成武县基督教“三自”爱委会主任：李成永
单县伊斯兰教协会主要负责人：张永玖（阿訇）
单县天主教爱国会副主任：郭凤玲（女）
单县基督教“三自”爱委会主任：田素良
巨野县天主教爱国会主任：丁福连
巨野县基督教“三自”爱委会主任：刘 平（女）
郓城县天主教爱国会主任：侯家营
郓城县基督教“三自”爱委会主任：孔运芝
鄄城县伊斯兰教协会会长：张广振
鄄城县基督教“三自”爱委会主任：周生彩
东明县伊斯兰教协会会长：海廷焕
东明县天主教爱国会主任：李永臣
东明县基督教“三自”爱委会主任：王金山

山东省省市台湾同胞联谊会领导班子

·山东省台湾同胞联谊会·

会 长：林红霞（女）
副会长：林 青（女） 李建平 吴远潮 韩中光
秘书长：孙大川

·济南市台湾同胞联谊会·

会 长：吴远潮
副会长：李培源 聂爱华（女） 袁大川
张 玲（女）
秘书长：陈建文

·青岛市台湾同胞联谊会·

会 长：林 青（女）
副会长：黄 岩（女）
秘书长：李丰民

·淄博市台湾同胞联谊会·

会 长：林红霞（女）
副会长：王 岩 王兴农 侯永正 王庆杰
王寿杰 张 震 王 亮
秘书长：王树贤

·烟台市台湾同胞联谊会·

会 长：李建平
副会长：潘永丽（女） 蔡志强

·泰安市台湾同胞联谊会·

会 长：张亚莉（女）
秘书长：苏 民

山东省省市黄埔军校同学会领导班子

·山东省黄埔军校同学会·

会　长：陈镇中

副会长：王　健　郭毅杰

秘书长：张铁岩

·青岛市黄埔军校同学会·

会　长：王　健

副会长：马竞适　鲁　芒

秘书长：贺照宾

·淄博市黄埔同学联络组·

组　长：于寿增

副组长：苗锡源

·烟台市黄埔同学联络组·

组长：丁金榜

成员：龙　涛　林佩生　姜希壮　张庭贤

·潍坊市黄埔军校同学会·

会　长：张延祥（2013年10月去世）

副会长：郎　钦　郭登年

·济宁市黄埔军校同学会·

会　长：孟繁英

·泰安市黄埔同学联络组·

组　长：傅汝有

·临沂市黄埔同学联络组·

组　长：梅设元

·滨州市黄埔同学联络组·

组　长：张荣祥

·聊城市黄埔同学联络组·

组　长：张正良

·菏泽市黄埔同学联络组·

组　长：欧阳纪声

山东省省市海外联谊会领导班子

·山东省海外联谊会·

会　长：颜世元

副会长：孙传宏　刘　渊　梁　波　孙孺声
王晓炜　曲　涛　亓同秋　李法信
牟　强　王传洲　胡智荣　任　浩
程广辉　相开进　张新文　孙　亮
马纯济　孙丕恕　李秀川　谷　澍
陈　军　于泽水　李安喜　陈焕德
宗艳民　朱铭泉　谢硕文　刘士凯
王淑梓（女）　陈汉才　吴立春
王家惠　施教益　郑和国　李建清
钟诚富　王殿杰　朱新胜　欧润荣
韩　兵　黄惠珍（女）　佘静怡（女）

秘书长：程海峰（女）

·济南市海外联谊会·

会　长：杨庆林

副会长：陈亚建　李素华（女）　闫继红（女）

郭海华　司志坤　李元东　史同伟
李　敏（女）　王晓霞（女）
吴玉明　李光明　韩明东　王望平
李爱华（女）　王亚托　王瑞云
张才奎　唐一林　朱铭泉　陈吟挥（女）
谢建明　谢硕文　王淑梓（女）　王鹏飞
秘书长：刘延国

·青岛海外联谊会·

会　长：边祥慧（女）
副会长：胡义瑛　崔延南　王可梅　田云南
王吉春　贺天润　王修照　王进东
贺照宾　崔卫东　李北林　胡　辛
夏临华　仪垂杰　牟新民　李德孚
侯保荣　尹明琴（女）　江玉民
于　萍（女）　赵高潮　乔俊良
李　静（女）　林　萍（女）
甘行茂　尹德胜　王为民　乔伟光
刘宝恩　许利雄　佘静怡（女）
李松群　杜　超　吕　燕（女）
陈一琳（女）　陈伯阳　陈振豪
官俊博　林　青（女）　骆　滨　康宝驹
黄清莲　洪犹男
秘书长：周雪燕（女）

·枣庄市海外联谊会·

会　长：陈　伟
常务副会长：李书亭
副会长：王正国　王国华　岳增波　高　芳（女）
龙晓华（女）　安全忠　张　辉
于春明　陈太宝　赵光辉　黄五湖
孙中科　柏　雨　刘　刚
秘书长：王正国

·东营市海外联谊会·

会　长：王秀华
副会长：杨云山　徐广铭　陈广风　李明选
刘柱坤　王延生　霰景亮　刘志奋
李玉琢　张　军　石守礼　蔡　华
周秀荣（女）　董秀杰（女）
翁志尧　董大刚　陈绍良　刘德杰
王秀生　陈建华　吴　君
秘书长：赵国富

·烟台海外联谊会·

会　长：程德智
副会长：秦　英　王连松　隋东玲（女）　于忠杰
栾军波　孙赋欣　刘士凯　谢硕文
宫瑞卿　陈汉才　杨世杭　潘立芳
王家惠　施教益　吕锡柱　姜永正
吕志全　于健安　唐云龙　尹国桥
曹经庚　张希忠　廖庆富　江兴浩
王志强　宋建民　丁建生　王　安
王珍海　于新建　唐　波　曲继光
于晓宁　邓博毅　贺　强　陈云昌
黄晓明　王寿纯　李树建　刘治波
宋华西

·潍坊市海外联谊会·

会　长：张小梅（女）
副会长：齐瑞祥　柳松波　王长利　赵　丽（女）
钟诚富　魏宗明　宗立成　王建陵　李朝阳
秘书长：齐瑞祥

·济宁市海外联谊会·

会　长：张开朗
副会长：李传武　张德泮　王　超　赵广方　王衍安
王成玉　吴霁雯（女）　郭秋亚　钟路华
莫兴光　罗文春　任　鹏　李洪信
秘书长：辛　敬（女）

·泰安市海外联谊会·

会　长：朱永强
副会长：吕军德　刘汝田　陈汉才　李振德　胡总营
毛邦杰　刘健安
秘书长：刘汝田

·威海市海外联谊会·

会　长：李在武
副会长：于连波　于富波　毛邦杰　王仕玮
刘秀华（女）　许英杰　许荣芳
闫卫国　张　德　李　杰　李文高
施教益　郭洪源　彭　霞（女）
程晓军
秘书长：孙洪学

·莱芜市海外联谊会·

会　长：苏文德

副会长：边会勤　孟庆忠　冯美玲（女）　孟昭友
杨国莉（女）　李茂鑫　陈通贵　张炳荣
陈太宝　许英强

秘书长：李龙生

·临沂市海外联谊会·

会　长：张广敬

副会长：马永印　王文涛　王岚保　王彦军
王淑梓（女）　王景连　卢　山
冯　凯　朱振民　朱铭泉　刘竹承
刘健安　许绍凰　李兆臣　李宗涛
李海宁　宋连胜　陆晓东　岳利娟（女）
金保华　郑玉玺　赵久标　胡照普
相　彬　钱春生　徐会连　解红日
薛　平（女）

秘书长：王佰圣

·德州市海外联谊会·

会　长：邵自升

副会长：王文龙　邹　岩　周晓峰　姜桂廷
常　青　黄立仁　蔡永龙　靳海洋
魏建国　尹国桥　叶松华　刘健安
吕子群　吕芳远　李蓬星　邱维斌
陈嘉和　周　伟（女）　周海燕（女）
林锡灯　唐云龙　赖银水　王　岩
王宁坤　刘文利　刘挥进　张学慧
张洪涛　张海军　杨学政　郑毓禄
秦庆平　崔俊良　黄子华

秘书长：刘兰勇

·滨州市海外联谊会·

会　长：姜银浩

副会长：谢硕文　王殿杰　郑和国　张大鹏
郑智伟　王康生　陈志强　宗才溥
高锦璇（女）　廖毅成　刘健安
朴明子（女）　王德康　郭荣宗
李树军　罗镇澄　张金梅（女）
杨光军　傅成栋　田立柱　贾安利
杨玉鑫　刘培峰　刘　磊

山东省省市统战理论研究会领导班子

·山东省统战理论研究会·

会　长：颜世元

会　长：颜世元

副会长：孙传宏　崔　巍　孙　矩　衣　芳
包心鉴　席　伟　马　啸　孙继业
姚东方　王韶兴　王新力

秘书长：贾洪江

·青岛市统战理论研究会·

会　长：胡义瑛

副会长：贺天润　华文峰　葛仁水　尹明琴（女）
江玉民　董福强　赵高潮　乔俊良
李　静（女）　林　萍（女）
黄建青　马银邦

秘书长：周雪燕（女）

·临沂市统战理论研究会·

会　长：张广敬

副会长：李　静（女）　徐兴东　杨兴文　杨建中
孔　霞（女）

秘书长：王子鹤

山东省省市光彩事业促进会领导班子

·山东省光彩事业促进会·

会　长：颜世元

副会长：张心骥　孙传宏　孙孺声　王晓炜　栾文通　梁向前　曹　元（女）　陈守国　尚吉永　程　平　韩金来　周晓峰　刘慧兰（女）　朱新胜　刘爱丽（女）　刘敬锟　卢志壮　唐一林　郝在杰　乔伟光　李学峰　王金勇　姜卫东　赵　涛　张令泉　王德文

秘书长：孙美菊（女）

·青岛市光彩事业促进会·

会　长：边祥慧（女）

常务副会长：徐　航　王吉春

副会长：贺照宾　杨常义　解　军　刘宝恩　纪爱师　李延庭　乔伟光　陈伯阳　周永恒　金景善　姜丰寿　李松群　王晓光　李廷勇　刘双全　韩金风（女）　张代信　张永升　张贤存　纪玉君　辛华龙　袁仲雪　韩方如（女）　袁　杰（女）　陈一琳（女）　程淑萍（女）　刘玉岭　吴旭峰　郝　斌（女）　张明亮　葛尧伦　佘静怡（女）　张继富　王　瑛　刘鑫荣（女）

秘书长：王吉春

·东营市光彩事业促进会·

会　长：倪胜希

副会长：杨云山　王延生　蔡祖奇　罗　冰

秘书长：王延生（兼）

·烟台市光彩事业促进会·

会　长：程德智

副会长：秦　英　夏晓峰　周　敏　孙忠杰　栾鲁闽　彭德洲　王金勇　曹庆礼　张宝健　宫振法　王珍海　叶乐明　宋向阳　王寿纯　曹经庚　徐功录　刘益君　孙伟杰　何　红　刘治波　曹务波　吕英林　孙宪法　周忠昌　王德亮　刘天新（女）　宋华西　王　刚　苏永强　刘宝德　孙崇信　谭成策　陈金泽　曲宏伟　万同军　于海霞（女）

秘书长：秦　英（兼）

·潍坊市光彩事业促进会·

会　长：杨卫东

副会长：孙向林　刘文德　王群利　郑和平　刘国田　李传孝　王明峰　刘文先　邓其华　赵新生　王兆连　王永堂　冯子军

秘书长：孙向林（兼）

·泰安市光彩事业促进会·

会　长：朱永强

副会长：高树顺　张武宗　陈队范　尹绪珠　王元成　赵传喜

秘书长：高树顺

·威海市光彩事业促进会·

会　长：姜兆军

副会长：董旭日　张　德　丛建滋　夏春亭　刘德顺　刘芳友　王坤玺　于富波　孙树仁　邵茂智　冯国森　谷源政　单永强　翟家禹

秘书长：张　德（兼）

·莱芜市光彩事业促进会·

会　长：苏文德

副会长：冯美玲（女）　孟庆忠　王新华　刘和孝　翟　君　刘庆平　任启华　韩金来　王吉庆

秘书长：冯美玲（兼）

·临沂市光彩事业促进会·

会　长：张广敬

副会长：李海宁　张建军　李长存　张士将　徐明华　张忠琴（女）　靳卫强　刘宝林　姚　静（女）　朱凤涛　陈树滋　杨艳明　杨晓东　李凤德　滕善华　高进华　高启龙　徐　博　唐　永　陈伟强　孙学堂　谭建光　陆京飞　孟凡学　苗胜伟　刘希成　张风儒　李云广　孙德尚　卢兆国　马丛茗　郁善涛　王文根　张守信　徐　军　刘传红　钱春生　冯　凯　张守泉　彭学军　齐桂超（女）

秘书长：张建军（兼）

山东省省市社会新阶层党外知识分子联谊会领导班子

·山东省社会新阶层党外知识分子联谊会·

会　长：孙传宏

副会长：臧天翔　温江鸿（女）　王玉亮　赵永珉　许　健　李文中（女）　高月明　赵振玺　孔令华　李　伟　李　玲（女）

秘书长：王传洲

·潍坊市社会新阶层党外知识分子联谊会·

会　长：任洪武

副会长：许朋礼　李传孝　薛迎春（女）　袁　源　李建国　王建国　麻　凯　郑风利（女）　唐玲玲（女）　李　滨　王成利　王　超

秘书长：曹　春

·泰安市社会新阶层党外知识分子联谊会·

会　长：戴　磊

副会长：王元成　司嘉林　钟　敏（女）　王　宏　王　清　沈　明　赵永林

秘书长：吕华章（女）

·威海市社会新阶层党外知识分子联谊会·

会　长：董旭日

副会长：韩　强　宋文山　唐艳丽（女）　张均爽　郭红玉（女）　高勤学

秘书长：韩　强（兼）

山东省省市党外知识分子联谊会领导班子

·山东省党外知识分子联谊会·

会　长：程　林

副会长：王晓炜　龚瑶琴（女）　李广雪　姚　军　林　海　李掖平（女）　孙　伟（女）　李玉霞（女）　刘　甦　唐家路　孙　谧　张卫国　杨合同　李国红　王春亭　戚建波　王　革　李新峰　王成利

·济南市党外知识分子联谊会·

会　长：巩宪群（女）

常务副会长：王亚托

副会长：马春元　衣光军　刘　军　田学雷　范　海　王翠春（女）　王德勇

王晓林（女）　宋　诏　高咏辉
耿金碧（女）　王振华　海　沫
庞　勃
秘书长：刘瑞玲（女）

·青岛市知识分子联谊会·
会　长：侯保荣
副会长：王修照　翟世奎　秦瑞基　杨　斌
王春生　王　伟
秘书长：闫　利

·淄博市党外知识分子联谊会·
会　长：魏艳菊（女）
常务副会长：国先彧
副会长：路盛芝　荣先锋　尹玉法　刘观湘
陶志民　齐昌成　尹　鹏　李　娜（女）
徐俊英（女）　邹斯峰　刘永杰
炅秀花（女）　刘泽海　王　星
王霞光　徐培力　王　岩
董雅娟（女）　王鲁民（女）
秘书长：牛会平（女）

·枣庄市党外知识分子联谊会·
会　长：任怡春（女）
副会长：于　晨（女）　马维刚　乔令梅（女）
寻文君（女）　李　慧（女）　张　伟
张建民　邵泽法　孟宪水
徐春梅（女）　翟曰军
秘书长：邵泽法

·烟台市党外知识分子联谊会·
会　长：赵树兴
副会长：柳喜军　潘　澍（女）　张金祖　王学敏
张　文　隋修国　杨德琳　李旭光
慈仲博

·济宁市党外知识分子联谊会·
会　长：戴伟娟（女）
副会长：兰　青（女）　李　敬　李传银
寻素华（女）
秘书长：寻素华（女）（兼）

·日照市党外知识分子联谊会·
会　长：戚素芬（女）
副会长：陈祥金　陈　丰
秘书长：陈　丰（兼）

·莱芜市党外知识分子联谊会·
名誉会长：苏文德
会　长：苏国庆
副会长：孟庆忠　亓　剑　武沛荣（女）
尚玉玲（女）　朱　明
吴明花（女）　黄　华（女）
秘书长：吕永军

·临沂市党外知识分子联谊会·
会　长：李宗涛
副会长：于丽华（女）　王岚宝　王远振
王　霞（女）　主如彬　孙沂东
朱海燕（女）　何　雪（女）
张玉兰（女）　张生花（女）　张建华
张春腾　张艳丽（女）　李玉国　李英奎
李晓东　李　楠（女）　李照东　杜家东
杨东霞（女）　范秋艳（女）
郑佩芹（女）　祝远昌　徐瑞明
郭春玲（女）　高思圣　隋长虹（女）
褚　冰（女）
秘书长：王佰圣

·德州市党外知识分子联谊会·
会　长：王文龙
副会长：戴希祥　姚汝勇　艾宪松　朱　鸿
秘书长：刘书霞（女）

·滨州市党外知识分子联谊会·
会　长：侯学锋（女）
常务副会长：马兴盛
副会长：王世强　谭业武　商振敏　吴国华
牛瑞波（女）　贾　涛
秘书长：刘　磊

2010－2012年度全省统战工作先进单位和先进个人名单

·先进单位·

济南市委统战部
青岛市委统战部
烟台市委统战部
威海市委统战部
临沂市委统战部
德州市委统战部
济南市历下区委统战部
章丘市委统战部
平阴县委统战部
青岛市市北区委统战部
青岛市黄岛区委统战部
胶州市委统战部
淄博市淄川区委统战部
沂源县委统战部
枣庄市薛城区委统战部
滕州市委统战部
广饶县委统战部
烟台市芝罘区委统战部
龙口市委统战部
莱阳市委统战部
潍坊市奎文区委统战部
寿光市委统战部
临朐县委统战部
兖州市委统战部
邹城市委统战部
微山县委统战部
新泰市委统战部
宁阳县委统战部
乳山市委统战部
莒县县委统战部
莱芜市钢城区委统战部
沂南县委统战部
苍山县委统战部
莒南县委统战部
德州市德城区委统战部
宁津县委统战部
庆云县委统战部
临清市委统战部
阳谷县委统战部
滨州市滨城区委统战部
无棣县委统战部
单县县委统战部
东明县委统战部
胜利石油管理局党委统战部
兖矿集团有限公司党委统战部
山东大学党委统战部
中国石油大学（华东）党委统战部
青岛大学党委统战部
山东中医药大学党委统战部
济南大学党委统战部
山东财经大学党委统战部
山东省科学院党委统战部
省委统战部办公室
省委统战部干部处

· 先进个人（记二等功）·

程显辉　济南市市中区委统战部主任科员
李　蕾　济南市槐荫区振兴街街道办事处工会主席兼统战委员
张金娟　济南市天桥区委统战部副部长
王介民　济南市历城区委统战部办公室主任
张　辉　青岛市委统战部调研宣传处处长
杨友伟　青岛市市南区江苏路街道办事处统战委员
张永波　青岛市崂山区政协副主席、区委统战部部长
刘振山　即墨市委统战部民族宗教科科长
路盛芝　淄博市委统战部副部长
曹维淮　淄博市张店区委统战部部长
许玉华　淄博市周村区委统战部副部长、主任科员
李书亭　枣庄市委统战部常务副部长
孙洪伟　枣庄市市中区委统战部副部长
张国锋　东营市委统战部副调研员、办公室主任
许志刚　垦利县永安镇党委委员、统战委员
于忠杰　烟台市委统战部副部长
王日民　招远市委统战部常务副部长、市工商联党组书记
戚树明　烟台市经济技术开发区工委组织部统战处工商联秘书长
于进强　潍坊市委统战部宣传调研科科长
耿　震　潍坊市海外联谊办公室副主任科员
高爱莲　昌邑市委统战部副部长、市民族宗教局局长
禹连书　济宁市委统战部党派工商科科长
吴英民　曲阜市委统战部副部长
徐西平　汶上县委统战部办公室主任、副主任科员
卢晓堂　泰安市委统战部宣传调研科科长
赵平明　泰安市岱岳区政协副主席、区委统战部部长
靳朝晖　威海市环翠区委统战部办公室主任
张永红　文登市委统战部副部长
安丰平　日照市委统战部办公室主任
李洪海　日照市岚山区委统战部民族宗教事务办公室副主任
田方国　莱芜市莱城区政协副主席、区委统战部部长
辛　玲　临沂市罗庄区政协副主席、区委统战部部长
陈向阳　沂水县委统战部副部长、县工商联党组书记
刘吉利　费县政协副主席、县委统战部部长
李晓静　德州市委统战部海外联谊会办公室科员
窦咏梅　陵县县委统战部办公室主任
鲁　勇　武城县委统战部副部长
刘庆革　莘县县委统战部副部长、县工商联党组书记
范　霞　东阿县委统战部常务副部长
马卫东　冠县县委统战部办公室主任、党外干部科科长
刘　磊　滨州市委统战部党派经济科科长
赵铁成　博兴县委统战部办公室主任
吕文军　菏泽市委统战部副调研员、一科科长
乔廷华　菏泽市牡丹区委统战部常务副部长
程战波　曹县县委统战部副部长、工商联党组书记
曹泉海　齐鲁石化公司党委统战部办公室主任
李庆安　山钢集团济钢党委统战部科长
王俊玲　中国海洋大学党委统战部秘书
杨圣慧　山东农业大学党委统战部正科级职员
王　澍　山东师范大学党委统战部部长
贾国文　山东科技大学党委统战部主任科员
陈朗滨　青岛科技大学党委统战部部长
陈凤崇　山东理工大学党委统战部部长
王爱成　潍坊医学院党委统战部部长
常光明　山东英才学院党委统战部部长
展翔天　中科院海洋研究所党办副主任
李梦竹　省农业科学院政工处宣传科科长
张　静　省委统战部办公室主任
解军先　省社会主义学院办公室主任

（注：《山东统一战线年鉴2013》漏记）

2013年度山东省统一战线成员受表彰（国家级和省部级）集体名单

·民盟·

民盟山东省委	获民盟中央颁发的民盟参政议政工作先进单位
民盟山东省委组织部	获民盟中央颁发的组织发展工作先进集体
民盟省直基层工委	获民盟中央颁发的组织发展工作先进集体
民盟济宁市委	获民盟中央颁发的组织发展工作先进集体
民盟莱芜市委	获民盟中央颁发的组织发展工作先进集体

·民进·

民进省委机关总支部	获民进中央颁发的民进全国宣传思想工作先进集体
民进济南市委	获民进中央颁发的民进全国宣传思想工作先进集体
民进青岛市委	获民进中央颁发的民进全国宣传思想工作先进集体
民进潍坊市潍城区支部	获民进中央颁发的民进全国宣传思想工作先进集体
民进德州市教育支部	获民进中央颁发的民进全国宣传思想工作先进集体
民进省委	获省政协颁发的2013年度全省政协反映社情民意信息工作先进单位
民进省委	获民进中央颁发的民进参与毕节试验区建设“同心·彩虹行动”工作先进集体

·农工党·

农工党省委	获农工党中央颁发的2013年度社情民意信息工作先进集体
农工党省委	获农工党中央颁发的社会服务先进省级组织
农工党省委	获省政协2013年度全省政协反映社情民意信息工作先进集体农工党省委
农工党济南市委	获农工党中央颁发的社会服务先进市委会
农工党青岛市委	获农工党中央颁发的社会服务先进市委会
农工党临沂市委	获农工党中央颁发的社会服务先进市委会
农工党枣庄市委	获农工党中央颁发的社会服务先进市委会
农工党德州市委	获农工党中央颁发的社会服务先进市委会
农工党聊城市工委	获农工党中央颁发的社会服务先进基层组织
农工党省立医院总支	获农工党中央颁发的社会服务先进基层组织
农工党齐鲁医院支部	获农工党中央颁发的社会服务先进基层组织
农工党日照市中医院支部	获农工党中央颁发的社会服务先进基层组织
农工党山东大学齐鲁医院支部	获农工党中央颁发的农工党全国社会服务先进基层组织
农工党省委	获农工党中央颁发的国际科学与和平周活动先进集体
农工党省委	获农工党中央颁发的第二十四届科学与和平周贡献奖
农工党省委	获农工党中央颁发的第四届“健康宣传周”先进集体、
农工党省委	获农工党中央颁发的理论研究先进组织工作奖
农工党省委	获农工党中央颁发的2013年度《前进论坛》发行工作先进单位
农工党威海筹委	获农工党中央颁发的2013年度《前进论坛》发行工作先进单位
农工党烟台市委	获农工党中央颁发的2013年度《前进论坛》发行工作先进单位

农工党滨州市委　　获农工党中央颁发的2013年度《前进论坛》发行工作先进单位
农工党日照市委　　获农工党中央颁发的2013年度《前进论坛》发行工作先进单位
农工党莱芜市委　　获农工党中央颁发的2013年度《前进论坛》发行工作先进单位
农工党聊城工委　　获农工党中央颁发的2013年度《前进论坛》发行工作先进单位
农工党菏泽市委　　获农工党中央颁发的2013年度《前进论坛》发行工作先进单位
农工党济南市委　　获农工党中央颁发的2013年度《前进论坛》发行工作先进单位
农工党济南市委　　获农工党中央颁发的2010–2012年社会服务工作先进集体
农工党德州市委　　获农工党中央颁发的2010–2012年社会服务先进集体

·致公党·

致公党山东省委　　获致公党中央颁发的信息工作优秀组织奖
致公党山东省委　　获省政协2013年度全省政协反映社情民意信息工作先进集体
致公党济南市委　　获致公党中央颁发的参政议政工作先进集体
致公党青岛市委　　获致公党中央颁发的参政议政工作先进集体
致公党财经大学支部　获致公党中央颁发的参政议政工作先进集体

·九三学社·

九三学社济南市委　　获九三学社中央颁发的全国组织建设先进集体
九三学社青岛市委　　获九三学社中央颁发的组织建设先进集体
九三学社泰安市委员会　获九三学社中央颁发的全国组织建设先进集体

2013年度山东省统一战线成员受表彰（国家级和省部级）人员名单

·民盟成员·

李相芝　　获教育部颁发的2013年度教育部“新世纪优秀人才”（山东大学医学院）
吴立新　　当选中国科学院院士（中国海洋大学）
赵传雷　　获国家科技部颁发的全国县（市）科技进步考核先进个人（齐河县人民政府）
李　辉　　入选泰山学者特聘专家教授，被省政府评选为2013年度山东省有突出贡献的中青年专家（山东大学）
王一君　　被省政府评选为2012年度山东省有突出贡献的中青年专家（2013年公布）

·民建成员·

李秀娥（女）　获国家统计局颁发的国家统计30年先进工作者(枣庄市台儿庄区建设局)
叶　露　　获山东省政府颁发的山东省劳动模范（山东永胜建设集团）
翟丽彬（女）　获民政部颁发的2013《中国双拥》年度人物（山东省长城军地人才就业促进中心）
邱承琛　　获国家统计局颁发的全国统计系统先进个人（青岛市市北区服务业发展局）

·民进成员·

李世来　　获民进中央颁发的民进全国宣传思想工作先进个人（民进省委）
陈艳君（女）　获民进中央颁发的民进全国宣传思想工作先进个人（民进淄博市委）

刘　辉　　获民进中央颁发的民进全国宣传思想工作先进个人（民进威海市筹委）
革　丽（女）　　获民进中央颁发的民进全国宣传思想工作先进个人（山东教育出版社）
马金虎　　获中国社会福利基金会颁发的全国“暖心工程”社区服务工作站优秀志愿者（济南教育局工会）
李绵军　宋华西　聂文国　韩俊朋　获民进中央颁发的民进参与毕节试验区建设“同心·彩虹行动”工作先进个人（民进企业界会员）

·农工党成员·

于　玲（女）　　获农工党中央颁发的2013年度社情民意信息工作先进个人（农工党省委）
王新陆　　获农工党中央颁发的2013年度社情民意信息工作先进个人（农工党省委）
仇冰玉　　获农工党中央颁发的2013年度社情民意信息工作先进个人（农工党省委）
于宝妹　　获农工党中央颁发的2013年度社情民意信息工作先进个人（农工党省委）
战伟东　　获农工党中央颁发的2013年度社情民意信息工作先进个人（农工党省委）
王观利　　获农工党中央颁发的2013年度社情民意信息工作先进个人（农工党省委）
王建廷　　获农工党中央颁发的社会服务先进个人（农工党省委）
孙　蓉（女）　　获省人民政府颁发的山东省中青年突出贡献科学家（山东中医药研究院）
王法宏　　获农业部颁发的全国粮食生产突出贡献农业科技人员（山东省农科院）

·致公党成员·

王彦春（女）　　获致公党中央颁发的参政议政优秀机关工作者（致公党山东省委）
王　军　　获致公党中央颁发的参政议政工作先进个人（青岛市科协）
段瑞生　　获山东省政府颁发的山东省神经病学岗位泰山学者特聘专家（山东省千佛山医院）
薛　平（女）　　获中国侨联、国务院侨办颁发的全国归侨侨眷先进个人（致公党临沂总支）
刘红梅（女）　　获中国侨联、国务院侨办颁发的全国归侨侨眷先进个人（德州侨联）
王乙潜　　获中国侨联、国务院侨办颁发的全国归侨侨眷先进个人（青岛大学）
姜世波　　获致公党中央颁发的参政议政工作先进个人（山东大学（威海））
王传远　　获致公党中央颁发的参政议政工作先进个人（中科院海岸带研究所）
张振华　　获山东省人民政府颁发的2013年度“山东省有突出贡献的中青年专家”（鲁东大学）
唐　明　　获中国侨联、国务院侨办颁发的全国归侨侨眷先进个人（青岛海慈医疗集团）

·九三学社·

王海龙　　获九三学社中央颁发的先进组工干部（九三学社德州市委）
董春梅（女）　　获省政府颁发的山东省先进工作者［中国石油大学（华东）］
温广武　　获人力资源和社会保障部、教育部颁发的“有突出贡献中青年专家”荣誉称号，入选2013年国家人事部“百千万人才工程”［哈尔滨工业大学（威海）］
曾志刚　　获国家科技部、国家基金委国家杰出青年科学基金，入选科技部创新人才推进计划（中科院海洋研究所）
孙正菊（女）　　获九三学社中央颁发的先进组工干部（九三学社日照市委）
邸宝成　　获九三学社中央颁发的先进组工干部（九三学社临沂市委）
褚福梅（女）　　获科技部颁发的县市科技进步考核先进个人（曲阜市人民政府）
孟海伟（女）　　获九三学社中央颁发的先进组工干部（山东大学）
韩　玮　　获九三学社中央颁发的先进组工干部（山东师范大学）
张金鹏　　获九三学社中央颁发的先进组工干部（九三学社枣庄市委）

刘要武　获九三学社中央颁发的先进组工干部（九三学社济宁市委）
郭文君　获九三学社中央颁发的先进组工干部（九三学社潍坊市委）
吕爱红（女）　获九三学社中央颁发的先进组工干部（九三学社聊城市委）
刘志坚　获九三学社中央颁发的先进组工干部（九三学社东营市委）
张三元　获九三学社中央颁发的先进组工干部（九三学社滨州市委）
张传新　获九三学社中央颁发的先进组工干部（九三学社菏泽市委）
曲　兴　获九三学社中央颁发的先进组工干部（九三学社威海市委）
李鲁华（女）　获九三学社中央颁发的先进组工干部（九三学社山东省委）

·无党派人士·

于良民　入选人事部“百千万人才工程”（中国海洋大学）
姚　军　获国务院特殊津贴[中国石油大学（华东）]
刘永红　获国务院特殊津贴[中国石油大学（华东）]
王晓洁（女）　获山东省人民政府颁发的2012年度“山东省有突出贡献的中青年专家”（鲁东大学）
赵振东　获中国工程院院士（山东省农科院）
王彩华（女）　获中华全国工商联联合会颁发的全国关爱员工优秀民营企业家（山东禹王集团）
李亚云（女）　获中华全国工商联联合会颁发的全国热爱企业优秀员工（山东禹王集团）

2013年度山东省统一战线成员获得全国和省部级社会科学自然科学奖励人员名单

·民革成员·

薛付忠　《中药寒热药性科学内涵及其表征体系的研究与应用》获省政府颁发的山东省科技进步奖一等奖（山东大学）
刘玉光　《三叉神经痛外科治疗体系的基础与临床》获省政府颁发的山东省科技进步奖二等奖（山东大学）
刘志芳（女）　《分子影像预测肺癌化疗疗效及评价药物多药耐药的价值》获省政府颁发的山东省科技进步奖三等奖（山东省医科院）
单若冰（女）　《新生儿高直接胆红素血症肝脏病变临床及实验研究》获省政府颁发的山东省科技进步奖二等奖（青岛市妇女儿童医院）
尤　锋（女）　《夏鲆（♂）与牙鲆（♀）杂交种规模化生产技术的建立与应用》获国家海洋局颁发的海洋科学技术奖二等奖（中科院海洋研究所）
薛长湖　《海参功效成分研究及精深加工关键技术开发》获省政府颁发的山东省科学技术进步奖一等奖（中国海洋大学）

·民盟成员·

刘大钧　《百年易学菁华集成（初编）》获教育部颁发的第六届高等学校科学研究优秀成果奖二等奖（山东大学）
张乐文　《隧道与地下工程突涌水机理及治理理论与关键技术》获教育部颁发的国家科技进步奖一等奖（山东大学）
李树忱　《深部洞室围岩分区破裂分析方法与控制关键技术》获省政府颁发的山东省技术发明奖一等奖（山东大学）

胡小波 《大直径4H-SiC单晶衬底材料》获省政府颁发的山东省技术发明奖一等奖（山东大学）

李　辉 《碳纳米管与石墨烯复合结构演变特征、奇异性质及物质充填行为》获省政府颁发的山东省自然科学奖二等奖（山东大学）

张　建 《可持续运行功能强化的人工湿地水质净化技术》获省政府颁发的高等学校技术发明奖二等奖（山东大学）

张希全 《一氧化氮合酶（eNOS）基因转染治疗肺动脉高压的实验研究》获省政府颁发的山东省科技进步奖三等奖（山东大学）

刘向群 《高血压血管重构的靶器官损害机制与干预研究》获省政府颁发的山东省科技进步奖三等奖（山东大学）

孙岱婵（女） 《维和日记·苏丹2010》获文化部颁发的第十届中国艺术节优秀美术作品展优秀奖（山东艺术学院）

侯弟坤（女） 《凤栖地》获文化部颁发的第十届中国艺术节优秀美术作品展优秀奖（山东艺术学院）

肖　天 《海洋微生物培养新技术的建立及菌种库建设》获国家海洋局颁发的海洋科学技术奖二等奖（中科院海洋研究所）

温珍河 《中国南部海区及邻域地质地球物理系列图（1：100万）》获国土资源部颁发的科学技术成果奖二等奖（海洋地质研究所）

杨庆利 《高产高油酸花生种质创制和新品种培育》获中国科技部颁发的2013年度国家技术发明奖二等奖；《高产高油酸花生种质创新和新品种培育》获国务院颁发的国家技术发明奖二等奖（山东省农科院花生研究所）（山东省农科院）

张冬梅（女） 《滨海盐碱地棉花丰产栽培技术体系的建立与应用》获国务院颁发的国家技术进步奖二等奖（山东省农科院）

门兴元 《山东省盲蝽区域性灾变规律与治理技术》获省政府颁发的山东省科技进步奖二等奖（山东省农科院）

于丽娜（女） 《花生加工副产品高值化利用技术》获农业部颁发的中华农业科技奖科研成果二等奖；《冷榨花生蛋白粉生产及高值化利用技术》获省政府颁发的山东省科技进步奖二等奖（山东省农科院）

孙　杰 《花生加工副产品高值化利用技术》获农业部颁发的中华农业科技奖科研成果二等奖；《冷榨花生蛋白粉生产及高值化利用技术》获省政府颁发的山东省科技进步奖二等奖（山东省农科院）

秦卓明 《猪链球菌病流行病学调查和防治技术体系的建立与应用》获省政府颁发的山东省科技进步奖三等奖（山东省农科院）

马兆同 《山东省兖州市翟村矿区屯头铁矿详查》获国土资源部颁发的2013年度国土资源科学技术奖二等奖（山东省物化探勘查院）

俞祖华 《搭建五个平台，注重四个环节，推进国家级教学团队与国家级特色专业建设》获省人民政府颁发的山东省教学成果一等奖（鲁东大学）

傅永聚 《生活中的儒家伦理》获科技部颁发的2013全国优秀科普作品（曲阜师范大学）

王延华 《蜀道难》获教育部颁发的全国优秀多媒体教学课件评选大赛二等奖（武城县第二中学）

·民建成员·

周经伦 《氧化－生物双降解聚乙稀膜、袋技术的研发与应用》获省政府颁发的山东省科技进步奖三等奖（山东天壮环保科技有限公司）

秦爱涛（女） 《前行路上的回首》获民建中央颁发的2013全国优秀课题一等奖（民建烟台市委）

丁　晓（女） 《前行路上的回首》获民建中央颁发的2013全国优秀课题一等奖（烟台工程职业技术学院）

·民进成员·

朱　琳　《联合自杀基因和趋化因子增强抗肿瘤效应治疗卵巢癌》获省政府颁发的山东省科技进步奖三等奖（山东大学）

侯　健　《化学驱渗流理论与开发技术及其在高含水油田的工业化应用》获教育部颁发的高等学校科学研究优秀成果奖科技进步二等奖；《高含水油田化学驱渗流理论与开发方法及工业化应用》获省委省政府颁发的科技进步二等奖［中国石油大学（华东）］

李红婷（女）　《数学教学设计与改进》获教育部颁发的全国高校教师微课教学比赛优秀奖（齐鲁师范学院）

姜国胜　《表现遗传学的免疫调控关键技术及其抗肿瘤作用》获省政府颁发的山东省科技进步奖二等奖（山东省医科院）

曲荣君　《新型环境功能材料及其与金属离子作用机理研究》获省政府颁发的山东省自然科学二等奖（鲁东大学）

许金龙　《群众满意度系统平台》获科技部颁发的中国金桥奖（临沂市罗庄区文联）

·农工党成员·

刘德山　《益气补肾方防治糖尿病脑功能减退的应用研究》获教育部颁发的高等学校科技进步二等奖（山东大学）

王跃嗣　《HLA基因相合造血干细胞的构建与扩增研究》获省政府颁发的山东省科技进步奖二等奖（滨州医学院）

徐　珞（女）　《甲状腺胃动素的发现、分泌调控及临床意义的研究》获省政府颁发的山东省科学技术进步奖二等奖（青岛医学院）

张玉凤（女）　《作物抗逆增效产品研发与作用机理》获省政府颁发的山东省科学技术进步奖二等奖（山东省农科院）

冯　勇　《高强高韧环保耐磨钢的研制》获省政府颁发的山东省科技进步奖二等奖（济钢技术中心）

杜元钊　《传染性法氏囊病的防控新技术构建及其应用》获国务院颁发的国家技术发明将二等奖（中国动物卫生与流行病学中心青岛易邦生物工程公司）

赵云玲（女）　《新城疫流行病学与防控技术研究与应用》获省政府颁发的山东省科学技术进步奖二等奖（中国动物卫生与流行病学中心）

·致公党成员·

赵家军　《首创防治糖尿病新策略》获省政府颁发的山东省科学技术最高奖（山东省立医院）

马传凯　《科学参政：民主党派的必然选择》《坚持“三个为主”努力开创社会服务工作新局面》获致公党中央颁发的优秀论文（致公党省委）

王言快　《科学参政：民主党派的必然选择》《坚持“三个为主”努力开创社会服务工作新局面》《发挥优势，积极作为，努力做中央扶贫工作的促进者——本党山东省委会扶贫工作的做法与建议》获致公党中央颁发的优秀论文（致公党省委）

王彦春（女）　《加强高校突发事件处理能力建设》获致公党中央颁发的优秀论文（致公党省委）

叶双池　《关于保障公交司机人身安全的建议》获致公党中央颁发的优秀论文（致公党省委）

王建平　《关于进一步加强留学归国人员作用的建议》获致公党中央颁发的优秀论文（致公党省委）

方　浩　《兰索拉唑大品种关键技术改造》获省政府颁发的山东省科技进步奖三等奖（山东大学）

相建海　《重要海水养殖动物病害发生和免疫防治研究》获国家海洋局颁发的海洋科学技术奖二等奖（中科院海洋研究所）

逄少军　《黄海绿潮浒苔溯源及暴发机制研究》获国家海洋局颁发的海洋科学技术奖二等奖（中科

院海洋研究所）

张春清　《经皮经肝组织胶定位栓塞治疗肝硬化食管胃静脉曲张的关键问题研究》获省政府颁发的山东省科技进步奖二等奖（山东省立医院）

张振华　《新型滴灌系统关键技术研究与应用》获省政府颁发的山东省科技进步奖二等奖(鲁东大学)

·九三学社成员·

赵玉霞（女）　《乙醛脱氢酶2影响急性冠脉综合征的机制及应用》获教育部颁发的国家技术发明奖一等奖；《动脉粥样硬化的预防和多靶点干预》获省政府颁发的山东省科技进步奖二等奖（山东大学）

邓建新　《面向干切削的自润滑刀具的设计制备及其润滑机制研究》获教育部颁发的高等学校自然科学三等奖（山东大学）

徐凌忠　《ICU病房医院感染监测及经济学评价分析与应用》获省政府颁发的山东省科技进步二等奖（山东大学）

李　鹰　《我国综合类教改实验的效果评估研究》获批2013年国家社科基金项目（山东师范大学）

张洪海　《研究生工作站建设的理论研究和实践探索》获省政府颁发的山东省研究生教育省级教学成果奖一等奖（曲阜师范大学）

蓝先洪　《中国南部海区及邻域地质地球物理系列图（1：100万）》获国土资源部颁发的科学技术成果奖二等奖（海洋地质研究所）

吴春明　《医疗保险基金先行支付制度研究》获人力资源和社会保障部颁发的2013年第五届中国社会保障论坛主题征文优秀奖（章丘市人社局）

朱林博（女）　《腊山六月》获文化部颁发的中国第十届艺术节全国优秀美术作品展览山东区铜奖（历城区书画院）

禹山林　《高产高油酸花生种质创制和新品种培育》获国务院颁发的国家技术发明奖二等奖（山东省农科院花生研究所）

杨庆利　董合忠　《滨海盐碱地棉花丰产栽培技术体系的建立与应用》获国务院颁发的国家科技进行奖二等奖（山东省农科院）

仲跻峰　《奶牛现代育种关键技术研究与核心种质创新应用》获省政府颁发的省科技进步奖一等奖（山东省农科院）

王长法　《奶牛现代育种关键技术研究与核心种质创新应用》获省政府颁发的省科技进步奖一等奖（山东省农科院）

李　彦（女）　《低温条件下沼气池持续高效产气关键技术研究》获农业部颁发的中华农业科技奖科研成果三等奖；《作物抗逆增效产品研发与作用机理》获省政府颁发的省科技进步奖二等奖（山东省农科院）

单成钢　《桔梗品种选育及规范化高效生产技术研究》获省政府颁发的省科技进步奖二等奖（山东省农科院）

秦　松　《海洋硫酸软骨素清洁化联产胶原肽技术应用》获国家海洋局颁发的国家海洋科学技术奖二等奖（中科院海岸带研究所）

·无党派人士·

马春元　《新型极板湿式静电烟气深度净化技术》获教育部颁发的高等学校技术发明奖二等奖（山东大学）

丁　铁　《纳米多孔金属的结构调控与催化性能研究》获省政府颁发的高等学校自然科学奖二等奖（山东大学）

张彩明	《大规模动态场景中海量数据的远程可视化及系统实现》获省政府颁发的山东省科技进步奖二等奖（山东大学）
屠长河	《大规模动态场景中海量数据的远程可视化及系统实现》获省政府颁发的山东省科技进步奖二等奖（山东大学）
王一彪	《UPS及CTGF调控高肺血流肺动脉高压的相关机制研究》获省政府颁发的山东省科技进步奖二等奖（山东大学）
刘永红	《微细双梯形缝防砂筛管及其精密等离子加工与工业化应用技术》获教育部颁发的高等学校科学研究优秀成果奖技术发明二等奖［中国石油大学（华东）］
郑经堂	《多维环保型多孔炭的可控制备及功能化》获教育部颁发的高等学校科学研究优秀成果奖技术发明二等 奖［中国石油大学（华东）］
赵东风	《多维环保型多孔炭的可控制备及功能化》获教育部颁发的高等学校科学研究优秀成果奖技术发明二等奖［中国石油大学（华东）］
王海文	《螺杆泵高效采油关键技术及应用》获国家能源科局颁发的科技进步奖三等奖［中国石油大学（华东）］
刘欣梅（女）	《催化裂化催化剂多组元设计与全周期高效利用技术》获省委、省政府颁发的科技进步奖二等奖［中国石油大学（华东）］
阎子峰	《催化裂化催化剂多组元设计与全周期高效利用技术》获省委、省政府颁发的科技进步奖二等奖［中国石油大学（华东）］
赵卫东	《面向数字化采矿的软件关键技术及应用》获国务院颁发的2013年国家科技进步二等奖（山东科技大学）
杨　波（女）	GB26132-2010硫酸工业污染物排放标准、GB26131-2010硝酸工业污染物排放标准（2013-58-2-16-R01）获国家标准委颁发的中国标准创新贡献奖二等奖（青岛科技大学）
吕双燕（女）	《“五位一体”戏剧影视人才培养模式实践与创新（2/5）》获省政府颁发的首届山东省文化创新奖（山东艺术学院）
孙　谧（女）	《海洋生物酯酶及生物拆分手性化合物的研究与开发》获省政府颁发的山东省科技进步奖一等奖（中国水产科学研究院黄海水产研究所）
王连珠（女）	《刺参系列产品质量评价技术研究及标准体系的建立与应用》《海藻中铝、镉形态分析技术的研发与应用》获中国水产科学研究院科技进步三等奖，《海参功效成分研究及深加工关键技术开发》获省政府颁发的山东省科技进步奖一等奖（黄海水产研究所）
谢　丽（女）	《乏氧诱导非小细胞肺癌侵袭转移和放化疗耐受的研究》获省政府颁发的山东省科技进步奖二等奖（山东省医科院）
魏　玲（女）	《乏氧诱导非小细胞肺癌侵袭转移和放化疗耐受的研究》获省政府颁发的山东省科技进步奖二等奖（山东省医科院）
宋　宝（女）	《乏氧诱导非小细胞肺癌侵袭转移和放化疗耐受的研究》获省政府颁发的山东省科技进步奖二等奖（山东省医科院）
尹学军	《车辆轮轨诱发的环境振动与噪声控制关键技术及产业化》获国家科技部颁发的科技进步奖二等奖［隔而固（青岛）振动控制有限公司］
李广雪	《中国北方海域末次盛冰期以来沉积物“源・汇”效应与环境演变》获国家教育部颁发的自然科学二等奖（中国海洋大学）

2013年度山东省获全国统战理论政策研究创新成果名单

二等奖

统一战线社会服务概念及基本模式研究
（青岛市委统战部课题组）

三等奖

经济基础与上层建筑关系理论是我国多党合作制度的根本理论基础
（山东省社会主义学院课题组）
“三个认同”是新形势下港澳台海外统战工作最稳固的目标结构模式
（山东省委统战部　魏红卫　赵艳丽　朱　琳）

2013年度山东省获全国统战工作实践创新成果名单

建立健全统一战线“同心”讲坛制度（山东省委统战部）

2013年度山东省获全国统战信息工作先进单位和先进个人名单

一、先进单位

一等奖：山东省委统战部　青岛市委统战部
二等奖：济南市委统战部

二、先进个人

徐　阳（山东省委统战部）
姚爱雨（济南市委统战部）
张　斌（青岛市委统战部）

2013年度全省统战理论调研宣传“四新工程”先进单位名单

市级先进单位

青岛市委统战部　淄博市委统战部　临沂市委统战部
滨州市委统战部　潍坊市委统战部　德州市委统战部
济南市委统战部　东营市委统战部　烟台市委统战部

县级先进单位

邹城市委统战部　莒县县委统战部　阳谷县委统战部

省直及高校先进单位

省社会主义学院　民盟省委　九三学社省委
省工商联　青岛科技大学党委统战部

2013年度全省统战理论调研宣传“四新工程”优秀成果获奖名单

一、特别奖

民主党派要发挥优势服务科学发展（中共泰安市委　李洪峰）

《实践与创新——2012年青岛市统一战线“解放思想、创新发展”成果选编》（青岛市委统战部）

《共筑幸福与梦想——德州市2012党外代表人士“十大年度人物”“十大年度新星”和“优秀党外代表人士”事迹汇编》（德州市委宣传部、德州市委统战部）

《同心——统战知识图文读本》（安丘市委统战部）

二、优秀理论调研成果

一等奖

潍坊市基层统一战线融入和服务社会管理创新的实践与思考（潍坊市委统战部课题组）

统一战线服务社会模式的探索和思考（青岛市委统战部、青岛科技大学联合课题组）

关于非公有制经济领域统战工作的调查与思考（淄博市委统战部课题组）

新媒体从业人员和网络意见人士统战工作研究（德州市委统战部　戚少冉）

二等奖

对宗教在构建社会主义和谐社会中积极作用的探讨与思考（济南市委统战部　胡振宇）

统一战线与健全社会主义协商民主制度研究报告（青岛市委统战部、中国海洋大学联合课题组）

滕州市非公有制经济发展调研报告（滕州市非公有制经济发展课题组）

参政党民主监督实效性的理性评价和对策思考（东营市委统战部　陈　胜）

抵御境外利用宗教渗透工作面临的新情况新问题及对策（烟台市委统战部　曹渊涛）

关于党外代表人士队伍建设及服务经济文化强市建设的调研（临沂市委统战部　张广敬）

作为党的领导方式和执政方式的统一战线方法论研究（滨州市委统战部　姜银浩　孙维勇）

民盟省直基层组织现有机制、问题及对策研究（民盟省委课题组）

民主党派提高履职能力的对策研究（九三学社省委课题组）

影响我省民营经济发展的主要问题和对策建议（省工商联　于宝莲）

发展和完善党际协商民主制度（省社会主义学院课题组）

统战视角下新媒体从业人员状况分析与引导策略研究（省社会主义学院　李　静）

全媒体时代民主党派、无党派人士民主监督作用刍议（省委党校　刘树燕）

青岛市科技人才宗教信仰状况调查研究（青岛科技大学　赵艳丽　张霞霞）

山东大学生统战工作中的若干重点问题调查研究（齐鲁工业大学　许忠明　许清茹）

三等奖

加强党外后备干部队伍建设的对策研究（青岛市委统战部　民革青岛市委　王夕源）

民主党派民主监督问题研究（淄博市委统战部　九三学社淄博市委联合课题组）

试论统一战线在推进社会主义协商民主中的作用（济宁市委统战部　李　芳）

改变基层统战工作薄弱状况的因应之策（泰安市委统战部　张基瑞）

关于做好新形势下镇（街道）统战工作的几点思考（荣成市委统战部　张志强）

关于新形势下统一战线法宝作用发挥的调研（日照市委统战部　马　超）
改变基层统战工作薄弱状况的因应之策（莱芜市委统战部　周长举）
处理民族问题的原则和方法研究（聊城市委统战部　陈学忠　曲成磊）
中国参政党的政治参与（菏泽市委统战部　张国华）
浅议民主党派基层组织领导班子建设（民革省委　李　浩）
加强自身建设做社会主义协商民主的合格参与者（民建省委　李旭茂）
试论民主党派与协商民主（致公党省委课题组）
我国多党合作制度的理论基础研究（省社会主义学院课题组）
基于社交网络的统战工作新模式研究报告（中国海洋大学　王　舰）
济南市基督教徒网络使用情况调研报告（山东师范大学　钱　婕）
切实加强党外后备人才培养着力解决换届时“拿帽子找人”的问题（青岛大学　韩淑春）
以国家认同、民族认同、文化认同为目标做好新形势下港澳台海外统战工作研究（青岛科技大学　魏红卫等）
新时期高校统战工作面临的挑战及对策研究（济南大学　徐　梅　李玉龙）
发挥统战部门在协商民主建设中的作用（山东政法学院　张　敏）
以“三个自信”引领民主党派核心价值体系建设（潍坊学院　温洪玉）

优秀奖

关于市政部门与市级各民主党派开展对口联系工作的调查报告（济南市委统战部　张　勇）
关于济南市党外代表人士队伍建设的调研与思考（济南市委统战部课题组）
青岛市民主党派队伍建设的调查与思考（青岛市委统战部　胡义瑛等）
论非公有制经济人士的理想信念教育（山东理工大学　刘　芹）
新形势下加强党外代表人士实践锻炼的几点思考（枣庄市山亭区委统战部　张　鹏）
试论党外青年干部成长中的困惑及化解对策（东营市委统战部　朱洪明）
以社会化推进基层统一战线发展路径研究（东营市委统战部　崔文凯）
发挥非公企业党的两个作用的探索与实践（青州市委统战部　姚爱和　宋乐宝）
探析改变基层统战工作薄弱状况的因应之策（临朐县委统战部课题组）
完善统战工作体制机制改变基层统战工作薄弱状况（曲阜市委统战部　李宪军）
关于威海市党外代表人士队伍建设情况的调研报告（威海市委统战部）
务实推进统战工作　凝聚海洋特色新兴城市建设正能量（日照市委统战部　万　同）
明确“四抓”突出“四强”不断完善党外代表人士动态化管理机制（莒县县委统战部　邹方民）
积极作为深化双基建设　凝心聚力服务社会管理
　——对基层统战工作的认识及思考（威海市环翠区委统战部　刘香玉）
落实统战政策照顾同盟者利益的调查报告（莱芜市委统战部）
关于民主党派基层组织发展研究（临沂市委统战部　宋金贵）
社会主义协商民主与统一战线关联性初探（德州市委统战部　李志良）
作为党的领导方式和执政方式的统一战线方法论研究（德州市委统战部　时圣玉）
聊城市新生代非公有制经济人士现状调研报告（聊城市委统战部　王　文）
新形势下民主监督问题研究（滨州市委统战部　滨州职业学院联合课题组）
关于民主党派基层组织建设的思考（菏泽市委统战部　乔忠义等）
基层宗教工作存在的新问题及对策研究（菏泽市委统战部　李革新）
进一步发挥党外代表人士的民主监督作用（省社会主义学院　吉秀华）
新世纪以来山东省济南市城市民族工作调研报告（山东师范大学　顾广梅　宋红梅等）
我国“宗教热”的多样表征研究（青岛科技大学　曹　胜等）

当代大学生民族认同意识调查研究（青岛科技大学　张运君等）
同心共筑中国梦视域中的高校统战工作探析（青岛理工大学　邵长飞　夏侯雪娇）
加强党外代表人士队伍建设　更好地为建设经济文化强省服务（鲁东大学　曲卫君　曲秀玉）
构建长效机制发挥政治优势不断开创国有企业统战工作新局面（胜利石油管理局　朱克军）
发挥党外知识分子联谊会作用助推企业科技创新和管理创效（齐鲁石化　聂树栋　曹泉海）

三、优秀宣传成果

一等奖

沂蒙山下的玉兰花——记临沂党外干部、市水利局副局长张玉兰（临沂市委统战部　王子鹤）
官品——记山东省滨州市政协副主席、统战部长姜银浩（滨州市委统战部）
蓝色海洋拥抱下的多彩人生——记全国人大代表、民革青岛市委主委麦康森（中国海洋大学）

二等奖

爱心孕育慈善花　同心传递正能量（济南市委统战部　民建济南市委　刘晓梅　何冬玲）
统战工作“三大领域”的创新探索（青岛市委统战部　贺天润　张　辉）
一腔赤诚铸辉煌——记全国工商联副主席、山东东岳集团董事长张建宏（淄博市委统战部）
她对这片土地爱得深沉——追记烟台致公党党员李谦敬（烟台市委统战部　隋东玲）
追忆我国著名海洋生物学家刘瑞玉：为中国海洋生物上“户口”
（中科院海洋研究所　余建斌　展翔天　刘　洋）

三等奖

雪山脚下的鱼水情（枣庄市委统战部　张熙明）
“三位一体”工作模式促进少数民族经济发展（东营市委统战部）
从政为文为人民（济宁市委统战部　王　浩）
谁持彩练当空舞——临沂市创新基层统战工作“品牌”建设纪实（临沂市委统战部）
当红娘做靠山——威海市工商联服务异地商会工作纪实（威海市委统战部　张　德　丁永东）
共建幸福德州——访德州市政协副主席、市委统战部部长邵自升（德州市委统战部　苏利军　戚少冉）
于晓：年轻的博士　沉静的心（民盟省委　孙韩高）
山东非公经济人士理想信念教育实践活动求实效　（省工商联　李承新）
思路新亮点频出　办法多激活全局——访山东省潍坊市寒亭区委统战部部长李梅生
（潍坊市寒亭区委统战部　于　萍）
夯实基层　创新服务　促进非公有制经济全面健康发展（阳谷县委统战部　朱丙林）

优秀奖

孙中山与青岛的民主革命活动　（青岛市委统战部　民革青岛市委）
坚持“三个对接”　深入实施统一战线“同心”行动（日照市委统战部　安丰平）
莱芜市委统战部两点一线服务科学发展（莱芜市委统战部　吕永军）
养育之恩叶思根　报效祖国正当时——记滨州畜牧兽医研究院博士高三阳
（滨州市委统战部　田风荣　孙维勇）
多措并举　虚功实做　不断开创基层统战工作宣传工作新天地（菏泽市委统战部　李革新）
做质量领域的坚守者——记山东省第四届省长质量奖获得者、民建会员温德成（民建山东省委）
胶州：党外干部挂职“助理村官”（胶州市委统战部　刘炳林　王晓蕾）
唱响统一战线的主旋律（枣庄市山亭区委统战部　牛逸群）

发挥“六大基地”作用　推进同心行动开展（寿光市委统战部）
报国心　环保梦　委员情——记国家千人计划专家、济宁市政协委员、山东意可曼科技有限公司董事长钟路华（邹城市委统战部　董　磊　顾　梅）
千里之外　温馨之家（文登市委统战部　张永红）
无棣盛开“统战花”——山东省无棣县统战工作纪实（无棣县委统战部　韩翠山　张世杰）

2013年度全省统战宣传刊物工作先进单位名单

一等奖

临沂市委统战部　潍坊市委统战部
烟台市委统战部　济宁市委统战部
淄博市委统战部　泰安市委统战部
德州市委统战部　莒县县委统战部
费县县委统战部　沂南县委统战部
莒南县委统战部　兰陵县委统战部
汶上县委统战部　滨州市滨城区委统战部
临沂市兰山区委统战部　新泰市委统战部
博兴县委统战部　沂水县委统战部
临朐县委统战部

二等奖

青岛市委统战部　聊城市委统战部
枣庄市委统战部　滨州市委统战部
菏泽市委统战部　日照市委统战部
胶州市委统战部　寿光市委统战部
莱州市委统战部　昌乐县委统战部
肥城市委统战部　平邑县委统战部
安丘市委统战部　临沭县委统战部
烟台经济技术开发区工委组织部统战处
邹平县委统战部　烟台市芝罘区委统战部
宁阳县委统战部　龙口市委统战部
高密市委统战部　郯城县委统战部
滕州市委统战部　招远市委统战部
泰安市岱岳区委统战部　诸城市委统战部
胜利石油管理局党委统战部　兖矿集团党委统战部

三等奖

莱芜市委统战部　东营市委统战部
济南市委统战部　威海市委统战部
潍坊市寒亭区委统战部　临沂市罗庄区委统战部

潍坊市潍城区委统战部	广饶县委统战部
青岛市黄岛区委（开发区工委）统战部	
枣庄市薛城区委统战部	邹城市委统战部
枣庄市市中区委统战部	莘县县委统战部
定陶县委统战部	潍坊市坊子区委统战部
潍坊市奎文区委统战部	枣庄市山亭区委统战部
阳谷县委统战部	枣庄市峄城区委统战部
东阿县委统战部	鱼台县委统战部
临清市委统战部	乳山市委统战部
聊城市东昌府区委统战部	高唐县委统战部
东平县委统战部	德州市德城区委统战部
武城县委统战部	夏津县委统战部
冠县县委统战部	茌平县委统战部
乐陵市委统战部	新汶矿业集团党委统战部
庆云县委统战部	禹城市委统战部
荣成市委统战部	齐河县委统战部
临邑县委统战部	宁津县委统战部
枣庄矿业集团党委统战部	

2013年度全省统战宣传刊物先进个人名单

崔艳红	济南市委统战部	吕永军	莱芜市委统战部
朱晓光	青岛市委统战部	丁明云	临沂市委统战部
王海娟	淄博市委统战部	邹嘉仪	费县县委统战部
张　磊	枣庄市委统战部	张　涛	兰陵县委统战部
袁怀亮	东营市委统战部	张京峰	沂南县委统战部
于庆军	烟台市委统战部	包汉青	临沂市兰山区委统战部
丁建营	潍坊市委统战部	孙钦雷	莒南县委统战部
聂成涛	临朐县委统战部	刘克增	沂水县委统战部
李　芳	济宁市委统战部	杨晓梅	德州市委统战部
林存菊	汶上县委统战部	王洪涛	聊城市东昌府区委统战部
张基瑞	泰安市委统战部	孙维勇	滨州市委统战部
田锡玉	新泰市委统战部	姚洪雷	滨州市滨城区委统战部
丛军利	威海市委统战部	安　俐	博兴县委统战部
徐国防	日照市委统战部	陈　忠	菏泽市委统战部
李学林	莒县县委统战部		

2013年度全省统战信息工作先进单位名单

一等奖

青岛市委统战部
济南市委统战部
潍坊市委统战部
德州市委统战部
淄博市委统战部
省委统战部二处
省委统战部四处

二等奖

东营市委统战部
临沂市委统战部
滨州市委统战部
省委统战部六处

三等奖

泰安市委统战部
济宁市委统战部
枣庄市委统战部
省委统战部一处

县级先进单位

寿光市委统战部
青岛市李沧区委统战部
胶州市委统战部
青岛市市南区委统战部
临朐县委统战部
青岛市市北区委统战部
即墨市委统战部
昌邑市委统战部
曲阜市委统战部
广饶县委统战部
金乡县委统战部
临邑县委统战部
沂南县委统战部
利津县委统战部
青岛市黄岛区委统战部
沂源县委统战部
庆云县委统战部
宁津县委统战部
章丘市委统战部
济南市天桥区委统战部
淄博市临淄区委统战部
安丘市委统战部
沂水县委统战部
莱西市委统战部
东营市河口区委统战部
济南市市中区委统战部
青岛市崂山区委统战部
青岛市城阳区委统战部
平度市委统战部
枣庄市台儿庄区委统战部
淄博市博山区委统战部
陵县县委统战部
东营市东营区委统战部
济南市历下区委统战部
邹平县委统战部
招远市委统战部

2013年度全省统战信息工作先进个人名单

陈丽莉　青岛市委统战部调研宣传处副调研员
王　欣　济南市委统战部调研宣传处调研员
丁建营　潍坊市委统战部宣传调研科主任科员
戚少冉　德州市委统战部办公室副主任
马顺达　淄博市委统战部调研宣传科副主任科员
张胜利　省委统战部二处副处长
赵玉辉　省委统战部四处副主任科员
袁怀亮　东营市委统战部干部科主任科员
王子鹤　临沂市委统战部副调研员、办公室主任、研究室主任
舒　明　滨州市委统战部办公室科员
王文利　省委统战部六处主任科员
张基瑞　泰安市委统战部宣传调研科主任科员
许　然　济宁市委统战部研究室主任科员、海联办主任
程　亮　枣庄市委统战部办公室副主任
梁景珲　省委统战部一处副主任科员
李永玖　寿光市委统战部副部长、民宗局副局长
张　娟　青岛市李沧区委统战部综合办公室主任科员
王晓蕾　胶州市党外知识分子联谊会秘书长
胡晓辉　青岛市市南区委统战部办公室副主任
王丽丽　临朐县委统战部办公室科员
程　琳　青岛市市北区委统战部副部长、台办主任
许　翔　即墨市委统战部民族宗教科科长
王　前　昌邑市委统战部办公室科员
孔　涛　曲阜市委统战部办公室主任
魏海莹　广饶县侨办主任
曹玉慧　金乡县委统战部副主任科员
冯玲玲　临邑县民族宗教局副局长
范光源　沂南县委统战部办公室主任
张建辉　利津县委统战部副部长
罗　薇　青岛市黄岛区委统战部办公室主任
付　倩　沂源县委统战部办公室主任
赵小强　庆云县工商联副主席、县委统战部办公室主任
李秀青　宁津县委统战部办公室主任
罗光静　章丘市委统战部办公室主任
任　莉　济南市天桥区委统战部主任科员
刘会娟　淄博市临淄区委统战部党派科科长
田夕宾　安丘市委统战部副主任科员、办公室主任
鞠太明　沂水县工商联副主席
胡成敏　莱西市委统战部民族宗教科科长
荆爱军　东营市河口区委统战部副主任科员
程显辉　济南市市中区委统战部主任科员
王肖苹　青岛市崂山区委统战部办公室副主任科员
李臣良　青岛市城阳区委统战部办公室副主任
李　雯　平度市委统战部办公室科员
李召亮　枣庄市台儿庄区委统战部办公室副主任
贾友斌　淄博市博山区委统战部办公室科员
李树蓓　陵县县委统战部科员
毛雪梅　东营市东营区民宗局局长
马士宝　济南市历下区委统战部副部长
李新东　邹平县委统战部科员
于同祥　招远市台办副主任

7.统计表格

山东省统一战线2013年基本资料统计表

项目		单位	省级	济南	青岛	淄博	枣庄	东营	烟台	潍坊	济宁	泰安	威海	日照	莱芜	临沂	德州	聊城	滨州	菏泽	全省
民主党派	地方组织	省级	7	0	0	0	0	0	0	0	0	0	0	0	0	0	0	0	0	0	7
		市级		7	7	7	5	4	7	7	5	7	5（含2个筹委会）	5	2	6	6	6	6	5	99（含2个筹委会）
		县级		0	0	4	0	0	1	0	1	0	0	0	0	0	0	4	0	2	12
	成员人数		6218（省直属成员）	5321	6802	3298	1667	555	2265	1592	1950	1984	711	436	201	1455	784	947	652	756	37594
党外人士担任实职	政府		1	11	11	9	7	6	13	20	13	7	5	5	3	17	13	9	9	9	168
	政府部门		17	89	175	34	56	41	106	161	129	26	48	36	12	130	112	99	40	30	1341
	群团及企业、高校、科研院所		30	15	267	20	25	10	13	17	29	20	18	4	5	81	141	6	17	1	719
	司法机关		2	7	27	2	7	3	18	14	18	3	7	5	0	21	5	2	3	1	145
党外人士民主协商会、座谈会、通报会		总次数	14	70	65	43	37	47	56	113	61	27	26	23	22	74	86	47	37	60	908
		党委、政府一把手主持召开次数	7	33	21	15	20	18	23	30	29	13	12	12	10	35	29	15	15	18	355
工商联	会员数		8285	13262	16254	13503	5429	5706	13440	13102	10290	8841	3583	5623	4369	22658	11917	10086	7483	10951	184782
	非公有制经济人士担任主席人数（包括副主席）		23	231	284	151	117	82	368	245	208	87	96	92	32	208	263	194	191	228	3100
	非公有制经济组织党工委数		1	11	11	8	7	6	12	12	12	7	5	5	3	16	12	9	11	10	158
聘请党外人士担任各级特约人员数量			37	490	596	289	375	186	713	472	312	355	208	185	76	680	554	170	130	348	6176
少数民族	成分个数			52	52	48	44	42	49	50	42	44	46	50	32	46	43	43	45	40	55
	人数			122340	76666	24573	21968	6886	15648	36413	68700	79842	23593	5256	4612	51536	77098	67755	23073	78000	783959

续表

项目	单位	省级	济南	青岛	淄博	枣庄	东营	烟台	潍坊	济宁	泰安	威海	日照	莱芜	临沂	德州	聊城	滨州	菏泽	全省
宗教	基督教信徒人数		63424	85379	71135	75558	12634	37517	100000	139802	34228	40000	93210	2765	311642	86215	59916	23431	130000	1366856
	天主教信徒人数		13786	5595	11476	7473	1614	1926	6101	8354	10076	280	2618	387	48407	9620	7907	6548	15000	157168
	伊斯兰教信徒人数		107933	6844	18593	17341	2160	3208	24246	45163	80100	3800	1533	3446	45084	77463	62921	21506	78000	599341
	佛教信徒人数		18788	46000	59100	34141	2448	43698	29365	64542	20133	25000	7142	608	68108	5980	8898	10840	30000	474791
	道教信徒人数		5854	6615	28450	13271	147	11744	4995	8815	10200	3023	1600	305	12886	5300	929	336	2000	116470
	宗教团体（个）	7	25	15	31	19	9	20	25	37	15	15	9	0	34	29	24	18	28	360
	宗教教职人员数		372	281	241	657	34	205	187	328	339	146	32	29	199	329	507	129	224	4239
港澳台侨“三胞”数	台湾同胞		5577	6313	978	735	441	20138	9879	4039	1568	30000	90	6	1154	2735	30	10000	6454	100137
	港澳同胞		253	2179	2691	312	64	16347	31504	713	61	100000	4261	2	1345	84	137	270	1547	161770
	海外侨胞		881	7115	2563	928	124	37795	666255	2060	727	100000	21100	72	20700	187	530	2730	2707	866474
知识分子	总人数		300000	688772	723000	19931	129398	1791786	968146	319965	274098	240000	222350	51118	250000	169728	382000	230000	158778	6919070
	党外知识分子比例		67%	/	65%	77%	64.8%	61%	60%	67.9%	57%	60%	70%	58%	60%	63%	71.4%	46%	53%	62.6%
	自由择业知识分子		22000	110892	311000	5397	18733	39162	21499	16370	29198	84000	32510	3710	160000	8774	152500	50023	13227	1078995
留学人员	海外留学生		/	3992	794	393	301	735	1195	1422	101	2800	2420	249	4790	180	441	324	1008	21145
	归国留学人员		12000	1593	747	163	161	332	1040	740	35	380	368	13	1120	104	28	282	94	19200
举办各类培训班	次数	21	64	96	59	33	44	94	254	34	26	32	32	16	130	59	47	28	51	1120
	参加人数	1075	4290	6326	7251	2742	2516	6621	9214	2835	1835	2471	2721	892	20525	6522	5198	1834	5312	90180
统战部长配备情况	由同级党委常委担任	1	3	8	1	0	0	4	1	0	0	1	1	0	1	4	0	2	3	30
	担任同级政协副主席	0	8	3	8	7	6	10	9	12	7	4	4	3	11	8	9	6	7	122
	其他	0	1	0	0	0	0	2	2	0	0	0	0	0	0	3	0	0	0	8

备注：本表由山东省委统战部汇总。

济南市统一战线2013年基本资料统计表

项目 \ 单位		市级	历下区	市中区	槐荫区	天桥区	历城区	长清区	章丘市	平阴县	济阳县	商河县	高新区	全市
民主党派	地方组织	7	0	0	0	0	0	0	0	0	0	0	0	7
	成员人数	/	/	/	/	/	/	/	/	/	/	/	/	5321
党外人士担任实职	政府	1	1	1	1	1	1	1	1	1	1	1	0	11
	政府部门	13	6	2	7	12	6	5	8	8	7	7	8	89
	群团及企业、高校、科研院所	12	1	0	1	0	0	0	1	0	0	0	0	15
	司法机关	0	1	1	1	0	0	0	2	1	1	0	0	7
党外人士民主协商会、座谈会、通报会	总次数	11	4	10	5	5	5	4	11	6	4	3	2	70
	党委、政府一把手主持召开次数	3	2	10	2	2	2	0	2	2	4	2	2	33
工商联	会员数	183	1636	1319	1187	1093	1129	1119	1283	1219	1102	997	995	13262
	非公有制经济人士担任主席人数（包括副主席）	17	14	25	21	27	23	21	19	18	20	14	12	231
	非公有制经济组织党工委数	1	1	1	1	1	1	1	1	1	1	1	0	11
聘请党外人士担任各级特约人员数量		210	49	18	30	26	19	0	3	66	13	36	20	490
少数民族	成分个数		43	36	28	34	48	33	47	24	9	13	3	52
	人数		10423	27844	16000	18027	10054	6992	9427	373	12000	11000	200	122340

续表

项目	单位	市级	历下区	市中区	槐荫区	天桥区	历城区	长清区	章丘市	平阴县	济阳县	商河县	高新区	全市
宗教	基督教信徒人数		7835	5000	5000	4345	6100	8800	11000	5440	3300	2200	1104	63424
	天主教信徒人数		5000	14	0	1080	1266	60	1700	4160	150	30	326	13786
	伊斯兰教信徒人数		7392	30000	14000	15423	4018	5480	8500	120	12000	11000	0	107933
	佛教信徒人数		10000	0	0	350	2000	1100	1100	4100	38	100	0	18788
	道教信徒人数		500	30	0	450	897	260	0	3700	17	0	0	5854
	宗教团体（个）	5	1	1	1	3	5	2	3	2	2	0	0	25
	宗教教职人员数		30	56	10	67	18	34	18	37	95	6	1	372
港澳台侨“三胞”数	台湾同胞		28	2000	2	1	35	2118	220	635	38	500	0	5577
	港澳同胞		0	0	36	0	18	4	5	165	5	20	0	253
	海外侨胞		0	160	180	20	25	19	150	231	36	60	0	881
知识分子	总人数		55000	52000	38000	18000	16000	14000	13000	8000	7000	7000	72000	300000
	党外人士比例		72%	59%	65%	63%	62%	55%	67%	64%	63%	59%	78%	67%
	自由择业知识分子		3000	3500	2000	2000	1500	1800	1300	1200	900	800	4000	22000
留学人员	海外留学生		/	/	/	/	/	/	/	/	/	/	/	/
	归国留学人员		1800	1900	1200	800	1100	800	900	600	520	380	2000	12000
举办各类培训班	次数	8	6	5	3	6	2	1	6	8	9	2	8	64
	参加人数	340	800	180	600	405	160	50	195	470	450	140	500	4290
统战部长配备情况	由同级党委常委担任	1	0	1	0	0	0	0	0	0	0	0	1	3
	担任同级政协副主席	0	1	0	1	1	1	0	1	1	1	1	0	8
	其他	0	0	0	0	0	0	区委副书记兼任	0	0	0	0	0	1

备注：本表由济南市委统战部汇总。

青岛市统一战线2013年基本资料统计表

项目	单位	市级	市南区	市北区	李沧区	崂山区	城阳区	黄岛区	即墨市	胶州市	平度市	莱西市	全市
民主党派	地方组织	7	0	0	0	0	0	0	0	0	0	0	7
	成员人数	/	/	/	/	/	/	/	/	/	/	/	6802
党外人士担任实职	政府	1	1	1	1	1	1	1	1	1	1	1	11
	政府部门	64	10	12	5	6	18	11	13	16	11	9	175
	群团及企业、高校、科研院所	229	6	6	1	1	6	1	3	6	3	5	267
	司法机关	8	2	2	0	2	3	0	3	3	2	2	27
党外人士民主协商会、座谈会、通报会	总次数	11	6	4	5	4	6	6	5	7	5	6	65
	党委、政府一把手主持召开次数	4	2	1	2	1	1	2	2	4	1	1	21
工商联	会员数	1840	962	2171	823	772	1001	2525	1694	1533	1693	1240	16254
	非公有制经济人士担任主席数（包括副主席）	27	16	23	22	24	55	23	33	15	16	30	284
	非公有制经济党工委数	1	1	1	1	1	1	1	1	1	1	1	11
聘请党外人士担任各级特约人员数量		44	56	160	22	28	52	10	18	120	64	22	596
少数民族	成分个数		38	36	38	26	45	41	43	34	30	25	52
	人数		6000	5091	7459	1926	12147	22667	13579	4258	1948	1591	76666

续表

项目	单位	市级	市南区	市北区	李沧区	崂山区	城阳区	黄岛区	即墨市	胶州市	平度市	莱西市	全市
宗教	基督教信徒人数	/	11000	30620	8359	2800	12000	4000	3600	4000	4000	5000	85379
	天主教信徒人数	/	1000	1295	250	0	300	0	350	400	2000	0	5595
	伊斯兰教信徒人数	/	220	1615	0	395	1600	600	1000	1000	180	0	6844
	佛教信徒人数	26040	5000	560	0	3000	4100	300	2000	3000	0	2000	46000
	道教信徒人数	/	70	1145	0	500	0	300	1000	3000	600	0	6615
	宗教团体（个）	7	0	0	2	1	1	1	1	1	2	1	15
	宗教教职人员数	152	8	16	10	14	19	13	11	16	14	8	281
港澳台侨“三胞”数	台湾同胞	/	439	39	7	135	108	42	970	2271	2259	43	6313
	港澳同胞	/	600	0	6	1	612	85	660	55	90	70	2179
	海外侨胞	/	150	444	14	48	53	370	2600	328	1788	1320	7115
知识分子	总人数	/	228000	190000	43778	2856	26500	70000	17832	52075	42899	14832	688772
	党外人士比例	/	86%	58%	75%	30%	68%	57%	55%	57%	73%	61%	/
	自由择业知识分子	/	36760	11000	3545	623	2700	40000	5200	5364	3600	2100	110892
留学人员	海外留学生	/	2000	198	43	55	520	110	78	440	458	90	3992
	归国留学人员	/	350	79	27	28	265	180	25	430	186	23	1593
举办各类培训班	次数	34	6	4	5	6	4	5	4	16	8	4	96
	参加人数	1760	623	300	600	867	420	400	415	1600	686	415	6326
统战部长配备情况	由同级党委常委担任	1	1	1	0	0	1	1	1	0	1	1	8
	担任同级政协副主席	0	0	0	1	1	0	0	0	1	0	0	3
	其他	0	0	0	0	0	0	0	0	0	0	0	0

备注：本表由青岛市委统战部汇总。

淄博市统一战线2013年基本资料统计表

项目		市级	张店区	淄川区	博山区	周村区	临淄区	桓台县	高青县	沂源县	高新区	文昌湖区	全市
民主党派	地方组织	7	2	0	1	1	0	0	0	0	0	0	7市级组织 4县级组织
	成员人数	/	/	/	/	/	/	/	/	/	/	/	3298
党外人士担任实职	政府	1	1	1	1	1	1	1	1	1	0	0	9
	政府部门	10	0	4	4	0	0	0	9	7	0	0	34
	群团及企业、高校、科研院所	14	0	2	1	0	0	0	3	0	0	0	20
	司法机关	1	0	0	0	0	0	0	1	0	0	0	2
党外人士民主协商会、座谈会、通报会	总次数	7	3	3	3	7	3	5	6	3	3	0	43
	党委、政府一把手主持召开	3	1	1	2	2	1	1	3	0	1	0	15
工商联	会员数	1128	2037	2315	1221	1017	1550	1254	921	1268	792	0	13503
	非公有制经济人士担任主席（包括副主席）	13	26	5	23	20	24	8	11	8	13	0	151
	非公有制经济组织党工委	1	1	1	1	1	1	1	1	0	0	0	8
聘请党外人士担任各级特约人员数量		40	40	26	20	42	58	8	29	26	0	0	289
少数民族	成分个数		36	26	28	29	32	26	22	19	23	7	48
	人数		4373	1222	1009	2021	12024	376	556	2572	395	25	24573

续表

项目	单位	市级	张店区	淄川区	博山区	周村区	临淄区	桓台县	高青县	沂源县	高新区	文昌湖区	全市
宗教	基督教信徒人数	/	20000	6300	3900	3535	9400	15145	8500	2100	1855	400	71135
	天主教信徒人数	/	4000	1400	157	350	1080	1389	1500	1500	0	100	11476
	伊斯兰教信徒人数	/	2700	860	870	1400	9180	0	0	3583	0	0	18593
	佛教信徒人数	/	9000	19800	17200	2500	1500	3000	600	5500	0	0	59100
	道教信徒人数	/	6000	7500	10000	0	300	0	0	4500	150	0	28450
	宗教团体（个）	6	5	4	3	2	3	2	2	3	1	0	31
	宗教教职人员数	/	14	42	55	8	31	74	13	4	0	0	241
港澳台侨“三胞”数	台湾同胞	435	1	2	1	0	8	216	2	307	6	0	978
	港澳同胞	2637	0	0	0	0	0	0	0	0	54	0	2691
	海外同胞	2528	0	0	1	0	0	0	0	28	6	0	2563
知识分子	总人数	/	12万	18万	8.5万	1.5万	5.8万	10万	2万	6.3万	6.5万	1.7万	72.3万
	党外人士比例	/	70%	87%	67%	70%	40%	80%	80%	70%	80%	75%	65%
	自由择业知识分子	/	7万	3.1万	2.5万	0.3万	0.5万	6.8万	0.5万	1.3万	5.5万	0.7万	31.1万
留学人员	海外留学生	/	100	51	40	120	123	60	15	85	150	50	794
	归国留学人员	/	210	182	60	70	121	15	12	10	57	10	747
举办各类培训班	次数	7	8	10	6	4	3	2	6	11	2	0	59
	参加人数	670	780	975	750	320	360	200	2000余	846	350	0	7251
统战部长配备情况	由同级党委常委担任	1	0	0	0	0	0	0	0	0	0	0	1
	担任同级政协副主席	0	1	1	1	1	1	1	1	1	0	0	8
	其他	0	0	0	0	0	0	0	0	0	0	0	0

备注：本表由淄博市委统战部汇总。

枣庄市统一战线2013年基本资料统计表

项目		市级	滕州市	薛城区	山亭区	市中区	峄城区	台儿庄区	全市
民主党派	地方组织	5	0	0	0	0	0	0	5
	成员人数	/	/	/	/	/	/	/	1667
党外人士担任实职	政府	1	1	1	1	1	1	1	7
	政府部门	11	9	6	4	11	9	6	56
	群团及企业、高校、科研院所	13	5	3	1	2	1	0	25
	司法机关	0	1	1	0	3	2	0	7
党外人士民主协商会、座谈会、通报会	总次数	6	4	5	8	3	3	8	37
	党委、政府一把手主持召开次数	3	2	2	3	5	2	3	20
工商联	会员数	342	1608	734	699	893	601	552	5429
	非公有制经济人士担任主席人数（包括副主席）	32	15	9	15	21	8	17	117
	非公有制经济组织党工委数	1	1	1	1	1	1	1	7
聘请党外人士担任各级特约人员数量		181	90	30	26	13	29	6	375
少数民族	成分个数		30	23	23	24	22	28	44
	人数		5000	2031	326	10312	603	3696	21968

续表

项目	单位	市级	滕州市	薛城区	山亭区	市中区	峄城区	台儿庄区	全市
宗教	基督教信徒人数		30000	14600	4000	10231	8671	8056	75558
	天主教信徒人数		1000	5030	80	/	360	1003	7473
	伊斯兰教信徒人数		2800	990	814	8967	320	3450	17341
	佛教信徒人数		10000	2250	1260	19655	760	216	34141
	道教信徒人数		8000	2800	2362	/	/	109	13271
	宗教团体（个）	4	4	3	1	3	2	2	19
	宗教教职人员数		370	130	29	44	67	17	657
港澳台侨“三胞”数	台湾同胞		37	300	68	317	7	6	735
	港澳同胞		35	252	3	12	2	8	312
	海外侨胞		349	385	18	161	8	7	928
知识分子	总人数		5200	2100	2760	2721	3500	3650	19931
	党外人士比例		75%	70%	85%	63.7%	75%	90%	77%
	自由择业知识分子		3640	600	414	241	500	2	5397
留学人员	海外留学生		40	38	59	213	35	8	393
	归国留学人员		12	16	26	89	18	2	163
举办各类培训班	次数	6	5	2	3	11	3	3	33
	参加人数	540	480	220	300	372	380	450	2742
统战部长配备情况	由同级党委常委担任	0	0	0	0	0	0	0	0
	担任同级政协副主席	1	1	1	1	1	1	1	7
	其他	0	0	0	0	0	0	0	0

备注：本表由枣庄市委统战部汇总。

东营市统一战线2013年基本资料统计表

项目 \ 单位		市级	东营区	河口区	广饶县	垦利县	利津县	全市
民主党派	地方组织	4	0	0	0	0	0	4
	成员人数	/	/	/	/	/	/	555
党外人士担任实职	政府	1	1	1	1	1	1	6
	政府部门	8	5	7	7	9	5	41
	群团及企业、高校、科研院所	5	1	/	1	2	1	10
	司法机关	0	1	1	/	1	/	3
党外人士民主协商会、座谈会、通报会	总次数	14	7	6	4	13	3	47
	党委、政府一把手主持召开次数	3	5	2	1	6	1	18
工商联	会员数	1512	866	724	1129	915	560	5706
	非公有制经济人士担任主席人数（包括副主席）	13	14	14	14	14	13	82
	非公有制经济组织党工委数	1	1	1	1	1	1	6
聘请党外人士担任各级特约人员数量		39	7	58	46	11	25	186
少数民族	成分个数		38	23	31	22	19	42
	人数		3659	1729	878	331	289	6886

续表

项目	单位	市级	东营区	河口区	广饶县	垦利县	利津县	全市
宗教	基督教信徒人数		5191	1820	3700	1286	637	12634
	天主教信徒人数		1434	180	/	/	/	1614
	伊斯兰教信徒人数		1444	376	180	90	70	2160
	佛教信徒人数		1810	420	/	208	10	2448
	道教信徒人数		147	/	/	/	/	147
	宗教团体（个）	3	1	1	1	2	1	9
	宗教教职人员数	9	8	6	5	5	1	34
港澳台侨“三胞”数	台湾同胞		23	6	300	/	112	441
	港澳同胞		21	3	30	/	10	64
	海外侨胞		15	7	12	8	82	124
知识分子	总人数	27497	25740	12230	18600	34236	11095	129398
	党外人士比例	67%	65%	65%	60%	63%	64%	64.8%
	自由择业知识分子	5500	2240	1255	5300	3318	1120	18733
留学人员	海外留学生	70	70	9	56	69	27	301
	归国留学人员	37	40	8	20	37	19	161
举办各类培训班	次数	7	18	4	7	6	2	44
	参加人数	820	576	140	630	230	120	2516
统战部长配备情况	由同级党委常委担任	0	0	0	0	0	0	0
	担任同级政协副主席	1	1	1	1	1	1	6
	其他	0	0	0	0	0	0	0

备注：本表由东营市委统战部汇总。

烟台市统一战线2013年基本资料统计表

项目		单位：市级	芝罘区	福山区	莱山区	牟平区	海阳市	莱阳市	栖霞市	蓬莱市	长岛县	龙口市	招远市	莱州市	开发区	高新区	昆嵛山保护区	全市
民主党派	地方组织	7	0	0	0	0	0	1	0	0	0	0	0	0	0	0	0	7市级组织 1县级组织
	成员人数	/	/	/	/	/	/	/	/	/	/	/	/	/	/	/	/	2265
党外人士担任实职	政府	1	1	1	1	1	1	1	0	1	1	1	1	1	0	1	0	13
	政府部门	9	1	10	7	8	8	7	5	11	5	10	9	12	0	4	0	106
	群团及企业、高校、科研院所	6	0	0	0	0	0	2	0	0	1	2	2	0	0	0	0	13
	司法机关	1	1	3	1	2	1	2	1	0	0	2	1	3	0	0	0	18
党外人士民主协商会、座谈会、通报会	总次数	8	2	5	5	3	4	4	1	2	4	4	2	5	2	5	0	56
	党委、政府一把手主持召开次数	2	1	1	2	1	3	2	1	1	2	2	2	2	1	0	0	23
工商联	会员数	3329	1218	355	186	608	651	930	683	1864	116	656	960	1058	826	0	0	13440
	非公有制经济人士担任主席人数（包括副主席）	34	23	33	12	31	16	37	36	30	17	29	4	43	23	0	0	368
	非公有制经济组织党工委数	1	1	1	1	1	1	1	1	0	0	1	1	1	1	0	0	12
聘请党外人士担任各级特约人员数量		219	35	7	31	7	100	68	12	66	0	76	8	50	20	12	2	713
少数民族	成分个数		27	17	15	28	23	30	22	22	7	25	24	15	28	19	7	49
	人数		5535	385	220	1447	301	933	526	200	38	1230	702	242	3521	340	28	15648

续表

项目	单位	市级	芝罘区	福山区	莱山区	牟平区	海阳市	莱阳市	栖霞市	蓬莱市	长岛县	龙口市	招远市	莱州市	开发区	高新区	昆嵛山保护区	全市
宗教	基督教信徒人数	5798	600	2200	600	1981	400	3360	1200	1892	65	4500	5000	6000	3570	296	55	37517
	天主教信徒人数	871	50	8	0	2	0	0	40	295	0	260	0	370	30	0	0	1926
	伊斯兰教信徒人数	2426	413	8	0	0	0	65	20	0	0	142	0	20	114	0	0	3208
	佛教信徒人数	8280	200	2300	0	1	200	600	610	706	23	22000	690	8000	85	0	3	43698
	道教信徒人数	10400	5	7	0	0	10	300	530	0	27	0	310	100	45	0	10	11744
	宗教团体（个）	6	0	1	1	1	1	1	1	2	0	2	1	2	1	0	0	20
	宗教教职人员数	64	5	27	6	0	7	7	7	10	2	45	7	11	5	0	2	205
港澳台侨“三胞”数	台湾同胞	10	3200	2403	170	1000	210	31	2	798	76	7000	1620	3000	612	5	1	20138
	港澳同胞	58	2	0	16	7000	20	2926	1	5000	7	200	31	980	106	0	0	16347
	海外侨胞	40	6800	0	0	3000	50	31	0	15000	9	3300	3730	5800	31	4	0	37795
知识分子	总人数	1600000	5600	4800	3600	8200	1600	139	419	2000	2100	60000	3520	93000	198	6326	284	1791786
	党外人士比例	61%	81%	89%	80%	47%	80%	88%	53%	55%	72%	67%	61.3%	65%	43%	39%	52%	61%
	自由择业知识分子	20000	405	8	800	800	50	86	128	300	90	10000	132	6100	109	154	0	39162
留学人员	海外留学生		206	4	0	68	20	0	0	54	3	280	17	50	33	0	0	735
	归国留学人员		24	3	10	4	5	0	0	19	2	160	6	13	41	45	0	332
举办各类培训班	次数	29	1	2	7	5	2	7	2	3	4	10	4	4	6	6	2	94
	参加人数	2731	90	92	350	310	200	90	130	370	130	500	89	900	259	180	200	6621
统战部长配备情况	由同级党委常委担任	1	0	1	0	0	0	0	0	0	1	0	0	0	0	1	0	4
	担任同级政协副主席	0	1	0	1	1	1	1	1	1	0	1	1	1	0	0	0	10
	其他	0	0	1	0	0	0	0	0	0	0	0	0	0	1	0	0	2

备注：本表由烟台市委统战部汇总。

潍坊市统一战线2013年基本资料统计表

项目		市级	奎文区	潍城区	坊子区	寒亭区	青州市	诸城市	寿光市	安丘市	昌邑市	高密市	临朐县	昌乐县	高新区	滨海区	经济区	峡山区	全市
民主党派	地方组织	7	0	0	0	0	0	0	0	0	0	0	0	0	0	0	0	0	7
	成员人数	/	/	/	/	/	/	/	/	/	/	/	/	/	/	/	/	/	1592
党外人士担任实职	政府	1	1	1	1	1	8	1	1	1	1	1	1	1	0	0	0	0	20
	政府部门	15	10	9	6	4	24	11	9	6	11	9	15	11	18	2	1	0	161
	群团及企业、高校、科研院所	0	0	4	1	0	2	0	3	1	1	0	1	4	0	0	0	0	17
	司法机关	2	0	0	1	2	1	2	1	2	1	1	0	0	1	0	0	0	14
党外人士民主协商会、座谈会、通报会	总次数	7	26	12	5	18	2	3	10	2	4	5	5	2	4	8	0	0	113
	党委、政府一把手主持召开次数	3	0	2	0	3	1	2	4	1	1	2	3	0	4	4	0	0	30
工商联	会员数	1488	430	680	234	417	1783	1520	1335	1006	528	1418	1376	844	29	6	5	3	13102
	非公有制经济人士担任主席人数（包括副主席）	20	15	17	22	12	15	23	34	24	15	15	17	16	0	0	0	0	245
	非公有制经济组织党工委数	1	1	1	1	1	0	1	1	1	1	1	1	1	0	0	0	0	12
聘请党外人士担任各级特约人员数量		61	12	60	5	15	65	40	86	78	10	9	31	0	0	0	0	0	472
少数民族	成分个数		29	23	18	26	36	28	40	27	26	28	24	25	0	17	0	3	50
	人数		1043	678	197	436	26101	966	3605	531	253	1035	583	519	0	462	0	4	36413

续表

项目		市级	奎文区	潍城区	坊子区	寒亭区	青州市	诸城市	寿光市	安丘市	昌邑市	高密市	临朐县	昌乐县	高新区	滨海区	经济区	峡山区	全市
宗教	基督教信徒人数	38386	2189	2460	2300	3800	2000	4186	9800	10000	1195	13807	7962	100	790	420	260	345	100000
	天主教信徒人数		31	57	0	33	1265	20	50	200	350	20	3775	300	0	0	0	0	6101
	伊斯兰教信徒人数		296	515	0	30	22700	184	300	50	0	6	165	0	0	0	0	0	24246
	佛教信徒人数	14000	627	498	200	118	900	200	1000	800	2000	8200	510	300	0	0	0	12	29365
	道教信徒人数	4600	0	5	0	0	103	0	100	0	0	0	187	0	0	0	0	0	4995
	宗教团体（个）	5	1	1	1	1	3	1	2	2	2	1	3	1	0	0	0	1	25
	宗教教职人员数	21	11	9	4	12	43	4	12	14	7	16	17	12	0	0	4	1	187
港澳台侨“三胞”数	台湾同胞		4	81	1	191	25	88	998	0	8100	30	305	56	0	0	0	0	9879
	港澳同胞	30000	2	5	0	3	21	0	20	0	1430	6	0	17	0	0	0	0	31504
	海外侨胞	650000	27	15	25	18	16	31	117	0	15970	8	0	28	0	0	0	0	666255
知识分子	总人数	850022	12104	4800	3320	7700	12000	15828	12067	16000	3293	8245	615	687	0	20853	0	612	968146
	党外人士比例		25.6%	70%	95.6%	37%	61%	95.1%	7.01%	60%	75.3%	40.6%	13%	37%	0	76.2%	0	79.9%	60%
	自由择业知识分子	12000	1501	960	50	153	185	2973	460	251	365	1620	126	462	0	296	0	97	21499
留学人员	海外留学生	527	0	80	8	26	0	20	392	0	85	46	0	11	0	0	0	0	1195
	归国留学人员	728	0	60	0	32	37	16	32	0	90	5	0	5	35	0	0	0	1040
举办各类培训班	次数	35	13	10	4	4	5	5	12	3	3	120	7	13	13	4	3	0	254
	参加人数	2010	425	823	500	410	200	155	2430	150	197	0	1200	101	365	128	120	0	9214
统战部长配备情况	由同级党委常委担任	1	0	0	0	0	0	0	0	0	0	0	0	0	0	0	0	0	1
	担任同级政协副主席	0	1	1	1	0	0	1	0	1	1	1	1	1	0	0	0	0	9
	其他	0	0	0	0	1	0	0	1	0	0	0	0	0	0	0	0	0	2

备注：本表由潍坊市委统战部汇总。

济宁市统一战线2013年基本资料统计表

项目		市级	任城区	兖州区	曲阜市	泗水县	邹城市	微山县	鱼台县	金乡县	嘉祥县	汶上县	梁山县	全市
民主党派	地方组织	5	0	0	1	0	0	0	0	0	0	0	0	5市级组织 1县级组织
	成员人数	/	/	/	/	/	/	/	/	/	/	/	/	1950
党外人士担任实职	政府	1	2	1	1	1	1	1	1	1	1	1	1	13
	政府部门	13	13	12	16	14	5	7	11	5	13	12	8	129
	群团及企业、高校、科研院所	11	0	0	2	1	0	1	2	1	0	5	6	29
	司法机关	2	7	2	0	1	2	0	1	2	0	1	0	18
党外人士民主协商会、座谈会、通报会	总次数	6	2	6	9	7	3	3	6	5	6	4	4	61
	党委、政府一把手主持召开次数	4	2	3	3	3	1	1	3	3	2	2	2	29
工商联	会员数	2270	456	730	628	594	1327	400	448	1092	812	900	633	10290
	非公有制经济人士担任主席人数（包括副主席）	21	40	13	11	12	9	24	11	19	19	13	16	208
	非公有制经济组织党工委数	1	1	1	1	1	1	1	1	1	1	1	1	12
聘请党外人士担任各级特约人员数量		32	40	47	20	18	14	85	9	2	24	9	12	312
少数民族	成分个数		27	27	12	25	33	19	19	29	27	17	28	42
	人数		21000	7278	2800	3550	7265	765	2742	3987	2490	2091	619	68700

续表

项目	单位	市级	任城区	兖州区	曲阜市	泗水县	邹城市	微山县	鱼台县	金乡县	嘉祥县	汶上县	梁山县	全市
宗教	基督教信徒人数		9000	5234	14000	20400	20160	19000	20610	18300	5468	417	7213	139802
	天主教信徒人数		1200	1126	500	500	46	2700	124	450	368	20	1320	8354
	伊斯兰教信徒人数		17000	4296	3000	2800	7350	586	2648	3220	1818	1900	545	45163
	佛教信徒人数		6000	1200	600	800	2380	4000	3382	3700	12346	28000	2134	64542
	道教信徒人数		1000	30	0	780	1086	1200	35	1000	3684	0	0	8815
	宗教团体（个）	5	1	4	4	3	3	2	5	4	3	1	2	37
	宗教教职人员数		40	29	18	10	12	12	17	15	51	18	106	328
港澳台侨“三胞”数	台湾同胞		4	1560	410	280	120	59	1190	72	242	87	15	4039
	港澳同胞		352	6	8	4	4	26	265	0	5	40	3	713
	海外侨胞		578	56	230	94	63	111	572	16	112	220	8	2060
知识分子	总人数	53000	38000	16000	45000	15200	22565	13000	11000	12000	39000	38750	16450	319965
	党外人士比例	70%	80%	70%	11%	76%	46.1%	92%	64%	86%	70%	75%	75%	67.9%
	自由择业知识分子	2600	1300	676	200	1700	76	249	1400	46	3400	3600	1123	16370
留学人员	海外留学生		980	46	6	27	63	42	52	0	90	33	83	1422
	归国留学人员		620	7	1	5	10	6	19	22	23	10	17	740
举办各类培训班	次数	7	1	3	2	1	8	2	3	1	1	3	2	34
	参加人数	620	42	96	80	60	600	76	140	52	47	312	90	2835
统战部长配备情况	由同级党委常委担任	0	0	0	0	0	0	0	0	0	0	0	0	0
	担任同级政协副主席	1	1	1	1	1	1	1	1	1	1	1	1	12
	其他	0	0	0	0	0	0	0	0	0	0	0	0	0

备注：本表由济宁市委统战部汇总。

泰安市统一战线2013年基本资料统计表

项目		市级	泰山区	岱岳区	新泰市	肥城市	宁阳县	东平县	全市
民主党派	地方组织	7	0	0	0	0	0	0	7
	成员人数	/	/	/	/	/	/	/	1984
党外人士担任实职	政府	1	1	1	1	1	1	1	7
	政府部门	8	3	1	5	1	5	3	26
	群团及企业、高校、科研院所	4	4	3	0	2	4	3	20
	司法机关	1	0	0	1	1	0	0	3
党外人士民主协商会、座谈会、通报会	总次数	7	4	4	3	4	2	3	27
	党委、政府一把手主持召开次数	4	2	2	2	2	0	1	13
工商联	会员数	329	915	1398	1840	1895	1205	1259	8841
	非公有制经济人士担任主席人数（包括副主席）	17	13	12	14	13	10	8	87
	非公有制经济组织党工委数	1	1	1	1	1	1	1	7
聘请党外人士担任各级特约人员数量		54	13	22	56	64	24	122	355
少数民族	成分个数		29	33	25	24	24	18	44
	人数		18802	20300	17000	11600	8000	4140	79842

续表

项目	单位	市级	泰山区	岱岳区	新泰市	肥城市	宁阳县	东平县	全市
宗教	基督教信徒人数	/	2000	4300	4200	16000	4028	3700	34228
	天主教信徒人数	/	600	2220	110	5800	120	1226	10076
	伊斯兰教信徒人数	/	18000	22100	16700	11000	8300	4000	80100
	佛教信徒人数	/	400	4000	1000	10000	4270	463	20133
	道教信徒人数	/	0	4000	0	5000	1200	0	10200
	宗教团体（个）	5	1	3	1	2	2	1	15
	宗教教职人员数	/	33	88	41	162	10	5	339
港澳台侨“三胞”数	台湾同胞	/	244	445	400	0	159	320	1568
	港澳同胞	/	32	11	10	4	4	0	61
	海外侨胞	/	253	74	63	4	316	17	727
知识分子	总人数	/	79900	20950	85304	34600	20344	33000	274098
	党外人士比例	/	75%	42%	60%	41%	17%	55%	57%
	自由择业知识分子	/	8315	592	8521	7820	320	3630	29198
留学人员	海外留学生	/	21	13	23	12	9	23	101
	归国留学人员	/	10	8	7	0	5	5	35
举办各类培训班	次数	12	2	4	4	1	2	1	26
	参加人数	630	260	185	520	80	120	40	1835
统战部长配备情况	由同级党委常委担任	0	0	0	0	0	0	0	0
	担任同级政协副主席	1	1	1	1	1	1	1	7
	其他	0	0	0	0	0	0	0	0

备注：本表由泰安市委统战部汇总。

威海市统一战线2013年基本资料统计表

项目 \ 单位		市级	环翠区	文登市	荣成市	乳山市	全市
民主党派	地方组织	5	0	0	0	0	5
	成员人数	/	/	/	/	/	711
党外人士担任实职	政府	1	1	1	1	1	5
	政府部门	10	5	13	11	9	48
	群团及企业、高校、科研院所	1	/	5	11	1	18
	司法机关		/	2	3	2	7
党外人士民主协商会、座谈会、通报会	总次数	6	7	3	6	4	26
	党委、政府一把手主持召开次数	3	2	3	2	2	12
工商联	会员数	1511	454	580	420	618	3583
	非公有制经济人士担任主席人数（包括副主席）	24	23	19	11	19	96
	非公有制经济组织党工委数	1	1	1	1	1	5
聘请党外人士担任各级特约人员数量		84	24	25	54	21	208
少数民族	成分个数	46	29	34	35	26	46
	人数	12423	3417	2561	3390	1802	23593

续表

项目	单位	市级	环翠区	文登市	荣成市	乳山市	全市
宗教	基督教信徒人数	9569	8000	9800	5400	7231	40000
	天主教信徒人数	48	200	/	/	32	280
	伊斯兰教信徒人数	2977	450	28	140	205	3800
	佛教信徒人数	12830	5000	1970	3000	2200	25000
	道教信徒人数	600	600	1060	260	503	3023
	宗教团体（个）	6	/	3	3	3	15
	宗教教职人员数	68	8	15	39	16	146
港澳台侨“三胞”数	台湾同胞	4300	12000	3200	7500	3000	30000
	港澳同胞	66692	25000	3331	4477	500	100000
	海外侨胞	34571	30000	12929	20000	2500	100000
知识分子	总人数	135700	8000	12800	54000	32000	240000
	党外人士比例	60%	62%	72%	68.5%	68%	60%
	自由择业知识分子	51746	2500	14600	15000	154	84000
留学人员	海外留学生	1283	110	129	1200	78	2800
	归国留学人员	144	20	78	85	53	380
举办各类培训班	次数	19	5	3	4	1	32
	参加人数	1500	367	167	387	50	2471
统战部长配备情况	由同级党委常委担任	1	0	0	0	0	1
	担任同级政协副主席	0	1	1	1	1	4
	其他	0	0	0	0	0	0

备注：本表由威海市委统战部汇总。

日照市统一战线2013年基本资料统计表

项目 \ 单位		市级	东港区	岚山区	莒县	五莲县	全市
民主党派	地方组织	5	0	0	0	0	5
	成员人数	/	/	/	/	/	436
党外人士担任实职	政府	1	1	1	1	1	5
	政府部门	8	10	4	7	7	36
	群团及企业、高校、科研院所	1	1	1	1	0	4
	司法机关	1	2	0	1	1	5
召开党外人士民主协商会、座谈会、通报会	总次数	7	4	4	4	4	23
	党委、政府一把手主持召开次数	3	3	2	2	2	12
工商联	会员数	1226	1336	633	1454	974	5623
	非公有制经济人士担任主席人数（包括副主席）	12	19	21	17	23	92
	非公有制经济组织党工委数	1	1	1	1	1	5
聘请党外人士担任各级特约人员数量		36	63	25	46	15	185
少数民族	成分个数		31	12	30	25	50
	人数		1435	510	2300	1011	5256

续表

项目 \ 单位		市级	东港区	岚山区	莒县	五莲县	全市
宗教	基督教信徒人数	210	33800	9600	32500	17100	93210
	天主教信徒人数	10	68	10	2500	30	2618
	伊斯兰教信徒人数	13	420	0	1100	0	1533
	佛教信徒人数	30	2370	1922	2110	2250	7142
	道教信徒人数	35	548	257	372	388	1600
	宗教团体（个）	1	4	/	4	0	9
	宗教教职人员数	1	8	2	13	8	32
港澳台侨“三胞”数	台湾同胞		58	1	3	28	90
	港澳同胞	1130	2530	210	205	186	4261
	海外侨胞	6840	10800	2300	600	560	21100
知识分子	总人数	27300	58600	33950	59200	43300	222350
	党外人士比例	73%	71%	69%	67%	68%	70%
	自由择业知识分子	8890	6180	3110	10020	4310	32510
留学人员	海外留学生	360	570	380	670	440	2420
	归国留学人员	45	92	66	94	71	368
举办各类培训班	次数	7	6	6	7	6	32
	参加人数	325	751	545	680	420	2721
统战部长配备情况	由同级党委常委担任	1	0	0	0	0	1
	担任同级政协副主席	0	1	1	1	1	4
	其他	0	0	0	0	0	0

备注：本表由日照市委统战部汇总。

莱芜市统一战线2013年基本资料统计表

项目 \ 单位		市级	莱城区	钢城区	全市
民主党派	地方组织	2	0	0	2
	成员人数	/	/	/	201
党外人士担任实职	政府	1	1	1	3
	政府部门	6	5	1	12
	群团及企业、高校、科研院所	2	3	0	5
	司法机关	0	0	0	0
党外人士民主协商会、座谈会、通报会	总次数	8	9	5	22
	党委、政府一把手主持召开次数	3	4	3	10
工商联	会员数	1254	2065	1050	4369
	非公有制经济人士担任主席人数（包括副主席）	12	12	8	32
	非公有制经济组织党工委数	1	1	1	3
聘请党外人士担任各级特约人员数量		41	22	13	76
少数民族	成分个数		23	20	32
	人数		3697	915	4612

续表

项目 \ 单位		市级	莱城区	钢城区	全市
宗教	基督教信徒人数		2396	369	2765
	天主教信徒人数		335	52	387
	伊斯兰教信徒人数		2955	491	3446
	佛教信徒人数		608	0	608
	道教信徒人数		300	5	305
	宗教团体（个）	0	0	0	0
	宗教教职人员数		26	3	29
港澳台侨“三胞”数	台湾同胞	5	1	0	6
	港澳同胞	0	2	0	2
	海外侨胞	0	71	1	72
知识分子	总人数	28181	20637	2300	51118
	党外人士比例	51%	75%	68%	58%
	自由择业知识分子	145	1565	2000	3710
留学人员	海外留学生	0	244	5	249
	归国留学人员	0	12	1	13
举办各类培训班	次数	7	6	3	16
	参加人数	390	350	152	892
统战部长配备情况	由同级党委常委担任	0	0	0	0
	担任同级政协副主席	1	1	1	3
	其他	0	0	0	0

备注：本表由莱芜市委统战部汇总。

临沂市统一战线2013年基本资料统计表

项目	单位	市级	兰山区	罗庄区	河东区	郯城县	兰陵县	莒南县	沂水县	蒙阴县	平邑县	费县	沂南县	临沭县	高新技术产业开发区	经济技术开发区	临港经济开发区	全市
民主党派	地方组织	6	/	/	/	/	/	/	/	/	/	/	/	/	/	/	/	6
	成员人数	/	/	/	/	/	/	/	/	/	/	/	/	/	/	/	/	1455
党外人士担任实职	政府	1	1	1	1	1	1	1	2	1	1	1	1	1	/	3	/	17
	政府部门	20	6	7	11	4	3	17	26	7	5	7	3	11	/	3	/	130
	群团及企业、高校、科研院所	25	2	2	4	/	5	/	/	/	3	37	1	2	/	/	/	81
	司法机关		1	/	3	/	1	1	4	2	/	5	2	2	/	/	/	21
党外人士民主协商会、座谈会、通报会	总次数	8	4	6	3	12	2	8	3	5	3	3	11	6	/	/	/	74
	党委、政府一把手主持召开次数	3	3	4	1	4	2	4	2	2	/	1	5	4	/	/	/	35
工商联	会员数	4772	3858	944	869	1500	2028	722	1740	608	650	2040	1400	1398	0	129	0	22658
	非公有制经济人士担任主席人数（包括副主席）	28	19	17	13	9	10	19	10	19	18	12	7	11	/	16	/	208
	非公有制经济组织党工委数	1	1	1	1	1	1	1	1	1	1	1	1	1	1	1	1	16
聘请党外人士担任各级特约人员数量		20	42	66	25	48	6	135	35	154	21	36	54	38	/	/	/	680
少数民族	成分个数		26	12	18	27	27	28	31	16	38	25	25	32	1	/	21	46
	人数		6489	7200	360	6380	6960	1924	6645	920	5383	3483	1869	1910	481	1442	90	51536

续表

项目	单位	市级	兰山区	罗庄区	河东区	郯城县	兰陵县	莒南县	沂水县	蒙阴县	平邑县	费县	沂南县	临沭县	高新技术产业开发区	经济技术开发区	临港经济开发区	全市
宗教	基督教信徒人数		49605	27000	35000	3100	59100	16000	3800	6352	15000	22015	12010	32000	16000	13360	1300	311642
	天主教信徒人数		17893	5000	5000	5000	3450	/	1390	1360	/	4024	4160	1130	/	/	/	48407
	伊斯兰教信徒人数		7246	5000	/	5000	6302	2000	5622	840	5000	2883	1205	1910	500	1576	/	45084
	佛教信徒人数		28076	3000	10000	2000	3600	8000	2020	/	/	5812	4500	1100	/	/	/	68108
	道教信徒人数		9860	1000	/	/	/	/	/	/	/	2016	/	10	/	/	/	12886
	宗教团体（个）	6	2	2	4	3	3	1	4	3	2	1	2	1	/	/	/	34
	宗教教职人员数		37	15	20	11	34	15	10	3	7	20	15	8	3	/	1	199
港澳台侨“三胞”数	台湾同胞	70	410	34	147	70	10	145	3	12	102	/	41	110	/	/	/	1154
	港澳同胞	1115	12	/	11	92	4	11	/	/	/	/	/	100	/	/	/	1345
	海外侨胞	2.07万	281	5	35	260	37	589	/	/	35	/	/	149	/	/	/	2.07万
知识分子	总人数	25万	9180	6100	27000	5万	24000	16891	11720	16500	650	16800	4885	13800	/	/	/	25万
	党外人士比例	60%	25.6%	36%	10000	86%	60%	75.3%	90%	68%	22%	69%	64%	6290	/	/	/	60%
	自由择业知识分子	16万	2300	1860	17000	5000	3000	585	1300	5360	45	5120	95	1560	/	/	/	16万
留学人员	海外留学生		46	12	/	24	35	30	5	6	7	/	27	59	/	/	/	4790
	归国留学人员		37	/	/	8	5	10	3	2	5	/	24	23	/	/	/	1120
举办各类培训班	次数	70	3	8	3	8	3	6	3	6	6	2	8	4	/	/	/	130
	参加人数	1.45万	126	1100	220	320	210	850	550	320	430	296	1183	420	/	/	/	20525
统战部长配备情况	由同级党委常委担任	1	0	0	0	0	0	0	0	0	0	0	0	0	0	0	0	1
	担任同级政协副主席	0	1	1	1	1	1	1	0	1	1	1	1	1	0	0	0	11
	其他	0	0	0	0	0	0	0	0	0	0	0	0	0	0	0	0	0

备注：本表由临沂市委统战部汇总。

德州市统一战线2013年基本资料统计表

项目		市级	德城区	禹城市	乐陵市	宁津县	齐河县	临邑县	陵县	平原县	武城县	夏津县	庆云县	经济开发区	运河经济开发区	全市
民主党派	地方组织	6	0	0	0	0	0	0	0	0	0	0	0	0	0	6
	成员人数	/	/	/	/	/	/	/	/	/	/	/	/	/	/	784
党外人士担任实职	政府	1	1	2	1	1	1	1	1	1	1	1	/	/	/	13
	政府部门	12	5	15	5	22	13	6	7	2	6	7	8	2	2	112
	群团及企业、高校、科研院所	25	87	5	/	6	/	/	1	/	10	/	/	/	7	141
	司法机关		1	2	/	/	/	/	/	/	1	/	/	/	1	5
党外人士民主协商会、座谈会、通报会	总次数	6	8	4	4	3	4	3	9	20	5	3	3	9	5	86
	党委、政府一把手主持召开次数	1	/	2	2	3	/	2	3	12	/	1	1	0	2	29
工商联	会员数	223	1403	1482	1364	1052	943	849	707	639	841	834	940	347	293	11917
	非公有制经济人士担任主席人数（包括副主席）	41	32	15	7	16	20	26	23	27	16	16	15	6	3	263
	非公有制经济组织党工委数量	1	1	1	1	1	1	1	1	1	1	1	1	/	/	12
聘请党外人士担任各级特约人员数量		98	32	20	48	22	40	48	60	12	32	100	40	/	2	554
少数民族	成分个数		22	18	14	17	30	24	21	14	12	18	11	4	13	43
	人数		10529	7115	1177	3873	3258	14597	22065	5395	2290	191	4061	225	2322	77098

续表

项目	单位	市级	德城区	禹城市	乐陵市	宁津县	齐河县	临邑县	陵县	平原县	武城县	夏津县	庆云县	经济开发区	运河经济开发区	全市
宗教	基督教信徒人数		4000	26000	/	390	30000	8100	500	4390	3300	8000	435	200	900	86215
	天主教信徒人数		600	2700	/	450	2000	560	400	100	1130	450	1130	0	100	9620
	伊斯兰教信徒人数		7777	7090	875	5300	3000	13018	25400	6718	3931	400	3954	/	/	77463
	佛教信徒人数		850	/	/	800	500	750	500	/	700	/	180	2000	/	5980
	道教信徒人数		/	/	/	300	/	/	/	/	/	1000	2000	/	2000	5300
	宗教团体（个）	5	2	3	1	2	2	3	1	2	2	2	1	3	/	29
	宗教教职人员数		14	38	1	23	19	66	51	21	21	20	37	12	6	329
港澳台侨“三胞”数	台湾同胞		20	/	/	8	2300	155	200	11	28	/	/	7	6	2735
	港澳同胞		14	1	/	/	/	/	50	3	11	/	/	3	2	84
	海外同胞		18	6	/	/	/	2	50	49	51	/	/	10	1	187
知识分子	总人数	60000	354	3778	4800	6700	18954	2742	10000	9800	28000	5000	4000	15000	600	169728
	党外人士比例	70%	65%	85%	60%	68%	24%	67%	50%	60%	85%	80%	90%	90%	20%	63%
	自由择业知识分子	485	38	877	899	170	1563	162	500	320	2030	200	1000	450	80	8774
留学人员	海外留学生	10	62	13	/	28	/	/	/	5	24	/	/	35	3	180
	归国留学人员	30	21	3	/	4	/	8	/	3	5	/	/	28	2	104
举办各类培训班	次数	6	7	6	6	3	6	5	2	5	3	2	3	2	3	59
	参加人数	580	900	438	376	240	438	500	110	260	200	100	180	200	2000	6522
统战部长配备情况	由同级党委常委担任	0	0	0	0	0	0	1	0	1	0	1	0	0	1	4
	担任同级政协副主席	1	1	1	1	1	1	0	1	0	0	0	1	0	0	8
	其他	0	0	0	0	0	0	0	0	0	1	0	0	1	1	3

备注：本表由德州市委统战部汇总。

聊城市统一战线2013年基本资料统计表

项目	单位	市级	东昌府区	临清市	冠县	莘县	阳谷县	东阿县	茌平县	高唐县	全市
民主党派	地方组织	6	4	0	0	0	0	0	0	0	6市级组织 4县级组织
	成员人数	/	/	/	/	/	/	/	/	/	947
党外人士担任实职	政府	1	1	1	1	1	1	1	1	1	9
	政府部门	7	3	56	7	6	5	7	5	3	99
	群团及企业、高校、科研院所	3	0	0	0	2	0	1	0	0	6
	司法机关	0	0	1	0	1	0	0	0	0	2
党外人士民主协商会、座谈会、通报会	总次数	8	11	6	4	2	6	6	2	2	47
	党委、政府一把手主持召开次数	4	2	2	0	1	2	3	0	1	15
工商联	会员数	84	2385	1258	1535	1079	977	650	740	1378	10086
	非公有制经济人士担任主席人数（包括副主席）	17	24	18	19	32	36	11	18	19	194
	非公有制经济组织党工委数	1	1	1	1	1	1	1	1	1	9
聘请党外人士担任各级特约人员数量		27	9	18	7	3	23	57	11	15	170
少数民族	成分个数		35	26	20	25	27	23	27	25	43
	人数		13954	17600	14173	13480	3020	1760	2216	1552	67755

续表

项目	单位	市级	东昌府区	临清市	冠县	莘县	阳谷县	东阿县	茌平县	高唐县	全市
宗教	基督教信徒人数		13135	8881	8300	16258	8400	926	1456	2560	59916
	天主教信徒人数		2400	486	60	2221	1700	211	471	358	7907
	伊斯兰教信徒人数		12915	17090	14173	12968	3000	0	1363	1452	62921
	佛教信徒人数		0	1345	3000	2021	320	1560	0	652	8898
	道教信徒人数		0	929	0	0	0	0	0	0	929
	宗教团体（个）	3	1	5	3	3	3	3	2	1	24
	宗教教职人员数		90	84	48	142	43	22	54	24	507
港澳台侨“三胞”数	台湾同胞	3	3	2	2	3	2	5	5	5	30
	港澳同胞	17	26	45	6	14	8	11	3	7	137
	海外侨胞	103	113	86	31	45	56	27	15	54	530
知识分子	总人数		81100	47400	50500	63300	50900	23300	34300	31200	382000
	党外人士比例		72%	71%	70%	71%	71%	72%	72%	71%	71.4%
	自由择业知识分子		32140	18960	20200	25320	20360	9320	13720	12480	152500
留学人员	海外留学生		412	0	0	0	0	27	0	2	441
	归国留学人员		12	0	0	2	3	5	2	4	28
举办各类培训班	次数	15	2	6	6	6	2	6	2	2	47
	参加人数	1860	80	528	359	840	65	1230	100	136	5198
统战部长配备情况	由同级党委常委担任	0	0	0	0	0	0	0	0	0	0
	担任同级政协副主席	1	1	1	1	1	1	1	1	1	9
	其他	0	0	0	0	0	0	0	0	0	0

备注：本表由聊城市委统战部汇总。

滨州市统一战线2013年基本资料统计表

项目		市级	滨城区	惠民县	阳信县	无棣县	沾化县	博兴县	邹平县	全市
民主党派	地方组织	6	0	0	0	0	0	0	0	6
	成员人数	/	/	/	/	/	/	/	/	652
党外人士担任实职	政府	7	1	1	/	/	/	/	/	9
	政府部门	32	4	3	/	1	/	/	/	40
	群团及企业、高校、科研院所	5	/	/	/	1	/	11	/	17
	司法机关		/	/	/	2	1	/	/	3
党外人士民主协商会、座谈会、通报会	总次数	6	2	8	3	3	3	5	7	37
	党委、政府一把手主持召开次数	3	1	2	1	1	2	3	2	15
工商联	会员数	567	529	542	840	511	814	1780	1900	7483
	非公有制经济人士担任主席人数	44	19	13	20	21	22	27	25	191
	非公有制经济组织党工委数	4（包括3个开发区的党工委）	1	1	1	1	1	1	1	11
聘请党外人士担任各级特约人员数量		34	/	28	1	8	10	47	2	130
少数民族	成分个数		26	10	14	19	10	23	42	45
	人数		1767	728	12390	6476	47	489	1176	23073

续表

项目	单位	市级	滨城区	惠民县	阳信县	无棣县	沾化县	博兴县	邹平县	全市
宗教	基督教信徒人数		2600	2086	2085	892	268	8000	7500	23431
	天主教信徒人数		224	1616	1160	316	267	2400	565	6548
	伊斯兰教信徒人数		696	1428	12750	6360	22	30	220	21506
	佛教信徒人数		6000	/	216	308	17	2300	2000	10840
	道教信徒人数		100	/	56	30	/	/	150	336
	宗教团体（个）	2	1	2	3	3	2	3	2	18
	宗教教职人员数	15	23	4	48	11	6	7	15	129
港澳台侨“三胞”数	台湾同胞	8970	150	136	184	140	160	150	110	10000
	港澳同胞	250	6	1	1	1	5	/	6	270
	海外侨胞	1434	275	243	145	108	265	130	130	2730
知识分子	总人数	27950	35850	25700	24000	27000	23500	31000	35000	230000
	党外人士比例	43%	36%	68%	48%	28%	53%	53%	37%	46%
	自由择业知识分子	4265	8500	5153	4205	4700	4600	8900	9700	50023
留学人员	海外留学生	167	33	15	12	/	25	10	62	324
	归国留学人员	159	50	5	6	6	15	5	36	282
举办各类培训班	次数	1	1	4	5	2	1	5	9	28
	参加人数	35	60	183	65	56	25	890	520	1834
统战部长配备情况	由同级党委常委担任	0	0	1	0	0	1	0	0	2
	担任同级政协副主席	1	1	0	1	1	0	1	1	6
	其他	0	0	0	0	0	0	0	0	0

备注：本表由滨州市委统战部汇总。

菏泽市统一战线2013年基本资料统计表

项目	单位	市级	牡丹区	定陶县	曹县	成武县	单县	巨野县	郓城县	鄄城县	东明县	全市
民主党派	地方组织	5	2	0	0	0	0	0	0	0	0	5市级组织 2县级组织
	成员人数	/	/	/	/	/	/	/	/	/	/	756
党外人士担任实职	政府	1	0	1	1	1	1	1	1	1	1	9
	政府部门	8	3	3	5	5	1	4	0	1	0	30
	群团及企业、高校、科研院所	0	0	0	0	0	0	0	0	1	0	1
	司法机关	0	0	0	0	0	0	0	0	1	0	1
党外人士民主协商会、座谈会、通报会	总次数	9	12	4	8	4	4	3	4	4	8	60
	党委、政府一把手主持召开次数	3	3	0	2	1	2	1	3	2	1	18
工商联	会员数	1624	922	781	1223	667	1054	1230	1234	1119	1097	10951
	非公有制经济人士担任主席人数（包括副主席）	22	31	16	31	32	15	33	20	15	13	228
	非公有制经济组织党工委数	1	1	1	1	1	1	1	1	1	1	10
聘请党外人士担任各级特约人员数量		66	28	20	36	46	35	36	30	21	30	348
少数民族	成分个数	22	24	16	23	25	15	8	31	20	20	40
	人数	6200	16100	11800	32000	988	2670	2700	1030	3200	8012	78000

续表

项目	单位	市级	牡丹区	定陶县	曹县	成武县	单县	巨野县	郓城县	鄄城县	东明县	全市
宗教	基督教信徒人数	9160	13100	2510	30000	10100	23000	24030	3000	7100	8000	130000
	天主教信徒人数	3704	0	401	6200	830	700	965	600	400	1200	15000
	伊斯兰教信徒人数	4206	15950	10760	32000	0	2800	2324	150	5200	8660	78000
	佛教信徒人数	6147	8000	2630	0	2000	500	0	2000	2000	6723	30000
	道教信徒人数	350	0	240	80	0	800	0	200	330	0	2000
	宗教团体（个）	5	3	2	4	2	3	2	2	2	3	28
	宗教教职人员数	28	28	15	33	26	25	40	1	21	7	224
港澳台侨“三胞”数	台湾同胞	18	13	167	1800	15	72	2000	500	1860	9	6454
	港澳同胞	594	351	26	260	2	15	247	40	6	6	1547
	海外侨胞	1441	20	250	180	262	109	173	200	0	72	2707
知识分子	总人数	26000	10000	2460	2200	2700	2400	3900	20000	17165	71953	158778
	党外人士比例	46%	50%	51%	42%	44.4%	44%	58%	60%	74.6%	57.9%	53%（平均）
	自由择业知识分子	2200	700	9	0	75	280	400	350	0	9213	13227
留学人员	海外留学生	700	109	19	0	8	83	10	30	25	24	1008
	归国留学人员	54	5	0	0	0	27	0	0	0	8	94
举办各类培训班	次数	2	6	5	7	8	4	3	5	7	4	51
	参加人数	120	410	210	2075	600	120	280	300	350	847	5312
统战部长配备情况	由同级党委常委担任	1	0	0	0	1	1	0	0	0	0	3
	担任同级政协副主席	0	1	1	1	0	0	1	1	1	1	7
	其他	0	0	0	0	0	0	0	0	0	0	0

备注：本表由菏泽市委统战部汇总。

山东省民主党派2013年基本情况统计表（一）

组织机构及成员数量情况

单位＼项目	省委会	市委会	县（市、区）委会	基层委员会	总支	支部	省直属成员	各市成员	成员总数
总计	7	99（含2个筹委会）	12	123	101	1612	6218	31376	37594
民革	1	14	2	9	9	191	788	2842	3630
民盟	1	17	4	26	45	337	1403	8545	9948
民建	1	14	4	11	10	285	602	5593	6195
民进	1	13（含1个筹委会）	1	15	14	247	747	3556	4303
农工党	1	15（含1个筹委会）	0	9	15	197	652	3922	4574
致公党	1	10	0	7	8	115	620	1593	2213
九三学社	1	16	1	46	0	240	1406	5325	6731

备注：本表由山东省委统战部汇总。

山东省民主党派2013年基本情况统计表（二）

履行职能及自身建设情况

项目 单位	向中共省委、省政府提交调研报告和意见建议（条）	提交全国、省人大议案、建议（条）	提交全国、省政协提案（含团体和个人提案）（件）	反映社情民意（条）	全国、省、市领导批示（条）	省、市、县聘请各类特约人员人数	开展社会服务活动		引进资金（万元）	帮扶资金（万元）	全年发展新成员	各类培训	
							次数	人数				期数	人数
总数	68	251	518	1481	81	470	362	62365	1454318.8	2608.45	2286	94	3706
民革	5	3	45	181	11	100	59	6000	38000	208	220	1	120
民盟	7	18	132	478	6	52	23	1790	300	55	510	14	510
民建	7	60	71	207	28	178	135	3000	1400000	2000	339	42	2003
民进	23	3	13	40	2	5	5	100	814.8	60	306	5	14
农工党	16	127	97	236	5	5	80	50000	50	240	228	2	102
致公党	9	8	68	292	11	68	52	215	154	20	279	28	726
九三学社	1	32	92	47	18	62	8	1260	15000	25.45	404	2	101

备注：本表由山东省委统战部汇总。

山东省工商联2013年基本情况统计表

<table>
<tr><td rowspan="2">组织机构及成员数量</td><td>省工商联</td><td>市工商联</td><td colspan="2">县（市、区）工商联</td><td>会员总数</td></tr>
<tr><td>1</td><td>17</td><td colspan="2">138</td><td>184782</td></tr>
<tr><td rowspan="5">参政议政情　况</td><td colspan="4">向中共省委、省政府提交调研报告和意见、建议（条）</td><td>15</td></tr>
<tr><td colspan="4">提交全国、省人大议案、建议（条）</td><td>1</td></tr>
<tr><td colspan="4">提交全国、省政协提案（含团体提案和个人提案）（件）</td><td>团体14；个人20</td></tr>
<tr><td colspan="4">反映社情民意（条）</td><td>5</td></tr>
<tr><td colspan="4">全国、省、市领导批示（条）</td><td>5</td></tr>
<tr><td>民主监督情　况</td><td colspan="4">省、市、县被聘请各类特约人员数</td><td></td></tr>
<tr><td rowspan="4">社会服务情　况</td><td colspan="3" rowspan="2">开展各类社会服务活动</td><td>次数</td><td></td></tr>
<tr><td>参加人数</td><td></td></tr>
<tr><td colspan="3" rowspan="2">引进资金或帮扶资金（捐物折算成资金）</td><td>引进资金</td><td></td></tr>
<tr><td>帮扶资金（万元）</td><td>2000</td></tr>
<tr><td rowspan="3">自身建设情　况</td><td colspan="4">全年发展新成员</td><td>26749</td></tr>
<tr><td colspan="3" rowspan="2">举办各类培训班和受训人数</td><td>期数</td><td>5</td></tr>
<tr><td>受训人数</td><td>490</td></tr>
</table>

备注：本表由山东省工商联汇总。

山东省工商联及非公有制经济2013年有关情况统计表

项目		单位	省级	济南	青岛	淄博	枣庄	东营	烟台	潍坊	济宁	泰安	威海	日照	莱芜	临沂	德州	聊城	滨州	菏泽	全省
私营企业	户数		692	87232	205103	40550	23186	19221	104402	92666	44187	27000	30549	69914	13651	73662	17435	18608	22800	15593	906451
	注册资金（亿元）		287.624	1472.71	7812.1361	1167.5	542.9	1098	2600.2	2126.96	1420.56	820.8	911.27	979.17	389	2205.67	634.42	696.1	1493	382.5	27040.5201
	从业人员数（万人）			51.45	208.9233	51.5	23.35	17.72	176.04	149.24	150.73	29.4	27.3097	71.53	19.9	86.23	92.13	44.8	144.7	77.1	1422.053
个体工商户	户数			200109	391234	146934	185833	57796	189615	253616	341121	149984	94358	166361	34725	692725	208878	113616	65024	185143	3477072
	注册资金（亿元）			117.84	680.5843	40.6	89.2	34.86	75.35	229.95	170.49	51.14	36.41	260.2	51	650.12	198.2	48.7	22.32	55.99	2812.9543
	从业人员数（万人）			38.58	103.15	29.9	43.57	12.93	47.18	55.3	69.39	36.97	18.77	31.8	12.00	74.33	43.50	27.37	21.91	44.09	710.74
同心实践活动	捐赠额（万元）			62954	2081	2380	664	789	4671.4	4737	2503	2843	3513	1686	3700	1949	9020.6	1510.7	785	978.6	106765.3
	投资额（万元）			147852	7364	754.2	169	1209	74614.7	11557	4423	111353	2266	10665	362	15172	87403.2	4110	1316	422	481012.1
光彩事业	捐赠额（万元）			36012.2	8334.4	8015.75	2221.2	1274	3371.39	3707.7	10038	1746	711	1346	660	7087	23640.8	1109	5060	2244.8	116579.24
	投资额（万元）			45618	39427.2	16780	2010	3838	48924	11787	20485	87743	850	21220	1520	80951	1886008.6	7185	2319	16847.9	2293513.7
工商联及商会情况	工商联（商会）及会员数量	商会数量	1	22	153	9	36	6	14	13	12	7	5	1	3	14	13	9	8	10	336
		团体会员数	37	166	358	187	125	125	311	192	308	165	109	115	50	307	233	195	142	318	3443
		企业会员数	8224	7478	14233	7488	2854	2984	11207	9042	5752	5531	3394	3535	2289	12776	7299	4235	3390	3988	115699
		个人会员数	24	5618	1663	5828	2450	2597	1922	3868	4230	3145	80	1973	2030	9575	4385	5656	3951	6645	65640
	行业商会数量		13	22	132	42	26	82	116	66	62	72	6	18	12	42	199	50	69	39	1068
	异地商会数量		18	6	29	14	2	7	24	14	12	4	16	8	0	16	9	3	7	4	193
	非公有制经济代表人士担任工商联主席数量（包括副主席）		23	231	284	151	117	82	368	245	208	87	96	92	32	208	263	194	191	228	3100

备注：本表由山东省委统战部汇总。

济南市工商联及非公有制经济2013年有关情况统计表

项目			市级	历下区	市中区	槐荫区	天桥区	历城区	长清区	章丘市	平阴县	济阳县	商河县	高新区	全市
私营企业	户数		4466	15902	10243	8894	11931	14581	2676	5163	1372	2490	1178	8336	87232
	注册资金（亿元）		462.76	129.64	72.69	67.45	77.57	115.54	89.98	93.17	23.17	58.34	33.51	248.89	1472.71
	从业人员数（万人）			5.95	5.9	2.3	5.2	6.2	1.65	9.6	3.58	4.87	2	4.2	51.45
个体工商户	户数		1715	14460	14150	17502	36836	22257	12206	36010	8938	19085	13097	3853	200109
	注册资金（亿元）		0.80	7.10	10.26	6.68	13.51	16.19	11.10	17.22	8.28	14.20	7.79	4.71	117.84
	从业人员数（万人）			3.8	3.9	2.7	5.8	5.34	2.58	5.9	1.01	4.65	2.3	0.6	38.58
同心实践活动	捐赠额（万元）		12486	160	6	20	0	80	22	30	16000	34	150	0	28988
	投资额（万元）		9800	0	12	10700	0	40	50200	0	65000	12000	100	0	147852
光彩事业	捐赠额（万元）		14159	20	17	2000	450	220	23	0	15022	0	120	3.2	32034.2
	投资额（万元）		30176	0	20	10000	0	60	212	0	5000	0	150	0	45618
工商联及商会情况	工商联（商会）及会员数量	商会数量	8	1	1	1	1	1	1	1	4	1	1	1	22
		团体会员数	10	20	17	18	14	15	12	17	15	15	13	0	166
		企业会员数	173	891	789	662	588	593	581	687	673	677	578	586	7478
		个人会员数	0	725	513	507	491	521	526	579	531	410	406	409	5618
	行业商会数量		0	4	0	4	0	2	0	6	4	0	2	0	22
	异地商会数量		6	0	0	0	0	0	0	0	0	0	0	0	6
	非公有制经济代表人士担任工商联主席数（包括副主席）		17	14	25	21	27	23	21	19	18	20	14	12	231

备注：本表由济南市委统战部汇总。

青岛市工商联及非公有制经济2013年有关情况统计表

项目		单位	市级	市南区	市北区	李沧区	崂山区	城阳区	黄岛区	即墨市	胶州市	平度市	莱西市	总计
私营企业	户数		44635	27724	27929	7833	24813	21069	10239	16789	14000	6963	1109	205103
	注册资金（亿元）		1272	612	3270	73.3	28	549	319.058	329	288	264.7781	807	7812.1361
	从业人员数（万人）		35	22	3.4	1.9	12	34.8	21.9	48	15	6.6233	8.3	208.9233
个体工商户	户数			16000	45702	28525	4465	54209	41873	32639	103000	47946	22110	391234
	注册资金（亿元）			3	11.9	7.83	11	539.4	19.5783	15.6	27.4	24.556	19.25	680.5843
	从业人员数（万人）			6	6.26	5.75	1.02	35.4	11.9	6.8	15.4	10.42	4.2	103.15
同心实践活动	捐赠额（万元）		565	186	12	0	130	45	383	0	360	370	30	2081
	投资额（万元）		1707	108	0	0	46	245	160	0	5000	68	30	7364
光彩事业	捐赠额（万元）		1250	230	147	83	116	1847.4	1800	1037	1250	538	36	8334.4
	投资额（万元）		2277.2	120	0	0	72	9700	3100	460	20000	898	2800	39427.2
工商联及商会情况	工商联（商会）及会员数量	商会数量	27	1	42	15	6	1	1	6	36	17	1	153
		团体会员数	64	16	49	4	23	14	60	35	18	49	26	358
		企业会员数	1747	758	1858	773	740	919	2308	1627	1325	974	1204	14233
		个人会员数	29	188	264	46	9	68	157	32	190	670	10	1663
	行业商会数量		9	2	19	5	0	24	22	8	12	18	18	132
	异地商会数量		18	0	4	0	1	3	2	0	1	0	0	29
	非公有制经济代表人士担任工商联主席数（包括副主席）		27	16	23	22	24	55	15	23	33	16	30	284

备注：本表由青岛市委统战部汇总。

淄博市工商联及非公有制经济2013年有关情况统计表

项目		单位	市级	张店区	淄川区	博山区	周村区	临淄区	桓台县	高青县	沂源县	高新区	文昌湖区	全市
私营企业	户数		3314	9665	4293	4191	3051	5613	2600	1118	1912	4393	400	40550
	注册资金（亿元）		584.4	72.2	44.9	37.2	32.1	110.2	78.1	35.9	44.9	124.1	3.5	1167.5
	从业人员数（万人）		3.1	17.1	4.9	2.4	3.1	11.4	1.6	1.4	1.6	4.6	0.3	51.5
个体工商户	户数		/	44523	18456	16795	11736	17196	13168	6667	13803	3674	916	146934
	注册资金（亿元）		/	8.7	4.4	4.6	2.7	5.3	4.0	3.9	5.4	1.4	0.2	40.6
	从业人员数（万人）		/	9.2	3.8	3.3	2.6	3.6	2.5	1.4	2.6	0.7	0.2	29.9
同心实践活动	捐赠额（万元）		1231	126	98.5	89	101	1396	211	95.5	141	76.5	45.5	2380
	投资额（万元）		1761	69.9	78.1	86	74	86.7	74.5	98	83	56	48	754.2
光彩事业	捐赠额（万元）		3541	114.75	2400	30	50	420	400	200	860	0	0	8015.75
	投资额（万元）		9600	0	2600	200	3000	380	0	1000	0	0	0	16780
工商联及商会情况	工商联（商会）及会员数量	商会数量	1	1	1	1	1	1	1	1	0	1	0	9
		团体会员数	19	23	26	24	14	22	15	15	22	7	0	187
		企业会员数	907	1129	1031	694	565	848	696	502	773	343	0	7488
		个人会员数	202	885	1258	503	438	680	543	404	473	442	0	5828
	行业商会数量		13	4	4	3	2	3	2	3	7	1	0	42
	异地商会数量		6	3	0	1	3	1	0	0	0	0	0	14
	非公有制经济代表人士担任工商联主席数（包括副主席）		13	26	5	23	20	24	8	11	8	13	0	151

备注：本表由淄博市委统战部汇总。

枣庄市工商联及非公有制经济2013年有关情况统计表

项目		单位	市级	滕州市	薛城区	山亭区	市中区	峄城区	台儿庄区	枣庄高新区	全市
私营企业	户数		3016	8651	1433	1822	4355	1723	801	1385	23186
	注册资金（亿元）		219.3	180.4	8.3	6.7	29.2	9.3	5.8	83.9	542.9
	从业人员数（万人）		2.98	10.4	0.9	1.8	4.3	1.6	0.27	1.1	23.35
个体工商户	户数			82456	19342	17718	41410	12886	9336	2685	185833
	注册资金（亿元）			48.4	9.6	7.6	8.2	6.4	7.2	1.8	89.2
	从业人员数（万人）			22.39	4.18	4.07	6.73	2.95	2.52	0.73	43.57
同心实践活动	捐赠额（万元）		160	39	30	/	400	25	10	/	664
	投资额（万元）		110	/	/	/	41	8	10	/	169
光彩事业	捐赠额（万元）		100	1300	30	11	760	12	8.2	/	2221.2
	投资额（万元）		0	/	/	/	1800	200	10	/	2010
工商联及商会情况	工商联（商会）及会员数量	商会数量	17	8	1	1	5	1	3	/	36
		团体会员数	19	29	16	18	18	13	12	/	125
		企业会员数	286	814	382	304	493	301	274	/	2854
		个人会员数	37	765	336	377	382	287	266	/	2450
	行业商会数量		2	8	7	5	/	4	/	/	26
	异地商会数量		2	/	/	/	/	0	/	/	2
	非公有制经济代表人士担任工商联主席数（包括副主席）		32	15	9	15	21	8	17	/	117

备注：本表由枣庄市委统战部汇总。

东营市工商联及非公有制经济2013年有关情况统计表

项目			市级	东营区	河口区	广饶县	垦利县	利津县	全市
私营企业	户数		2174	6867	1314	5675	1656	1535	19221
	注册资金（亿元）		339	157	79.5	314	112	96.5	1098
	从业人员数（万人）		3.8	5.6	1.07	4.8	1.2	1.25	17.72
个体工商户	户数			18247	9760	13395	7758	8636	57796
	注册资金（亿元）			8.82	5.3	12.4	3.86	4.48	34.86
	从业人员数（万人）			3.85	1.64	5.12	0.96	1.36	12.93
同心实践活动	捐赠额（万元）		20	80	12	350	137	190	789
	投资额（万元）		30	60	23	605	216	275	1209
光彩事业	捐赠额（万元）		500	20	65	247	284	158	1274
	投资额（万元）		2500	50	12	881	169	226	3838
工商联及商会情况	工商联（商会）及会员数量	商会数量	1	1	1	1	1	1	6
		团体会员数	36	21	36	11	13	8	125
		企业会员数	827	498	386	570	416	287	2984
		个人会员数	649	347	302	548	486	265	2597
	行业商会数量		18	16	23	9	6	10	82
	异地商会数量		6	1	/	/	/	/	7
	非公有制经济代表人士担任工商联主席数（包括副主席）		13	14	14	14	14	13	82

备注：本表由东营市委统战部汇总。

烟台市工商联及非公有制经济2013年有关情况统计表

项目			市级	芝罘区	福山区	莱山区	牟平区	海阳市	莱阳市	栖霞市	蓬莱市	长岛县	龙口市	招远市	莱州市	开发区	高新区	昆嵛山保护区	全市
私营企业	户数		66569	2674	2450	552	3289	2952	210	2232	3079	757	4752	2093	5529	6328	935	1	104402
	注册资金（亿元）		1543.3	31.2	30	19.5	96. 9	15.2	20	57.4	129	8.98	145.7	5.1	150	302	45.885	0.0724	2600.2
	从业人员数（万人）		78	6.4	37	1.2	4.5	10	5	1.35	6.5	0.5	4.74	7.2	8.3	4.3	1.0463	0.0074	176.04
个体工商户	户数			32700	1422	4648	15296	19544	10343	18956	11233	2315	32404	6103	22038	12027	452	134	189615
	注册资金（亿元）			12.3	0.5	1.3	6.7	6.5	0.8	9.4	11	1.31	6.4	3.2	11.9	4	0.038	0.002	75.35
	从业人员数（万人）			5.52	0.43	3.6	2.78	6.1	2.2	3.48	2.1	0.04	8.93	4.92	4.62	2.2	0.24	0.02	47.18
同心实践活动	捐赠额（万元）		2397	5	25	6	210	40	60	66	300	1.1	1000	11.3	281	269	0	0	4671.4
	投资额（万元）		5275	3	142	0	6500	200	200	231.7	4000	0	30000	1860	26000	203	0	0	74614.7
光彩事业	捐赠额（万元）		693	35	56	15	101	10	33	102	70	0.5	2000	0	50	189	16.89	0	3371.39
	投资额（万元）		2046	500	2800	0	0	25	1706	156	0	0	40000	0	1600	91	0	0	48924
工商联及商会情况	工商联（商会）及会员数量	商会数量	1	1	1	1	1	1	1	1	1	1	1	1	1	1	0	/	14
		团体会员数	143	12	5	3	6	6	5	3	63	6	4	2	49	4	0	0	311
		企业会员数	2474	1104	215	171	439	395	879	662	1631	81	607	851	906	792	0	0	11207
		个人会员数	712	102	135	12	163	250	46	18	170	29	45	107	103	30	0	0	1922
	行业商会数量		62	4	1	0	5	2	6	3	11	0	4	4	13	1	0	/	116
	异地商会数量		16	0	1	0	0	1	2	0	0	0	1	0	1	2	0	/	24
	非公有制经济代表人士担任工商联主席数（包括副主席）		34	23	33	12	31	16	37	36	30	17	29	4	43	23	0	0	368

备注：本表由烟台市委统战部汇总。

潍坊市工商联及非公有制经济2013年有关情况统计表

项目		单位	市级	奎文区	潍城区	坊子区	寒亭区	青州市	诸城市	寿光市	安丘市	昌邑市	高密市	临朐县	昌乐县	高新区	滨海区	经济区	峡山区	全市
私营企业	户数		46803	7284	446	1414	188	5571	5097	1025	4048	2756	4456	3778	2821	4793	1298	691	197	92666
	注册资金（亿元）		990	53.9	34.1	10.89	15	154	126.3	12.9	80.54	59.16	110	72.8	105.5	212	84.47	4.03	1.37	2126.96
	从业人员数（万人）		72	4.4	3.6	2.12	1.5	8.3	5.05	12.2	5.9	7.9	7.1	6.8	6.6	2.07	2.38	1.05	0.27	149.24
个体工商户	户数			17386	16530	5495	156	34000	5178	38170	28921	18468	32900	20682	20547	7173	4509	2240	1261	253616
	注册资金（亿元）			14.3	13.9	6.05	8.4	28	10.9	28.7	20.9	15.7	32	22.3	13.3	12	3.99	0.78	0.73	229.95
	从业人员数（万人）			3.8	4	1.55	0.025	7.4	6.82	5.7	5.2	4.5	6	4.8	2.9	1.47	0.4	0.45	0.36	55.3
同心实践活动	捐赠额（万元）			200	300	20	10	2105	300	150	400	319	13	870	0	0	50	0	0	4737
	投资额（万元）			800	1000	0	32	1805	4000	100	300	2300	20	1200	0	0	0	0	0	11557
光彩事业	捐赠额（万元）			350	500	20	17	320	162	300	1200	115	580	0	100	0	43.7	0	0	3707.7
	投资额（万元）			700	1000	0	25	450	0	200	300	912	8200	0	0	0	0	0	0	11787
工商联及商会情况	工商联（商会）及会员数量	商会数量	1	1	1	1	1	1	1	1	1	1	1	1	1	0	0	0	0	13
		团体会员数	18	4	2	6	16	19	25	27	20	5	23	17	10	0	0	0	0	192
		企业会员数	1090	220	442	148	236	1411	1172	1025	421	276	847	1200	511	29	6	5	3	9042
		个人会员数	380	206	236	80	165	353	323	283	565	247	548	159	323	0	0	0	0	3868
	行业商会数量		5	4	0	0	11	4	8	8	1	1	12	6	6	0	0	0	0	66
	异地商会数量		9	0	0	0	0	0	1	3	0	0	1	0	0	0	0	0	0	14
	非公有制经济代表人士担任工商联主席数量（包括副主席）		20	15	17	22	12	15	23	34	24	15	15	17	16	0	0	0	0	245

备注：本表由潍坊市委统战部汇总。

济宁市工商联及非公有制经济2013年有关情况统计表

项目		单位	市级	任城区	兖州区	曲阜市	泗水县	邹城市	微山县	鱼台县	金乡县	嘉祥县	汶上县	梁山县	全市
私营企业	户数		10500	5240	3338	3089	2067	5321	3110	699	3578	840	3725	2680	44187
	注册资金（亿元）		151.74	630	83.56	130	46.9	133.42	32.8	13.2	101	18	64.64	15.3	1420.56
	从业人员数（万人）		44.18	27	10.93	3.5	6.17	6.47	2.96	5.7	14.41	8.2	8.98	12.23	150.73
个体工商户	户数		45300	41000	28700	12000	18693	24898	15672	18146	16967	24548	48397	46800	341121
	注册资金（亿元）		31.06	22	9.11	5	6.24	4.38	18.2	5.8	24	11	1.2	32.5	170.49
	从业人员数（万人）		3.7	9.8	6.23	2	4.4	5.5	3.13	5.8	8.45	6.2	9.68	4.5	69.39
同心实践活动	捐赠额（万元）		630	246	49	200	25	150	10	160	25	380	388	240	2503
	投资额（万元）		1200	700	152	120	180	90	5	750	78	800	168	180	4423
光彩事业	捐赠额（万元）		2300	2300	64	300	14	240	110	140	20	3600	350	600	10038
	投资额（万元）		6000	1200	50	430	150	600	90	260	35	11000	170	500	20485
工商联及商会情况	工商联（商会）及会员数量	商会数量	1	1	1	1	1	1	1	1	1	1	1	1	12
		团体会员数	19	24	26	17	21	49	23	29	22	28	24	26	308
		企业会员数	1559	212	447	388	307	720	137	239	220	594	608	321	5752
		个人会员数	692	220	257	223	266	558	240	180	850	190	268	286	4230
	行业商会数量		8	12	0	3	7	3	1	6	5	2	10	5	62
	异地商会数量		5	1	1	0	1	1	0	1	0	1	1	0	12
	非公有制经济代表人士担任工商联主席数量（包括副主席）		21	40	13	11	12	9	24	11	19	19	13	16	208

备注：本表由济宁市委统战部汇总。

泰安市工商联及非公有制经济2013年有关情况统计表

项目		单位	市级	泰山区	岱岳区	新泰市	肥城市	宁阳县	东平县	全市
私营企业	户数		10373	4196	3078	2162	3288	2122	1781	27000
	注册资金（亿元）		371.2	64.3	87.9	141	62	52.8	41.6	820.8
	从业人员数（万人）		6.95	4.2	3.54	6.3	3.2	1.6	3.61	29.4
个体工商户	户数			24913	20158	37561	38144	12842	16366	149984
	注册资金（亿元）			6.86	9.68	7.5	7.1	8.7	11.3	51.14
	从业人员数（万人）			5.21	5.75	13.23	6.22	3	3.56	36.97
同心实践活动	捐赠额（万元）		40	118	413	1380	112	420	360	2843
	投资额（万元）		350	25	1500	70380	268	1030	37800	111353
光彩事业	捐赠额（万元）		90	265	334	410	134	313	200	1746
	投资额（万元）		560	20	17562	36000	4621	3980	25000	87743
工商联及商会情况	工商联（商会）及会员数量	商会数量	1	1	1	1	1	1	1	7
		团体会员数	18	13	23	34	32	23	22	165
		企业会员数	243	631	865	1138	1190	714	750	5531
		个人会员数	68	271	510	668	673	468	487	3145
	行业商会数量		17	4	6	8	16	10	11	72
	异地商会数量		3	0	1	0	0	0	0	4
	非公有制经济代表人士担任工商联主席数量（包括副主席）		17	13	12	14	13	10	8	87

备注：本表由泰安市委统战部汇总。

威海市工商联及非公有制经济2013年有关情况统计表

项目			市级	环翠区	文登市	荣成市	乳山市	全市
私营企业	户数		11842	6617	4120	4655	3315	30549
	注册资金（亿元）		413.16	64.83	153.62	188.36	91.3	911.27
	从业人员数（万人）		1.9624	5.2540	4.0090	4.5727	2.8311	27.3097（含国家级开发区）
个体工商户	户数		24818	19447	14307	20749	15037	94358
	注册资金（亿元）		8.81	5.9	5.21	10.39	6.1	36.41
	从业人员数（万人）			4.2466	2.4167	3.9284	3.1847	18.77（含国家级开发区）
同心实践活动	捐赠额（万元）		2565	60	310	200	378	3513
	投资额（万元）		1300	/	380	400	186	2266
光彩事业	捐赠额（万元）		380	60	120	80	71	711
	投资额（万元）		850	/	/	/	/	850
工商联及商会情况	工商联（商会）及会员数量	商会数量	1	1	1	1	1	5
		团体会员数	31	14	20	27	17	109
		企业会员数	1469	432	521	383	589	3394
		个人会员数	11	8	39	10	12	80
	行业商会数量		1	1	1	1	2	6
	异地商会数量		13	/	2	1	/	16
	非公有制经济代表人士担任工商联主席数量（包括副主席）		24	23	19	11	19	96

备注：本表由威海市委统战部汇总。

日照市工商联及非公有制经济2013年有关情况统计表

项目		单位	市级	东港区	岚山区	莒县	五莲县	全市
私营企业	户数		53520	11063	1733	1987	1611	69914
	注册资金（亿元）		532	236	81.2	125.6	4.37	979.17
	从业人员数（万人）		36	23	1.7	8.1	2.73	71.53
个体工商户	户数		89651	37760	14903	13562	10485	166361
	注册资金（亿元）		165	80.7	4.5	3.5	6.5	260.2
	从业人员数（万人）		12.6	10.6	2.9	3.6	2.1	31.8
同心实践活动	捐赠额（万元）		0	96	1200	0	390	1686
	投资额（万元）		2000	2105	5800	560	200	10665
光彩事业	捐赠额（万元）		52	308	820	81	85	1346
	投资额（万元）		100	21000	0	120	0	21220
工商联及商会情况	工商联（商会）及会员数量	商会数量	1	0	0	0	0	1
		团体会员数	36	23	15	28	13	115
		企业会员数	1087	797	484	768	399	3535
		个人会员数	103	516	134	658	562	1973
	行业商会数量		6	6	5	0	1	18
	异地商会数量		8	0	0	0	0	8
	非公有制经济代表人士担任工商联主席数量（包括副主席）		12	19	21	17	23	92

备注：本表由日照市委统战部汇总。

莱芜市工商联及非公有制经济2013年有关情况统计表

项目			市级	莱城区	钢城区	全市
私营企业	户数		3020	6956	3675	13651
	注册资金（亿元）		107	163	119	389
	从业人员数（万人）		3.4	10.9	5.6	19.9
个体工商户	户数		2514	19112	13099	34725
	注册资金（亿元）		6	28	17	51
	从业人员数（万人）		1.0	9.75	1.25	12
同心实践活动	捐赠额（万元）		940	1920	840	3700
	投资额（万元）		120	155	87	362
光彩事业	捐赠额（万元）		340	260	60	660
	投资额（万元）		1030	230	260	1520
工商联及商会情况	工商联（商会）及会员数量	商会数量	1	1	1	3
		团体会员数	20	20	10	50
		企业会员数	691	1056	542	2289
		个人会员数	543	989	498	2030
	行业商会数量		8	1	3	12
	异地商会数量		0	0	0	0
	非公有制经济代表人士担任工商联主席数量（包括副主席）		12	12	8	32

备注：本表由莱芜市委统战部汇总。

临沂市工商联及非公有制经济2013年有关情况统计表

项目 \ 单位			市级	兰山区	罗庄区	河东区	郯城县	兰陵县	莒南县	沂水县	蒙阴县	平邑县	费县	沂南县	临沭县	高新技术产业开发区	经济技术开发区	临港经济开发区	全市
私营企业	户数		4.1万	10022	2012	1025	1638	1245	3523	2573	1796	2067	890	2232	1683	/	1956	/	73662
	注册资金（亿元）		1343.7	65.43	16.32	150	38.2	45.3	268	63.72	55.2	48.2	2.3	61	48.6	/	/	/	2205.67
	从业人员数（万人）			7.54	1.28	23	7.1	0.14	11.6	1.02	2.17	2.4	5.4	22.5	2.08	/	/	/	86.23
个体工商户	户数		28.2万	64680	117112	11712	17432	15354	10963	23403	13774	28300	600	27198	75249	/	4948	/	692725
	注册资金（亿元）		132.5	40.74	9.2	3.6	5.2	6.77	8.3	8.89	1.1	10.6	0.12	3.1	420	/	/	/	650.12
	从业人员数（万人）			17.5	7.76	7.3	2.4	3.78	6.9	5.41	3.17	9.34	1.8	5.44	3.53	/	/	/	74.33
同心实践活动	捐赠额（万元）			680	67	300	40	/	135	272	85	56	10	28	230	/	约46万元	/	1949
	投资额（万元）			6200	46	454	200	/	1620	3000	176	16	10	50	3400	/	/	/	15172
光彩事业	捐赠额（万元）			1268	430	1000	60	3028	403	260	115	43	30	200	250	/	/	/	7087
	投资额（万元）			3120	65	1000	80	6600	2230	3100	206	20	30	60000	4500	/	/	/	80951
工商联及商会情况	工商联（商会）及会员数量	商会数量	1	1	1	1	1	1	1	1	1	1	1	1	1	/	1	/	14
		团体会员数	43	18	11	20	24	28	24	28	14	21	22	25	26	0	3	0	307
		企业会员数	3157	1777	510	472	876	1150	400	900	300	429	1100	770	809	0	126	0	12776
		个人会员数	1572	2063	423	377	600	850	298	812	294	200	918	605	563	0	0	0	9575
	行业商会数量			4	1	1	/	8	9	7	3	6	1	2	/	/	/	/	42
	异地商会数量		10	/	/	1	/	3	2	/	/	/	/	/	/	/	/	/	16
	非公有制经济代表人士担任工商联主席数量（包括副主席）		28	19	17	13	9	10	19	10	19	18	12	7	11	/	16	/	208

备注：本表由临沂市委统战部汇总。

德州市工商联及非公有制经济2013年有关情况统计表

项目			市级	德城区	禹城市	乐陵市	宁津县	齐河县	临邑县	陵县	平原县	武城县	夏津县	庆云县	经济开发区	运河经济开发区	全市
私营企业	户数			100	1423	2765	2294	1678	968	1200	1765	2120	1118	1200	754	50	17435
	注册资金（亿元）			80	62.3	82	72	9.5	10.7	130	5.52	25.6	36.8	60	58	2	634.42
	从业人员数（万人）			12	4.7	11.6	8	2.1	9.63	3.5	2.1	17	6.5	5	5	5	92.13
个体工商户	户数			2000	12620	26293	100117	13297	9660	9000	10552	6855	10255	7000	1219	10	208878
	注册资金（亿元）			2	4.1	2.8	2.4	0.82	4.83	112	0.55	22	10.7	30	4	2	198.2
	从业人员数（万人）			0.7	2.62	6.17	3	2.42	2.1	4.13	2.67	6.2	3.19	8	2	0.3	43.5
同心实践活动	捐赠额（万元）		1500	30	200	6000	100	200	240	200	200	267	32.6	40	6	5	9020.6
	投资额（万元）		10000	5000	500	4600	200	5000	240	500	100	150	511.2	100	60500	2	87403.2
光彩事业	捐赠额（万元）		16400	20	300	5300	200	400	50.3	200	300	60	67.5	10	330	3	23640.8
	投资额（万元）		1811000	5000	500	7110	600	6000	50.3	1000	200	200	326.3	20	0	2	1886008.6
工商联及商会情况	工商联（商会）及会员数量	商会数量	1	1	1	1	1	1	1	1	1	1	1	1	0	1	13
		团体会员数	20	18	23	17	21	24	22	14	15	16	21	22	0	0	233
		企业会员数	123	831	942	816	620	612	497	448	387	528	499	610	210	176	7299
		个人会员数	80	554	517	531	411	307	330	245	237	297	314	308	137	117	4385
	行业商会数量		69	4	7	6	6	0	6	60	5	3	17	15	0	1	199
	异地商会数量		3	0	0	2	0	0	1	0	1	0	1	0	0	1	9
	非公有制经济代表人士担任工商联主席数量（包括副主席）		41	32	15	7	16	20	26	23	27	16	16	15	6	3	263

备注：本表由德州市委统战部汇总。

聊城市工商联及非公有制经济2013年有关情况统计表

项目		单位	市级	东昌府区	临清市	冠县	莘县	阳谷县	东阿县	茌平县	高唐县	全市
私营企业	户数		4510	513	2359	2803	2064	763	1489	1906	2201	18608
	注册资金（亿元）		201.6	5	53	136.5	71	54	19	94	62	696.1
	从业人员数（万人）		4.6	2.2	5.6	10.6	1.6	4.7	11.3	2.1	2.2	44.8
个体工商户	户数		16231	15006	14230	13054	15009	406	9604	15108	14968	113616
	注册资金（亿元）		7	6.2	7.2	4.9	5.6	4.1	3.9	4.6	5.2	48.7
	从业人员数（万人）		4.19	3.62	3.2	4.94	3.1	0.42	1.89	2.61	3.4	27.37
同心实践活动	捐赠额（万元）		657	20	280	81.7	109	40	102	135	86	1510.7
	投资额（万元）		1304	56	94	45	67	154	2149	110	131	4110
光彩事业	捐赠额（万元）		549	70	81	105	40	140	40	36	48	1109
	投资额（万元）		1864	98	125	218	98	312	4126	199	145	7185
工商联及商会情况	工商联（商会）及会员数量	商会数量	1	1	1	1	1	1	1	1	1	9
		团体会员数	7	38	21	20	27	22	23	18	19	195
		企业会员数	68	566	561	596	479	593	408	410	554	4235
		个人会员数	9	1781	676	919	573	362	219	312	805	5656
	行业商会数量		7	13	4	1	6	3	8	3	5	50
	异地商会数量		0	0	0	0	0	0	2	0	1	3
	非公有制经济代表人士担任工商联主席数量（包括副主席）		17	24	18	19	32	36	11	18	19	194

备注：本表由聊城市委统战部汇总。

滨州市工商联及非公有制经济2013年有关情况统计表

项目		单位	市级	滨城区	惠民县	阳信县	无棣县	沾化县	博兴县	邹平县	全市
私营企业	户数		4435	5485	2418	1707	1500	1044	2263	3948	22800
	注册资金（亿元）		364.48	215.7	160.8	76	77	76.98	162.54	359.5	1493
	从业人员数（万人）		26.8	25.8	15.8	14.2	15.7	12.1	16.7	17.6	144.7
个体工商户	户数			15000	11280	6636	1924	5368	11407	13409	65024
	注册资金（万元）			3.2	0.1	4.6	0.9	2.51	6.51	4.5	22.32
	从业人员数（万人）			4.5	2.57	1.7	1.6	5.24	3.2	3.1	21.91
同心实践活动	捐赠额（万元）		50	50	320	35	50	180	50	50	785
	投资额（万元）		200	30	80	26	30	700	100	150	1316
光彩事业	捐赠额（万元）		150	80	900	43	50	70	192	3575	5060
	投资额（万元）		200	60	1600	34	30	195	50	150	2319
工商联及商会情况	工商联（商会）及会员数量	商会数量	1	1	1	1	1	1	1	1	8
		团体会员数	17	13	17	16	15	17	23	24	142
		企业会员数	292	198	161	348	271	385	822	913	3390
		个人会员数	258	318	364	476	225	412	935	963	3951
	行业商会数量		16	3	2	6	31	7	2	2	69
	异地商会数量		5	2	/	/	/	/	/	/	7
	非公有制经济代表人士担任工商联主席数量（包括副主席）		44	19	13	20	21	22	27	25	191

备注：本表由滨州市委统战部汇总。

菏泽市工商联及非公有制经济2013年有关情况统计表

项目			市级	牡丹区	定陶县	曹县	成武县	单县	巨野县	郓城县	鄄城县	东明县	全市
私营企业	户数		270	3790	965	2600	550	375	2400	3360	498	785	15593
	注册资金（亿元）		7.9	21.4	23.8	14.8	60	3.6	90.2	8.5	80	72.3	382.5
	从业人员数（万人）		1.6	1.9	2.7	5	6	14.4	3.8	12.8	20	8.9	77.1
个体工商户	户数		330	65666	16194	26899	1600	29765	25364	1200	6500	11625	185143
	注册资金（亿元）		0.36	18.6	7.9	3	1.6	3.5	8.01	0.7	5.21	7.11	55.99
	从业人员数（万人）		0.76	11.2	3.3	5.2	0.5	9.1	4.76	2.3	3.3	3.67	44.09
同心实践活动	捐赠额（万元）		180	0	1.1	600	4	150	15	0	28	0.5	978.6
	投资额（万元）		0	0	0	50	12	132	80	0	148	0	422
光彩事业	捐赠额（万元）		1360	144.5	15	400	3	63.3	40	90	27	102	2244.8
	投资额（万元）		4100	12400	23	80	9	117.9	80	0	38	0	16847.9
工商联及商会情况	工商联（商会）及会员数量	商会数量	1	1	1	1	1	1	1	1	1	1	10
		团体会员数	66	25	36	28	18	36	29	32	24	24	318
		企业会员数	717	382	262	428	235	410	473	420	356	305	3988
		个人会员数	841	515	483	767	414	608	728	782	739	768	6645
	行业商会数量		10	1	2	2	3	11	0	2	8	0	39
	异地商会数量		1	0	0	2	0	1	0	0	0	0	4
	非公有制经济代表人士担任工商联主席数量（包括副主席）		22	31	16	31	32	15	33	20	15	13	228

备注：本表由菏泽市委统战部汇总。

8.领导讲话

习近平同党外人士共迎新春时的讲话

在中国人民的传统节日春节即将到来之际，中共中央总书记、中共中央军委主席习近平2月6日下午在中南海邀请各民主党派中央、全国工商联新老领导人和无党派人士代表欢聚一堂，共迎新春。他代表中共中央，向各民主党派、工商联和无党派人士，向统一战线广大成员，致以诚挚的问候和新春的祝福。

习近平发表重要讲话强调，回顾过去的5年，面对复杂多变的国际形势和艰巨繁重的国内改革发展稳定任务，中国共产党紧紧依靠包括各民主党派、工商联和无党派人士在内的全国各族人民，推动中国特色社会主义取得了新的重大胜利。习近平代表中共中央，向各民主党派、工商联和无党派人士，向统一战线广大成员，表示衷心的感谢。

习近平指出，实现我们的奋斗目标，需要全国上下共同努力，需要加强中国共产党同各民主党派和无党派人士的团结合作。各民主党派是同中国共产党通力合作的中国特色社会主义参政党，无党派人士是我国政治生活中的一支重要力量。各民主党派和无党派人士一定要把坚持中国特色社会主义政治发展道路作为根本方向，提高参政议政、民主监督的水平，提高政治把握能力、组织领导能力、合作共事能力。工商联要加强思想政治建设和履职能力建设，努力成为政治坚定、特色鲜明、作风优良的人民团体和商会组织。

习近平强调，中国共产党同各民主党派和无党派人士团结合作，是建立在共同思想政治基础之上的。今天，我们的共同思想政治基础就是中国特色社会主义。中国特色社会主义事业越是向前推进，越需要凝聚最广泛的力量。同志们要充分认识肩负的重要责任和使命，坚定政治信念，坚持前进方向，多建睿智之言，多献务实之策，共同开创中国特色社会主义事业新局面。

习近平指出，要继续加强民主监督。对中国共产党而言，要容得下尖锐批评，做到有则改之、无则加勉；对党外人士而言，要敢于讲真话，敢于讲逆耳之言，真实反映群众心声，做到知无不言、言无不尽。希望同志们积极建净言、作批评，帮助我们查找问题、分析问题、解决问题，帮助我们克服工作中的不足。中共各级党委要主动接受、真心欢迎民主党派和无党派人士监督，切实改进工作作风，不断提高工作水平。

（新华网北京2月7日电）

习近平会见连战一行

2月25日上午，中共中央总书记习近平在人民大会堂会见中国国民党荣誉主席连战及随访的台湾各界人士时强调，继续推动两岸关系和平发展、促进两岸和平统一，是新一届中共中央领导集体的责任。

习近平指出，我们有充分信心继续坚定不移推动两岸关系和平发展，有充分信心克服各种困难开辟两岸关系新前景，有充分信心同台湾同胞携手迎接中华民族伟大复兴。我们将再接再厉，务实进取，促进两岸交流合作不断取得新的成就，造福两岸同胞。

习近平说，这些年两岸关系取得一系列重大积极进展，维护了台海地区和平，增进了两岸同胞福祉，符合两岸中国人共同愿望，符合中华民族整体利益。两岸同胞血脉相连，是一家人。维护好台湾同胞权益，发展好台湾同胞福祉，是大陆方面多次作出的公开宣示，也是我们新一届中共中央领导集体的郑重承诺。我们将保持对台工作大政方针的连续性，始终坚持一个中国原则，持续推进两岸交流合作，努力促进两岸同胞团结奋斗，巩固和深化两岸关系和平发展的政治、经济、文化、社会基础。

习近平指出，两岸关系虽然历经坎坷，但终究能打破长期隔阂，开启交流合作。这是因为，两岸同胞同属中华民族，这种天然的血缘纽带任何力量都切割不断；两岸同属一个中国，这一基本事实任何力量都无法改变；两岸交流合作得天独厚，这种双向利益需求任何力量都压制不住。更是因为，全体中华儿女有决心通过自己的不懈奋斗自立于世界民族之林，这种全民族共同愿望任何力量都阻挡不了。

习近平强调，展望未来，我们将有更大能力推动两岸关系和平发展。当然，我们也清醒地看到，两岸关系中还存在着历史遗留问题，前进道路上还会遇到各种新问题，解决这些问题需要时间，需要耐心，需要共同努力。只要两岸双方都秉持民族大义，巩固反对“台独”、坚持“九二共识”的基础，增进共同维护一个中国框架的认知，两岸各领域合作的前景就是宽广和光明的。随着两岸关系和平发展不断取得新的成果，相信一定会有越来越多的台湾同胞认识到，台湾的前途系于两岸关系和平发展、系于中华民族伟大复兴。

习近平指出，我们始终从全民族发展的高度来把握两岸关系发展方向。大陆和台湾是休戚与共的命运共同体。近代以来，中华民族饱受列强欺凌。想起那一段屈辱的历史，每一个中国人都会心痛。实现中华民族伟大复兴，是中华民族近代以来最伟大的梦想。现在，我们比历史上任何时期都更有信心、更有能力实现这个梦想。“兄弟齐心，其利断金。”实现中华民族伟大复兴，需要两岸同胞共同努力。我们真诚希望台湾同大陆一道发展，两岸同胞共同来圆“中国梦”。携手推动两岸关系和平发展，同心实现中华民族伟大复兴，应该成为两岸关系的主旋律，成为两岸中华儿女的共同使命。

（新华网北京2月25日电）

习近平：两岸同胞要共同为实现中华民族伟大复兴的中国梦而努力奋斗

中共中央总书记习近平4月8日上午在博鳌会见台湾两岸共同市场基金会荣誉董事长萧万长一行时强调，大陆方面对推动两岸关系和平发展，决心是坚定的，方针政策是明确的。我们将保持对台大政方针的连续性，继续实施行之有效的各项政策，促进两岸关系发展不断取得新成就，更好造福两岸同胞。两岸同胞要真诚团结合作，共同为实现中华民族伟大复兴的中国梦而努力奋斗。

习近平表示，两岸全面直接双向“三通”已经实现，尤其是两岸经济合作框架协议的签署和实施，开启了两岸经济关系新的发展阶段。“肯取势者可为人先，能谋势者必有所成。”对海峡两岸中国人来说，重要的是真正认识和切实把握历史机遇，顺应时代发展潮流，携手推动两岸关系和平发展，共同开创中华民族美好未来。

习近平对促进两岸合作提出4点希望。

第一，希望本着两岸同胞一家人的理念促进两岸经济合作。两岸同胞同属中华民族，两岸经济同属中华民族经济。我们会更多考虑台湾同胞的需求和利益，积极促进在投资和经济合作领域加快给予台湾企业与大陆企业同等待遇，为深化两岸经济合作提供更广阔的空间。

第二，希望两岸加强经济领域高层次对话和协调，共同推动经济合作迈上新台阶。有必要更好发挥两岸经济合作框架协议内经济合作委员会的功能，加强形势、政策、发展规划沟通，增强经济合作的前瞻性和协调性。要加快拓展产业合作，扩大双向投资，深化金融服务业合作，探索新的合作途径。

第三，希望两岸加快经济合作框架协议后续协议商谈进程，提高经济合作制度化水平。两岸应该争取尽快签署服务贸易协议，力争在年内完成货物贸易、争端解决等议题的磋商。两岸可以适时务实探讨经济共同发展、区域经济合作进程相衔接的适当方式和可行途径，为两岸经济合作增添新的活力。

第四，希望两岸同胞团结合作，共同致力于实现中华民族伟大复兴。大陆和台湾取得的每一项发展成就，都值得两岸中国人自豪。两岸同胞共同推动两岸关系和平发展，就是在为实现中华民族伟大复兴作贡献。只要两岸凡事都从中华民族整体利益考虑，就一定能克服前进道路上的各种困难和阻碍，推动两岸关系和平发展不断取得新成就。

（新华网海南博鳌4月8日电）

习近平会见中国国民党荣誉主席吴伯雄

习近平6月13日下午在人民大会堂会见了中国国民党荣誉主席吴伯雄和他率领的中国国民党访问团全体成员。

习近平表示，过去5年，我们两党、两岸双方和两岸同胞共同努力，开辟了两岸关系和平发展的正确道路，推动两岸关系取得了重大进展。新形势下，中共中央将继续实行既定的大政方针，致力于巩固深化两岸关系和平发展，造福两岸同胞，造福中华民族。希望两党和两岸双方继续增强互信、保持良性互动，稳步推进两岸关系全面发展，巩固深化两岸关系和平发展各项基础，团结两岸同胞，共同为实现中华民族伟大复兴而努力。

习近平强调，今天，两岸关系已站在新的起点上，也面临着重要机遇。我们应该认真总结经验，清醒认识并主动因应形势发展变化，坚定不移走两岸关系和平发展道路，巩固和深化两岸关系和平发展的政治、经济、文化、社会基础，推动两岸关系不断取得新的成就。习近平就此提出4点意见。

第一，坚持从中华民族整体利益的高度把握两岸关系大局。我们坚持维护中华民族根本利益，维护包括台湾同胞在内的全体中华儿女共同利益。从中华民族整体利益把握两岸关系大局，最根本的、最核心的是维护国家领土和主权完整。大陆和台湾虽然尚未统一，但同属一个中国，是不可分割的整体。国共两党理应坚持一个中国立场、共同维护一个中国框架。希望两党都本着对历史、对人民负责任的态度，以中华民族整体利益为重，把握好两岸关系和平发展大局，推动两岸关系沿着正确方向不断向前迈进。

第二，坚持在认清历史发展趋势中把握两岸关系前途。经过中华儿女不懈奋斗，中华民族伟大复兴展现出前所未有的光明前景。我们应该登高望远，看到时代发展、民族振兴大趋势，看到两岸关系和平发展已经成为中华民族伟大复兴的重要组成部分，摆脱不合时宜的旧观念束缚，明确振兴中华的共同奋斗目标。两岸关系发展是大势所趋，我们应该据此确定自己的路线图，继续往前走。我们两党应该以实现民族振兴、人民幸福为己任，促进两岸同胞团结合作，积极宣导

“两岸一家人”的理念，汇集两岸中国人智慧和力量，在共同实现中华民族伟大复兴的进程中抚平历史创伤，谱写中华民族繁荣昌盛的崭新篇章。

第三，坚持增进互信、良性互动、求同存异、务实进取。增进互信，核心就是要在巩固和维护一个中国框架这一原则问题上形成更为清晰的共同认知和一致立场。良性互动，就是要加强沟通、平等协商、相向而行，相互释放善意，维护两岸关系来之不易的和平发展局面，合情合理解决彼此间的问题。求同存异，就是要本着同舟共济的精神，发挥政治智慧，聚集和扩大推动两岸关系发展的共识，妥善处理和管控分歧。务实进取，就是要本着实事求是的态度，坚持从实际出发，循序渐进，稳步向前，不因遇到困难而停滞，不被任何干扰所困惑，防止和避免出现倒退。两岸关系进入巩固和深化的新阶段，更需要我们双方保持积极进取精神，以更大勇气和决心面对和克服前进道路上的困难。希望双方共同努力，促进两岸关系发展取得更多积极成果，不断拓宽两岸关系和平发展的道路。

第四，坚持稳步推进两岸关系全面发展。首先要继续保持两岸关系大局稳定。“台独”分裂势力及其分裂活动仍然是对台海和平的现实威胁，必须继续反对和遏制任何形式的“台独”分裂主张和活动，不能有任何妥协。在两岸关系大局稳定的基础上，两岸各领域交流合作有着广阔空间。两岸双方应该为深化经济、科技、文化、教育等领域合作采取更多积极举措，提供更多政策支持，创造更加便利条件，以拓宽合作领域，提高合作水平，产生更大效益。我们要努力增进两岸民众福祉，让更多民众共享两岸关系和平发展成果，积极促进两岸同胞在厚植共同利益、弘扬中华文化的过程中，增进对两岸命运共同体的认知，增强民族自豪感，坚定振兴中华的共同信念。

（新华网北京6月13日电）

习近平主持党外人士座谈会并发表重要讲话

中共中央9月17日在中南海召开党外人士座谈会，就中共中央关于全面深化改革若干重大问题的决定听取各民主党派中央、全国工商联领导人和无党派人士的意见和建议。中共中央总书记习近平主持座谈会并发表重要讲话。

习近平指出，中共十八大闭幕后，中共中央进行了深入研究，听取了党内及社会各方面的相关意见，决定中共十八届三中全会重点研究全面深化改革问题。实现党的十八大描绘的全面建成小康社会、加快推进社会主义现代化、实现中华民族伟大复兴的宏伟蓝图，要求全面深化改革。坚持和发展中国特色社会主义，不断推进中国特色社会主义制度自我完善和发展，进一步解放和发展社会生产力、继续充分释放全社会创造活力，要求全面深化改革。解决我国发展面临的一系列突出矛盾和问题，实现经济社会持续健康发展，不断改善人民生活，要求全面深化改革。中国共产党人干革命、搞建设、抓改革，从来都是为了解决中国的现实问题。可以说，改革是由问题倒逼而产生，又在不断解决问题中而深化。35年来，我们用改革的办法解决了党和国家事业发展中的一系列问题。同时，在认识世界和改造世界的过程中，旧的问题解决了，新的问题又会产生，制度总是需要不断完善，因而改革既不可能一蹴而就、也不可能一劳永逸。

习近平强调，改革开放是当代中国最鲜明的特色，也是我们党最鲜明的旗帜。面对人民群众新期待，我们必须坚定改革信心，以更大的政治勇气和智慧、更有力的措施和办法推进改革。全面深化改革，关键要有新的谋划、新的举措。要有强烈的问题意识，以重大问题为导向，抓住重大问题、关键问题进一步研究思考，找出答案，着力推动解决我国发展面临的一系列突出矛盾和问题。解放思想的过程就是统一思想的过程，解放思想的目的是为了更好统一思想。思想统一了，才能最大限度凝聚改革共识，形成改革合力。

习近平指出，全面深化改革是一项复杂的系统工程，需要加强顶层设计和整体谋划，加强各项改革关联性、系统性、可行性研究。我们要在基本确定主要改革举措的基础上，深入研究各领域改革关联性和各项改革举措耦合性，深入论证改革举措可行性，把握好全面深化改革的重大关系，使各项改革举措在政策取向上相互配合、在实施过程中相互促进、在实际成效上相得益彰。

习近平指出，新时期以来，各民主党派、工商联和无党派人士十分关注改革，积极投身改革，特别是始终把深化改革作为建言献策的重点内容，为推进改革开放作出了重要贡献。希望同志们继续发挥人才荟萃、智力密集的优势，紧紧围绕全面深化改革的重大问题，在深入开展调研的基础上，提出具有前瞻性、战略性、可操作性的意见和建议。

（新华社北京9月17日电）

习近平在欧美同学会成立100周年庆祝大会上的讲话

（2013年10月21日）

今天，我们在这里集会，庆祝欧美同学会成立100周年。首先，我代表党中央、国务院，向欧美同学会·中国留学人员联谊会及其全体会员，表示热烈的祝贺！向广大出国和归国留学人员及其家人，致以诚挚的问候！

近代以来，我国大批留学人员负笈求学的足迹，记录着中华儿女追寻民族复兴的梦想，伴随着我国从封闭到开放、从落后到富强的伟大历史性跨越。

百余年的留学史是“索我理想之中华”的奋斗史，一批又一批仁人志士出国留学、回国服务，大批归国人员投身中国共产党领导的伟大事业，在中国革命、建设、改革的历史画卷中写下了极为动人和精彩的篇章。

历史不会忘记，100多年前，中国民主革命的伟大先行者孙中山先生，以当时留日中国学生等为骨干组建中国同盟会，毅然发动和领导辛亥革命，推翻了统治中国几千年的君主专制制度，打开了中国进步的闸门，点燃了振兴中华的希望。

历史不会忘记，陈独秀、李大钊等一批具有留学经历的先进知识分子，同毛泽东同志等革命青年一道，大力宣传并积极促进马克思列宁主义同中国工人运动相结合，创建了中国共产党，使中国革命面貌为之一新。在中国共产党成立前后，旅欧勤工俭学和留苏学习的进步青年相继回国，在火热的斗争中成长为坚定的马克思主义者，为党和人民事业发展建立了不朽功勋，周恩来、刘少奇、朱德、邓小平同志等就是他们中的杰出代表。同一时期，还有许多留学人员学成回国，为我国经济社会发展起到了开拓者的重要作用。

历史不会忘记，面对新中国百废待兴、百业待举的困难局面，一大批留学人员毅然决然回到祖国怀抱，在极其艰难困苦的条件下呕心沥血、顽强拼搏，为新中国各项事业发展奠定了坚实基础，取得了“两弹一星”等举世瞩目的重大成就，李四光、严济慈、华罗庚、周培源、钱三强、钱学森、邓稼先同志等就是他们中的杰出代表。上世纪五六十年代，一大批留学人员远赴苏联、东欧学习，成为我国建设和改革事业的重要力量。

历史同样不会忘记，改革开放以来，党中央和邓小平同志作出了扩大派遣留学生的战略决策，推动形成了我国历史上规模最大、领域最多、范围最广的留学潮和归国热。截至2012年底，我国出国留学人员达到264万人，留学回国人员达到109万人。广大留学人员积极投身改革开放和社会主义现代化建设，积极推动我国同其他国家各领域交流合作，为推动我国经济社会发展作出了重要贡献。

实践证明，广大留学人员不愧为党和人民的宝贵财富，不愧为实现中华民族伟大复兴的有生力量。党、国家、人民为拥有并将更多拥有这样一大批人才而感到骄傲和自豪。

同志们、朋友们！

“致天下之治者在人才。”人才是衡量一个国家综合国力的重要指标。没有一支宏大的高素质人才队伍，全面建成小康社会的奋斗目标和中华民族伟大复兴的中国梦就难以顺利实现。

当今世界，综合国力竞争日趋激烈，新一轮科技革命和产业变革正在孕育兴起，变革突破的能量正在不断积累。综合国力竞争说到底是人才竞争。人才资源作为经济社会发展第一资源的特征和作用更加明显，人才竞争已经成为综合国力竞争的核心。谁能培养和吸引更多优秀人才，谁就能在竞争中占据优势。

当代中国，经过35年的改革开放，社会生产力迈上一个大台阶，人民生活水平迈上一个大台阶，综合国力迈上一个大台阶，我们比历史上任何时期都更接近实现中华民族伟大复兴的宏伟目标，我们也比历史上任何时期都更加渴求人才。正如邓小平同志深刻指出的："我们进行社会主义现代化建设，是要在经济上赶上发达的资本主义国家，在政治上创造比资本主义国家的民主更高更切实的民主，并且造就比这些国家更多更优秀的人才。"

尊重劳动、尊重知识、尊重人才、尊重创造，是党和国家的一项长期方针。党和国家历来高度重视广大出国和归国留学人员，毛泽东同志曾在莫斯科深情寄语留学人员说："好像早晨八九点钟的太阳，希望寄托在你们身上。"党的十八大发出了"广开进贤之路，广纳天下英才"的号召，强调要"充分开发利用国内国际人才资源，积极引进和用好海外人才"。

党和国家将按照支持留学、鼓励回国、来去自由、发挥作用的方针，把做好留学人员工作作为实施科教兴国战略和人才强国战略的重要任务，以更大力度推进"千人计划""万人计划"，千方百计创造条件，使留学人员回到祖国有用武之地，留在国外有报国之门。我们热诚欢迎更多留学人员回国工作、为国服务。

同志们、朋友们！

全面建成小康社会，推进社会主义现代化，实现中华民族伟大复兴，是光荣而伟大的事业，是光明和灿烂的前景。一切有志于这项伟大事业的人们都可以大有作为。在亿万中国人民前行的伟大征程上，广大留学人员创新正当其时、圆梦适得其势。广大留学人员要把爱国之情、强国之志、报国之行统一起来，把自己的梦想融入人民实现中国梦的壮阔奋斗之中，把自己的名字写在中华民族伟大复兴的光辉史册之上。

这里，我对广大留学人员提4点希望。

第一，希望大家坚守爱国主义精神。在中华民族几千年绵延发展的历史长河中，爱国主义始终是激昂的主旋律，始终是激励我国各族人民自强不息的强大力量。不论树的影子有多长，根永远扎在土里；不论留学人员身在何处，都要始终把祖国和人民放在心里。钱学森同志曾经说过："我作为一名中国的科技工作者，活着的目的就是为人民服务。如果人民最后对我的一生所做的工作表示满意的话，那才是最高的奖赏。"

希望广大留学人员继承和发扬留学报国的光荣传统，做爱国主义的坚守者和传播者，秉持"先天下之忧而忧，后天下之乐而乐"的人生理想，始终把国家富强、民族振兴、人民幸福作为努力志向，自觉使个人成功的果实结在爱国主义这棵常青树上。党和国家尊重广大留学人员的选择，回国工作，我们张开双臂热烈欢迎；留在海外，我们支持通过多种形式为国服务。大家都要牢记，无论身在何处，你们都是中华儿女的一分子，祖国和人民始终惦记着你们，祖国永远是你们温暖的精神家园。

第二，希望大家矢志刻苦学习。学习是立身做人的永恒主题，也是报国为民的重要基础。梦想从学习开始，事业从实践起步。当今世界，知识信息快速更新，学习稍有懈怠，就会落伍。有人说，每个人的世界都是一个圆，学习是半径，半径越大，拥有的世界就越广阔。

希望广大留学人员坚持面向现代化、面向世界、面向未来，瞄准国际先进知识、技术、管理经验，以韦编三绝、悬梁刺股的毅力，以凿壁借光、囊萤映雪的劲头，努力扩大知识半径，既读有字之书，也读无字之书，砥砺道德品质，掌握真才实学，练就过硬本领。已经完成学业的留学人员也要拓宽眼界和视野，加快知识更新，优化知识结构，努力成为堪当大任、能做大事的优秀人才。

第三，希望大家奋力创新创造。创新是一个民族进步的灵魂，是一个国家兴旺发达的不竭动力，也是中华民族最深沉的民族禀赋。在激烈的国际竞争中，惟创新者进，惟创新者强，惟创新者胜。留学人员视野开阔，理应走在创新前列。祖国改革开放和社会主义现代化建设的火热进程，为一切有志于创新创造、干一番事业的人们提供了广阔舞台。

希望广大留学人员积极投身创新创造实践，有敢为人先的锐气，有上下求索的执著，得风气之先、开风气之先，力争有所突破、有所发展、有所建树。在中国的大地上，要想有建树、有成就，关键是要脚踏着祖国大地，胸怀着人民期盼，找准专业优势和社会发展的结合点，找准先进知识和我国实际的结合点，真正使创新创造落地生根、开花结果。

第四，希望大家积极促进对外交流。中国的发展离不开世界，世界的繁荣也需要中国。我们要以更加开放的姿态，加强同世界的联系和互动，加深同各国人民的了解和友谊。广大留学人员既有国内成长经历又有海外生活体验，既有广泛的国内外人际关系又有丰富的不同文化交流经验，许多外国人通过你们了解中国、认识中国，许多中国人通过你们了解世界、认识世界。

希望广大留学人员充分发挥自身优势，加强内引外联、牵线搭桥，当好促进中外友好交流的民间大使，多用外国民众听得到、听得懂、听得进的途径和方式，讲述好中国故事，传播好中国声音，让世界对中国多一分理解、多一分支持。

同志们、朋友们!

欧美同学会成立于100年前的民族危难之时，成立伊始就积极践行爱国思想，组织会员参与爱国民主运动、投身民族救亡和人民解放事业，成为那个时代追求民主、崇尚科学的爱国社团。新中国成立后，欧美同学会积极动员海外学人回国，成为党和政府领导下的进步社团。改革开放以来，欧美同学会大力实施“报国计划”，成为致力于中国特色社会主义事业的群众团体。2003年，经中央批准，欧美同学会增冠了“中国留学人员联谊会”会名，工作领域拓宽到全国，工作对象扩展到全球，成为影响更加广泛的人民团体。

面对新形势新任务，欧美同学会·中国留学人员联谊会要发挥群众性、高知性、统战性的特点和优势，立足国内、开拓海外，努力成为留学报国的人才库、建言献策的智囊团、开展民间外交的生力军，成为党联系广大留学人员的桥梁纽带、党和政府做好留学人员工作的助手、广大留学人员之家，把广大留学人员紧密团结在党的周围。要关心留学人员工作、学习、生活，反映愿望诉求，维护合法权益，不断增强吸引力和凝聚力。

“尚贤者，政之本也。”各级党委和政府要认真贯彻党和国家关于留学人员工作的方针政策，更大规模、更有成效地培养我国改革开放和社会主义现代化建设急需的各级各类人才。环境好，则人才聚、事业兴；环境不好，则人才散、事业衰。要健全工作机制，增强服务意识，加强教育引导，搭建创新平台，善于发现人才、团结人才、使用人才，为留学人员回国工作、为国服务创造良好环境，促使优秀人才脱颖而出。要关心支持欧美同学会·中国留学人员联谊会工作，加强组织建设，健全工作机构，配强工作力量，为他们开展工作创造条件。

同志们、朋友们!

发展的中国需要更多海外人才，开放的中国欢迎来自世界各地的英才。我们相信，只要广大留学人员牢记“空谈误国、实干兴邦”，同人民站立在一起、同人民奋斗在一起，就一定能为实现中华民族伟大复兴的中国梦书写出无愧于时代、无愧于人民、无愧于历史的绚丽篇章!

习近平在全国政协新年茶话会上的讲话

（2013年12月31日）

同志们，朋友们：

明天就是2014年元旦。在这辞旧迎新的美好时刻，我们欢聚一堂，回顾共同经历的难忘岁月，畅想共同期待的美好未来，感到十分高兴。

首先，我代表中共中央、国务院和中央军委，向各民主党派、工商联和无党派人士、各人民团体，向全国广大工人、农民、知识分子、干部和各界人士，向人民解放军指战员、武警官兵和公安民警，向香港特别行政区同胞、澳门特别行政区同胞、台湾同胞和海外侨胞，向关心和支持中国现代化建设的国际友人，致以诚挚的祝福！祝大家新年好!

今年是全面贯彻落实中共十八大精神的开局之年。面对错综复杂的国际形势和艰巨繁重的国内改革发展稳定任务，中共中央团结带领全国各族人民，坚持稳中求进工作总基调，沉着应对各种风险和挑战，全面推进社会主义经济建设、政治建设、文化建设、社会建设、生态文明建设，对全面深化改革作出总体部署。我们提出并落实党在新形势下的强军目标，推动国防和军队建设迈出新步伐；高举和平、发展、合作、共赢的旗帜，推动全方位外交打开新局面；全面推进党的建设新的伟大工程，群众路线教育实践活动取得重要阶段性成果。在全党全国各族人民共同努力下，各项工作取得新进展，实现了良好开局。

2014年，将是我国发展进程中十分重要的一年。新的一年，应该有新的奋斗、新的收获。我们要全面贯彻落实中共十八大和十八届二中、三中全会精神，以邓小平理论、“三个代表”重要思想、科学发展观为指导，坚持改革创新，坚持稳中求进，全面做好各项工作。我们要坚持“一国两制”“港人治港”“澳人治澳”、高度自治的方针，保持香港、澳门长期繁荣稳定。我们要坚持“和平统一、一国两制”方针，为两岸同胞谋福祉。我们要高举和平、发展、合作、共赢的旗帜，同各国人民一道为人类和平与发展的崇高事业而不懈努力。

2014年，我们将推进全面深化改革。35年前的这个月，中共十一届三中全会胜利闭幕，开启了波澜壮阔的伟大改革。中共十八届三中全会吹响了全面深化改革新的号角。开弓没有回头箭，我们要坚定不移实现改革目标。

当今世界，机遇和挑战并存。风云变幻，最需要的是战略定力；竞争激烈，最重要的是急流勇进；迎接挑战，最根本的是改革创新。改革，最本质的要求就是创新。中华民族是具有伟大创新精神的民族，以伟大创造能力著称于世。“苟日新，日日新，又日新”，是对中华民族创新精神的最好写照。

我们要大力弘扬与时俱进、锐意进取、勤于探索、勇于实践的改革创新精神，争当改革的坚定拥护者和积极实践者，用自己勤劳的双手在改革实践中创造更加幸福的生活。

我们的事业是一点一滴干出来的，我们的道路是一步一个脚印走出来的。我们要坚持一切从实际出发，凝聚广大人民群众智慧和力量，善作善成，努力把全面深化改革的蓝图变为现实，让全社会感受到市场环境和创业条件在不断改善，让全体人民共同分享改革发展成果。

同志们、朋友们！

在即将过去的一年里，人民政协高举爱国主义、社会主义旗帜，推进政治协商、民主监督、参政议政制度建设，围绕中共中央关注的重大问题开展调研，发挥决策咨询作用，推进人民政协工作创新，为推动经济社会发展、深化改革开放、健全社会主义协商民主制度等各项事业作出了重要贡献。

明年将迎来人民政协成立65周年。在新的一年里，我们要巩固和发展最广泛的爱国统一战线，坚持和完善中国共产党领导的多党合作和政治协商制度，寻求最大公约数，凝聚改革共识，汇聚改革正能量。参加人民政协的各党派团体和各族各界人士要引导所联系成员和群众理解改革、支持改革、参与改革。人民政协要充分发挥作为协商民主重要渠道作用，围绕经济社会发展重大问题和涉及群众切身利益的实际问题广泛协商，为实现“两个一百年”奋斗目标作出新的更大的贡献。

同志们、朋友们！

让我们更加紧密地团结起来，万众一心，不懈奋斗，在改革开放新的长征路上，共同谱写实现中华民族伟大复兴中国梦的新篇章！

贾庆林在马来西亚华侨华人举行的公宴大会上的讲话

（2013年2月6日，吉隆坡）

尊敬的马来西亚总理对华事务特使、马中商务理事会主席黄家定先生，女士们，先生们，朋友们：

很高兴在吉隆坡与各界新老朋友欢聚一堂。这里处处洋溢着新春的喜庆气氛，使我倍感亲切。首先，我对你们给予我和代表团一行隆重热情的款待表示衷心的感谢！

我访问马来西亚的主要目的是，增进中马友谊，深化互利合作，传递中国新一届领导人继续高度重视发展中马友好关系的积极信息。昨天，我同纳吉布总理共同出席了马中关丹产业园启动仪式，这是两国务实合作又一标志性项目。我还同纳吉布总理举行了富有成效的会晤，就进一步深化中马战略性合作达成重要共识。这次访问成果丰硕，取得了成功。

女士们、先生们！

过去10年是中马关系快速发展的10年。两国战略性合作顺利发展，双方在彼此关心的重大问题上相互理解、相互支持，政治互信显著增强。2011年中马双边贸易额超过900亿美元，是10年前的10倍。中国对马非金融类直接投资10年间实现了由3470万美元至6.3亿美元的增长，马对华投资也翻了一番。双方合作在马来西亚设立了2所孔子学院，马来西亚在华也设立了马来研究中心，两国共有14000多名留学生在对方国家学习深造。目前双方人员往来每年近300万人次，马来西亚是最受中国游客青睐的旅游目的地之一。中马友好符合两国和两国人民的根本利益，为两国人民带来了福祉。

马来西亚是海外华侨华人聚居最多的国家之一。今天上午，我访问了马六甲，亲身感受到中马友好的悠久历史。600多年前，中国明朝著名航海家郑和七下西洋，曾多次驻节马六甲，留下了许多历史佳话。几百年来，一批又一批中国人漂洋过海，在这片美丽富饶的土地上落地生根，艰苦奋斗，繁衍发展。你们在发展自身事业的同时，与其他族群携手并肩，创造了马来西亚经济繁荣和社会进步的显著成绩。陈嘉庚先生就是马来西亚众多优秀华侨华人的杰出代表。正如纳吉布总理所说，“没有华人，马来西亚就不会有今天的成就”。我对你们取得的杰出成就感到由衷的高兴。

中马关系的快速发展，离不开马来西亚广大华侨华人朋友的不懈努力和辛勤汗水。你们来华投资兴业，捐资助学，推动两国文化交流，为中马关系发展牵线搭桥。没有华侨华人的努力，也就没有中马关系今天的大好局面。我谨向你们表示崇高敬意和衷心感谢！当前，中马关系正面临新的发展机遇。希望华侨华人朋友们继续发挥优势，为进一步推进中马关系发展、深化两国互利合作，作出新的更大贡献！

女士们、先生们！

当前，中国举国上下都在认真贯彻落实中国共产党第十八次全国代表大会精神。中共十八大对中国特色社会主义进行了全面系统的阐述，描绘了中国未来发展的美好前景。我们将坚持解放思想，改革开放，凝聚力量，攻坚克难，努力在中国共产党成立一百年时全面建成小康社会，在新中国成立一百年时建成富强民主文明和谐的社会主义现代化国家。我坚信，只要我们坚持走中国特色社会主义道路，13亿中国人民就一定能够实现中华民族伟大复兴的“中国梦”！

中国将继续高举和平、发展、合作、共赢的旗帜，坚定不移致力于维护世界和平、促进共同发展。中国将始终不渝走和平发展道路，坚定奉行独立自主的和平外交政策，坚决维护国家主权、安全、发展利益，绝不会屈服于任何外来压力。中国将始终不渝奉行互利共赢的开放战略，通过深化合作促进世界经济强劲、可持续、平衡增长。中国人民热爱和平、渴望发展，愿同各国人民一道为人类和平与发展的崇高事业而不懈努力。

中国的发展有力带动了周边国家的共同发展。过去10年，中国与周边国家贸易额由1700多亿美元增加到1万多亿美元，对周边国家投资以两位数快速增长。

中国成为众多周边国家的最大贸易伙伴、投资来源地和游客来源地，给中国和周边国家都带来实实在在的利益，有力地促进了亚洲的和平、稳定与繁荣。展望未来，中国的发展将释放出更大的市场潜力，为周边国家带来更多机遇。“十二五”期间，中国将有8万亿美元的进口总规模。马来西亚也在努力实现“2020宏愿”。中国与周边国家在实现各自国家发展战略的进程中，会释放出更大合作潜力和能量。我们希望同亚洲国家人民一道，共同为实现亚洲的发展繁荣而努力奋斗！

金蛇呈美景，大地焕春风。我们即将迎来中华民族共同的节日——春节。在这辞旧迎新之际，我给在座的各位拜个早年，向马来西亚和全球的华侨华人朋友们致以诚挚的新春问候，祝愿大家身体健康、事业兴旺、阖家幸福、吉祥如意！

谢谢大家。

俞正声走访在京全国性宗教团体时的讲话

中共中央政治局常委俞正声走访了在京的全国性宗教团体，向全国宗教界人士致以新春祝福。他指出，要继续全面贯彻党的宗教工作基本方针，发挥宗教界人士和信教群众在促进经济社会发展中的积极作用，为实现全面建成小康社会的宏伟目标共同奋斗。

俞正声说，近年来，各宗教团体在团结、引领广大信教群众开展宗教活动，反对分裂活动、促进国家统一，维护社会稳定和民族团结，发挥自身优势服务社会，开展对外交往、树立我国宗教界良好国际形象等方面，做了大量工作，取得丰硕成果。事实充分证明，宗教界和广大信教群众是我们建设中国特色社会主义事业的积极力量。

俞正声强调，在我们的人民群众中，信不信宗教、信仰何种宗教的差异是次要的，而实现中华民族伟大复兴的共同目标是主要的。宗教界人士要继续弘扬我国宗教的优良传统，进一步挖掘宗教教义教规中符合时代进步要求的积极因素，总结以往成绩和经验，努力在新的历史条件下，使宗教更加有利于国家发展繁荣，更加有利于信教群众物质和精神生活的改善。

俞正声指出，要进一步加强宗教团体自身的思想建设、组织建设和人才建设，努力造就一支政治上靠得住、宗教上有造诣、品德上能服众、关键时起作用的宗教教职人员队伍。各宗教团体要在加强人才培养和宗教院校建设方面多下功夫，加强规划，注重实效。各级党委、政府要关心和支持宗教团体建设，帮助宗教团体和宗教界人士解决各种实际问题。

（新华网北京1月23日电）

俞正声会见海协会第三届理事会第一次会议全体代表并讲话

海峡两岸关系协会第三届理事会第一次会议暨纪念“汪辜会谈”20周年活动4月26日上午在北京人民大会堂举行。中共中央政治局常委、全国政协主席俞正声会见全体代表并发表重要讲话。

俞正声代表中共中央和习近平总书记充分肯定海协会在推进两岸协商谈判、改善发展两岸关系方面发挥的积极作用。俞正声说，中央历来高度重视对台工作，制定了一系列行之有效的方针政策，开辟了两岸关系和平发展的正确道路，推动两岸关系发展取得了历史性成就。我们一贯主张通过平等协商，改善与发展两岸关系，逐步解决彼此间的问题，推动和平统一进程。今年是“汪辜会谈”20周年。汪辜会谈迈出了两岸关系历史性的重要一步，在两岸关系前进道路上具有里程碑的重要意义。“汪辜会谈”彰显了“九二共识”作为两岸协商基础的重要地位，其揭示的以对话取代对抗、以协商促进合作的精神，依然启迪着两岸关系的现实和未来。开展协商谈判是推动两岸关系和平发展的重要途径。我们真诚希望两岸双方继续积极促进两岸协商不断取得新成果，共同推进两岸关系和平发展，鼓舞两岸同胞团结携手，同心实现中华民族伟大复兴的中国梦。

俞正声对即将组成的海协会新一届理事会提出四点希望。首先，要深入学习领会中央对台工作方针政策和关于两岸协商的指示精神，巩固和增强两岸协商的政治基础，保持协商的正确方向。第二，要着力促进两岸关系和平发展的制度化建设。当前要尽快完成两岸经济合作框架协议后续协商的各项目标，积极推进两会互设综合性办事机构，并且推动商签两岸科技、文教交流协议。第三，要积极推动两岸交流合作，加强与台湾社会各界的联系，广泛团结台湾同胞共同促进两岸关系发展。第四，要热情服务两岸民众，坚持以人为本的理念，切实维护两岸同胞正当权益。

（新华网北京4月26日电）

俞正声在纪念中共中央发布“五一口号”65周年座谈会上的讲话

（2013年4月27日）

今天的座谈会，是统一战线深入学习贯彻中共十八大精神，深化中国特色社会主义主题教育，弘扬多党合作优良传统的一项重要活动。刚才，大家结合民主党派历史和亲身经历，高度评价“五一口号”的重大意义，畅谈与中国共产党团结合作的心得体会，情真意切，感人至深，听了很受启发。

65年前，在人民解放战争取得节节胜利、新中国即将诞生之际，中共中央利用纪念“五一”劳动节这一契机，发出了召开政治协商会议、成立民主联合政府的号召，得到各民主党派、无党派民主人士的热烈响应。这一历史事件，在民主党派发展史上、在统一战线和多党合作发展史上、在我国民主政治建设发展史上，都具有重大而深远的意义。一是标志着各民主党派、无党派民主人士公开自觉地选择了中国共产党的领导，深刻认识到只有中国共产党才能救中国，只有跟着中国共产党才能拥有光明的前途，从而在政治上从同情和倾向中国共产党转为接受中国共产党的领导。二是标志着各民主党派、无党派民主人士坚定地走上了新民主主义、社会主义的道路，彻底放弃了一些人主张的“第三条道路”，认同并接受了新民主主义革命的纲领和路线，进而走上了社会主义道路。三是标志着我国民主政治建设和政党制度建设揭开了新的篇章，各民主党派、无党派民主人士与中国共产党真诚合作，积极筹备召开中国人民政治协商会议，共同创建了中国共产党领导的多党合作和政治协商制度。

历史是一面镜子。65年后的今天，我们纪念“五一口号”，就是要认真总结“五一口号”发布以来中国共产党与各民主党派、无党派人士团结合作的光辉历程，探索社会主义民主政治建设和多党合作事业发展的内在规律。65年的实践给了我们很多启示，需要倍加珍惜、牢牢把握。

实践启示我们，必须始终不渝地坚持中国共产党的领导。中国共产党的领导地位不是自封的，是历史和人民的选择。在革命、建设和改革的不同时期，中国共产党以正确的主张、模范的行动、艰苦的斗争，赢得了人民群众的拥护和支持。各民主党派、无党派民主人士在响应“五一口号”时表示，“愿在中共领导下，献其绵薄，共策进行”。65年来，中国共产党坚持多党合作的方针始终没有改变。各民主党派、无党派人士坚持中国共产党领导的政治立场也始终没有改变。历史已经并将继续证明，中国共产党与民主党派是彼此依存、密不可分的。希望各民主党派、无党派人士继承和弘扬老一辈的优良传统，不断增强坚持中国共产党领导的自觉性和坚定性，始终与中国共产党同心同德、同向同行。

实践启示我们，必须坚定不移地走符合国情的政治发展道路。一个国家选择什么样的政治发展道路，必须依据自己的历史传统、社会制度和具体实际而定。从我国历史看，无论是民国初年效仿西方搞议会制和多党制，还是国民党实行一党专制，最终都失败了。从国外来看，一些国家盲目照搬西方政治制度，导致政局持续动荡，也殷鉴不远。我国的政治发展道路，是中国共产党和各民主党派、无党派人士经过不懈探索和艰苦努力而形成的，虽然还需要不断完善，但方向是正确的，是符合我国国情和人民意愿的，具有巨大的优越性。我们必须始终保持清醒头脑，像珍惜生命一样珍惜这条道路，推动社会主义政治制度的自我完善和发展。

实践启示我们，必须毫不动摇地发展社会主义民主。民主是历史发展的趋势、社会进步的标志，也是中国共产党和各民主党派、无党派人士长期奋斗的目标。从新民主主义革命时期建立“三三制”民主政权，到中国共产党和各民主党派、无党派民主人士协商建国，再到着力推进社会主义协商民主，都鲜明体现了社会主义民主的发展完善。也正是在这个过程中，我国人民逐渐形成了自己对民主的认识和理解，民主是相对的、历史的、具体的，必须与一定的经济、政治、文化、社会发展水平相适应。面对当前人民群众对发展社会主义民主的新期待，我们既要从各个层次、各个领域扩大有序政治参与，也要深刻把握社会主义民主建设规律，坚持中国共产党领导、人民当家作主和依法治国有机统一，进一步发展和实现最广泛的社会主义民主。

实践启示我们，必须聚精会神地致力共同奋斗目标。我们搞多党合作，就是为了实现共同的奋斗目标。在新民主主义革命时期，我们的共同目标是推翻三座大山，建立新中国。在国民经济恢复和社会主义改造时期，我们的共同目标是巩固人民政权，建立社会主义制度。进入改革开放新时期，我们的共同目标是全面推进社会主义现代化，实现国家富强和人民幸福。中共十八大以来，习近平总书记在不同场合多次强调中国梦。这是13亿中国人民共同的梦想，也是全体中华儿女共同的奋斗目标。要实现这个梦想，就必须不断巩固发展统一战线和多党合作，团结一切可以团结的力量，获取不竭的强大力量，形成坚实的社会基础。

实践启示我们，必须与时俱进地完善和发展多党合作制度。“五一口号”是多党合作的里程碑，以此为标志，我们奠定了多党合作的政治格局，并逐步发展为我国的一项基本政治制度。65年来，多党合作理论和实践不断发展，在国家政治生活和经济社会发展中发挥了更加重要的作用。同时我们也要看到，与民主政治发展的要求相比，多党合作的制度化规范化程序化还需要进一步提升。要完善中国特色社会主义政党制度理论，把理论渊源、结构功能、发展趋势等问题讲清楚、说透彻；在实践上，要通过优化制度设计，建立健全运行机制，保证多党合作规范有序、稳定高效地运行。

同志们，当前我国正处于改革发展的关键时期，多党合作事业也面临着新的形势和任务。习近平总书记在与党外人士共迎新春时指出，“各民主党派是同中国共产党通力合作的中国特色社会主义参政党”，进一步明确了民主党派的地位作用和建设方向，丰富和发展了中国特色社会主义政党制度理论。希望各民主党派按照中国特色社会主义参政党的要求，全面加强思想、组织、制度和作风建设，把自身建设提高到一个新水平。

一是牢固树立中国特色社会主义理想信念。民主党派既不同于一般的群众组织，也不同于其他社会团体，是进步性与广泛性相统一的参政党。在当代中国，民主党派的广泛性主要体现在成员包括了社会主义劳动者、社会主义事业建设者和拥护社会主义爱国者，民主党派的进步性集中体现在为推进中国特色社会主义事业而不懈奋斗。中国特色社会主义参政党把“中国特色社会主义”与“参政党”相结合，突出了民主党派的特质，明确了参政党的政治地位和政党功能，有利于调动民主党派成员投身中国特色社会主义事业的积极性和主动性。希望各民主党派引导广大成员深刻认识中国特色社会主义是历史的选择，也是前进的旗帜和方向，切实增强道路自信、理论自信、制度自信，不断巩固团结合作的思想政治基础。

二是全面提高参政议政水平。参政议政既是民主党派、无党派人士参与国家政治生活的主要形式，也是发挥优势和作用的重要途径。推进中国特色社会主义事业，必然涉及经济社会领域的深刻变革，涉及思想观念、利益格局的深刻调整，需要全面考虑、多方权衡，需要从不同角度看问题、出主意。希望大家发挥人才智力优势，多从长远着眼，多为全局设想，深入研究经济社会发展中的重大问题，努力使意见建议有的放矢、切中要害。同时，更要勇于直言，发前人未发之言、未尽之言，鼓励不同观点的交流，它可以让党和政府看问题更全面、作决策更科学。

三是着力发挥民主监督作用。毛泽东同志曾经指出，“共产党是真心实意想把国事办好的，但是我们的毛病还很多。我们不怕说出自己的毛病，我们一定要改正自己的毛病”。多听意见可以少犯错误，中国共产党有批评与自我批评的优良传统，有一整套党内监督机制，但还需要包括各民主党派、无党派人士在内的方方面面的监督。究竟怎样把民主监督搞得更好，需要下大气力研究。要进一步拓宽民主监督的渠道，丰富民主监督的形式，努力形成一种使各种不同意见特别是批评意见顺畅表达的环境。古人说，“千人之诺诺，不如一士之谔谔”，在大方向一致下的铮言，才是真正的同志情谊、挚友情怀。我们真诚希望各民主党派、无党派人士多提批评意见，帮助我们克服工作中的缺点和不足。

四是切实搞好政治交接。组织换届完成后，政治交接成为民主党派的一项重要任务。政治交接的核心，是弘扬各民主党派与中国共产党风雨同舟、患难与共的优良传统。这是民主党派最宝贵的政治财富和精神动力，丢掉了这些，民主党派就失去了本色、动摇了根基。希望大家把传承老一辈的政治信念、弘扬老一辈的优良传统，作为思想建设的重要内容，赋予新的时代内涵，不断发扬光大、薪火相传。同时要扎实推进领导班子建设，担负起带领广大成员同中国共产党一道前进的重任。对代表人士的培养也要从早抓起、从长计议，有重点、有计划地加强培训锻炼，为多党合作发展注入新鲜血液。

同志们，65年的探索弥足珍贵，民族复兴的伟业任重道远。让我们紧密团结在以习近平同志为总书记的中共中央周围，高举中国特色社会主义伟大旗帜，始终坚持“长期共存、互相监督、肝胆相照、荣辱与共”的方针，同心同德，再接再厉，把统一战线和多党合作事业推向前进，为全面建成小康社会，为实现中华民族伟大复兴的中国梦，作出新的更大贡献！

俞正声：巩固统一战线团结奋斗的共同思想基础

统一战线深入学习贯彻中共十八大精神专题研讨班7月22日在京开班。俞正声出席开班式并发表重要讲话。他强调，统一战线学习贯彻中共十八大精神，必须以学习领会十八大报告和习近平总书记一系列重要讲话为重点，以坚持和发展中国特色社会主义为聚焦点、着力点、落脚点，这样才能学得更深入、领会得更透彻、贯彻得更自觉。

俞正声指出，坚持什么主义，走什么道路，是历史的选择、人民的选择。中国特色社会主义作为党和人民90多年奋斗、创造、积累的根本成就，作为改革开放30多年实践的科学总结，作为凝聚中国力量的伟大旗帜，是最值得珍惜、最需要坚持和发展的宝贵财富，全面建成小康社会、实现中华民族伟大复兴不能偏离这个根本方向。

俞正声强调，坚持和发展中国特色社会主义是一项伟大的事业、长期的任务。要深刻理解中国特色社会主义是社会主义而不是其他什么主义，在当代中国，坚持和发展中国特色社会主义就是真正坚持社会主义，要有这样的道路自信、理论自信、制度自信。要充分认识我们党领导的革命、建设、改革的伟大实践是接续奋斗的历史过程，改革开放前后两个历史时期都是党领导人民进行社会主义建设的实践探索。中国特色社会主义是当代中国发展进步的根本方向，离开中国的实际和已经取得伟大成功的正确道路，幻想另外去傍什么别的主义、别的模式，是注定没有希望、没有前途的。中国共产党是中国特色社会主义的坚强领导核心，有能力带领全国人民实现“两个一百年”的宏伟目标和中华民族伟大复兴的中国梦。

俞正声指出，统一战线是夺取中国特色社会主义新胜利的重要法宝。要始终坚持中国特色社会主义政治发展道路，自觉坚持中国共产党的领导，坚持多党合作和政治协商制度和其他政治制度，推动社会主义政治制度不断完善和发展；切实加强中国特色社会主义参政党建设，大力推进思想、组织、制度和作风建设；积极为夺取中国特色社会主义新胜利贡献力量，围绕改革发展稳定中的重大问题，多建睿智之言、多出治本之策，在全面建成小康社会、加快推进社会主义现代化的实践中创造更大业绩。

（新华网北京7月22日电）

俞正声会见出席中华海外联谊会四届一次理事大会全体理事并讲话

俞正声10月10日在人民大会堂会见了出席中华海外联谊会四届一次理事大会的全体理事，并与新一届领导班子进行座谈。

俞正声首先代表中共中央，对会议的成功召开表示热烈祝贺。俞正声说，祖国统一、振兴中华，是全体中华儿女的共同心愿。中华海外联谊会成立16年来，认真贯彻落实中央一系列重大决策部署，积极适应时代发展和港澳台海外工作变化，在服务祖国建设、促进和平统一、加强海外联谊等方面作出了重要贡献，已经成为致力国家发展统一的重要力量，成为联系海内外中华儿女的重要桥梁，成为凝聚港澳台海外爱国人士的重要平台。

俞正声指出，全体海内外中华儿女身处不同国家和地区，具有不同背景和经历，但都是中华民族的一分子，都有民族复兴的共同理想。当前，13亿中国人民在以习近平同志为总书记的中共中央领导下，正围绕实现“两个一百年”的奋斗目标和中华民族伟大复兴的中国梦，满怀信心地推进中国特色社会主义事业。这是党和国家工作的大局，也是港澳台海外联谊事业的主题。

俞正声强调，伟大的事业需要伟大的团结，伟大的团结成就伟大的事业。中华海外联谊会和广大理事要以饱满的爱国热情，积极投身港澳台海外联谊工作。继续支持和参与祖国内地现代化建设，充分发挥联系广泛、内引外联优势，有资金出资金，有技术出技术，有主意出主意，助推改革开放和现代化建设事业加快发展。坚定不移贯彻“一国两制”方针，坚定爱国爱港、爱国爱澳立场，广泛团结港澳社会各界，积极支持配合行政长官和特区政府依法施政，为港澳长期繁荣稳定凝聚更多正能量。积极扩大和推进两岸交流合作，把互利双赢的经济合作推进好，把共同传承的民族文化弘扬好，加强与台湾社会各界尤其是基层民众的交流，推动两岸同胞携手同心，维护好、建设好中华民族共同家园。加强同世界各国人民的交往交流，更多更好地运用对方便于理解、易于接受的方式方法，讲叙好中国故事，传播好中国声音，塑造好中国形象，营造有利于实现中华民族伟大复兴中国梦的良好环境。各级党委政府要支持海联会工作，为海联会更好地发挥作用创造条件。

（新华网北京10月10日电）

俞正声出席全国非公有制经济人士理想信念报告会并讲话

全国非公有制经济人士理想信念报告会30日在北京召开，俞正声出席会议并讲话。

俞正声指出，非公有制经济人士理想信念教育实践活动是在习近平总书记等中央领导同志的关心支持下开展起来的。自5月上旬启动以来，各级统战部门和工商联组织以“民营企业家和中国梦”为主题，动员广大非公有制经济人士积极参与，通过一系列主题突出、贴近实际、特色鲜明的活动，进一步增强了非公有制经济人士对中国特色社会主义的信念、对党和政府的信任、对企业发展的信心。

俞正声强调，坚持公有制经济和非公有制经济共同发展，能够最大限度地把社会主义制度的优越性和市场对资源配置的有效性结合起来，发挥中国特色社会主义的独特优势。改革开放以来，非公有制经济在党的路线方针政策指引下，从无到有、从小到大，不断发展，已经成为推进中国特色社会主义事业不可或缺的重要力量。实践已经证明，非公有制经济不是可有可无，而是中国特色社会主义在经济领域的重要成果；发展非公有制经济不是权宜之计，而是中国特色社会主义必须始终坚持的战略方针。

俞正声指出，即将召开的党的十八届三中全会将对全面深化改革做出重大部署，非公有制经济正迎来新的发展机遇。要通过全面深化改革，坚决消除各种体制性机制性障碍，凡是市场能做的就交给市场，凡是政府该管的就交给政府，更好地发挥市场在资源配置中的基础性作用；要创造公平竞争的市场环境，确保企业权利公平、机会公平、规则公平；要健全相关法律法规，努力用法治思维、法律方式解决经济发展中的矛盾和问题。

俞正声希望广大非公有制经济人士切实承担企业家的职责和使命，坚定信心办好企业，努力通过转型升级实现高质量、有效益、可持续的发展；自觉承担社会责任，依法经营、诚信经营，为消费者提供优质、安全的产品和服务；不断提升自身素质，为社会发展进步凝聚正能量。

（新华网北京10月30日电）

姜异康在与省各民主党派工商联新老负责人和无党派代表人士座谈时的讲话

（2013年2月4日）

在省“两会”刚刚闭幕、新春佳节即将到来之际，我们欢聚一堂，畅叙友情，共谋发展，感到非常高兴。今天下午，我和建国、世元同志走访了各民主党派省委和省工商联机关。刚才赵家军、李德强同志的发言，谈认识、谈体会，反映了大家的共同心愿。在此，我代表中共山东省委，向在座的各位，并通过你们向全省民主党派、工商联各级组织和无党派人士，向统一战线广大成员致以诚挚的问候和新春的祝福！

过去的一年，面对复杂多变的国际形势和艰巨繁重的改革发展稳定任务，省委、省政府坚持以邓小平理论、“三个代表”重要思想、科学发展观为指导，深入学习宣传贯彻党的十八大精神，按照省第十次党代会的部署，团结带领广大党员干部群众，坚定信心、攻坚克难，加快建设经济文化强省，各项工作取得了新的成绩。全省生产总值达到50013亿元，增长9.8%；固定资产投资30319亿元，增长20.5%；社会消费品零售总额19175亿元，增长15%；进出口总额2455亿美元，增长4.1%；实际到账外资123亿美元，增长10.7%；公共财政预算收入4059亿元，增长17.5%；城镇居民人均可支配收入、农民人均纯收入分别达到25755元和9446元，增长13%和13.2%。同时，民主法制建设扎实推进，民生持续改善，社会管理创新不断加强，生态文明建设取得积极进展，社会保持和谐稳定。这些成绩的取得，是在中共中央的正确领导下，全省上下同心同德、开拓创新、顽强拼搏的结果，是与省各民主党派、工商联和无党派人士以及广大统一战线成员大力支持、广泛参与分不开的。

一年来，省各民主党派、工商联和无党派人士高举爱国主义、社会主义旗帜，牢牢把握大团结大联合主题，深入学习贯彻中共十八大精神和省第十次党代会精神，扎实开展学习践行社会主义核心价值体系活动，加强代表人士队伍建设，紧紧围绕创新驱动发展、蓝黄两区建设、保障和改善民生等重大问题深入调查研究，积极建言献策，为加快建设经济文化强省作出了重要贡献。顺利完成了民主党派、工商联省级组织换届工作，新一届班子结构更加优化，功能明显增强。一些老主委从大局出发，带头退出领导岗位，体现了高风亮节和崇高品格。在这次省“两会”上，一些代表人士当选为省人大、省政府、省政协领导班子成员，有利于更好地发挥优势、参政议政。

今年是全面贯彻落实中共十八大精神的开局之年。关于今年全省的工作，省委、省政府已作了部署。我们要深入学习和全面贯彻落实中共十八大精神，紧紧围绕主题主线，继续把握稳中求进的工作总基调，进一步深化改革开放，强化创新驱动，加大经济结构战略性调整力度，更加注重保障和改善民生，把推动发展的着力点转到培育新活力、新动力、新体系、新优势上来，实现经济持续健康发展和社会和谐稳定，切实推动经济建设、政治建设、文化建设、社会建设、生态文明建设和党的建设，在加快建设经济文化强省上取得新进展。

中共十八大对坚持走中国特色社会主义政治发展道路，健全社会主义协商民主制度作了部署。习近平总书记最近在走访各民主党派中央和全国工商联时，强调坚持和发展中国共产党领导的多党合作，为实现中共十八大确定的目标任务而奋斗。我们要深入学习贯彻中共十八大精神和习近平总书记重要讲话精神，坚定不移坚持和完善中国共产党领导的多党合作和政治协商制度，坚定不移贯彻长期共存、互相监督、肝胆相照、荣辱与共的方针，支持民主党派更好地履行职能，最大限度调动一切积极因素、凝聚一切积极力量，为实现中共十八大和省第十次党代会确定的目标任务而奋斗。统一战线广大成员要高举中国特色社会主义伟大旗帜，始终与中国共产党同心同德、同心同向、同心同行，不断巩固团结奋斗的共同思想政治基础。各民主党派、工商联智力密集，人才荟萃，集中了一大批专家学者和各领域的代表人士。要围绕贯彻落实省委、省政府的决策部署，就经济社会发展重大问题深入调查研究，积极建言献策，更好地发挥自身优势和作用。中共中央和山东省委对加强党外代表人士队伍建设十分重视，作出了部署。希望各民主党派、工商联加强换届后领导班子建设，加强代表人士队伍建设，加强参政党作风建设，不断提高参政议政、民主监督的能力和水平，为加快建设经济文化强省作出新的更大贡献。

图书在版编目（CIP）数据

山东统一战线年鉴. 2014 / 中共山东省委统战部编.
-- 济南：山东人民出版社，2015.2
ISBN 978-7-209-08199-3

Ⅰ. ①山… Ⅱ. ①中… Ⅲ. ①统一战线工作 - 山东省 - 2014 - 年鉴 Ⅳ. ①D613-54

中国版本图书馆CIP数据核字（2015）第010161号

责任编辑：马　洁
设计排版：山东宣艺文化传播有限公司

山东统一战线年鉴 2014
中共山东省委统战部　编

主管部门　山东出版传媒股份有限公司
出版发行　山东人民出版社
社　　址　济南市胜利大街39号
邮　　编　250001
电　　话　总编室（0531）82098914
　　　　　市场部（0531）82098027
网　　址　http://www.sd-book.com.cn
印　　装　济南黄氏印务有限公司
经　　销　新华书店

规　　格　16开（210 mm × 285 mm）
印　　张　26.75
字　　数　770千字
版　　次　2015年2月第1版
印　　次　2015年2月第1次
ISBN 978-7-209-08199-3
定　　价　220.00元
如有质量问题，请与出版社总编室调换。